물의 세계사

부와 권력을 향한 인류 문명의 투쟁

물의 세계사

부와 권력을 향한 인류 문명의 투쟁

WATER
THE EPIC STRUGGLE FOR
WEALTH, POWER AND CIVILIZATION

스티븐 솔로몬

주경철 · 안민석 옮김

민음사

WATER :
The Epic Struggle for Wealth, Power, and Civilization
by Steven Solomon

Copyright © 2010 by Steven Solomon
All rights reserved.

Maps by Brittany Watson

Korean Translation Copyright © 2013 by Minumsa

This Korean edition is published by arrangement with
HarperCollins Publishers through EYA.

이 책의 한국어 판 저작권은 EYA를 통해
HarperCollins Publishers와 독점 계약한 (주)민음사에 있습니다.

저작권법에 의해 한국 내에서 보호를 받는 저작물이므로
무단 전재와 무단 복제를 금합니다.

물은 모든 종류의 자연현상과 섞인다.
상상하기 힘들 테지만 물은 또한 인류의 특정한 운명과도 섞인다.

— 페르낭 브로델, 「지중해의 기억」

우물이 말라 봐야 물의 가치를 알게 된다.

— 벤저민 프랭클린, 「가난한 리처드의 달력」

서론 — 우리 운명을 결정짓는 물

1763년, 스물일곱 살의 도구 제작자였던 제임스 와트는 글래스고 대학 소유의 뉴커먼 식 증기기관 모델을 수리하고 있었다. 영국은 일찍부터 숲 남벌로 인해 연료부족 사태를 겪고 있어서 대체연료인 석탄을 많이 채굴했다. 이때 문제는 탄광에서 넘쳐나는 지하수를 퍼내는 일이었는데 이들은 반세기 전에 토머스 뉴커먼이 발명한 초보적인 기관(機關)을 이용하고 있었다. 와트는 뉴커먼의 기관을 수리하면서 이 기계의 비효율성에 놀라움을 금치 못했다. 스코틀랜드 계몽주의의 과학적 탐구정신에 가득 차 있던 그는 증기 에너지 이용 능력을 개선해 보기로 마음먹었다. 2년 이내에 그는 훨씬 효율성이 좋은 기관을 설계했으며, 그 결과 1776년에는 세계 최초의 근대적 증기기관을 판매할 수 있었다.

제임스 와트가 개선한 증기기관은 역사의 전환점이 되었다. 그것은 산업혁명을 낳은 발명이었다. 이 발명 덕분에 영국은 수십 년 내에 '증기기관과 철강으로 구성된 해군력'으로 지구의 4분의 1에 펼쳐진 식민지 위에 군림하는 지배적인 경제세력으로 탈바꿈할 수 있었다. 영국의 선구적인 직물공장들은 물레방아 대신 증기기관을 사용했고, 강변에서 새로운 산업도시로 이전함으로써 생산성과 산출량을 증대했다. 증기력으로 구동시키는 송풍기로 코크스 용광로를 가열하자 주철의 생산량이 엄청나게 늘었는데, 주철은 산업시대 초기의 플라스틱이었다. 와트의 증기기관은 펌프를 이용해 탄광의 갱도에서 물을 퍼냄으로써 영국의 연료 부족 사태를 해결하는 데 큰 도움을 주었다. 게다가 이렇게 흘러나온 물은 운하에 이용되었는데, 이는 채탄장에서 시장으로 석탄을 운반하는 수상운송을 활성화했다. 와트의 증기기관으로 대도시들이 등장했다. 증기기관 펌프로 퍼 올린 강물을 음수, 조리, 위생, 더 나아가서 진화 작업에도 쓰게 되자 주민들의 건강이 개선되고 수명이 연장되었다. 와트의 증기기관 이후 등장한 새로운 산업사회는 인류 문명을 완전히 새로운 궤도에 올려놓았다. 세계와 국내의 세력 균형이 재편성되었다. 이전 수천 년보다 이 200년 동안 인류의 물질적 복지, 인구, 바람직한 요소들이 더 크게 증진되었다.

와트의 증기력 이용에 따른 혁신은 물의 힘이 돌파구가 되어 인류 역사의 주요한 전환점을 만들어 낸 수많은 사례 중 한 가지에 불과하다. 아마도 현재 우리 시대에 벌어지는 일들이 가장 현저한 사례가 될 것이다. 물은 강대국의 흥망, 국가 간의 관계, 현존하는 정치 경제 체제들, 그리고 평범한 사람들의 일상생활을 규제하는 핵심 조건들에 강력한 영향을 미친다. 산업혁명은 5000년 전에 있었던 농업혁명과 유사하다. 고대 이집트, 메소포타미아, 인더스 강 유역, 중국 북부의 사회들은 대규모 관개사업을 위해 큰 강의 물을 통제하는 수리기술을 습득함으로써 문명 발전의 시작을 알리는 경제적, 정치적 체제를 만들어 갔다. 고대 로마는 지중해의 지배권을 확보하고, 공중수로를 통해 깨끗한 물을 풍부하게 끌어와서 제국의 중앙부에 번영하는 도시 문명을 건설함으로써 강대국으로 성장했다. 중세 중국이 황금기를 구가하게 된 계기는 1770킬로미터에 달하는 대운하를 완성한 것이었다. 대운하는 벼를 재배하는 남부 양쯔 강 유역의 자원과 북부 황허 강 유역의 기름진 반건조 지역을 연결하는 고속도로였다. 이슬람 문명의 탁월성은 대서양에서 인도양에 이르는 광대하고 침투가 거의 불가능한 사막지역을 낙타대상 방식의 원거리 수송으로 개방해서 상업적 부를 얻음으로써 유지되었다. 대양항해는 서구가 세계의 패권을 차지하는 돌파구를 마련해 주었는데, 이는 증기, 수력터빈, 수력발전, 그 밖에 산업시대의 물 관련 기술들의 우위를 통해 이룬 것이다. 19세기 말과 20세기 초에 이룩한 공공위생 혁명은 지금까지 유례없는 인구 증가를 뒷받침했는데, 오염되지 않은 깨끗한 물을 공급하고 병원균이 없는 조건을 만든 덕분이었다. 미국의 역사적 성장 역시 세 가지 물 관련 환경의 정복과 통합으로 설명할 수 있다. 첫째, 온난 다습한 동부 지역에서 연중 물이 흐르는 강들, 그중에서도 특히 촉매 역할을 하는 이리 호의 산업적 이용과 수송 능력, 둘째, 동서 양면의 국경을 이루는 두 개 대양의 지배, 특히 엄청난 위업이라 할 수 있는 파나마 운하의 건설에 따른 세계 리더십의 획득, 셋째, 대공황기에 건설된 후버 댐을 비롯해서 거대한 다목적 댐의 건설에서 찾을 수 있는 개척적인 혁신을 통해 건조한 서부를 정복한 것 등이다. 그 후 세계적으로 이루어진 거대한 댐 건설은 녹색혁명의 핵심 요인이 되었으며 결국 오늘날 지구적 경제 통합을 가져왔다.

역사상 언제나 물의 통제와 조정은 인간의 힘과 성취의 주축을 이루었다. 물은 늘 필수불가결한 자원이었다. 물이라는 자원이 지닌 특별하다 못해 마법과도 같은 물리적 변형력은 독특한 분자 성질과 지구의 지질학 및 생물학적 과정상의 특별한 역할에서 유래한 것이다. 수 세기 동안 모든 사회는 세계의 수자원을 통제하기 위해 정치, 군사, 경제적으로 투쟁해 왔다. 수자원은 도시 건설, 상품 수송, 다양한 형태의 잠재 에너지 사용, 농업 및 공업의 핵심 요소, 그리고 정치적 이점의 획득 등에 사용되었다. 오늘날 지구상에 존재하는 대부분의 민물은(때로는 정말로 거대한 규모의) 인간 엔지니어링의 대상이다.

어느 시대를 막론하고 우위를 차지하고 있는 사회는 적응이 느린 사회에 비해 더 생산적이고 더 큰 규모로 수자원을 이용한다. 흔히 간과하기 쉽지만, 싸고 풍부한 물은 산업시대에 고도성장을 추동하는 요인이다. 물 사용량의 증가 속도는 세계 인구 증가보다 두 배 이상 빠르며, 20세기에 물 사용량이 아홉 배 늘어난 것은 에너지 사용량이 열세 배 늘어난 것에 필적할 만한 일이다.[1] 이와 반대로 수자원 기반시설을 유지하는 데 실패하거나 물 관련 장애를 극복하고 잠재적 이용 가능성이 있는 물을 끌어다 쓰는 데 실패한다는 것은 쇠퇴와 정체의 표시였다.

각각의 시대는 그 당시 직면한 거대한 물 문제를 어떻게 푸느냐에 따라 형태가 결정된다. 바로 오늘날 그야말로 거대 서사시처럼 이 과정이 전개되고 있다. 지구 전체가 직면한 물 부족 위기는 세계 정치와 인류 문명의 핵심 관건이다. 근대 세계의 참을 수 없는 갈증, 산업 기술의 발전, 그리고 60억에서 90억으로 향하는 인구 증가 같은 요소 때문에 현재의 관행과 기술로는 자연으로부터 얻는 깨끗한 물의 공급이 수요를 감당하지 못한다. 역사상 처음 맞는 일이다. 과거에 주변 환경에 대한 인간의 영향력은 지역에 국한한 소박한 수준이었다. 그렇지만 오늘날에는 전 지구적으로 존재하는 인구 과밀 지역들에서 사회가 성장하면서 강, 호수, 지하수를 과도하게 사용하고 오염시켜 그런 수자원들이 위험할 정도로 말라 가고 있다. 그 결과 21세기 지구에서는 물을 가진 자와 못 가진 자 사이에 폭발적인 새로운 정치적 단층선이 형성되고 있다. 사용 가능한 수자원을 놓고 국내 이익집단들 사이에 오랫동안 치열하게 전개된 갈등이 이제는 국제적으로 확대되어 지역 및 국가 간에 나타나는 것이다. 간단히 말해서 물은 석유 이상으로 세계에서 가장 부족한 핵심 자원이 되었다. 20세기가 석유 자원을 둘러싼 갈등의 역사였다면, 21세기는 물에 대한 투쟁이 세계질서와 문명의 운명을 결정짓는 새로운 전환점이 될 것이다.

인도주의적 위기, 전염병, 균형 파괴적인 폭력, 그리고 부패하고 실패한 국가들은 대부분 물 부족 지역에서 나타나고 있다. 이런 곳에서는 20퍼센트의 사람들이 마시고 음식을 준비할 물을 충분히 얻지 못하고, 40퍼센트의 사람들은 적절한 위생시설의 혜택을 누리지 못하고 있다. 21세기에 물을 대상으로 한 전쟁이 일어나리라고 예견한 사람들은 주로 갈증에 시달리다 못해 폭발 직전에 있는 중동지역을 염두에 두고 있다. 이곳에서는 물이 모든 갈등과 평화 협상의 대상으로 떠오르고 있다. 산유국들은 사막의 농장들과 근대 도시들을 유지하기 위해 말라 가는 대수층(帶水層, 지하수가 있는 지층—옮긴이)에 펌프를 박고 석유를 사용해서 바닷물을 담수화하는 필사적인 노력을 기울인다. 급성장 중인 두 거인 중국과 인도에게도 물은 아킬레스건이다. 양국 모두 물 문제에서 현상 유지가 불가능한 티핑포인트(작은 사건들이 오랫동안 쌓여서 또 다른 작은 사건 하나로도 큰 사건이 일어나게 되는 시점—옮긴이)에 곧 직면할 것이다. 이때가 되면 식량 부족과 산업 엔진의 때 이른 고장에 직면할지도 모른다. 특히 한편으로 물 부족 문제로 고통받으면서 동시에 증가하는 인구를 먹여 살리기 위해 수입 식량에 의존하는 개발도상국들에게 이런 지구적인 문제의 파괴력이 더 크게 몰아칠 가능성이 크다. 서구 역시 어느 정도 심각한 물 부족 사태에 직면하겠지만, 그나마 이곳은 인구 압력이 상대적으로 낮은 데다가 대개 습하고 온난한 환경이라 전반적으로 수자원상의 이점을 누리고 있다. 이들이 이 점을 공격적으로 이용한다면 경제 동력과 세계의 리더십을 되찾을 수도 있을 것이다.

우리가 직면할 격렬한 재조정 과정에서 위기에 대한 가장 혁신적인 응답을 발견한 사회는 승자가 될 것이고 그렇지 않은 곳은 패자가 되리라는 것이 역사의 교훈이다. 에너지, 식량, 기후변화와 물 사이에 맺어진 불가분의 상관관계는 또한 문명의 형태를 규정할 것이다. 더 일반적으로 말해서, 물의 위기는 인구 폭발 상태에 있는 이 행성의 자원을 경제적으로 생존 가능하고 환경적으로 유지 가능한 방식으로 관리해야 한다는 21세기가 직면한 궁극적 도전의 대리전인 셈이다. 물이 우리 운명을 결정짓는 중심 문제라는 점을 인식해야만 우리 모두를 집어삼킬 이 위기에 더 잘 대응할 수 있을 것이다.

차 례

서론―우리 운명을 결정짓는 물 7

1부 문명 탄생의 필수 자원

1   역사를 결정짓는 핵심 자원   19
2   관개농업과 문명의 탄생   26
3   세계 4대 문명과 초기 제국들   37
4   그리스 로마 문명의 성장과 지중해   80
5   대운하와 황허 문명의 개화   124
6   물에 취약한 문명, 이슬람   159

2부 물과 유럽의 번영

7   물레방아, 쟁기, 화물선의 등장   197
8   지리상의 발견과 대항해 시대   225
9   증기력, 산업혁명, 팍스 브리타니카   264

3부 물과 현대 산업 사회의 형성

10 위생 혁명과 콜레라 극복 311
11 미국의 이리 운하가 가져온 호황 332
12 파나마 운하가 연 새로운 시대 379
13 다목적 댐의 기술적 원형, 후버 댐 406

4부 결핍의 시대

14 물을 가진 자와 갖지 못한 자 463
15 물 기근에 허덕이는 중동 482
16 인도와 중국의 물 압박 523
17 부족을 기회로, 새로운 물 정책 560

결론 ― 우리는 결국 물이다 607

주 621
참고문헌 673
옮긴이의 말 690
찾아보기 694

지도 차례

1   고대 이집트와 나일 강   43
2   메소포타미아와 비옥한 초승달 지대   57
3   인더스 강과 인도   73
4   지중해 세계   83
5   중국   127
6   이슬람 세계와 주요 통상로들   161
7   유럽과 중세의 주요 교역로   201
8   지리상의 발견: 다가마와 정화   239
9   미국 동부와 미시시피 강   335
10   미국 서부   411
11   현대의 중동   485

1부 문명 탄생의 필수 자원

1   역사를 결정짓는 핵심 자원

변화하는 물 조건에 사회가 당대의 기술과 조직을 동원해 어떻게 대응하느냐가 곧 역사를 결정짓는 핵심 동력이다. 자연적인 물의 방해를 이겨내고, 이 필수불가결한 자원에 숨겨진 이익을 얻어 그것을 지렛대로 사용하는 데 성공한 문명이 주도권을 차지한다.

지구는 차라리 '수구(水球)'라고 표현하는 것이 맞을지 모른다. 지구는 우리 몸과 마찬가지로 70퍼센트가 물이다. 생명체가 살지 않는 태양계의 행성과 위성들 가운데 오직 지구만 표면에 물이 세 가지 형태, 즉 고체인 얼음, 기체인 수증기, 그리고 무엇보다 중요한 액체인 물로 존재한다. 물의 스며드는 힘 그리고 스스로 변화하고 다른 물질을 옮기는 힘은 지구의 역사와 그 위의 생명의 역사를 형성하는 데 가장 중요한 역할을 했다. 물은 산소 원자 하나와 수소 원자 둘로 구성된 지극히 단순한 분자 구조로 인해 지구상의 모든 물질 가운데서도 특이한 힘과 기능을 지닌다. 물은 가장 보편적인 용해제이다. 물은 다른 분자를 포화, 용해, 융합할 수 있어 핵심적인 화학반응의 촉매작용을 하는 특별한 능력을 지니기 때문에 지구의 가장 중요한 변화 요인이 되었다. 작물과 나무 끝부분, 인간의 혈관 등에서 중력을 거슬러 영양분과 미네랄이라는 생명력을 위로 올리는 것도 물이다. 초기 생명체의 진화를 도와서 산소가 풍부한 지구의 대기 환경을 창조한 것도 물의 힘이었다. 얼면 밀도가 낮아지고 부피가 팽창하는 물의 이례적인 성질은 암석을 쪼개서 지질학적 변화를 일으키며, 호수나 강의 표면을 얼음층으로 덮어 격리함으로써 그 아래의 수중 생물들을 보호하는 기능도 한다.

장구한 시간 동안 계속 물과 얼음판이 이동하면서 땅 위에 경관이 새겨지고, 생물들의 서식지와 기후가 변화한다. 온도가 오르는 동안 엄청난 양의 열을 흡수하는 예외적인 능력은 계절적인 표면 온도 상승을 완화하며, 그 결과 지구가 금성처럼 항상 수증기 넘치는 온실이 되거나 화성처럼 얼어붙은 사막이 되지 않게 해 준다.[1] 사막이 낮에는 지나치게 덥다가 밤이 되면 극심하게 추워지는 것도 물이 없기 때문이며, 반대로 온대지역에서 쾌적한 온도가 유지되는 것은 물이 있기 때문이다. 물의 움직임은 지구의 피부층에 해당하는 지표면의 비옥한 토양층을 만들어 내고 또 그것을 항상 재분배한다. 이 토양층에 적당한 양의 물을 공급하면서 잘 경작하면 중동 지역과 유럽의 밀, 남아시아의 쌀, 아메리카의 옥수수와 감자, 아프리카의 덩이줄기 식물들처럼 문명 세계의 사람들이 일용할 양식을 얻을 수 있다.

정말로 중요한 물의 특징은 지구상에서 유일하게 자체 재생산이 가능한 핵심 자원이라는 점이다. 증발한 물은 염분이 제거되어 정화된 형태로 비가 되어 지구 전역에 내린다. 지구의 지속적인 물 순환 시스템 덕분에 자연적인 생태계가 회복되고 문명이 지속될 수 있다. 인간이 얻을 수 있는 자체 재생산되는 물의 총량은 늘 일정한데, 지구의 전체 수량에 비하면 정말 적은 양에 불과하지만 오늘날까지 인류 역사 내내 인류의 삶을 지탱하기에 충분했다.

물은 40억 년 전인 지구의 초창기에 등장했다.[2] 아마도 얼음을 품고 있는 혜성과 충돌해서 지구에 물이 존재하게 되었을 것이다. 시간이 지나면서 물은 우리에게 익숙한 형태인 바다, 얼음층, 호수, 강, 물길, 늪지, 비, 눈, 공기 중의 수증기 그리고 눈에 보이지는 않지만 지하수계, 흙 속의 습기, 지하 심층의 대수층 등의 형태를 띠게 되었다. 물의 형태 변화는 지구의 기후변화 사이클을 만들어 내며, 특히 춥고 건조한 빙하기와 현재 우리가 살아가는 이 시기처럼 덥고 습한 간빙기 사이의 장기적 변동을 불러일으킨다.[3]

마지막 대빙하기는 9만 년 정도 지속되었으며, 약 1만 8000년 전에 정점에 달했을 때는 지표면의 약 3분의 1이 얼음에 덮여 있었다. 현재는 10분의 1 정도이다. 그토록 많은 양의 물이 얼음 속에 갇혀 있으면 해수면은 약 120미터 정도 내려간다. 현재는 분리되어 있는 대륙들을 당시에는 걸어서 건널 수 있었다. 다음 수천 년 동안 얼음층이 녹거나 물러나면 토양의 지력이 풍부해지고 지하 대수층이 형성되며, 호수, 강, 많은 항구들로 가득한 해안 같은 현재의 지리 형태가 만들어지고, 얕은 바다와 해협이 물로 채워진다. 예컨대 9000년 전까지 영국과 유럽 대륙은 육지로 연결되어 있었는데, 오늘날에는 그곳이 도버 해협이 되었다. 새로운 온대지역에서는 빙하가 물러난 곳에 빽빽한 삼림이 자라났다. 특히 빙하가 집중되어 있던 북반구에서는 그런 현상이 더욱 분명했다. 그리고 약 만 년 전에 지구는 예외적인 간빙기로 들어섰는데, 이때 따뜻하면서도 대단히 안정적인 기후가 되었다. 바로 이처럼 아주 유리한 기후 조건 속에서 인류의 여러 문명들이 지구 무대에 등장한 것이다.[4]

건조하거나 습하다는 기본 조건, 계절적인 강수량과 그에 대한 예측 가능성 패턴, 강물 흐름의 특징과 운항 가능한 거리 등은 사람이 거주하는 세계 모든 지역의 핵심 요소들로서, 역사상 모든 문명은 이 조건에 유리하게 적응하기 위해 노력했다. 대양의 조류에 의한 열 분산 효과 혹은 대기 중의 온난한 증기층이 제공하는 열 보존 효과 때문에 지구는 적도부터 냉대까지 인간이 거주하기에 적합한 곳이 되었다.[5] 이 경계 안에 대여섯 개의 주요 지역들이 존재하며 물과 관련해서 각각 특이한 성격을 띠고 있다. 극지방 가까운 곳에는 극심하게 춥고 강수량이 적으며 영구동토층을 이루는, 또 그래서 배수가 충분치 않은 툰드라가 자리 잡고 있다. 북반구에는 툰드라 지대 남쪽에 광대한 침엽수림인 타이가가 있다. 그 아래에 좋은 토양, 충분한 강수량, 풍요로운 식물군을 지닌 온대림이 존재한다. 그다음에는 토양의 질이 떨어지고 강우도 변덕스러운 반건조 초원지대가 펼쳐져 있는데, 북아메리카의 대평원, 아프리카의 사바나, 중앙아시아의 스텝 지역처럼 거의 경작이 이루어지지 않는 곳들이다. 이런 지역들 사이에 전이지대들이 있다. 그 가운데 하나는 지중해부터 인더스 강까지 걸쳐 있고 다른 하나는 북중국에 있는데, 이곳들은 메말라 가는 반건조 기후의 광대한 평원 위로 큰 강이 몇 개 흐른다는 특징이 있다. 바로 이런 곳들이 관개농업 기반의 고대 문명이 형성되는 요람이었다. 위도 30도 부근에는 큰 사막들이 있다. 적도 근처에는 엄청난 강우량, 고온 그리고 빠른 증발을 특징으로 하는 열대지역이 광범위하게 존재한다. 모두 지구상에서 가장 물 조건이 취약한 곳이다. 전자는 건조한 성격 때문이고, 후자는 강의 범람과 늘 질척거리는 성질 때문이다. 물은 또한 각 지대 내의 미세기후들도 지배한다. 바다는 역동적인 역할을 한다. 멕시코 만에서 북동쪽으로 흐르는 따뜻한 멕시코 만류 때문에 북서 유럽은 캐나다의 허드슨 만과 같은 위도임에도 얼어붙는 추위에 시달리는 일 없이 적절한 습도와 온난함을 유지할 수 있다.[6] 마찬가지로 빠르게 북동쪽으로 흐르는 태평양의 구로시오 해류는 북아메리카의 북서 해안 지역을 따뜻하게 만든다. 멕시코 만류는 또한 아프리카와 아시아에서 뚜렷하게 나타나는 여름 몬순에도 영향을 미친다. 오늘날 기후학자들의 주장에 의하면 심층류와 해수면 조류의 순환은 빙하기를 촉발하거나 중단시키는 스위치 역할을 한다.[7] 특히 북대서양의 미묘한 균형 전환 지점에서 일어나는 대양의 염분과 열 혼합의 변화가 그런 기능을 한다. 이와 비슷하게 지구온난화는 초기에 극단적인 강우로 나타난다. 더 집중적이고 빈번하며 계절적으로 예측 불가능한 폭우, (빙하의) 용해, 가뭄 등이 대표적인 양상이다. 간단히 말해서 지구와 사람들의 과거, 현재, 미래는 물의 피할 수 없는 강력한 영향 아래에 있다.

지구에 존재하는 전체 물은 엄청나게 많지만 지구상의 생물과 인간 문명에 필수불가결한 담수는 놀라울 정도로 적다. 지구의 물 가운데 오직 2.5퍼센트만이 담수이다. 그중에서도 3분의 2는 얼음이나 빙하 속에 묶여 있어서 인간이 이용할 수 없다. 나머지 3분의 1도 대부분은 암반층으로 덮인 지하 대수층(수 킬로미터 지하에 고립된 지하 호수 형태이다.)에 있어서 접근하지 못하거나 이용이 불가능할 정도로 많은 비용이 든다. 그런 대수층은 지표면에 존재하는 담수의 백 배나 된다. 결국 전체 담수의 0.003퍼센트만이 지표면에 존재하는 것이다. 나머지는 냉대지역이나 토양 속 수분, 동식물의 몸속, 혹은 공기 중의 수증기 형태로 존재한다.

세계의 담수에 대한 가장 놀라운 사실 중 하나는 역사상 인간 사회가 가장 광범위하게 이용해 왔던 수자원인 강과 시내는 전체 물의 6만 분의 1에 불과하다는 점이다.[8] 일부 사회는 호수 근처에 자리 잡았는데, 호수의 물은 누적적으로 보면 강에 비해 마흔 배나 많지만 대신 사람이 접근하는 주변 지역의 넓이가 강변에 비해 훨씬 작기 때문에 대규모 문명이 호수에 의존해서 발전할 수는 없다. 더구나 많은 호수들은 극심하게 추운 지역이나 산악 고지대처럼 사람들이 살기에 불편한 곳에 위치해 있다. 이 가운데 4분의 3은 세 호수군에 집중되어 있다.[9] 바로 시베리아의 먼 곳에 위치한 바이칼 호, 북아메리카의 오대호, 탕가니카 호와 니아사 호로 대표되는 동아프리카 고산지역의 열곡호(두 개의 평행한 단층애로 둘러싸인 좁고 긴 골짜기가 호수로 된 것 — 옮긴이)이다. 역사상 여러 사회에서는 지하 얕은 곳에서 서서히 흘러가는 지하수도 많이 이용했는데, 이것은 지표면의 강과 호수에 상응하는 수자원이다.

그렇지만 접근 가능한 담수의 양이 지극히 적다고만 말하면 반대로 인간이 이용할 수 있는 물의 총량을 과소평가하는 결과가 된다. 왜냐하면 강, 호수, 얕은 지하수는 물의 증발과 강우라는 지구의 담수화 사이클로 인해 끊임없이 보충되기 때문이다.[10] 어느 때나 지구 물의 1000분의 1은 대기를 통해 순환 중이다. 증발된 물 대부분은 대양에서 올라간 물이며 이는 눈이나 비의 형태로 전환된다. 염분이 제거되어 깨끗해진 물 가운데 일부는 땅 위로 내려서, 다시 바다로 돌아가기 전에 담수 생태계를 거친다. 역사의 초기부터 사람들은 그 가운데 일부만 이용했다. 3분의 2는 범람해 증발하거나 토양 속으로 직접 흡수되어 사라졌고, 나머지 많은 양이 대다수 사람들이 이용하기에는 너무 멀리 떨어진 열대지역이나 냉대지역으로 흘러가 버렸기 때문이다.[11] 사실 이용할 수 있는 담수는 놀라울 정도로 불균등하게 분포한다. 지구 전체로 볼 때 모든 유수(流水)의 3분의 1은 브라질, 러시아, 캐나다, 미국에 있지만 이곳 인구를 전부 합치면 세계 인구의 10분의 1에 불과하다. 반대로 세계 인구의 3분의 1이 모여 있는 반건조 지역에는 재생가능한 물의 8퍼센트만 배분되어 있다. 1리터에 1킬로그램이나 나가 석유보다 20퍼센트나 더 무거운, 이 액체(물)를 다루는 일이 워낙 힘들기 때문에 역사상 모든 사회의 운명은 대개 그 지역의 물 자원을 공급하고 관리하는 능력에 달려 있었다.

일부 사회는 상대적으로 물이 풍부하고 쉽게 접근할 수 있는 데다가 변화가 적어서, 믿을 수 있는 수자원 환경 속에서 발전했다. 반면 어떤 사회는 수자원 면에서 취약하고 이용하기가 몹시 힘든 곳, 즉 물이 너무 부족하거나 너무 많은 곳, 설상가상으로 극심한 가뭄이나 홍수가 예측할 수 없을 만큼 자주 일어나서 안정적인 물 관리 계획이 불가능한 곳에서 발전했다. 각각의 독특한 환경은 그 사회의 조직 유형과 역사를 결정지을 기회와 제약이 된다.

물 조건은 늘 변화하므로 이에 끊임없이 적응해야 한다. 역사가인 아리엘 듀랜트와 윌 듀랜트는 이렇게 말한다. "매일 바다는 어딘가에서 땅을 침범하고 땅은 바다를 침범한다. 도시들은 물 밑에서 사라진다. (……) 강이 넘쳐나고 범람하거나 말라 버리거나 흐름이 바뀐다. 계곡은 사막이 되고 지협이 해협이 된다. (……) 비가 너무 적게 오면 문명은 모래 아래에서 사라진다. (……) 비가 너무 많이 오면 문명은 숲 아래에서 질식당한다."[12] 장기적으로 기후는 서서히 그러나 극적으로 바뀐다. 겨우 5000년 전에 사하라 사막은 하마와 코끼리, 소 치는 목동들이 돌아다니는 푸른 초원지대였지만, 그 후 물이 증발하거나 심층의 화석대수층(1만~2만 5000년 전에 형성되었으며 지하수가 거의 공급되지 않는 대수층 — 옮긴이)으로 흘러들어 가 버렸다. 반면 현재 말라 가고 바람이 거친 황허 강 북쪽의 평원지역은 황허 문명의 발생기에는 물이 흥건한 늪지였다. 문명이 뿌리를 내리는 곳이면 거의 어디에서나 인간이 초래한 숲의 황폐화, 물줄기의 전환, 관개계획 등으로 인해 건조화와 토양 유실이 심해지고, 식물의 생명을 유지해 줄 지구의 자연적인 비옥함이 파괴된다.

변화하는 물 조건의 도전에 사회가 당대의 기술과 조직을 동원해 어떻게 대응하느냐가 곧 역사를 결정짓는 핵심 동력이다. 거듭 이야기하지만 주도적인 문명이란 자연적인 물의 방해를 이겨내고, 이 필수불가결한 자원에 숨겨진 이익을 얻어 그것을 지렛대로 사용하는 데 성공한 문명이다.

2 관개농업과 문명의 탄생

화전에는 한 가지 결정적인 결점이 있었다. 불규칙한 강우량에 극단적으로 취약하다는 점이다. 이 같은 환경의 도전에 대응한 결과 역사상 가장 거대한 혁신 가운데 하나인 대규모 관개농업과 문명이 탄생했다. 초기의 관개농업 문명들은 모두 범람을 일으키고 토사를 운반하는 큰 강 주변의 반건조 지역에서 발전했다.

아널드 토인비는 『역사의 연구』에서 문명의 역사는 주로 환경의 도전에 대한 역동적인 응전 과정에 의해 추동된다는 유명한 주장을 했다.[1] 힘든 도전이 제기될 때 상승하는 사회에서는 탁월하게 문명화의 응전이 일어나지만, 쇠락하는 사회에서는 부적합한 응전으로 인해 정체와 종속, 그리고 붕괴가 일어난다. 환경의 도전 가운데 특히 중요한 것이 물이다.

역사상 언제나 수자원이 늘고 관리, 항해, 음용이 가능해지는 사회는 탄탄하게 오래 존속한다. 수자원의 통제와 공급 확대에 성공한 소수 사회는 정체와 단순 생존 수준이라는 규범적 조건에서 빠져나와 번영과 정치적 활력을 얻고, 더 나아가서 일시적으로나마 지배적 지위에 이른다. 흔히 물과 관련된 중요한 혁신은 경제, 인구, 영토의 팽창이라는 세계사의 주요 동력을 가져다준다. 반대로 도전을 극복하지 못해 최상의 수자원에서 멀리 떨어져 나가게 된 사회는 역사의 빈민으로 전락한다.

문명의 발전에서 물이 얼마나 주도적인 역할을 하느냐는 자연적이든 인공적이든 수로의 모습에서 확인할 수 있다. 수로는 탐험, 교역, 식민화, 군사 정복, 농업 팽창, 산업 발전 등 역사의 방향 지시 화살 같은 것이었다. 항해가 가능한 해로들이 모이는 곳, 주요 강들의 교차점 또는 조건이 좋은 항구들이 건설되는 곳이면 어디든 문명의 중심지로서 영향력이 큰 중심 도시들이 생겨났다. 세계의 주요 해로와 큰 강의 분기점을 통제하면 제국의 출입구를 장악한 것과 다름없었다. 문명의 발전 과정을 시간대별로 변화하는 전자 지도 위에 표시한다고 해 보자. 그러면 해안 지역에서 도시국가들이 강변 유역들을 통합해 가다가 가까운 바다로 확대해 나가고, 최종적으로는 서쪽 방향으로 세계의 대양과 수로의 연결을 확대해 가는 모습을 보게 될 것이다. 그것은 오늘날에 이르러 변덕스러운 움직임 끝에 전 지구적인 차원에서 경제와 문명을 통합해 가는, 더 긴밀하고 더 빨리 움직이는 웹으로 진화하고 있다.

물을 비롯한 핵심 자원을 집약적으로 사용하면서 팽창을 거듭하다 보면, 인구가 증가하고 이것이 소비를 확대해 결국 그 사회의 자원과 기술들을 완전히 소진시키는 것이 역사의 공통적인 유형이었다. 이런 현상을 피해 성장을 지속하기 위해서는 계속 새로운 혁신을 요구하는 새로운 도전이 필요하다. 이와 같은 인구-자원 방정식(사회 유지를 위한 상품을 충분히 생산할 수 있는 자원 및 노하우와 해당 사회의 인구규모 간의 늘 변화하는 균형)과, 자원 사용의 집약화 및 자원 고갈이라는 역동적인 사이클은 인간과 물의 역사에서 중심 주제이다. 역사에는 초기 성공의 결과 인구가 증가했다가 이로 인해 자원이 고갈되는 문제를 극복하지 못해 쇠퇴해 가는 사례들이 수없이 많다.

시대를 특징짓는 물 문제는 매번 다르게 진화한다. 어느 한 시대에 새로운 수단을 동원해서 수자원을 이용할 수 있도록 한 돌파구는 다음 시대에 물과 관련된 새로운 조건들이 되어서 다시 결정적 도전과 새로운 기회를 낳는다. 각 사이클의 전환기마다 수자원 이용의 방정식이 재조정되며 이로 인해 국가와 이해 집단 간 힘의 균형이 바뀐다. 역사상 언제나 성공적인 응전은 다음 다섯 가지의 중요한, 그리고 서로 연결된 물 사용 방식 가운데 적어도 하나에서 생산성이 증가한 결과였다. (1) 음용수, 조리, 위생 등 가내 사용 (2) 농업, 공업, 광업 등 경제적 생산 (3) 수차, 증기, 수력발전 등 수력의 힘을 이용하거나 반대로 열 발전 시 냉각수로 사용하는 것 (4) 수송, 혹은 군사, 상업, 행정적으로 전략적인 이점으로 작용하는 것 (5) 오늘날 특히 중요해진 역할로서, 생태 시스템이 자연적으로나 인공적으로 소진하고 퇴락하는 상황에서 그것을 유지해 주는 것. 이 주요 사용처 가운데 어디에서든 중요한 돌파가 일어났을 때(와트의 증기기관 개선이 그런 사례이다.) 지금까지 장애였던 물이 오히려 역동적인 팽창력으로 전환됨으로써 거대한 역사적 전환을 가능케 한다. 발전하는 문명은 팽창하면서 2~3개의 다양한 수리 환경들과 원래의 거주지들을 융합하곤 했다. 예컨대 강의 늪지대 삼각주와 상류 계곡의 연결, 수수와 밀을 재배하는 반건조 지역과 벼를 재배하는 녹음이 우거진 몬순기후 산비탈 지역의 연결, 또는 광대한 사막 또는 온화한 저지대 농업 지역과 기회가 넘치는 바다를 연결하는 것이 그런 사례들이다. 왕조의 쇠퇴와 문명의 쇠퇴는 똑같은 수리학적 단층선을 따라 일어난다.

물은 특별한 유대관계로 사람을 대지에 묶어 놓는다. 태아는 물속에서 성장한다. 인간과 환경은 땀, 호흡, 배출, 그리고 다시 물 보충의 자연적인 생물학적 사이클을 통해 서로 물을 교환한다.[2] 건강하고 활동적인 사람은 생기를 잃지 않기 위해서 하루에 적어도 2~3리터의 물을 마셔야 한다. 수분이 1퍼센트 부족하면 갈증을 느끼고 5퍼센트 부족하면 열이 난다. 10퍼센트 부족하면 마비가 오고, 12~15퍼센트의 수분 손실 상태가 일주일 정도 지속되면 사망한다.[3]

물과 인간 사이의 특별한 친연관계는 세계의 다양한 문화권의 창조신화에 물이 등장하는 점에서도 잘 드러난다. "거의 모든 신화는 생명의 기원을 물에서 찾는다."라고 신화학자인 조지프 캠벨은 말했다. "이상하게 보일지 모르지만 그것은 사실이다. 생명의 기원이 물이라는 점은 신화에서만이 아니라 과학에서도 사실이다."[4] 물은 그리스의 (지구를 구성하는) 4대 기본 요소 중 하나이고 고대 중국과 메소포타미아의 5대 원소 중 하나이다.[5] 물은 힌두교와 신도(神道)에서 이슬람교, 기독교, 유대교에 이르기까지 공통적으로 정화 의식에서 중심 역할을 한다. 전통적인 샤먼의 기우제 춤이든 고대 제왕의 제의적인 관개의 시작이든, 혹은 21세기 대통령이 참가하는 거대한 수력발전 댐의 개통식이든, 모든 인간 사회에서 충분한 물을 공급하고 통제하는 일은 정치적 정당성과 직결된다.

물의 고유한 자연적 특징은 문명권 사람에게 양날의 칼과 같은 도전을 제기한다. 물은 생존에 필요한 자원이며 잘 관리하면 사회에 엄청난 이익을 주지만 동시에 성장을 가로막는 가장 가공할 자연적인 제약이 되기도 한다. 물은 생명을 지탱해 주지만, 가뭄, 홍수, 이류(泥流, 진흙이 격렬하게 이동하는 사태 — 옮긴이)와 같은 파괴적인 충격을 통해 수많은 생명을 앗아 갈 수도 있다. 2004년 인도양의 쓰나미와 2005년 뉴올리언스 홍수 때 수십만 명이 사망한 것이 그 예이다. 인간은 살기 위해 물을 마셔야 하지만, 오염된 물을 마시거나 병원균에 감염된 고인 물에 노출되는 것은 질병, 유아 사망, 단명을 초래하는 역사상 가장 큰 요인이었다. 강, 바다, 혹은 물 없는 사막은 사회를 지켜 주고 제약하고 나누는 완충지대가 될 수도 있고, 반대로 소통과 교역을 원하는 사람들 간의 교량이 되거나 침략과 정복의 고속도로가 될 수도 있다. 관개시설은 경작지에 물을 대지만, 토양의 비옥함을 해치는 염분이 지표면에 쌓이는 결과를 낳는다. 역사를 바꾸는 물의 특별한 능력은 어떻게 발휘되는 것일까? 자연에서 끊임없이 잉여를 얻기 위한 투쟁을 벌이면서 수자원을 더 잘 관리하고 끊임없이 마실 수 있는 물을 더 풍부하게 제공하며 항해가 가능하도록 혁신할 수 있어야만, 그 사회는 물과 관련된 장애물과 제약에서 해방될 뿐 아니라 더 나아가서 물에 내재된, 그리고 흔히 감추어져 있는 성장 촉매 능력을 이용할 수 있는 것이다.

큰 강 주변에서 발전한 초기 관개농업 문명

초창기 역사에서 인류가 정주 농업으로 거대한 전환을 할 때 인간과 물 사이의 급진적 관계 변화는 가장 중요한 역할을 했다. 인류는 매우 오랫동안 수렵채집인으로서 철마다 물을 따라 옮겨 다니는 초원지대의 들소, 거대한 엘크 또는 맘모스 같은 거대 초식동물 떼를 쫓아다니거나, 그러는 도중에 식용 식물을 모으는 생활을 했다. 그러다가 약 만 년 전에 일부 부족들이 농경을 통해 자연을 인공적으로 변화시키는 경제생활을 시작했다. 수렵채집 시기에 원시인들은 보이는 대로 물을 이용했으나 정주 농민이 된 후에는 수자원 관리가 생존과 성장을 위한 핵심적인 일이 되었다.

수렵채집인들이 왜 갑자기 상대적으로 힘이 덜 들고 건강에 유리한 삶을 버리고 더 노동집약적이고 건강에도 불리한 농업 생활을 택했는지에 대한 가장 개연성 있는 설명은 기후와 물 조건상의 환경 변화에서 찾을 수 있다. 현재의 온난한 시기가 시작되는 시점에 지구온난화와 습도 증가로 인해 빙하가 북쪽으로 물러가고 툰드라의 이끼와 풀 역시 점차 북쪽으로 사라졌으며 그 자리를 빽빽한 온대 삼림이 차지했다. 이 때문에 짐승 떼가 먹이를 찾아 북쪽으로 올라가는 일이 더욱 많아졌다. 약 1만 2900년 전에 1300년 정도 지속되는 소빙하기가 갑자기 시작된 것 역시 동물들이 더욱 빠른 속도로 사라진 요인일 것이다.[6] 일부 집단은 그런 짐승 떼를 더 이상 추격하지 않고 더 작은 동물이나 물고기를 잡거나 개방된 벌판에서 자라는 식용 식물들을 채집하였다. 정주 농업과 가축화의 실험이 뒤를 이었다. 기후변화에 따라 대

초원에서 반건조 풍경으로 변화한 중동의 비옥한 초승달 지역에서 야생 보리나 에머 밀을 기초로 한 정주형 파종 농업이 서서히 등장했다. 이 지역 농부들은 나무가 많은 강변 유역의 산비탈에서 강수량이 풍부하고 배수가 잘되며 일하기 쉬운 땅을 찾아 경작하기 시작했다. 도구로는 돌이나 나무로 만든 단순한 도끼, 괭이, 낫을 사용했다. 나무껍질을 벗겨서 나무를 고사시키면 그 주변의 푸석푸석한 부식토에 파종한 씨앗에 햇빛이 충분히 든다. 두세 번 경작한 다음 죽은 나무를 태워 재를 뿌리면 완전히 지력이 고갈되었던 땅이라도 몇 차례 더 이용할 수 있다. 마침내 잡초들이 너무 번성하면 화전 농부들은 그 땅을 포기하고 또 다른 곳을 개간했다. 조건이 좋은 일부 지역에는 성벽을 두르고 관개농업과 교역을 하는 거주지가 생기기도 했다. 예리코는 아마도 세계에서 가장 오래된 진짜 도시일 것이다. 기원전 약 7000년에 카르멜 산의 낮은 경사면에 건설된 이 도시는 인구 3000명에 면적은 4만 제곱미터였으며 내부에 수조와 곡물 저장고, 탑이 있었다. 이 도시는 단물(염분기를 띤 쓴물과 대조적인)이 나오는 거대한 샘 옆에 있는데, 이 샘은 『성경』에 엘리사의 샘으로 알려져 있다. 한때 숲이었던 작고 비옥한 요르단 강 유역에 물을 공급했으며, 나중에 『성경』에 나오는 여호수아와 그의 히브리 인 추종자들이 이집트를 떠났을 때 이곳으로 불러들이는 역할을 한 샘이다. 예리코는 또한 귀중한 소금과 사해 교역로에 접근할 수 있는 위치에 있었다.[7] 소금은 사람이 먹는 주식이 곡물로 바뀌었을 때 체액을 유지하는 데 필수적이었다.

    화전에는 한 가지 결정적인 결점이 있었다. 불규칙한 강우량에 극단적으로 취약하다는 점이다. 이 같은 환경의 도전에 대한 대응은 역사상 가장 거대한 혁신 가운데 하나인 대규모 관개농업과 문명의 탄생을 낳았다. 초기의 관개농업 문명들은 모두 범람을 일으키고 토사를 운반하는 큰 강 주변의 반건조 지역에서 발전했는데, 대개 강우 농경을 하기에는 비가 너무 적게 오는 곳이었다. 최초로 문명이 발전한 메소포타미아에서는 산지의 농부들이 페르시아 만 입구 근처 티그리스-유프라테스 강 유역에 있는 수메르 지방의 돌 없고 진흙땅인 범람원이나 늪지로 이주했다.[8] 비가 적게 오고 치명적인 수인성 질병들이 창궐하는 험악한 말라리아 지방인 데다가 극심한 홍수와 가뭄이 맹위를 떨치는 곳으로 농부들이 이주해 가는 현상은 우리의 직관으로는 이해하기 어려워 보인다. 그러나 이 강들에는 모든 결점을 보상하고도 남는 두 가지 탁월한 자산이 있다. 하나는 연중 계속 대량으로 흘러오는 안정적인 물 공급이고, 다른 하나는 범람과 함께 경지로 밀려와서 쌓이는 충적토이다. 관개시설을 건설하고 유지만 잘한다면 안정적인 물 공급과 충적토는 강우에 의존하는 산지의 농업에 비해 몇 배 더 많은 수확을 올릴 수 있는 조건이 된다. 밀이나 보리, 수수 같은 한두 가지 주산물에 특화한 농업 공동체들은 관개기술을 이용해 잉여 생산물을 얻으며, 이것을 범람이 지나치거나 부족한 흉년에 대비해 비축할 수 있었다. 이런 농업 잉여는 또 인구 증가, 대도시, 그리고 예술, 문자, 조세, 대규모 국가 등 문명의 초기 표현물들을 가능케 했다. 이것들은 모두 근대 사회의 선구자들이다. 갈대와 목재로 만들고 노와 돛으로 동력을 삼는 뗏목이 개발된 후 강은 교역, 소통, 정치적 집중 등에 이용되는 고속도로가 되었다. 조직이 개선되어 정치권력이 집중되고 농업 생산이 증대되자 이런 강을 근거로 한 초기 관개 문명들은 역사상 최초의 제국이 자라나는 요람이 되었다.

밀이 아닌 다른 식량 작물을 기본으로 하는 지역에서도 관개농업 사회가 발전했다. 기원전 3000년 대에는 동남아시아 몬순지역의 강 유역에 있는 천수답에서 이앙(移秧) 벼가 대규모로 재배되었다. 이런 논농사에서도 역시 정교하고 노동집약적인 물 관리가 필요했다. 빗물을 가두고 벼를 이식하고 정확한 시기에 정확한 수준으로 물을 대거나 빼는 식의 관리를 잘하면 훨씬 인구가 많고 문명화된 공동체를 지탱할 수 있었다. 그렇지만 몬순지역의 습식 벼 재배는 강을 이용한 관개시설로 밀을 재배하는 반건조 지역에서처럼

1   벼농사를 하려면 물을 집약적이고 정교하게 관리해야 한다. 19세기에 중국 농부들이 전통적인 방식으로 파종하고 나무로 만든 답차식 펌프로 물을 퍼 올리고 있다.(위) 2008년 에티오피아 고원지대의 농부가 밭을 가는 방식은 역사 초기의 방식에서 거의 변하지 않았다.(아래)

규모가 큰 정치적 집중화는 가져오지 못했다. 계절적인 강우는 독립적인 소공동체가 유지될 수 정도의 자연수만 제공했을 뿐이다.⁹ 이 공동체들은 중앙집중화된 정부의 통제를 필요로 하지 않거나 혹은 잘 저항했다. 사실 초기 습식 벼 재배 사회를 보면 수자원의 존재 양태가 그 사회 정치체제의 성격에 지대한 영향을 미친다는 사실을 확인할 수 있다. 대체로 부를 창출하는 수자원에 쉽게 접근할 수 있고 수로가 교통의 근간을 이루는 동시에 관개시설이 설치된 지역이 아닌 곳에서는 더 작고 탈집중화되고 덜 권위적인 체제가 유리하다.

대규모 관개 사회들이 성립되고 천 년이 지날 무렵부터 강우에만 의존하던 지역으로 문명이 전파되어 갔다. 이는 느리게 진행되긴 하지만 역사상 가장 지속적인 힘 중 하나이다. 밀 재배 지역에서는 가축의 노동력을 이용한 나무 쟁기가 핵심적인 발전 요소였다. 이것으로 마을 공동체 전체를 유지하기에 충분히 넓은 땅을 경작할 수 있었다. 그렇지만 강우에 의존해서는 결코 잉여생산, 밀집한 인구, 대문명과 제국이 탄생하지 않았다. 그들이 세계무대에서 전성기를 누린 것은 다음 시기에 개발된 다른 기술 덕분이다. 그렇다고 할 때 농업이 부의 근원이던 시대 전체를 통해, 물이 풍부하고 관개를 하는 국가들과 물이 부족하고 인구가 희박하며 상대적으로 가난하고 규모가 작은 강우 의존형 국가들 사이에 인류 문명을 가르는 핵심 구분선이 그어진다.

이와는 또 다른 두 가지 역사적 구분선 역시 물 사용과 관련이 있다. 하나는 고대 관개 제국들의 주변 지역에서 해상 활동을 하는 문명들이 서서히 등장했다는 점이다. 이곳들은 국내의 농업 생산성이 낮아서 주로 이웃 국가들과 교역을 통해 소득을 얻었다. 해상 교역은 물의 부력을 이용한 빠르고 값싼 항해 가능성을 이용하는 것이다. 상대적으로 잔잔하고 닫힌 바다인 지중해에서는 그 조건에 맞게 돛과 노로 동력을 얻는 화물선이 등장한 후 이것이 점차 발전을 거듭해서 기원전 2000년 대에는 엄청난 역사적 힘이 되었다. 지중해, 홍해, 인도양에서 해상 교역을 하는 상인들은 문화의 경계를 넘는 교환 그리고 시장가격에 근거한 상업적 교환을 가속적으로 발전시켰다. 이를 바탕으로 수 세기 동안 작지만 활기차고 규제를 벗어난 경제 영역들이 확산되었는데, 근대 시장경제의 초기 발전이 여기에서 이루어졌다고 할 수 있다.

다른 물 관련 구분선은 '야만인'과의 구분이다. 이는 원시적인 수렵채집인들의 후손인 유목민들과 점차 확대되는 문명화된 농경 거주민들 사이의 사회조직 및 생활양식의 실존적 충돌이라 할 만하다. 중앙아시아 스텝 지역, 아라비아 반도 사막의 베두인 족, 긴 보트를 타고 강을 따라 내려가던 시기의 후대 바이킹 등 군사 기술이 뛰어난 야만족들은 훨씬 수는 적지만, 물 여건이 불리하고 생산성이 떨어지는 지역에서 물을 찾아 가축을 몰고 다니다가 문명화된 거주지역과 교역을 하기도 하고 그들의 힘이 충분히 강할 때면 약탈하거나 조공을 강요했다. 그들은 주기적으로 위대한 전사 지도자 아래 막강한 세력을 형성하여 침략을 감행했는데, 이를 통해 세계의 문명화된 제국들에 충격을 가하고 지배하고 최종적으로는 활력을 불어넣었다. 역사상 대체로 네 번의 야만족 침입의 물결이 있었다.[10] 이것은 기원전 1700~1400년 기간에 전차를 모는 청동기 시대 전사들의 침입에서 시작하여 서기 700년대부터 14세기까지 지속된 투르크-몽골계 침입으로 끝난다. 14세기가 되면 화약의 힘과 인력의 우위로 인해 정주 문명이 우위를 차지한다. 전 세계적으로 문명사회의 느리고 발작적인 팽창은 관개 및 강우 농경상의 도약 또는 퇴보와 동시에 일어났는데, 이 가운데 몇 가지는 세계사의 획기적 사건이 되기도 했다. 농사가 발달한 곳이면 어디서든 인구가 늘어난다.[11] 기원전 8000년에 지구상에는 400만 명의 수렵채집인들만 살고 있었다. 기원전 5000년 이후가 되면 천 년마다 두 배씩 인구가 늘어났다. 기원전 1000년에는 인구가 5000만 명이 되었다. 이 시점에서는 제국들

2 관개농업과 문명의 탄생 _____ 35

이 번영을 누리며 질서를 잡은 덕분에 인구 증가 속도가 더 빨라졌다. 한제국과 로마제국이 존재하던 서기 2세기 말에는 약 2억 명의 사람들이 지구에 살고 있었다. 와트의 증기기관이나 산업혁명으로도 문명의 농업 의존도를 축소하지는 못했다. 그 대신 21세기 초에 65억에 달하는 세계 인구의 수요를 충족하는 생산 혁신을 불러왔다. 세계적으로 경지 면적, 수량, 농업 기술 등이 극적으로 발전하고 팽창했지만 인간이 식량을 확보하기 위해 관개 사업에 크게 의존한다는 사실만은 고대 이래 변하지 않았다. 오늘날 세계 식량의 5분의 2는 관개 농지의 5분의 1도 안 되는 곳에서 생산된다. 모든 인간 사회는 고대 초기 문명에서 행한 관개작업의 유산을 나누어 가진 것이다.

3   세계 4대 문명과 초기 제국들

수천 년 동안 권위주의적 관개 사회는 세계에서 가장 발달한 문명들을 낳았다. 비록 수리 모델은 계속 변화하고 대체되었지만, 역사 내내 지속되는 주목할 만한 원형을 만들어 냈다. 어떤 시대든 거창한 물 프로젝트는 대규모 중앙집권화된 국가의 막대한 자원 동원과 함께 이루어졌다.

고대사에서 가장 두드러지는 공통 특징은 세계 4대 문명 모두 범람이 일어나고 통행이 가능한 대규모 강 주변의 반건조 환경에서 밀, 보리, 수수를 경작하는 관개농업 사회로 성장했다는 점이다. 나일 강의 이집트 문명, 티그리스와 유프라테스 쌍둥이강 주변의 메소포타미아 문명, 인더스 강 유역의 인더스 문명, 황허 강 중류의 황허 문명은 물론 차이는 있지만 유사한 정치 경제적 성격들을 공유한다. 이 문명들은 위계적이고 중앙집중적이며 권위적인 국가로서, 신과 친족관계에 있다거나 신의 위탁을 받았다고 주장하는 세습 전제군주가 사제 및 관료 엘리트층의 협조를 받아 통치한다. 모든 권력은 물의 관리를 통해 위에서 아래로 부과된다. 물 관리는 경제 생산의 최고 요소이며 일반 대중들의 노동을 통해 이루어진다.

카를 비트포겔은 1957년에 출판한 고전적 저서 『동양적 전제주의』에서 중앙집중화된 권위주의 국가와 전문화된 대중 관개농업 사이에 인과관계를 설정했다. 이른바 수리사회(水理社會)에서 가장 중요한 과제는 토사가 가득하고 범람이 자주 일어나는 강의 잠재적인 가능성을 어떻게 집약적으로 이용하는가이다. 강이 클수록 잠재적인 부와 인구 밀도, 그리고 수리국가의 지배력도 커진다. 그렇지만 오직 집중화된 계획과 권위적 조직만이 거대한 규모의 수자원을 최대한 생산적으로 이용할 수 있다. 잉여 생산을 획득하는 일은 어떻게 범람이라는 재앙을 막는 동시에 적절한 시간에 적절한 곳에 적절한 양의 물을 공급하느냐에 전적으로 달려 있다. 그러려면 농한기에 수십만 혹은 수백만의 농민을 강제로, 혹은 더 나아가서 잔인하게 동원하여 관개시설과 배수용 운하, 수문, 물 저장 댐, 보호용 도랑과 제방, 기타 물 관련 시설들을 건설하고 유지해야 했다.

    비트포겔에 의하면, 양이 많고 본질적으로 관리가 어려운 물의 물리적 성질로 인해 "대규모 노동으로 풀 수 있거나 아니면 전혀 풀지 못하는 기술적 과제"가 생겨난다.[1] 일단 물 관련 사업을 위해 등록되고 조직된 인력은 국가가 언제든지 징발하여 수리문명의 다른 거대한 기념물들(피라미드, 사원, 궁전, 정교한 성벽 도시, 또는 중국의 만리장성 같은 수비 방벽 등)을 짓는 데 사용했다. 자신의 수리이론을 보충하는 증거로 비트포겔은 후대에 신대륙에서도 신정정치적이고 권위주의적이며 거대한 공공 기념물을 건설하는 농업 사회로서, 놀라울 정도로 빠르고 쉽게 자라나는 옥수수와 감자를 기반으로 하며, 마찬가지로 노동 집약적 물 관리라는 도전에 응해야 하는 사회가 건설되었다는 사실을 지적한다.[2] 대표적으로 중앙아메리카 열대 저지대의 습한 언덕에서 농업을 영위하는 올멕 마야 사회, 그리고 메마른 안데스 산맥의 고원지대에 관개수로로 연결된 테라스식 농업을 하는 잉카 사회를 들 수 있다.

    비트포겔의 수리사회 이론은 수십 년 동안 많은 논란을 일으켰다. 그중에는 관개 작업을 위한 협업의 필요성이 거대한 중앙집권 국가를 만들었는가 아니면 그 반대인가 하는 문제도 포함되어 있다. 그러나 그런 논란은 가장 중요한 사실을 놓치고 있다. 그 두 요소는 상호 보충적이며 서로가 서로를 강화한다는 점이다. 그런 사회에서 권력과 사회 조직은 물 공급을 둘러싼 엄격한 중앙집중적 통제에 달려 있다. 자연적인 원인이든 정치적인 원인이든 물의 흐름이 끊기면 수확이 줄고 잉여가 사라지며 왕조와 제국의 기반이 흔들리고 기근과 무정부상태가 전체 사회를 위협한다. 고대 수리사회는 두 가지 조건이 공존할 때 번영했다. 우선 국가가 통제하는 관개사업에 수자원이 집중되었을 때, 그리고 두 번째로 항행이 가능한 주요 강이 존재해서 지역 간의 소통, 상업, 행정, 군사 배치 등을 통제할 때이다.

수천 년 동안 권위주의적 관개 사회는 세계에서 가장 발달한 문명들을 낳았다. 비록 수리 모델은 새로운 사회구성체가 등장하면 보충되고 결국 대체되었지만, 어쨌든 역사 내내 지속되는 주목할 만한 원형을 만들어 냈다. 어떤 시대든 거대한 자원을 동원해야 하는 거창한 물 프로젝트는 대규모 중앙집권 국가의 막대한 자원 동원과 함께 이루어졌다. 이런 수리국가의 자취는 20세기에 자유민주주의 국가든 공산주의 국가든 혹은 전체주의 국가든 모두(흔히 전후 복구시대 초기에) 거대한 댐을 만든 사실에서 찾을 수 있다.[3]

고대 이집트의 흥망성쇠를 결정지은 나일강 범람

고대 이집트는 수리문명의 원형이다. 나일 강은 완벽한 수로였다. 기원전 460년에 이곳을 방문한 그리스의 역사가 헤로도토스는 이집트가 "나일 강의 선물"이라는 유명한 말을 했다. 사실 이집트의 역사는 거의 언제나 나일 강과 그 주변 지역에서 어떤 현상이 일어나느냐에 따라 결정되었으며, 그것은 지금도 마찬가지이다.

나일 강은 비가 거의 오지 않는 이집트에 필요한 거의 모든 것을 제공한다. 그것은 유일한 관개용수이며, 연례적으로 범람하는 강물은 경작에 필요한 두껍고 스스로 갱신되는 비옥한 흑토층을 가져온다. 다른 큰 강과 달리 홍수는 거의 시계처럼 예측 가능한 정해진 시기에 시작했다가 끝나며, 파종 및 수확 주기와 기적적으로 일치한다. 이곳은 관개를 관리하기에 가장 쉬운 지역 중 하나이다. 이집트 농부들은 다만 둑, 수문, 확장 수로, 제방을 만들기만 하면 됐다. 강 너머 저지대의 경작지에 댈 정도로 충분한 물을 제방으로 가두고 넘치는 물은 다음 저지대로 흘려보냈다. 나일 강은 경사가 아주 커서 배수가 원활하게 이루어졌다. 그 결과 인공 관개 시스템을 건설한 곳에서는 늘 문제가 되는 토양 오염물이 이곳에서는 쌓이지 않고 쓸려 내려갔다. 나일 강은 주요 관개 시스템 중에서는 유일하게 자체지속적이었다.

나일 강은 또 다른 자연 혜택을 입어 양방향으로 운행이 가능했다. 물결과 바람이 일 년 내내 반대 방향으로 움직이기 때문에 하류로 갈 때에는 물의 흐름을 이용하고 상류로 갈 때에는 바닥이 넓은 단순한 거룻배에 사각돛을 달고 올라갈 수 있었다.

마지막으로 강둑 너머에 있는 넓고 물이 없는 사막 지역은 방어용 장벽 역할을 해 고대 이집트 문명은 수 세기 동안 대규모 침략을 받지 않고 고립되었다. 이집트가 큰 강 하나에 모든 것을 의존한 결과 이집트의 권력이 하나의 중심으로 향하는 현상은 단순하고 전체적이고 항구적이었다. 역사 내내 나일 강을 지배하는 자가 이집트를 지배했다.

그러나 나일 강의 혜택은 파라오의 통제를 넘어서는 예측 불가능한 변수, 곧 강의 연례적인 홍수에 좌우되었다. 지나친 홍수는 모든 마을을 물에 잠기게 하고 경지를 쓸어가 버렸다. 수면이 낮아지는 해는 그보다 훨씬 더 나빠서, 물과 토사가 부족해 기근과 절망의 카오스를 가져왔다. 이집트의 장구한 역사 내내 왕조의 흥망성쇠는 놀라울 정도로 나일 강 범람의 순환과 일치했다. 범람이 적절하게 이루어진 시기에는 잉여 식량이 생기고 나일 강 유역의 상이집트와 늪지 삼각주 지역의 하이집트가 통합되었으며, 급수시설의 팽창, 이집트 문명의 영광을 드러내는 신전과 기념물, 그리고 왕조의 회복이 가능했다. 이에 비해 저수위가 계속되면 결핍과 분열, 왕조의 몰락으로 이어졌다. 나일 강의 물이 없으면 현명한 자든 타락한 자든 효율적으로 통치할 수 없었다. 이렇게 되면 파라오 왕국은 강 유역과 삼각주 지역으로 분열되었으며, 종종 군벌들이 지배하고 도적떼의 위협을 받는 서로 경쟁하는 구역들로 갈라졌다.

고대 이집트의 역사는 고왕국(기원전 3150~2200년), 중왕국(기원전 2040~1674년), 신왕국(기원전 1552~1069년)이라는 세 시기로 구분되며, 각각 왕국의 몰락기에 1차, 2차, 3차 중간기가 존재한다.[4] 나일 강의 범람은 수확 후 조세를 결정하고 전반적인 통치를 하는 데 너무나 중요했기 때문에 이집트 역사의 초기부터 사제층의 기술 관료들이 '나일 강 수위계'로 꼼꼼히 조사했다.[5] 이 수위계는 눈금을 새긴 돌을 말하는데 원래 강변의 신전들에 설치했다. 나일 강 수위계 기록을 보면 이집트 지배자들의 운명은 나일 강 범람 수위의 순환적인 변화에 따라 결정된다는 것을 알 수 있다. 간단히 말해서 나일 강의 리듬은 식량생산, 인구규모, 왕조의 범위, 평화와 투쟁의 조건 등 이집트의 역사와 삶의 핵심 변수들을 규정하는 틀로 작용했다.

문제는 나일 강 범람 수위가 이집트의 국경 너머에서, 즉 청나일(Blue Nile)의 상류에 떨어지는 여름 몬순의 강우량에 의해 결정된다는 점이었다. 청나일은 고도 1828미터가 넘는 에티오피아의 아비시니아 고원에 있는 한 샘에서 발원한다. 오늘날에는 에티오피아 정교회가 이 샘을 숭상한다. 나일 강의 다른 지류인 백나일(White Nile)의 최남단은 아프리카 적도의 호수 지역인 부룬디의 한 샘에서 기원한다. 청나일과 백나일은 하르툼 바로 북쪽 누비아 사막에서 합쳐져서 이집트 국경 안으로 들어온다. 지중해에 닿기까지 모두 6670킬로미터에 이르는 나일 강은 세계에서 제일 긴 강이다. 그러나 수량은 상대적으로 적은 편이다.[6] 나일 강의 수량은 어마어마한 아마존 강의 2퍼센트에 불과하고, 콩고 강의 12퍼센트, 양쯔 강의 15퍼센트, 미시시피 강의 30퍼센트, 그리고 도나우 강, 인더스 강, 미국의 컬럼비아 강의 70퍼센트에 해당한다. 사실상 이 강물 중 비가 안 내리는 이집트의 덥고 건조한 땅에서 기원한 것은 전혀 없다. 백나일의 강물 중 절반 정도는 이집트로 들어오기 전에 수단에서 증발해 버리므로 이집트 문명을 지탱하는 강물의 5분의 4와 귀중한 토사의 대부분은 에티오피아의 고원지대와 깊은 협곡에서 기원한 것이다.

매년 여름 몬순 강우로 인해 에티오피아의 나일 강 지류들이 불어나며, 이 때문에 하류의 흐름이 격렬해지고 해마다 홍수가 발생한다. 5월이면 북부 수단에서 수위가 상승하여 6월에 남부 이집트 아스완 근처의 제1폭포에 도달한다. 9월이 되면 나일 계곡의 범람원 전체가 검붉고 탁한 호수 아래 잠겼다가 강 주류를 따라 물이 서서히 빠지고 나면 그 뒤로 비옥한 흑토가 강한 냄새를 풍기는 두꺼운 잔존물로 남는다.[7] 단순한 관개시설로 강물의 범람을 관리하는 이집트는 고대 지중해 세계에서 가장 부유한 곡창지대가 되었다. 농부들은 홍수로 물에 잠긴 땅에 파종하고 홍수가 지나간 4~5월에 수확한다. 여름 초반에는 뜨거운 태양 아래 토양이 구워지고 갈라져서 공기가 통하게 되어 지력을 회복한다. 땅 위에 씨앗을 뿌리고 나무로 만든 '긁는 쟁기(괭이 비슷한 형태로서 바퀴가 없는 도구이며 가축을 이용해 끈다.)'로 흙을 덮는다. 수천 년 동안 매년 범람이 일어나 960킬로미터 정도 펼쳐진 좁은 나일 유역을 따라 강의 양쪽에, 사람들이 거주하기에 적합한 3미터 높이의 자연 제방이 형성되어 있다. 제방 바로 너머에는 농사를 짓는 저지대가 펼쳐져 있는데, 그 전체 면적은 현재의 스위스보다 좁다. 농부들은 이곳에 나일 강의 물과 토사를 끌어 들여서 에머 밀과 보리를 재배하는 것이다.

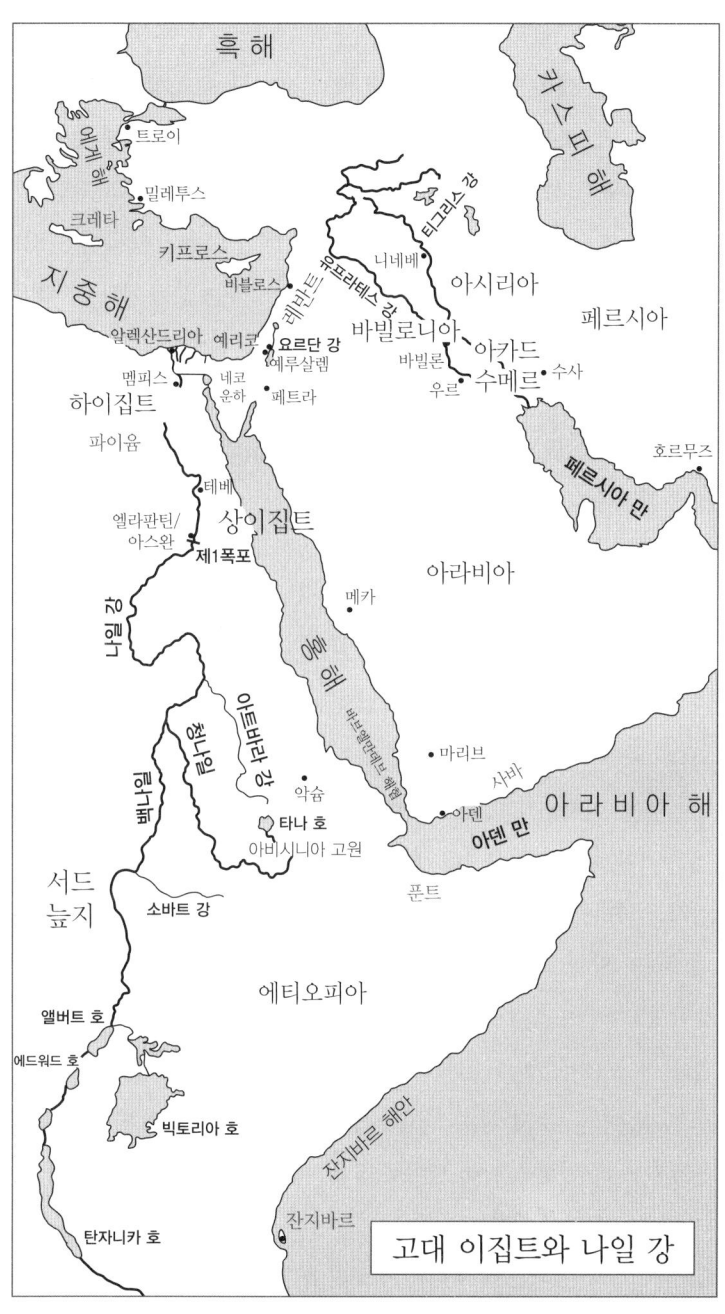

이집트의 나일 강은 수리학적으로나 정치적으로 두 개의 상이한 지역으로 구분된다. 상이집트는 아스완의 제1폭포에서 시작되는 나일 유역이다. 그리고 카이로 바로 북쪽에 자리한 160킬로미터 길이의 부채 모양 삼각주가 하이집트를 구성한다. 풍요롭고 미궁같이 복잡한 이 지역의 지형과 역사는 부분적으로 지중해의 해수면 변동에서도 영향받았다. 왕국이 강력할 때는 한 명의 파라오가 각각 삼각주와 계곡을 상징하는 붉은색과 흰색의 이중왕관을 썼다.

이중왕관을 처음 쓴 파라오는 전통적으로 이집트의 설립자로 받아들여지는 메네스, 일명 전갈 왕이다.[8] 그는 상이집트의 군주였다가 기원전 3150년경에 삼각주를 정복했으며, 삼각주의 머리 부분인 멤피스에 수도를 정했다. 그 이전 수 세기 동안 삼각주와 강 유역 모두에서 십여 명의 독립적인 영주들 간에 전쟁이 치러진 끝에 권력이 정립되었다. 이 영주들의 조상은 원래 이주하며 살아가다가 이 지역의 기후가 점차 건조해지자 물이 풍부한 강변 지역에 정주하게 된 수렵채집 집단의 지도자였다. 메네스가 의식적(儀式的)인 지위를 가리키는 것이라고도 하고 혹은 실제 역사상의 왕으로서 아마도 초기 지배자인 나르메르라고도 하지만, 어쨌거나 그의 전설은 이집트 문명의 핵심적인 기원을 정확히 설명해 준다. 그 자신이 관개사업과 동일시될 정도로, 이상적인 파라오의 근본 의무는 나일 강의 흐름을 통제하는 것이었다. 예컨대 메네스의 왕실 의례용 철퇴(1897/9년에 이집트의 히에라콘폴리스에서 고고학자들이 발굴한 것으로 실제 무기가 아니라 의례용이었다. 철퇴의 머리 부분에 흙을 파는 파라오의 모습이 그려져 있다 — 옮긴이)에는 그가 계곡을 나타내는 흰 왕관을 쓰고 킬트를 두르고 황소 꼬리가 달린 허리띠로 묶는 요의(腰依)를 입은 채 관개용 운하 건설을 위해 괭이로 땅을 파면 옆 사람이 그 흙을 바구니에 담는 모습이 그려져 있다.

메네스의 철퇴는 군주들이 방조문을 열고 닫는 일, 농민들의 토지에 관개수를 배당하는 일, 물 관리 시설 건조를 감독하는 일을 한다는 점에서 다른 수리사회들의 기록과 일치한다. 이보다 더 오래된 수메르의 수리문명은 초기부터 바다를 통해 이집트와 접촉하면서 고대 이집트의 방법과 도구의 발달 과정에 영향을 미쳤다. 고대 이집트의 수리국가적 성격은 세계 최초로 기록에 남은 15미터 높이의 거대한 석조 댐에서도 확인할 수 있다.[9] 이 댐은 기원전 2900년경에 수도인 멤피스를 홍수로부터 지키기 위해 세워졌다. 카이로 남쪽으로 32킬로미터 떨어진 곳에는 이와 유사한, 기원전 2950년과 2700년 사이에 만들어진 것으로 보이는 높이 11미터, 하단 길이 80미터의 바깥에 돌을 두른 토질 저수 댐 유적지가 있다. 그러나 사실 고대 이집트에서는 홍수 시기에 관개수를 빼기 위한 목적으로 흙과 나무로 만들어 대개 생명이 짧았던 배수용 댐이 더 흔했다.

나일 강이 제공하는 유리한 조건과 그것을 이용한 강 유역의 단순한 관개농업은 고대 이집트의 문화, 사회, 일상생활의 모든 면모를 결정지었다. 위계적인 이집트 국가기구의 최정점에는 파라오가 있는데, 고왕국에서는 살아 있는 신으로 받들어진 이 절대군주는 모든 토지의 소유주이자 강을 통제하는 자이다. 그를 보좌하는 엘리트 사제-관리자들은 '제방 검사관', '운하 사업 총괄인', '나일 강 수위계 감사인' 같은 직책을 맡고 있었다. 사제들의 신성한 권위는 언제 홍수위가 상승하고 줄어드는가, 언제 파종하고 작물을 심는가 하는 문제, 그리고 지속적인 물 관리사업의 기술적 문제처럼 핵심적인 비전(祕傳)을 소유한다는 데서 확인된다. 국가의 전체주의적 성격은 풍년에 얻은 잉여 곡물의 중앙집중적 수집, 저장, 분배를 통해 뒷받침된다. 물 관리 사업을 비롯한 국가 기획 사업들은 세계사에서 가장 오래된 인력 징발 방식인 계절별 강제 사역으로 시행되었다. 파라오와 국가에 대한 농민들의 의무는 너무나 절대적이어서 심지어 사후에도 지속되었다.[10] 농민들은 흔히 진흙으로 만든 조각상과 함께 묻혔는데, 이는 사후에도 노역의 의무를 다한다는 상징이었다. 물의 통제는 또한 이집트의 초기 과학과 예술 발전에도 기여했다. 유식한 엘리트들은 농업에 도움이 되는 달력과 홍수 뒤에 땅을 다시 평평하게 하거나 측량하는 도구들을 만들어 내고, 나일 삼각주의 갈대로 만든 파피루스에 행정 기록을 남겼다. 가장 오래된 종이 형태인 파피루스는 제조업에서 물을 사용한 가장 오래된 사례에 속한다. 파피루스는 갈대의 바깥 껍질을 벗겨 내고 줄기를 가느다란 가닥으로 잘라 여기에 물을 부어서 원래 지니고 있는 점성을 강화한 후, 이 얇은 가닥들이 층을 이루게 한 다음 누르고 말려서 만들었다.

역사적으로 늘 반복되듯이 파라오 권력의 두 번째 핵심 요소는 수상 교통로 통제였다. 파라오는 나일 강 위 선박의 운행을 통제함으로써 사람과 상품의 이동을 관리했는데, 이는 결과적으로 전 이집트를 지배하는 유효한 수단이 되었다. 곡물, 기름 같은 상품을 실은 거룻배들은 멤피스에서 테베, 그리고 엘레판티네 섬까지 왕래했으며, 기원전 2150년 이후에는 현재의 수단에 위치한 누비아까지 도달했다. 그해에 아스완 폭포에 단단한 화강암을 뚫고 운하를 열었던 것이다. 나일 강의 교통 동맥들, 풍요로운 계곡과 삼각주, 주변 사막 지역의 보호 기능 덕분에 이집트 문명은 세계 역사상 가장 내향적이고 변화가 없는 데다가 엄격하게 질서가 잡혀 있었으며 가장 오래 유지되었다. 그러나 이집트의 강 유역에서는 일정 수준 이상으로 생산을 늘리기 어려운 단모작 방식의 단순한 농업이 행해졌다. 이 때문에 이집트 인구의 최대 수준이 고정되었으며, 나일 강의 범람 수위가 낮은 시기에는 기근과 불안정성에 빠졌다.

기원전 2270년 이후에는 고왕국의 중앙 권위와 문화적 위엄이 지방 영주들 간의 무정부적인 투쟁, 도적떼들, 그리고 기근으로 인해 서서히 위축되었다. 지중해 지역이 최고로 건조해지던 시기에(이때는 메소포타미아 문명까지 지장을 받았다.) 나일 강 수위가 낮아지고 그 결과 농업 기반이 무너졌다.

지역 영주들 간 투쟁과 분열로 얼룩진 이집트 문명의 첫 암흑기는 거의 200년이나 지속되었다. 나일 강의 수량이 다시 풍부해지자 농업 생산이 살아났고, 기원전 2040년경에 상이집트에 있는 테베의 지도자들이 군사 정복과 외교를 통해 중왕국으로 통일을 이루었다. 중왕국의 회복은 새로운 대형 물 프로젝트와 식량생산 증대와도 관계가 있다. 이는 나일 강 수위가 높아지면서 형성된 파이윰이라 불리는 늪지대까지 경지가 확대되었기 때문이기도 했다. 아마도 『성경』에 나오는 야곱 가문이 가뭄과 정치적 혼란이 지속되는 팔레스타인을 떠나 이집트의 삼각주 지역으로 간 것도 중왕국의 번영기에 있었던 일로 보인다.

이집트가 최초로 전면적인 외적의 침입을 당했을 때는 가뭄이 계속되는 바람에 중앙 정부의 대응이 약했다. 기원전 1647년, 청동기 시대의 전차를 모는 전사 집단으로서 셈 계 아시아 인인 힉소스 인들이 점차 방어가 허술해진 시나이 사막 변경을 뚫고 이집트로 침입해 들어와서 거의 아무런 저항도 받지 않은 채 삼각주 지역을 장악했다. 힉소스 인의 정복으로 이집트 역사는 충격적일 정도로 크게 바뀌었다. 고립된 환경과 강 상태의 예측 가능성 덕분에 오랫동안 지속되어 온 이집트의 고정된 질서와 안정이라는 문화적 상태가 강제로 종식된 것이다.

증오의 대상이던 힉소스 인들이 한 세기 후에 마침내 완전히 축출되고 향후 약 500년 정도 지속될 신왕국으로 재통일되었을 때, 이집트의 문화적 재생의 힘이 외부로 강력하게 뻗어 나갔다. 해상 교역이 광범위하게 확대되었고, 유프라테스 강에 이르는 레반트 지역과 남쪽의 누비아 지역을 군사적으로 정복하려 하였으며, 룩소르와 카르나크(현재의 테베)의 거대한 신전 같은 문화 기념물을 건설했다. 신왕국의 르네상스는 나일 강 범람 수위가 적절했던 3세기 동안과 일치한다.

수확량이 증가한 데는 아주 오래된 양수 도구인 방아두레박의 사용도

한몫했다. 수 세기 전에 메소포타미아에서 개발되어 마침내 이집트까지 전해진 방아두레박을 이용해 하루에 2300리터의 물을 길어 올릴 수 있었다. 이는 받침점 위에 놓인 긴 장대 한쪽에 양동이가 달려 있고 다른 한쪽에는 돌이 매달려 있는 형태의 도구이며 두 사람이 작동했다. 한 사람이 양동이에 물을 담으면 다른 사람은 돌을 내려서 물을 퍼 올린 다음 관개용 물길로 쏟아서 밭으로 물을 흘려 보낸다. 방아두레박 덕분에 이집트 농부들은 홍수 기간이 아닌 때에도 보조 경작지에 물을 댈 수 있었다.

다음 세기부터는 나일 강에 더 강력한 양수 도구가 사용되었다. 그리스의 박식가 아르키메데스가 발명한 '아르키메데스의 나선 펌프'는 기원전 332년 알렉산드로스 대왕이 이집트를 정복했을 때 도입되었는데, 방수가 되는 긴 튜브에 거대한 코르크스크루(코르크 마개를 돌려서 따는 도구)를 집어넣은 형태로서 손으로 크랭크를 돌리면 홈을 따라 강물이 올라왔다. 가장 중요한 도구인 노리아(noria)는 기원전 6세기에 페르시아 인 정복자들과 함께 도입되었다. 노리아는 밧줄로 묶인 소들이 원형으로 돌며 바퀴를 돌리면 바퀴에 달린 양동이들이 물을 퍼 올리는 도구였다. 물이 담긴 양동이들이 꼭대기로부터 내려오면서 물을 파이프나 수로로 흘렸다. 기원전 첫 1000년기에 이집트에서는 노리아 하나로 4미터까지 물을 퍼 올렸으며, 농사철이 아닌 비철에 두 번째 경작을 하면서 4만 8000제곱미터에 물을 댈 수 있었다. 이는 또한 늪지의 배수 작업에도 사용되었다. 성질상 무겁고 부피가 큰 물을 들어 올려 옮기는 양수 기술이 발달하면서 그리스와 로마 정복기에 관개된 경지 면적이 10~15퍼센트나 늘었다. 노리아는 워낙 강력한 도구였기 때문에 20세기에 전기나 가솔린을 쓰는 펌프가 등장할 때까지 계속 사용되었다. 노리아는 앞으로 극히 중요한 의미를 띠게 될 물레방아, 즉 흐르는 물의 힘을 자동으로 이용해 제분을 하거나 초기 산업화를 추동하게 될 혁신적 발명품의 선구자였다.[11]

신왕국은 또한 해상무역을 통해 부를 얻었다. 이집트 인들은 동부 지중해 해안을 정기적으로 항해한 첫 번째 민족이다. 구왕국은 정기적으로 비블로스로 항해해서 귀중하기 이를 데 없는 고급 레바논 삼나무를 실어 왔다.[12] 비도 안 오고 나무도 없는 이집트로서는 배, 쟁기, 기타 핵심 도구들을 만들 수 있는 이 나무가 핵심 자원이었다. 피라미드에 그려진 그림을 보면 기원전 2540년부터 이미 그들은 사각돛 배를 이용해서 레반트 지역 항구들로 군사들을 실어 날랐다. 이 배는 나일 강의 미풍과 강물의 흐름을 이용해서 오가던 보트를 개량한 것이었다. 그렇지만 신왕국 시기에 이집트가 재통합되고 난 다음에야 해상교역이 본격화되었다. 이 시대의 정신은 핫셉수트 여왕에게 구현되어 있다. 그녀는 이집트에서 보기 힘든 여자 군주이며 고대사 최초로 중요한 역할을 한 여제이다. 20년의 재위 기간이 시작된 기원전 1479년에 아멘 신의 신탁에 영감을 받아 그녀는 항해가 까다로운 홍해를 넘어 '아프리카의 뿔'의 푼트 지방(현재의 소말리아 지방)과 해상교역을 시도했다. 이곳은 유향과 몰약(종교 의식과 미라의 방부처리에 사용되었다.) 같은 귀한 이국적인 상품을 구할 수 있는 두 지역 가운데 한 곳이었다. 이곳에서 살아 있는 유향나무를 가지고 와서 여왕의 정원에 옮겨 심기도 했다. 이후 3세기 동안 이 지역과 교역을 하고 더 나아가서 동부 지중해 지역으로도 교역이 확대되었다. 레바논의 삼나무, 키프로스의 구리, 소아시아의 은, 그리고 고급 공예품과 아시아산 직물이 북쪽으로부터 유입되었다. 레반트에서 행한 이집트의 군사 행동은 변함없이 늘 경제적 이익을 가져다주었다. 그러나 이 해상무역으로 이익을 얻었다고 해서 이집트가 나일 강 지역을 뛰어넘어 지중해의 진정한 해상 문명으로 발전하지는 않았다. 가볍고 규모가 큰 이집트의 보트는 잘 알려진 안전한 해안 노선을 넘어서는 모험에는 적합하지 않았다. 대형 화물을 운반하는 원양수송은 능력이 출중한 크레타의 선원과 선박에 의존했다. 이 섬의 미노아 인들은 지중해의 첫 번째 위대한 해상문명으로 성장했다.

　기원전 13세기 말에 세 부류의 침략자들이 지중해를 통해 이집트로 공

2 농업 잉여와 기근의 차이를 만들어 내는 것은 흔히 양수, 댐, 배수 등의 요소였다. 중동 지역의 노리아(왼쪽 위) 혹은 아르키메데스의 나선 펌프(왼쪽 아래) 같은 양수 도구들은 고대 이래 지속적으로 사용되었다. 수작업으로 진흙을 쌓아 올려 짓는 물막이 댐은 5000년 전 이집트와 메소포타미아 수리 문명의 유산이다. 2004년 케냐의 마을 주민들이 보강 공사를 하고 있다.(위)

격해 들어왔다. '바다 민족(Sea People)'은 철기 시대를 맞이한 내륙 산악지대의 야만족들이 중동지역으로 쳐들어가서 청동기 문명을 파괴했을 때 이곳을 떠나 멀리 도주한 여러 민족 출신 사람들이었다. 역사상 거의 첫 해전을 겪은 후 한 세기 정도 지나 이집트는 마침내 '바다 민족'들을 축출해 냈다. 이들과 동맹관계에 있었던 블레셋 인들은 팔레스타인에 정착했는데, 곧 모세의 지휘하에 새로운 땅을 찾아 이집트를 떠났던 헤브루 인들과 갈등을 빚었다. 오랫동안 유리한 조건을 제공했던 나일 강 범람의 주기적 쇠퇴는 결국 내부 무질서와 해체로 이어졌고, 그러는 동안 각 지역의 제국들이 팽창하여 각축을 벌이면서 이집트는 다시 외부의 침략을 받았다. 이집트 중왕국 시대에 가장 오래 지속된 최악의 침입이었다. 이집트는 거의 4세기 동안 외국인의 지배를 받았다. 리비아 인, 누비아 인, 그리고 짧은 기간이지만 철제 무기로 무장한 아비시니아 인이 나일 강과 그 주변 지역에 흔적을 남겼다.

기원전 7세기 말에 이집트 인이 잠시 주권을 회복했다. 야심에 찬 파라오 네코 2세는 강력한 해군을 창설했고, 육군도 승전을 거듭하여 멀리 유프라테스 강 유역에 이르기까지 전쟁으로 분열된 레반트 지역을 장악했다. 네코는 번영을 구가하는 그리스 세계와 해상무역에 이집트의 문호를 여는 정책을 추구했다. 그는 역사상 최초로 기록된 수에즈 운하를 건설한 인물로 유명하다. 그는 이 운하로 이집트가 지중해와 경쟁할 수 있으리라고 희망했다. 네코의 운하는 19세기에 만들어진 운하와 똑같은 방식으로 지중해와 홍해를 연결하지는 않았다.[13] 대신 나일 강의 한 지류와 홍해를 연결하여 이집트의 지중해 함대와 홍해 함대(세 개의 층에서 노수들이 노를 저어 나아가는 그리스식 군용선)를 연결했다. 배 두 척이 동시에 지날 수 있을 정도로 넓은 운하였다. 헤로도토스에 의하면 이 운하를 건설하는 동안 12만 명이 죽었다.[14] 알려진 바에 의하면 네코는 만일 운하가 완성되면 적들이 유리하게 이용하리라는 신탁을 받고 완성 직전에 사업을 중단했다고 한다. 사실 이 운하는 페르시아의 다리우스 1세가 이집트를 정복한 후에 완성되었는데, 이로써 이집트와 페르시아 사이의 항해가 더 편해졌다. 알렉산드로스 대왕의 사후 권력을 잡은 프톨레마이오스의 헬레니즘 왕조는 기원전 3세기 초에 서둘러서 운하를 준설하고 확장했다. 로마제국이 전성기를 구가하던 서기 2세기 초, 트라야누스 황제 시대에 이 운하가 재개통되었지만 비잔티움제국 시대에 다시 토사가 쌓여 막혔다. 후에 초기 무슬림 지도자들에 의해 이 운하는 개통과 봉쇄를 거듭한 것으로 보인다. 16세기 초에는 포르투갈이 완전히 수상 운송만을 이용해서 인도까지 왕래하는 향신료 무역로를 개통한 결과, 그동안 큰 이득을 누리던 알렉산드리아-베네치아를 통한 동방무역이 큰 타격을 입었다. 이때 베네치아 인들과 이집트 인들이 홍해와 지중해를 연결하는 계획을 다시 논의했지만 실현되지는 못했다. 오스만제국 역시 16세기에 그런 계획을 고려했으나 역시 실질적인 성과는 없었다. 그 대신 술탄과 스페인 국왕은 휴전에 합의해서 각자 자신들 앞에 놓인 종교적 이단들과 싸우는 데 전력을 다할 수 있었다.[15] 그 후 홍해와 지중해 사이의 수상 연결은 오랫동안 미루어지다가 1869년에 수에즈 운하가 개통되어서 무역과 해군 활동에 이용되었다. 이는 지정학적으로나 기술적 측면에서나 세계를 변화시킨 기적이었다.

나일 강 관리, 범람 수위의 불규칙한 움직임 등은 계속해서 이집트 지배자들의 흥망성쇠에 직결된 핵심 사안이었다. 기원전 332년 알렉산드로스 대왕의 정복 이후 서기 4세기까지 그리스로마 계 지배자들이 이집트를 지배한 때에는 나일 강의 범람 수위가 적절했고 심지어 비도 내리는 축복받은 상태였다. 이때 경지를 확대하고 관개시설도 강화할 수 있었다. 기원전 30년에 이집트를 통제하게 된 로마에게 이집트는 제국의 곡창이었으며, 이 덕분에 로마에 거주하는 수많은 빈민들에게 식량을 공급해 주고 군대도 유지할 수 있었다. 640년에 아랍 인들이 침략해 비잔티움제국의 지배가 몰락했을 때 마침 범람의 수위도 악화되었다. 그 후 3세기 동안 나일 강의 수위가 높아져서 이슬람의 전성기를 뒷받침했지만, 10~11세기에 다시 나일 강의 수위가 낮아져 카이로 파티마 왕조의 지배가 무너졌다.

세계 무역과 정치의 핵심 교차로라는 지정학적 중심성 때문에 이집트와 나일 강은 근대에 이르기까지 수 세기 동안 강대국들 간 투쟁의 중심무대가 되었다. 19세기에는 영국과 프랑스 사이에 세계제국의 지위를 놓고 갈등이 일어났고, 20세기의 냉전기에는 아스완 댐 문제와 엄청난 석유 매장량을 자랑하는 아랍 중동 지역에 대한 영향력 문제를 놓고 미국과 소련 간에 갈등이 벌어졌다.

비옥한 초승달 지역에 세워진 메소포타미아 문명

고대 메소포타미아는 나일 강이 제기한 문제보다 더 복잡하고 불리한 물 환경 문제에 봉착해 있었지만 이집트보다 더 이른 시기에 수리문명 모델을 발전시켰다. 티그리스와 유프라테스라는 쌍둥이강은 오늘날의 터키, 시리아, 이라크에 해당하는 '비옥한 초승달'의 핵심 지역을 관통하여 흐르는데, 메소포타미아 문명은 범람과 토사 현상을 겪는 이 두 강의 자원, 주기, 흐름의 특징을 반영한다. 메소포타미아는 그리스 어로 '강 사이의 땅'이라는 뜻이다. 이 강들은 고대 세계에서 가장 조숙한 대문명을 낳았다. 인류 최초의 문자인 쐐기 문자, 최초의 대도시, 정교한 양수기술과 관개기술, 바퀴, 나선 모양으로 하늘 높이 치솟은 지구라트 신전, 그리고 역동적이고 팽창적인 제국이 이곳에서 탄생했다.

나일 강과 달리 두 강의 특징은 강의 범람과 그 후퇴가 예측하기 힘들며 흔히 아주 격렬하게 일어난다는 것이다. 그리고 무엇보다도 농업 주기와 맞지 않아 문제였다. 물이 가장 필요한 시기는 파종과 경작을 하는 가을인데, 이때 수위가 가장 낮았다. 늦봄에는 천둥번개와 함께 쏟아져 내리는 강한 비 때문에 갑자기 물이 불어나 거의 다 자란 작물들을 망칠 위험이 있었다. 두 강은 많은 지류를 거느렸기 때문에 농사를 짓는 범람원의 수리사업은 더욱 어려웠다. 예컨대 수위가 높으면서 더 느리게 흐르는 유프라테스 강에서 넘친 물은 규모가 더 큰 동쪽의 티그리스 강으로 흘러들었다. 두 강의 경사도가 모두 낮기 때문에 강물이 구불구불 휘면서 흐르는 경향이 있고 큰물이 질 때는 바다로 들어가는 새로운 물길이 갑자기 만들어지기도 하는데, 이렇게 되면 기존의 경지와 전체 공동체에 생명수가 끊겨서 옴짝하지 못하는 상태에 빠지게 된다.

그러므로 메소포타미아 문명의 핵심은 거대한 수리사업을 통해 쌍둥이 강을 일 년 내내 기술적으로 통제하는 데 있었다. 큰 저수 댐에 물을 가두어 두었다가 작물이 자라는 기간에 방류하고, 경작용 고랑을 만든 경지에 물을 대기 위해 고지대로 물을 길어 올렸으며, 유량이 부족한 시기에 물이 넘치는 것을 막기 위해 튼튼한 방재 둑을 설치했다. 평평하고 배수가 원활치 않은 경지가 침수되는 것을 방지하기 위해 수문과 둑을 포함한 배수 설비망이 필요했다. 간단히 말해서 이집트는 자연적인 물 자원을 제공하는 나일 강이 준 선물이었지만 메소포타미아는 정교한 물 공학과 의도적인 사회 조직을 통해 자연을 거슬러 가며 인공적으로 만들어 낸 문명이었다.

모든 면에서 메소포타미아의 물질적, 사회적, 정치적 존재는 이집트에 비해 가변적이고 불확실했다. 물 없는 사막이라는 방어벽 뒤에서 보호받는 대신 사람들, 사상들, 상품들이 오가는 자연적인 교차로상에 위치해 있고, 쌍둥이강의 발원지인 비가 많이 오는 산지에 사는 잠재적 침략자들과 경쟁자들에 둘러싸여 있었다. 도시국가들 간의 광범위한 교역과 갈등, 더 큰 제국들의 끊임없는 침입이 메소포타미아 역사의 성격을 규정했다. 강의 원천을 더 잘 통제할 수 있게 되면 정치권력이 상류로 올라가는 경향이 있다. 그곳의 경지는 아직 훼손되지 않았고, 한 방향으로 전개되는 강의 수송과 주변 지역의 물 공급을 전략적으로 통제할 수 있기 때문이다. "경지의 몇 킬로미터 상류에서 물길이 막힐 수도 있는 운하를 통한 물 공급에 의존하면 호전적 공격에 극히 취약하다. 따라서 메소포타미아의 정치와 전쟁에서 상류 지역은 전략적으로 극히 중요한 반면, 하류 지역의 주민들은 물 공급을 통제하는 사람들에게 어쩔 수 없이 항상 지배당하게 되어 있다."라고 윌리엄 맥닐은 썼다.[16] 기원전 3000~4000년대의 수메르는 물론 기원전 2334년 사르곤 1세 지배하의 아카드, 기원전 1792년경 함무라비가 통치하는 바빌론, 기원전 800년경의 아시리아, 기원전 500년경의 페르시아에 이르기까지 메소포타미아 문명의 주요 중심지들은 대개 상류로 올라갔고 이에 따라 관개 지역도 확대되었다.

티그리스 강과 유프라테스 강 모두 오늘날 터키에 있는 아나톨리아 고원지대에서 발원한다. 유프라테스 강은 남서쪽으로 흘러서 광대한 사막 고원지대를 지나다가 남동쪽으로 급히 꺾여서 티그리스 강과 합쳐진 후 깔때기 모양의 평평한 범람원을 형성한다. 티그리스 강은 서부 이란 자그로스 산맥의 눈 녹은 물과 그곳의 여러 지류가 합쳐져서 남쪽으로 흐른다. 티그리스 강변에 있는 현재의 바그다드 근처와 유프라테스 강변에 있는 과거의 바빌론 근처에서 두 강은 거의 합쳐진다. 그러고는 서서히 풍선 모양으로 퍼져서 돌이 없고 경작이 편한 비옥한 진흙 평원의 경계를 이룬다. 『성경』에 나오는 에덴동산의 위치이기도 한 이곳 메소포타미아 하부에는 종종 방향이 바뀌는 여러 강물들이 얽혀 있다.[17] 고대 수메르의 도시들인 우르와 우루크 남쪽에서는 두 강이 넘쳐서 완벽한 늪지가 형성되었는데 이곳은 새 떼와 물고기, 젖을 얻을 수 있는 물소가 많지만 그 대신 농사를 짓기에는 너무 질퍽거렸다. 마지막으로 두 강은 페르시아 만으로 물을 쏟아 낸다.

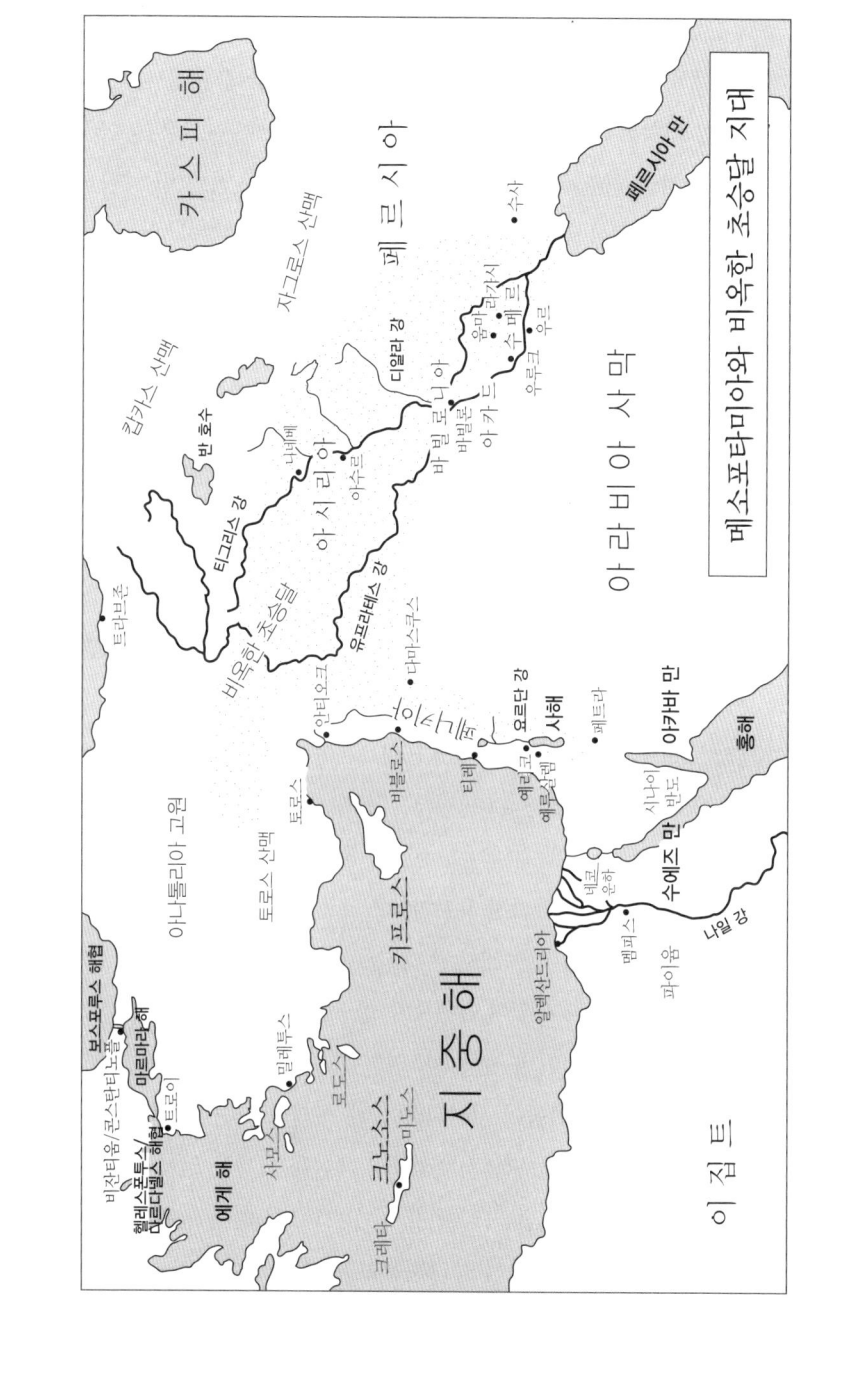

메소포타미아 하부 지역은 강수량이 너무 적어 비에 의존해서는 농사가 불가능한 곳이다. 그러나 덥고 강물이 풍부한 까닭에 관개시설을 이용하면 농사가 가능하다. 이 지역에는 기원전 6000년에 대규모 관개농업에 기반을 둔 항구적인 거주지가 처음으로 형성되었다. 메네스가 고대 이집트를 건설하기 수백 년 전인 기원전 4000년대 초반에 수메르 문명이 피어났다. 모든 것은 물 관리에 달려 있었다. 메소포타미아 신화에 의하면 비옥한 물의 신으로서 자비롭고 현명한 에아가 그 비밀을 인간에게 전해 주었다. 수메르는 관개사업을 통해 곡물과 견과류, 특히 다방면에 걸쳐 쓰이는 대추야자를 비롯해서 여러 과실들이 풍부하게 생산되는 진정한 낙원으로 변모했다.

수메르 인의 기원은 아직 신비에 싸여 있다. 그들이 페르시아 만을 통해 들어왔다는 것은 의심스럽다. 특이한 문법과 어휘를 지닌 그들의 언어는 다른 어느 언어와도 계통이 다르다. 수메르는 성벽으로 둘러싸인 도시국가들로 구성된 문명이다. 서로 30킬로미터 정도 떨어져 있는 도시국가들은 곡물을 보유하고 있다가 상거래의 지불 수단으로 사용했다. 이 가운데 특히 대여섯 개의 도시국가가 두각을 드러냈다. 페르시아 만 입구의 늪지 바로 안쪽에 위치한 우루크는 기원전 3400년경에는 성벽 안의 도심이 5제곱킬로미터를 넘어서 당시로서는 세계 최대의 도시였다. 후일 『성경』에 나오는 아브라함의 고향인 우르는 지금은 사라진 유프라테스의 한 지류 옆에 세워진 상업항구 도시였다. 이곳에는 방어용 해자, 운하, 두 개의 항구가 있었고, 중심지에는 높이 치솟은 지구라트 사원이 있었으며, 인구는 2~3만 명 정도였다.

수메르에서 창의적인 도시혁명이 일어났고, 이후 역사적으로 계속 영향을 미칠 도시 문명의 영향이 시작되었다. 매 시기 도시는 상업과 시장, 사상과 예술의 교환, 분업, 전문화, 경제성장의 핵심을 이루는 잉여의 재투자, 그리고 대규모 국가의 흥기를 자극했다. 역사상 대도시들은 전적으로 물의 사용과 연관이 있으므로 반드시 강, 호수, 오아시스 주변이나 해변에 위치했다.

도시사가인 루이스 멈퍼드에 의하면 "최초의 유효한 대중교통 수단인 수로는 도시의 역동적 요소로서, 이것이 없었다면 도시는 규모, 범위, 생산성 면에서 지속적으로 증가할 수 없었을 것이다."[18] 고대 수메르의 도시국가에서 수로는 청동을 만드는 재료인 구리와 주석 외에 석재, 목재 및 기타 메소포타미아 지방에 없는 핵심 물자들이 들어오는 생명선이었다. 수메르 선박들은 홍해를 통해 이집트와 장거리 교역을 하고 페르시아 만과 인도양을 항해하여 인더스 문명과 교역했다. 수메르 문서에 멜루하라고 기록된 이곳에서 수메르 인들은 홍옥수와 청금석으로 만든 구슬, 목재, 금, 상아 등을 수입했다.

그렇지만 초기 수메르 도시국가들의 핵심 경제활동은 관개와 농업이었다. 도시국가들마다 수백 명의 농부 집단이 있었는데 이들은 신들의 이름으로 소유하거나 임대하거나 물려받은 광대한 땅에서 일했다. 이집트와 마찬가지로 신전 사제들이 작성한 시간표와 규약 아래 강제 노동을 해야 했다. 사제들은 계절 변화를 계산하고, 운하를 디자인하고, 대중들을 통제하고, 집단 노역을 조정하는 기술을 독점했다. 매년 신전 창고에 저장하는 잉여 수확물 중 많은 몫을 그들이 차지하는 것도 종교적 이유로 정당화했다.

관개시설과 도시 전체를 파괴하는 격렬하고 예측하기 힘든 홍수는 도처에서 맞닥뜨리는 가공할 위험이었다. 메소포타미아 신화에 나타나는 반쯤 신적인 왕의 지위와 국가의 정치적 정당성은 신들이 대홍수를 일으켜서 인간세계가 모두 파괴되고 물에 덮인 카오스 상태에서 새로운 질서를 구축한 데서 비롯했다. 이 지역의 홍수 신화는 유일하게 사전 경고를 받은 가문이 방주를 만들어 살아남는다는 이야기에 초점이 맞춰져 있다. 이는 힌두교 신화나 「창세기」의 노아 이야기와 놀라울 정도로 유사하다. 메소포타미아의 홍수 신화는 물이 생명력과 가공할 파괴력을 동시에 지녀 불안정하고 이중적인 성격을 띠고 있으며, 따라서 왕은 관개를 위해 많은 물을 모으는 동시에 홍수에 대비해야 하는 의무를 진다는 점을 반영하고 있다.[19]

수메르에서 농사가 먼저 시작된 곳은 티그리스 강변보다는 유프라테스 강의 본류와 여러 지류의 주변 지역이었다. 유프라테스 강의 유속이 더 느리고 통제가 쉬우며 자양분을 포함한 토사가 더 풍부하고 또 더 넓은 범람원이 있었기 때문이다.[20] 수위가 더 높은 유프라테스 강은 처음에 티그리스 강이 범람할 때 배수용 수로로 사용했다. 이 강물은 1차와 2차 운하 네트워크를 통해 작물을 재배하는 데 사용했다. 상대적으로 큰 관개용 운하는 배와 보트가 다닐 수 있을 정도로 확대되었다. 물이 가득한 평원 사이에 흙으로 쌓아 올린 수 킬로미터 길이의 둑 위에서 작물을 재배했다. 이 평원은 강 사이에 위치했고, 댐, 제방, 둑, 수문, 배수로 등으로 관리했다. 이처럼 세심하게 관리하는 인위적 관개의 장점은 연중 다작이 이루어져 이집트의 단작(單作) 시스템에 비해 더 많은 곡물을 비축할 수 있다는 점이다. 그렇지만 인공 관개 체제는 토양의 염분화라는 가공할 부작용을 낳았다. 이는 역사적으로 여러 문명에 영향을 미쳤다.

20세기에 우르를 발굴한 영국의 고고학자 레너드 울리는 덤불만 자라는 황량한 메소포타미아 하부 지역 풍경을 보면서, 이전에 찬란한 문명을 이루었던 지역에 도대체 무슨 일이 일어난 것인지 자문했다. "한때 거대한 곡창지대였던 수메르에서 왜 인구가 완전히 사라지고 토양이 지력을 상실했을까?"[21] 울리를 계승한 연구자들이 제시한 답은 배수가 잘 안 되는 땅에 염분이 누적되면서 토양의 비옥도가 저하되고 메소포타미아 문명의 생태 기반이 무너졌다는 것이다. 집약적인 관개농업은 시간이 지나면서 환경에 부작용을 미쳐 지속가능성을 무너뜨린다. 우선 지하수의 수위가 높아지면서 토양이 물에 잠기고 동시에 모세관 현상 때문에 치명적인 염분기가 작물 뿌리에 달라붙는다. 덥고 메마른 메소포타미아 지방에서 일어나는 증발 현상으로 인해 한때 비옥했던 지표면에 눈에 보일 정도로 완연하게 소금 덩어리가 만들어진다. 수확은 점차 감소하다가 결국 아무것도 자라지 못하는 상태가 된다. 기원전 1800년경 메소포타미아의 한 석판에는 "검은 땅이 하얗게 변했다."라고 명백하게 기록되어 있다.[22] 염분화에 대처하기 위해 수메르 인들은 밀보다 염분에 더 잘 견디는 보리를 재배했다. 기원전 3500년경에는 밀과 보리를 거의 같은 정도로 재배했지만 천 년 뒤 밀은 15퍼센트 정도에 불과하다가 기원전 1700년경에는 거의 자취를 감추었다.[23] 두 작물 모두 이 700년 동안 생산성이 65퍼센트나 줄었다.

세계사에는 토양의 염분화로 인한 쇠퇴와 붕괴의 이야기가 넘쳐난다. 고대 이집트가 예외적으로 이런 치명적인 토양 염분화와 침수 현상을 피할 수 있었던 까닭은 나일 강이 철마다 범람하고 계곡의 경사가 급해서 물이 빠져나가면서 대부분의 염분기를 적절한 때에 쓸어가 버렸기 때문이다. 메소포타미아의 농업 위기를 심화시킨 두 번째 인공적인 환경 악화 요소는 숲의 남벌이다. 인간은 지구상 어디에 머무르든지 연료, 주택, 선박, 도구 제작을 위해 그리고 농지를 확보하기 위해 숲이 헐벗을 때까지 나무를 베어 버린다. 주변의 지중해 연안 지역을 포함하여 세계 어느 곳에서나 그렇듯이 현재는 황량하기 그지없는 메소포타미아 지역도 한때는 숲이 우거진 곳이었다. 숲을 개간하면 그 지역은 더 메마르고 덜 비옥해진다. 이 때문에 강수량도 줄어들고 토양이 빗물을 머금는 능력도 떨어진다. 급류가 몰아치면 비옥한 지표 토양이 쓸려가 버린다. 이처럼 물은 역사 내내 강력한 힘을 발휘해 토양을 이동시켰는데, 이 점에서 더 앞선 것은 산업화 시대의 인간뿐이다.

수메르에서 인구 증가와 농업 생산 감소는 결국 관개가 가능한 모든 땅이 경작되고 도시국가들의 변경이 서로 충돌하는 불안정한 균형 상태를 낳았다. 관개용수 공급과 경지를 놓고 변경에서는 수 세기 동안 단속적인 갈등과 일시적인 타협이 계속되었다. 기원전 2500년부터 2350년까지 움마와 라가시라는 인접 도시국가 사이에 세계 최초로 기록된 물 전쟁이 벌어졌다.[24] 전쟁은 상류에 위치한 움마가 시작한 듯하다. 이들이 먼저 갈등의 대상이었던 경지를 장악하고 유프라테스 강 지류의 운하를 파괴해 버린 것이다. 그러나 이 전쟁에 관해 유일하게 남아 있는 기록 문서인 한 비석에 의하면 라가시가 최종 승리를 차지했다. 라가시는 관개수로를 건설하여 티그리스 강에서 따로 물을 확보했고, 움마의 일부 지역에 공급되던 운하의 물을 돌려 버림으로써 전쟁의 결정적 국면을 돌파했다.

기원전 3000~2800년 사이에 메소포타미아 남부 지역의 몰락을 보여주는 첫 번째 신호가 명백해졌다. 유프라테스 강의 흐름이 바뀌는 재앙이 일어난 것이다. 고고학자들은 이 변화가 자연적인 것인지 인간의 부주의한 물 관리 작업의 결과인지 확신하지 못하고 있다. 물길이 바뀌자 앞서 가던 도시국가들에 물 공급이 끊어졌고 물을 구하기 위해 목숨을 건 경쟁이 벌어졌다. 수메르 도시국가들이 물과 경작지를 놓고 벌이던 갈등의 최종 해결책은 외부에서 왔다. 상류 지역에서 아카드의 사르곤이라는 평민 출신이 세운 셈 계 왕조가 군사 지배를 통해 이 지역을 통일한 것이다.

전설에 의하면 기원전 2334년부터 통치하기 시작한 사르곤은 명망 높은 물의 혈통을 지니고 있었다. 그는 바구니에 담겨 강에 버려졌다가 정원사에 의해 발견된 아이였다. 이는 후일 「탈애굽기」의 주인공 모세나 고대 로마를 건설한 쌍둥이 주인공 로물루스와 레무스 이야기에서도 보이는 물과 연관된 창건자 모티프이다. 그는 자신이 성실하게 받들던 도시국가 왕의 권력을 찬탈한 뒤 군대를 일으켜서 수메르 지방 전체를 복속하고, 약 800년 전에 이집트의 메네스가 그랬던 것처럼 이 지역 최초의 거대한 통일국가를 세웠다. 중심지인 아카드는 메소포타미아 하부의 북쪽에 있는 도시로서, 현재까지 정확한 위치는 알려져 있지 않지만 바그다드 아래 묻혀 있을 가능성이 크다.[25] 사르곤의 제국은 수메르의 고급문화를 흡수하고 여기에 중앙집중화된 군사 정치 시스템으로 활기를 더했다. 이전 도시국가들의 지배자들은 이제 왕 중 왕으로서 반쯤 신격화된 사르곤에게 충성을 바치는 지방 관리처럼 되었다. 훼손되지 않은 상류 지역의 땅까지 확대해 밀과 보리를 경작했고, 충성을 바치는 동맹들에게 농지를 제공해 주었다. 관개사업은 그의 정치 권위의 핵심적인 지렛대 역할을 했다. 새로운 조세체제가 시행되어 지방의 농업 소득이 중앙의 관료에게 흘러가서 제국은 더욱 견실해졌다. 조세의 효율성은 역사 내내 국력의 분명한 지표였다. 메소포타미아 진흙땅에서는 구하기 힘든 금속, 목재 및 기타 핵심 자원을 얻기 위해 그는 멀리 떨어진 지역과 교역을 했고 레반트 지역에서 군사 행동을 벌였다.

거대한 아카드 도시들을 발굴한 결과 포장도로 위로 농장의 수레를 이용해서 밀과 보리를 운반하여 채워 넣는 곡물창고, 각자 하는 일과 나이에 따라 세심하게 양을 계산하여 중앙 정부가 식량과 기름 같은 필수품을 분배해 주는 제도, 국가와 신을 연결해 주는 중앙의 아크로폴리스 등이 밝혀져서 이 도시들이 고전적인 수리국가의 유형에 들어맞는다는 것을 알 수 있다. 사르곤의 아카드 제국은 큰 성공을 거두었음에도 한 세기밖에 지탱하지 못했다. 이 제국은 이집트의 고왕국과 거의 같은 시기에 쇠퇴했다. 고대의 전설에 의하면 사르곤의 후계자 중 한 명이 바람과 폭풍우의 신인 엔릴을 모욕했기 때문에 '아카드의 저주'를 받아서 제국이 몰락했다고 하지만, 현대 과학의 설명은 물론 다르다. 지역적인 기후변화가 원인이라는 것이다. 메마르고 추운 시기가 300년이나 지속되었는데, 이는 동시에 지중해 지역에도 영향을 미쳤다. 아마도 같은 때에 일어난 이집트 고왕국의 몰락 역시 지역적인 기후 변동과 관련이 있을 것이다. 아카드 북쪽의 폐허가 된 주요 도시의 토양을 고고학적으로 조사한 결과 가뭄이 어찌나 심했던지 기원전 2200~기원전 1900년에 해당하는 토양층에는 지렁이도 존재하지 않았다.[26]

이와 같은 혼란을 거치고 난 후 기원전 2100년경에 남쪽의 우르가 잠시 제국을 재건한다. 그렇지만 기록을 보면 수리사업을 확장했음에도 우르가 재건한 취약한 제국은 보리 흉작, 홍수, 외적의 침입 등으로 항상 위협을 받앉다. 훨씬 뒷시기에 유프라테스 강이 흐름을 바꿔 이 도시로부터 멀어지고 해안도 후퇴하자 이 지역은 완전히 사막으로 변했다.

2세기가 지난 후 유프라테스 강변에 있는 바빌론을 중심으로 한 강력한 새 왕조가 상류의 광범위한 지역을 재통일했다. 바빌로니아 역사상 가장 강력한 왕은 함무라비였다. 그는 기원전 1792년에 왕권을 물려받고 나서 42년 동안 통치했다. 당시 사람들이 왕에게 기대했던 그대로 함무라비는 자기 자신을 "백성들에게 풍부한 물을 공급하고" "곡물 창고를 채워 넣는" 신성한 인물로 선포했다.[27] 그 두 가지를 실행해야 정당성을 확보할 수 있었던 것이다. 통치 초기에 그는 관개 운하 건설이나 성벽 강화 같은 중요한 사업에 대해 아주 세세한 일까지 꼼꼼하게 챙겼다.

통치 후반기, 특히 기원전 1766년 이후 메소포타미아를 완전히 장악하고 나서 함무라비는 물을 정치적 수단과 군사 무기로 사용했다. 예컨대 수메르를 정복한 직후 그는 사람들의 충성심을 얻고 그 지역을 활성화하기 위해 주요 도시들에 도움이 될 운하를 건설했다. 현재의 바그다드에 가까운 티그리스의 지류에 위치한 강력한 적국 에슈눈나를 진압하기 위해 그는 상류에 댐을 건설한 다음 일시에 물을 흘려보내 격류가 덮치도록 만들었다. 그의 아들 역시 니푸르, 우르, 라르사 같은 저항적인 도시들을 진압하기 위해 유프라테스 강물을 막는 조치를 취했는데, 이는 남쪽의 경지를 황폐화하는 치명적인 결과를 가져왔다. 이 땅은 결코 원래대로 회복되지 못하였고, 결국 많은 사람들이 북쪽으로 이주해야 했다.

함무라비는 세계 최초로 명문화된 법전을 만든 것으로 유명하다. 보통 "눈에는 눈, 이에는 이"라는 간결한 문구로 알려진 이 법전은 바빌론의 중앙 신전에 세워진 2미터 높이의 석비에 새겨져 있다. 이 법전의 282개 조항들은 고대 바빌로니아의 상황과 주요 관심사들을 잘 보여 준다. 그중 많은 것들은 물과 관련이 있다. 많은 조항들이 관개 댐과 운하의 운용에 대한 개인의 책임 문제를 다루며, 위반자에 대한 처벌을 보면 바빌로니아 사회에서 이 문제들이 얼마나 중요한지 알 수 있다. 예컨대 53조는 이런 내용이다. "만일 어떤 사람이 너무나 게을러서 댐을 적절한 상태로 관리하지 않았는데 댐이 무너져서 모든 경지가 침수되었다면, 무너진 곳을 관리한 사람을 노예로 팔아서 그 돈으로 그가 손해를 끼친 곡물을 변상한다."[28] 236, 237, 238조는 의무를 게을리한 선원이 침몰한 배나 잃어버린 화물을 보상하는 문제를 다루고 있다. 함무라비 법전은 또한 개인의 소유권과 메소포타미아에 필요한 물품을 들여오는 상인의 계약에 대한 정치적 보호, 또 결혼 계약이 제대로 지켜지지 않았을 때 여인의 권리 보장에 대한 놀라운 사항들도 거론하고 있다.

함무라비의 후계자 5명은 메소포타미아 중앙 지역에서 155년 동안 통치했다. 그렇지만 그다음 시대에 지역적인 봉기가 빈번히 발생했는데, 두 차례에 걸친 이민족 침입이 특히 큰 사건이었다. 첫 번째 침입은 청동기 시대 전차부대 전사들이었다. 두 번째로는 철기 사용 민족이 침입해 왔는데 기원전 1100년 이후에 진정되었다.[29] 철과 또 그다음에 등장하는 더 단단한 강철은 현대로 치자면 전기나 컴퓨터의 실리콘 칩에 해당하는, 역사상 가장 큰 변화를 가져온 혁신에 속했다. 그 두 가지 현대의 발명품도 그렇고 그 외의 다른 기술도 그렇듯이 철을 제조하는 데는 물의 기술적 사용이 핵심이다. 제철 기술은 기원전 1500년경에 캅카스 산맥 지역에서 시작되었다가 이웃한 시리아 북쪽에서 완성되었다. 청동 제조에 들어가는 구리와 주석은 보통 불에도 쉽게 녹지만, 철광을 녹이려면 훨씬 높은 고온을 내는 목탄이 필요했다. 철이 탄소를 함유하면 '강철화된 철'이 되는데, 시뻘겋게 달궈진 상태에서 물에 담금질을 하면 놀라울 정도로 단단해진다. 그러나 물에 담가 식히기 위해서는 고도의 기술이 필요했다. 만일 너무 빨리 식으면 아무 쓸모없는 약한 금속이 되고 만다.

단단한 철제 무기와 농기구는 군사적, 경제적 균형을 극적으로 변화시켰다. 모든 지역의 청동기 제국들은 멸망했다. 철을 만들고 이용하는 국가들은 신시대의 강대국이 되었다. 그 가운데 특히 아시리아제국이 특출한 지위를 획득했다. 기원전 744~612년의 전성기에 이 제국은 멀리 이집트에 이르는 비옥한 초승달 지역 전체를 지배했다. 메소포타미아 역사를 관통하는 상류를 향한 움직임에 따라 아시리아의 중심지는 현재의 모술에 가까운 티그리스 강변까지 올라가 있었다. 당시 이곳은 비가 많이 오고 황폐해 사자가 뛰노는 곳이었다. 아시리아 인들은 전쟁 중에 잔인하고 폭력적이기로 유명했다. 바이런 경이 묘사한 것처럼 "자주색과 황금색이 빛나는" 아시리아 군대는 "양 우리에 들어간 늑대처럼" 적을 덮쳤다.[30] 그들의 성공 배후에는 군대식 규율, 정확성, 그리고 철제 도구로 수행하는 물 관리 계획들이 있었다. 그들이 거둔 몇몇 혁신과 성취 덕분에 그들은 역사상 가장 탁월하게 물길을 움직인 민족이 되었다. 아시리아 인들은 많은 댐을 지은 전문가들로서, 이를 이용하여 관개용 혹은 대도시의 가정용 용수 공급을 늘렸다. 기원전 704~681년 동안 통치한 센나케리브 왕이 수도 니네베에 물을 공급하기 위해 벌인 거대한 수리사업이 이를 특히 잘 보여 준다. 이중 성벽에 성문이 15개나 되는 사치스러운 도시인 니네베와 그 주변에 있는 농장들 모두 많은 물을 필요로 했다. 농장에는 과실수와 이국적인 식물들이 자라고 있었다. 그 가운데 특히 늘 많은 물을 필요로 하는 목화가 있었는데, 아시리아 인들은 이를 "양모가 열리는 나무"라고 불렀다.

　니네베는 코스르 강이 티그리스 강과 합류하는 지점 바로 위에 위치해 있었다. 티그리스 강이 이 도시에서 너무 멀리 떨어져 있어서 이 성장하는 도시에 충분히 물을 공급하는 방법을 공학적으로 해결해야 했다. 기원전 703~690년에 센나케리브 왕은 코스르 강을 이용해서 더 많은 물을 얻는 세 가지 독립된 계획을 수립했다. 첫째, 그는 16킬로미터 북쪽에 댐을 건설한 후 덮개가 없는 운하를 따라 강물이 티그리스로 흐르게 했다. 이것만으로 충분한 물을 얻지 못하자 그는 다시 댐과 수로를 이용해서 북동쪽으로 24킬로미터 떨어져 있는 산에서 발원한 샘들과 그곳에서 흐르는 18개의 냇물을 모아 수량을 증가시켰다. 이렇게 해서도 니네베의 증대하는 물 수요를 충족하지 못하자 기원전 690년에 그의 엔지니어들은 깊은 협곡에 경사진 각도로 석축 댐을 건설해 또 다른 강물을 모으고 이 물이 57킬로미터에 걸친 구불구불한 수로를 지나 코스르 강에 합류하게 만들었다. 합류 지점 한 곳에는 길이 300미터 폭 12미터에다가 5개의 아치를 지닌 거대한 석축 수로를 건설해 계곡을 넘어 니네베로 물을 운송하였다.[31] 니네베의 발전되고 통합적인 물 체계의 정교한 면모들 가운데서도 특기할 것은 수압을 이용한 U자 모양의 역(逆) 사이펀 파이프로서 이것으로 물을 끌어올려 침하된 지역을 넘어 물을 운반하였다.

아시리아 인들은 또한 도시의 음용수를 얻는 방식으로 세계사에 이름을 남길 돌파구를 만들었으니, 카나트가 그것이다. 오늘날 터키 동쪽과 이란 북서쪽에 해당하는 산악 지역에서 기원한 카나트는 산의 지하 대수층을 향해 지하암반을 뚫어 만든 길고 깊고 약간 휘어진 일종의 터널로서, 중력을 이용해서 저지대의 인구 밀집 지역으로 물을 보낼 수 있었다. 지하에 설치되어 있으므로 물이 증발할 위험이 없다는 장점이 있다. 열대 지역에서는 증발이 매우 큰 문제이기 때문이다. 카나트를 설치하기 위해서는 철제 도구와 정교한 채굴과 공학적 능력이 필요했다. 특히 정확한 경사도를 구하거나, 시설의 유지 및 환기를 위한 접근로를 내기 위해 수직 통로를 뚫는 기술이 필요했다. 서쪽의 남부 스페인과 모로코에서 동쪽의 북부 인도에 이르기까지 중앙아시아와 지중해 전역에 카나트가 존재한다는 사실에서 이것이 얼마나 큰 성공을 거두었는지 알 수 있다. 로마 인들은 그들이 정복한 지역에 카나트를 설치했다. 카나트는 이슬람 문명 전체를 관통하는 기둥 같은 것이었다. 훗날 스페인 식민주의자들은 이것을 멕시코까지 전파했다. 20세기에도 널

리 쓰여서 테헤란에서는 1930년대까지도 카나트로 물을 공급했다.[32]

카나트는 제한된 지역에서 깊은 우물을 파서 많은 물을 길어 내는 것이므로 이를 잘 수행하기 위해 아시리아 인들은 바퀴 달린 도르래를 이용한 양수 기술을 개발했다. 카나트의 전파는 기원전 6세기에 있었던 고대 그리스 최초 수로의 발전과 겹친다. 그 두 가지 외에도 고대 중동과 그리스-로마의 엔지니어들은 강물을 펌프로 끌어 올리는 일(이는 여러 문명권에서 19세기까지 사용되었다.)을 포함하여 가능한 모든 물 공급 기술들을 시도했다.[33]

『성경』에서 센나케리브는 히스기아 왕이 통치하던 기원전 701년에 아시리아의 패권에 대항하여 팔레스타인 전역에서 반란이 일어났을 때, 이에 대한 대응으로 예루살렘을 장기간 포위한 것으로 유명하다. 역사적으로 예루살렘의 성공 원인은 교역의 십자로에 위치해 있다는 전략적인 이점만이 아니라 물 공급과도 관련이 있다. 이 도시의 주요 수원지는 성벽 바로 바깥에 있는 기혼 샘이다. 히브리 인 이전에 이곳을 지배했던 여부스 인은 포위당했을 때를 대비해 이 샘에 이르는 360미터 길이의 지하 비밀 터널을 파 두었다. 그러나 이 터널은 오히려 그들의 몰락을 초래했다. 기원전 1000년경에 다윗 왕이 이 터널의 소재를 파악하고 난 후 히브리 인들이 이곳을 통해 시내로 기습 공격을 했던 것이다.[34]

다윗의 후계자인 솔로몬은 신왕국을 강화하는 방책의 하나로 시내의 수조와 빗물을 모아 두는 탱크에 물을 채우기 위해 시외에 커다란 저수지를 세 개 설치해서 물 공급을 늘렸는데, 이 아이디어가 주효했다. 이런 역사를 꿰뚫어 알고 있던 히스기아 왕은 3세기 후에 센나케리브의 포위를 예견한 듯이 예루살렘 아래로 새 지하 비밀 터널을 뚫도록 명령했다. 이것으로 기혼 샘에서 시내의 저수지로 물을 공급했다. 깎아지른 듯한 암반에 정확한 경사로 판 길이 550미터의 S자 형 터널은 2700년 동안 거의 중단 없이 물을 공급했다. 그 결과 다른 모든 반란 도시들이 센나케리브의 군대 앞에 항복했을 때에도 예루살렘만은 버틸 수 있었다. 기혼 샘이나 비밀 터널을 찾지 못한 아시리아 인들은 히스기아가 많은 배상금을 약속하자 곧 철군했다.

센나케리브의 복수를 피하지 못한 반란 도시 중 하나가 함무라비로 유명한 바빌론이었다. 기원전 689년에 센나케리브는 15개월에 걸친 포위 끝에 이 도시를 공격해서 보물을 약탈하고 주민들을 학살하거나 강제 이주시킨 다음 주요 건물들을 무너뜨려 돌무더기로 만들었다. 그는 유프라테스 강에 수로를 내서 강물의 방향을 돌려서 홍수를 일으켜 이 도시의 운명을 끝장내려고 했다. 그러나 마지막 순간에 그의 아들이 이 유명한 도시의 역사를 보존하고 싶은 마음에 아버지의 계획을 백지화했다. 후일 왕이 되었을 때 그는 바빌로니아 인을 아시리아에 통합시키기 위해 이 도시를 재건설했다. 그렇지만 그의 관용은 중대한 정치적 실수였다. 한 세기가 지나기 전에 바빌론은 다시 일어섰고, 아시리아 제국을 멸망시킨 다음 많은 거대 도시들을 약탈했다.

바빌론의 재건은 기원전 605~562년에 걸친 네부카드네자르(네부갓네살) 2세의 통치 기간에 전성기를 맞이했다. 그는 16킬로미터나 되는 거대한 성벽과 위엄에 찬 성문들을 지닌 이 도시의 안팎을 찬란하게 장식했다. 이 유명한 도시를 재건할 때 기본 개념은 이곳이 무질서한 우주를 조직하고 갱신하는 중심지라는 것이었다. 장식 중에는 나선형으로 상승하는 지구라트(『성경』에 나오는 바벨탑의 원형이다.)와 흔히 고대 7대 미스터리 중 하나라고 하는 공중 정원도 포함되어 있다. 기계적인 급수 방식을 채용한 이 정원은 네부카드네자르 왕이 메데아 출신인 부인을 즐겁게 하기 위해 만든 것이다. 왕비는 현재의 이란에 해당하는 자기 고향에서 어린 시절에 보았던 삼림이 우거진 산을 그리워했다. 이 정원은 석재 발코니로 된 산 같은 궁전 위에 높은 나무와 식물들이 자라나는 테라스형 옥상 정원들의 연쇄 형태였을 것으로 추정된다. 관개용수는 유프라테스 강에서 사람이나 짐승의 힘으로 돌리는 큰 노리아 수차를 이용해서 단지 속에 물을 담아 길어 올린 다음 한 테라스에서 다음 테라스로 물이 흘러내리게 만들었다. 바빌론 성벽과 마찬가지로 이 돌들도 타르처럼 끈적거리는 역청을 발라서 방수 처리를 했다.

바빌론의 부활은 오래가지 못했다. 이 도시는 이 지역의 새로운 강자인 키루스 대제 치하의 페르시아 제국의 침략을 받아 539년 10월 12일에 종말을 맞이했다. 티그리스 강과 디얄라 강의 합류점에서 키루스의 군대는 바빌로니아 군대에 대승을 거두었는데, 이 전투에서는 강변이 전략적으로 중요한 위치가 되었다. 명백한 증거를 제시하지는 않지만 헤로도토스의 설명에 의하면 키루스가 오랫동안 효력 없는 포위를 시도한 끝에 마지막 전략으로 유프라테스 강을 이용하여 대단원을 장식했다. 이 강은 바빌론의 중심부를 가로질러 흐르며, 따라서 이 도시의 강력한 방어용 성벽 중에 유일하게 취약한 곳이었다. 그는 강물이 들어가는 입구에 군대를 배치하고 그곳을 떠났다. 그러고는 상류에서 다른 군인들이 커다란 배수로를 뚫어 강물의 흐름을 도시에서 먼 방향으로 돌렸다. 바빌론으로 들어가는 강물의 수위가 "넓적다리 중간 정도 깊이에 불과하게 되었을 때" 페르시아 군은 물을 건너서 도시의 수문을 깨고 성벽 안으로 들어갈 수 있었다.[35] 그러는 동안 바빌론의 수비병들은 무슨 일이 일어나고 있었는지 전혀 눈치채지 못했다.

키루스와 다리우스, 크세르크세스 같은 그의 후계자들은 리비아의 모래에서 시르다리야 강과 인더스 강에 이르는 세계 최대의 제국을 건설했다. 이 영토는 미국 대륙의 넓이와 맞먹는다. 그 중심지는 메소포타미아 동쪽에 있는 이란 고원의 수사였다. 그들은 영토 전체에 물 관리 방법을 적용하고 또 그것을 더 발전시켰다. 그들은 격자 패턴의 운하망을 갖춘 관개 경지를 확대하여 메소포타미아를 부활시켰는데, 이 운하들 중 다수는 바지선이 다닐 수 있었다. 노예들이 수로의 침전물들을 준설했다. 휴경 기간에 경지에 풀을 심어 지하수면을 낮추고 지나친 관개 급수를 하지 않도록 노력함으로써 염분화와 침수 문제를 피했다. 고전적인 수리사회에서 그랬듯이 페르시아 군주들은 수리사업들을 꼼꼼히 감시했다. 특히 관개용수 배분은 가장 필요로 하는 자에게 물을 준다는 원칙에 따랐다. 이집트에 양수용 노리아를 도입한 것도 그들이며, 상류 쪽에서 들어오는 수상 침투를 막기 위해 인공 폭포를 만들어 유프라테스 강과 티그리스 강 주요 수로들의 물길을 막고자 처음 시도한 것도 그들이다. 키루스 사후 2세기가 지나서 알렉산드로스 대왕이 페르시아를 정복할 때 그는 이런 것들을 체계적으로 제거했다.

헤로도토스는 또한 강력한 페르시아 왕과 그의 군대가 제국 내에서 여행할 때 왕이 마시는 물은 수사 근처의 강물만, 아마도 끓여서 사용했다고 기록했다. "다른 강물을 마신 페르시아 왕은 없다. 그리고 이 물은 은그릇에 담아 노새가 끄는 네 바퀴 수레들로 왕이 가는 곳 어디든지 운송했다."[36] 사실인지 아닌지 불분명하지만 헤로도토스의 주장은 수원(水源)을 알 수 없는 물을 마시는 것이 아주 위험하다는 사실과 동시에 특별한 수원지의 물에 갱생과 정화의 신비로운 힘이 있다는 고대의 믿음을 잘 보여 준다.

알렉산드로스 대왕에게 몰락할 때까지 주로 대륙 기반의 페르시아 제국은 당대의 보편 권력이었다. 그렇지만 몰락에 이르는 일련의 사건들의 연쇄는 한 세기 반 전에 그리스의 작은 도시국가인 아테네의 해군력을 격파하지 못했다는 데에서 비롯되었다.

인더스 강 유역, 모헨조다로 문명의 수수께끼

오늘날의 파키스탄에 해당하는 인더스 강 계곡과 중국의 황허 강 유역에서도 낯익은 유형의 수리문명이 발전했다. 범람이 일어나고 풍부한 토사가 유입되며 운항이 가능한 강이 흐르는 반건조 지대에서 진보된 고대 관개

농업 문명이 성장한 것이다. 이곳은 강수량이 너무나 부족하고 불규칙해서 강우에 의존하는 대규모 농업은 맞지 않았다. 기원전 2600년부터 1700년까지 인더스 강 유역에 고도로 발전된 고대 청동기 문명이 존재했다는 사실은 1920년대 이전에는 전혀 알려지지 않았다. 이 문명의 존재는 식민지 시대 인도에서 영국인 철도 건설자들이 고대의 벽돌들을 발견했을 때 우연히 알려졌다. 3만 명에서 5만 명 정도의 주민들이 살았던 거대한 도시가 인더스 강의 진흙 밑에 수 세기 동안 묻혀 있다가 모습을 드러냈다. 인더스 강 하류에 위치한 모헨조다로는 메소포타미아 문명의 그 어느 도시만큼이나 컸으며, 잘 계획된 사각형 격자 모양의 형태에다가 방어용으로 높이 조성한 성소와 저층을 갖추고 있었다. 후일 고고학자들은 인더스 강변과 아라비아 해 연안에 모여 있는 십여 개소의 주거지와 도시들을 발굴했다. 잊힌 문명의 도시들이었다. 그들은 펀자브("다섯 개 강의 지역") 지방의 말라 버린 인더스 강 상류의 지류 근처에서 거의 똑같이 디자인된 두 번째 거대 도시 하라파를 발견했고, 마찬가지로 1.6킬로미터 정도 길이의 운하로 바다와 연결된 큰 항구 도시도 발견했다. 결과적으로 인더스 문명은 메소포타미아나 이집트 문명보다 더 넓은 지역을 차지하고 있었다.

    이 문명의 성격은 여전히 수수께끼로 남아 있다. 오른쪽에서 왼쪽으로 쓰는 그림 문자는 아직 해독되지 않았다. 그러나 이는 고대 베다 시대 혹은 그 뒤를 이은 힌두 문명의 산스크리트 어보다 훨씬 앞서 있으며 또 언어학적으로 아무런 연관성이 없다. 모든 면에서 이 문명은 고전적인 수리사회였다. 중앙집중화와 재분배 성격은 성벽으로 둘러싸인 도시 내부에 밀과 보리를 저장하는 거대한 곡물 창고의 존재에서 짐작할 수 있다. 발굴된 유해에서 발견된 풍토병 말라리아의 흔적은 이 병을 옮기는 모기의 존재를 증언해 준다. 관개용 수로의 고인 물에서 번식하는 모기는 수리사회라면 어느 곳이든 존재한다. 우기에 물을 보관하였다가 건기에 방류하는 것은 몬순 지역 거주지

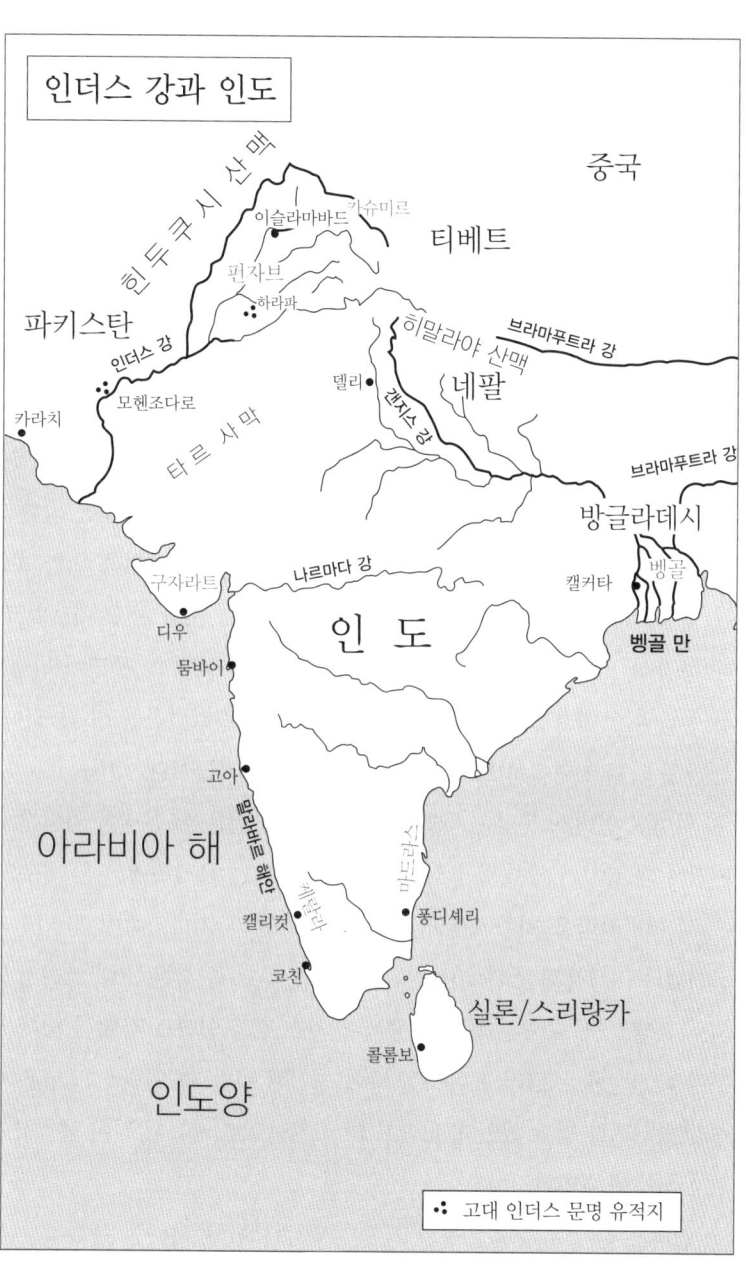

의 전형적인 특징이다. 교역 물품들을 보면 하라파 문명은 아마도 아주 일찍부터 바다를 통해 메소포타미아와 광범위하게 교류했던 것 같다.[37] 그리고 수메르 문명은 이집트만이 아니라 이 지역 문명에도 자극적인 영향을 주어서 빠른 성장을 초래했다.

인더스 문명의 발전된 도시 수리시설은 매우 흥미롭다. 고대 로마보다 2000년 앞서 있고, 위생이 크게 발전한 19세기와 비교하면 4000년 앞서 있다. 모헨조다로의 공공 대욕탕은 낮은 단 형태로 건물의 안뜰에 위치해 있으며 양쪽에 계단 입구가 있는데, 오늘날의 수영장만 한 크기의 깊고 넓은 탱크와 같다고 보면 된다.[38] 여기에 물을 공급하고 배수를 하는 수로는 역청으로 방수 처리를 했다. 이것의 용도가 후일 힌두 의례에서와 같은 정화 의식용인지 혹은 위생용인지, 아니면 로마에서처럼 사회적 모임을 위한 것인지는 알려지지 않았다. 그렇지만 시 차원의 광범위한 지하 하수 네트워크, 실내 화장실, 그리고 많은 이층집에 있는 우물 등을 보면 이 문명이 위생적인 물 공급과 쓰레기 처리 방법을 일찍부터 이해하고 있었음을 알 수 있다. 이는 후일 다른 지역에서 도시 문명의 초석이 되는 것들이다.

아마도 인더스 문명을 둘러싼 가장 큰 의문점은 이 문명이 기원전 1700년경에 왜 갑자기 역사에서 사라졌는가이다. 대개 북서쪽에서 흰 피부와 옅은 색 머리카락을 지닌 인도유럽 어족 아리안 계 기마민족이 침입해 와서 붕괴했다고 생각해 왔다. 이들은 게르만 족, 켈트 족 혹은 고대 그리스 민족의 사촌뻘로서, 그 후손들이 나중에 갠지스 강과 인더스 강에서 베다 힌두 문명을 건설한다. 그러나 아리안 족이 침입해 왔을 때 인더스 문명은 이미 심각한 쇠퇴를 겪고 있었다. 그래서 대신 원인으로 지목된 것이 예측불가능하고 취약한 수리환경이다.

인더스 강에 유입되는 물의 기원은 두 종류이다. 하나는 북쪽과 서쪽의 히말라야 산맥과 힌두쿠시 산맥의 눈 녹은 물이고, 다른 하나는 계절에 따라 큰 변화를 보이는 몬순의 거대한 강우이다. 평평한 범람원에 토사가 빠른 속도로 쌓이므로 인더스 지역은 격렬한 홍수가 빈발했다. 이 강의 악명 높은 복잡한 지류들은 유프라테스 강처럼 종종 바다로 향하는 물길의 흐름을 바꾼다. 수리학적 취약성에 더해서 기후변화로 인해 지역적 건조화가 일어나고 동쪽의 타르 사막이 확대되었다. 이집트와 메소포타미아 문명이 심각한 가뭄으로 큰 충격을 받았던 때와 거의 동시대인 기원전 2000년경에 인더스 유역은 거대한 홍수로 큰 피해를 입은 것으로 보인다. 무수히 많은 메마른 강바닥들(한때 아주 큰 강이었던 인더스의 지류들도 포함되어 있다.), 그리고 사라져 버린 쌍둥이강은 강물의 흐름이 급격하게 변화하고 그 결과 큰 도시와 경지를 포기해야 했다는 사실을 증명해 준다.[39] 모헨조다로 역시 적어도 세 번에 걸쳐 재건설되었다. 결국 예측하기 힘든 홍수와 가뭄, 관개의 결과인 염분화, 그리고 지하수면의 상승 등이 아마도 이 문명의 지속가능한 번영을 훼손하고 인구 감소와 이주를 강요했을 것이다.[40]

인더스 문명의 몰락은 공통적인 역사 유형에 속한다. 잉카 문명 이전 페루에서 모체 강과 치카마 강을 따라 건설된, 지금은 사라진 80킬로미터 길이의 관개 운하들,[41] 서기 300년과 900년 사이에 현재의 애리조나 지역에 살았던 원주민인 호호캄("사라진 민족")과 그들을 계승한, 역시 지금은 사라진 푸에블로 민족들이 건설한 거대한 거미 모양의 운하 시스템을 보면 물 문제에 취약한 거주지에 자리 잡은 많은 관개 사회들이 장기간에 걸친 기후변화로 인해(혹은 단기간이라도 거대한 기후변화가 일어나면 마찬가지이지만) 심각한 물 문제에 직면했을 때 모두 비슷한 운명을 맞이하게 된다는 사실을 알 수 있다. 현재의 요르단에 위치한 바위산의 도시 페트라는 계절적인 와디(건조지역의 간헐하천 — 옮긴이) 농업과 대상무역에 의존하고 있었는데, 363년 지진이 일어나 수조를 이용한 정교한 물 관리 시스템이 붕괴하자 몰락해 버렸다.

유카탄 반도의 열대 우림 지대에서 비에 의존해 지력이 약한 땅을 경작하던 마야 문명은 250년과 800년 사이에 곡물과 콩을 기반으로 한 기발한 문명을 건설했다. 이 지역은 겨울 가뭄을 예측하기 어렵고 항시적인 표층수가 거의 없어서 물 기반이 매우 취약한 곳이었다. 그들은 처음에 빠른 속도로 되살아나는 식물들을 불태우는 화전 방식을 취했지만, 후기에는 흙으로 높이 쌓은 언덕과 산간의 테라스에 배수와 준설 작업을 해서 관개수로를 만들어 경작했다. 그들은 또한 투과성이 좋은 석회암 지반을 깊이 파서 지하수조를 만들어 계절적으로 빨리 차오르는 지하수를 모았으며, 이것을 일 년 내내 가정용수로 사용할 수 있었다. 서기 800년 이후 마야 문명이 급격하게 몰락하고, 세 단계에 걸쳐 인구의 90퍼센트가 줄어든 것은 고갈 현상들이 연이어 일어나면서 수자원 설비가 훼손되었기 때문이다. 인구압이 증대해 언덕에까지 농사를 지은 결과 숲이 감소하고 토양이 유실되었으며, 이로 인해 정글의 운하와 경작을 하는 언덕이 어수선해졌고 건기에 지역적으로 더 심한 건조화 현상이 나타났다. 농업 생산성이 하락하자 인근 공동체들 사이에 식량을 확보하기 위해 치열한 전쟁이 벌어졌다. 여기에 더해서 아마도 7000년 내에 가장 혹심한 장기 가뭄 구간이 시작된 것이 최종 타격이 되었을 것이다.[42] 유카탄 반도 전체에 걸쳐 몰락하는 곳의 지리적 패턴을 살펴보면 지하수를 얻지 못하게 되는 지역들과 같은 궤적을 그린다.

    약 천 년 뒤에 철의 도입과 함께 인도의 고등문명이 재탄생했을 때 그 중심지는 갠지스 강 유역이었다. 이곳은 무성한 숲, 풍부한 몬순성 강우, 인더스 강보다 몇 배나 수량이 많은 강 같은 요인으로 볼 때 인더스 지역과는 성격이 완전히 다른 거주지였다. 철제 도끼야말로 정글을 개간하는 데 가장 유용한 혁신이었다. 그다음으로 중요한 것은 여덟 마리 이상의 소로 끄는 중쟁기로서 이것으로 비옥한 토지를 경지로 만들었다. 기원전 약 800년부터 대규모 벼 경작을 통해 밀집한 인구를 부양할 수 있는 수리국가의 성격을 띤 왕국들이 점차 갠지스 강 유역에서 삼각주까지 장악해 갔다. 강력하고 중앙집중화된 정부 당국은 적시에 경지에 물을 대거나 배수를 하고, 물을 모으거나 제방을 쌓고, 운하와 둑을 쌓는 일처럼 기술이 필요하면서도 동시에 노동 집약적인 일들을 지도했다.

시간이 지나면서 인도의 두 몬순 덕분에 두 번 수확할 수 있게 되어 벼의 생산성이 두 배가 되었다. 수 세기 동안 인도 인들은 몬순의 시작을 알리는 구름의 모양이나 바다의 표시를 읽어 내는 기술을 개발해 비밀리에 전수했다. 몬순의 시작은 곧 파종 시기를 가리킨다. 이것은 수많은 사람들의 식량 문제와 직결되는 핵심 사항이었다. 오늘날까지도 몬순의 시작 시점이나 매년 엄청나게 다른 강우량을 예측하는 것은 풀지 못하는 난제로 남아 있다. 이는 인도의 경제 성장에 관한 최대 단일 변수이다.[43]

최종적으로 인더스 강의 반건조 범람원에서 습한 갠지스 강 유역, 그리고 거대한 갠지스 강과 브라마푸트라 강이 벵골 만으로 흘러들어 가는 습한 삼각주 지역에 이르는 북인도 전체는 "인도의 율리우스 카이사르"인 찬드라굽타의 정복으로 통일되었다. 그가 창건한 마우리아 왕조는 알렉산드로스 대왕이 인더스 강에서 후퇴한 이후 기원전 320년부터 200년까지 인도 최초의 황금기를 이루었다.[44] 쇠퇴와 회복이 반복되는 역사의 패턴에 따라 서기 300~500년 동안 굽타의 두 번째 황금기가 만개했다. 역시 대규모 중앙집중화된 수리사업을 특징으로 하는 이 시기는 상이한 물 환경들의 통합 속에서 이루어졌다. 계절별로 몬순의 극심한 변화에 대처하기 위해 인도 인들은 이 시기부터 특히 서부 지역에서 수백 개의 계단식 우물을 만들었다. 마치 신전처럼 정교하게 건조한 이 우물은 3층짜리부터 7층짜리까지 다양한데, 여성들과 아이들이 긷는 이 물은 홍적세부터 모아진 물이었다.

표면적으로는 지리적 통일성이 보이지만 사실 인도아대륙은 상이한 수리환경 및 지형학적 환경이 연속되는 체스판과 같다. 이 때문에 지역마다 경제적, 문화적 독자성이 발전했고 정치적 통합이 어려워졌다. 인도의 독립적인 지역들을 응집력 있고 정치적으로 통합된 사회로 만들어 줄 만한 인공적인 수로는 없었다. 19세기에 영국의 식민 세력이 증기선과 철도를 들여올 때까지 누구도 인도 전체를 지배하지는 못했다. 그나마 영국이 인도 전체를 지배한 것도 오래가지는 못했다. 2차 세계 대전 이후 독립을 쟁취한 인도 북부 핵심부의 상이한 수리학적 지역 세 곳은 세 개의 국가로 분열했다. 인더스 강을 따라서는 파키스탄이, 갠지스 계곡 주류를 따라서는 인도가, 그리고 늪지를 이루는 갠지스-브라마푸트라 삼각주 지역에는 방글라데시가 건국되었다.

인도아대륙의 중앙과 남쪽에는 또 다른 인도가 존재한다. 바다를 향한 해변 지역은 고대 세계의 팽창하는 인도양 무역 네트워크의 핵심 연결점이었다. 문명사회의 초기부터 인도, 메소포타미아, 이집트, 동남아시아 간에 바다를 통해 상품들이 오갔다. 인도는 기원전 1000년대에 오늘날의 예멘에 해당하는 아라비아 반도의 사바(기원전 8세기부터 기원전 275년까지 아라비아 남부 지역에 존재했던 왕국 — 옮긴이) 인들과 교역했다.[45] 사바 인들은 대상무역 방식으로 레반트와 이집트까지 육상 운송을 담당했다. 이들이 운송하는 상품 중에는 자신들의 지역과 '아프리카의 뿔' 지역에서만 자라는 나무에서 얻는 유향과 몰약 같은 상품들도 있었다. 홍해에서 활동하던 지중해 세계의 선원들이 인도양에서 양방향으로 움직이는 계절적인 몬순의 비밀을 터득하여 남인도로 가는 법을 알아내면서 이런 동서교역의 역사적인 돌파구를 마련했다. 그 직후 해상 교역로는 말레이 반도와 오늘날 인도네시아에 속하는 향신료 제도까지 확대되었다. 그들은 동남아시아의 바다에서 중국 선박과 상품을 교환함으로써 중국에서 지중해까지, 구세계를 가로지르는 항구적인 해상 연결로를 창조해 냈다. 무슬림 시대와 유럽 인의 식민지 시대에 인도양의 장거리 교역로는 세계 권력과 제국을 향한 역사상 최고의 단일 고속도로가 되었다. 이는 육상에서 중국, 인도, 레반트를 연결하는 비단길과 평행하게 발전했다. 동아시아에서 지중해까지 이르는 이 해로와 육로는 시장 중심 국제 경제의 중심축이 되었다. 인도는 부와 세계의 리더십을 차지하기 위한 투쟁에서 중심지이자 탐나는 목표물이었다. 이는 주로 해상무역에 근거한 새로운 해상문명의 발전을 동반했다.

4   그리스 로마 문명의 성장과 지중해

고대 그리스부터 대영제국을 거쳐 현대에 이르기까지 해군력의 우위는 언제나 권력의 주축이었다. 바다의 통제권을 장악한다는 것은 흔히 결정적인 전환점이 되었다. 전략적으로 핵심적인 내륙 수로가 부재한 지중해 세계에서 제국들은 해군력에 따라 흥망성쇠가 바뀌곤 했다.

동지중해 지역은 고대 관개제국의 주변부이다. 메마르고 산지가 많고 섬들이 점점이 박힌 이 지역에서 한 무리의 해양사회들이 발전해 나왔다. 이들은 주로 해상무역과 해군력으로 부와 군사력을 확보했다. 시간이 지나면서 이 소국들은 중앙집중화되고 권위적인 수리사회와 성격이 매우 다른 문명을 발전시켰다. 이곳의 특징은 개인 중심의 시장경제, 사적 소유권, 법적 권리, 그리고 (시민 자격을 갖춘 사람들에 한정된 것이기는 하지만) 대의제 민주주의 등이었다. 그리스에서 처음 시작된 이 전통은 헬레니즘의 확산, 로마제국의 확대, 그리고 그 후에는 베네치아와 제노바 같은 소규모 해양 공화국의 활동을 통해 지중해 세계 전체로 확산되었다. 16세기에는 전 지구적인 원양 항해가 발달하면서 이 전통이 세계 전체의 우위를 차지하기에 이르렀는데, 이는 네덜란드, 영국, 미국 같은 서구의 강력한 자유 시장경제 민주주의 국가들의 영향 때문이었다. 오늘날 이것은 통합된 글로벌 경제의 지배적인 규범들로 발전했다.

동지중해의 소규모 고대 해양국가들이 국제적인 해양업에 뛰어들 수밖에 없었던 것은 그들이 원해서라기보다 국내 농업 생산과 수자원이 제약되어 있기 때문이었다. 부족한 강우량, 산지에 위치한 땅, 소규모 농지 그리고 이 지역의 강들이 내륙의 원거리 조운(漕運)이나 관개농업에 모두 적합지 않았기 때문에 늘어나는 인구를 유지할 만한 식량을 생산하지 못했다. 그렇지만 이런 가혹한 지리적 도전이 오히려 경제적 잉여를 늘리기 위한 좋은 방법을 제공했다. 항해 기술을 익힌 사람들에게 바다는 다른 연안 국가들과 연결할 수 있는 훌륭한 고속도로였다. 그들은 에게 해 주변 지역에서 자체 생산된 특별한 상품들, 특히 값비싼 올리브유와 포도주를 수출하고 그 대신 곡물과 기본 물자들을 수입했다. 들쭉날쭉한 이 지역의 해안선도 해상상업과 어업에 유리한 항구를 제공하는 요소가 되었다. 또 해상 장벽 자체가 인근 수리제국의 우월한 무력에 맞서 소국의 독립을 방어하는 데 도움이 되었다.

고대 에게 문명에서 해상 교통은 이집트나 메소포타미아의 강을 이용한 교통과 유사한 역할을 했다. 4000킬로미터에 달하는 길이와 폭풍우라는 위험 요소가 있지만, 조수간만이 없고 수심이 얕은 데다가 상대적으로 고요한 지중해(Mediterranean, 그리스 어로 '땅 사이의 바다'라는 뜻이다.)는 선원들이 지구상에서 가장 환영할 만한 바다였다. 13킬로미터밖에 안 되는 좁은 지브롤터 해협(고대에는 '헤라클레스의 기둥'이라고 불렸다.)이 대서양으로 통하는 입구가 되는 것 외에 이 바다는 사실상 폐쇄된 거대한 호수와도 같다. 북단에는 다르다넬스(고대에는 헬레스폰투스로 알려졌다.)와 보스포루스라는 두 개의 해협이 유럽과 아시아를 가르는 구분선인 동시에, 내륙의 거대한 흑해와 연결되고 그리하여 중앙아시아의 풍부한 자원에 접근할 수 있는 연결선이 되기도 했다. 남동쪽으로는 이집트의 나일 삼각주와 시나이 반도 사이에 작은 지협이 있어서 이것이 지중해와 홍해 그리고 그 너머의 인도양을 가른다. 동쪽 변경에는 레반트 지역의 부유한 항구들이 낙타 대상을 통해 서아시아 지역 및 그 너머에서 들어오는 상품들을 받아들였다. 지중해의 문명화된 경계 안으로 식량, 원료, 공산품, 사치품 등이 들어와서 이 발전된 해상 상업 문명을 뒷받침했다.

고대에는 지중해를 관통하는 세 개의 중요 해로가 존재했다. 하나는 유럽 남쪽 연안을 따라가는 길이고, 다른 하나는 그와 평행한 아프리카 북부 지역 항구들을 잇는 길이다. 세 번째 해로는 키프로스, 로도스, 크레타, 몰타, 시칠리아, 사르데냐, 발레아레스 제도 같은 지중해 중앙부의 여러 섬들을 따라가는 길이다. 세 길 모두 나침반이나 육분의 없이 시각적인 표시물들을 따라가는 것만으로도 쉽게 항해할 수 있었다. 겨울에 종종 일어나는 질풍이 가장 위험했는데, 방향이 빠르게 바뀌고 변덕스러운 역류를 만들어 냈기 때문이다. 이 때문에 역사상 대부분의 시대에 4월에서 10월까지만 항해가 가능했다. 바람은 언제나 서쪽에서 동쪽으로 불기 때문에 레반트 지역의 중개항으로 향하는 동쪽 항해는 고대의 여행 시간 기준에서 보면 아주 빠른 속도로 이루어졌다. 이에 비해 반대 방향으로 항해할 때는 엄청난 거리로 느껴졌다. 노와 돛을 이용한 이 항해는 대단히 힘들고 고도의 기술이 필요했다. 통상 레반트에서 지중해 중앙부까지 항해하는 데 60일 정도가 걸렸다. 이 지점에서는 거대한 시칠리아 섬이 일종의 육교 역할을 했다. 실제로 지중해는 시칠리아를 중심으로 두 개의 거대한 만으로 나뉘어 그 각각이 어느 정도 자체 충족적인 세계로 발전했다. 지중해 서부 세계에서는 기원전 3000년대부터 2000년대까지 지금은 사라진 고대 해양민족들이 수천 개의 신비한 종교적 거석 유물들을 만들었는데, 이것은 몰타, 사르데냐, 스페인, 모로코, 그리고 대서양 쪽으로 브르타뉴, 아일랜드, 스톤헨지, 스칸디나비아에까지 산재해 있다. 지중해 동쪽의 만에는 더 지속적이고 강력한 해상문명이 발전해 역사의 흐름을 만들었다.

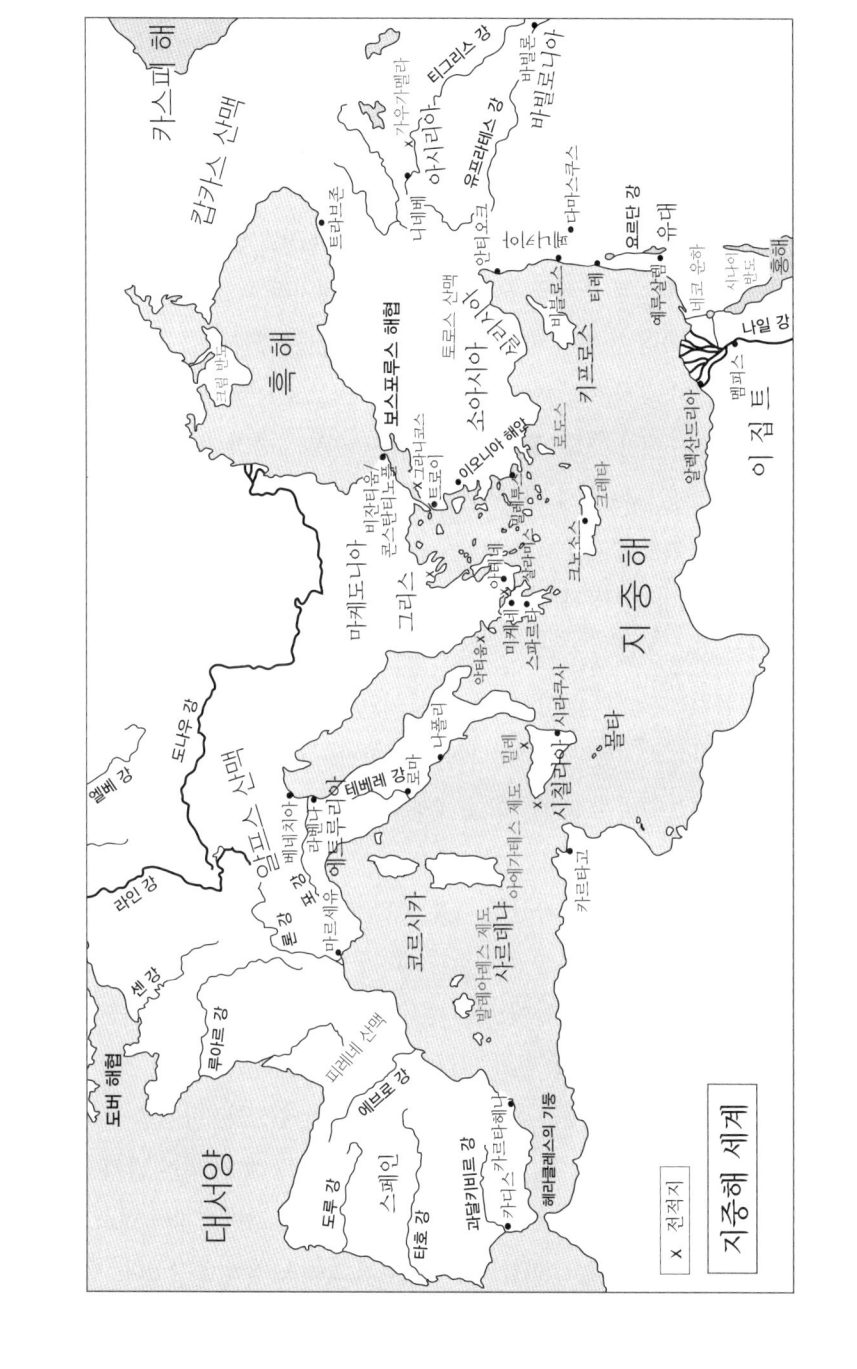

지중해의 해상 패권을 둘러싼 각 세력의 각축전

지중해의 해상 교역은 기원전 4세기에 거대한 화물선이 개발되면서 더욱 발전했다. 이 배는 나무판자로 짓고 돛과 전통적인 노로 움직였다. 육로 수송이 느리고 위험하고 종종 아예 불가능했던 시대에, 마찰이 적고 부력을 지닌 물의 특성과 풍력을 활용한 범선으로 장거리 화물 운송이 가능했다. 이 때문에 육상 운송에 비해 수상 운송이 비용 측면에서 큰 우위를 차지하게 되었으며(이 점은 오늘날에도 마찬가지이다.) 그로 인해 국제시장이 형성되었고 이것이 여러 사회에 경제적 특화를 통한 부의 증진 가능성을 제공했다. 아예 상업에 특화된 사회도 생겨났다. 기원전 2200년 이후 방향 조정용 노에 더해서 키가 도입된 결과 해상수송의 우위는 더 뚜렷해졌다.

진정 위대한 지중해 해양문명으로 우뚝 선 세력은 일찍이 조심스럽게 해안선을 따라 항해하는 데 그쳤던 이집트 인이 아니라 바다에서 태어난 것이나 다름없는 크레타 섬의 미노아 인들이었다. 이들은 초기 지중해 상업로들을 부지런히 개척했다. 기원전 2000년경까지는 크레타가 이 지역의 상업 교차로가 되었으며, 약 500년 이상 에게 해와 동지중해 전체에 경제적, 문화적 그리고 해군상의 영향력을 행사했다. 260킬로미터에 걸친 이 날렵한 섬의 가장 중요한 자연적인 자산은 다름 아닌 전략적 위치로서, 레반트, 소아시아, 이집트라는 수익성 좋은 시장과 서지중해의 원재료 공급지들을 중개하는 곳이었다. 미노아 인들이 특히 청동기 시대에 큰 이익을 누릴 수 있었던 이유는 청동의 재료들을 쉽게 크레타에 집결시킬 수 있었기 때문이다. 전통적으로 이웃 키프로스와 아나톨리아 남부 해안의 실리시아에서 구리를 얻고, 에트루리아(이탈리아), 스페인, 그리고 육로를 통해 저 멀리 갈리아와 영국의 콘월 지방에서 주석을 얻었다. 청동은 기원전 2800년경에 메소포타미아에서 처음 등장했고, 이집트에는 기원전 2000년경에 등장했다.[1] 뿐만 아니라 미노아 인들은 구세계 어디에서든 찾고 있던 탁월한 금속 제품들과 무기, 도구, 도자기 등을 거래하면서 큰 부를 얻었다. 미노아 해상 세력은 두 종류의 선박에 의존했다. 하나는 널찍하고 둥근 모양에 속도가 느린 상선이고, 다른 하나는 날쌘하고 민첩한 좁고 긴 배로서 공격과 수비에 쓰였다. 이 전선(戰船)은 돛 하나를 이용해 순항하다가 전투 시에는 한 줄로 앉아 있는 노수들이 배를 조정하여 뾰족한 충각으로 상대편 배의 선체를 들이받았다.

늘어나는 부를 이용해서 미노아 인들은 화려한 다층 궁전과 큰 도시들을 건설했으며 예술에 전념했다.[2] 특히 성채의 시대였음에도 그들의 최대 도시인 크노소스만은 성벽을 두르지 않았다는 점이 눈에 띈다. 이것은 미노아의 해군이 얼마나 우월한지 말해 줄 뿐 아니라, 범선의 시대 내내 공해(公海)가 방어에 유리하다는 점을 보여 주는 역사상 최초의 증거들이다. 그들의 급수시설은 정교했다. 미노스 왕(이는 아마도 '파라오'라는 말이 그렇듯이 모든 지배자에게 다 적용되는 이름이었을 것이다.)의 궁전에 있는 물탱크는 실내 화장실의 배설물을 쓸어 내렸고, 도시에는 테라코타로 된 하수관과 하수구가 깔려 있었다. 농업 부문을 보면, 반건조 산악 지역인 이 섬의 불리한 풍토에도 불구하고 테라스와 댐을 이용하여 올리브와 포도 생산 능력을 극대화했다. 에게 해에 정착한 미노아 인들은 그들의 후계자인 고대 그리스 인들에게 자신의 문명 요소들을 많이 전수해 주었는데, 초기 그리스 문자도 포함되어 있었다.

기원전 1470년경, 미노아의 북쪽 110킬로미터에 위치한 티라(오늘날의 산토리니) 섬의 대부분을 날려 버릴 정도의 거대한 화산 폭발이 일어나 미노아는 대참사를 겪었다. 이 폭발로 인한 지진이 크레타 섬을 뒤흔들어 놓았고, 화산재가 일부 도시들을 뒤덮었으며, 거대한 해일이 이 섬 북쪽의 항구들을 파괴했다. 세력이 크게 약화된 미노아는 겨우 백 년 정도 더 연명하다가 그리스 본토에서 바로 그들의 영향을 받아 성장한 미케네에 복속하게 되었다.

　기원전 1200년경까지 그리스 어를 말하는 미케네 인들은 미노아 인에게서 물려받은 교역로와 약탈적인 해군력에 힘입어 번영을 누렸다. 호메로스의 『일리아드』에 의하면 미케네 역시 도시국가로서 당시에는 아가멤논 왕이 군림하고 있었다. 그런데 트로이가 그의 동생인 스파르타의 왕 메넬라오스의 아름다운 부인을 납치해 가자 기원전 1184년경에 전 그리스 도시국가들의 해군과 육군을 규합하여 성곽으로 둘러싸인 트로이를 공격했다. 그리스 도시국가들이 1000척의 배를 띄워 보낸 것은 단지 헬레네의 미모 때문만은 아니며, 전쟁 노획물을 노린 것이기도 하다. 헬레스폰투스 해협의 입구를 굽어보며 소아시아의 북서쪽 언덕에 자리 잡은 트로이는 그 전략적인 해협의 통과세와, 은광, 그리고 주변 약소국들의 조공 지불을 통해 막대한 부를 소유하고 있었다. 물론 트로이가 패배한 것도 순전히 트로이의 목마 때문만은 아니다. 해상 보급로를 확실하게 통제한 미케네의 막강한 선단, 그리고 10년 동안이나 포위 공격을 하다가 결국 트로이를 약탈하면서 끝난 미케네의 안정적인 군사 능력 때문이다.

　그런데 트로이 전쟁 시기까지도 청동기 시대의 미케네 인들과 다른 에게 해 본토 지역 사람들은 우월한 철제 무기로 무장한 북방 침략자들 때문에 고향에서 떠밀려 나는 중이었다. 그중 많은 사람들은 바다로 나가 이른바 '바다 민족'이 되어 신왕국 말기의 이집트를 침략했다. 미케네의 많은 피난민들은 최종적으로 에게 해의 섬들과 소아시아의 복잡한 이오니아 해안 지역으로 이주해 정착했다. 이 때문에 지중해 지역과 서아시아 지역에 3세기 내내 문명을 교란한 암흑시대가 이어졌다.

　다시 문명화가 재개되었을 때, 지중해 전 지역을 관통하는 해로들을 통제하기 위해 세 세력이 경쟁했다. 레반트 지역의 페니키아 인이 첫 번째이고, 이탈리아에서 발흥하여 로마의 초기 왕들을 배출한 것은 분명하지만 아직도 기원이 신비에 싸여 있는 에트루리아 인이 두 번째이며, 근대 서구 문명의 요람으로 발전할 고전기 그리스 도시국가들이 세 번째이다. 이 가운데 가장 먼저 흥기한 것은 셈 계 페니키아 인들이다. 이들은 서구에 알파벳을 전해 준 세력으로 유명하다.

    페니키아 인들이 지중해에서 해상 사업을 시작하는 데 유리했던 요인은 두 가지이다. 티레, 시돈, 비블로스 같은 좋은 항구들이 그 하나이고, 자국 내 조선업과 수출용으로 중요한 위치를 차지하던 삼나무를 비롯한 레반트의 삼림자원들(이는 메소포타미아와 이집트 같은 강국들까지 탐내던 자원이었다.)이 다른 하나였다. 기원전 1000년부터 800년까지 페니키아 인들은 지중해를 사실상 지배했다. 페니키아의 항구들은 대형 화물선으로 북적였다. 그들은 역사상 가장 과감한 해상 교역 사회를 창조했다. 장거리 항해를 하면서 그들은 심지어 야간 항해라든지, 해안이 보이지 않는 바다에서 항해하는 원양항해도 시도했다. 그들은 지중해 너머 지역에 대규모 식민지를 건설했는데, 그 가운데 특히 오늘날 튀니지에 가까운 서부 지중해의 남쪽 입구에 건설한 카르타고가 가장 유명하다. 또 지브롤터 해협을 통과하여 대서양으로 건너가서 가데스라는 훌륭한 항구를 건설했는데, 이것이 후일 카디스로 발전했다. 기원전 6세기 말에 전략적으로 중요한 지점인 지브롤터 해협을 장악한 이후 페니키아의 배들은 대서양 연안 지역과 북해 연안 지역에서 나는 원재료들을 4세기 동안이나 실질적으로 독점했다. 이집트의 파라오인 네코의 위임을 받아 항해한 페니키아의 선박들은 기원전 600년경에 홍해를 남쪽 방향으로 항해하여 아프리카를 주항한 것으로 보이며, 한 세기 뒤에는 카르타고 출신의 페니키아 인들이 아프리카 서해안 지역에 식민지를 건설하는 데 성공했다. 이런 것들은 모두 포르투갈 인들이 해양 항해의 위업을 통해 세계사를 변화시키기 2000년 전의 일이다. 오랫동안 페니키아의 국내 자산과 모험을 통해 얻어 낸 해양의 부는 서아시아의 강력한 육상 제국들과 이웃함으로써 생기는 지정학적인 위험을 극복하는 데 충분했다. 그러나 기원전 8세기 이후 페니키아 모국은 아시리아 군대의 침략을 받았으며, 그 결과 페니키아 문명의 핵심부는 서쪽의 카르타고로 옮겨졌다.

페니키아 인들이 기본적으로 상인들이었다면 기원전 8세기까지 이오니아 해안과 이웃 에게 해의 섬들에 생겨난 그리스 도시국가들은 강력한 식민주의자들이었다. 기원전 750년부터 650년까지 그들이 건설한 식민지는 250개에 달했는데, 밀이 풍부하게 나는 시칠리아의 시라쿠사, 그리고 흑해와 그 북쪽 연안의 황금빛 밀밭을 자랑하는 크림 반도 입구 보스포루스 해협의 비잔티움(후일 콘스탄티노플 그리고 이스탄불이 되는 곳)도 포함되어 있다. 이들 지역의 경제는 원래 자국에서 생산되는 고가의 포도주 및 올리브유를 수출하고 기본 곡물과 원재료를 수입하는 교역 위주였지만, 경쟁적인 식민지들이 지중해 전역에 포도나무와 올리브나무를 이식하면서 그들의 경쟁력이 갈수록 쇠퇴했다.

이오니아의 식민 도시 가운데 가장 중요한 곳은 밀레투스였다. 기원전 8세기에 밀레투스의 선원들은 온화한 항해 철에 헬레스폰투스와 보스포루스 해협을 통해 흑해로 항해하는 법을 발견했다.[3] 그때까지는 갑자스럽게 몰아치는 격류와 소용돌이, 맞바람 치는 북동풍 때문에 거의 일 년 내내 항해길이 막혀 있었다. 밀레투스의 유명한 항구는 오랫동안 침니(沈泥)로 고생했지만, 그래도 기원전 7~8세기에는 지중해와 흑해 사이의 주요한 상품 교역을 도맡았다. 흑해는 거의 밀레투스 인들의 호수라 해도 과언이 아니었다. 밀레투스의 선박은 자국 은행가의 도움을 받아 흑해의 밀과 생선을 확보한 후 에게 해의 곡물 부족 국가들로 운송해 거래함으로써 큰 이윤을 얻었다.

밀레투스는 부와 도시 문화를 바탕으로 그리스 초기 문명 형성기의 사상가들을 배출했는데, 그중 가장 유명한 사람은 그리스 철학의 아버지로 알려진 탈레스였다. 고대 그리스의 7대 현인 중 한 명으로 알려진 탈레스는 수학자이자 정치가, 천문학자이기도 했다. 기원전 585년 5월 25일의 일식을 예측한 것으로도 유명하다. 그는 물이 만물의 근원이라고 주장했다.[4] 얼음, 액체, 수증기의 다양한 형태, 또 물이 공기로 변하는 기화, 공기에서 물로 변화하는 것으로 보이는 강수, 강 하구의 침니 작용, 땅에서 솟아 나오는 샘물의 존재 같은 여러 자연 상태를 통해 물의 변화무쌍한 성질을 고찰한 그는 지상의 모든 일들은 물이 여러 형태로 상을 변화시키는 것이라고 추론했다. 후일 아리스토텔레스 같은 그리스 철학자들은 물을 4대 원소(물, 불, 공기, 흙) 중 하나로 격하했다. 이들에 대한 물의 우월성을 주장하는 탈레스의 가설은 물이 창조의 제1요소라는 바빌로니아의 우주론과 유사한데, 이것은 추론과 과학적 관찰이 앎에 이르는 중요한 수단이 되는 그리스 사고에 심대한 영향을 미쳤다.

밀레투스에서도 기원전 5세기에 아테네가 성장하고 그리스 문명이 화려하게 만개하도록 이끈 사건들이 일어났다. 기원전 6세기경까지 키루스 대왕이 건설한 내륙 중심의 페르시아 제국은 이오니아를 포함한 소아시아 지역 전체에 패권을 주장했다. 기원전 499년, 일련의 음모 끝에 밀레투스는 이오니아 지방의 그리스 도시국가들을 부추겨서 페르시아의 지배권에 저항해 봉기했다. 여기에 아테네도 참여하여 몇 척의 배를 에게 해 너머로 보내 도움을 주었다. 채 5년이 지나지 않아 다리우스 치하의 페르시아는 봉기를 진압하고 밀레투스를 약탈했다. 기원전 490년, 다리우스는 소규모 선단으로 병사를 파견하여 반란에 참여한 건방진 아테네를 응징하고자 했다. 성 안에서 문을 열어 주기로 한 아테네의 배신자들과 공모했는데, 페르시아 군이 마라톤 벌판에 상륙해서 벌인 전투에서 패배한 데다가, 전열을 재정비한 페르시아 군이 도착하기 전에 42킬로미터 거리를 뛰어서 소식을 전한 발 빠른 사람들 때문에 실패로 끝났다. 이것이 유명한 근대 마라톤 경기의 기원이다.

10년 뒤 아테네와 그 동맹국들에 가혹하게 복수하기 위해 페르시아 군이 다시 쳐들어왔다. 다리우스의 아들인 크세르크세스 왕은 18만~36만 명에 달하는 육군과 700~800척에 달하는 선박을 동원했는데, 이 군사력의 태반은 페르시아의 지배를 받는 이집트, 페니키아, 그리고 이오니아의 그리스 국가들에서 징발한 것이었다. 기원전 480년, 크세르크세스의 군대는 배를 서로 묶어 두 개의 선교를 만들어서 헬레스폰투스 해협을 건너왔다. 복잡한 산길 행군을 피하기 위해 페르시아 군은 아토스 산 밑으로 힘들게 터널을 팠다. 그리고 육군이 행진해 가는 동안 해상을 통해 보급을 받았다. 그들은 그리스의 북쪽 해안 여러 곳에 미리 보급품을 저장해 놓았다가 이를 선단을 통해 운송했다.

20여 도시국가들을 제외하고 모든 그리스 국가들은 진군해 오는 페르시아 군 앞에 싸움 한 번 하지 않고 항복했다. 당황한 아테네 인들은 델피의 신탁을 구했는데, 언제나 그렇듯이 신탁은 모호한 말투로 내려졌다. 나무로 된 성벽에 의지하라는 것이었다. 이것이 아크로폴리스의 전통적인 나무 성곽을 의미하는지 아니면 탁월한 젊은 지도자 테미스토클레스가 정치적 기지를 발휘하여 페르시아의 침략 이전에 미리 건조한 선박을 의미하는지는 아무도 몰랐다. 3년 전에 44세의 테미스토클레스는 당시 막 발견된 국영 은광의 수입으로 최신 선단을 구축하여 페르시아의 약점인 장거리 해상 보급선을 공격하는 것이 육군에 의존하는 전통적인 방식보다 낫다고 아테네의 민주적인 의회를 설득했다.

스파르타와 아테네의 소수 용맹한 전사들이 테르모필레 고갯길에서 페르시아 군에 패배하여 아테네로 향하는 길이 열렸을 때, 테미스토클레스는 결단을 내렸다. 그는 아테네 시민들에게 도시를 떠나 대피할 것을 명령했다. 텅 빈 도시에 들어온 페르시아 군은 불을 지르고 약탈을 감행했는데, 그동안 아테네 인들은 해군 함정에 타고 있었다. 이 해군이 페르시아의 보급선을 끊고 에게 해의 제해권을 장악하는 것을 막기 위해 크세르크세스는 그들을 추격하여 파괴하려고 했다. 살라미스 섬과 아테네가 위치한 본토의 바로 서쪽 지역 사이의 좁은 해협에서 페르시아 선단은 그리스 선단을 따라잡았다.

기원전 480년 9월 23일 아침, 크세르크세스는 언덕에 올라가서 대왕의 권위가 빛나는 의자에 앉아 역사상 최초로 기록된 대규모 해전을 지켜보았다. 그는 자국 해군이 그리스 해군을 완전히 섬멸하리라고 기대했을 것이다. 그의 발아래 펼쳐진 길이 5킬로미터, 폭 1.5킬로미터의 소 해협에서 370척의 그리스 선단이 그 두 배의 선박을 보유한 페르시아 해군을 양쪽에서 완전히 가로막았다. 크세르크세스는 몰랐겠지만, 테미스토클레스는 페르시아 군이 이 좁은 살라미스 바다에서 최후의 결전을 치르도록 유도했다.

테미스토클레스의 선박 수는 적었으나 그의 해군은 새로 개발된 3단노 군선으로 구성되어 있었다. 이 배는 역사상 가장 위대한 전함 중 하나라 할 수 있다. 배가 진행하는 방향으로 등을 댄 채 노를 젓는 노수 170명이 3열로 배치된 이 배는 물 속 깊숙이 가라앉아 있어서 안정감이 있는 데다가, 50명의 노수들이 2열로 배치된 30미터 길이의 전통적인 에게 해 선박 펜테콘터(50개의 노를 사용하는 갤리선 유형의 선박 — 옮긴이)보다 훨씬 강력한 힘을 지니고 있었다.[5] 숙련된 선원들이 조정하면 이 배는 빠르고 민첩하며, 9노트의 속도로 바로 전투에 돌입할 수 있고, 배 길이 2.5배 정도의 원을 그리며 1분 안에 방향을 돌릴 수도 있었다. 이 배는 두 가지 무기를 갖추고 있었다. 하나는 끝에 청동을 댄 신형 충각인데 이것으로 적선의 뱃전에 구멍을 낼 수 있었다. 치명적이면서도 쉽게 사용할 수 있는 무기였다. 다른 하나는 무장한 선원 부대로, 충각을 가까이 대면서 상대에게 유탄을 발사하든지 필요하면 적선 옆으로 배를 댄 다음 뱃전을 건너가서 접전을 벌였다.

테미스토클레스는 훨씬 무겁고 속도가 느린 적의 갤리선 선단이 원하는 대로 진영을 갖출 수 있는 넓은 바다에서는 그리스 해군이 승리할 수 없다는 사실을 잘 알고 있었다. 그래서 주저하는 그리스 동맹군 함장들을 설득해서 그들의 배를 일부러 살라미스 만의 비좁은 바다에 들어오도록 했다.[6] 그곳에서는 크세르크세스 선단의 수적 우위가 무의미해지고 대신 아테네가 설계한 3단노 군선의 전술적 힘이 유효하게 사용될 수 있었다. 전쟁이 벌어진 날 아침, 테미스토클레스는 후퇴 기동을 통해 페르시아의 선단이 살라미스 만 안으로 깊숙이 들어오도록 유도한 다음 갑자기 방향을 선회한 후 혼란에 빠진 페르시아 선박들을 충각으로 들이받았다. 많은 페르시아 선박들이 침몰하는 와중에 뒤에서 쫓아오던 배들이 멈추지 못하고 계속 충돌했다. 페르시아 선단의 거의 절반이 침몰한 반면 그리스 해군은 겨우 40척의 3단노 군선만 잃었다.

해상 보급선이 교란된 데다 육군 세력이 갑자기 약해지자 크세르크세스는 그의 군대 태반을 서둘러서 소아시아로 후퇴시켰다. 그리스 선단이 헬레스폰투스의 선교를 파괴하여 그들의 후퇴로를 막을지도 모른다는 두려움에 페르시아 군은 굶주림과 이질에 시달리며 고난에 찬 후퇴를 했다. 헤로도토스는 이렇게 기록했다. "그들은 들판의 풀을 거두어들이고, 야생이든 재배하는 것이든 모든 나무의 잎과 목피를 벗겨 먹었다."[7]

결국 그리스가 생존을 지켜 냈을 뿐 아니라 향후 수 세대 동안 아테네의 해상 우위가 확립되었다. 살라미스 해전은 또한 범선의 시대에 인구가 적은 소국들을 규합한 해상세력이 그보다 훨씬 큰 육상 중심 국가에 우위를 지킨 사례 중에서도 가장 극적인 초기 사례라 할 수 있다. 바다라는 자연적인 장애물을 방어 요소로 잘 활용한 결과였다. 바다는 적의 보급선을 통제하고, 공격적인 군사력을 출진시키며, 적의 항구들을 봉쇄하는 대단히 우월한 전략적 이점을 제공했고, 경제적으로는 교통과 국제 상품 교역을 통한 이윤 획득에서 결정적인 우위를 부여했다.[8]

고대 그리스부터 대영제국과 핵추진 해군력이 주축이 된 현대까지 해군의 우위는 언제나 권력의 주축이었다. 비록 살라미스 해전 같은 대규모 해전은 드문 편이지만, 바다의 통제권을 장악한다는 것은 흔히 결정적인 전환점이 되었다. 전략적으로 핵심적인 내륙 수로가 부재한 지중해 세계에서 제국들은 해군력에 따라 흥망성쇠가 바뀌곤 했다. 1차 포에니 전쟁에서 로마가 카르타고에 승리를 거둔 사건부터 1588년 영국이 스페인의 무적함대를 눌러 이긴 전투, 나폴레옹의 나일 강 전투(1798)와 트라팔가르 전투(1805), 그리고 2차 세계 대전 중 대서양에서 비스마르크 호, 태평양에서 미드웨이 호가 활약한 결정적인 전투에 이르기까지 살라미스의 교훈은 계속 이어졌다.

살라미스 해전 이후 아테네는 과거 미노아가 지배하는 크레타가 그랬던 것처럼 동지중해의 해군 및 해상 교역의 초강대국이 되었다. 재건된 이 도시 국가는 곧 예술, 철학, 수사학, 정치학, 역사학, 수학, 과학의 탐구를 주도하는 부유하고 영광스러운 중심지가 되었으며, 이런 것들이 서구 문명의 기초가 되었다. 살라미스 해전 직후 아테네와 그리스 세계는 고전기의 황금기를 구가했다.

테미스토클레스의 지휘 아래 살라미스 전쟁에서 얻은 승리의 경험은 아테네의 민주화에도 큰 영향을 미쳤다. 무엇보다도 갤리선 선원으로 활약했던 많은 가난한 노수들의 목소리가 커졌으며(특히 투표권을 획득했다는 점에서 그랬다.) 그 대신 주로 귀족층에서 충원되던 육군의 영향력이 상대적으로 줄었다.[9]

아테네의 국제적인 자유무역의 영향을 받아, 사적 재산권이 확고하게 보장된 가운데 잘 정비된 시장경제가 발전했다. 새롭게 갱신된 아테네는 과거처럼 올리브유와 포도주를 수출하고 대신 밀과 기타 상품을 얻는 방식으로 번영을 누리는 데 그치지 않았다. 아테네의 항구도시인 피레우스는 이 지역의 모든 항구들 간 상품 교역의 국제 청산소로 성장했다. 후대의 베네치아, 암스테르담, 런던, 뉴욕 그리고 여타 중개항들이 그랬듯 개인 창고업자, 항해인, 은행가, 도매상인을 비롯한 상업 서비스 제공자들의 복합체가 항구를 중심으로 발전해 갔다. 초보적인 곡물 상품시장이 발달했는데 흑해 지방, 시칠리아, 이집트 등지에서 도착하는 곡물의 수급에 따라 이곳에서 가격이 결정되었고, 이 가격이 지중해 지역 전체의 표준이 되었다. 항구를 사용하는 화물 전체에 물리는 2퍼센트의 세금 덕분에 국고는 크게 불어났다. 아테네의 민주적인 시민 대표기구는 더 큰 배들이 더 많이 들어오도록 방파제, 부두, 준설 서비스 등 항구의 인프라를 개선함으로써 사적인 시장의 발전을 더욱 촉진했다. 아테네는 또한 크림 반도에서 보스포루스와 헬레스폰투스 해협을 거쳐 느리게 항해해 들어오는 화물선을 보호하기 위해 호송대를 파견했다. 정부와 사적 시장 간에 암암리에 이루어진 편의 제공 관계는 양측 모두에 번영과 힘을 가져다주었으며, 아테네 폴리스의 민주적 기초는 더욱 대의제적이고 다원적인 방향으로 나아갔다.

해양문화에서는 권리를 지닌 시민들을 위한 대의제적 자유시장 민주주의에 기초한 새로운 사회 모델이 더욱 발전했다. 관개사업과 대지 중심의 수리국가 민중들로서는 중앙집권화된 정부의 정책 지시와 중과세에 따르는 일 외에는 실제적으로 다른 경제적 대안이 거의 없었던 데 비해, 사적인 해양상인들은 저렴한 세금을 내고 양질의 서비스를 받으며 안전이 확보된 항구에서 자유롭게 거래할 수 있었다. 그러므로 역사상 많은 중요한 해양무역 국가들이 대개 중요한 대의제 시장 민주주의 국가들이며, 이들이 모두 아테네에서 탄생한 정치경제의 계보를 따르는 것은 우연이 아니다. 아테네의 흥기와 함께, 상품과 인력을 동원하는 두 가지 상이한 방식들 사이에 문명의 거대한 이원적 긴장이 결합되었다. 하나는 권위적인 정부의 지시이고 다른 하나는 시장가격이라는 기준과 사적 이윤의 동기로서, 이 두 가지는 21세기까지 여러 형태로 우위를 다퉜다.

아테네의 정치적 야망이 그들의 해군력 이상으로 커졌을 때 영광의 시대가 종언을 고했다. 펠로폰네소스 전쟁에서 스파르타가 해군력을 충분히 키워서 아테네의 항구를 봉쇄하여 굶주림에 빠뜨리자 아테네는 굴복하지 않을 수 없었다. 기원전 338년 아테네는 북방 내륙의 신흥 강국인 마케도니아의 필리포스에 굴복했다. 그는 마케도니아의 기름진 중앙 평야에 관개농법을 도입하여 부를 얻은 다음 이를 이용해서 군사력을 확대했다. 이 군사력을 동원하여 보스포루스 해협 입구에 위치한 도시 비잔티움을 통제하게 되자 흑해 지역에서 아테네에 식량을 공급하는 수입선을 전략적으로 봉쇄할 수 있었다. 그런데 역사상 자주 일어나는 예측 불가능한 우연의 한 예가 되겠지만, 아테네가 마케도니아에 굴복하자 이것이 오히려 헬레니즘 문명과 그리스 어가 지중해 전역과 유라시아에 널리 전파되는 계기가 되었다. 이 눈부신 전파의 주체는 필리포스의 아들인 알렉산드로스 대왕이었다.

십 대의 나이에 다름 아닌 아리스토텔레스에게 그리스 문명을 전수받은 알렉산드로스는 기원전 336년에 필리포스가 암살되었을 때 스무 살의 나이로 왕좌에 올랐다. 그 이후 4만 3000명의 군인과 6000명의 기병으로 구성된 군대를 이끌고 헬레스폰투스 해협을 건너 페르시아 제국에 대한 정복 전쟁을 시작했다. 8년 동안 2만 5000킬로미터를 행군하면서 그는 단 한번도 전투에서 패하지 않았다. 기원전 323년에 바빌론의 네부카드네자르 궁전에서 겨우 32세의 나이로 사망했을 때 그는 나일 강에서 인더스 강에 이르는 광대한 구세계를 지배했다. 그의 정복은 고대사의 분할선이다. 알렉산드로스는 카이사르에서 나폴레옹에 이르는 후대의 정복자들에게 영감을 주었으며, 찬란한 그리스 문화는 구세계의 서쪽 절반에 천 년 이상 영향을 미쳤고 이것이 이슬람 문명과 기독교 유럽 문명으로 스며들어 갔다.

알렉산드로스는 그의 제국을 건설할 때 군사 및 민간 부분 모두에서 다양한 물 관리 기술을 사용했다. 비록 초기에는 해군이 없었지만 해로를 장악하는 것이 전략적으로 극히 중요하다는 점을 깨닫고는 적의 해군력을 무력화하는 데 노력을 집중했다. 그것은 전통적인 공격 방식과는 달리 배후에서 육상 공격을 통해 항구들을 폐쇄하는 방식이었다. 시리아, 페니키아, 이집트 등 지중해 지역 항구들이 모두 이런 방식으로 폐쇄되었다. 그 후 내륙으로 방향을 선회하여 기원전 331년에 페르시아가 티그리스 강을 방어선으로 이용하기 전에 서둘러 이 강을 건넜고, 고대 아시리아 도시인 니네베 근처 가우가멜라에서 결정적인 승리를 거두었다. 페르시아를 넘어 중앙아시아와 인도로 향할 때 알렉산드로스는 적군만이 아니라 물과 관련된 다양한 환경 요건들, 예컨대 힌두쿠시 산맥의 눈, 거칠기 짝이 없는 옥수스 강, 그리고 중앙아시아 고지대의 스텝 지역을 이겨내야 했다. 기원전 326년 봄에 인더스 강을 건넌 다음 거친 몬순 계절에 공격을 감행하여 펀자브 지방으로 진입해 들어갔다. 이 시기는 대개 인도의 부대가 전투를 중단하고 휴식을 취하는 때이며, 그들의 강력한 전차부대, 사수, 코끼리 부대의 능력이 약화되는 시기이다.

이미 역사상 최대 영토를 차지한 군주가 되었지만 알렉산드로스는 '대양'에 다다르고 또 지식의 깨우침을 얻고 싶어 했다. 대양은 아리스토텔레스를 비롯한 그리스 학자들이 믿었던 지구를 둘러싸고 있는 거대한 물을 가리킨다. 그러나 대양을 찾겠다는 목표를 내걸고 지친 병사들에게 낯선 갠지스 지대의 빽빽한 삼림 속으로 들어가라고 다그치자 병사들은 더 이상의 전진을 거부했다. 알렉산드로스의 엄청난 정복욕을 잠재운 것은 순전히 이것이었다. 그러나 그는 귀로를 이용해서 한번도 지도가 작성된 적이 없는 페르시아 만과 지금까지 어떤 군대도 건넌 적이 없는 게드로시아 사막을 탐험하기로 했다. 그는 선단 하나를 건조하고 의장을 갖추었다. 그러나 적의 화살에 폐를 뚫린 알렉산드로스 자신이 인더스 강에서 바닷가까지 가는 6개월 동안의 여행을 거의 견디지 못했다. 1만 5000명에 달할 정도로 수가 불어난 그의 군대와 그 서너 배에 달하는 민간인들을 이끌고 사막을 건너기 위해서는 우선 우물을 파서 군대와 선단에 공급할 물을 모아야 했다. 이 선단에는

4개월치 식량도 실었다. 산맥이 앞길을 가로막아 알렉산드로스의 군대가 내륙으로 돌아갈 수밖에 없게 되어 물이 줄어들자 그들의 행군은 절망의 여행이 되었다. 그러나 알렉산드로스는 이것을 자신의 영감에 찬 지도력을 과시하는 기회로 삼았다.[10] 일반 병사들처럼 그도 걸어서 이동했다. 병사 한 명이 소량의 물이 나오는 샘을 발견하여 헬멧에 물을 담아 그에게 가져왔을 때, 그는 모든 병사들이 다 목을 축일 수 있는지를 물었다. 그렇지 않다는 답을 듣자 그는 극적인 태도로 물을 쏟아 버리고 부하들 모두가 갈증을 없앨 때에만 자신도 물을 마시겠노라고 선언했다. 이 행군에서 결국 수만 명이 죽음을 맞은 것으로 보인다.

그로부터 2년이 채 안 되어 기원전 323년에 알렉산드로스는 바빌론의 네부카드네자르 궁전에서 밤새 연회를 즐기다가 열병으로 사망했다. 그와 함께 그의 헬레니즘적인 신제국의 유명한 수도 재건 계획도 물거품이 되었다. 그러나 그와 그의 후계자들이 정복한 곳마다 활기차게 재건 사업이 벌어져서 그리스 문명이 뿌리를 내렸다. 이런 식으로 알렉산드로스의 유산은 널리 퍼졌다. 이집트와 메소포타미아의 관개 체계는 그리스의 수리공학 덕분에 부활하고 확대되었으며, 그 결과 생산과 부와 예술이 만개했다. 지중해 지역의 항구 시설들이 개선되었고 조선업도 확대되었다. 알렉산드로스가 지나는 곳마다 알렉산드리아라는 이름을 단 도시들이 건설되었다.

그의 유산 중 가장 오래 지속된 것은 이집트의 알렉산드리아일 것이다. 이 도시는 헬레니즘과 로마가 지배하는 내내 천 년 동안 빛나는 항구이자 수도 역할을 했다. 건설된 지 백 년이 안 되어서 이 도시는 지중해의 가장 활기찬 중개항이 되었고, 헬레니즘 르네상스의 심장부가 되었다. 이는 로마와 이슬람을 거쳐 서구 문명으로 전달되었다. 알렉산드로스 자신이 정박 여건과 주변 호수에서 물을 얻을 수 있다는 가능성을 보고 이 도시의 입지를 선정했으며 시의 기본 설계안을 만들었다. 세금을 지불하러 이곳의 깊숙한 이

중 항구에 들어가는 배들의 길을 밝혀 주기 위해 그의 후계자들은 파로스의 등대를 건설했다. 아마도 자유의 여신상보다 더 컸을 것으로 보이는 이 등대는 세계 7대 불가사의 중 하나로 치는데, 청동 거울을 이용해서 낮에는 햇빛을 그리고 밤에는 등불을 55킬로미터 너머까지 비췄다. 세계적으로 유명한 알렉산드리아의 도서관은 이 항구도시에 들어오는 모든 문서를 복사해서 보관했으며, 고대 세계의 문학과 지식의 보고가 되었다. 기원전 306년부터 기원전 47년까지 전성기 동안 이곳의 장서는 70만 권에 달했다.[11]

그리스의 과학, 수학, 의학, 그리고 연구소와 관상대가 알렉산드리아에서 다시 발전했다. 유클리드, 아르키메데스, 플로티노스, 프톨레마이오스, 에라토스테네스의 업적에 더해서 기원전 2세기의 물리학자인 크테시비오스는 해시계의 눈금을 정확하게 잴 수 있도록 만든 물시계(klepsydra, '시간 도둑'이라는 뜻)와 수압식 오르간을 발명했다. 서기 1세기에 알렉산드리아의 헤론은 오락용으로 소형 증기기관 모델을 만들었다. 1700년 뒤에 제임스 와트가 그와 똑같은 과학 원리를 이용해서 증기기관을 만들어 산업혁명을 촉발했는데, 만일 헤론도 분명한 동기를 부여받았다면 똑같은 증기기관을 만들 수 있었을 것이다.

홍해에서 활동하는 그리스 선원들이 몬순 체계를 이용해서 아덴 만과 인도 남부 사이를 항해하는 혁신적인 발견을 한 것도 기원전 2세기 말 알렉산드리아에서 일어난 일이다. 이제 동서양을 연결하는 장거리 인도양 교역의 발전에서 그들이 더욱 확고한 지위를 차지하게 되었는데, 이는 고대 세계사에서 지극히 중요한 역할을 했다. 로마 시대에 알렉산드리아는 이집트의 잉여 곡물을 이탈리아에 위치한 제국 수도로 수출했으며 이슬람 문명에는 항해 문화를 전수했다. 중세에는 알렉산드리아-베네치아 연결선이 지중해 제1의 상업 주축이면서 동시에 이슬람 문명과 서구 문명 간의 활기찬 매개자가 되었다.

몇 세기 동안 알렉산드로스의 사체는 방향, 방부 처리되어 알렉산드리아의 한 곳에 투명한 덮개를 한 찬란한 석관에 안치되어 있었다.[12] 여기에 카이사르가 찾아와서 경의를 표한 적도 있다. 이 관은 기원전 30년에 이집트의 주권이 로마로 넘어가고 난 후 2세기가 지난 때까지도 보존되었다.

최강 해상 세력으로 성장한 로마

로마는 지중해 전역을 지배한 첫 번째 세력이다. 지중해의 중앙에 위치한 로마는 지중해 서쪽의 자연 자원과 지중해 동쪽 선진 문명의 역동적인 시장 및 노하우, 양쪽 모두에서 부를 얻을 수 있는 전략적인 위치에 있었다. 수리사회들이 큰 강에 행사했던 것과 유사한 방식으로 로마는 수 세기 동안 해상로를 통제함으로써 부와 권력을 얻어 냈다.

로마는 물론 육군으로 유명하지만 진정 강대국으로 성장한 것은 기원전 3세기에 서부 지중해의 해로들을 장악한 이후이다. 로마는 실제적이고 잘 조직된 대규모 토목 기술과 군사력을 결합함으로써 문명사회로서의 독특한 천재성을 드러냈다. 특히 물을 잘 다스리고 이용했다는 점이 특기할 만하다. 수리 기술을 통해 로마는 해군을 위한 조선업과 항해 기반시설을, 육군을 위한 제국 도로를, 그리고 거대한 메트로폴리스라는 새로운 문명 요소를 창안하는 데 필수적인 대규모 수로와 수리체계를 완수했다.

전설상의 로마 창건자는 로물루스와 레무스라는 반(半) 신적인 쌍둥이인데, 이들의 이야기는 사르곤이나 모세와 마찬가지로 강물에 떠내려가는 운명으로 시작된다. 이들을 테베레 강 기슭에서 우연히 발견한 암늑대(지금도 로마의 상징이다.)가 젖을 먹여 키우고 목동이 보살핀 끝에, 이들은 결국 강 근처의 팔라티노 언덕 위에 초기 거주지를 정한다. 로마의 초기 역사는 샘이 솟아나는 유명한 7개의 언덕 위에 자리 잡은 여러 부족들에서 시작된다. 이곳은 테베레 섬 근처의 여울목을 넘는 소금 교역로와도 가깝다. 기원전 8세기에 로마는 에트루리아 인들의 지배를 받기 시작했는데, 이들에게서 배수와 관개에 관한 선진 기술들을 많이 흡수했다. 에트루리아 인들은 토스카나에서 나폴리까지 늪지의 물을 빼고, 통제 불능의 홍수로 심한 침니 현상이 일어나는 포 강에 둑을 설치함으로써 많은 식량을 생산했다. 그들은 카르타고와 지중해 중부의 그리스 식민지들에 도전할 수 있을 정도로 강해졌으며, 아테네 이전 시기에 번영하는 문명을 일구었다.

기원전 6세기에 로마는 에트루리아 인의 지배를 받으며 처음으로 대규모 기술 과업을 완수했다. '위대한 하수도 건설자'라는 별명의 클로아카 막시마는 이 도시의 7개 언덕 사이에 있는 말라리아 위험이 큰 늪지에서 물을 빼고 고대 로마의 시민생활과 상업의 중심지인 포럼을 만들었다. 이는 심지어 오늘날에도 작동할 정도로 잘 지어졌다. 테베레 강으로 나가는 배출구는 테베레 섬의 다리에서 볼 수 있는데, 포럼 유적지의 환풍구를 통해 악취가 풍겨 나온다.

로마 인들은 기원전 509년에 에트루리아 왕들을 축출한 다음 아테네 인들과 마찬가지로 귀족제 공화국을 건설했다. 매년 선출되는 2명의 집정관, 원로원, 그리고 지주 대귀족 가문들이 통치하는 로마 공화국은 오랫동안 같은 형태를 유지했으며, 이것이 수 세기 동안 하나의 이상으로 남아 있었다. 공화국은 사유 재산과 기타 권리들을 성문법으로 보호했고, 전쟁이 일어나면 호미를 던지고 무기를 잡는 소박하고 독립적인 시민 겸 농부들의 미덕을 고양했다. 이는 18세기 말에 미국의 건국 시조들도 찬미한 이상이었다. 이탈리아 반도를 관통하는 수송 가능한 강이나 대규모 관개시설이 없었으므로, 로마의 경제적, 정치적 권력은 느리게 확립되어 갔다.[13] 특히 수도에서 부채꼴 모양으로 사방으로 뻗어 나가는 중심 도로들의 네트워크가 건설되면서 이 경향이 강화되었다. 기원전 312년에 동남방으로 뻗은 아피아 가도가 이런 도로 가운데 최초로 건설되었다. 5세기 초에 시라쿠사의 그리스 인들이 강력한 해상력을 통해 에트루리아의 해군을 격파한 것도 간접적으로 로마의 흥기를 부추긴 요소가 되었다. 기원전 270년에 로마는 이탈리아 반도 전체를 지배하게 되었다. 로마 인들은 시칠리아 섬의 북동쪽 끝에 있는 폭 3킬로미터 정도의 메시나 해협을 넘어 섬으로 진입해 들어왔다. 야망에 찬 로마는 부유하고 곡물이 풍부한 이 섬에 들어오자마자 페니키아 인들이 수 세기 전에 건설한 지중해의 거대한 해상 제국 카르타고와 충돌했다.

로마가 강대국으로 발전한 역사적 전환점은 세 차례에 걸쳐 일어난 포에니 전쟁이었다. 이를 통해 로마는 지중해의 지배권을 장악했다. 1차 포에니 전쟁은 기원전 264년에 시작되어 23년간 지속되었다. 원래 로마의 목표는 시칠리아 동부에 있는 카르타고의 주둔군을 몰아내는 것뿐이었다. 그렇지만 이 주둔군을 포위하려던 작전은 카르타고가 시칠리아 서부의 요새로부터 보급을 받았기 때문에 실패했다. 또 이 서부의 요새는 바다를 통해 북아프리카의 수도로부터도 보급을 받고 있었다. 결국 시칠리아 동부를 장악하려면 이 섬을 에워싼 해로들을 통제하지 않으면 안 되었다.

그러나 이 시기에 로마는 전적으로 육상 국가였다. 목적을 달성하기 위해서는 역사상 드문 일이지만 육상 중심의 문명이 해상 지배 세력으로도 변신해야 했다. 기원전 260년에 원로원은 20척의 3단노 군선과 100척의 5단노 군선(300명의 노수들이 5열로 자리 잡고 노를 젓는 배)의 건조를 승인했다.[14] 로마는 전쟁용 갤리선의 디자인을 알지 못했으므로 남부 이탈리아와 시칠리아 도시의 그리스 인들에 의존했다. 몇 개월에 불과한 극히 짧은 기간 내에 3만 명 이상의 선원을 태우는 새로운 선단이 만들어졌다. 그동안 선원들은 육상에서 노 젓는 훈련을 마치고 테베레 강 입구 오스티아 항구에서 배를 타고 출범했다. 이 선단은 이제 더 크고 경험 많은 가공할 카르타고 해군과 맞대결을 벌이게 되었다. 사실 1차 포에니 전쟁은 지중해 서부 지역 전체의 지배권을 놓고 벌이는 쟁탈전이었다. 카르타고 선단은 기동력을 발휘하도록 설계된 가볍고 신속한 배에 노련한 선원들이 타고 있어서 충돌 공격이 가능한 탁월한 선단이었으므로 로마의 전함들은 이들과의 싸움을 피하려고 했다. 로마의 전함은 그들의 강점인 육군 방식대로 전투를 벌이도록 설계되어서 해전도 육상 전투와 비슷하게 전개되었다. 이 배들은 무겁고 느리지만 악천후에도 안정적이었으며, 갑판이 더 커서 많은 군인들을 태울 수 있었다. 또한 갈고리로 적선을 낚아챈 다음 군인들이 적선에 뛰어 들어가 백병전을 벌이도록 설계되었다. 시라쿠사에서 전투 준비를 하는 동안에는(이곳의 유명한 인물인 아르키메데스의 제안에 따른 것이라고도 한다.) 또 다른 점이 개선되었다. 무거운 못이 달린 10미터 길이의 건널 판자를 뱃전에 부착해서 가까이 있는 적선의 뱃머리에 박히게 해 상대의 충각을 무력화하는 동시에 로마 군인들이 더 빨리 적선으로 넘어가도록 한 것이다.

기원전 260년 8월, 승산이 거의 없었는데도 로마 해군은 시칠리아 북단의 밀레 근해에서 벌어진 해전에서 승리했다. 그 후 19년 동안 해전에 따른 손실이 이어졌다. 적군이 끼친 손해도 있지만 폭풍우 때문에 더 큰 손실을 입었다. 기원전 255년 시칠리아를 덮친 폭풍우로 수백 척의 배와 10만 명 이상의 생명을 잃었다. 2년 뒤에 또다시 남부 이탈리아에서 폭풍우를 만나 그동안 재건했던 해군 선단의 대부분을 잃었다. 로마가 1차 포에니 전쟁에서 승리한 것은 이처럼 엄청난 인명과 선박의 손실을 감내하면서 집요하게 선단을 재건했기 때문이다. 물론 그러는 동안 점차 선원들의 기술이 개선되었다. 마지막 전투는 기원전 241년 3월에 시칠리아 서쪽 아에가테스 제도 근처에서 일어났다.

1차 포에니 전쟁에서 로마가 서부 지중해 최강의 해상 세력으로 부상함으로써 얻어 낸 전략적 이점은 기원전 218~201년의 2차 포에니 전쟁에서 결정적인 요소로 작용했다. 카르타고의 명장 한니발은 코끼리 부대를 동반한 군대를 이끌고 스페인의 기지를 떠나 에브로 강을 건너 갈리아 지방으로 간 다음 알프스를 넘어 이탈리아로 진군해 들어갔다. 그러고는 10년 넘게 여러 지방을 휩쓸고 다니며 승전을 거듭했다. 그렇게 해서 로마의 지배에 대한 주민들의 봉기를 유발하려 했으나 실패로 끝났다. 결국 해상 보급이 막히자 한니발은 더 버티지 못했다. 그의 동생인 하스드루발이 지휘하는 원군이 육로로 이동하여 왔으나 제때 도착하지 못하여 결국 기원전 207년 메타우루스 강 전투에서 패배하고 말았다. 한니발이 위험을 무릅쓰고 육로로 이탈리아에 침입할 수밖에 없었던 이유는 로마의 해상 우위 때문이었다. 머핸은 그의 저서 『해상력이 역사에 미치는 영향』에서 한니발이 "바다를 통해 갈 수만 있었다면 그가 출정할 때 6만 명이던 베테랑 전사 중 3만 3000명을 잃는 일은 일어나지 않았을 것"이라고 결론 내렸다.[15] 로마가 카르타고에 반격을 가하는 수단 역시 해상 우위를 통해 이끌어 냈다. 해상 보급을 통해 스페인 북부에 엄청난 육군 기지를 건설함으로써 로마는 카르타고의 스페인 내 기지인 카르타헤나(새로운 카르타고라는 뜻)를 포위 끝에 정복하였으며, 기원전 202년에는 지중해를 넘어 북아프리카의 카르타고 본국을 직접 공격해서 항복을 받아 냈다.[16]

1~2차 포에니 전쟁은 로마 역사의 궤도를 바꾸어 놓았다. 전 지중해가 무적 로마의 호수가 되자 로마는 속주를 거느린 제국 통치의 산물을 처음 맛보았고, 곧 역사상 최강의 세력 중 하나로 부상했다. 시칠리아의 풍부한 곡물, 남부 스페인의 광물(주석과 은), 대서양에서 지브롤터 해협을 지나 들어오는 다른 자원들, 그리고 패배한 지역에서 유입되는 노예 노동력 등이 모두 로마의 수중에 들어왔다. 로마는 생산성이 낮은 본토에서 기본 물품을 자급자족하던 방식에서 점차 벗어나서, 선박으로 유입되는 수입 곡물로 일상의 양식을 마련했다. 대토지 소유자들은 곡물 생산을 위해 한계지(限界

地)를 개간하는 대규모 배수 계획을 포기하고, 대개 노예를 사용하여 올리브, 포도주, 축산물 같은 고부가가치의 교역 사치품을 생산했다. 부가 소수에 집중되고 계급 갈등이 더 심화되었다. 군 지휘관들이 자유농들의 손해를 보상해 주자 자유농들은 점차 그들에게 봉사하는 직업군인이 되었다.

처음에 로마는 해상 패권국가로 변화해 가는 자신의 정치문화적 정체성을 불편해했다. 그러나 기원전 2세기를 경과하는 동안 그들은 어쩔 수 없이 성공에 따르는 요구를 수용할 수밖에 없었다. 바로 지중해 동부 지역까지 지배를 확대해야 한다는 것이었다. 로마 인들은 가능하면 소프트 파워를 통해 간접적으로만 영향력을 행사하려 했다.[17] 즉 상업 부문에 돈을 대고 최대 수입 시장 역할을 하되, 동부 지역의 해상 순찰 의무는 로도스나 페르가몬 같은 해상 동맹국들에 맡기는 식이다. 기원전 100년경이 되면 로마는 지중해 동부 지역의 선단 규모를 대폭 줄여서 형해화시켰다.

이런 상황들은 기원전 1세기에 극적으로 바뀌었다. 해적들이 로마의 부실한 해군력을 이용하였던 것이다. 최대 해적 집단은 복잡한 해안선을 지닌 소아시아 남부의 길리기아에 근거지를 두고 있었는데, 1000척 이상의 배와 가공할 군비를 갖추었으며 잘 조직된 명령체계를 따르고 있었다.[18] 기원전 70년경이 되면 이들은 로마의 생존에 핵심적인 곡물 수송을 방해하고 대담하게 해안의 도로를 약탈했으며(이탈리아까지 공격해 왔다.) 저명한 로마 시민들을 납치해서 몸값을 받아 냈다. 그들에게 납치되었던 인물 중에는 율리우스 카이사르도 포함되어 있었다. 그는 법학 공부를 위해 로마에서 로도스 섬으로 가는 도중에 붙잡혔다. 포로로 잡혀 있는 동안 카이사르는 해적들에게 자신이 워낙 중요한 인물이므로 몸값을 두 배로 주겠다는 친절한 제안을 했고 해적들은 기꺼이 이 제안을 받아들였다. 그리고 자신이 풀려나면 돌아와서 그들 모두를 잡아 십자가에 못 박아 처형하겠다고 말했다. 과연 그는 석방되자마자 밀레투스에서 선단을 동원하여 해적들을 잡아서 처형했다. 다만 자신을 예의 바르게 대한 보상으로 십자가에 못 박기 전에 목을 자르는 것을 허락했다.

식량 조달마저 위협받는 상황이 되자 일종의 국가적 위기감을 느낀 로마 원로원은 마침내 행동을 개시했다. 기원전 67년에 원로원은 폼페이우스 장군에게 지중해에서 해적들을 몰아내라는 명령을 내리고 이를 수행하는 데 필요한 권력을 거의 무제한으로 허용했다. 역사상 가장 장대하게 펼쳐진 이 해전에서 폼페이우스는 500척의 배와 12만 명의 군사를 동원하여 지브롤터 해협에서 동쪽으로 한 구역씩 차례대로 솜씨 좋게 해적 근거지들을 소탕해 나갔다. 3개월이 안 되어서 모든 해적들이 소탕되었고 해적 근거지인 길리기아는 포위 끝에 항복했다.

그러나 폼페이우스는 여기에서 그치지 않았다. 원로원의 허락도 받지 않은 채 그는 자신의 강력한 선단을 끌고 서아시아 지역으로 항해해서 시리아, 유다 왕국, 그리고 안티오크와 예루살렘 같은 도시들을 정복하여 로마의 지배하에 두었다. 기원전 62년에 그는 가공할 권력을 지닌 전쟁 영웅으로 개선했고, 곧 카이사르, 크라수스와 함께 삼두정을 구성하였다.[19] 폼페이우스의 해상 전투로 인해 로마의 해상력은 다시 살아났으며 상비군으로 조직되었다. 그 이후 해군은 로마가 전쟁을 개시하고 상대에게 자신의 의지를 강요하는 핵심 요소로 작용했다. 그러나 처음에는 이런 것도 우선 자국 내로 향했다. 기원전 49년 1월 11일에 카이사르가 군대를 이끌고 루비콘 강(실은 북부 이탈리아의 작은 진흙탕 물에 가까운 작은 강이다.)을 건너 행군해 옴으로써 시작된 유혈 내전이 20년이나 계속되었다.[20] 루비콘 강은 금지된 경계선으로서, 이 강을 넘는 것은 일종의 쿠데타 시도였다. 이후 스페인에서 이집트까지 지중해 전역에서 내전이 펼쳐졌다. 카이사르가 아드리아 해에서 폼페이우스의 봉쇄를 깨고 나온 것이 최종 승리의 발판이 되었으며, 그 직후 폼페이우스는 이집트에서 암살당했다. 종신 독재관이 된 카이사르 역시 기원전

44년 3월 15일에 원로원에서 암살당했고, 그 후 다시 내전이 발발했다.

적절한 때에 내전을 종식시키고 제정 시대를 연 최후의 결정적인 전투는 바다에서 벌어졌다. 기원전 31년, 그리스의 코린토스 만 근처 악티움 곶에서였다. 한편에는 카이사르의 주력군을 지휘한 바 있는 장군 마르쿠스 안토니우스와 그의 애인인 이집트의 클레오파트라 연합군이 포진했고, 반대편에는 카이사르의 젊은 종손자이자 양자로서 나중에 원로원으로부터 아우구스투스 카이사르라는 최상의 타이틀을 수여받은 옥타비아누스의 군대가 포진했다. 옥타비아누스 함대의 지휘관은 평생 그의 오른팔 역할을 했던 탁월한 장군이며 로마 시민의 우상이었던 마르쿠스 아그리파였다.

옥타비아누스는 해상의 열세를 만회하기 위해 새로 370척의 군함을 징발했다. 그의 적이 더 경험 많은 선원들과 더 빠르고 강력한 무기를 갖추고 있기 때문에 전통적인 충각 충돌 방식의 공격은 아무 소용이 없다는 점을 깨달은 아그리파는 또 한번의 천재성을 발휘하여 1차 포에니 전쟁 당시 못 달린 건널 판자의 디자인 사례를 연상케 하는 새로운 무기를 개발했다. 화살촉 끝에 작은 갈고리가 붙어 있고 뒤에는 로프를 묶은 화살을 쏘는 노포(弩砲)였다. 이를 이용하면 손으로 던지는 전통적인 갈고리를 사용할 때보다 훨씬 더 먼 거리에서 적의 갤리선을 끌어당긴 후 접전을 벌일 수 있었다. 노포식 갈고리 덕분에 아그리파의 함대는 기원전 36년 시칠리아 근해의 전투에서 결정적인 승리를 거두었다.[21] 이로써 옥타비아누스는 기울어 가던 운세를 뒤집었고, 더 나아가서 지중해 전선을 통제할 수 있었으며, 악티움 해전 시기까지는 이집트 곡물 운송선의 이동을 막을 수 있을 정도로 충분한 전략 기지들을 소유하게 되었다. 그리하여 악티움 선단을 비롯한 안토니우스의 거대한 군대를 굶주리게 만들어서 항복을 이끌어 냈다. 실제 전투에서는 아그리파가 400척 대 230척으로 전함 수의 우위를 누렸다. 이 날이 가기 전에 클레오파트라와 안토니우스는 이집트로 도주했으며, 그곳에서 1년 뒤에 자살했다. 그동안 옥타비아누스가 통치하는 로마는 이집트(형식적으로는 지중해에서 마지막으로 독립을 유지하고 있던 국가였다.)를 직접 소유하게 되었으며, 따라서 나일 강의 곡창 지대를 수중에 넣었다.

옥타비아누스는 아우구스투스 황제라는 타이틀을 얻었다. 그는 자신의 힘을 확고히 하기 위해 신중한 방책들을 펼쳤는데, 전문 군인들로 잘 조직된 상비 해군으로 지중해를 감시하는 것도 포함되어 있었다. 이후 200년에 걸친 '로마의 평화' 시기에 로마제국은 대서양에서 페르시아 만까지, 북아프리카에서 영국까지, 중부 유럽에서 발칸 지역까지 확대해 갔다. 야만족의 침입에 대비해 국경을 지키기 위해 해군 함대들은 라인 강, 도나우 강, 흑해를 포함하는 2000킬로미터에 걸친 자연적인 수상 경계를 통제했다.

율리우스 카이사르가 이루지 못한 꿈 중 하나는 라인 강과 도나우 강을 운하로 연결하여 운항이 가능하게 만드는 것이었다. 그렇게 되면 유럽의 나일 강으로서 대륙의 심장부를 관통하는 혈맥이 되었을 것이다. 그렇지만 실제로 라인 강과 도나우 강은 마치 중국의 만리장성처럼 로마 문명과 야만족 세계 간의 변경으로 남았을 뿐 북유럽과 중부유럽을 통합하는 수송로로 작용하지는 못했다. 근대 초에도 라인-도나우 경계선은 가톨릭과 개신교 사이를 나누는 대략적인 구분선이 되었다. 그로부터 2000년이 흐른 1992년에 정치적 여건들이 성숙하여 드디어 170킬로미터 길이의 라인-도나우 운하가 완성되어서 북해와 흑해를 연결하였으며, 유럽이 단일한 경제 공동체가 되는 데 공헌했다.

로마의 번영을 뒷받침한 공공 수도 시스템

아우구스투스는 로마를 벽돌의 도시로 물려받아 대리석의 도시로 만들었노라고 자신의 성과를 자랑스러워했다. 사실 로마제국이 건설한 질서 아래서 부와 상업이 크게 성장했다. 무정한 정치·경제적 중력에 이끌려서 속주들의 상품이 강과 바다(북해, 발트해, 흑해, 대서양)를 통해 지중해 중부의 탐욕스러운 입과 배로 빨려 들어왔다. 육로를 통해 상품을 대량 운송하는 것이 힘들었던 이 당시 강과 바다는 로마의 생명선과 다름없었다.

    제국의 절정기에는 멀리 떨어져 있는 구세계 각지의 문명들에서 일상품과 사치품들이 활기 넘치는 항구들로 쏟아져 들어왔다. 평민들의 일상적인 양식이 될 곡물은 이집트, 북아프리카, 흑해 지역에서 들어왔고, 부유하고 힘 있는 사람들은 밀레투스산 양모, 이집트산 리넨, 중국산 비단, 그리스의 꿀, 인도산 후추, 진주와 보석, 시리아의 유리, 소아시아의 대리석, '아프리카의 뿔' 지역과 아라비아 반도산 방향제 등을 소비했다. 로마제국과 그에 상응하는 유라시아 대륙 반대쪽의 한(漢)제국 사이에 교역이 이루어져서 상호 인력(引力)이 증대하여 갔다. 말레이 반도와 수마트라 사이에 있는 협소한 말라카 해협을 통과하는 해상 교역은 인도양 고속도로를 관통하는 활기찬 교역을 자극하여 당시 형성되어 가던 세계시장경제가 임계치에 도달했다. 1년에 100척 이상의 교역선이 홍해를 지난 후 몬순을 타고 인도로 항해해 갔다. 홍해의 일부 구역에서는 해적을 진압하기 위해 로마의 해군이 경비했다. 지중해 전역에서 항해와 교역의 기반시설이 개선되고 확대되었다. 예컨대 나폴리 근처에 자연적으로 형성된 수심 깊은 항구에서 소형 보트를 통해 상품을 하역하고 이송하는 대신 대형 화물선이 로마에 직접 오도록 하기 위해 클라우디스 황제는 서기 42년에 로마 북쪽의 늪지를 준설하고 인공 항만 시설을 건설했는데, 이 시설은 인공 운하와 배 끄는 길(말이 바지선을 끌고 가는 운송로 — 옮긴이)을 통해 테베레 강과 연결되었다. 단순히 '항구'라 불렸던 이곳 안쪽에는 알렉산드리아의 파로스 등대를 모델로 한 거대한 등대가 세워졌다.

로마는 해상 교역 중심지이자 지중해 주변 지역의 부유한 속주들에 대한 제국적 착취의 중심지로서 경제 잉여를 누렸다. 이 속주들의 정치경제 역시 점차 로마라는 거대 중심지의 필요와 맥박에 맞추어 움직였다. 절정기에 백만 명의 인구를 자랑하던 로마는 서구 역사상 타의 추종을 불허하는 최대 도시였으며, 향후 2000년 동안 계속 그런 지위를 누렸다. 이는 이탈리아의 농업이나 상공업으로 지탱할 수 없는 수준이었다. 따라서 로마가 변경의 속주 자산을 근거로 부유해질수록 로마의 내부적 안정성은 더욱 속주들에 의존하게 되었다. 만성적인 고실업 때문에 절정기의 로마는 결국 복지국가 형태로 귀결되었다. 5분의 1에 달하는 난폭한 시민들이 공공 창고에서 지원되는 빵과 무상으로 제공되는 구경거리, 곧 콜로세움이나 키르쿠스 막시무스(대서커스장) 같은 장소에서 이루어지는 검투사 경기, 선박 레이스, 다양한 게임 등을 향유했다. 로마의 기본적인 식량만 조달하려 해도 1년에 약 30만 톤을 안정적으로 수입해야 했다. 이 가운데 3분의 2 정도는 며칠 내에 항해 가능한 지역에서 들어왔다. 나머지 3분의 1은 이집트에서 수입했는데, 편서풍을 거스르며 30~60일 정도 걸리는 위험한 항해를 해야 했다.[22] 따라서 아우구스투스 이래 모든 황제들은 알렉산드리아에서 로마까지 공해를 항해하는 거대한 식량 운송선 선단을 수호하는 데 국가 정책의 우위를 두었다. 이 화물선들은 길이 55미터, 높이 13미터까지 이르는 큰 배로서 19세기에 대서양을 횡단하는 배보다도 더 컸다. 서기 62년 식량 운송선을 이용해 로마로 간 유명한 여행자들 가운데는 성 바울도 있다. 나일 강 유역은 식량 저장고로서 너무나 중요했기 때문에 칙령을 통해 다른 지역으로 곡물을 수출하지 못하도록 했다. 로마의 지배하에서 나일 강의 관개시설은 더 강화되었고 경작지도 증대되었다. 나일 강의 범람기가 길어지고 비가 균등하게 내린 덕분에 무난히 잘 진행되었다.

로마는 또한 기근에 시달리는 수많은 군인과 시민들에게 양식을 제공하기 위해 수력을 이용한 기술을 적극적으로 활용했다. 곡물을 갈아 빵 제조용 밀가루를 만들기 위해 강이나 인공 수로 위에 물레방아를 이용한 제분소를 무수히 건설했다. 흐르는 물의 에너지를 이용하여 바퀴와 거기에 달린 맷돌을 돌리는 방식이다. 이미 기원전 1세기에 로마의 엔지니어들은 수평으로 돌아가던 전통적인 물레방아를 수직 방향으로 바꾸고 기어를 통해 힘을 배가하는 창의적인 방식을 개발했다.[23] 파병 부대와 시민들에게 식량을 공급하기 위해 로마 인들이 설치한 많은 물레방아들은 대단히 크고 강력했다. 서기 4세기에 프랑스 아를 지방 근처의 바르베갈에 세워진 유명한 물레방아는 10킬로미터나 되는 수로에서 나오는 수력을 통해 8쌍의 바퀴를 돌렸다. 여기에서는 하루 10톤의 곡물 제분이 가능했다.[24] 이렇듯 로마에서는 가정용 혹은 지방 공동체용 소규모 물레방아가 집중화된 대규모 빵 제조 도구로 변모해 갔다. 이는 곧 국력의 핵심 도구가 되었다.

그런데 로마는 그렇게 발전된 물레방아 기술의 엄청난 가능성을 왜 빵 만드는 데만 쓰고 그 이상으로 나아가지 않았는가? 이는 실로 역사적 난제 중 하나이다. 로마는 기계 톱, 축융 망치, 동력 망치, 제철 용광로의 온도를 높이는 데 필요한 송풍기 등 각종 산업 용도에 물레방아를 적용할 수 있는 충분한 노하우를 지니고 있었다. 아마도 노예 노동력이 남아도는 상황에서 노동력을 절감하는 기계화의 유인이 없었던 데서 원인을 찾을 수 있을 것이다.

로마 인들이 유용하게 사용한 새로운 엔지니어링 기술로 광업용 수압 기술을 들 수 있다.[25] 화폐와 재정 체계에 필수적인 금을 스페인 산지에서 채굴할 때 인력보다 분출하는 물의 압력을 사용하는 것이 훨씬 생산적이었다. 로마의 엔지니어들은 채굴 지역의 120~240미터 위에 거대한 탱크를 세우고 거기에서 물을 떨어뜨려 그 힘으로 언덕을 파헤치고 금맥이 노출된 바위를 부수었다. 이 방식이 가장 집약적으로 사용된 유명한 사례는 19세기 중반 캘리포니아의 골드러시 때 나타났다.

비록 기술적 독창성이 탁월한 것은 아니지만 분명 사회를 크게 변모시킨 물 관련 기술로는 콘크리트가 있다. 기원전 200년경에 로마가 강대 세력으로 성장하는 데 활력을 제공한 요인 중 하나이기도 했다. 가벼우면서도 강하고 방수가 되는 콘크리트는 고온으로 가열한 석회석에 물을 가해서 얻는데, 물의 촉매 성질을 이용한 것이다.[26] 솜씨 있게 만들 경우 마지막에 나오는 퍼티(putty)는 모래, 돌조각, 벽돌 가루, 화산재 등을 뭉칠 수 있을 정도로 강한 접착력을 지닌다. 값이 저렴한 이 콘크리트를 주형에 부어 로마의 특징인 대형 건축물을 만들어 냈다. 유례를 찾기 힘든 콘크리트 건축물 사례로는 광대한 수로망을 들 수 있다. 이것으로 깨끗한 물을 채취해 운반하고 관리할 수 있었다. 로마 인들이 마시고 목욕하고 청소하고 위생 처리를 한 이 시스템의 규모는 역사상 전례가 없는 정도였다. 만일 이것이 없었다면 거대한 메트로폴리스는 존립하지 못했을 것이다. 그리고 이것이 빈부 차이 없이 사용되었다는 점 역시 시민사회(civic society)의 역사에서 주목할 만한 발전이다. 제국 전체에 걸쳐 로마의 수로는 도시와 변경에 주둔한 부대의 건강을 지켜 주었다. 또한 군인들의 전투 능력을 제고해 결국 로마 군이 우위를 차지하게 만든 중요한 요소였다. 모든 계급에 공평히 물을 제공하는 것은 후일 민주화된 서구 산업사회가 받아들이는 시민사회의 표준이 된다.

기원전 312년에 감찰관 아피우스 클라우디우스가 로마 최초의 수로인 아쿠아 아피아(로마의 간선도로 중 제일 먼저 포장한 도로인 아피아 가도 밑에 있는 16킬로미터 길이의 지하 수로이다.)를 건설했다고 하지만, 사실 신선한 물을 공급하는 도관(導管)은 그 전에 이미 수 세기 동안 사용되고 있었다.[27] 이보다 400년 전에 아시리아 인들은 니네베의 물 공급을 확대하는 도관들을 건설했고, 히스기야는 예루살렘의 비밀 수로 터널을 뚫었다. 기원전 530년에는 그리스의 사모아 섬에서도 1킬로미터 길이의 급수 터널을 건설했으며, 그 외에도 고전기 그리스 인들이 건설한 몇 개의 수로가 알려져 있다. 헬레니즘

시대에 물 관련 기술의 최고봉은 이오니아 도시인 페르가몬에서 기원전 2세기 초에 건설한 40킬로미터 길이의 수로이다.[28] 이는 이중 또는 삼중으로 만든 테라코타 파이프로 되어 있는데, 가압 구역 덕분에 중력의 힘을 이기고 낮은 계곡을 넘어 반대편 언덕까지 물을 올려 보낼 수 있었다.

로마의 공공 수도 시설의 강점은 독창성보다는 정교함, 조직적인 복합성, 그리고 거대한 규모에 있었다. 프랑스 남부의 퐁뒤가르 수로는 48미터 높이의 3층 아치 구조로서 아직도 부분적으로 기능하고 있으며, 스페인 세고비아에 있는 좁은 아치 모양의 수로 다리, 영국 바스에 있는 로마 목욕탕 등도 유명한 유물들이다. 이것들은 로마의 수도 시설이 얼마나 광범위하게 전파되었는지 말해 준다. 로마의 물 시스템은 남부 유럽, 독일, 북아프리카, 소아시아에서 제국의 토대를 보강했다. 서기 330년에 콘스탄티누스 대제가 보스포루스 해협에 위치한 비잔티움에 새로 건설한 '새로운 로마'인 콘스탄티노플도 이에 포함된다.

물론 로마제국의 공공 수도 시스템이 제일 발달한 곳은 역시 로마 시 자체이다. 거대한 로마 시가 놀라울 정도로 깨끗한 대도시로 빠르게 성장할 수 있었던 것은 서기 226년까지 5세기 동안 모두 11개의 수로를 건설했기 때문이다. 모두 492킬로미터에 이르는 이 수로들을 통해 지방의 깨끗한 물을 로마 시내로 계속 풍부하게 공급할 수 있었다. 일부 수원지는 92킬로미터나 떨어져 있었다. 이 수로들은 샘에서 나오는 물을 모아 정화, 침전, 배급 탱크를 거친 다음 도시의 상하수도 네트워크로 보내는 역할을 했다. 이 네트워크는 1352개의 분수전과 연못, 11개의 거대한 제국 목욕탕, 856개의 공공 목욕탕(저렴하거나 혹은 무료로 이용할 수 있었다.)과 다양한 가격의 시설 목욕탕, 그리고 하수를 모아 테베레 강에 쏟아 버리는 지하 하수구를 포함한다.

고대부터 현대까지 모든 시대에 물 배분 유형은 권력과 계급 구조의 지도와도 같다. 로마제국의 전성기 때 수로로 배급되는 물 가운데 거의 5분의

1은 고위 귀족의 교외 별장과 농장의 물 수요를 충족시키는 데에 이용되었다.[29] 도시 성벽 내에서는 유료로 물을 사용하는 개인 소비자와 산업들, 그리고 황제에게 물 사용 권리를 받은 사람들이 또 다른 물 유산계급(water-Haves)이 되어 5분의 2 정도를 이용했다. 이에 비해 일반인들이 무료로 사용하는 물 공급량은 겨우 10퍼센트에 불과했다. 그렇지만 빵 분배와 마찬가지로 최소한이나마 깨끗한 물을 공급하는 것은 국가의 정치적 정당성의 근간이었으므로 로마의 관리들은 이를 조심스럽게 유지하려 했다. 수로로 배급되는 물 가운데 나머지는 거의 대부분 황제가 사용하였다. 공공 기념물, 목욕탕, 해상에서 벌이는 스펙터클 및 그 외의 몇 가지 공공 목적의 용도에 점차 많은 물이 쓰였다. 로마의 고위 귀족은 집에 냉수와 온수가 모두 나오는 상수도, 위생적인 목욕탕, 수세식 화장실 등을 갖추고 있었는데, 이런 것들은 근대에 이르기까지 그 편리함에서 타의 추종을 불허했다. 오늘날 쓰이는 고압 폐쇄 배관 시스템과 달리 로마의 수로는 수원지에서 자연적인 중력을 이용해서 물을 흘려보냈는데, 이를 위해서는 먼 거리에 걸쳐 정확한 기울기를 유지해야 했다. 다만 시내에 들어오면 고지대에 물을 올려 보내기 위해 고압 배관시설을 사용했다. 대부분의 수로는 지하에 묻혀 있었다. 다만 이 시스템의 15퍼센트 정도는 지상에 위치했으며, 높이가 다른 지형 간에도 경사가 이루어지도록 하기 위해 유명한 아치형 구조물을 건설했다.

21세기 대도시에 사는 우리의 관점에서 보면 백만 명의 인구를 유지하고 주택 시설을 제공한다는 것이 그리 큰 성과가 아니라고 생각할지 모른다. 그러나 인류 역사상 대부분의 시대에 도시는 위생과는 거리가 먼 죽음의 덫이었다. 부적합한 하수 시설과 악취 나는 물로 인해 세균과 병을 유발하는 해충이 번성했다. 전성기의 아테네는 로마의 5분의 2 정도 규모에 불과했는데, 주변 지역에는 오물과 쓰레기가 넘쳐났다. 1800년에 인구가 50만 명이 넘는 도시라고는 런던, 파리, 베이징, 도쿄, 이스탄불, 광저우 등 불과 여섯 곳이었다.[30] 로마는 비록 불완전한 쓰레기 처리 시설, 인구 과밀과 비위생적인 주택, 말라리아가 들끓는 외곽 지역 등 위생상의 문제점이 있긴 하지만 엄청난 양의 깨끗한 공중 급수 덕분에 오물과 병원물질을 씻어 낼 수 있어서, 19세기에 서구에서 산업화가 진척되어 위생이 크게 개선되기 전까지 도시 공공 위생이라는 점에서 비할 데 없이 앞선 곳이었다.

물이 어느 정도 공급되었는지 말해 주는 기록은 없지만, 고대의 기준으로 보면 로마의 물 공급량은 실로 놀라운 수준이었으며, 근대의 주요 도시들과 비교해도 크게 뒤처지지 않는 수준이었다. 아마도 로마 인 일인당 매일 550~750리터 정도를 사용했으리라고 추산된다.[31] 더구나 수질의 우수성은 로마의 번영과 지속을 설명할 때 흔히 간과되어 온 역사적 요소이다.(로마 주변 시골 지역의 물은 유럽에서 최상의 수질을 자랑하며 이는 오늘날에도 마찬가지이다.)[32]

그렇지만 상대적인 풍요 속에서도 사람들이 늘 더 많은 물을 원했다는 사실은 물이 지닌 항구적인 경제적, 인간적 가치를 말해 준다. 물을 향한 변치 않는 인간의 본성을 상기시켜 주는 흥미로운 기록으로 원로원 의원인 율리우스 프론티누스의 짧은 논문 「로마 시의 물 공급론」이 있다. 서기 97년에 로마의 물 관리위원이 된 그는 "측벽을 뚫고 도관에 손을 댄" 많은 물 도둑들에게 가혹한 처벌을 가할 것을 주장했다.[33]

프론티누스가 존경하며 모델로 삼은 인물은 마르쿠스 아그리파이다. 아우구스투스의 충직한 군 사령관이자 학우였으며 그의 치세 중 많은 기간 사실상 공동 황제 역할까지 한 인물이었던 아그리파는 로마 상하수도 시설의 창시자나 다름없었다. 서기 33년에 아그리파는 아우구스투스의 요청에 따라 로마의 조영관(造營官)을 맡아서 시의 시설과 공공 서비스를 관장했다. 이때는 악티움 해전이 일어나기 2년 전으로 아우구스투스(당시에는 아직 옥타비아누스로 불렸다.)는 마르쿠스 안토니우스와 치르게 될 내전 결과가 불확실하여 국내의 지지가 흔들리는 시기였다. 서민 출신으로서 카이사르의 피보호자(protégé)이며 겸손하기로 유명한 아그리파는 평민들 사이에서 인기가 높았는데, 아우구스투스는 바로 이 점이 부족했다. 아그리파가 조영관으로서 한 활동은 많은 칭찬을 받았고 또 로마사에 큰 영향을 미쳤다. 정치적 갈등과 내전을 거치는 동안에는 로마의 기반시설이 부실하게 방치되었지만, 결국에는 거의 왕조 복구나 문명의 재생과 비견될 만큼 혁명적으로 개선되었다. 그것은 단순히 로마 시의 기반시설과 서비스를 재건하는 데 그치지 않고 아우구스투스에게 안토니우스(당시 그는 클레오파트라가 지배하는 이집트에 밀려나 있는 상태였다.)를 이기기 위해 필요한 인기와 정치적 지지를 안겨 주었다.

수리시설은 아그리파의 도시개발 계획의 중심 과제였다.[34] 단 1년 만에 그는 사재를 털어 수로 세 개를 보수했고 한 개를 새로 건설했으며, 전체 시스템의 용량과 범위를 크게 확대했다. 700개의 수조, 500개의 분수, 그리고 멋진 장식을 한 130개의 급수 탱크를 만들었고, 남녀 모두 이용할 수 있는 일반 시민 대상의 공공 목욕탕도 문을 열었다. 그는 하수구도 청소했는데, 에트루리아 인들이 건설한 클로아카 막시마 하수도에 보트를 타고 들어가 직접 조사를 한 것은 유명한 일화이다. 게다가 장대한 게임을 연출하고, 기름과 소금을 분배했으며, 축제 기간에는 무료로 이발사도 제공했다.

아그리파는 로마 시의 물 사업에 평생의 열정을 쏟았다. 그가 조영관에서 물러났을 때는 아우구스투스의 제국이 크게 확대되어 있었다. 그는 제국 동부를 통치하고 중요한 군사 작전을 수행하였으며, 심지어 아우구스투스가 중병에 걸리자 유력한 승계자로 간주되었다. 그럴 때에도 그는 시의 비공식 종신 물 관리위원으로 활동했으며, 이를 위해 사재를 사용했다. 그는 기원전 19년에 여섯 번째 수로를 건설했는데, 비르고라 불린 이 수로는 수량이 많았을 뿐 아니라 물이 맑고 차갑기로도 유명했다. 이 물의 일부는 판테온 근처에 위치한 로마 최초의 대규모 공공 목욕탕에 쓰였다.

대부분 지하에 매설된 비르고 수로는 로마의 암흑기 동안에도 물이 완전히 끊긴 적이 없는 것으로 유명하다. 오늘날 비르고의 물은 나보나 광장에 있는 베르니니의 유명한 콰트로 피우미 분수(4대 강의 분수)로 흘러 들어갔다가 트레비 분수에서 끝난다. 왼쪽 패널의 부조에는 아그리파가 설계도를 앞에 펼쳐 든 채 비르고 수로의 건설을 관리하는 모습이 새겨져 있다. 기원전 12년에 51세의 나이로 죽었을 때 그는 자신의 노예들을 로마의 수리 관리 직원들에게 유증했다. 그가 죽은 지 1년 후에 아우구스투스는 그의 종합 설계안을 제국의 공식적인 물 관리 행정의 기초로 삼았다. 이것은 이후 서기 2세기 초에 새 수로를 건설할 때까지도 로마 물 관리의 기본 지침이 되었다. 길게 보면 아그리파의 토목사업은 모든 계층을 위한 도시 공공 서비스의 기준과 개념을 제시했으며, 민주적 정당성을 확보하는 동시에 정치력을 행사하는 도구로서 후일 서구 자유민주주의에 강력한 영향을 미쳤다.

아그리파가 건설한 최초의 대규모 공공 목욕탕은 고대 로마의 사회적, 문화적 삶의 중심 제도로 자리 잡았다. 다음 황제들이 11개의 기념비적인 목욕탕들을 건설함으로써 로마의 목욕탕은 규모 면에서나 사치스러움과 다양성 면에서나 크게 확대되었다. 역사가 루이스 멈퍼드에 따르면, 공화정 시기에 목욕탕은 단순히 "땀에 푹 전 농부가 몸을 깨끗이 씻는 장소"에서 "공동체의 중심지이자 로마 인이란 누구인지 규정하는 나날의 의식을 행하는 장소"인 다면적이고 때로 사치스러운 곳으로 변했다. "로마의 목욕탕은 현대 미국의 쇼핑센터와 비교되는 곳이다."[35] 하루 일이 끝나면 목욕탕에서 로마 인들의 새로운 시간이 시작되는데 이는 몇 시간 동안 계속된다. 다양한 활동 공간과 욕탕들이 중앙의 개방된 정원을 둘러싸고 늘어서 있었다. 가장 부유한 목욕탕은 조각상, 바닥 모자이크, 벽을 장식하는 대리석 혹은 스투코 부조들로 장식되었다. 입장객은 제일 먼저 향유실에서 기름을 바르고 여러 체육 시설 중 한 곳에 가서 운동을 한다. 목욕은 고온욕실이나 한증실(증기탕 혹은 오늘날 터키탕과 유사하며, 아궁이로 바닥을 데우는 방식이다.)에

3   기원전 480년경 고대 그리스의 날렵한 전함은 뱃머리에 치명적인 충각을 달고 있다.(왼쪽 위) 서기 200년경 로마의 둔중한 화물선은 먼 변방에서 화물을 실어 와서 거대한 제국의 수도에 공급했다.(왼쪽 가운데)
4   마르쿠스 아그리파(오른쪽 위)는 평생 아우구스투스의 오른팔 역할을 했는데, 깨끗한 물을 풍부하게 공급하는 시스템을 구축해 제국의 위생과 군사적 강건함을 유지했다. 남부 프랑스의 퐁뒤가르 유적 같은 수로를 이용해 도시의 급수반이나 목욕탕, 하수도를 운용했다.(아래)

서 한다. 로마 인들은 비누를 사용하지 않고 스트리질이라고 불리는 휜 모양의 금속 도구를 이용해서 땀이 나는 피부에서 때를 벗겼다. 다음에는 온탕인 미온욕실에서 친구들과 오랫동안 시간을 보냈는데, 대화를 나누거나 술을 마시고 놀았다. 그러고는 냉수욕실에서 시원한 물에 몸을 담그고 수영장에서 헤엄쳤다. 마지막으로 기름과 향을 몸에 발랐다. 그러는 내내 수행원들이 제공하는 간식과 포도주를 즐기고, 독서실에 있는 책을 읽고, 마사지를 받기도 하고, 벽을 따라 위치한 여러 좌석이 놓인 화장실에서 용변을 보고, 때로는 술에 취해 놀거나 사랑을 나누었다. 공짜에서 유료까지 여러 종류의 목욕탕이 있어서 모든 계층 사람들이 이용할 수 있었다. 어떤 곳에서는 남녀가 함께 벗고 목욕을 했는데, 계속 금지 명령이 이어지는 것으로 봐서 이 풍토가 지속되었음을 알 수 있다. 제국의 모든 지역에서 로마 인들은 매일 사회적이면서 위생적인 목욕 의식을 치름으로써 그들의 로마적인 정체성을 강화했다.

나일 강 수위가 이집트 문명의 번영기와 침체기를 말해 주듯이, 로마제국이 번영하고 인구가 증가하는 위대한 시기는 수로 건설과 물 공급이 증가한 시기와 일치한다.[36] 초기의 수로는 로마가 이탈리아 반도 전체로 확장하면서 인구가 증가함에 따라 지역의 샘과 우물, 테베레 강 등이 제공하는 수자원으로 더 이상 감당이 안 되었을 때 건설된 것들이다. 기원전 201년 2차 포에니 전쟁의 승리로 대전환의 시기가 도래했을 때 수로 건설이 폭발적으로 확대되었다. 이때의 특징적인 수로는 기원전 144년에 지어졌으며 길이 92킬로미터에 거대한 수량을 자랑하는 아쿠아 마르키아로, 이는 최초로 사회 계층을 초월하여 모든 사람에게 대량으로 물을 공급했다. 아그리파가 건설한 수로로서기 1세기까지는 충분히 버틸 수 있었지만 그 후 보충이 필요했다. 클라우디우스는 수로 두 개를 새로 건설함으로써 공급량을 60퍼센트 정도 늘렸고, 트라야누스가 서기 103년에 세 번째 수로를 추가함으로써 제국 초기에 두 배로 증가한 로마 인구와 보조를 맞추었다.[37] 이와 달리 3세기 초에 수로 건설이 중단된 것은 전염병으로 도시 인구가 줄고 서로마가 쇠퇴하는 현상과 맥을 같이한다. 226년에 건설된 마지막 수로는 시민층의 수요보다는 주로 황제의 목욕탕에 물을 대는 사치 목적으로 지은 것이었다.[38]

물과 관련된 다른 현상도 로마의 쇠퇴와 관련이 있다. 유럽 대륙 내에 강을 따라 요새를 건설한 변경 지역이 게르만 족 야만인들에게 뚫렸다. 251년에 고트 족이 도나우 강을 넘었고, 256년에는 프랑크 족이 라인 강을 넘었다. 두 종족 모두 로마 영내로 깊숙이 침투해 들어왔다. 같은 시기에 로마는 해상 통제력을 상실했으며, 속주에 식량과 원재료를 공급하는 생명선은 계속해서 해적과 고트 족 및 다른 야만족들에게 공격당했다.[39] 재정이 부족해지고 위축된 해군은 점차 쇠퇴했다. 초인플레이션, 중과세, 경기후퇴, 그리고 심각한 전염병의 발발로 제국 경제는 내부로부터 무력화되었다. 271년에 아우렐리아누스 황제는 수도 주변에 새로운 방어용 장벽을 세웠다.

비록 제국이 풍부한 재원을 갖춘 군인황제들(특히 디오클레티아누스와 콘스탄티누스)의 행정개혁, 군사력 그리고 경제통제 덕분에 한 세기 정도 잠시 '집행유예' 상태에 들어가긴 했지만, 속주에서 들어오는 핵심적인 공급선을 지탱해 주던 해로와 방어선은 무너져 가고 있었다. 이 현상은 특히 식량 공급의 핵심인 이집트에서 명백히 나타났다. 이집트에서는 로마에 세금을 곡물로 냈는데(세율은 매년 나일 강 범람 수준에 따라 총독들이 정했다.) 농민들이 상급 영주들에게 바치는 양이 너무 부담스러워 경작을 포기함에 따라 3세기경에는 경작지가 반으로 줄었다. 313년에 강압적인 법을 공포하자 장기적으로 상황이 더 악화되었다. 드디어 330년에 콘스탄티누스 황제는 수도를 이전했다. 새 수도는 흑해 입구의 보스포루스 해협을 굽어보는 고대 그리스 도시인 비잔티움으로, 방어에 유리하고 경제적으로도 중요한 위치였다. 이집트에서 로마로 가던 정기 수송선은 이제 콘스탄티노플로 개명한 '새로운 로마'로 방향을 바꾸었다. 로마에 남은 주민들은 스스로를 지키는 수밖에 없었다. 역사상 흔히 그렇듯이 주요 수상 운송로의 변화는 권력과 문명의 주역이 운명적 전환을 맞이한다는 것을 의미했다.

서로마제국의 붕괴는 4세기에 가속화되었다. 가장 직접적인 원인은 중앙아시아의 스텝지역에서 중부 유럽으로 침입해 들어온 가공할 유목민족인 훈 족 때문에 고트 족을 비롯한 다른 야만족들이 연쇄적으로 떠밀려 내려오게 된 현상이었다.[40] 훈 족은 도나우 지역에 정주했는데, 사실 이들 역시 그들의 고향에서 그들보다 더 호전적인 몽골계 유연(柔然)의 전사 집단에 의해 축출되었다.(그들은 중국도 계속 위협했다.) 410년에 배신자들이 서고트 족 지도자인 알라리크에게 로마의 문을 열어 주어서 사흘 동안 역사상 유명한 '로마의 약탈'이 일어났는데, 이때쯤에는 이미 서로마의 통치자들은 안전한 라벤나로 도망가 있었다. 라벤나는 지저분한 연안 늪지 때문에 기병과 야만족 군대를 더 잘 방어할 수 있는 자연적인 여건을 갖춘 곳이었다.

로마의 역사와 운명을 같이한 수로와 하수구

로마의 수로는 로마 시의 이후 역사에서도 두드러진 역할을 했고, 로마가 세계 문명의 중심지로 부활할 때에도 마찬가지였다. 6세기 중반, 비잔티움제국 황제 유스티니아누스는 고트 족에게서 이탈리아를 회복한 후 부흥을 위해 노력했다. 동부의 제국은 콘스탄티노플에서 번영을 누렸으며, 강력한 해군을 새로이 출범시키기도 했다. 유스티니아누스는 재능이 뛰어난 벨리사리우스 장군에게 이탈리아 회복 임무를 맡겼다. 536~537년에 벨리사리우스는 시칠리아에서 북쪽으로 정복해 들어가는 데 성공했다. 나폴리를 포위하는 도중에 배수 작업을 한 수로를 통해 400명의 군인을 몰래 투입해서 이 도시를 정복했으며, 로마에는 무혈 입성했다. 고트 족은 방어가 불가능하다고 생각하고 미리 퇴각했던 것이다. 고트 족이 벨리사리우스에 대항해 시를 포위 공격할 때 첫 번째 목표물은 수로였다. 거의 모든 곳에서 물이 끊겼다. 목욕탕, 분수, 급수반(給水盤), 하수도가 모두 말랐다. 시민들은 테베레 강 가까운 저지대에 모여들어서 강과 우물에서 물을 얻을 수밖에 없었다. 수로의 물 공급이 끊기자 야니쿨룸 언덕에 설치되어 있던 거대한 수차식 제분소도 가동을 멈췄다. 이곳은 오늘날 바티칸 근처의 큰 언덕으로 빵을 만들던 곳이다. 탁월한 재능을 자랑하는 벨리사리우스는 테베레 강의 다리 아래 물살이 빠르게 흐르는 지점에 두 줄로 보트를 정박시켜 그 사이에서 바퀴를 돌리는 이동식 물레방아를 설치했다.[41] 이것은 이후 중세 유럽의 도시에서 다리가 있는 곳이라면 흔히 볼 수 있는 풍경이 되었다. 고트 족은 살해한 로마 병사의 시체나 나무를 강물에 던져서 물레방아를 파괴하거나 물을 막으려 했다. 벨리사리우스는 강에 체인을 걸어서 이런 부유물을 막았다.

고트 족은 시내를 기습 공격하기 위해 텅 빈 운하망을 조사했다. 그들이 비르고 수로의 지하 운하에서 지상으로 올라오는 갱을 지날 때 들고 있던 횃불을 핀초 언덕의 성문을 지키던 보초가 보지 않았더라면 그들의 기습이 성공했을지도 모른다. 보초는 길 잃은 늑대의 번쩍이는 눈을 본 것이라고 생각했다. 그렇지만 벨리사리우스는 더 조사하라고 명령했고, 고트 족의 침입을 알아챘다. 그는 모든 수로용 운하를 봉쇄하라고 명령했다. 로마를 지켜 낸 다음 벨리사리우스는 북쪽으로 진격했다. 540년에 고트 족이 수도로 삼고 있던 라벤나를 정복했다. 그러나 그가 성공을 거두고 엄청난 대중적 인기를 누리자 유스티니아누스가 그의 야망을 의심하게 되었고, 이 때문에 그는 본국으로 소환되었다. 결국 제국을 재건하겠다는 유스티니아누스의 꿈은 생전에 실현되지 못했다. 그 후 롬바르드 족이 주도하는 또 다른 야만족 침입의 물결이 이어졌다.

대부분의 수로와 하수구가 파괴되고 건물들이 무너진 6세기 말 로마에 대해 전기 작가인 크리스토퍼 히버트는 이렇게 서술했다. "로마의 쇠락은 가련하다. (……) 테베레 강의 불어난 노란 물에는 죽은 가축과 뱀들이 떠내려간다. 사람들이 수백 명씩 기아로 사망하고 주민 전체가 감염의 공포에 떨고 있다. (……) 배수가 안 된 주변 토지는 늪지가 되어" 말라리아를 옮기는 모기가 들끓는다.[42] 로마 인구는 고작 3만 명으로 줄었다. 교황청과 프랑크 왕국의 카롤링거 왕조가 롬바르드 족에 대항하여 동맹을 맺고(그 정점은 800년 크리스마스 밤에 베드로 성당에서 샤를마뉴가 신성로마제국의 황제로 대관식을 치른 것이다.) 농민들을 소집하여 수로를 정비하려는 노력을 기울였으나 오래 지속되지 못했다. 846년에는 무슬림 해적선들이 테베레 강을 거슬러 올라가 베드로 성당을 약탈했다.

그렇지만 지중해 서부의 항해로 연결되는 자유시장들과 공화제 민주주의 전통이 이탈리아 반도에서 완전히 소멸되지는 않았다. 이런 요소들은 400년경에 아드리아 해 제일 안쪽에 위치한 520 제곱킬로미터의 얕은 해수 석호 내의 몇몇 섬들로 이식되었다. 이곳에는 깊은 운하들이 몇 개 가로지르고 있었다. 주변 지역의 부유한 로마제국 시민들이 야만족 침입자들을 피해 도망쳐 들어온 것이다. 베네치아는 이탈리아 도시국가 가운데 가장 조숙한 발전을 이루었으며, 지중해의 탁월한 상업 및 해군 세력으로서 근대 시장경제의 창시자요 세계에서 가장 오래된 민주 공화국이 될 운명이었다. 466년 10여 개의 작은 섬 공동체들이 그들 사이의 사안을 조정하기 위해 대의기구를 선출했다. 통치자로서 첫 번째 도제(doge, 공작(duke)과 유사한 말이다.)가 697년에 선출된 이후 1100년이 지난 1797년에 나폴레옹 보나파르트에게 정복당할 때까지 민주적인 도제 선출은 끊이지 않고 이어졌다.

베네치아는 아드리아 해에서 성장한 해상력을 벨리사리우스와 비잔티움제국에 빌려 주었는데, 이것은 상업적으로나 군사적으로 성장하고 있는 이슬람 세력이 위협을 가해 오는 지중해에서 기독교 문명의 양대 세력 사이에 맺어진 길고 복잡하고 경쟁적인 동맹관계로 발전해 갔다. 고대 지중해 세계에서 생겨난 초기 공화제적 해상무역 전통과 바다를 향한 자유 시장 민주주의(나중에 르네상스 이후 서구에서 세계 정상의 위치로 자랄 것이다.) 사이의 연속성을 보장하는 교량 역할을 한 것이 바로 베네치아였다.

로마 시 자체의 부활은 1417년에 교회의 대분열이 종식되고 교황청이 다시 통합되어 교황 마르티누스 5세가 로마로 귀환했을 때 시작되었다.[43] 이때에도 로마 시민들은 식수 부족으로 더러운 테베레 강 주변의 오두막집에 모여 살고 있었다. 로마로 돌아온 마르티누스 5세가 처음 했던 일 중 하나는 당시에도 계속 기능하고 있던 비르고 수로를 수리하는 일이었다. 이 수로는 고트 족의 파괴를 피할 수 있었던 것이다. 다음 2세기 동안 마르티누스 5세를 계승한 니콜라스 5세, 그레고리우스 13세, 식스투스 5세, 바오로 5세 등 이른바 '수리사업 교황'으로 알려진 교황들이 로마의 물 시스템을 정비하려 노력했다.[44] 이들이 로마 시를 전성기 르네상스 양식의 분수로 장식했는데 이는 오늘날에도 찬탄을 불러일으킨다. 물과 함께 로마의 인구도 늘고 명성도 회복되었다. 로마 인구는 1563년 8만 명으로 두 배가 되었고 1709년에 15만 명에 이르렀으며, 1870년경 이탈리아 국민국가가 탄생할 무렵에는 20만 명이 되었다. 이에 걸맞게 로마가 이탈리아에 통합되기 전 마지막 교황은 공화정 시대의 아쿠아 마르키아 수로를 다시 디자인했는데, 이는 근대적인 압력 펌프로 작동되는 로마의 첫 수로였다.

5   대운하와 황허 문명의 개화

대운하 건설은 한제국을 무너뜨린 취약성을 극복하는 것 이상의 의미를 지녔다. 중국의 남북 간 수리학적 단층선을 연결함으로써 지리적으로 상이한 두 구역의 자연자원 및 인적자원을 통합해 시너지 효과를 냈고, 이 덕분에 중국의 화려한 중세 황금기를 열었다.

강에서 태어난 고대의 초기 문명 중에 집약적인 관개 사회의 출현이라는 면에서는 중국이 가장 늦었지만, 중국의 물 관리는 다른 모든 문명들보다 앞선다. 다양한 환경에 대응하는 창의적이고 적응력 있으며 광범위한 물 관리 기술은 중국이 전산업시대에 세계에서 가장 조숙한 문명이 되는 데 기초를 이루었다. "중국인들은 물의 통제와 사용 면에서 세계적으로 특출한 자질을 발휘해 왔다."라고 조지프 니덤은 『중국의 과학과 문명』에서 이야기했다.[1]

중국의 고대 문명은 다른 수리사회와는 뚜렷하게 다른 배경에서 등장했다. 황허 문명이 생성된 곳은 황허 강의 줄기가 몽골의 메마른 고지대 스텝 지역에서 빠져나와 크게 호를 그리며 고원을 지나가는 지역이었다. 이곳은 빙하가 물러나면서 생긴 뢰스라 불리는 부드럽고 성긴 누런 옥토로 덮여 있었다. 캘리포니아보다 더 넓은 이 황량한 고원의 기후는 혹독했다. 겨울에는 얼어붙게 춥고 여름에는 살을 태우듯 더우며, 가뭄과 흙바람이 자주 일어나고, 때로는 여름 폭우가 부드러운 벼랑을 갉아서 뢰스가 황허 강으로 흘러들어 간다. 이것이 이 강 이름의 유래가 된 두꺼운 침전물을 형성하였으며, 북중국의 범람원을 풍요롭게 만들었다. 고원 지대의 풍부한 강물, 경작과 배수가 편한 토양, 그리고 군사적 방어의 편리성이 결합되어 한철 동안 집중적으로 밭작물을 경작할 수 있었다. 가장 잘 적응한 작물은 수수였다. 수수는 오랜 건기를 이겨 내고 생존할 수 있는 강한 식물이었다. 점차 뢰스가 풍부한 북부의 거대한 범람원 전체로 경작이 확대되었다. 그러나 황허 문명의 비상한 성과는, 이런 성취를 낳은 어머니와 같은 강을 끼고 있는 지리적 기원을 넘어서 극단적으로 이질적인 북위 33도 근처의 거대한 양쯔 강 유역으로까지 이식되었다는 점이다.[2] 반건조지대인 북쪽과 달리 이곳은 비가 많고 습하며 녹색식물이 잘 자라고 산악지형인 데다가 몬순의 영향을 크게 받는 곳이다. 이런 풍토에서 북쪽의 작물과는 완전히 다른 수경 벼를 집약적으로 재배하는 문명이 자라났다.

    물의 역사에서 결정적 전환점이 되는 사건은 7세기 초에 대운하가 완성된 일이다. 동시대 다른 문명에 비해 황허 문명이 크게 비상하게 된 특출한 사건이었다. 뉴욕에서 플로리다까지의 길이에 해당하는 대운하는 인간이 만든 가장 긴 수로이다. 남북으로 이어진 이 운하는 중국의 두 강과 그 주변 거주 지역을 연결해 세계 최대의 내륙 수상 운송망을 만들어 냈다. 나일 강이 상이집트와 하이집트를 통일한 것처럼, 운하는 중국 광대한 지역의 다양한 생산 자원들을 통제하는 강력한 중앙 정부와 자체 군사방어 능력을 갖춘 민족국가를 통합했다. 대운하는 중국이 중세에 세계에서 가장 조숙한 문명이 되는 데 공헌했을 뿐 아니라, 15세기에 중국이 세계에 등을 돌리는 운명적인 결정을 함으로써 장기적으로 서서히 쇠퇴하도록 만든 원인이 되기도 했다.

대운하가 성공적이었던 이유는 수리적인 단층선을 연결했기 때문이다. 중국 북부의 고질적인 물 부족 사태를 해결하여 지극히 풍부한 양질의 토양에 신선한 물을 공급해서 식량생산 가능성을 최대한으로 이끌었고, 동시에 남부에서는 상대적으로 지력이 약한 데 비해 물이 과도하게 많은 반대 성격의 문제를 해결한 것이다. 남북 사이에 존재하는 물과 토양 사이의 불일치는 늘 반복되는 기술적이고 정치적인 문제로서, 고대 제국 이래 중국 정부가 해결해야 할 과제였다.

5464킬로미터의 황허 강과 6300킬로미터의 양쯔 강은 모두 히말라야의 티베트 고원에서 발원한다. 그러나 곧바로 두 강의 성격과 환경은 크게 달라진다. 황허 강은 수심이 얕고 세계에서 가장 침전물의 농도가 짙다. 농도는 나일 강의 서른 배이고, 탁하기로 이름난 콜로라도 강보다 세 배나 높다. 이 강물을 한 국자 떠 보면 70퍼센트가 진흙이라는 말이 있다. 황허 강이 하류 평원에서 예측할 수 없고 파괴적인 방식으로 자주 범람하는 것도 고원에서 쓸려 내려간 뢰스 성분의 침전물이 빠르게 쌓이기 때문이다. 수 세기 동안 수백만 명을 죽음으로 내몰거나 생계수단을 잃게 만든 홍수 때문에 황허 강은 '중국의 근심'으로 알려졌다. 때로 대홍수가 일어나면 원래 흐르던 강에서 800킬로미터나 떨어진 곳으로 새로운 물길이 뚫리기도 했다. 이런 초대형 홍수들 때문에 중국 역사에서 정치적, 경제적 봉기가 거듭 발생했다. 황허 강의 물길을 다스리기 위해 수천 킬로미터에 이르는 제방을 쌓고도 홍수를 막는 데 실패한 다음 다시 제방을 쌓는 일이 반복되었다. 이런 일은 늘 중국 왕조의 최우선 정치 과제였다.

이와 달리 양쯔 강은 황허 깅보다 열다섯 배나 수량이 많으며, 깊은 수로와 많은 지류들 덕분에 큰 배들이 운항할 수 있는 이상적인 고속도로가 되었다.[3] 물이 고산 지대에서 빠져나와 깊은 계곡과 골짜기들을 굽이굽이 지나고 난 후 하류의 거대한 분지와 늪지를 이루는 삼각주 지역으로 들어가면서

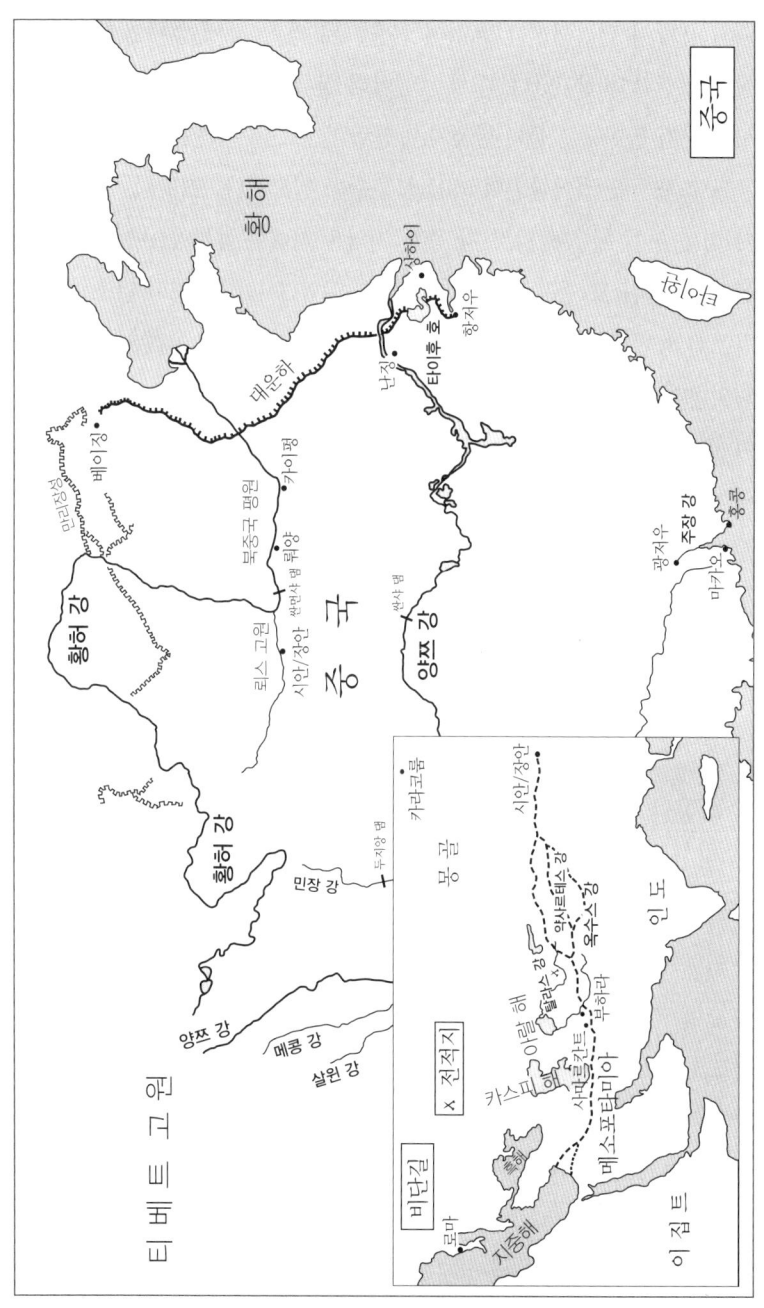

배의 운항이 편리해진다. 계절성 몬순으로 양쯔 강에 홍수가 발생해 정기적으로 범람이 일어났다. 대개 50년마다 상류에서 내려오는 물과 지류들에서 쏟아져 들어오는 물이 합쳐져서 만들어진 거대한 파도가 모든 홍수 방지용 구조물들을 집어삼키며 엄청난 홍수를 일으켰다. 고대에는 중국의 기후가 더 습했기 때문에 양쯔 강 중류 지역은 거대한 늪지였으며, 너무 습해서 문명화된 대규모 정착 사회가 형성될 수 없었다. 그러나 점차 건조해져서, 테라스식 농법, 배수, 습식 벼농사 기술들이 발전하여 이 지역은 번영하는 농업지대가 되었으며, 중세에는 중국 최대의 식량생산 지역으로 발전했다. 잉여 쌀은 광대한 지류 네트워크를 통해서, 그리고 대운하를 이용하여 북부의 황허 강 유역과 연안 지역으로 배분되었다. 그러므로 양쯔 강이라는 '황금 수로'의 정치적 통제는 홍수 통제와 더불어 중국 권력의 핵심 요소였다. 강의 통제와 통치력은 워낙 긴밀히 연결되어 있어서 정치를 의미하는 한자 '치(治)'는 물을 다스린다는 말에서 나왔다.

리빙의 치수사업과 '마법의 운하'

전통적으로 중국 황허 문명의 선조는 우왕으로 알려져 있다. '치수 기술자'인 우왕은 역사 기록 이전 시대에 황허 강 유역 거주민들을 괴롭히던 홍수를 잘 다스린 공로로 권력을 잡았다. "물을 다스려서 대수로 속으로 흘러가도록 만들어서" 이 세상을 사람들이 살 수 있도록 만든 것이다.[4] 그에 대한 답례로 부족 연합은 그에게 지휘권을 양도했다. 그는 기원전 2200년부터 1750년까지 지속되는 청동기 시대 왕조인 하(夏) 왕조를 개창했으며, 황허 강의 초기 관개시설들과 연계되어 수확의 왕으로 존경받았다.

우왕 전설은 중국사에서 물의 통제가 얼마나 중요한지 보여 준다. 전설에 따르면 우왕은 죽은 아버지의 몸에서 이미 다 자란 성인의 몸으로 출생했다. 그의 아버지는 강에 댐을 쌓고 제방을 건설해서 물을 통제하려 했지만 실패했는데, 댐을 건설하기 위해 하늘에서 마법의 흙을 훔친 죄로 사형에 처해졌다. 차분하게 조사하고 분석한 끝에 우왕은 아버지와는 다른 방법으로 사업에 착수했다. 열심히 수로들을 준설하고 배수구와 운하를 파는 방식이었는데, 심지어 산을 뚫어 홍수가 바다로 흘러가도록 만들기도 했다. 그렇게 오랜 세월 혼신을 다해 노동자들과 함께 일한 결과 마침내 황허 강과 범람원을 통제하게 되었다. 공자는 그를 공익을 위해 힘을 사용하는, 능력 있으면서도 겸손한 관리의 모범으로 칭찬했으며, 황제를 도와 통치하는 기술 관료 엘리트의 역할 모델로 치켜세웠다.

치수는 인간의 수기(修己)와 자연 질서와의 관계의 올바른 원칙에 대한 철학적 논쟁의 틀이 되었다. 기원전 6세기에 도가에서는 낮은 곳으로 흐르지만 가차 없는 힘으로 모든 단단하고 강한 장애물들을 쓸어 가는 물이 자연의 요체를 표현하며, 그런 이유에서 인간 행동의 모범이 된다고 주장했다.[5] 도가의 엔지니어들은 치수사업을 설계할 때 물이 가능하면 쉽게 흘러가도록 했으며 그래서 자연 생태계의 동력을 이용할 수 있도록 했다. 이와 마찬가지로 지도자들도 설득을 통해 자신의 목표를 이룰 수 있도록 서서히 지지를 얻어야 한다고 보았다. 이에 비해 유가에서는 공익을 위해서는 자연이든 인간 사회든 더 강력한 통제가 필요하다고 보았다. 그들은 제방이나 댐 같은 가공물을 이용해서 황제와 기술자가 규정하는 인간의 요구에 강이 복종하도록 강제해야 한다고 논했다. 한대부터 21세기 후기 공산주의 시대에 이르기까지 중국 수력학의 지배적인 원칙이 된 것은 유가이지만, 그 밑에 깔린 원칙들은 지금도 계속해서 공학적 논란의 대상이 되고 있다. 이는 물 부족 문제에 대해 생태적으로 지속가능한 해결책을 찾아야 하는 현재도 지구적인 차원에서 계속 제기되는 문제이다.

거의 500년이 지난 후, 중국의 지배 왕조는 우왕의 하 왕조에서 상 왕조로, 그리고 다시 주 왕조로 바뀌었다. 각각의 왕조는 중심지가 달랐지만 내륙의 황허 강 분지에서 서로 겹치는 지역에 자리 잡았고, 강이나 바다를 통해 다른 지역과 교역을 하는 일 없이 내부적인 관개농업을 근간으로 하여 번영을 누렸다. 상 왕조는 대체로 기원전 1750년부터 1040년경까지 중국 북부의 기름진 지역과 황허 강 유역 가운데 주석과 구리가 매장된 지역을 지배했다. 이들은 전차를 모는 귀족적인 청동기 부족이었다. 이곳은 메소포타미아 동쪽에서 가장 먼저 문자를 사용한 지역 중 하나로, 조상숭배, 인신희생, 사제 예언자가 행하는 각종 의례적인 점복 행위 등 다양한 관습을 지니고 있었다. 안양 유적지를 발굴한 결과 수만 점의 갑골이 출토되었는데, 이는 비가 올 것인지 혹은 북쪽의 야만족이 언제 공격해 올 것인지 같은 생사를 가르는 중요한 문제에 대해 사제들이 점을 친 증거들이다.

당시 중국 북부는 오늘날보다 훨씬 덥고 습한 곳이었으며, 인력을 대규모로 조직하여 늪지에 배수 작업을 해서 광대한 경지를 개간해야 했다. 고도로 위계화된 사회 조직과 대규모 공공사업(광대한 성벽 도시 건설도 포함된다.)은 관개문명의 모델에 부합한다. 2005년에 고고학자들이 지진과 홍수 때문에 매몰된 고대 마을을 발굴한 결과 그릇 안에 50센티미터 길이의 수수 국수가 4000년의 세월이 흐른 후에도 온전히 보존된 채 발견되어서, 그 당시의 주식이 수수라는 놀라운 사실이 확인되기도 했다.[6]

상 왕조의 봉신(封臣)이었던 세력이 정복과 합병을 통해 건설한 주 왕조는 황허 강 중류 지역 한 지류의 서쪽 경계를 중심지로 삼았다. 이제 중국 국가의 특징이 점점 더 뚜렷하게 모양을 잡아 갔다. 주 왕조 역시 이전 왕조처럼 친족 관계를 정치 조직의 기반으로 삼았지만, 더 항구적인 정치 개념을 도입했다. 황제의 통치 정당성은 단지 신성한 태생에 따르기만 하는 것이 아니라 도덕적 행위에 근거한 '하늘로부터의 위임'에 기반을 둔다는 것이다. 하늘의 위임을 입증하는 핵심 사항 가운데 하나가 치수이다. 훌륭한 황제는 마법과 의례를 통해 강우, 평화, 수확 같은 핵심 요소들을 확보해 주었지만, 이와 반대로 가뭄과 홍수는 하늘이 황제를 인정치 않는다는 표시였다. 주 대에는 기원전 6세기에 혁신적인 철기가 보급되어 생산성이 크게 높아지면서 경작용 관개사업의 정당성이 더욱 확고해졌다. 철을 사용하게 되자 새로운 무기도 개발되었다. 전국칠웅 간에 거의 2세기 동안 끊임없는 전쟁이 벌어진 후 기원전 400년경부터 통일 국가가 등장하기 시작했다. 이 기간에 중국 북부의 농민들이 전쟁 지역을 피해 이주한 것이 덥고 습한 남쪽의 벼 재배 지방으로 황허 문명이 확산되는 계기가 되었다. 비록 중국의 벼농사는 7세기가 되어서야 임계질량에 도달하지만, 진 왕조가 다른 경쟁 세력들을 눌러 이기고 승리를 굳힌 기원전 221년까지(진은 중국의 영어 이름인 China의 기원으로 굳어졌다.) 영토가 양쯔 강 유역을 관통하여 해안지역까지 확대된 것도 대단히 중요한 사항이다.

진제국의 존립은 고작 15년에 불과했지만 그 유산은 실로 엄청나다. 중앙집권화된 관료제와 함께 황제가 전권을 장악한 새로운 정치체제가 과거의 봉건체제를 대체했다. 뿌리 뽑힌 귀족들은 황제가 있는 수도로 향할 수밖에 없었으며, 그들의 지방 영지는 황제에 충성을 바치는 관리들이 통치하는 군현제도에 완전히 장악되었다. 도량형, 서체와 화폐제도가 통일되었고, 인구조사와 가혹한 조세제도가 시행되었다.

왕조를 개창하거나 수복한 다른 위대한 왕조처럼 진 왕조는 대단한 건설자였다. 그들의 위업 중에는 광대한 도로망과, 북쪽 유목민족의 위협을 방어하기 위한 만리장성 초기 부분의 건설이 포함되어 있다. 진 왕조의 성장에 큰 공헌을 했고 또 그들의 위대한 유산이 된 중요한 업적은 대규모의 복잡한 관개 및 수로망이다. 그 가운데 특기할 만한 것이 셋 있다. 기원전 246년에, 그들의 출신 지역과 가까운 황허 강 중류 지역에 정국거 운하가 건설되었다.

5   리빙은 정교한 수리시설들을 건설했다. 쓰촨 성의 민장 강에 설치한 둑은 지금도 사용되고 있다. 이런 시설들 덕분에 진제국은 기원전 3세기에 중국 전역에 걸쳐 권력을 장악하고 번영을 누렸다.

황허 강의 두 지류에서 물의 흐름을 돌려 제국 수도인 시안 북쪽 웨이허 강 연안의 거대한 땅에 물을 댈 수 있게 되었다.(시안은 진시황릉을 수호하는 8000개의 등신대 테라코타 조각상과 말과 마차 조각상이 출토되어서 더욱 유명해진 곳이다.) 비록 심한 침전 현상 때문에 이 관개 운하의 생명이 150년 정도에 그치고 말았지만, 이 운하 덕분에 엄청나게 증가한 식량과 인구는 진이 전국시대에 중국을 통일하는 과정에서 필요한 부와 무기, 인력을 확보하는 데 결정적인 역할을 했다.

그보다 더 장대하고 인상적인 것은 양쯔 강 상류의 북쪽에 위치한 쓰촨 서부의 관개사업이다. 이 사업을 수행한 엔지니어는 거의 우왕의 화신으로 보일 지경이다. 리빙(李氷)은 기원전 272년에 지방관으로 임명되었다.[7] 이 지역이 진의 장군에게 정복되고 50년이 지난 시기였다. 이 지역의 부를 증대시키고 백성들의 충성을 얻기 위해 그는 야심적인 관개사업을 계획했다. 빠르게 불어나서 흐름을 예측할 수 없는 민장 강의 물을 잘 다스려서 주변의 농경지로 보내는 것이 이 관개사업의 목표였다. 현재도 그대로 이용되고 있는 리빙의 유명한 수리시설은 도가적인 개념에 따라 만들어졌다. 강력한 물의 흐름을 댐으로 직접 막는 대신 돌맹이를 채운 유연한 대나무 우리로 취수보를 세우는 방식이다. 이 보들은 강의 모양이 외부 수로와 내부 수로로 쉽게 나뉘는 지점들에 만들어졌다. 그래서 상황에 따라 이쪽 혹은 저쪽 수로로 더 많은 물을 보내도록 조정할 수 있었다. 홍수 위험이 있을 때에는 바깥쪽 수로로 물을 흘려보내고, 관개용수가 필요한 경우에는 안쪽 수로로 물을 돌리는 식이다. 리빙은 물속에 세 개의 석상을 설치해 수량 측정기로 이용했다. 석상의 발이 보이면 보의 문을 열어 밭에 물을 댔고, 석상의 어깨가 물에 잠기면 문을 닫았다. 물을 돌려 빼는 관개 작업을 완성해서 아래의 청두 평야에 물을 대기 위해 리빙 휘하의 노동자들은 산허리를 통과하는 운하를 뚫을 정도로 열심히 일했다. 이들은 바위를 화톳불로 데운 다음 물을 끼얹어 쪼갰다. 리빙의 작업으로 인해 동부 쓰촨의 평원은 중국에서 가장 관개가 잘된 농업 지대로 변모했다. 5200제곱킬로미터에 달하는 이 평원은 500만 인구를 먹여 살렸다.[8] 이 수치는 고대에서 19세기까지 이집트의 나일 강이 먹여 살린 인구의 최대치에 해당한다. 바깥 수로로는 운항도 가능했다. 후일에는 리빙이 만든 민장 강의 운하가 수천 개의 물레방아를 돌려서 벼의 도정이나 방직 혹은 방적용 기계를 돌리는 추가 기능까지 수행했다.[9]

리빙은 또한 쓰촨에서 귀중한 소금 생산을 늘리는 데도 일조했다. 이전에는 땅에서 솟아 나오는 염수에 의존해서 소금을 얻었던 데 비해 그는 90미터 깊이의 염수 우물을 뚫어서 지하 수자원에서 직접 소금을 끌어 올렸다. 그의 계승자들은 가죽 플랩 밸브(flap valve)가 달린 긴 대나무 튜브를 이용해서 염분기가 가장 많은 심층의 물을 흡입했다.[10] 대나무 튜브는 소금 생산만이 아니라 중국 남부지방에서 펌프로 물을 끌어 올려 논에 물을 대는 용도에서 도시의 기초적인 수도관에 이르기까지 대단히 다양하게 사용되었다.

진제국에서 진행한 세 번째 놀라운 물 관련 사업으로는 영거 운하('마법의 운하')를 들 수 있다. 이는 세계 최초의 수송용 등고운하(등고선에 따라 거의 평행하게 건설한 수로 — 옮긴이)이다. 복잡한 터널 작업이나 수심 관리 문제 등을 피하기 위해 주변 경관의 자연 지형을 따라 운하를 판 것이다. 가까이에서 서로 반대 방향으로 흐르는 두 강을 연결하고 물을 관리했다. 그러자 32킬로미터 길이의 '마법의 운하'는 북중국과 남중국을 가르는 산맥들을 뚫고 지나는 물길이 되었다. 이 운하는 기원전 219년에 남쪽으로 파견한 정복군을 지원하라는 황제의 명령을 수행하기 위해 지어졌다. 자연 수로와 초기에 만들어진 수로를 이용해서 보트로 황허 강 하류에서 양쯔 강 남쪽으로 가고 그곳에서 다시 광저우 항구까지 갈 수 있었다. 모두 2000킬로미터에 달하는 여행이 가능해진 역사상 전례가 없는 작업이었다.

왜 로마는 통합에 실패했는데 중국은 성공했을까?

이와 같은 미증유의 대운하 건설의 최대 수혜자는 진제국이 아니라 그 계승자인 한제국이었다. 기원전 206년부터 서기 220년까지 지속된 한제국의 지배하에서 강력한 국가 조직과 고도의 문명이 발전했다. 한제국은 당대 지구상의 양대 세력 중 하나였다. 역사가들은 흔히 한제국과 로마제국의 대칭성을 거론하곤 한다. 두 제국의 권력, 부, 영향력이 최대였던 시기가 서로 일치하며, 지리적 크기가 비슷하고, 같은 시대에 유라시아 양쪽 끝에서 번영한 데다가, 북쪽 야만족의 침입으로 쇠퇴했다는 점도 비슷하다. 물론 두 제국의 정치경제, 문화, 수력학적 토대가 다른 것은 사실이다. 로마제국은 집약적인 관개사업을 거의 하지 않았고, 해로로 연결된 지중해의 여러 식민지들에서 부를 얻었으며, 다양한 문화를 포함했고, 개인주의를 존중했다. 이에 비해 한제국은 수리국가의 전형이었다. 내성적이고 내륙지향적이며, 집약적 관개농업에 기반을 두고 있고, 전제적인 황제와 다수의 농민 노동력을 관리하는 전문 기술관료 집단에 의해 하향식으로 통치하고 있었다.

한제국은 강제 노역을 잘 운용하여 진제국으로부터 물려받은 거대한 수상 수송 체제를 연장하거나 개선했다. 또한 광대한 관개시설과 운하, 댐, 제방 같은 홍수 통제 시설도 성공 요인에 속한다. 그중에는 황허 강의 물길을 다스리는 40개의 주요 수리 시설들도 포함되어 있다. 한제국의 중앙집권화된 행정 체제하에 황허 강 유역의 경지 조각들은 집약적으로 관개된 하나의 연속체로 정비되었는데, 이것이 중국의 고전적인 풍광을 이루었으며, 또 이곳이 제국의 정치경제적 중심부가 되었다. 답차식(踏車式) 펌프는 단순하지만 아주 널리 사용되는 소규모 기술 개선의 예인데, 서기 1세기에 발명된 이 도구는 겨우 한두 사람이 올라가서 페달을 밟는 동작만으로 물을 길어 올릴 수 있어서 배수와 관개, 혹은 음용수를 확보하는 용도로 중국 전역에서 널리 사용되었다.[11] 결국 모든 물 관련 계획은 중앙 정부의 관리하에 조직되었는데, 이 전통은 오늘날까지도 이어진다.

기원전 100년까지 한제국은 최대 지주가 되었으며, 여기에 더해서 철, 소금, 술 같은 주요 상품들에 대한 정부 독점도 제도화되었다.[12] 개인 상인이나 당시 태동 중인 이익 추구형 시장제도는 진제국 때에 발전하기 시작했지만, 유가의 통치 이념과 충돌을 일으켜서 결국 규제 정책을 써서 억압했다. 통치자의 과세권은 마음에 안 드는 계급을 약화하고 정부의 권위를 제고하는데 쓰였다. 시간이 지나면서 모든 도시 시장들은 정부 통제하에 들어갔으며, 이에 따라 상품 가격을 공식적으로 정하고 상업에 대한 과세를 통해 국고를 채웠다[13].

경제보다 국가 권력을 우선한 한제국의 정책이 쉽게 이루어진 이유는 주로 집약적인 관개농업을 통해 부가 창출되었으며, 더구나 배의 운항이 가능하고 상대적으로 쉽게 관리되는 강의 조직망을 따라 이루어졌기 때문이다. 중국은 해안선이 아주 긴데도 해상무역(이것은 언제나 국가기구의 통제를 쉽게 벗어나기 마련이다.)이 발전하지 못한 이유는 동아시아 지역에는 쉽게 접근할 수 있고 또 교역을 통해 쉽게 이윤을 얻을 수 있는 매력적인 문명이 부재했기 때문이다. 기록을 남기지 않아 파악하긴 힘들어도 분명 행상들이 존재했고 도시 간 혹은 사회의 주변층 사이에서 활발하게 교역이 이루어진 것은 분명하지만 황허 문명의 주요 특징은 심히 내성적인 경향을 보였고, 이것은 곧 중앙 정부의 권력 강화로 귀결되었다.

한제국 황제들은 산업 발전을 장려했는데, 그중에는 물이 핵심 요소인 분야도 있었다. 특히 주철 제조가 중요했다. 주형을 이용해 철을 주조하는 방법은 역사상 가장 중요한 발명 중 하나이다.[14] 중국에서는 유럽에서 주철이 널리 보급된 때보다 1800년이나 앞선 기원전 5세기에 이 기술이 개발되었다. 기원전 3세기에 중국의 제철업자들은 철을 가열하는 법과 냉각하는 법을 개발하여 거의 강철 같은 강도와 경도를 지닌 가단 주철을 생산했다. 한제국은 이것을 여러 곳에 이용했다. 예컨대 농사에 긴요한 보습 또는 염수를 증발시켜 소금을 대량생산하는 데 쓰이는 큰 냄비를 만들었다. 기원전 119년에 주철 생산을 국가가 독점했고 2년이 지난 후 한의 지도자들은 48개 소에 주철 제작소를 두고 노동자 수천 명을 고용했다. 주철 생산에 필요한 고열을 얻기 위해 중국은 효율적인 송풍기를 사용하여 용광로에 바람을 불어 넣었다. 주철 생산을 획기적으로 증진한 초기 발명품은 수력을 이용한 송풍기이다. 서기 31년에 유명한 엔지니어인 투시는 주철 농기구를 만들기 위해 수력으로 작동시키는 강력한 송풍기를 개발했고, 이것은 널리 모방되어 퍼져 나갔다.[15]

물레방아를 주로 제분과 광산에 이용했던 로마 인과는 달리 중국인들은 수력을 산업생산에 이용했다. 사실 중국은 수력 에너지를 다양하게 활용한 점에서 천 년 이상 인류 문명의 선구자였다. 중국에서는 이미 서기 200~300년대에 기어를 이용해 여러 개의 축을 동시에 돌릴 수 있는 효율적인 수직형 물레방아를 개발했다.[16] 철을 두드려 여러 형상을 만들거나 쌀겨를 벗기거나 광물을 부수는 등 여러 용도에 쓰였는데, 유럽보다 몇 세기 앞선 시점이다. 서기 530년 중국 북동부 뤄양 지방의 불교 사원들에서는 심지어 물레방아를 이용하여 곡분을 체로 거르거나 흔드는 기계를 사용했는데, 18세기에 영국의 산업혁명을 자극했던 증기기관을 이용한 방식과 원칙적으로 똑같은 원리였다.(다만 증기력이 없다는 것이 결정적인 차이지만.)[17]

그다음 몇 세기 동안 중국이 전 세계에서도 선구적으로 견직물업에 수력을 이용해 온 것은 조금도 놀랍지 않다. 견직물업은 수 세기 동안 중국에 부를 가져다준 역사상 유명한 독점 사업이다. 누에고치에서 비단 실을 뽑아내고 그것으로 직물을 짜는 기술은 석기시대 때부터 개발되었다. 이때 뜨거운 물이 핵심 역할을 하는데 아마도 물이 산업생산에 쓰인 가장 초기 사례

중 하나일 것이다. 원견 1파운드를 생산하기까지 누에는 100파운드의 뽕잎을 먹고 5파운드의 누에고치를 만든다.[18] 섬세한 누에고치로부터 비단 실을 풀어내려면 대단한 기술이 필요하다. 누에고치를 끓는 물에 집어넣어 유충을 죽이고 섬유를 뽑아내서 그것을 꼬아 실을 만든 후, 이 실로 직물을 짜면 전 세계가 선망하던 부드러운 견직물이 된다.

로마 인들은 기원전 53년에 현재의 이란인 파르티아와 전투를 벌일 때 처음 비단을 알게 되었다. 그 후 서기 1세기에 중국 비단의 인기가 치솟아 수요가 너무나 커져서 로마의 무역 수지에 큰 부담이 되자 티베리우스 황제는 비단 직물의 수입을 금지하려 했다.[19] 로마에 대한 중국의 비단 무역 독점은 이후에도 500년이나 계속되었다.[20] 그 독점은 유명한 '산업 스파이' 사건으로 깨졌다. 서기 6세기에 두 명의 비잔티움제국 출신 기독교 수도사가 중국에 들어가서 누에고치 몇 개를 지팡이의 빈틈에 숨겨 가지고 돌아와 콘스탄티노플에서 이 수익성 좋은 산업을 일으켰던 것이다.

한제국은 6400킬로미터에 달하는 비단길을 지나는 낙타 대상(이들은 세금을 내는 대신 보호를 받았다.)을 이용하여 페르시아와 레반트 지역으로 견직물을 대량으로 수출했다. 중국인들은 그 길의 서쪽 끝에 비교적 발전된 문명이 존재한다는 사실을 알고는 적잖이 놀랐다. 낙타 대상이 가는 길과 규모는 물을 얻을 수 있는 가능성에 따라 결정되었다. 몇 갈래의 비단길은 황허 강 유역에 있는 거대 도시 장안(그 이전과 이후에는 시안이라고 불렸다.)에서 출발하여, 만리장성 안쪽을 따라 진행하다가 위먼 관에서 중국 국경을 나온 후 오아시스들을 연결하는 길을 따라 이어진다. 이 길은 히말라야 산맥, 알타이 산맥, 톈산 산맥 등의 발아래에 있는 중앙아시아 고원 사막의 거친 바람과 흩날리는 모래를 뚫고 가야 했다. 오아시스는 산속의 급류가 흐르는 곳에 생기는데, 때로는 눈 녹은 물이나 격렬한 폭풍으로 홍수가 지기도 했다. 비단길의 북로와 남로는 약사르테스 강과 옥수스 강 사이에서 평행하게 달리면서 오늘날 우즈베키스탄인 사마르칸트와 부하라를 지난다. 그리고 페르시아와 메소포타미아를 관통하는 여러 길들을 따라가서 지중해 연안에 있는 로마령 시리아에 이른다. 또 다른 갈래의 비단길은 남쪽의 인도 방향으로 나 있다.

이 모든 것들이 가능했던 것은 놀라울 정도로 힘이 세고 물 저장 능력이 뛰어난 쌍봉낙타 덕분이다. 쌍봉낙타는 아라비아의 단봉낙타와 달리 아시아 고원지대 사막의 추운 날씨를 이겨 낼 수 있다. 이 억세고 털이 많은 쌍봉낙타는 180킬로그램의 짐을 싣고 하루 50킬로미터씩 이동한다. 대상의 규모가 커지면 그만큼 더 안전하기는 하지만, 대부분의 대상은 50명 정도의 인원과 그들이 다룰 수 있는 동물 이상을 넘지 않는다. 중간에 얻을 수 있는 귀한 물의 한계가 대체로 이 정도이기 때문이다.

많은 오아시스 거점들은 문명의 주요 집산지로서 번영을 누렸다. 이런 곳에서는 고가의 사치품과 신사상들이 정부 통제에서 벗어나 자유롭게 교류되었다. 중국에서는 비단만이 아니라 철제품, 자기, 옥, 칠기 등이 수출되었고, 반대 방향으로 서역에서는 황금, 상아, 보석, 동전, 유리, 페르시아 참깨 씨와 견과류, 그리고 인도에서는 향신료와 향수가 수입되었다. 인도의 불교가 비단길을 따라 중국과 그 너머 동아시아로 유입되었다. 서기 1세기에 두 명의 불교 승려가 전도에 나섰는데, 로마제국 초기에 기독교가 전파되는 것과 시기적으로 겹친다.

비단길상의 교역은 7~8세기에 정점에 달했다. 그런데 751년에 사마르칸트 근처의 탈라스 강변에서 중국의 파견군이 이슬람군에게 몰살당한 뒤 중앙아시아에 대한 중국의 영향력이 붕괴되기 시작했고, 그 후 수 세기 동안 비단길이 막혔다. 이 전투는 역사상 가장 불명확한 전투 중 하나로서, 회고해 보건대 전투 규모에 비해 실로 엄청난 결과를 초래했다. 견직물 거래는 무슬림 선박이 지배권을 행사하는 인도양의 향신료 루트로 다시 이동했는데, 이로 인해 이슬람 문명의 세계적 팽창이 가속화되었다. 여행자들에게 비단길이 다시 열린 것은 몽골제국 덕분이었다. 칭기즈 칸과 그 후계자들이 건설한 제국은 중국에서 페르시아까지 뻗어 있었다. 13세기 말에 베네치아의 보석 상인인 마르코 폴로가 베네치아에서 거란까지 여행을 하였다. 이때쯤에는 무슬림들이 통제하는, 계절에 따라 방향이 바뀌는 몬순을 이용한 인도양 해로가 동과 서를 잇는 상품 수송로 중 가장 확실하고 경제적인 루트로 자리 잡았으며, 동서 교역량의 태반을 차지했다.

몽골의 몰락과 함께 비단길의 영광은 영원히 끝났다. 그러나 이 두 루트의 결합으로 구세계에서 시장경제에 근거한 가장 지속적이고 자유로운 원거리 상업 네트워크가 구축되었다. 이는 중앙집권화된 국가의 전통적, 권위적 통제 기구와 경쟁했다. 기독교 초기 시대에 해당하는 로마제국과 한제국 시대에 국제 교역이 정점에 이르렀다가 그 이후 지속적으로 쇠퇴했다. 그러나 점차 동양과 서양 모두에서 문명화된 질서가 회복되면서 다시 국제 교역이 성장하기 시작했다. 서기 1000년경 국제교역망은 밀도와 규모 면에서 전환점에 도달하여 이후 천 년 동안 계속 팽창했고, 마침내 21세기에 이르러 전 지구적 시장경제 통합의 형태로 진화했다.[21]

한제국은 서기 220년에 멸망했는데, 로마제국과 마찬가지로 북쪽에서 내려오는 야만족 침입자의 압박, 인구 감소, 그리고 무역선과 비단길의 낙타 대상이 우연히 들여온 낯선 병균의 피해 등이 합쳐진 결과였다. 사실 한제국은 단기간에 걸친 왕위 찬탈(왕망이 전한을 멸하고 단기간 존립했던 서기 8년에서 23년 사이 신(新) 왕조를 의미한다 — 옮긴이)과 동시에 서기 11년에 일어났던 황허 강의 대홍수로 수백 킬로미터의 물길이 바뀌는 재앙이 겹쳐 엄청난 피해를 입었는데, 이 상태에서 결코 완전히 회복하지 못했다. 관개시설과 방어시설이 수십 년 동안 복구되지 못해 식량 부족, 기근, 변란이 일어났고, 국방의 핵심 지역인 북방 변경 지역에서 대규모 난민 사태가 벌어졌다. 그 결과 발생한 인력 부족 현상은 다시 한제국의 국방력을 약화했다. 그렇지만 이와 같은 세력 약화의 핵심 원인은 이 지역에 충분한 군사력을 유지할 수 있도록 관개용 물을 충분히 공급하고 통제하는 데 실패한 것, 한 마디로 말해 중국 북부 지역의 물 부족이었다. 3세기에 쓰인 한 보고서는 "토지의 생산력을 충분히 이용할 만한 물이 부족하다."는 점을 강조하고 있다.[22] 또 남쪽에서 북쪽으로 보충 식량을 수송할 효율적인 수송망도 아직 없었다.

한제국의 최종 해체를 가속화했던 강인한 야만족 연합은 중앙아시아 서쪽의 스텝 지역으로도 몰아쳐 갔다. 이로 인해 그들을 피해 도주하는 야만족들의 연쇄 이동이 다시 일어났다. 이 물결의 제일 앞에 위치한 최약체인 서고트 족은 동요하는 로마제국으로 들어가서 410년에 로마 시를 약탈한 다음 스페인으로 이동했다.[23]

로마제국과 중국의 평행 움직임은 두 지역 모두에서 몰락한 제국을 회복하려는 민족적 움직임을 보인 6세기까지 지속되었다. 콘스탄티노플에 위치한 비잔티움제국 황제 유스티니아누스가 로마와 재통일하려던 시도는 실패로 끝났으며, 로마 자체는 르네상스 시기까지 단지 지난날의 영광을 회상시키는 폐허로 남았다. 이와 달리 중국은 재통합에 성공했다. 598~617년의 수제국 통일과 906년까지 지속된 당제국은 중국의 중세 경제 혁명을 가져왔으며, 이로써 중국 사회는 세계 문명의 정점에 도달해 황금시대를 맞이했다.

왜 로마제국은 통합에 실패했는데 중국은 성공했을까? 한 가지 결정적인 요소는 양쯔 강과 황허 강을 연결하는 제국 대운하의 건설이다.[24] 수제국은 진제국과 마찬가지로 거대하고 가혹한 방식으로 기반시설 건설에 매진했다. 500만 명의 남녀 노역자들을 동원하여 단 6년 동안에 무서운 속력으로 사업을 진행해 610년에 대운하가 완성되었다. 1770킬로미터에 달하는 거대한 길이에 S자 모양을 한 대운하는 기원전 5세기부터 불연속적으로 건설된 여러 지방 운하들을 연결하고 여기에 새로운 운하들을 더해서 만들어졌다.

모두 합쳐서 4만 8000킬로미터라는 엄청난 길이의 전국적인 내륙 수로망이 형성되자 재통합된 중국에서는 남중국의 테라스식 언덕배기 논에서 생산한 쌀을 황허 강 유역에 위치한 대규모 인구 중심지와 군대에 보낼 수 있었다. 그럼으로써 아시아 스텝 지역의 호전적인 기마 유목민들의 지속적인 위협을 막을 수 있었다.

대운하는 한제국을 무너뜨린 취약성을 극복한 것 이상의 일을 했다. 중국의 남북 간 수리학적 단층선을 연결함으로써 지리적으로 상이한 두 구역의 자연자원 및 인적자원의 이용에 시너지 효과를 냈고, 이 덕분에 화려한 중세 황금기를 열었다. 중국 전체에 새로운 경제, 문화적 활력이 넘쳤다. 한제국에 비해 수와 당 왕조는 더 탄탄한 이중의 토대를 보유한 셈이다. 하나는 전통적인 북쪽 황허 강 유역이고 다른 하나는 수 세기 동안 착실하게 성장해 생산성이 더 높아진 남쪽의 양쯔 강 유역이다.

이에 비해 로마제국과 유럽은 중국의 내부 수로와 같은 통합 추진력이 결여되었다. 유럽의 주요 수상 동맥이라 할 수 있는 도나우-라인 강은 지중해 유럽 문명의 초기 중심지에서 멀리 떨어져 흐르기 때문에 그런 목적에는 잘 맞지 않았다. 그 두 강의 유역은 강우 의존형 농경이 힘든 토양인 데다가 호전적인 민족들에게 포위당한 불안정한 변경 지역이었다. 또 지중해는 개방된 바다이므로 대규모로 관개된 강에 비해 통제가 훨씬 어려웠고 따라서 통합 역할도 미진했다. 이 시점부터 중국과 유럽의 역사는 다르게 진행된다. 과거 로마제국의 영토였던 유럽 대륙은 서로 경쟁하는 국가들의 분열된 조합이 되었고 침체된 암흑시대가 장기간 지속된 데 비해, 중국에서는 대운하가 받침점이 되어서 수송, 농업, 산업 면에서 중세 경제 혁명이 일어나고 있었다.

중국의 기술 혁신을 촉발한 대운하의 운송시스템

중국의 대운하는 인류의 가장 빛나는 공학적 성과이다. 역사상 최장의 수송용 수로로서, 이를 건설하는 데는 만리장성을 쌓는 것보다도 더 많은 인력이 필요했다. 동원된 사람들은 맨손에 삽 하나로 일을 했으며 수십만 명이 목숨을 잃었다. 대운하는 상하이 남쪽의 항구도시 항저우에서 북쪽 변경의 베이징까지 1800킬로미터에 달하는 중국 동부 지역을 깊이 3~9미터, 최대 30미터 폭의 거대한 운하로 연결했다. 60개의 교량과 24개의 갑문이 설치되어 해발고도의 차이와 최고수위를 조절했다. 운하에는 돛, 노, 외차 등의 동력으로 움직이는, 크기와 모양이 다른 온갖 종류의 배들이 운항했다. 그 결과 세계에서 가장 인구가 밀집된 교역 지역이 단일한 전국시장으로 통합되었다. 중국 전체의 안전을 보장하는 식량이라는 생명선을 확보하기 위해 운하의 주요 중간 연결 지역에 거대한 창고를 두었고, 바지선들이 이곳에서 쌀을 실어 날랐다. 조세 수취인, 관료들, 수비대로 파견되는 병사들의 이동이 쉬워지자 중앙 정부의 통치도 편해졌다. 그 중요성 때문에 대운하는 중국 역사에서 정치의 핵심적인 척도이자 동인(動因)이 되었다. 운하가 위협받거나 끊어지거나 수리불능 상태에 빠진다는 것은 곧 고통스러운 위기, 장기간의 쇠퇴 혹은 정치적 무능력을 의미했다. 반대로 운하 시스템이 제대로 작동한다는 것은 내부적인 성장과 안전을 의미했다. 운하는 해적이 들끓는 해로를 대신하여 남쪽의 식량 공급지와 북쪽의 수비대 사이를 원활하게 연결하였으며, 일반적으로 중국의 내향성 혹은 자급자족적 충동을 강화했다.

운하 때문에 수상 수송비용은 훨씬 저렴해졌다. 적어도 육상 수송보다는 3분의 1이나 저렴했다.[25] 정부의 정책결정자들은 운하를 지속적으로 개선하는 것을 가장 중요한 정책으로 삼았다. 그중에서도 특기할 만한 개선 사항은 운하가 중부 지역의 화이허 강과 연결되는 지점에 세계 최초로 복식

수문을 설치한 것이다.[26] 이는 984년에 송대의 수송 담당 관리였던 치아 웨이요(喬維嶽)의 명령으로 건설되었다. 그는 수로의 수위 차이로 인해 생기는 선박과 화물의 절도 및 파손 피해를 최소화하는 방안을 모색했다. 당시에는 수위가 다른 수로로 화물선이 옮겨 가려면 수많은 사람들이 밧줄로 배를 묶어서 한쪽 수로의 경사진 램프로 끌어 올렸다가 다시 옆 수로의 램프를 통해 수면 높이가 다른 수로에 진수시켜야 했다. 두 갑문 사이에 물을 가두어서 배를 올리고 내리는 복식수문은 11세기 중에 대운하 시스템에서 널리 사용되기 시작했다. 복식수문 안의 물을 더하거나 뺌으로써 용이하게 배를 올리고 내릴 수 있었는데 이 방식을 이용하면 보트를 1.5미터 정도 올리는 일은 아주 쉽게 할 수 있었다. 복식수문을 연쇄적으로 사용하면 이전에는 불가능했던 높이로 배를 끌어 올릴 수 있었다. 대운하의 최고위 지점은 해발 42미터였다. 또 복식수문은 소중한 물을 잘 보존하는 데에도 도움이 되었다. 그래서 여름에 물이 말라 운하를 사용하지 못하는 상황을 방지했다. 대운하와 양쯔 강이 만나는 지점에서는 이전의 경사진 램프를 사용하던 때보다 다섯 배나 큰 배도 통과할 수 있었다.

당대 이후 화물 운송량이 크게 증가했다. 8세기에 정부 소유의 배 2000척으로 양쯔 강 유역의 소금과 철을 운송한 양만 해도 18세기 중엽 영국의 상선들 전체 수송량의 3분의 1 수준이었다.[27] 송대에는 정부 관리들이 수로망을 이용해서 세계 최초의 전국적 신문인 일종의 관보를 전달했다. 선박 수송량이 증가하자 브로커들이 활발하게 움직였다. 이들은 판매자와 구매자를 연결해 계약을 성사시키고, 자신들의 창고에 물품을 보관하며, 시장가격과 조건들을 조정하는 청산소 역할도 했다. 내륙지방의 수상운송 상업이 바다와 연결되는 곳에는 시장 활동이 활발한 대항구 도시들이 성장해서 동아시아, 인도, 아라비아, 지중해 지역까지 펼쳐진 해운 네트워크와 연결되어 향신료, 비단 및 그 밖의 사치품을 교역했다.

당대에 중국인들은 여름에는 남서풍, 겨울에는 북동풍으로 변하는 몬순을 이용해서 연안항해만 하고 장거리 항해는 아랍, 페르시아 및 기타 외국 선박에 의존했다. 그러나 송대에 이르러 중국의 해운은 세계 최고 수준으로 올라섰다. 자국에서 생산하는 쇠못을 사용하고, 세계의 다른 지역에서는 아직 모르고 있던 수밀구획(선체에 벽을 세워 여러 공간을 두어서 선체에 구멍이 뚫리더라도 쉽게 가라앉지 않게 만든 것 — 옮긴이) 방식을 사용했으며, 거대한 선미 방향타로 방향을 잡고 부력실을 갖추었으며, 또 대나무 돛대 사이에 작은 부채 모양의 범포 조각들을 붙인 블라인드 모양의 특이한 돛대를 사용했다. 1119년에는 항해용 나침반을 발명해 훨씬 편하게 항해했다. 이는 서방에 전해진 중국의 많은 혁신 중 하나이다. 그 결과 중국의 항해는 점차 대담해졌다. 그렇지만 중국 황금시대의 항해는 결코 내륙 수상운송의 엄청난 규모에 이르지 못했다. 유럽 최대의 항구도시지만 인구는 5만 명에 불과해 상대적으로 작은 도시인 베네치아 출신 마르코 폴로는 중국의 내륙 수상운송에 놀라움을 금치 못했다. 아주 작은 도시인 신주에서 바라본 양쯔 강에 대해 그는 이렇게 썼다. "양쯔 강을 오가는 배의 숫자나 그 운송량은 기독교 세계 전체의 강과 바다의 운송량을 합친 것보다 더 많다. (……) 나는 이 도시에서 한번에 5000척의 배를 본 적이 있다. (……) 그리고 양쯔 강 연안에는 200개의 도시들이 있는데 그곳에는 모두 이보다 더 많은 배들이 있다."[28]

대운하 운송 시스템은 또한 8세기에서 12세기 사이에 벼 재배 혁명의 동력을 제공했는데, 이는 동아시아 역사에서 결정적인 중요성을 지닌다.[29] 본래 건조 작물이었던 벼가 수경작물이 되어 기원전 3000년대부터 남아시아 몬순 지역의 강변에 위치한 자연 범람원의 소공동체 안에서 광범위하게 재배되었다. 인도에서 중국으로 벼가 전래된 것은 기원전 2000년경이다. 기원전 500년 이후로는 더 집중된 관개 방식 덕분에 더 큰 규모로 그리고 더 광대한 지역에서 재배되었다.

관개를 통한 벼농사를 위해서는 심각한 물 문제를 풀어야 했다. 첫째, 자연적 장애물인 지나친 강우와 범람으로 인한 과도한 수량을 생산적인 관개 자원으로 전환하는 문제이다. 이식된 모종은 몇 달간 얕은 물속에 잠기게 해 두었다가 그 후에 물을 빼야 한다. 농부들은 남중국의 언덕 위에 테라스식 논을 준비하여 바닥을 고르고 두렁을 만든 다음 적절한 때에 물을 대거나 빼며, 전체 경작지에 늘 진흙물이 순환하도록 해서 벼에 산소가 충분히 공급되는 동시에 말라리아 병원체를 옮기는 모기의 발생을 막아야 했다. 이런 것들을 가능케 하는 것은 보(洑), 수문, 물을 끌어 올리는 노리아, 답차, 대나무 파이프 시스템 같은 일련의 기술들이다. 노동은 지극히 집약적이다. 그러나 그로 인한 성과 역시 대단하다. 빈약하고 지력이 쉽게 고갈되는 토양이 범람의 결과 오히려 항시적으로 벼를 재배하는 논으로 바뀐다. 이 논은 전혀 휴경을 하지 않으므로, 밀이나 옥수수를 재배하는 지역보다 훨씬 더 많은 인구를 부양할 수 있다. 이 때문에 아시아의 역사를 특징짓는 인구학적 동향이 나타난 것이다. 이로 인해 수수와 밀을 재배하는 황허 강 유역으로부터 농부들이 남쪽으로 이주해 가면서 수 세기 동안 서서히 진행된 인구-식량 체제가 완성되었다.

중국의 벼농사 혁명은 11세기에 정부가 베트남 중부의 참파 지역에서 60일 만에 익는 다양한 신품종 벼들을 수입한 때에 정점에 도달했다. 조생종 참파 벼는 국내종보다 물도 적게 필요했으며, 그래서 언덕의 논에서도 재배가 가능했다.[30] 이런 지역들도 역사상 처음으로 관개되기 시작했다. 1012년에 송의 황제 인종(仁宗)은 참파 벼 품종들을 농부들에게 나눠 주라고 명령했다. 식량 증산을 위한 의도적인 행위였다. 효과는 놀라울 정도였다. 갑자기 관개 논에서 이모작이나 삼모작이 가능해졌다. 곧 인구 증가가 뒤따랐다. 12세기 말에는 중국 인구가 1억 2000만 명에 도달했는데, 서기 2년 한대의 최대 인구 혹은 700년경 당대 인구의 두 배였다.[31] 이 가운데 약

7500만 명이 남쪽에서 살았는데, 북쪽 인구가 더 많았던 지금까지의 상황이 역전된 것이었다. 이제 중국인은 주로 쌀을 먹는 조밀한 인구 집단으로 굳어졌다. 이것이 21세기 초까지 중국의 사회경제 구조를 결정지었다. 대운하를 이용한 다량의 식량 수송이 가능해지자 항저우, 카이펑, 뤄양, 베이징 같은 당시 세계 최대의 도시 중심지들이 등장했다. 이는 다시 개인 상업과 공업 발전을 가져왔다. 중국사의 위대한 시대인 송대에 이런 도시 중심지들은 유럽보다 6~7세기 앞서 주목할 만한 과학적 르네상스, 기업가 정신, 원산업화(原産業化)의 중심지로 성장했다. 이때 등장한 많은 발명들 중 일부는 인도양이나 비단길을 통해 서쪽으로 전해져서 이슬람 문명과 후일에는 유럽 문명의 성장을 촉발했다.

1100년까지 중국은 세계 최고의 기술적 리더였다.[32] 코크스를 이용한 철 융해, 대운하 수송, 교량 디자인, 수력을 이용한 직물 생산, 철제 농기구 생산 등은 유럽보다 600년 정도 앞서 있었다.[33] 게다가 중국은 초석(질산칼륨)과 숯, 황을 섞어서 만든, 가열하면 폭발하는 물질, 다시 말해서 화약을 최초로 발명했다. 또한 총포, 천문과 항해를 계량하는 과학 도구들, 물시계, 인쇄술, 활자, 지폐, 심지어 최초의 수세식 화장실까지 발명했다.

북송대 중국 최고의 도시이자 아마도 당시 세계 최대의 도시는 수도인 카이펑이었다. 1100년에 이 도시는 등록된 인구와 군대를 합쳐서 약 140만 명이 살고 있어서 고대 로마보다도 컸다. 대운하와 황허 강이 만나는 지점에 위치하여 전략적으로 유리한 입지 조건을 갖춘 이 도시는 남쪽에서 올라오는 쌀 운반 바지선도 쉽게 들어왔고, 북중국의 광산에서 채굴된 철과 석탄도 수상 운송 체계를 통해 쉽게 들어왔다. 카이펑은 중요한 공업 중심지로 부상했다. 서기 1000년경에 이 지역 전체에서 삼림이 벌채된 데 자극을 받아 용광로에 목탄 대신 석탄을 가공한 코크스를 사용하는 혁신적인 방법이 개발되었다. 그들은 또 주철을 이용하여 단단한 강철로 만들어 내는 탈탄소

법을 발명했다. 1078년이 되면 중국은 11만 4000톤의 선철(銑鐵)을 생산했는데, 700년 후 영국 전체 생산량의 두 배에 달하는 양이었다.[34]

직물업도 크게 다르지 않다. 서기 1300년 이전에 중국의 직조공들은 끓는 물에 담근 누에고치들에서 여러 가닥의 견사를 뽑아 낼 수 있는 수력 방적기를 사용했다.[35] 영국의 더비에서 최초의 수력 방적기를 사용하여 견직 스타킹을 짠 것이 공장제의 출현에 일조했다고 하지만, 중국은 이보다 400년이나 앞섰다. 사실 중국인들은 유럽에 비해 적어도 200년 앞서서 정교한 기어와 정확한 자동 메커니즘을 갖춘 기계식 시계를 발명했는데, 이는 정부 관료들이 지극히 중요한 공식 일정표를 정확하게 유지하는 데 도움이 되었다. 1090년에 카이펑의 탑에 장착된 유명한 물시계는 9미터 높이의 노리아 형태로서 25분마다 징과 벨이 울렸는데, 이 시계는 황제가 121명의 황후와 처첩들에게서 후손을 얻기 위해 동침 일정을 조정하는 데에도 이용되었다.[36]

그렇지만 중국의 기술적 우위에도 불구하고 북방 유목민의 침입이라는 오래된 위협에서 벗어날 수는 없었다. 1126년에 여진족이 침입해 들어왔다. 이들은 전통적인 강력한 기병대에다가 중국에게 배운 철제 무기 제조법을 결합해 막강한 힘으로 카이펑과 북중국을 유린했다. 그러나 그들 자신은 1234년에 몽골 족에게 격퇴되었다. 남쪽에서 계속 생명을 유지한 남송은 항저우에 새 수도를 정했다. 광대한 양쯔 강 자체가 자연적인 보호망이 된 데다가, 새로 고안한 수백 척의 선박으로 구성한 함대로 1차 방어선을 구축했다. 이 선박들은 외차와 트레드밀로 동력을 얻고, 선상에 화포를 설치하는 동시에 창병과 사수들을 승선시켜서 강과 운하에서 전투를 벌였다.[37] 양쯔 강 뒤로는 진흙 벼논이 2차 방어선이 되었는데, 몽골의 가공할 기병들도 여기에서 발이 묶일 수밖에 없었다. 이런 방어망들 덕분에 그들은 칭기즈 칸의 후예의 공격에 맞서 1279년까지 버틸 수 있었다.

갑작스럽게 중단된 정화의 해상 원정

1206년 이후 칭기즈 칸 휘하의 몽골 족은 흉포한 정복 끝에 세계 역사상 최대 영토의 제국을 건설했다. 메마른 스텝 지역 출신의 유목민 기마 사수들의 부족 연합인 이들의 공격은 패배한 사람들과 가축에 대한 무자비한 살육, 완전한 약탈, 도시와 관개시설을 비롯한 문명의 모든 기반시설들의 철저한 파괴를 특징으로 한다. 1227년에 칭기즈 칸이 죽었을 때 평생 패배를 몰랐던 그의 영토는 서쪽 볼가 강에서 동쪽의 아무르 강에 이르기까지 중앙아시아 전역에 걸쳐 있었다. 그의 후계자들은 1241년에 서쪽의 폴란드와 헝가리까지 영토를 넓혔다. 이슬람 중동지역의 대부분이 몽골 전사들 앞에 굴복했다. 몽골 인들은 1258년에 바그다드를 야만적으로 파괴하고 칼리프를 사로잡았다. 몽골군은 1258년에 아드리아 해안에 도착했고 1260년에는 아프리카 모퉁이까지 도달했다. 1279년에는 중국 전역이 몽골 인의 수중에 들어갔다. 중국이 완전히 외국인의 지배 아래 놓인 것은 역사상 처음이었다. 몽골제국이 정점에 달한 때는 칭기즈 칸의 유능한 손자인 쿠빌라이가 통치한 1260년부터 1294년의 기간이었다. 그는 원나라를 건설했으며 베이징에 수도를 정했다. 마르코 폴로가 찾아와 궁정에서 봉사하고 후일 그의 유명한 『동방견문록』에서 묘사한 것은 바로 쿠빌라이 치하의 중국이었다. 마르코 폴로는 지중해의 상업 경쟁자였던 베네치아와 제노바 간의 전쟁에 참전했다가 그가 탔던 갤리선이 1298년 9월에 나포되는 바람에 피사 출신의 루스티켈로라는 인물과 함께 제노바의 감옥에 갇혀 있을 때 이 책을 썼다.

몽골의 침입은 청동기 시대 이래 계속된 흐름으로 유목민 전사들이 문명화된 정주민 사회로 침략해 들어가는 세계사적 현상의 제일 마지막 사례에 해당한다. 몽골 족 이전에도 물 여건이 좋지 않은 중앙아시아 스텝 지역에서는 호전적인 부족 연합체들의 침략이 이어졌다. 흉노, 유연, 그리고 몽골의 가까운 사촌에 해당하는 투르크 족이 그런 예들이다. 투르크 족은 6세기 중반에는 중국과 제휴하여 유연을 물리치고 난 후 두 집단으로 나뉘어 후일 이슬람 사회로 들어가서 정치적 우위를 차지했다. 유목민들은 문명사회의 복잡한 기술들, 특히 정교한 물 관리법을 알지 못해 그들이 정복한 지역을 통치할 때 어려움을 겪었다. 몽골 이전의 침입자들은 운하 수송 능력의 쇠퇴와 또 그와 연관된 제철과 농업의 생산 감소로 힘을 잃었다. 예컨대 1194년에 황허 강에 홍수가 일어나 홍수방지용 제방이 터져서 바다로 가는 다른 물길이 만들어졌을 때 제때에 시설을 보수하지 못했다.

13세기까지 몽골 인들 자신도 바람을 불어 넣은 가죽이나 뗏목 같은 원시적인 수단으로 강을 건넜다. 그들이 남송을 정복할 수 있었던 것은 그로부터 45년 후에 송의 전직 함장인 류청이 쿠빌라이에게 가서 송의 양쯔 강 지배에 도전할 수 있는 수상 함대를 창설한 이후의 일이다. 결정적인 전투는 강과 내륙 모두에 걸쳐 5년 동안 지속된 샹양 포위전으로, 이곳은 양쯔 강의 중심지로 가는 길목을 지키는 핵심 요새였다. 1273년에 마침내 몽골의 침략에 남송의 방어선이 뚫렸다. 기병이 진흙투성이의 논에 발이 묶이자 몽골군으로서는 드물게도 보병이 공격을 주도했다. 1279년 초에 광저우 해안 근처에서 송의 대규모 해군이 패배했을 때 마지막 저항 세력이 무너졌다. 이때 충성스러운 신하 한 명이 마지막 황자와 함께 바다에 몸을 던져 자결했다.

그러나 그때에도 몽골의 원은 중국 수자원의 풍부한 가능성을 이용하는 데는 제한적인 성공밖에 거두지 못했다. 인상적인 해군 함대를 건설했음에도 쿠빌라이는 몽골 육군의 기량을 해군력으로까지 확대하지는 못했다. 이는 1281년 일본에, 그리고 1293년 자바에 대규모 해군을 동원하여 침략했으나 실패한 점에서도 잘 드러난다. 그는 또 무슬림에게서 대양 항해를 빼앗는 데에도 실패했다. 그의 전임자들과 마찬가지로 쿠빌라이는 대운하를 개선하는 데 총력을 기울였다. 그는 1194년에 물길이 바뀐 황허 강을 다시 연결했고, 운하를 직선화했으며, 북동쪽 극단의 변경 지역으로 운하를 연장해 새 수도인 베이징까지 연결했다. 식량 수급이 안정을 찾고 번영을 누렸다. 그렇지만 그의 기술자들은 식량 수송선이 일 년 내내 산 정상을 넘어 베이징까지 갈 수 있도록 충분한 물을 확보하는 핵심적인 운하 개선책을 마련하는 데는 실패했다. 이것이 원나라의 쇠락을 촉진했다. 해상 호송단이 이런 취약성을 임시로 완화했으나 결국은 남쪽에서 일어난 해적과 반란자들이 식량 조달을 방해했다. 대운하의 천급갑문(天及閘門)의 관통은 명대의 운하 개선 작업 때 이루어졌으며, 이것이 1368년 이후 약화된 원 제국을 무너뜨렸다.

원주인이 복권되면 대개 그렇듯이 명대 초기는 옛 전통의 부활, 경제적이고 창의적인 활력의 갱신, 그리고 외국인 혐오라는 특징을 보였다. 물 관련 기술이 특출한 역할을 했는데, 무엇보다도 해운, 철제 체인을 이용한 현수교의 재구축, 특히 대운하의 개선이 대표적이다. 사실 명의 뛰어난 수자원 관리 능력이 몽골 족을 북쪽 스텝 지역으로 다시 내모는 데 결정적 역할을 했다. 1371년, 쇠를 댄 뱃머리와 화기를 동원한 명의 해군은 쓰촨 통제의 요충지인 죽당협곡을 방어하는 선교를 돌파했다.[38]

명이 권력을 잡자 바다를 누비는 선박들이 800킬로미터에 걸친 수송로를 다시 열어서 식량, 의복, 무기 등의 공급선을 확보했으며, 이를 통해 남만주를 정복할 수 있었다. 일단 승리를 거두자 8만 명이 동원된 이 남쪽의 호송대는 곧 베이징과 북쪽 국경 수비대에 쌀을 공급하는 필수불가결한 생명선이 되었다. 명은 1403년에 수도를 다시 베이징으로 정했는데 이와 동시에 핵심적인 해로들을 통제하기 위해 국가가 운영하는 거대한 선박 건조 계획을 발주했다. 1403~1410년 동안 난징 근처의 조선소에서만 2000척의 배를 건조했다. 1420년까지 명의 함대에는 3800척의 배들이 있었으며 그중에는 250척의 거대한 보선(寶船)도 포함되어 있었다. 이 배는 최장 135미터의 길이에 폭은 55미터였고, 높이가 27미터에 달하는 사각형 리넨 범포를 단 돛

6   15세기 초에 새로운 대운하 체제가 완성되자 중국은 점차 더 내부로 향했고 원양항해에서 스스로 후퇴하는 운명적인 결정을 내렸다. 중국의 전통적인 항해 선박인 정크선.(위) 1770킬로미터에 달하는 대운하의 완성을 계기로 서기 7세기에 남중국의 양쯔 강과 북중국의 황허 강 두 지역의 자원이 통합되었으며, 화려한 중국 중세 문명이 발달하는 밑바탕이 되었다.(아래)

대를 4개에서 9개까지 갖추고 있었다. 배수량이 3000톤에 달하는 이 배에는 450~500명의 선원이 탔다. 보선은 이 세기 말에 아프리카 남단을 돌아 인도양을 항해한 바스쿠 다가마의 기함보다 열 배 큰 규모였다. 이 배들은 중국의 모든 혁신 요소들을 구현했으며, 당대 최고의 해상력을 이루었다.

명은 조만간 일련의 극적인 해양 탐험을 시도하여 자신의 새로운 해상력을 과시했다. 당시 전 세계에서 막이 오르기 시작한 위대한 범선의 시대에 중국이 명백하게 우위를 차지하고 있음을 보여 준 사건들이었다. 그 가운데 1405년부터 1433년까지 일곱 차례에 걸쳐 시행된 정화(鄭和)의 남해 원정이 가장 유명하다. 정화는 황제에 헌신하는 무슬림 출신 환관이었다. 정화의 첫 번째 함대는 150년 뒤 스페인의 무적함대보다 두 배나 많은 선박을 보유하였으며 그중에는 거대한 보선 62척도 포함되어 있었다. 이 배들은 인도양에서 마주치는 아랍권의 다우선이나 인도의 선박들을 압도했다. 일곱 번의 항해에서 정화가 통솔하는 2만 7000명의 선원들은 인도양, 말라카 해협, 실론, 캘리컷 등지를 손쉽게 통제했으며, 페르시아 만 입구의 호르무즈에서 영향력 있는 세력이 되었다.[39] 정화는 홍해를 거슬러 올라가기도 했는데, 이곳에서 일부 무슬림 선원들은 배에서 내려 메카로 순례를 떠났다. 또 남쪽으로 아프리카 동해안을 따라 내려가 오늘날 케냐의 말린디까지 항해했는데, 이곳에서는 황제에게 헌상할 선물로 기린을 얻었다. 다음 세기에 인도양으로 들어온 유럽 인들은 재물과 유리한 교역로, 그리고 종국적으로 군사 지배를 목표로 했던 반면 정화의 임무는 명나라 통치의 영광과 권력에 대한 복종을 확고히 한다는 정도에 그쳤다. 정화의 배가 해안에 나타났을 때 베이징의 '천자'에 대한 복종을 거부한 곳은 거의 없었다. 이런 요구에 동의한 사람들에게는 외교적으로 선물을 수여했다. 반대로 저항한 자들은 군사적으로 응징했지만, 그렇다고 유럽 인들이 70년 후에 그랬던 것처럼 학살을 자행하지는 않았다. 예컨대 실론의 지배자가 복종을 거부하자 정화는 그를 나

포하여 중국의 황궁으로 끌고 가서 거기에 상응하는 벌을 가했을 뿐이다.[40]

1433년에 이 모든 탐험은 급작스럽게 끝났다. 황제는 칙령을 통해 중국인의 해외 항해와 외국인과의 접촉, 원양항해 선박의 건조를 금했다. 심지어 돛대가 2개 이상인 배도 금지할 정도였다. 정화의 거대한 전함들은 방치되어 썩었다. 해군에 종사했던 선원들은 대운하를 오가는 작은 배로 옮겨 탔다. 자신의 권력을 스스로 포기하고 중국은 세계와 멀어져 국내로 향했다.

자신이 조우하는 모든 세계를 지배할 수 있는 수단을 갖추고 있고, 심지어 태평양을 건너 아메리카까지 갈 수 있는 선박들을 보유하고 있던 강력한 세력이 갑자기 자신의 강점을 포기하기로 결정한 것은 역사에서 주목할 만한 순간이다. 역사가들은 만일 포르투갈 선박이 1498년에 유럽과 아시아를 연결하는 직교역 원양 해로를 건설하기 위해 아프리카 남쪽을 돌아서 아시아로 진입해 들어갔을 때 강력한 중국이 인도양의 핵심 지역들과 주요 해로를 통제하는 상황에 직면했더라면 세계사가 어떻게 달라졌을까 상상해 보곤 한다. 더 나아가서 만일 중국이 세계와 단절되는 대신 자신의 해상력과 공업의 우위를 이용하여 아프리카 남단을 돌아 항해하고, 대서양의 조류와 풍향 시스템을 파악하고, 콜럼버스와 다가마가 닻을 올리기도 전에 유럽과 아메리카에 나타났다면 혹시 유럽이 정복과 식민화의 대상이 되지는 않았을까 생각하기도 한다.

중국은 왜 갑자기 내향적이 되었을까? 외국인 혐오, 북방 몽골 세력의 부활에 대한 불안(이 때문에 만리장성을 다시 쌓고 있었다.) 등이 중요한 요소였다. 그렇지만 1411년에 새 대운하가 완성되고 나서야 세계사적인 영향을 미치는 중국의 지정학적 방향전환이 가능해졌다. 이는 분명 명대 기술의 위대한 승리라 할 만했다. 명이 1403년에 베이징으로 수도를 다시 옮겼을 때 대운하 전체의 준설, 보수, 확대 사업은 국가의 최대 관심사였다. 북쪽 변경 지역에 식량과 군수품을 운반하는 통로인 대운하는 이 나라 전체 방어 체계의 근간이 되었다. 기존의 해상 수송 체계는 해적들과 자연적인 해상 위험 요소들 때문에 북쪽 변경에 필요한 식량을 수송하기에는 믿음직스럽지 못했다. 그렇지만 베이징 너머까지 확대된 내륙 운하를 통해 식량을 공급하기 위해서는 한 가지 대혁신이 필요했다. 원대의 기술자들은 이 문제로 좌절하곤 했는데, 건기에도 고산지대의 최고점에 달하도록 충분한 물을 대서 연중 운항이 가능하도록 만들어야 했던 것이다. 대형 화물선은 우기가 돌아올 때까지 통상 6개월은 묶여 있었다. 이 문제는 1411년에 천급갑문을 건설하면서 해결되었다.[41] 새로운 갑문은 섞여서 흐르는 두 강물을 나누었으며, 관리인들은 15개의 갑문 체계를 이용해서 계절별로 물 흐름을 조정했다. 천급갑문이 건설되면서 이제 대운하는 단번에 믿을 수 있는 사계절 내륙 수송로이자 명의 가장 중요한 공급선이 되었다. 정부가 1만 5000척의 소형 선박과 16만 명의 수송 노동자들을 고용하면서 북쪽으로 가는 식량의 양이 네 배로 증가했다.

해상 수송로는 불필요하게 중복되어 곧 폐쇄되었다. "1411년에 베이징까지 연결하는 대운하가 재건설되고 1415년에 주요 해상 수송로가 봉쇄되면서 해군은 처음으로 필수품이 아니라 사치품이 되었다."라고 중국사가인 마크 엘빈은 지적했다.[42] 1415년 이후 조선을 담당하는 재원은 운하 통행용 보트 건조를 맡았다. 1419년부터 모든 원양항해용 선박 건조가 중단되었다. 1433년 이후 정화의 원정을 중단하고 중국 내부의 자원에만 전적으로 의존하게 된 것은 똑같은 내향적 정책 결정의 또 다른 단계일 뿐이었다.[43]

새 대운하의 완성은 중국이 역사의 흐름을 바꾸어서 나머지 세계와 단절하게 된 정책적 전환의 계기였다. 더구나 대운하는 더 자족적이고 통제적인 수리환경을 인위적으로 조성함으로써 명의 중앙집권화된 권위를 높여주었다. 황제와 그 주변의 보수적인 신유교 관료들은 지주 계급과 결탁하여 아직 잔존한 상인층을 힘으로 억눌렀다. 바로 이 계층이 활기찬 송대 황금기를 만들어 낸 사람들이었다. 이 점에서 중국은 당시 유럽과 대조를 보인다. 유럽은 전체를 통합하는 내륙 수상 수송 체계가 없고 그 대신 해상 수송에 초점을 맞추고 있었기 때문에 더 작은 국가 단위가 만들어졌고, 이런 체제가 완성되면서 통제받지 않은 교역과 자유시장 기업들이 확대되었다.

14세기 이후로도 경제 성장이 지속되었지만, 중국의 내적인 활력과 창조적인 혁신성은 점차 쇠퇴했다.[44] 이것이 두 번째 역사적 의문에 실마리를 제공한다. 중세의 중국은 산업적으로 매우 발달해 있었고 필요한 모든 과학적 노하우를 갖추고 있어서 서구에서 결정적인 돌파가 이루어지기 수백 년 전에 근대 산업주의를 만들어 낼 수도 있었을 텐데 다음 단계로 진보하지 못한 이유는 무엇일까? 핵심적인 답만 간략히 이야기하라면 강력한 고립주의적, 중앙집권적 국가의 등장이 시장지향적인 경제 엔진의 등장을 가로막았다는 것이다. 이것이야말로 18세기에 영국이 이윤 동기와 기술 혁신을 결합해 산업혁명으로 이행하는 돌파구를 만들어 낸 요소였다. 중국의 산업상의 이륙을 가로막은 또 다른 핵심 요인은 벼농사를 짓는 사회의 특성 때문에 늘 값싼 노동력이 존재했다는 점이다. 따라서 증기기관처럼 인력을 절감하는 기술을 발전시킬 정치적, 경제적 유인이 높지 않았다.[45] 증기기관은 제철과 함께 초기 산업시대를 추동하는 시너지 효과를 낸 부문이었다.

아편전쟁의 패배로 쇠락의 길을 걷다

중국의 고립은 거의 4세기나 지속되었다. 그러나 외부 세계로부터 혁신적인 촉진 요소를 받아들이지 않고 자신의 길만을 고집한 결과 중국은 다시 외부의 침입 앞에 취약성을 드러냈다. 중국이 기술적으로 얼마나 뒤처졌는지는 1839~1842년에 있었던 아편전쟁 중에 기동성 있는 영국의 증기선 포함(砲艦)들이 이 무력한 제국의 문호를 강제로 개방시킨 과정에서 여실히 드러난다. 당시 중국의 해외 무역 접촉은 광저우 한군데로 한정되어 있었다. 차를 비롯한 중국의 사치품들을 수출하는 데에만 일방적으로 유리하게 되어 있는 교역 패턴을 수정하기 위한 방편으로 영국인들은 점차 인도의 벵골 식민지에서 재배하는 아편 시장을 확대해 갔다. 중국인들의 아편 중독이 심해지고 그에 따라 아편 수입량이 증대하자 중국 관리들은 1839년에 아편 수입을 금지했다.[46] 처음에 그들은 영국에 아편 무역을 중단해 달라고 부탁했다. 아편은 영국에서 금지되었으므로 마찬가지 원칙이 중국에도 적용되어야 한다는 의심할 여지 없는 논리의 편지를 빅토리아 여왕에게 보낸 것이다. 그렇지만 영국인들에게 도덕적 혹은 법적 일관성은 상업적 그리고 식민지 이익 앞에서 아무 의미가 없었다. 중국의 탄원은 묵살됐다. 미국의 보스턴 차 사건을 연상시키는 행동으로 중국 관리들은 영국과 다른 나라 상인들에게서 모두 3만 통의 아편을 몰수하여 강에 쏟아 버렸다. 영국은 이에 대응해 1840년 6월에 대포로 무장한 외륜 증기선 함대를 양쯔 강 하구로 파견했다. 중국인들이 볼 때 이 증기선들은 놀랍게도 조류나 풍향과는 아무 상관없이 물 위를 날아다니는 것 같았다. 대여섯 번의 전투만으로 영국은 아편전쟁에서 승리를 거두었다. 1839~1842년 동안 영국의 증기선들은 중국의 강 위로 거침없이 거슬러 올라갔다. 양쯔 강을 따라 올라가서 상하이를 점령하고 대운하가 강과 만나는 요충지를 차지했다. 1842년 8월, 난징이 위태로워지자 중국 정부는 영국에 항복할 수밖에 없었고, 그 결과 불평등하고 굴욕적인 조약을 맺었다. 상업적 손해에 대한 배상금을 지불했을 뿐만 아니라 영국에게 홍콩의 척박한 섬을 영구히 양도하고 다섯 개의 항구도시를 개방했다. 이곳에서 영국의 저렴한 상품들이 자유롭게 거래되었으며, 당연히 영국은 이를 통해 세계 수준의 공업을 더욱 확대하리라고 기대했다.[47] 프랑스와 미국도 곧 이어 비슷한 권리들을 요구했다. 1850년대 말의 2차 아편

전쟁 결과 영국과 프랑스는 베이징을 정복하고 더 많은 항구의 개방과 외국인들의 중국 내 여행 권리, 그리고 황제가 거주하는 베이징의 자금성에 외교 대표들을 파견할 권리까지 얻어 냈다.

아편전쟁의 굴욕적인 패배는 2000년 역사를 자랑하는 중국 제국의 쇠락을 만천하에 드러냈다. 이것은 비효율적인 정부에 대한 광범위한 불만과 반란으로 이어졌다. 결국 제국은 반란으로 무너졌다. 수자원 시설의 쇠락은 이런 내부적인 쇠퇴를 명백히 보여 주었고 또 조장했다. 1841~1843년 동안 황허 강의 중요한 제방 세 개가 무너져서 수백만 명이 사망했다. 1849년에 이 세기 최악의 홍수가 발생하여 양쯔 강 하류 지역이 파괴되었다.[48] 1850년대에 북쪽 지역 황허 강의 큰 물길이 현재처럼 이동했을 때 대운하에 큰 균열들이 생겼다. 운하의 북쪽 부분들은 수리하지 못한 상태로 남았으며, 베이징에 공급을 담당하는 핵심 수로는 1850년대와 1860년대에 일어난 태평천국의 난을 비롯한 여러 반란 때문에 완전히 방치되었다. 제방 관리와 수자원 시설 유지가 제대로 이루어지지 않은 19세기 후반에는 홍수 피해가 더 커졌으며, 만주 왕조 지배의 종말을 촉진했다. 결국 장구한 세월 버텨 왔던 중국 제국도 1911년에 일어난 신해혁명으로 막을 내렸다. 일본의 식민 지배와 2차 세계 대전 이후 벌어진 장기간의 내전을 겪고 난 후 마치 새로운 왕조가 개막되듯 마오쩌둥이 지도하는 공산 체제가 권력을 잡고 난 후에야 대운하와 기타 주요 물 관리 시설들이 다시 재건되었다.

6   물에 취약한 문명, 이슬람

이슬람이 바다에서 쇠퇴한 것은 그들 스스로 해양문명으로 탈바꿈하지 못했기 때문이다. 이슬람은 바다라는 두 번째 프론티어를 장악했지만, 그것을 진정으로 흡수해 원래 사막에서 탄생한 문명과 합쳐 역동적인 종합을 만들어 내는 데는 실패했다.

중국의 황금기는 교역을 근간으로 하는 이슬람 문명의 초기 발전 시기와 겹치며, 따라서 두 문명은 서로 활기차게 교역했다. 이 문명은 이슬람이라는 영감에 가득 차고 조직적인 새로운 종교의 기치 아래 인구가 희박한 열사의 아라비아 반도에서 마치 기적처럼 등장했다. 9세기부터 12세기까지 이슬람 문명이 활짝 만개했을 때, 이 문명권은 서쪽으로는 스페인에서 북아프리카까지, 남쪽으로는 이집트에서 현대의 모잠비크 근처 잠베지 강에 이르는 아프리카 동부 지역까지, 동쪽으로는 레반트 지역에서 인더스 강 유역까지, 북동쪽으로는 옥수스 강 너머에서 유명한 비단길의 서부 변경 지역까지 펼쳐져 있었다. 이 걸출한 문명을 지탱하는 부는 동아시아, 서아시아, 지중해, 사하라 이남 아프리카 등 구세계의 여러 문명을 연결하는 장거리 육상 교역과 해상 교역을 통해 얻은 것이다.

초기에 놀라울 정도로 빨리 성장했다가 다시 놀라울 정도로 급작스럽게 역사의 중심 무대에서 떨어져 나간 이슬람 문명의 대표적인 특징과 역사적 운명은 주로 물 부족 문제를 둘러싼 도전과 응전에 의해 결정되었다. 이슬람권의 핵심 지역은 지중해와 인도양이라는 두 해상 변경으로 둘러싸인 사막이었다. 이곳에서는 아주 적은 수자원에서 얼마 안 되는 양의 물을 얻을 수 있었다. 사막에는 여기저기에 대추야자 그늘이 드리워진 오아시스, 지하 샘물과 우물, 그리고 계절에 따라 모습을 드러내는 소수의 와디가 있다. 나일 강, 티그리스-유프라테스 강, 그리고 훨씬 규모가 작은 요르단 강 같은 일부 큰 강들만이 집약적인 관개농업을 유지하고, 그 주변 지역에 문명화된 도시 생활을 가능케 했다. 운항이 가능한 강이라든지 중국의 대운하 같은 수로가 없어서 희귀한 수자원 사이에 메마른 공지가 광대하게 펼쳐져 있으므로, 이슬람 세계의 정치, 경제, 사회적 중심지들을 통합하고 중앙집권화하는 것은 불가능했다. 이 작은 강들의 수량이 워낙 부족하여 식수, 관개, 수송, 그리고 수력 이용 등의 필요와 관련해서 늘 수자원 문제가 제기되었다. 그러므로 아주 소수의 특별한 지역만 제외하고 거의 모든 이슬람 사회에서 인구-자원 간의 균형에 큰 압박이 가해졌다.

물 부족으로 인해 결국 이슬람은 물에 취약한 문명이 되었다. 이 문명은 자연적이든 인공적이든 수리조건의 변화에 극도로 취약했다. 이슬람 문명에서 풍요의 시기는 잠깐이었고 '충만함'은 오래가지 못했다. 수 세기 동안 아라비아 인들은 물 부족 때문에 생존에 필요한 최소한의 물품만 사용하는 생활 방식에 묶여 있었다. 그러면서도 덥고 메마른 사막과 바다로 막힌 변경이라는 장애를 오히려 상업 교역로의 준독점으로 바꾼 아랍의 천재성 덕분에 동과 서 사이의 장거리 이동로와 경유지를 통제하는 위대한 문명으로 성장할 수 있었다. 그와 같은 성장의 수리학적 기초는 동시에 12세기 이후의 급속한 쇠퇴의 원인 역시 설명해 준다.

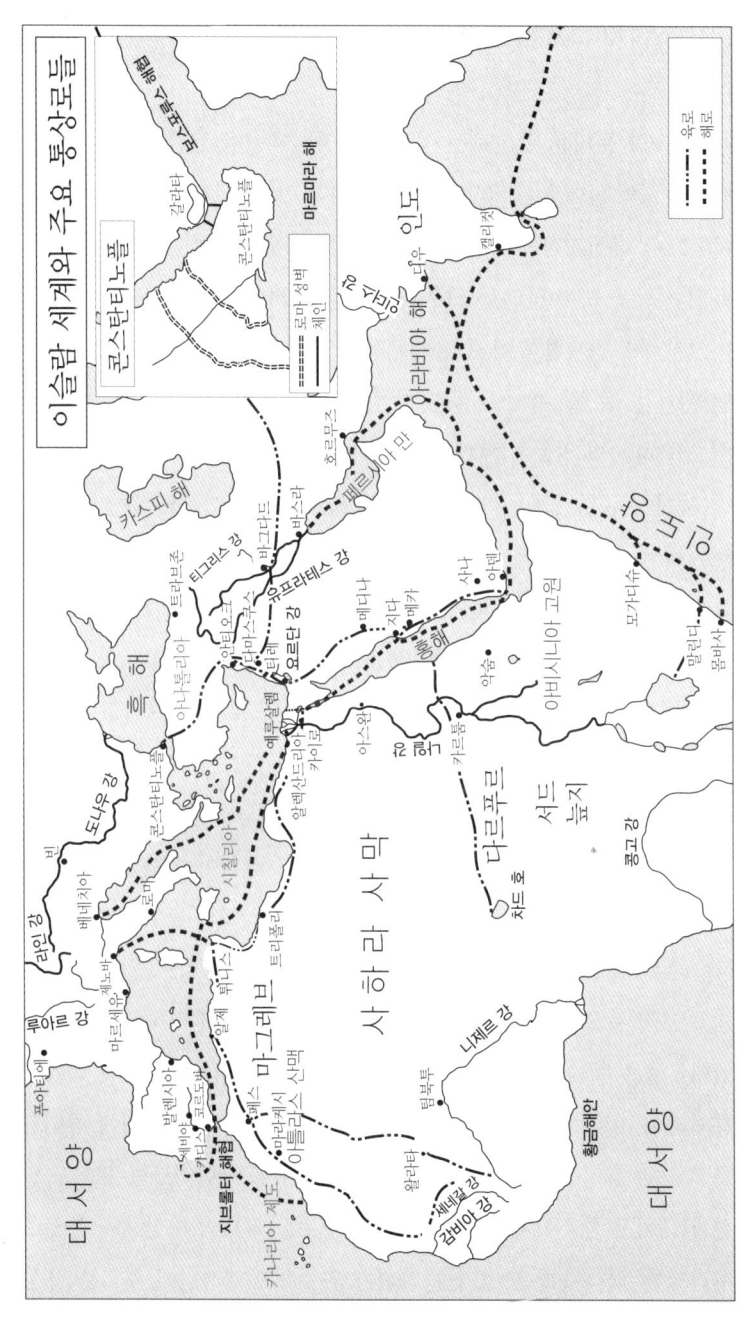

이슬람의 군사적 팽창과 세력 확대

이슬람 문명은 일신교를 성립시킨 선지자이며 코란을 집대성한 인물인 무함마드와 함께 시작된다. 당시 아라비아 사회는 강력한 부족적 구조를 이루었으며 다신교적 애니미즘을 신봉하고 있었다. 많은 사람들은 여전히 유목민 생활을 하며 낙타를 키우고 대상을 습격했다. 오직 소수의 사람들만이 여기저기에 산재한 오아시스에서 정주 생활을 할 수 있었다. 중요한 주거지인 메카는 '쓴 물', 즉 소금물 맛이 나는 샘 근처에 세워졌으며, 인구는 2만에서 2만 5000명 정도에 불과했다. 메카는 예멘과 레반트 지역의 지중해 항구들 사이에 유향, 몰약, 기타 사치품들을 운송하는 역사적인 낙타대상 교역로상에서 물과 보급품을 공급하는 중개지역이었다. 또한 메카는 먼 옛날 하늘에서 떨어진 신성한 검은 운석을 숭배하기 위해 많은 아랍 순례객들이 주기적으로 찾아오는 순례 대상지라는 이점도 지니고 있었다.

전승에 따르면 무함마드는 셈 계 아랍 인으로서, 아브라함이 하녀인 하갈을 첩으로 삼아 그 사이에서 낳은 아들인 이스마일의 후손이다. 사막의 아랍 사회에서, 혹은 더 넓게 이슬람 사회에서는 처음부터 물이 아주 귀한 가치를 인정받았다.[1] 전통적으로 어떤 사람도 심지어 어떤 짐승도 누군가의 우물에 접근하는 것을 막아서는 안 된다. 이슬람의 종교법인 샤리아는 원래 '길' 혹은 '물을 얻는 장소로 가는 길'을 뜻했다. 무함마드는 570년경에 메카의 지도적 부족인 쿠라이시 중 평판은 좋으나 세력이 약해진 씨족에서 태어났다.[2] 많은 쿠라이시 족 사람들은 순례자들이 이용하는 물에 대한 권리를 통제하여 이로부터 힘을 얻어서 수익성 좋은 낙타 대상 무역에 참여할 권리를 획득한 상인들이었다. 어린 나이에 고아가 된 무함마드는 교육도 받지 못한 상태에서 삼촌이자 씨족 지도자인 아부 탈리브의 대상 무역을 도우면서 자라났다. 역사가들은 그가 아라비아 외부로 여행하면서 새로운 사상과 종교들을 많이 경험했을 것으로 믿고 있다. 25세에 그는 대상 무역을 하는 부유한 늙은 과부와 결혼했다.

무함마드의 삶은 40세가 될 때까지는 특별한 것이 하나도 없었다. 610년 어느 날, 메카 외부의 한 동굴에서 잠을 자던 그는 초자연적인 경험을 했다. 대천사 가브리엘이 그를 신의 사절로 선택해 신의 계시의 첫 부분을 말하도록 하는 환상을 보았던 것이다. 그다음 10년 동안 그는 소수의 추종자들에게 설교를 하며, 자신은 아브라함, 모세, 예수 등 유대교와 기독교 선지자들 계보의 마지막 예언자라고 주장했다. 이슬람의 본래 뜻은 삶의 모든 면에서 신에게 '복종'한다는 것이다. 그의 추종자들이 늘어나자 쿠라이시 족의 주요 가문들은 그의 활동을 억압하려고 했다. 619년에 그의 삼촌과 보호자가 죽자 메카에서 무함마드의 지위는 불안정해졌다. 추종자 중 일부는 기독교권인 에티오피아로 도주했다. 622년에 무함마드와 60여 명의 추종자들은 메카를 떠나 북쪽으로 320킬로미터 떨어진 곳으로 향했다. 인구가 많고 단물이 나오는 오아시스가 있는 야트리브라는 곳이었는데, 후일 '예언자의 도시'라는 뜻의 메디나로 개명되었다. 그는 지역 부족들 간의 분쟁을 조정해 달라는 부탁을 받고 이곳에 왔던 것이다.

메디나에서 무함마드의 권력 기반은 빠르게 성장했다. 그는 메디나의 유대인 부족들이 그를 선지자로 인정하기를 거부하자 그들을 축출했다. 오아시스의 제한된 농업 자원을 보충하기 위해 그는 추종자들에게 베두인 족과 연합해서 메카의 대상들을 공격하여 그들과 약탈물을 나누어 가지도록 했다. 곧 무함마드는 쿠라이시 족과 무장 투쟁에 들어갔는데, 아마도 교역로에 대한 통제권을 놓고 다투었을 것으로 보인다.[3] 몇몇 전투에서 승리를 거두자 무슬림들은 신이 그들 편이라는 생각을 굳혔고 그 결과 이들의 종교적 열정도 강화되었다. 이들은 630년에 메카의 지도자들에게 이슬람에 평화적으로 복종하도록 설득했다. 메카의 새로운 지도자로서 무함마드는 검은 운석을 모신 큐브 모양의 카바 신전 관리인 자격만 제외하고 나머지 모든 혈통 및 재산상의 특권을 폐지했다. 메카는 예루살렘을 대신해 무슬림의 성스러운 기도 대상이 되었다.

오아시스, 시장, 핵심 대상 무역로들을 통제하고 여기에 더해서 몇 차례의 군사적 공격을 겸비한 외교 전략을 통해 무함마드는 아라비아 반도의 부족들 대부분을 이슬람의 기치 아래 통합했다. 그렇지만 632년에 무함마드가 사망했을 때 많은 부족장들은 이슬람에 대한 그들의 서약이 더 이상 유효하지 않다고 여겼고, 메디나가 그들에게서 받아 가는 재정적 조공을 거부하며 반란을 일으켰다. 무함마드의 첫 번째 칼리프(후계자라는 뜻)인 아부바크르는 정규군을 조직하여 이에 대응했다. 이 군사적 성공이 가속력을 얻어 호전적인 이슬람 유목 민족들의 전투력이 크게 높아졌다. 그 결과 이들은 곧 아라비아 주변의 강력한 제국인 비잔티움제국과 사산조 페르시아의 변경까지 도달했다.

야심적이고 강력한 의지를 지닌 두 번째 칼리프 우마르 아래에서 아랍 군대는 변경을 넘어 돌진해 갔는데, 세계사상 가장 뛰어난 대부대 중 하나였다. 장구한 기간 지켜져 온 변경들은 놀라운 속도로 사라져 버렸고, 정복 지역 전체에 이슬람의 씨앗이 뿌려져서 세계사의 문화 지도가 영구적으로 변했다. 초기의 가장 큰 승리 중 하나는 636년 8월에 있었던 야르무크 강(오늘날 시리아, 요르단, 이스라엘 사이 변경 지역에 위치한 요르단 강의 지류) 전투이다. 모래바람이 불어 접근하는 그들의 모습이 가려진 데다가 종교적 열정과 제국 정복에 따른 전리품 획득의 열망이 불타오른 대규모 아랍 군대는 비잔티움의 부대를 대량 살상했다. 비잔티움 군대는 배후에 강이 있어서 궁지에 몰린 상태였으며, 결국 강물은 핏빛이 되었다. 642년까지는 이슬람 군대가 이집트의 나일 강 유역뿐 아니라 시리아와 팔레스타인까지 지배했다. 비잔티움제국은 가장 부유한 두 속주를 상실한 것이다. 다른 아랍 군대는 그

동안 동쪽으로 진군하여 641년에는 메소포타미아를 정복하고 유프라테스와 티그리스 쌍둥이강에서 나는 부를 차지했다. 651년에 사산조 페르시아는 믿기지 않을 정도로 쉽게 항복했다. 700년 동안 안정적이었던 로마제국과 서아시아 제국들 간의 역사적 변경은 단 15년 만에 지워졌다.

역사가들은 군비도 충분치 않은 소규모 이슬람 군대가 거대한 페르시아 및 비잔티움제국에 맞서 그처럼 놀라운 승리를 거둔 데 대해 다양한 설명을 시도해 왔다. 두 제국은 표면적으로는 대단한 위세를 보였지만 내부적으로 전쟁, 질병, 정치 투쟁, 이민족의 침략, 게다가 농업용수 관리 시설의 유지 실패로 인한 경제적 쇠퇴로 힘이 크게 약화되어 있었다. 페르시아에서는 내부적 정치 갈등으로 중앙 행정이 약화되었고, 이로 인해 원래 이 제국의 성장을 가능케 했던 요소인 티그리스와 유프라테스 강의 관개체제도 유지되지 못했다. 또 그로 인해 수확이 감소해 사회적 응집성도 약화되었다. 한 세기 동안 나일 강의 범람이 감소하고 그 결과 농경지가 절반으로 줄어든 까닭에 이집트에 대한 비잔티움제국의 장악력도 줄었다. 그로 인해 발생한 기근과 질병 때문에 639년 아랍 인들이 침입할 당시 이집트의 인구는 250만 명으로 줄어 있었다.[4] 이는 파라오의 전성기 절반 수준에 불과하다. 고도로 조직되었고 종교적 열정이 넘치는 아랍 군대는 스스로 이점을 만들어 갔다. 특히 낙타를 이용한 수송을 통해 광범위한 지역에서 효율적으로 공격할 수 있었다. 낙타가 보급을 책임지고 그다음에 칼을 휘두르는 기병이 말을 타고 마지막 공격을 하는 전형적인 전투 방식을 따랐다.

이슬람의 군사적 팽창은 계속되었지만, 결국 네 번째 칼리프인 알리의 암살로 이어진 권력 투쟁과 내전으로 많이 둔화되었다. 알리의 암살은 이슬람 역사에서 일대 사건이었다. 이슬람의 지배적인 칼리프 거주지는 메디나에서 다마스쿠스로 이전됐다. 이곳에서 쿠라이시 족 내 강력한 우마이야 부족의 세습지배가 750년까지 지속되었다. 더구나 알리는 무함마드의 사촌 형제이자 그의 딸 파티마의 남편이었다. 그의 사망은 기득권 세력인 수니파와 반대 세력인 시아파 사이의 유혈 갈등을 초래했다. 시아파는 이슬람의 정통 지도자는 오직 선지자의 직계 가문에서만 나와야 한다고 믿었다.

우마이야 왕조에서 북아프리카가 서서히 이슬람권으로 편입되었다. 새로 동맹을 맺은 베르베르 족의 도움을 받아, 그리고 기독교도인 비잔티움제국의 배를 빌려서 이슬람 군인들은 지브롤터 해협을 넘어서 711년에 스페인의 가톨릭 서고트 왕국을 쉽게 정복했다.[5] 전성기 로마제국의 지배를 받던 지중해 서부는 이제 무슬림의 호수로 변했다. 시칠리아와 몰타 동쪽 바다에서 아랍 선단은 무시할 수 없는 세력이었다. 육상에서는 그다음 25년 안에 프랑스 내부까지 깊이 침투하여 유럽 인들과 소규모 전투를 벌였다. 동쪽에서는 무슬림 군대가 힌두쿠시 산맥을 넘어 708~711년에 인더스 계곡으로 공격해 들어갔다. 무슬림 군대가 터키의 스텝 지역 전사들(이들 자신은 나중에 이슬람으로 개종한다.)에게 패배한 한편 751년 탈라스 강 전투에서는 당나라 군사에 승리를 거둔 이후 캅카스 산맥과 부유한 옥수스 강 유역이 이슬람 제국의 북동쪽 변경이 되었다. 탈라스 강 전투를 계기로 육상 실크로드가 폐쇄되고 교역로가 인도양 방향으로 전환되었다. 이슬람 군대는 아프리카의 해안을 따라 남쪽으로도 내려갔다. 그들은 에티오피아의 기독교도들을 협소한 아덴 해협(오늘날의 바브엘만데브 해협)에서 축출한 후 통과세를 독점하고 인도양 전체를 아랍의 해상 운송에 개방했다. 이제 아라비아의 대형 다우선이 인도양의 몬순과 조류를 이용해 양방향 항해를 하게 되었고, 멀리 말라카를 넘어 중국까지 왕복했다. 구대륙에서 가장 부유한 원거리 교역이 행해지던 인도양에서 이슬람의 항해가 힌두 항해를 대체했다.

750년 즈음에 이슬람 제국은 지리적으로 최대한 팽창했다. 이슬람 제국은 여러 지역 중심지들이 경쟁하면서도 정치적 이해가 공동의 종교와 공동의 언어(아랍 어)로 느슨하게 통합되어 있는 한편, 육상 및 해상 교역을 통한 시장경제에서 엄청난 부를 이끌어 낸 광대하고 분권적인 제국이었다. 한 추산치에 의하면 칼리프의 소득은 820년경 비잔티움제국 소득의 다섯 배 이상이었다.[6]

물 부족이 이슬람 사회에 미친 영향

이슬람권 사람들이 구세계 문명권의 여러 교차로 근처의 영토를 정복해서 상업 활동을 통해 생계를 유지해야 했던 것은 결국 농업용수가 부족했기 때문이다. 이들은 세 가지 유형의 농사를 지었다. 연중 강수량이 170밀리미터가 넘는 모래 해안 지역에서는 올리브나무를 키워 음식, 요리용 기름, 조명 재료를 얻었다. 최저 기온이 섭씨 16도를 넘는 열사의 오아시스 지역 주변에서는 쓰임새가 아주 많은 야자열매 나무를 키워서 열매, 잎(직조용 실을 얻는다.), 나무(아주 귀한 연료가 된다.)를 얻었다. 관개가 가능한 강 연안 지역이나 연중 400밀리미터 이상의 비가 내리는 언덕에서는 빵의 재료를 공급하는 곡물 농사가 가능했다. 이 세 가지 유형의 농사 지역 사이로는 계절에 따라 나오는 지하수나 풀을 찾아 소규모 유목 집단이 떠돌아다녔다. 그들은 젖, 고기, 의복 재료와 텐트용 가죽을 제공하는 낙타와 다른 동물들을 치며 최소한의 물품으로만 살아가는 생활양식을 유지했다.

이처럼 물 부족은 이슬람 사회의 성격, 제도, 역사에 심대한 영향을 미쳤다. 예컨대 물 조건 때문에 식량생산이 제한되고 그에 따라 유지 가능한 인구가 정해졌다.[7] 평온한 시대에도 이슬람은 3000만~5000만 명의 인구만 유지할 수 있었다. 당시 중국 인구는 그 세 배이고 세계 인구는 열 배였다. 그 결과 이슬람은 항시적으로 인력이 부족했고 따라서 종교적 개종이나 정복을 통해 팽창할 수밖에 없었다. 이슬람의 종교적 보편주의, 그리고 아랍 지도자들이 늘 비아랍 개종자들을 수용하는 것 역시 이런 인구 부족에서 기인한다. 피정복민, 용병, 심지어 수많은 노예들까지 이 사회 내로 흡수되는 데 그토록 관대했던 것도 이와 관련이 있다.

또한 물 부족 문제로 인해 물이 나는 지역에 이슬람 인구가 고도로 집중되었다. 그래서 예외적으로 큰 인구 과밀 도시들이 생겨났다. 바그다드, 카이로, 코르도바처럼 소수의 도시가 세계적 수준의 엄청난 규모로 커진 것도 이슬람 사회의 특징이다. 전형적인 도시는 중심부에 대형 모스크가 있고 그 주변을 시장들이 둘러싸고 있으며, 그 바깥으로 비좁고 꼬불꼬불한 비위생적인 길들이 경사진 지형에 만들어져 있어서 어쩌다 비가 오면 쓰레기들이 쓸려 내려갔다.[8]

영광의 절정기에는 스페인-마그레브, 이집트-레반트, 메소포타미아-페르시아라는 세 지역의 중심지가 부상했다. 이는 이슬람 세계 내의 종교적, 부족적 분열을 드러내는 동시에 확대했다. 이처럼 탈집중화된 상황에서 경제를 통제하기는 어려웠다. 그 대신 시장의 보이지 않는 손이 이동과 교역을 관장하면서 이슬람 경제를 통합하고 이 문명의 부흥을 가능케 한 돌파구를 만들었다. 저명한 역사가 페르낭 브로델은 이에 대해 이렇게 말한다. "자연조건이 불리한 이슬람 문명은 만일 사막을 관통하는 도로들이 없었다면 거의 아무런 중요성을 띠지 못했을 것이다. 도로는 문명을 통합하고 생명을 주었다. 교역로는 부이며, 존재이유이며, 문명이다. 수 세기 동안 도로들은 이곳에 지배적인 위치를 부여했다."[9]

물 부족은 이슬람 문명이 교역을 통해 위대한 경지에 이른 역사적 부흥 과정에서 일차적인 장애물이었다. 무엇보다도 뜨겁고 물이 없는 사막 내부를 건너갈 길이 필요했다.[10] 황량한 사막을 단번에 이슬람이 독점하는 고속도로로 만들어 준 1차 혁신은 엄청난 물 저장 능력과 척박한 환경에 대한 강한 적응력을 지닌 낙타를 길들여서 장거리 대상과 군사 보급 조직을 만든 일이다.[11] 5000~6000마리의 낙타로 구성된 대상은 유럽의 대형 범선이나 중국의 대운하를 오가는 선단 하나가 운반하는 상품을 운송했다. 이렇게 강력한 운반 짐승을 이슬람이 거의 독점함으로써 고국의 사막을 넘어 바깥 세계로 나갈 수 있는 기동력을 얻었다. 이슬람 문명이 세계사에 족적을 남긴 것도 이 덕분이다.

사하라 사막의 단봉낙타는 특히 더운 사막지역에 잘 적응했다. 이 동물은 일주일 정도 물 없이 지낼 수 있으며, 90킬로그램의 짐을 싣고 하루에 55킬로미터 정도 사막의 모래 위를 걸어갈 수 있다. 물은 핏속에 보관하고 있으며(등에 난 혹은 지방 덩어리로서 일종의 식량 저장고 역할을 하며 먹이 없이 오랫동안 여행하면 점차 평평해진다.) 내쉬는 숨 속의 수분을 코에서 다시 빨아들여서 최대한 수분 손실을 막는다. 일단 물을 발견하면 단 10분 만에 95리터의 물을 흡수할 정도로 빠르게 수분을 보충한다. 낙타는 심지어 소금물도 이용할 수 있다. 그리고 물이 나오는 곳의 위치에 대해 비상한 기억력을 지니고 있다. 다른 동물은 도저히 소화하지 못하는 메마른 지역에서 자라는 가시 식물이나 마른 풀도 먹을 수 있다. 낙타는 한 번 여행으로 몸무게의 4분의 1을 잃는데, 다른 포유동물은 그 절반 정도의 손실로도 죽음에 이른다. 낙타의 탁월한 신체적 특질 덕분에 모로코에서 왈라타(아프리카 말리 제국의 변경 지역)까지 10일 동안 물을 구할 수 없는 악명 높은 구간을 포함하여 두 달 걸리는 사하라 사막 횡단 여행이 가능했다.

바다와 마찬가지로 사막은 역사적으로 서로 떨어진 문명권 사이에 펼쳐져 있는 빈 공간 역할을 했다. 애초에 바다와 사막은 모두 엄청난 지리적 장벽이었다. 그렇지만 몇몇 수송 혁신이 일어나면 이곳들은 침입, 팽창, 문화 교류의 거대한 고속도로가 되며, 흔히 지역 질서 혹은 세계질서의 갑작스러운 재편성을 초래한다. 낙타는 아랍 상인과 군인들을 세계 곳곳으로 데려갔다. 종국에 그들은 해안에 닿았고 또 다른 물의 도전에 직면했다. 이슬람 문명이 행한 두 번째 '물의 돌파'는 육로를 통한 사막 교역의 독점권을 확대해 구세계의 위대한 해로인 인도양과 지중해 대부분의 해로를 장악한 일이다. 대형 다우선은 대추야자나 코코넛 나무의 섬유를 이용해서 널빤지를 연결하여 선체를 만들었으며 역풍에도 배를 잘 조정할 수 있는 대형 삼각돛으로 동력을 얻었고, 날렵한 선미 방향타로 방향을 잡았다. 이 배는 『천일야화』에 나오는 선원 신드바드의 모험 이야기에 기술되어 있듯이 바다의 대상(隊商) 역할을 했다.

인도네시아의 몰루카 제도(일명 향신료 제도)에서 인도양을 넘어 인도를 거쳐 서구에 이르는 장거리 교역로는 무슬림 시대에 세계적인 권력과 제국으로 가는 유일한 고속도로였다. 유럽 인들이 대양 항해의 비밀을 캐내서 신대륙의 부를 얻은 동시에 실크로드가 막히는 시대가 도래하기 전에 아랍의 다우선은 세계가 탐내는 상품들 대부분을 운반했으며, 세계에서 가장 부유한 해안의 기항지들을 통해 이슬람 문명을 전파했다.

계절에 따라 방향이 바뀌는 인도양의 특이한 풍향 체제 덕분에 아랍의 선원들은 4월과 6월 사이에 화물을 가득 싣고 남서 계절풍을 이용해 출항했다가 두 달 안에 목적지에 도착하여 거래한 다음, 동양의 사치품들로 화물칸을 채우고서 북서 계절풍을 이용해 귀향했다.[12] 그러면 다시 서늘해지는 겨울 기상 조건 때문에 풍향이 바뀐다. 아랍 선박들은 지중해에서도 스페인에서 알렉산드리아와 레반트 지역까지 왕래했다. 그러나 인도양에 비하면 지중해의 항구들은 훨씬 덜 매력적인 부를 제공했고, 늘 서쪽에서 동쪽으로만 바람이 불었기 때문에 항해도 쉽지 않았다.

물 없는 사막과 바다라는 두 가지 상이한 환경을 지배하고 연결하자 이슬람의 영향력이 크게 증대했다. 낙타와 다우선은 육상 및 해상의 원활한 대상 네트워크를 만들어 냈으며, 이를 이용해 사람과 물자를 전 세계로 수송했다. 심지어 다우선을 해체한 후 낙타를 이용해 사하라 사막을 넘은 다음 다시 조립하여 홍해에서 출항하기도 했다. 또 아라비아 반도에 당도하면 다시 배를 분해해 와디와 오아시스를 따라 장기간 여행한 다음 아라비아 해의 항구에서 다시 조립해 인도양으로 나아갔다. 이처럼 힘든 육상 수송을 선호한 이유는 수 세기 동안 암초와 산호초, 예측하기 힘든 바람, 해적이 들 끓는 홍해를 항해하는 일이 연안을 따라 나 있는 사막을 통과하는 것보다 힘들었기 때문이다. 인도양은 비록 엄청난 부를 가져다주었지만 그 바닷길과 연안들은 항해하기에 불편하고 위험했다. 아라비아 반도는 운항 가능한 강이 없고 충분한 물을 공급할 수 있는 좋은 항구가 부족했기 때문에 배를 이용하기에 여건이 좋지 않았다. 또 메마른 환경 때문에 목재가 부족하다는 점도 큰 장애였다. 여기에다가 아라비아 반도의 해안은 심한 폭풍우로 악명이 높았다.

이슬람 상인들은 이러한 난점들을 극복했다. 메소포타미아를 떠나는 상품 이동로를 보면 강을 통해 바그다드로 가고 그곳에서 사막을 넘어 서쪽으로는 시리아와 이집트로, 북쪽으로는 콘스탄티노플과 흑해 연안의 트라브존으로, 동쪽으로는 북동쪽에 위치한 이란을 거쳐 중앙아시아와 중국 방향으로 뻗어 나갔다.[13] 수단의 금과 노예, 동양의 비단, 후추, 향신료, 진주 등의 물품들은 아랍 상인들에 의해 이슬람 땅을 경유했다. 서기 1000년이 지나면 베네치아 공화국을 비롯해서 유럽의 떠오르는 소국들의 선박이 알렉산드리아를 비롯한 아랍권 항구로부터 다른 지중해 항구들로 상품을 운송하는 마지막 단계를 많이 담당했다. 이는 종교적 경쟁관계를 뛰어넘은 상업 동맹의 사례이다.

이슬람의 경제력은 점차 팽창해 거대한 군사력으로 발전해서 이웃 문명들을 잠식하거나 위협했다. 사하라 사막 이남 니제르 강 주변 지역의 자생 문명들은 1076년에 가나의 정복 이후 무슬림 국가들의 지배를 받았다. 동아프리카에서도 아비시니아 고원(오늘날의 에티오피아)만 예외였을 뿐 모두 굴복했다. 인도에서는 수백 년 동안 지속된 이슬람의 정복 활동 결과 17세기 내내 힌두 문명이 퇴각했다. 유럽 역시 632년부터 718년까지 계속된 초기 이슬람의 거대한 군사 팽창 앞에서 겨우 목숨을 구한 뒤 수 세기 동안 문명 간 충돌에서 위협을 느끼고 살았다. 특히 16세기 내내 지중해에서 양자 간 충돌이 본격적으로 가열되었다.

콘스탄티노플에서 패배한 이슬람 세력

기독교를 비롯해서 후일 서구 문명에서 만개할 모든 요소들이 서기 717년 8월부터 718년 8월까지 1년 동안 거의 사라져 버릴 뻔했다. 그 12개월 동안 2000척의 배와 20만 명이 동원된 거대한 무슬림 육해군이 콘스탄티노플을 포위했다. 로마 문명의 후계자인 비잔티움제국의 수도이며 기독교권의 최대 도시가 위험에 처한 것이다. 보스포루스 해협과 마르마라 해는 지중해와 흑해 간 교역로를 연결하는 360킬로미터의 좁은 해로이자 동시에 유럽과 아시아를 가르는 구분선이다. 이 두 바다가 만나는 지점을 굽어보는 삼각형 모양의 곶 위에 위치하여 탁월한 전략적 이점을 자랑하는 이 제국 도시가 이슬람의 지배 아래 들어갔다면 지중해 전체가 무슬림의 호수가 될 가능성이 컸다. 도나우 강에서 라인 강까지 유럽의 내부도 무슬림의 손쉬운 정복 대상이 되었을 수도 있다. 그랬다면 유럽 전체와 서구 세계가 전부 이슬람권이 되었을 것이다. 콘스탄티노플의 포위는 이슬람과 서구의 문명 충돌에서 서사시적인 전환점이 된 셈이다. 다른 관점에서 보면 물을 이용한 강력한 방어가 얼마나 지정학적으로 유리한지 잘 보여 주는 대목이기도 하다.

8세기 초에 콘스탄티노플 외의 기독교 세계는, 그리스 정교회, 라틴 교회, 시리아 정교회, 콥트 교회 사이에서 교리상으로 분열되어 있었다. 로마는 여러 차례 약탈당하고 수로 체제가 파괴되어 이전에 비하면 껍데기만 남은 황폐화된 상태였으며 비잔티움제국의 보호에 의탁하고 있었다. 라틴 교회 수도사들은 로마제국의 몰락 이후 생겨난 힘의 공백 상태에서 통치자가 된 야만족 지배자들을 개종시키기 위해 애쓰고 있었다. 샤를마뉴가 정복 활동을 하고 800년에 초대 신성로마제국 황제로 대관하는 것은 아직 수십 년 뒤의 일이다. 이에 비해 이슬람은 무함마드의 사망 이후 여전히 폭발적인 팽창의 정점에 있었다.

7세기에 아랍 정복자들은 674~679년에 벌어진 콘스탄티노플 정복에서 유일하게 실패를 경험했다. 사하라 사막에서 데리고 온 낙타들이 터키의 아나톨리아 고산지대의 추위를 견디지 못해서 육상 공격이 힘을 발휘하지 못했다. 해상 공격의 성패는 콘스탄티노플의 이중 성벽을 공략하는 포위 공격 기구들과 투석기에 달려 있었다. 그런데 이 역시 비잔티움제국이 '그리스의 불'이라 불리는 가공할 신종 비밀 화학무기로 아랍의 배에 역공을 가하자 실패로 돌아갔다.[14] '그리스의 불'은 공기와 접촉하면 저절로 발화하여 맹렬히 타오르며 물로도 끌 수 없었다. 그 구성 성분의 비밀은 중세에 상실되어 현재까지도 밝혀지지 않았다. 다만 원유에다가 유황, 사철나무의 송진이나 석회를 혼합한 것으로 추정할 뿐이다. 여기에 적절한 양의 초석을 섞으면 격렬하게 자동 발화한다. 오직 모래나 식초, 오줌을 써야 심한 연기가 피어오르는 이 불을 다소 진정시킬 수 있었다. 대개 '그리스의 불'은 구리를 댄 긴 관을 이용해서 적선에 내뿜는데 그러면 곧 폭발하여 불을 일으킨다. 혹은 진흙 단지에 넣어 적선에 발사하거나 화살촉에 흠뻑 적셔서 발사하기도 했다. 칼리프가 탄 선박의 선체가 불에 타고 아랍 선원들이 이 두려운 무기 앞에서 공포에 시달린 나머지 679년에 무슬림들은 후퇴했을 뿐 아니라 심지어 콘스탄티노플에 매년 조공을 바치기로 했다. 비잔티움제국은 '그리스의 불' 덕분에 그 후 수 세기 동안 해전에서 군사적 우위를 확보했다.

674~679년에 곤경을 겪은 후 아랍 인들은 717년에 훨씬 준비를 잘 갖추어서 더 큰 세력으로 복수하러 왔다. 이번에도 콘스탄티노플은 탁월한 전략적 위치와 해군력에 의존해 방어했다. 이 도시는 두 갈래의 길고 좁은 해협을 통해 보급이 이루어졌다. 동쪽으로는 29킬로미터 길이에 때로는 폭이 0.8킬로미터도 안 되는 보스포루스 해협이 있고, 서쪽으로는 64킬로미터 길이에 폭이 1.5~8킬로미터인 다르다넬스 해협이 있어서, 이 두 해협이 흑해와 지중해를 연결했다. 콘스탄티노플이 위치한 반도의 북쪽에는 보스포루스 해협의 입구가 되는 곳으로서 수심이 깊은 8킬로미터 길이의 훌륭한 항구인 금각만이 있는데, 이 험한 바다에서 유일하게 안전한 항구였다. 이처럼 방어에 유리한 자연 지리 조건에 더해서 비잔티움 인들은 항구 입구에 0.8킬로미터 길이의 체인을 설치해서 입구를 봉쇄했다. 반도에 위치해 있다는 입지 조건 때문에 성벽과 해자를 이용한 중요한 방어시설은 육지 쪽으로만 필요했다. 유일한 단점은 신선한 물을 얻을 수 있는 개천은 오직 하나만 금각만 쪽으로 흘러들어 온다는 점이다. 이런 취약점을 개선하기 위해 비잔티움의 엔지니어들은 그들의 모국인 로마의 수리기술을 빌려 와서 댐과 장거리 수도 그리고 거대한 지하 수조를 성벽 내에 설치해 포위 공격 당시 충분한 물을 확보하였다.[15]

서기 658년부터 번영을 누리던 그리스 계 교역 도시 비잔티움이 자리 잡았던 이 지역은 로마 황제 콘스탄티누스가 계속 공격당하는 로마를 대신해 로마제국의 수도로 선택한 곳이다. 전략적 방어와 흑해 교역에 유리한 위치라는 점을 고려한 결과였다. 330년 5월 11일에 건설한 '새로운 로마'는 원래의 로마와 똑같이 일곱 개의 언덕이 있고 빈민들을 위해 빵을 나누어 주었으며, 귀족들을 유인하기 위해 원로원을 두었다. 콘스탄티노플로 천도한 것은 콘스탄티누스가 행한 두 가지 역사적 결정 중 하나이다. 다른 한 가지는 기독교를 공인한 것이다. 그는 로마 외곽 테베레 강의 밀비오 다리 위에서 벌어진 전투에서 승리를 예고하는 하늘의 십자가 환상을 보고 자극을 받았다고 한다. 이슬람과 벌인 생사를 가르는 결투(717~718)에서 콘스탄티누스의 두 번째 위대한 결정이 어떤 운명을 맞이할 것인가는 첫 번째 결정의 전략적 선견지명에 달린 문제였다.

콘스탄티노플과 기독교의 운명에 서광이 비친 것은 위기의 시기가 도래하기 몇 달 전에 출중한 능력을 지닌 장군이 레오 3세라는 이름으로 제관을 쓰게 되면서였다. 무슬림의 군사 전략은 두 개의 선단으로 다르다넬스 해협과 보스포루스 만을 봉쇄해서 지중해와 흑해 쪽 항구들에서 응원군이 들어오는 것을 막은 다음 거대한 군사력을 동원해 육상에서 이 도시의 이중 성벽을 공격한다는 것이었다. 그렇지만 최초의 육상 공격은 실패했다. 할 수 없이 무슬림은 670년대에 그랬던 것처럼 장기적인 해상 포위로 방향을 돌렸다. 이번에는 다르다넬스 해협을 봉쇄하는 데 성공했다. 그러나 보스포루스 쪽은 훨씬 어려웠다. 무슬림 선단이 콘스탄티노플에 접근했을 때 선두의 배들이 빠르고 낯선 조류에 휩쓸렸다. 레오 3세는 금각만을 가로지르는 체인을 재빨리 내리고 방향을 상실한 적선을 '그리스의 불'로 공격해서 많은 배들을 파괴하거나 나포했다.

그다음에는 비정상적으로 추운 겨울 날씨가 무슬림 포위 공격자들을 괴롭혔다. 게다가 보급까지 늦춰졌다. 기근과 질병이 캠프를 덮쳐서 그들은 가축과 심지어 사람 시체까지 먹어야 했다.[16] 전쟁의 역사에서 흔히 그러하듯, 적의 무기보다 비전투적인 요인에 의해 죽는 사람이 더 많았다. 눈 덮인 땅이 수 주일 동안 얼어붙어서 매장을 할 수 없었기 때문에 그들은 죽은 동료의 시체를 바다에 던져 넣어야 하는 수모를 겪었다.

718년 봄이 찾아왔을 때 무슬림의 운이 나아졌다. 이집트에서 400척의 배와 5만 명의 응원군이 도착한 것이다. 어느 날 밤에 그들은 금각만 내부로 숨어 들어가서 더 단단히 봉쇄했다. 이때 비잔티움제국의 운명을 끝낼 수도 있었다. 그러나 그 순간 많은 아랍의 콥트 교도들이 그들의 배를 버리고 비잔티움제국으로 투항했다. 첩자들을 동원하여 소중한 정보를 얻고 있던 레오 3세는 그해 6월에 기습 공격을 하여 '그리스의 불'로 포위선들을 파괴했다. 콥트 교도들의 이탈이 최고점에 이르자 레오는 수로의 아시아 쪽으로 육상 공격을 감행했다. 수비대가 없는 상황에서 수천 명의 무슬림들이 살해당했다. 레오와 공모한 불가르 족도 무슬림들을 공격했다. 이때 프랑크 군대가 무슬림 군을 공격하기 위해 출정 길에 올랐다는 소문이 돌자 칼리프는 718년 8월 15일에 포위를 풀고 퇴각을 결정했다.[17] 21만 명의 출정군 가운데 3만 명, 그리고 2000척의 배 가운데 5척만이 고향으로 돌아갈 수 있었다.

콘스탄티노플은 목숨을 건졌다. 훨씬 부유하고 역동적인 이슬람 문명의 바로 옆에서 이 도시가 그 후로도 500년 더 난공불락의 지위를 유지할 수 있었다는 것은 해상력과 지정학적으로 중요한 수로가 군사상 얼마나 유리한지 보여 주는 증거이다. 이 도시는 마침내 1204년에 약탈당하고 종속되었는데, 무슬림이 아니라 동료 기독교도들에게 당한 것이었다. 성지 회복을 기치로 내세운 4차 십자군 전쟁이 베네치아의 상업 지향적인 해상력을 빌려 비잔티움제국의 약탈자로 변모한 것은 80대 나이의 맹인이지만 가공할 능력을 소유한 도제 엔리코 단돌로의 작품이었다. 이후 베네치아는 흑해로 향하는 수익성 좋은 이 해협들을 상업적으로 지배했다. 콘스탄티노플은 최종적으로 1453년 이슬람교도 터키군에게 정복당했다.

718년에 콘스탄티노플이 엄청난 승리를 거둔 것은 수 세기 동안 역사에 큰 파장을 일으켰다. 첫 번째 중요한 효과는 기독교 유럽이 이슬람에 대한 강력한 문화적, 지리적 라이벌로 생존했다는 점이다. 732년 스페인을 출발한 무슬림 원정군이 프랑스의 푸아티에 근처에서 벌어진 전투에서 샤를마뉴의 할아버지인 샤를 마르텔이 지휘하는 프랑크 군에게 패배한 것을 두고 후대의 기독교도 역사가들은 유럽에서 아랍계 무슬림의 팽창이 한풀 꺾이는 전환점으로 해석했다. 1097년이 되면 기독교 유럽은 이슬람으로부터 성지를 되찾기 위해 기사들이 콘스탄티노플에서 보스포루스 해협을 넘어 반격을 가하는 1차 십자군 전쟁을 벌일 정도로 충분히 힘이 강해졌다.[18]

이슬람에 대해 기독교 유럽이 얻은 주요 이득은 바다를 통한 것이었다. 콘스탄티노플의 승리는 다만 지중해 동부 지역이 서부 지역과 마찬가지로 이슬람 세력에 완전히 복속하지는 않았음을 말해 준다. 800년부터 1000년까지 무슬림 선박과 기독교 선박은 모두 지중해 동부의 부를 놓고 우위를 다투었는데, 가능한 곳마다 공격을 가하고 필요할 때마다 교역을 했다. 1000년경에는 드디어 베네치아 공화국이 우월한 해상 세력으로 성장해서 지중해 중심부에서 알렉산드리아와 레반트 지역의 부유한 항구들까지 해상 운송을 장악했다. 3세기 뒤에는 제노바 상인들이 이슬람 세력이 숨통을 죄고 있던 지브롤터 해협을 돌파하여 새로이 흥기하는 북유럽과 지중해를 연결했다. 11세기부터 16세기까지 기독교도가 점차 지중해를 장악해 가는 동안 무슬림들은 인도양을 지배했다. 그 후 포르투갈 및 기타 대서양 세력이 이탈리아와 무슬림들의 동방 무역 독점을 깨기 위해 '지리상의 발견'을 위한 대항해를 시작했다. 이는 아프리카를 회항하여 인도까지 가는 해로 구축으로 정점을 맞았으며, 그로 인해 세계사의 권력 관계가 재편되었고 그 안에서 유럽이 중심을 차지하게 되었다.

격변과 갱신의 시기, 이슬람의 황금기

콘스탄티노플에서 패배한 후 이슬람 세력이 지중해에서 퇴출된 결과는 단지 기독교 세계가 목숨을 구한 데 그치지 않았다. 그것은 이슬람 세계에도 큰 영향을 미쳤다. 격변과 갱신의 시기가 시작되었다. 아랍계 이슬람이 더 오래된 서아시아 문명들과 융합하여 황금기를 구가하는 계기가 된 것이다. 콘스탄티노플에서의 패배는 대규모 군사 팽창의 종말을 알렸다. 그동안 이슬람 공동체 안에서 가속화되던 분열을 무마하여 융합하던 내부 엔진이 고장났다는 의미였다. 예전에는 전장에서 승리하면 패배한 지역에서 엄청난 노획물과 조공을 얻어 분배함으로써 아랍 부족들 간의 내적 갈등을 완화할 수 있었다. 그런데 나누어 가질 물자가 부족해지자 다마스쿠스를 기반으로 하는 우마이야 칼리프 체제의 부족 정치 시스템 역시 비아랍계 무슬림 개종자들에게 불만을 샀다. 이들은 더 많은 인력을 제공하면서도 환영받지 못하는 2등 계급 취급을 받는다고 느끼고 있었다.

750년에 우마이야 왕조는 그들의 라이벌인 무함마드의 삼촌의 후손 가문인 아바스 가문 주도의 연합군(아바스 가문의 군대와 페르시아 군, 시아파 아랍 군이 합쳐진 군대였다 — 옮긴이)과 치른 내전에서 무너졌다. 새로운 아바스 칼리프는 두 가지를 근간으로 하였다. 하나는 비아랍계 무슬림들을 포함하는 통치체제로서, 이는 부족 내부의 후원제와 친족등용제를 기초로 한 체제보다 상대적으로 더 전문적이고 효율적이었다. 다른 하나는 새로운 개종자들에게 평등한 권리와 기회를 부여하는 종교적 보편주의였다. 새로운 칼리프 통치 지역의 중심지는 관개가 잘되어 생산성이 높은 고대 메소포타미아의 농경지역이었는데, 아랍 정복자들은 이곳에 대지주로 자리를 잡았다. 아바스 왕조의 교역은 동쪽의 인도양 방면으로 중심이 이동했다. 그들은 자신들의 성장을 기리기 위해 바그다드 시를 세웠는데, 이 새로운 도시는 티그리스 강과 유프라테스 강이 서로 가까이 흘러서 전략적으로 유리한 위치를 차지했다. 이런 입지 조건을 바탕으로 관개가 잘된 진흙 범람원에서 식량을 쉽게 조달하고, 페르시아와 동양을 향한 교역로를 통제할 수 있었다. 아바스 왕조 시절 바그다드는 위대한 이슬람 문명이 처음으로 만개한 곳이었다. 762년부터 몽골에 의해 파괴되는 1258년까지 바그다드는 중국 이외의 지역에서 최대이자 최고의 도시였다.

　이슬람 문명이 물 관련 기술에서 특히 창의적이라고 할 수는 없지만 그들의 상승기 동안에는 중동의 기술들을 잘 적용하여 물을 최대한으로 이용했다. 물 관리는 이처럼 칼리프 국의 힘과 위엄을 유지하는 데 핵심 역할을 했다. 그들은 예전의 수리시설을 보수하고 새것을 건설했다. 무슬림의 관개사업은 바그다드 근처에서 최대의 성공을 거두었다. 이곳에서는 댐에서 물을 공급받는 5개의 운하가 평원을 가로질러 유프라테스와 티그리스를 연결하면서 광대한 경작지에 물을 대서 생산성을 높였다. 티그리스 강 동쪽에는 아바스 왕조의 엔지니어들이 나르완 운하를 확대해 나갔다.[19] 이 운하는 서기 2세기 사산조 페르시아 시기에 건설되기 시작한 것이었다. 이란 쿠르 강의 유명한 석축 댐은 960년경에 재건설되었는데 이 덕분에 사탕수수, 벼, 목화 밭에 물을 댈 수 있었다.

　중동지역의 물 기술들과 작물이 보급되면서 무슬림 세계 전체에 발달된 이슬람 문명이 전파되었다. 카나트(이란의 지하수를 얻기 위한 수로) 덕분에 가정에 물 공급량이 늘었고, 물을 끌어올리는 노리아와 방아두레박은 북아프리카에서 스페인까지 경작지를 관개하는 데 큰 도움이 되었다. 저수위 배수 댐은 무슬림 시대의 스페인에 널리 퍼졌는데, 이는 나중에 스페인이 다시 기독교권이 되었을 때 기독교도 국왕들의 중요한 노획물이 되었다.

　대도시들이 건설되어 문화적으로나 정치적으로 아바스 왕조의 바그다드와 경쟁했다. 과달키비르 강의 내지에 자리 잡은 코르도바는 내전 이후 아바스 왕조의 숙청에서 살아남은 우마이야 가문 왕조가 스페인에서 빛나는 이슬람 문명의 인문주의를 발전시키는 과정에서 오랫동안 중심지 역할을 했다. 이 강은 주변 평원에 물을 대고 또 코르도바 시장에 식량과 상품을 수송하는 길이 되었다. 10세기에는 눈부신 신도시 카이로가 성장했다. 시아파 파티마 왕조는 칼리프의 지위를 주장했다. 파티마 왕조의 경제적 기초는 나일 강의 기름진 경작지 그리고 레반트 지역과 홍해를 지나는 해양 교역로 및 낙타 대상 교역로였다. 14세기의 유명한 여행자이며 여행기 작가로서, "이슬람권의 마르코 폴로"라고 불리는 이븐 바투타는 1300년대 초에 카이로는 워낙 큰 도시여서 사방에 펼쳐져 있는 거리와 시장에 "낙타를 이용해서 물을 운반하는 사람이 2만 명"이라는 놀라운 사실을 기록했다.[20]

코르도바, 카이로, 바그다드, 그라나다 등 덥고 건조한 곳에 세워진 무슬림의 대도시들에는 분수와 수도, 낙원을 연상시키는 그늘진 정원으로 둘러싸인 호화로운 궁전들과 고대 로마에서처럼 공공 목욕탕이 건설되어서 장대함을 과시했다. 시냇물을 찾아보기 힘든 이슬람 지역에서도 가능한 곳이면 어디에서든 기술자들이 물레방아를 이용해 제분을 하거나 새로운 제품을 만들어 냈다. 티그리스 강 위에는 밤낮으로 수상 물레방아가 가동되어 바그다드에서 소비되는 빵을 만들어 냈고, 메소포타미아 남쪽의 항구 도시인 바스라에서는 조류를 이용해서 같은 일을 했다. 바스라에서는 설탕 정제업에 물레방아를 이용했다. 물레방아로 사탕수수를 으깨어 즙을 낸 후 이것을 끓이고 졸여서 수정처럼 정제된 설탕을 제조했다. 그 외에도 물레방아는 모직물 제조업에서 축융공들이 사용하는 기계 해머 작업이나, 제지업에서 물속의 식물 섬유를 두드려 펄프를 만드는 데 사용되었다.

제지술이 이슬람 세계에 알려진 것은 뜻하지 않게 751년에 중앙아시아의 탈라스 강 전투에서 중국인 기술자들이 포로로 잡혔기 때문이다. 이들은 사마르칸트에 제조소를 설치했고[21] 이곳을 통해 제지술이 바그다드에 전해졌다. 원래 중국에서는 오랫동안 뽕나무 껍질이 종이의 주 재료였다. 그러나 뽕나무가 없는 이슬람권에서는 그 대신 해진 천, 특히 리넨을 사용했다. 원래의 수공 제지술은 두 과정으로 이루어지는데, 모두 물이 핵심적인 역할을 한다. 첫째, 갈가리 찢은 천을 물에 적시고 잘게 썬 다음 통 속에서 못 박힌 방망이로 두드려서 펄프를 만든다.(나중에 이 과정은 수력을 이용한 펄프 두드리는 도구로 자동화되었다.) 다음에, 펄프를 뜨거운 물이 담긴 통 속에 넣고 휘저은 후 틀을 이루는 철사 틀에 펴서 네모난 종잇장을 만든다. 이 종잇장을 쥐어짜고 널어 말린 다음 돌로 가능한 부드럽게 문지르고 나서 마지막으로 젤라틴과 명반이 들어 있는 통 속에 적셔서 빳빳하게 만든다. 바그다드의 펄프 제조 과정은 서쪽으로 스페인에 전해졌고, 한 세기 후에는 기독교 유럽 전체에 전해졌다.

제지업은 책의 전파를 촉진해 결국 지식을 빠르게 전파하는 역할을 했다. 예를 들면 바그다드는 900년경 책 가게가 100곳이 넘었다.[22] 책은 과학, 예술, 철학, 수학 등 인문주의적 계몽의 시대를 불러일으킨 동시에 경제적 번영과 상대적인 관용과 평화를 가져왔다. 칼리프 알 마문이 설립한 바그다드의 '지혜의 집'에서는 9세기부터 그리스 어, 페르시아 어, 산스크리트 어 문서들이 체계적으로 아랍 어로 번역되었다. 결국 기독교 유럽이 아리스토텔레스의 작품을 비롯한 고대 그리스의 지적 유산을 다시 얻게 된 것은 장수하긴 했으나 쇠퇴일로에 있던 비잔티움제국의 콘스탄티노플이 아니라 코르도바를 중심으로 한 이슬람 학자들 덕분이었다. 유럽의 르네상스 시대에 이루어진 이러한 재발견은 중세 이후 서구 문명의 개화로 이어졌다. 동시에 무슬림 학자들의 많은 발견들도 함께 유럽으로 전해졌다. 대수, 삼각법의 사인과 탄젠트, 천문관측의를 비롯한 항해 및 지리 계측 도구들, 알코올 증류, 다양한 의료술 등이 대표적인 사례이다. 이슬람의 연금술은 서구의 과학 지식과 방법의 발전에 크게 공헌했다. 이슬람의 도구 제작자들은 중국과 같은 시대에 수차로 작동하는 물시계의 정교한 장비들도 만들었다. 이 시기에 아비센나와 아베로에스로 대표되는 특출한 사상가들의 전통은 서구 철학 발전의 주류에 영향을 미쳤다.

그렇지만 12세기 말에(일부 역사가들은 아베로에스가 사망한 1198년을 상징적인 시점으로 잡기도 한다.) 이슬람의 위대한 시대는 갑자기 정체에 빠졌다.

지적 활기와 물질적 성장이 왜 갑자기 쇠퇴했는지, 왜 그 문화가 갑자기 활기 넘치는 주변 문명들에 압도당했는지는 역사의 당혹스러운 문제로 남아 있다.

해양문명이 되지 못하고 바다에서 쇠퇴한 문명

1258년 2월 20일에 몽골이 바그다드를 약탈한 사건은 이슬람 문명의 쇠퇴를 보여 주는 가장 충격적인 상징이다. 중국에서 서아시아 지역, 더 나아가서 중부 유럽 입구에 이르기까지 유라시아의 스텝 지역 전체를 무자비하게 정복한 몽골의 기마 전사들은(이들은 이제 총기도 사용했다.) 한때 위엄을 자랑하던 이 도시에 들이닥쳐 약탈, 방화 파괴, 살인을 자행했다. 몽골의 전통적인 방식대로 수십만 명의 사람들이 학살당했다. 마지막 칼리프는 일부러 의도된 상징적 경멸 행위로서 말발굽 아래 짓밟아 죽였다. 마지막으로 주변 지역의 관개 제방과 시설들을 파괴하여 더 이상 농사가 불가능하도록 만들어서 아바스 왕조의 수도를 완전히 몰락시켰다. 이슬람의 중심지에 이교도 침입자들이 들어와 지배한 것은 처음이었다. 이슬람권과 중국이 몽골에게 당한 비참한 운명을 유럽은 순전히 역사의 요행 덕분에 피했던 것이다. 1241년 몽골이 엘베 강까지 진격하여 유럽을 정복하기 직전에 칭기즈 칸의 아들이자 계승자인 오고타이가 사망했다는 소식이 전해졌다. 카라코룸의 권력 공백이 어떻게 메워질지 알 수 없었던 몽골군의 지휘관은 스스로 러시아로 퇴각했다. 나중에 그들은 상대적으로 빈곤한 중세 유럽보다 더 부유한 먹잇감을 노리고 다른 지역을 공격했다.

사실 이슬람 문명은 몽골 기병대가 도착하기 훨씬 전부터 이미 본격적으로 쇠락하고 있었다. 7세기 아랍 군대에 처음 공격을 당하던 페르시아나 비잔티움제국과 마찬가지로 그들의 경제적 기초는 내적으로 정체해 있었다. 물 관리가 흔들리고 내재적인 물 부족 문제를 기술적으로 처리할 능력이 없었기 때문이다. 예컨대 이슬람 유목민 개종자들이 아랍 칼리프 국에 군사력을 더 많이 제공함에 따라 정치적 영향력이 커지는 동시에 메소포타미아의 농업 생산성은 눈에 띄게 감소했다. 대표적인 사례는 터키 인들이다. 그들은 1055년 이후 아바스 왕조의 명목상의 리더십 아래 바그다드에서 효율적으로 권력을 행사했다. 물 부족으로 인해 지배력을 행사하는 아랍 민족의 규모가 줄어들면서 자연스럽게 터키 인에게 의존하게 되었다. 아바스 왕조의 창설자들은 티그리스-유프라테스 강의 관개시설과 나르완 운하 체제를 재건설하고 유지하며 또 11세기까지 경작지를 최대한으로 확대하느라 부단히 애를 썼지만, 유목민족인 터키 인들은 스텝 지역의 목축 전통에 따라 그들의 양과 말을 거느리고 계절에 따라 자라나는 풀과 샘을 찾아 유랑하는 전통을 고수했다. 터키의 영향 아래에서 중앙집권화된 정치 권위는 기울었고 메소포타미아의 관개체제는 쇠락했다.[23] 관개시설과 배수용 운하를 적절하게 관리하지 못하자 침니 현상이 일어났다. 토양은 물에 잠겼고 두 강 사이의 범람원에는 치명적인 염분화 현상이 일어났다. 고대에 그랬던 것처럼 하얀 소금기가 덮인 땅에서는 농업 생산이 감소하고 인구가 줄었다.

관개시설을 유지하는 데 실패하자 1200년경에 유프라테스 강과 티그리스 강의 흐름이 크게 바뀌었다. 바그다드 북쪽에서 티그리스 강이 동쪽으로 이동하여 예전의 자리로 옮겨 가자 이중의 재앙이 닥쳤다. 우선 넓은 관개 경작지가 말라 갔고, 또 운송 및 관개에 사용되던 122미터 폭의 나르완 운하의 일부가 파괴되어서 그 하류에 있는 농업 네트워크 또한 파괴되었다.[24] 12세기에 진행된 메소포타미아의 농업 쇠퇴는 이집트의 관개시설이 축소되고 파괴된 시기와 겹친다. 이슬람 세계의 곡창지대 두 곳이 동시에 위기에 빠진 것이다. 늘 그렇듯이 나일 강의 범람 수위는 이집트의 번영과 또 그에 의존하는 정치 시스템의 핵심 요인이다. 충분히 범람한 강물은 첫 3세기 동안 아랍 지배의 버팀목이 되어 주었다. 반대로 낮은 범람 수위를 기록한 945~977년 시기에는 경작지가 줄어들었고 969년 시아파가 파티마 왕조를 정복하는 계기가 되었다. 파티마 왕조의 지배가 허물어진 것 역시 두 세대 동안 범람 수위가 줄어든 까닭인데, 이때에는 식인과 전염병이 발생하고 급수시설이 파괴되었다.[25] 오랜 기간 정상적인 수위를 유지하다가 1200년에 재난에 가까운 수준으로 수위가 떨어지자 카이로 인구의 3분의 1이 극심한 기근으로 목숨을 잃었다. 이런 재난을 겪은 이집트 인들은 상류에 위치한 에티오피아의 황제가 나일 강의 흐름을 바꾸겠다고 위협했던 사실을 상기하고는 그가 실제로 그렇게 하지 않았을까 의심했다. 인종적으로 터키 기원인 백인 노예 무슬림 전사 맘루크가 1252년에 이집트에서 권력을 잡았을 때 관개농업이 너무나도 크게 쇠퇴해서 나일 강의 경작지로 먹여 살릴 수 있는 사람 수가 7세기에 아랍 정복자가 비잔티움제국에서 물려받은 사람 수 이상이 되지 못했다. 나일 강의 관개시설은 19~20세기에 터키와 영국의 지배자들이 수리사업 계획을 세울 때에야 재건될 수 있었다.

    무슬림 스페인이 직면한 문제는 물 관리 시설의 악화라기보다는 기존 수자원을 이용하는 더 효율적인 방법을 찾는 데 실패했다는 점이었다. 기독교 유럽이 스페인을 재정복했을 때 그들은 광대한 관개시설 네트워크와 고도로 발전한 사회적, 행정적 과정들을 물려받았다. 여기에는 유럽에서 가장 오래된 민주 제도라 할 수 있는 발렌시아의 물 법정도 포함되어 있는데, 이 기관의 선출직 판사들은 천 년 이상 관개를 둘러싼 분쟁에 판결을 내려 왔다.[26] 소규모 강의 배수용 댐을 관개, 수력 이용, 급수 등에 이용하는 중동의 전통을 따른 것이었다. 무슬림 기술자들은 고대 로마 인들이 스페인에서 사용하던 대규모 저수 댐과 수로에 완전히 익숙해져 있으면서도 물 사용의 생산성을 개선하기 위해 결코 그것들을 실험하지는 않았다. 실제 그렇게 한 것은 그들의 기독교도 후계자들이었다. 이런 혁신이 성공을 거둔 결과 1492년에 페르디난트와 이사벨라 왕이 이베리아 반도에서 무어 인들을 완전히 축출한 후 스페인은 번영을 누렸다.

이슬람 문명의 또 다른 물 관련 약점은 작은 강들이 부족하다는 점이었다. 이슬람의 '유량 부족'은 단순히 빠르고 안전하고 광범위한 내부 수송 네트워크의 발전을 저해하는 데 그치지 않고, 중세에 중요한 자원으로 떠오르고 있던 수력의 이용 또한 막았다. 무슬림의 수리공학이 유럽보다 더 발전해 있었으면서도 물레방아가 중요한 역할을 하지 못했던 이유는 물살이 빠른 강이 원래 없었기 때문이다. 경쟁 관계에 있는 유럽이 수많은 작은 강들의 수력과 수송 잠재력을 활용해 초기 산업을 발전시킴으로써 역사적 상승기를 타는 동안 이슬람 시대의 스페인은 물레방아를 단지 곡물 제분과 양수에만 사용했다. 수력 에너지는 초기 산업 발전에 아주 중요한 요소였다. 12세기 중엽까지 유럽 인들은 수력의 이용이라는 점에서 이슬람의 수준을 따라잡았다.[27]

이슬람이 초기에 원양을 통제했다가 그런 우위를 계속 유지하지 못한 것 역시 12세기 이후 급속한 몰락을 겪은 결정적인 요소였다. 되돌아 보건대 첫 번째 치명적인 실패는 718년에 콘스탄티노플을 정복하여 지중해를 이슬람의 호수로 만들지 못한 것이다. 이것이 유럽의 해양국가들이 해상력을 건설하도록 만든 계기가 되었다. 11세기 말까지는 무슬림들이 핵심 교역로들을 차지했다. 그렇지만 지중해 무역에서 점차 축출되어 중요한 부의 원천에서 배제되자 이슬람 문명은 물 부족의 약점을 안고 있는 사막 자원에 더욱 의존할 수밖에 없었다. 이 때문에 이슬람의 운명은 급격히 변화한 것이다.

그렇지만 이슬람이 상실한 가장 큰 기회는 부가 넘쳐 나는 인도양 원거리 교역이었다. 인도양에서 무슬림들은 해안에서 멀리 벗어나지 못하는 소심한 선원들이었다. 그들은 정말로 필요한 때에만 원양 항해를 했을 뿐, 미지의 세계를 탐험하는 용감한 인물들은 아니었다. 아프리카 동해안에서 남쪽

7   8세기에서 12세기에 걸친 이슬람의 위대한 시대는 사막을 넘는 낙타 대상의 광대한 네트워크와 (위) 라틴 돛으로 의장(艤裝)을 한 화물운반용 다우선(오른쪽 위)을 기반으로 했다. 다우선은 스페인의 대서양 연안에서 인도양, 남아프리카의 연해 그리고 내륙의 강까지 포괄했다. 그렇지만 이슬람의 건조한 중심지에는 물레방아를 돌려서 동력을 얻거나 관개를 할 수 있는 작은 강들이 부족하여 12세기 이후 이슬람은 급속도로 우위를 상실했다. 오른쪽 아래 사진은 20세기에 시리아 하마의 오론테스 강변에 설치된 물레방아이다.

으로 멀리 내려가서 대륙 본토와 마다가스카르 섬 사이의 위험한 모잠비크 해협까지 갔지만 그 이상 나아가지는 않았다. 역설적으로 그 해협은 아랍 역사에서 '프랑크 족의 항로'로 알려졌다. 무슬림들이 프랑크 인이라고 부르는 유럽 인들이 이곳을 통해 항해해 들어왔기 때문이다. 유럽 인들은 15세기 말에 아프리카 남단을 돌아 인도양으로 돌진해 들어옴으로써 역사를 바꾸었다. 그 바다에서 이미 뛰어난 능력을 발휘했던 무슬림 선원들이 아프리카 남단을 돌아 대서양으로 진출해 들어가지 않고 유럽 인들이 반대 방향으로 돌파해 오도록 허용한 것은 역사를 되돌아 볼 때 세계사에서 가장 큰 전략적 실패 중 하나로 보인다. 그렇게 된 이유는 사실 쉽게 이해할 수 있다. 처음부터 그렇게 할 유인책이 없었던 것이다. 그들은 이미 세계에서 가장 유리한 교역로들을 지배하고 있었기 때문이다.

이슬람이 바다에서 쇠퇴한 것은 더 넓게 보면 그들 스스로 해양문명으로 탈바꿈하지 못했기 때문이다. 이슬람권은 바다라는 두 번째 프론티어를 장악했지만 그것을 진정으로 흡수하여 원래 사막에서 탄생한 문명과 합쳐 역동적인 종합을 만들어 내는 데는 실패했다. 알렉산드리아는 놀라울 정도로 큰 항구를 보유했으며 지중해와 동쪽 교역로 사이의 중개지라는 입지를 갖추었지만 무슬림의 베네치아가 되지는 못했다. 이슬람은 강, 좋은 항구, 위험한 해안선 같은 문제에 어느 정도 대처하기는 했지만 끝내 극복하지는 못했다. 문화 면에서 이슬람은 근본적으로 육지 지향적이었다. 그러므로 기독교권이 바다에서 이슬람에 도전해 왔을 때 선수를 빼앗기고 만 것이다.

과거 물 관리 공학의 업적을 유지하기만 할 뿐 오랫동안 수동적으로 산 사회들은 계속 변화하는 물 문제가 가해 오는 도전과 기회를 이용하기 위해 혁신적인 방법을 찾아내는 국가나 문명들에 결국 잡아먹히고 만다는 교훈은 역사에 반복해서 나타난다. 무슬림들은 우선 중국 정크선의 도전, 그리고 중국이 자발적으로 물러난 뒤 1498년에 포르투갈인 탐험가 바스쿠 다가마가 인도양에 들어왔을 때 제기된 도전에 성공적으로 대응하지 못했다. 과거를 회고해 볼 때 흔히 그런 것처럼, 한 문명이 다른 문명을 대체하는 일은 놀라울 정도로 급작스럽게 이루어진다. 이슬람 문명이 페르시아와 비잔티움 문명을 대체할 때가 그랬다. 여러 다양한 이점들이 조용히 쌓여 오다가 어느 날 갑자기 한번에 표출되기 때문이다. 항해, 조선, 해상 무기 같은 이점들은 싸고 빠르고 안전한 해상 수송과 교역의 기회를 지속적으로 확대해 왔다. 그렇지만 해상력의 지배는 다가마 함대가 아프리카를 돌아서 인도양을 횡단하고 인도의 캘리컷 항구에 들어갈 때 가서야 명백해졌다. 사정거리가 180미터에 달하는 대포를 탑재한 포르투갈의 견고한 원양 선박들은 인도양에서 향신료 제도까지 이르는 무슬림의 부유한 해로들을 장악했다. 포르투갈이 개척한 인도 항로는 오랫동안 지중해를 통해 동양 산물들을 교역하던 베네치아-알렉산드리아 연결점을 끊어 버렸다. 베네치아가 이집트의 지배자들에게 고대 네코 파라오가 건설했던 '수에즈 운하'를 재개통하도록 제안했으나 아무런 소득이 없었다. 그 결과 그동안 이슬람권에 막대한 부를 가져다주었던 전통적인 육상-해상 교역로는 오랜 기간 잔존하기는 했으나 점점 더 빠르게 쇠퇴해 갔다.

우월한 이웃 문명이 깨뜨린 제약

15세기부터 터키 지배하에서 이슬람이 군사적으로 부흥했을 때 해상력은 가장 약한 고리였다. 터키 인들은 원래 동아시아 지역에서 몽골의 사촌뻘 되는 유목민족이었다. 9세기에서 11세기 사이에 많은 터키 부족들은 중동의 이슬람 영토에 들어가서 이슬람교로 개종하였으며 흔히 용병으로 고용되었다. 시간이 지나면서 그들은 이슬람의 군사적 중추가 되었고 다음에는 정치 지도자가 되었다. 몽골의 헤게모니가 종식되었을 때 오스만 튀르크는 오늘날 터키 영토인 아나톨리아 고원지대로 군사적 팽창을 했다.

1453년, 후일 '정복자'라는 별명을 얻게 되는 메메트 2세가 지휘하는 터키 인들이 마침내 콘스탄티노플을 정복하여 새로운 수도로 삼았을 때 전 유럽이 공포에 떨었다. 이 역사적인 도시에 대한 최후의 공격에는 헝가리의 한 엔지니어가 만든 거대한 대포가 사용되었다. 거의 난공불락이라고 알려진 금각만을 공략할 때는 메메트 자신이 결정적인 일격을 가했다. 그의 군대는 70척의 갤리선을 육상으로 끌고 와서 금각만 입구를 지키는 비잔티움제국 함대 뒤에 진수시켰다. 이후 200년 동안 터키는 기독교 유럽에 대해 새로운 이슬람 지하드(聖戰)를 전개했다. 16세기에 터키의 가공할 군대는 그리스, 발칸 반도, 헝가리 등지를 공격했고, 1529년에는 중부 유럽의 도나우 강 위에 위치한 빈을 포위 공격했다. 세력이 정점에 달했던 술레이만 대제하에서는 로마까지 위협받았다.[28] 뒤늦게 1683년에도 터키 군은 다시 빈을 포위 공격했다.

유럽은 아랍이 주도했던 첫 번째 이슬람 팽창에 대해 성지를 회복하겠다며 십자군을 파견해 대응했다. 터키가 주도하는 두 번째 문명 충돌에서는 지중해의 패권을 놓고 일련의 해전도 펼쳐졌다. 비록 터키의 새 함대가 무슬림 해상력을 재건설했고 1570~1571년에 지중해 동부의 유리한 전략적 위치에 있는 키프로스 섬을 지배했지만, 터키 선박들은 대서양의 폭풍우와 거친 해류를 이기고 발전한 유럽의 선박, 항해술, 해군전술 등에서 상대가 되지 못했다. 1541년, 술레이만의 수상이었던 루프티 파샤는 오스만제국이 육상에서는 강력하지만 해상에서는 기독교도 적에게 약하다는 우려를 표명했다. 그의 판단은 1571년 10월 7일 레판토 해전에서 기독교권 연합함대와 터키 간에 벌어진 해전에서 증명되었다. 레판토는 로마의 내전을 종식시켰던 악티움 해전 장소에서 그리 멀지 않은 곳이다. 4시간에 걸친 혈전은 기독교권이 다시 상승하는 이슬람권을 상대로 해상에서 결정적인 승리를 거두었다는 의미뿐 아니라, 더 일반적으로 해상 전투의 역사에서 큰 전환점을 의미했다. 이 전투는 화기가 결정적인 요소로 작용한 첫 해전이었다. 터키 선박들은 고대 이래 계속된 방식으로 해전을 치르려고 했다. 즉 배를 타고서도 육상 전투와 유사한 방식으로 싸우려고 한 것이다. 군인들은 주로 활과 창으로 무장하고 근접 전투를 하려고 했다. 파일럿과 노수들은 갤리선을 조종하여 적선에 충돌시키거나 혹은 아주 가까이 접근해서 고리를 걸어 배를 가까이 붙인 다음 전사들이 적선으로 뛰어 들어가서 백병전을 벌이려 했다. 이에 비해 기독교권 함대는 해전의 새로운 시대를 알리는 혁신을 도입했다. 뱃머리에는 대포가 장착되어 있고, 선원들은 머스킷 총이나 화승총을 지니고 있어서 먼 거리에서 적을 향해 발사할 수 있었다. 베네치아 인들 역시 갈레아스라는 완전히 새로운 종류의 전함을 선보였다. 이 배는 전통적인 갤리선보다 훨씬 더 큰 배로서, 여섯 명의 노수들이 움직이는 15미터짜리 노와 대형 선회포가 장착되어 있었다. 역사상 중요한 그다음 해전은 17년 뒤인 1588년 스페인 무적함대의 영국 침공으로서, 이때 원거리에서 포를 쏘는 근대적인 해전이 완성되었다. 기독교권이 이슬람권에 승리를 거둔 레판토 해전에서는 모두 3만 명이 사망했다.[29] 기독교권에서 부상당한 인물 중에는 『돈키호테』의 작가 세르반테스도 있었다. 그는 평생 불구가 된 왼손을 증거로 내보이며 자신이 그 전쟁에서 한 역할에 대해 이야기하곤 했다. 레판토 해전의 결과 터키제국은 해상 기동력이 축소되고 또 세계의 해로들을 따라 움직이는 핵심적인 자원들에 접근하지 못하게 됨으로써 팽창의 야욕이 꺾였다.

　유럽과 벌인 해전을 살펴보면 이슬람권이 국제적인 우월성을 상실한 원인이 단지 내부적인 수자원의 취약성에 대한 자체 대응이 불충분했기 때문이라고만 할 수는 없다. 주변 지역에서 수자원 문제에 대해 취하고 있는 일들 역시 지대한 영향을 미친다. 역사상 여러 문명들이 물의 도전에 대응하는 방식은 언제나 가변적이고 유동적이었다. 어떤 문명이 더 일찍 성장한 이유는 그 지역의 물 조건이 당대 이용 가능한 기술들과 조직 형태에 더 유리했기 때문이다. 예컨대 수리문명들이 아주 일찍 발전했던 이유는 반건조 지역에 강물이 범람하는 강 유역의 여건이 그들이 이미 가지고 있는 관개수단과 맞아떨어졌기 때문이다. 더 가혹한 조건인 사막 지역으로 낙타를 이용해서 상품을 수송하는 이슬람 교역은 더 늦게 발전했다. 이보다도 훨씬 불리한 수자원 여건을 안고 있는 지역들은 너무나 힘겨운 도전들에 직면한 나머지 주변의 여러 사회들 간에 벌어지는 경쟁 속에서 종속적이었던 처음의 위치를 벗어나지 못한다.

 사하라 이남 아프리카 여러 지역의 운명이 그러했다. 이곳의 지리 조건은 심각한 제약을 가한다. 아프리카의 적도 우림 지역들은 다른 열대 저지대가 그렇듯이 대규모 선진 문명이 발달하기에는 생태적으로 매우 불안정한 곳이었다. 토양은 늘 흠뻑 젖은 스펀지 상태여서 경작을 위한 개간이 지극히 어렵고, 건강상 거주하기에 적절치 않았다. 여행도 지극히 어려웠으며 그나마 강을 통한 여행만 가능했다. 그렇지만 그 주변의 더 건조하고 더 우호적인 열대림 혹은 과도적인 사바나 지역에서는 분명 인상적인 문명들이 발달했다. 니제르 강 주변이나 세네갈 강과 감비아 강 상류 지역 같은 곳에 여러 제국들이 연속적으로 등장했다. 그러나 이 문명들은 오랫동안 큰 사막이나 통과 불가능한 대양 같은 장애물 뒤에 고립된 채로 발달했기 때문에, 다른 사회들과 평등하게 만나 문명 발전을 자극받는 문화적, 경제적 교류 기회를 얻지 못했다.[30] 사하라 이남 아프리카 제국의 외부 장애물들을 처음 깬 것이 아랍 상인들의 낙타 대상이나 그 이후에는 대양 항해를 하는 유럽 선박들처럼 물 기술에서 우월한 경쟁력을 갖춘 이웃 문명이었다는 점은 조금도 놀랍지 않다. 교역에서 공격을 거쳐 지배로 이어지는 역사의 거침없는 발전 과정을 따라 무슬림들과 유럽 인들은 아프리카 인들에게 교역과 정복, 식민화의 약탈적 관계를 강요하며 이익을 취했다. 이런 불공평을 가장 뚜렷하게 보여 주는 상징은 흑인들을 강제 이송하는 대규모 노예무역이었다. 수 세기 동안 노예무역은 아랍이 독점했다. 그러다가 유럽 선박이 아프리카의 대서양 연안에 나타나서 신세계의 새로운 시장과 동시에 더 싸고 안전한 해로를 제공하자 노예무역의 주도권은 아랍 인에게서 유럽 인으로 넘어갔다.

구세계의 북서쪽에 위치하여 바다를 향해 있고 춥고 습한 구석에 있는 유럽 인들은 또한 개발과 이용이 매우 어려운 물 자원도 물려받았다. 수천 년 동안 지중해와 멀리 떨어져 있는 북유럽은 가난한 벽지에 불과했다. 그렇지만 그 지역 주민들이 마침내 혁신적인 항해술을 개발하여 유럽 '반도'의 해상 경계를 뚫고 나왔을 때 그들은 세계사에서 가장 역동적인 물의 우위를 차지했다. 이전 시대의 역사에서 해상력은 강력한 육군을 보유한 내륙 대국에 맞서 소국들이 수세적인 상태로나마 살아남는 것을 도와주었다. 해군의 기량이 뛰어날 경우 항해가 어려운 바다 자체가 전장(戰場)이 되고 적의 보급선을 길게 만들어 괴롭힘으로써 세력균형을 이룰 수 있었다. 그런데 원양 항해가 시작되면서 세계의 대양 항로의 통제는 압도적인 공세적 우위로 변모했다. 중국이 스스로 내향적이 되고 유럽이 해상 리더십을 차지하게 된 이후 유럽 인들은 앞으로 500년 동안 지속될 보기 드문 지구적 지배력을 행사하게 되었다.

2부 물과 유럽의 번영

7 물레방아, 쟁기, 화물선의 등장

고대의 중앙집권화된 문명들이 관개된 강을 따라 발생한 데 비해, 유럽은 넓은 바다, 강우 의존형 농업, 운항 가능한 작은 강들에 크게 의존했기 때문에 소국들이 서로 경쟁하는 특유의 정치사가 전개되었다. 유럽의 소국들은 시장으로 연결되었고 자유민주주의의 점진적인 발전에 유리했다.

중국과 이슬람 문명의 영광이 빛을 잃어 가던 중세 말, 구세계의 가장자리에서 유럽이라는 또 다른 문명이 번영하기 시작했다. 문화적으로는 기독교 요소와 '재발견'된 헬레니즘-로마적 요소가 통합되고, 경제적으로는 일찍부터 발전했던 반건조 지역인 지중해 남부와 비교적 느리게 성장한 다소 한랭한 온대지역인 북유럽의 이질적인 자원이 통합되었다. 이를 통해 활력을 얻은 서구 문명은 앞으로 500년간 세계의 부와 정치 질서에 전례 없는 패권을 행사하게 된다. 유럽의 역사적 발흥 경로는 물과 관련된 일련의 도전과 응전으로 특징지어진다. 두려운 장애물에서 생산성 확대의 도구로 전환됨에 따라, 변화의 동력으로서 물이 지닌 잠재력이 거듭 발현되었다. 서구의 발전에서 역사상 가장 극적인 두 전환점이 있다. 하나는 15세기 말~16세기 초 지리상의 발견 시대에 장거리 대포의 발전과 더불어 대양횡단 항해가 시작된 것이다. 다른 하나는 점진적으로 수력을 산업에 이용한 것인데, 처음에는 물레방아로 시작했다가 18세기 말에 근대적인 증기기관의 발명으로 이어졌다. 이와 함께 가장 역동적인 중심부에서 형성된 특유의 정치경제적 질서가 유럽의 흥기를 이끌었다. 자체 팽창적이고 번성하는 자유시장과 대의적 자유민주주의로 특징지어지는 이 질서는 고대 그리스 해상 도시국가에서 씨앗이 뿌려져 성장한 것이다.

유럽 대륙은 삼면이 공해에 접해 있는 반도와 같은 지리적 특성을 띤다. 남쪽에는 마치 호수 같은 온난한 지중해, 황량한 북쪽에는 춥고 거칠고 절반 정도 갇혀 있는 북해와 발트 해, 그리고 서쪽에는 격렬한 폭풍우가 몰아치고 조수가 심하게 요동치는 광대한 바다로서 대부분의 역사 시기에 서구가 뚫고 나갈 수 없는 큰 장벽이자 동시에 보호벽 역할을 했던 대서양이 있다. 이로 인해 유럽 역사는 자연스럽게 해양 지향성을 띠었다. 유럽에는 이집트의 나일 강, 중국의 대운하 같은 내륙의 통합된 간선 수로가 없었기 때문에 유럽 인들은 그들 사이의 소통과 교역을 위해 바다로 나갈 수밖에 없었다. 어쩌면 도나우 강과 라인 강이 중추 수로로서 통합 역할을 일부 담당할 수는 있었다. 그러나 도나우 강은 흑해를 향해 동쪽으로 흐르고, 라인 강은 북해를 향해 북쪽으로 흘렀기 때문에, 유럽 문명의 시발점인 지중해로부터 멀어지는 방향이었다. 사실 이 두 개의 큰 강은 로마 너머 북동쪽에 살던 유목 야만족들의 침입을 막을 수 있는 주요한 방어벽이어서, 비유하자면 차라리 중국의 만리장성과 같은 역할을 했다. 고대의 중앙집권화된 거대한 수력 문명들이 반건조 지역의 간선수로와 관개된 강을 따라 발생한 데 비해, 유럽은 넓은 바다, 강우에 의존하는 농업, 그리고 운항 가능한 많은 작은 강들에 크게 의존했기 때문에 소국들이 서로 경쟁하는 특유의 정치사가 전개되었다. 유럽의 소국들은 시장으로 연결되었고, 자유민주주의의 점진적인 발전에 유리했다.

몰드보드 쟁기가 촉발한 농업혁명

뒤처졌던 북유럽은 이른바 암흑시대였던 서기 600년부터 1000년 사이에 변화하기 시작했다. 이 지역은 로마제국 시대에는 인구 밀도가 낮은 야만족(로마 문명의 입장에서 보았을 때 후진 상태에 놓여 있던 변경 바깥의 사람들을 가리킨다 — 옮긴이) 배후지였으나, 정주 생활이 진척되고 독자적으로 성장하는 기독교 문명 지역으로 변화하며 활력을 찾아 나갔다. 이런 발전의 근저에는 새로운 쟁기 기술, 토지 배수 기술(이로 인해 강우에 의존하는 농경지가 확장되었다.) 그리고 항행과 수력을 위한 작은 강들의 개발 등 세 가지 물 관련 기술의 결합이 중요한 자극을 주었다. 6세기에 비잔티움제국의 유스티니아누스 황제가 로마제국의 심장부를 탈환하는 데 실패한 후, 북유럽의 라인 강과 도나우 강을 경계 삼아 양쪽으로 갈려 있던 야만족 사회와 정착 사회는 수 세기 동안 격렬한 권력 투쟁을 벌였다. 이로부터 궁극적으로 장원 경제와 분권화된 봉건적 정치체제가 발전해 나왔으며, 자유로운 교역을 통해 독립적인 성벽 도시와 연결되었다. 가장 중요한 야만족 왕국은 프랑크 왕국이었는데, 5세기 말 이들이 기독교로 개종하고 로마 교황과 정치적 동맹을 맺은 것은 라틴 교회의 생존과 확산에 결정적인 계기가 되었다. 서기 800년 성탄절에 성 베드로 성당에서 교황 레오 3세로부터 신성로마제국 황제로 추대된 샤를마뉴의 치하에서 프랑크 족은 전성기를 맞았다. 이 시기에 라인 강 유역을 주요 근거지로 한 프랑크 왕국은 오늘날의 프랑스, 독일 지역 거의 대부분과 도나우 강 상류, 그리고 북부 이탈리아를 지배했다.

하지만 9세기와 10세기에 노스먼(Norsemen, '북방에서 온 사람들'이라는 뜻, 노르만과 같은 말 — 옮긴이) 혹은 바이킹이라 불렸던 스칸디나비아 출신의 가공할 새로운 야만족 침입자들 때문에 프랑크 왕국을 비롯한 당대의 통치체들의 안정성이 흔들렸다. 이들은 길고 얕은 배로 유럽의 강과 해안 곳곳을 돌아다니며 해안 근처의 부락들을 약탈하고 공물을 받아 내면서 생활했다. 결국 철갑 기병들이 방어하는 방벽 요새와 성채에 의해 격퇴되자 이 야만족들도 문명화된 사회에 정착하여 기독교를 받아들이게 되었다. 개종한 다른 야만족들과 마찬가지로 이들도 새로운 종교에 신선한 활력을 불어넣었다. 그 가운데 특히 노르망디에 정착한 사람들은 1066년에 잉글랜드를 정복했다. 그들은 곧 무슬림이 지배하고 있던 시칠리아를 탈취했으며, 1096년부터 1099년까지 예루살렘과 기독교의 성지를 탈환한 첫 번째 십자군의 기사가 되었다. 서기 1000년경 북유럽 대부분이 기독교화되는 한편, 950년부터 1350년까지 시장의 힘이 큰 탄력을 받아 초기 상업혁명을 추진할 수 있었다. 이것이 결국 서구의 초기 경제적 도약을 추동했다.

    북유럽은 대단히 유리한 자연환경을 가지고 있었다. 카리브 해에서 흘러오는 따뜻한 멕시코 만류 덕택에 북유럽은 아(亞)북극에 해당하는 위도에도 불구하고 거의 연중 농사가 가능한 온대 기후를 유지했다. 이 지역은 물을 비롯한 천연자원이 많고, 강수량이 풍부했으며, 끝없이 긴 톱니모양의 해안선과 함께 운송과 무역에 적합한 좋은 자연 항구들이 많았다. 또한 지중해 지역의 강들에 비해 훨씬 먼 곳까지 이르는 북유럽의 강들은 대부분 북쪽으로 흘렀으며, 길고 항행이 가능하여 광대한 교통 네트워크의 잠재적인 근간이 되었다.

    하지만 로마 시대 내내 북유럽 지역은 농업 확대에 있어 극복하기 어려운 물 관련 장애물에 직면해 있었다. 강수량이 지나치게 많았고, 무거운 진흙질의 토양은 자연적으로는 배수가 잘 되지 않았다. 평평하고 종종 침수되는 북유럽의 평지 대부분은 빽빽한 삼림과 늪지였다. 지중해 지역과 중동의 가볍고 건조한 토양에 사용했던 경작 기술들(특히 황소 또는 한 쌍의 당나귀가 끄는, 나무로 된 얕고 단순한 쟁기)은 북부 지역의 토양에는 전혀 쓸모가 없었다. 그 결과 강우에 의존하는 북유럽의 농경지는 배수가 적당히 이뤄지는

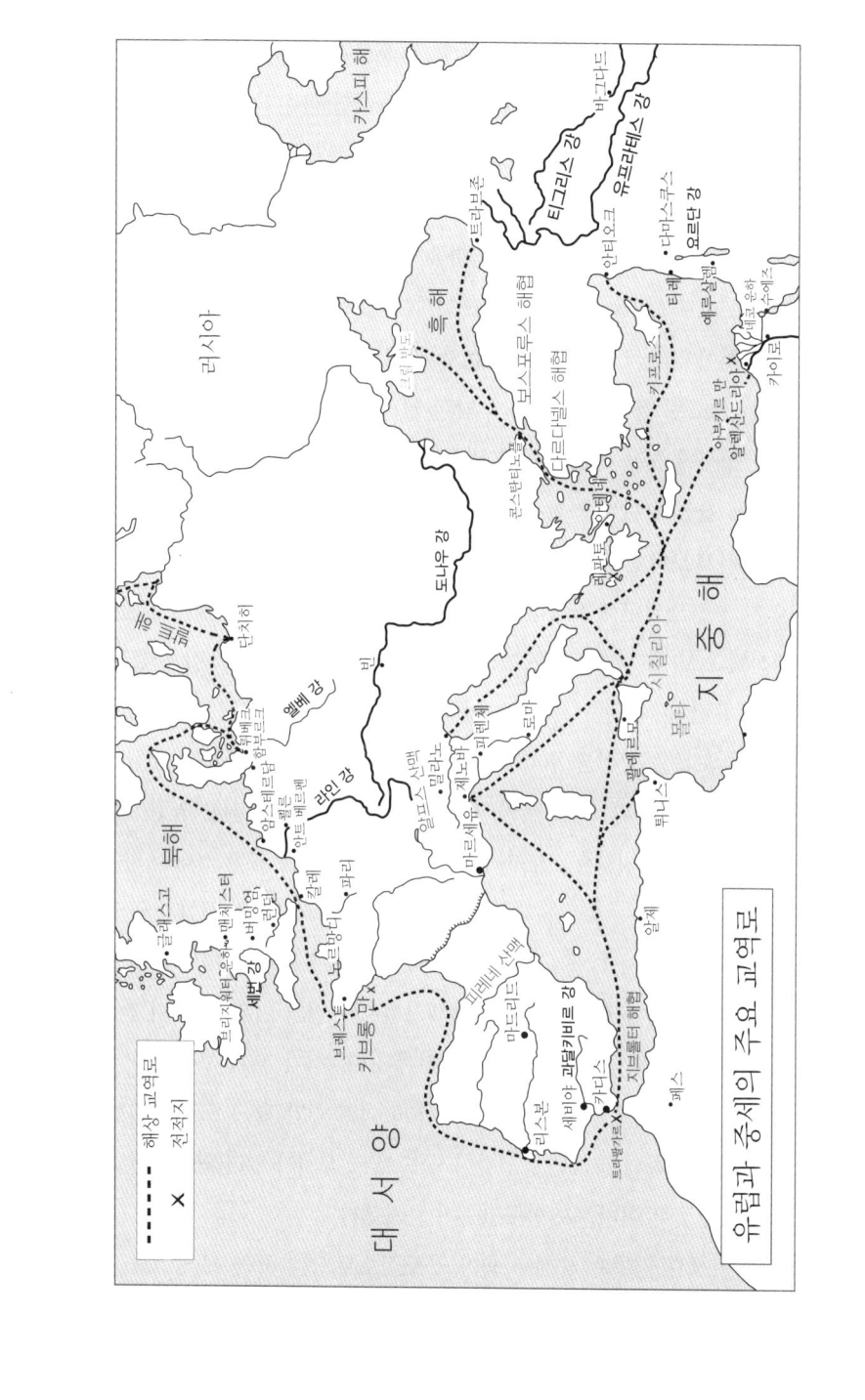

산허리의 화전 지역이나, 자연적으로 투과성이 좋은 토양이 있어서 소규모 농업 기술로도 경작이 가능한 일부 지역들에만 국한되었다. 매해 농업이 기근을 벗기 힘든 수준을 맴돌았기 때문에, 북유럽은 인구도 적고 사람들의 수명도 짧았다.

북유럽의 경제적 각성을 자극한 농업혁명의 중요한 돌파구는 바퀴 달린 몰드보드(보습 위에 비스듬하게 덧댄 넓적한 쇠, 또는 금속판 — 옮긴이) 중쟁기와 함께 찾아왔다. 4~8마리의 황소가 끄는 몰드보드 쟁기에는 크고 굴곡진 철제 날 또는 철판이 덮인 목제 날이 달려 있었다. 이 판은 깊은 고랑을 파내는 동시에 높은 진흙 두둑을 만들어서, 넓은 공간에 걸쳐 진흙질 땅의 생산성을 높였다. 값비싼 철제 날만이 아니라 쟁기를 끄는 보습 사이에 장착한 바퀴 역시 중요한 기술적 돌파에 속한다.[1] 이것은 무거운 보습에 더 큰 압력을 가하는 지렛대로 작용하는 동시에 땅이 고르지 못한 지역에서 이동성을 개선했다. 10세기 즈음 몰드보드 쟁기는 북유럽 전역에서 널리 사용되었다.

북유럽의 지형은 극적으로 변화했다. 삼림이 감소하고, 늪지의 물이 빠졌으며, 모든 곳에서 황무지가 개간 가능한 경작지로 바뀌었다. 중쟁기를 이용한 물 관리가 확대됨으로써, 집약적인 경작이 이루어지는 농경지의 범위가 기후가 다른 지역으로도 확장되었다. 이는 역사상 가장 거대한 천수답(관개 경작지가 아닌 — 옮긴이)의 팽창 사례 중 하나이다. 농업 생산과 농업 생산성 모두 급증해서 11세기에서 13세기에 정점에 이른 농업혁명의 기반이 만들어졌다. 특히 8세기 중반부터 13세기까지 유럽의 기후가 좀 더 건조해지고 더 따뜻해져(섭씨 1~2도) 팽창을 부추겼다.[2] 서기 700년부터 1200년까지 유럽의 인구가 두 배 이상 급증해서 6000~7000만 명 정도로 증가한 것이 이 거대한 팽창의 충격을 증명한다. 몰드보드 쟁기가 널리 확산되어, 이것이 사용되는 곳은 어디든지 인구밀도가 증가했다.

몰드보드 쟁기는 중세 사회가 구조적으로 전환하는 데 중요한 촉매로 작용했다. 이는 강력한 기구였지만 값이 비쌌다. 따라서 대규모 개간, 부족한 역축(役畜)의 집단 공유, 그리고 농부들 사이의 협동 노동 등이 촉진되었다. 소유지를 개별적으로 분리하는 울타리가 사라지고, 대의 민주주의의 초기 형태인 농민들의 마을회의에서 토지를 집단적으로 관리하고 운영했다. 마을회의는 분쟁을 중재하고 총체적인 농경지 관리에 대한 행정적 결정을 내렸다. 이러한 회의들은 북유럽의 독특한 자급자족적 마을 공동체, 또는 장원의 특징이 되었다. 경지를 얕게 가는 건조한 토지가 다수를 차지하는 루아르 강과 알프스 이남 지역에 널리 퍼져 있는 개인주의적 농업 및 개인주의적 사회 구조와는 대조적이다.[3]

무거운 몰드보드 쟁기는 9세기에 북부 프랑스에서 시작되어 3세기 안에 북서 유럽 전역에 널리 퍼진 새로운 삼포식 농업 체제의 기반이 되었다. 이 삼포식 농업 체제는 다음과 같이 구성되었다. 마을을 둘러싼 세 개의 경작지 중 한 곳에는 가을에 밀과 호밀을 심었다. 봄에는 두 번째 밭에 귀리, 보리, 또는 완두를 심었다. 세 번째 밭은 곡물이 자라는 순환주기인 2년 동안 토양의 비옥도를 보충하기 위하여 휴한(休閑)시켰다. 농촌 마을에는 영주의 장원 직영지를 임차하여 일하는 소작농과 자신의 토지를 소유하고 있는 자유농이 함께 존재했다. 영주는 제분용 물레방아나 대장간 같은 여러 시설들을 제공했다. 소작농은 의무적으로 장원의 물레방아를 사용해야 했으며, 그 대가로 자신들의 곡물이나 밀가루 몫 가운데 13분의 1을 바쳐야 했다. 마을 중심의 장원 경제는 당대의 특징적인 정치경제 체제의 구성원인 영주, 봉신, 기사, 농민을 통괄하는 분권화된 봉건체제에 통합되었다.

몰드보드 쟁기 덕분에 질척거리는 토지의 제약에서 벗어남으로써 얻어진 농업 발전과 인구 팽창은 곧 지역 내의 수자원 개발을 활성화해 경제 팽창을 더욱 자극했다. 1000년 이후, 유럽 내륙의 긴 강들과 북부 해안에는 종종 중무장한 상선들이 활기차게 왕래했다. 이 상선들은 곡물과 목재, 금속,

밀랍, 모피 같은 원재료, 그리고 나중에는 염장 청어 같은 상품을 싣고 부상하는 자유 상업 도시들과 계절마다 정기적으로 열리는 교역 시장들을 오갔다. 북부 해역에서 활동하는 이런 초기 상인들 중 많은 이들은 긴 배를 타고 노략질을 일삼던 노르만 족의 후손들이었다.

11세기부터 발전하기 시작한 평저선(平底船)의 일종인 코그선은 불안정하고 황량하던 북부의 바다를 활기 넘치는 주요 교역로로 바꾸어 놓았다.[4] 코그선은 20명 이하의 소수 선원들로 대량의 화물을 실어 나를 수 있었다. 새로운 코그선은 더 크고 탄탄했으며 사각돛을 달았고, 선체는 둥글었으며, 전통적인 긴 조종 노를 대체한 혁신적인 중앙 선미키를 사용했다. 가장 큰 코그선의 화물 적재량은 여섯 배 증가하여 12세기 말경에는 300톤에 달했다. 궁수를 위한 높은 단이 설치된 이후, 높은 갑판을 갖춘 코그선은 또한 훌륭한 군함이기도 했다. 무장한 코그선 호송 선단은 12세기경 발트 해와 북해의 해상교역을 지배하기 시작한 독일 자유 항구 도시들 간 비공식적 네트워크의 주역이었다. 독일 중심의 강력한 한자 상업조합(한자 동맹이라고도 한다.)은 발트 해와 북해를 가르는 반도(윌란 반도, 또는 유틀란트 반도라고도 한다 — 옮긴이)의 발트 해 쪽에 위치한 뤼베크가 주도적인 지위를 차지한 가운데 200개에 달하는 자유 교역 도시들과 읍들을 포함하고 있었으며, 자체적인 조합회원자격과 규율, 관세체제를 갖추고 있었다. 한자 동맹의 영역은 북부 해안 전반에 걸쳐 있었고, 내륙의 강을 통한 교역이 발전함에 따라 라인 강 상류까지 확대되었다. 나중에 한자 동맹에 합류한 도시 중 하나인 쾰른은 하나는 상류로 흐르고, 하나는 하류로 흐르는 라인 강 수로 두 개와 주요 육상 교통로 한 개가 만나는 교차점에 위치해 있었다.[5] 이러한 입지 덕분에 쾰른은 독일에서 가장 큰 도시가 되었다.(비록 인구규모는 15세기에 2만 명에 불과했지만 말이다.)

북유럽 내륙의 강을 통한 교역은 비록 교역량에서는 해상 교역보다 적었지만, 광범위하고 저렴한 수로 네트워크를 창출했다. 이는 중국의 대운하보다는 물론 소규모였으나 많은 부분에서 같은 방식으로 경제 활동을 자극했다. 각 지방은 홍수에 대비한 제방과 각 지방들을 서로 연결하는 운하들을 세우고 유지했다. 지금의 네덜란드와 벨기에 지역에 해당하는 저지대에서는 배수 작업을 통해 광대한 경작지가 개간되었고, 상업 운송량의 약 85퍼센트가 수상 운송으로 움직였는데, 둑이 설치되고 특히 14세기 말부터 운하 수문이 이용되면서 이런 발전이 더욱 촉진되었다.[6] 선원들은 장대로 배를 밀면서 이 혼잡한 강을 따라 내려갔으며, 마치 오늘날 고속도로의 톨게이트에서 돈을 내듯이 강을 가로질러 쳐 놓은 체인을 만나면 엄청난 통과세를 지불하고 지나갔다.

교역과 농업 발전으로 활기를 띤 북유럽은 빠르게 경제 성장을 이루어 마침내 과거의 중심지였던 지중해 지역을 뛰어넘는 수준으로 부유해졌다. 그렇지만 지중해 지역에서도 민간 상인들과 시장의 활성화로 상업이 발전하고 있었다. 역사학자 로버트 로페즈는 "10~14세기 각국에서 상업은 가장 역동적인 경제 분야가 되었고, 상인들은 변화의 주요한 촉진자였다."라고 말한다. 상업혁명은 점진적으로 "지주와 관리의" 통제권을 약화했고, "성당이 있는 대광장 대신 시장이 도시 생활의 주요한 중심지가 되었다."[7]

새로운 시장 활동과 함께 약동하는 허브 도시들이 11~12세기에 눈에 띄게 발전하기 시작했다. 항행 가능한 수로들이 집중되거나 주요 강들이 교차하거나, 또는 유망한 항구들이 세워지는 곳에서는 어디든지 중요한 도시 상업 중심지가 부상했다. 북유럽에서 가장 활력 넘치는 도시 클러스터(cluster)들이 밀집한 곳은 저지대였다. 이곳에서는 항행 가능한 라인 강, 뫼즈 강, 스헬데 강이 서로 가까이 흘렀다. 저지대에는 14세기에 5만 명의 인구를 지닌 최대도시였던 겐트 시의 항구들, 브루게, 안트베르펜, 그리고 후일에 더욱 발전하게 될 암스테르담 같은 도시들이 있었다. 그 외에 또 다른 대도시 중심지들로는 뤼베크, 런던, 파리 등이 있었다. 이는 이탈리아 북부에 베네치아, 제노바, 밀라노, 피렌체 등 인구 10만을 상회하는 대형 도시국가들이 밀집해 있던 지중해 지역과 유사했다.

수운이 압도적으로 중요했기 때문에, 유럽 상업혁명의 중심 시장들이 문자 그대로 중세의 주도적인 도시(혹은 도시국가)의 다리 위나 부두, 또는 그 옆에서 발전한 것은 우연이 아니다. 도시와 마찬가지로 다리도 11세기부터 13세기까지 건설 붐을 경험했으며, 종종 각 도시에서 활기 넘치는 중심 시장이 되었다. 다리 주변에 위치한 가게와 집들은 음용수를 얻고 강으로 오수를 직접 처리할 수 있어서 더 많은 중세의 특권들을 향유했다. 템스 강을 가로지르는 옛 런던 브리지, 그리고 강물이 가장 빠르게 흐르는 다리의 아치 아래에 13개의 '수상 물레방아'들이 매여 있어서 14세기 파리의 일상 양식인 밀가루를 생산해 낸, 센 강을 가로지르는 그랑 퐁, 그리고 지금도 피렌체의 아르노 강을 교차하는 석교 베키오 다리 등에는 상점과 가게들이 꽉 들어찼다. 선구적인 초기 다리 가운데 상당수는 수도회가 세웠다.[8] 그중에서도 홍수로 악명 높은 프랑스 남부의 론 강을 교차하는, 20개의 아치로 된 유명한 아비뇽 다리는 12세기 말 교량건설 형제단이 세웠다. 다리가 도시 교역과 상업을 향상하는 실용적인 시설이 됨에 따라, 도시 당국은 더 많은 다리를 건설하기 시작했다. 이것은 공공 기반시설에 투자를 많이 했던 로마제국 시대의 관행을 부활시키는 데 도움을 주었고, 서구에서 정부와 민간 시장 간의 이익이 결합하는 토대가 되었다.

중세 시대 주요 상업 중심지의 교량 가운데 베네치아의 리알토 다리만큼 중요한 다리는 드물다. 중세 최대의 해상 교역 권력의 심장부였던 베네치아에서도 대운하를 가로지르는 다리는 리알토 다리가 유일했다. 오래된 부교(浮橋)를 대체한 첫 번째 목조 리알토 다리는 1264년에 세워졌다. 그 후로 몇 번 되풀이해 목조 다리를 세우고 나서 16세기 말에 석교가 세워졌다. 이

때에도 오늘날처럼 제방을 따라서 혼잡한 가게와 시끌벅적한 상점들로 가득한 두 개의 아케이드가 들어섰다. 빵장수, 푸주한, 생선 장수, 청과상, 곡예사를 비롯한 놀이꾼들, 그리고 심지어 병원 침대에 누워 있는 노약자들까지 이 모든 것들을 매일 다리 위에서 볼 수 있었다. 가까이 들여다보면 리알토 다리 주변에 붐비는 베네치아 상인들의 다양한 관계 아래에서 초기 시장 자본주의의 위계적 골격 구조 그 자체가 물리적으로 가시화되었다. 대상인들이 활동하는 곳 가까이 있는 다리 위에서 소상인들은 가격을 놓고 실랑이를 하거나 돈을 받고 상품을 교환했다. 도매업자들은 매일 아침 로지아(한쪽에 벽이 없는 트인 복도 — 옮긴이)나 방에서 물건을 사고팔거나 매매, 운송 계약에 서명했다. 이것이 이른 아침의 상품 매매 활동이었다. 그러고 난 뒤, 반키에리(은행가, 즉 뱅커)의 좌판대로 발걸음을 옮겼다. 이 반키에리는 장부에 자금 이체를 기록하는 방식으로 거래 사항을 정리하고, 이렇게 시장에서 얻은 자본 이윤을 다른 대부 사업 기회나 새로운 모험사업의 지분에 재투자했다. 많은 근대적 금융 관행들이 이 시기에 시작되었다. 차변(借邊)과 대변(貸邊)을 갖춘 복식부기 형태의 근대적 대차대조표가 시작되었고, 14세기부터는 상인들의 원격지 사업을 수행할 수 있게 해 준 환어음이 사용되었다. 이 시기는 역사상 유명했던 군주들의 채무 불이행이 시작된 시대이기도 했다. 영국 국왕들이 이탈리아 은행가들에게 채무 불이행을 선언함으로써 은행 파산과 국제적인 금융경제 위기를 야기했던 것이다.

수 세기 동안 한편에서는 시장의 수급에 의해서 조정되는 도시 상업이 운영되고 다른 한편에서는 물물교환과 자급자족에 근거한 거대하고 전통적인 농업 장원경제가 운영되었으며, 이 별개의 경쟁적인 두 부문 사이에 교역 활동이 이루어졌다. 그러나 점진적으로 생산성이 더 뛰어난 시장 영역이 빠르게 팽창하고 유럽의 경제적 자원들을 더욱 더 시장 영역 안으로 끌어들임으로써, 종래 장원 영역을 주변부로 축출해 버렸다. 그 후 장원 영역은 역사

기록으로만 남게 되었다. 14세기에 인구를 괴멸한 흑사병과 대기근 사태가 발생하기 이전에, 세분화된 정치적 환경을 넘어 작동했던 유럽의 특징적인 시장경제 모델의 윤곽이 분명히 모습을 드러내고 있었다.

물레방아의 동력이 유럽의 경제적 흥기를 이끌다

유럽의 운명을 결정하는 중요한 문제로서, 장원 영역을 능가하는 도시의 활력은 물레방아를 얼마나 다르게 활용했는가 하는 점에서 선명하게 드러난다. 장원에서 물레방아는 곡물을 빻는 전통적 기능 이외에는 거의 하지 못했다. 이에 비해 집중된 상업시장의 영향 아래 도시의 물레방아는 11세기부터 13세기에 전개된 유럽 초기 산업 도약에 동력을 제공함으로써 기술혁명의 주요 동인으로 탈바꿈했다.

기원전 1세기에 있었던 물레방아의 발명은 문명사의 분수령 중 하나로 기록된다. 주로 경지 관개용 물을 끌어 올리려는 목적으로 동물의 힘으로 움직이던 고대의 노리아(말하자면 물동이들의 연쇄)가 물레방아의 오래된 사촌이었다. 이와는 대조적으로 외륜의 물갈퀴 판이 설치된 물레방아는 끊임없이 흐르는 물 속에 들어 있는 물의 에너지를 생산적인 작업을 하기 위한 에너지로 자동으로 전환시켰다. 말하자면 물레방아는 역사상 최초의 기계식 엔진이었다. 인류가 출현했을 무렵 불을 사용하고 역사 시대 초기에 돛의 힘을 이용한 이후, 물레방아는 무생물 에너지를 동력화한 첫 번째 돌파구가 되었다. 2000년 동안 수력은 자연력에 대한 문명의 구조적 통제의 절정이었다.

단순한 수평 물레방아는 물이 바퀴를 돌리면 바로 그 위에 평행하게 붙어 있는 맷돌이 함께 움직이는 구조로 되어 있는데, 주로 곡물을 빻아 밀가루를 만드는 용도로 전 세계에서 두루 쓰였다. 2명의 노예 혹은 당나귀를 동원해서 움직이는 고대의 수동 맷돌이 약 1.5마력의 힘을 내는 것에 비하면 이런 식의 물레방아가 몇 배는 더 강력했다.⁹ 바퀴를 물속에 수직으로 배치하는 혁신이 이루어지자 수동 맷돌보다 약 대여섯 배 정도로 힘이 증대되었다. 수직 하사식(下射式) 물레방아는 물레방아의 회전력을 캠축과 기어 장치를 통해 전달하여 맷돌 여러 개와 다른 장치들을 빠른 속도로 회전시켰다. 물론 그 회전속도는 가뭄, 홍수, 한파 같은 날씨 상황과 물 흐름의 변동에 따라 달라졌다. 중세 말 상사식(上射式) 수직 물레방아가 등장하면서 유럽의 초기 산업 발전에 결정적 영향을 미친 주요 개선이 이루어졌다. 이 물레방아는 물이 위쪽에서 바퀴의 판에 지속해서 떨어지도록 만들었는데, 종종 인공 연못에서 물을 흘려보내거나 댐으로 물을 가두어 두고 수문으로 조절하여 내보냄으로써 하사식보다 보통 세 배에서 다섯 배 이상의 효율을 얻었으며, 더 크고 더 강력한 바퀴를 사용할 수 있었다. 레오나르도 다 빈치는 운하의 수문, 양수기, 다리, 물레방아, 외륜선 등 각종 수력 기계의 많은 문제점들을 개선하기 위해 노력했는데, 그는 공학자들이 그 이유를 증명하기 약 250년 전에 이미 상사식 물레방아가 가장 효율적인 디자인이라는 것을 정확하게 지적했다.¹⁰ 중세 유럽에서 소수의 예외적인 상사식 물레방아는 최대 40~60마력의 힘을 낼 수 있었다. 베네치아에서 브르타뉴 그리고 도버에 이르는 해안 지역들에서는 심지어 해양의 조수 간만의 차로 움직이는 물레방아를 실험하기도 했지만, 수력 이용의 역사에서 주류는 아니고 늘 역사의 주변부에 머물렀다.¹¹

비록 물레방아는 도처에 존재했지만, 11세기까지 물레방아가 내는 힘은 일반적으로 미약한 수준이었고 산업에 적용되는 일도 드물었다. 노르만 인들은 1066년 영국을 정복한 후 그들이 획득한 과세 자산을 조사하고자 『둠즈데이 북』(1086)을 편찬했는데, 여기에는 세번 강과 트렌트 강 남부에 적어도 3000곳의 거주지에 5624개의 물레방아가 있다고 기록되어 있다. 거주지한 곳당 물레방아가 거의 2개나 있었다는 의미이다. 무척 번성하고 인구가 많았던 유럽 대륙과 비슷한 규모다. 9세기 초 샤를마뉴 대제도 물레방아에 세금을 물릴 만큼 물레방아는 널리 확산되어 있었다. 물레방아에 동력을 공급하기 위해 강에 댐을 건설한 사실이 12세기부터 프랑스 역사 연대기에 등장한다. 한 왕이 자신이 포위하고 있던 도시를 빨리 항복시키기 위해 물레방아를 돌리는 데 필수불가결한 댐들을 파괴했다는 기록도 있다.[12] 14세기 초, 파리 근처의 센 강에는 불과 1.6킬로미터 안에 68개의 물레방아가 집중되어 있었다. '수상 물레방아'는 주요 도시의 다리 아래에서 흔히 볼 수 있었다. 실제로 거주 지역 내의 적당한 작은 하천에는 빠짐없이 0.4~0.8킬로미터마다 물레방아가 있었다. 18세기에 산업혁명이 시작될 즈음, 유럽에는 대략 50만 개가 넘는 물레방아가 있었다.[13] 이 물레방아들 전체에서 얻는 거대한 에너지는 서구의 물질문명이 상당히 진보된 단계에 도달했음을 나타내는 징표라 할 만하다.

그러므로 세계사에 물레방아가 가한 가장 거대한 충격은 유럽에서 나타났다고 할 수 있다. 특히 11세기 이후 물레방아가 초기 산업에 가장 광범위하게 적용되었기 때문이다. 물레방아는 기계 전동장치, 플라이 휠, 캠축, 컨베이어 벨트, 도르래, 이동장치 그리고 피스톤 등의 실험을 자극했고, 이는 산업 생산의 핵심적인 노하우를 개발하는 발단이 되었다. 수력을 산업에 활용하는 놀라운 기술의 선봉에는 수도원이 있었다. 성 베네딕트는 고독한 은둔 생활을 그만두고, 529년 남부 이탈리아의 몬테 카시노에 설립한 수도원 공동체를 위해서 베네딕트 수도원 규칙을 제정했다. 그 이후 유럽의 수도사들은 영적으로나 물질적으로 그들 공동체에 도움이 될 육체노동에 적극적으로 임했다. 자급자족적인 수도원 공동체는 초기 중세 문명에서 중요한 역할을 수행했다. 이들은 고대의 문헌을 보존하고, 고전 교육을 부활시키며, 이교도들을 기독교도로 개종시켰다. 이런 역할들보다는 좀 덜 알려져 있지

8 몰드보드 중쟁기는 10세기경에는 북서 유럽에 널리 보급되어 이 지역의 농업혁명과 뒤늦은 경제 성장을 가속화했다.(위) 항행 가능하고 유속이 빠른 북유럽의 많은 강들은 상업과 생산의 동맥 역할을 했다. 프랑스 북서부에서 볼 수 있는 물레방아를 이용한 이런 제분소는 유럽 전역에서 볼 수 있다.(가운데)

9 중세 유럽의 산업 생산에는 수력이 많이 이용되었다. 1734년 스웨덴의 압연 공장(아래)이나 용광로에 바람을 불어넣는 거대한 가죽 송풍기 등이 대표적이다.

만, 이들은 또한 제방 건설과 유지, 늪지의 배수, 다리 건설 같은 많은 수리 기술들을 발달시키고 확산시켰을 뿐만 아니라 수도원 활동에 수력을 적극 활용했다.

가장 야심찬 수력 기술의 선구자들은 11세기 말에 설립되어 급속히 팽창한 시토 수도회였다. 이 수도회는 수력을 이용하기 위해서 의도적으로 강 근처에 수도원을 설립했고, 때때로 큰 제조소도 보유하고 있었다. 유명한 신비주의자이자 시토 수도회의 지도자로서 북부 프랑스 분지에 위치한 클레르보 수도원에 기거하던 성 베르나르보다 수력을 더 잘 이용한 사람은 역사적으로 찾기 힘들다. 수도원에는 약 3킬로미터 길이의 도랑을 통해 오브 강물을 끌어왔다. 당대 관찰자들의 묘사를 알기 쉽게 바꾸면 이렇다.[14] 처음에는 물이 제분기로 빠르게 흘러들어 가서 이 기계의 바퀴가 맷돌을 돌려서 곡물을 빻고 큰 여과기를 흔들어서 겨와 밀가루를 분리해 낸다. 옆 건물에서는 양조를 위한 보일러에 물이 가득 채워지고, 이어서 축융(縮絨) 중인 직물을 내리치는 무거운 해머를 움직인다. 무두질 후에 물은 많은 작은 작업장으로 흘러간다. 이 물은 나무를 톱으로 켜고, 올리브를 압착하는 일에 이용되며 요리, 세척, 목욕에 쓰인 다음 마지막으로 모든 쓰레기를 떠내려 보낸다. 12~13세기에 시토 수도회는 영국, 프랑스, 덴마크, 이탈리아에 있는 제철소에서 수력을 활용하는 점에서 획기적 발전을 이루어 냈다. 그들은 수 세기 동안 유럽의 주도적인 철 생산자였다.

성장하는 유럽의 상업 도시들이 수도원으로부터 물레방아를 이용하는 노하우를 전수받아 물레방아는 더욱 시장지향적인 산업에 활용되었다. 수력은 기계화된 제재소를 움직이게 했고, 나무와 금속에 구멍을 뚫었으며, 맥주 주조용 맥아 혼합물을 세게 내리치는 데에도 이용되었다. 광업에서는 금속을 부수거나 수직 갱도의 환기기계를 움직이게 했고, 갱내수(坑內水)가 담겨 있는 물받이를 이동시키고 광석을 파내어 땅위로 이동시키는 윈치를 끌어 올렸다.

그러나 물레방아의 동력이 유럽의 경제적 흥기에 가장 극적인 충격을 준 부문은 제지업, 직물업, 철 단조(鍛造) 같은 중요한 산업들이었다. 펄프를 내리치는 거대한 수력 타해기를 갖춘 제지소는 1000년경에 바그다드에서 다마스쿠스로, 1151년경에는 무슬림 지배하의 스페인으로 넘어왔다. 기독교 유럽의 첫 번째 수력 제지소는 1276년 이탈리아의 파브리아노에서 문을 열었으며, 바로 직후에 이곳에서 워터마크(종이 속의 투명무늬)를 개발해 냈다. 제지업은 생산 과정에서 많은 양의 깨끗한 물을 투입해야 했기 때문에, 대부분의 제지소는 도시 근처의 상류에 위치해 있었다.(도시를 지나면 물이 오염되기 때문이다.) 대량 생산을 통해 종이의 원가를 절감했고, 이 덕분에 12세기에 기독교 수도원과 이슬람 문명권의 번영하는 중심지에서 시작된 초기의 상업적 출판업이 발전할 수 있었다. 15세기에 획기적인 인쇄기가 발명될 길을 닦은 셈이며, 다시 이것은 광범위한 대중에게 책과 지식을 확산시킴으로써 서구 인문주의와 과학의 기반을 강화하고 유럽 사회를 민주화시키는 데 도움을 주었다. 말하자면 최초의 정보혁명이었다.

직물업 또한 유럽 역사에서 특별한 위치를 차지했다. 직물업은 잉글랜드, 북유럽, 지중해 유럽에 걸친 시장 네트워크 속에서 원재료 공급자, 중개인, 완제품 생산자들이 서로 연결된, 그리하여 일찍부터 해외로 팽창해 나간 주요 산업 중 하나였다. 물레방아의 기계화는 직물 축융공들이 사용하던 타해기에 동력을 공급했고, 중국의 실크 직조기가 13세기에 서구에 도입되었을 때는 실크 방적기를 움직이는 동력이 되었다. 14세기경에 이탈리아 루카의 한 실크 공장은 480개의 방추를 움직이는 하사식 물레방아를 사용했다.[15] 궁극적으로 18세기에 잉글랜드에서 수력을 이용해 생산한 면직물과 다른 저가 직물은 산업혁명의 중요한 특질이라 할 수 있는 완전 기계화된 공장에서 만들어졌다.(역사상 최초의 기계화된 공장이었다.)

물레방아는 또한 중세 유럽에서 철을 용해하는 용광로를 개발하는 데에도 결정적인 공헌을 했다. 12세기에 거대한 철제 교회 종을 주조해야 한다는 종교적 수요가 첫 돌파구가 되었다.[16] 다음 여러 세기에 유럽의 제철소는 수력을 이용해야 하기 때문에 나무가 울창한 삼림 지대에서 강변이나 물이 빠르게 흐르는 제방 근처로 이전했다. 물레방아는 점진적으로 대장장이의 팔을 대체해 나갔다. 물레방아는 큰 것은 450~1500킬로그램, 작은 것은 70킬로그램인 기계식 해머를 분당 200회씩 움직여서 철에 거대하고 단일한 타격을 가하며 형태를 잡아 나갔다. 14세기 말, 지름 수 미터 정도의 거대한 가죽 풀무 한 쌍을 물레방아로 움직여서 강력한 공기돌풍을 용광로에 불어 넣게 되었다. 이런 일을 몇 주 동안 쉬지 않고 하면 용광로를 섭씨 1500도까지 가열해서 철광석을 용해할 수 있었다. 이제 유럽에서 최초로 충분한 양의 용해된 철을 주조할 수 있게 되었다. 수력을 이용하는 용광로를 바탕으로 조만간 철 제조업은 전통적인 소집단 수공업에서 유럽 최초의 대량 생산 산업으로 전환했다. 1500년경, 유럽의 철 생산은 6만 톤에 달했다. 역사상 가장 소박하지만 가장 유용한 발명품 중의 하나인 쇠못의 수요가 폭증하면서 새로운 수력 압연 공장이 등장했다. 이런 공장에서는 두 개의 철제 실린더가 철을 막대 모양으로 평평하게 만들고, 회전식 원반을 통해 기계적으로 절삭하여 쇠못을 만들었다. 제철소에서는 불로 달구어진 가단성(可鍛性) 있는 다량의 철을, 목조 샤프트(굴대)에 달려 있는 기계식 해머로 내리쳐서 다양한 형태로 바꿈으로써 농기구나 공업기구를 만들었다. 또 철이 동시대에 확산된 화약과 결합하여 대포와 화기를 만들어 내자 유럽의 함선과 군인들은 향상된 무기로 무장했고, 이것은 유럽이 세계 각지의 사회를 압도적인 힘으로 정복하는 요인이 되었다.

비록 대부분의 다른 기술들과 경제 성장은 상대적으로 뒤처졌지만, 1150년경 유럽은 물레방아의 동력을 초기 산업에 활용하는 부분에서는 중국과 이슬람의 선진 문명들과 동등한 수준에 이르렀다.[17] 역사상 가장 당혹스러운 질문 중 하나는, 왜 유럽에서만 이러한 맹아기에 있던 기술적 능력이 지속적으로 발전하여 18세기에 산업혁명으로 이어졌느냐는 것이다. 이슬람의 실패는 부분적으로 이렇게 설명할 수 있다. 이슬람 문명권에는 연중 물이 흐르는 작은 하천이 부족해서 수력과 내부 수로교통이 모두 빈약했다. 그리하여 이슬람 문명의 역사적인 궤적은 어쩔 수 없이 먼 길을 터벅터벅 걷는 낙타를 이용한 육로 교통망으로 이끌려 갔다. 중국은 값싼 노동력 과잉이 주요한 장애로 작용해 기술 혁신이 그리 급하지 않았다. 만일 고용을 감소하는 기술 혁신이 일어나면 오히려 그것이 기존 사회 질서와 정치 질서에 잠재적인 위협이 될 수도 있었다. 중국의 대운하 운송망은 국가가 내부 경제를 강력하게 통제할 수 있게 해 주었지만, 동시에 민간 시장을 혁신하는 자극을 점차 둔화했다. 원인이 무엇이든 최종 결과는 상찬을 받던 중국의 기술적, 과학적 노하우들이 엄밀한 의미에서 결코 산업 생산에 활용되지 못했다는 것이다.

이와 대조적으로 유럽의 수자원들은 시장지향적인 산업과 다원적이고 자유민주주의적인 국가의 발전에 유리한 조건들을 제공했다. 강우에 의존하는 쟁기 농업, 그리고 항행 가능하며 에너지를 공급해 주는 무수히 많은 작은 강 덕분에 분권화되고 독립된 수많은 지역들이 흥기할 수 있었다. 해상무역상들이 가장 유리한 조건을 제시하는 항구를 찾아 자유롭게 이동했던 것은 이웃 국가들 간의 자연스러운 경쟁을 불러일으켰고, 이는 사적 소유권과 개인의 정치적 권리를 더욱 발전시켰다. 인류학자 마빈 해리스는 의회 민주주의와 자본주의가 왜 유럽에서 처음 출현했는가에 대하여 역수력이론(inverse hydraulic theory)을 제시했다. 그에 따르면 북유럽의 상황은 다음과 같았다.

나일 강, 인더스 강, 또는 황허 강 같은 강들이 존재하지 않았고, 겨울에는 눈이 여름에는 비가 들판의 농작물과 목초를 위해 충분한 수분을 제공해 주었다. 인구는 큰 강 유역보다 더욱 분산되어 있었다. (……)

큰 강 유역의 전제군주들과는 달리 유럽 중세의 국왕들은 들판에 물을 공급하거나 끊을 수 없었다. 국왕이 그의 성 안에서 포고를 내리는 것과 관계없이 비는 내렸고, 생산 과정에서 엄청난 숫자의 일꾼들을 조직할 필요도 없었다. (……) 그리하여 봉건 귀족은 전국적인 통치체제를 세우려는 모든 시도에 저항할 수 있었다.[18]

수자원을 통제하지 못했으므로 권위주의적이고 중앙집권화된 국가가 광대한 지역을 확고하게 지배하는 일은 일어나지 않았다. 그 결과 독립적이고 협동적인 장원 마을들과 경쟁적인 시장 중심적 도시들이 사회의 정치경제 규범을 형성했다. 로마제국 시대에는 노예가 노동력을 절감하려는 혁신을 가로막는 원인이었다. 중세에 이르러 노예는 거의 사라졌고 값싼 노동력이 부족해졌다. 시장의 이윤추구 논리에 따라, 유럽의 잠재적 수력을 기계화된 기술에 적용해 부족한 노동력을 극복했다. 국가 간 경쟁이 더욱 가속화되면서 유럽의 상업과 산업은 혁신을 향해 나아갔고, 끝까지 중앙집권적 통제를 피할 수 있었다. 이와 같은 발전의 길이 유럽의 경제적 흥기를 이끌었다.

물과 결혼한 도시, 베네치아

950년에서 1350년 사이에 일어난 상업혁명과 기술혁명은 북유럽과 지중해 유럽 간 시장 교환을 자극해서, 점진적으로 두 지역은 통합된 경제 지역으로 연결되었다. 초기에 북유럽과 남유럽 사이 교역의 중심축은 육로에 있었다. 계절별로 열리는 정기시(定期市) 형태였다. 이곳에 유럽 전역의 상인들이 모여들어 진열된 견본품을 보고 매매 계약을 맺었다. 11세기 말부터 14세기 초까지 프랑스 북동부의 샹파뉴 지역에서 가장 큰 6개의 정기시가 돌아가며 열려서 거의 일 년 내내 지속되었다. 지중해에서 북해까지, 그리고 발트 해에서 영국 해협까지 거의 모든 주요 도로와 수로가 이곳을 경유했다. 하지만 훨씬 저렴하고 빠르며 더욱 믿을 만한 대안 시장, 즉 지중해와 북해를 직접 연결하는 대서양 교역로가 개통되자마자 샹파뉴 정기시는 급속하게 쇠락했다. 민간 상업이 추동한 대서양 교역로는 이질적인 환경을 지닌 유럽의 두 지역을 역동적이고 단일한 시장으로 결속했고, 그 결과 유럽의 경제적 도약과 서구 문명의 상승에 불을 붙였다.

후일 유명한 플랑드르 선단으로 발전할 선단 중의 하나가 1297년 제노바에서 브루게로 항해를 시작했다. 1315년경에는 정규 호송 선단이 베네치아와 제노바에서 북해로 운항했다. 1297년부터 1532년까지 235년 동안 플랑드르 선단은 이탈리아와 저지대 사이를 항해했다. 이 두 지역이 유럽 경제의 한 쌍의 중심지였다가 18세기에 영국으로 중심지가 이동했다. 플랑드르 선단은 동양의 향신료를 비롯한 몇몇 사치품뿐 아니라 부피가 큰 양모, 원재료, 그리고 염장 청어 등을 수송했다.

대서양 교역로의 흥기에서 주목할 만한 사건은 지브롤터 해협에 대한 무슬림의 지배권이 붕괴한 것이다. 역사 시기 내내 이 폭 12킬로미터의 해협에 대한 통제권은 권력과 부의 원천이었다. 이 해협은 로마 인들에게 '헤라클레스의 기둥'으로 알려졌다. 고대에는 신비로운 기원을 지닌, 오래전에 사라진 도시국가 타르테소스가 수 세기 동안 확고하게 이 해협을 지배해 왔다. 타르테소스는 지브롤터 해협 외곽의 과달키비르 강 입구에 위치해 있었는데, 청동을 만들기 위해 브르타뉴와 콘월 같은 먼 곳에서 수입되는 값비싼 주석과 그 지역에서 채굴되는 은과 납 등을 거래하는 무역 중심지로서 번영을 누렸다. 페니키아 인들은 가데스(지금의 카디스 항) 동쪽 가까이에 교역 식민지를 건설했지만 타르테소스가 독점한 대서양 항해에 도전장을 내밀지 못했다. 마침내 기원전 500년경에 타르테소스가 역사에서 사라진 이후 카르타고의 페니키아 인들이 부상했다. 페니키아 인들은 히밀코라는 사람이 이끄는 원정대를 보내, 옛 타르테소스 교역로를 따라 북대서양을 탐사하게 했다. 그 이후 두 세기 동안 카르타고는 해협의 주인이 되었고, 이 해협을 통과하는 수익성 높은 교역을 독점했다. 포에니 전쟁에서 카르타고가 패배한 이후에는 로마가 이 해협을 지배했다. 이제 로마제국은 유럽 서부와 북서부 주요 강들의 입구를 바다에서 통제함으로써 제국의 안전을 확보할 수 있었다. 아우구스투스 황제는 이 기회에 라인 강에서 엘베 강으로 제국의 경계를 확장하려는 목적으로 북해 먼 곳으로 선단을 파견했지만 이 사업은 결국 실패로 끝났다. 지브롤터 해협을 오래 독점해 이득을 본 다음번 거대 문명은 스페인과 모로코 양편의 땅을 모두 지배한 이슬람 문명이었다.

1291년 제노바의 베네데토 자카리아가 전략적으로 지극히 중요한 이 해협을 방어하던 모로코 함대를 격파하면서 유럽이 해협 돌파에 성공했다.[19] 자카리아는 다채로운 이력을 지닌 인물이었는데, 그가 세운 공훈들은 유럽이 처음 상승할 때의 생기 넘치는 정신을 구현하고 있다. 제노바의 최대 경쟁자였던 베네치아의 마르코 폴로가 자카리아와 동시대 사람이었다. 실제로 자카리아가 유럽사에서 중요한 역할을 했던 대규모의 모험사업을 벌이고 있을 때, 마르코 폴로는 제노바의 감옥에 수감되어 실크로드와 동방에 대한 그의 이야기를 구술하고 있었다. 에게 해에서는 해적질로, 몇몇 국가에서는 해군 용병 지휘자, 외교관으로 시리아에서는 십자군으로 그리스 섬의 통치자로, 스페인 항구의 총독으로 그리고 유럽의 가장 강력한 명반(明礬, alum) 왕으로 자카리아가 화려한 이력을 쌓는 중에 그의 많은 배들은 플랑드르에서 흑해에 있는 크림 반도까지 거의 모든 중요한 항구를 방문했다. 자카리아는 11세기 말 지중해의 강국으로 부상한 제노바 공화국의 상류 상인 계층에 속했다. 피사와 아말피를 비롯해서 이탈리아 서부 해안의 도시국가들이 자신들의 바다에 침입하는 무슬림 침입자들을 격퇴하기 위해 제노바와 연합한 이후 제노바는 지중해의 강대 세력으로 부상했다.[20]

양모, 직물, 염료 등을 거래하는 젊은 무역상이었던 자카리아는 1274년 비잔티움제국에 해군력을 지원하는 대가로 그 자신이 소아시아에서 조사했던 최상 등급의 거대한 미개척 명반석 광상(鑛床) 개발권을 얻어 냈다. 명반석을 가공 처리하면 명반이 된다. 명반은 중세 시대에 여러 용도로 쓰였지만 특히 직물을 염색할 때 착색제로서, 혹은 무두질 과정에서 경화제로서 대단히 중요했다. 최상 등급의 명반이 있으면 직물의 색이 바래지 않고 아주 잘 고정되었기 때문에, 명반의 등급은 이탈리아, 플랑드르, 잉글랜드의 경쟁적인 염색 중심지들 간에 경제적 패권 질서를 결정하는 주요 요소였다. 명반은 엄청난 부피 탓에 육로 운송비가 너무 비쌌기 때문에 지중해의 해상 교역로에 위치한 국가들이 비교우위를 누렸다. 그런데 마침 이곳에 이 시대 최고의 광상이 위치해 있었다. 소아시아의 한 채석장에는 자카리아가 소유한 것보다 뛰어난 등급의 명반이 묻혀 있었다. 이에 자카리아는 정치적 계략을 통해, 그가 그 채석장에 대한 소유권을 확보할 때까지 일시적으로 개발을 막는 권리를 얻어 냈다. 자카리아는 거대한 명반을 정련하는 과정에서 거대한 통을 사용했는데, 이 통들을 보호하기 위해 육상에는 요새를 짓고 바다에는 순항하는 배들을 띄웠다. 직물 시장을 향한 호송 선단이 항해를 시작하면 무장 군인들이 안전하게 운송하기 위해 명반 화물선을 지켰다. 가장 유리한 시장가격을 찾던 자카리아는 필연적으로 북쪽으로 향했다. 그의 배들 중 한 척은 지브롤터 해협을 지나 1278년 잉글랜드에 닿았다. 1291년 자카리아가 지브롤터에서 이슬람권의 모로코 함대에 승리할 수 있었던 동력은 결국 돈의 유혹이었다. 이로써 대서양 해안이 열렸으며, 이제 유럽은 방해받지 않고 운송할 수 있게 되었다. 해군 전사이자 최후에 십자군이 되는 자카리아는 1307년 혹은 1308년에 사망하면서, 후손에게 중세 유럽 최초이자 최대인 민간 상품제국을 물려주었다.

선구적인 역할을 한 것은 제노바였지만, 궁극적으로 플랑드르-지중해 해상무역으로 가장 큰 이득을 얻은 쪽은 제노바의 최대 라이벌인 베네치아였다. 베네치아는 아드리아 해 위쪽의 작은 섬들이 점점이 박힌 석호의 요새에서 시작되었다. 베네치아 공화국은 10세기부터 지중해 유럽의 부활을 이끈 최초의 이탈리아 도시국가들 중 하나였다. 최초의 뿌리부터 베네치아는 물과 '결혼'한 상태였다. 실제로 물과의 결합을 상징적으로 기념하는 큰 축제가 매년 열리는데, 이 축제는 매번 새 반지를 물에 던지는 것으로 정점을 이룬다. 5세기에 야만족의 침입을 피해 달아난 로마 주변 시골 지역의 시민들이 이 지역의 질척거리는 습지와 섬들에 자리 잡았을 때부터 베네치아는 도시 사회가 겪을 수 있는 가장 힘든 물의 도전에 운명적으로 직면했다. 농업이나 농토가 없는 베네치아의 평평하고, 질척거리며, 종종 침수되는 섬들은 지속적으로 배수가 이뤄져야 했고, 또한 석호 바닥에서 긁어낸 토양을 쌓아야 했으며, 고된 인공 장벽을 건설해 조수를 막아야 했다. 또 말라리아와 늪에서 나오는 독기로 인한 질병들도 만연했다. 1321년 위대한 『신곡』의 저자이자 직업 외교관이었던 단테는 포 강의 항행권과 관련한 특별한 임무를 부여받고 베네치아에 갔지만 그곳 지도자들에게 우호적이지 않은 대접을 받았고, 결국 말라리아가 퍼진 소택지(沼澤地)를 지나서 라벤나로 돌아올 수밖에 없었는데, 이 와중에 그곳에서 열병에 걸려 숨지고 말았다.[21]

석호의 물고기와 소금을 제외하고는 천연자원이 빈약했기 때문에, 베네치아는 초기부터 상업과 해상력에 의존했다. 6세기경, 평저선 형태인 베네치아의 교역용 바지선이 북부와 중부 이탈리아의 여러 강 위를 돌아다녔다. 9세기에는 기독교 세계에서 가장 크고 부유한 도시였던 콘스탄티노플의 보호 아래 무슬림이 지배하고 있던 지중해로 과감히 나아갔다. 10세기에 이르러 베네치아는 자력으로 해상 교역 강국으로 부상하기 시작했다. 베네치아의 배들은 지중해 유럽과 레반트의 항구들 사이를 항해했다. 이 배들은 자국에서 생산한 소금과 유리뿐 아니라 철, 목재, 해상 보급품, 여기에 더해서 노예까지 부피가 큰 서구의 상품들을 가지고 이슬람권의 알렉산드리아에 가서, 낙타 대상이나 해상운송을 통해 들어온 향신료, 실크, 상아 같은 동방의 사치품과 교환했다.

전적으로 해양 상업을 지향했던 공화국 베네치아는 고대 아테네의 민주주의적 자유 시장 전통을 부활시켰다. 이러한 고대 그리스의 전통은 중세 유럽을 경제적으로 각성시킨 유리한 환경 속에 더 깊이 뿌리내리며 번성했을 뿐 아니라, 유럽의 다른 지역으로도 이식되었다. 베네치아는 역사상 가장 오래 지속된(1100년) 공화국이 되었고, 근대 자본주의의 중요한 선구자 중 하나였다. 베네치아는 이윤 추구와 상업에 전념했다. 투기적인 모험사업에 활발히 참여했던 베네치아의 지도자들은 여러 차례 라틴 교회에 공공연하게 도전했으며, 심지어 자신들의 중요한 상업적 이익 추구를 방해하는 교황의 지시를 따르느니 차라리 파문을 감수했다.

1082년경에 베네치아는 지중해상의 권력 측면에서 콘스탄티노플과 동등한 위치에 섰다. 그해에 베네치아 상인들은 노르만의 국지적인 침입에 대항하여 비잔티움제국에 해군력을 지원했고, 그 대가로 비잔티움제국의 관세 면제를 비롯해 여러 특별한 무역 특권을 얻었다.[22] 1203~1204년경에, 80대의 맹인 도제인 엔리코 단돌로의 주도 아래 베네치아는 놀라울 정도의 교묘함, 계산된 위험행위, 그리고 훌륭한 무기들을 동원해 지중해의 주인이 되었다. 그는 교황의 소망과는 반대로, 4차 십자군의 노르만 군인들을 꾀어내 원래의 목표였던 이집트가 아닌 콘스탄티노플을 성공적으로 포위하고 약탈하게 만들고는 십자군 수송 함대를 제공한 대가를 받아 냈다.[23] 베네치아는 400년

전 무슬림 군대가 포위 공격을 하고도 빼앗지 못했던 금각만을 장악하는 데 성공했다. 베네치아 군대는 450미터의 금각만 입구를 가로지르는 큰 쇠사슬을 위아래로 움직이는 데 쓰이던 거대한 원치를 장악했다. 그다음 한쪽으로는 베네치아의 수호성인 성 마르코가 그려진 깃발과 함께 단돌로가 이끄는 베네치아의 군대가, 다른 한쪽으로는 노르만 군대가 들어왔다. 이는 약 900년 전 콘스탄티누스 황제가 이 도시를 세운 이후 성벽을 무너뜨린 첫 사례이며, 이 도시가 함락되어 기독교도의 손에서 투르크의 손으로 넘어가기 250년 전의 일이었다. 이후 몇 달간의 정치적 술책, 최종 포위 공격, 그리고 관례적인 3일간의 시내 약탈이 이어진 후 엔리코 단돌로는 노르만 십자군과의 협정을 통해서 베네치아에 이득이 될 비잔티움제국 내 최고의 지역들을 얻었다. 베네치아는 금각만의 정면 지역을 포함하여 콘스탄티노플의 8분의 3을 차지했고, 비잔티움제국 전역에 대한 자유 무역권을 얻어 내는 한편, 베네치아의 최대 경쟁자들이었던 제노바와 피사는 비잔티움제국 출입을 금지했다.[24] 베네치아는 자국에서 흑해에 이르는 항구들의 연결망을 장악했다. 4차 십자군은 이집트나 성지를 공격하려던 본래의 목적을 결코 달성하지 못했으며, 다만 베네치아만이 유일한 승자였다.

대서양 무역의 주역, 코그선의 등장

기독교 유럽이 다시 지중해를 통제하는 동시에 북유럽 해상 운송이 증대하고 또 지브롤터 해협을 통해 북유럽 해상과 지중해가 연결되면서 조선공학, 항해술, 의장(艤裝) 같은 부문에서 여러 획기적인 발전이 이루어져 14세기 초부터 유럽의 선박은 한 단계 높이 도약했다. 견고하고 기동성이 크며 노가 없는 대형 범선은 처음으로 날씨에 구애받지 않고 연중 화물을 운송할 수 있게 되었다. 이 선박들은 15세기 말 지리상의 대발견 시대에 세계를 변화시킨 대양 횡단의 직접적인 선구자가 되었다.

중국에서 개발된 나침반은 13세기에 지중해를 항해하는 데 큰 도움이 되었다. 북부 해안에서는 흔히 바다 밑바닥을 살펴보고 항로를 찾아 항해했지만, 지중해는 수심이 너무 깊어서 이 방법을 사용할 수 없었기 때문이다. 1280년경부터 1330년경까지 의장과 선박 디자인에서 근본적인 개선이 이루어졌다.[25] 이때 두 가지 중요한 선박 디자인이 출현했다. 베네치아의 조선소는 2개, 나중에는 3개의 돛대와 삼각돛을 갖춤으로써 역풍에 맞서서 기동성을 높여 주는 대형 범선을 건조하기 시작했다. 이 배에는 전통적인 갤리선처럼 노가 있었지만, 항구를 드나들 때에만 사용되었다. 1300년경부터는 훨씬 크고 견고해진 북유럽의 코그선 모델이 나타났다. 중앙 선미 방향타를 갖추고, 널빤지 겹쳐잇기 방식으로 뱃전을 만든 코그선은 결국 대서양 무역의 주역이 되었다. 그러나 코그선은 지중해에서 기동성이 떨어졌고, 사각돛을 썼기 때문에 지브롤터 해협에서 강력한 편서풍을 거슬러 가는 데 문제가 있었다. 이 문제를 극복하기 위해 코그선은 두 번째 마스트(배의 후미에 설치된 미즌마스트)에 삼각돛을 설치하여 성능을 향상시켰다. 특히 제노바 인들이 이 새로운 코그선 모델을 채택했다. 그들은 선체를 더욱 키웠고, 1400년경에는 명반과 부피가 큰 다른 상품들을 최대 600톤까지 운송할 수 있었다. 경쟁자였던 북부 한자동맹 선박 운송량의 두세 배에 해당하는 양이었다. 지중해에서 처음 등장한 이 새로운 선박들은 훨씬 적은 수의 선원들이 승선했고, 갤리선의 전통적인 전법, 즉 충돌한 이후에 배에 올라타서 전투를 벌이는 방식에 대처하기 위해 석궁을 무기로 사용했다.

새로운 선박 디자인과 개선된 항해술의 결합 덕분에 지중해에서 운송 속도와 운송량이 획기적으로 발전했다. 이탈리아에서 이집트, 레반트, 소아시아를 오가는 왕복 항해가 1년에 한 번에서 두 번으로 늘어났다. 그 이전

수 세기 동안에는 통상적으로 외국 항구에서 겨울을 났다면, 이제 이탈리아의 선단은 2월에 동지중해로 떠나 5월에 돌아와서 다시 선창에 화물을 실은 뒤 8월 초에 출발하여 성탄절에 돌아왔다. 이와 같은 전천후 운송이 대서양과 북부 해안으로도 확산되었다. 처음으로 통일적이고 가격 통합적인 시장의 상업 운송망이 지중해에서 대서양과 북해에 이르는 유럽 세 바다의 해안선을 따라 조직됐다. 자카리아의 명반 선박들, 플랑드르 선단, 그리고 다른 선단들이 이 운송망을 따라 움직였다. 한파와 기아, 농민 반란, 그리고 마지막으로 유럽 인구의 4분의 1에서 3분의 1을 괴멸한 흑사병까지(유럽의 인구는 1480년에 가서야 흑사병 발발 이전 수준을 회복했다.) 14세기에 무수한 재앙이 일어났음에도, 거대한 경제 자극으로 인해 유럽은 성장을 지속할 수 있었다.[26]

해상 운송이 통합되면서 유럽 전역에 걸쳐 경쟁적인 시장이 다시 조성되었다. 이 시기부터 발트 해 지역 사람들은 남부 유럽에서 수입된 소금을 이용해서 겨울 내내 청어와 양배추를 보관할 수 있었다. 염장 청어는 지중해 방면으로도 주요 수출품이 되었다. 발트 해의 청어 떼가 15세기에 북해로 이동하여(이는 역사상 가장 불가사의한 생태 사건들 중 하나이다.) 네덜란드의 어장 안으로 들어온 결과 북유럽의 상업 권력이 네덜란드에 집중되었다. 역사의 경로를 바꾼 또 다른 자연적 변화 사례 중 하나는 1500년경 브루게의 항구가 침니로 막힌 것이다. 이로 인해 대서양 해안의 선단들이 안트베르펜으로 향할 수밖에 없어서, 안트베르펜은 운 좋게 남북 무역의 북쪽 중심지 지위를 이어받았다. 그러나 이 모든 것보다 역사적 의미가 훨씬 큰 수상 돌파가 유럽 대륙 가까운 수평선에서 일어나고 있었다.

8 지리상의 발견과 대항해 시대

대서양의 개통은 근대의 시작을 알리는 사건이었다. 해상 중심적인 새로운 세계체제는 지구상의 모든 지역을 더 가깝게 연결했고, 국제적인 교통망과 해상 교역망을 창출했다. 이것들이 시공간적인 측면에서 더욱 긴밀해지면서 오늘날의 통합된 글로벌 경제로 발전했다.

　　북유럽과 지중해의 이질적인 자원들은 해상운송을 통하여 통일적이고 시장지향적인 해상문명으로 융합되었다. 이 해상문명은 독립적이고 경쟁적인 많은 국가들로 구성되어 있었다. 이는 새 시대를 연 역사적인 전환점인 대양횡단 항해의 시작을 위한 전기를 마련했다. 세계의 다른 곳에서는 거의 주목하지 못했겠지만 1490년대에 획기적인 항해가 세 차례 이루어졌다. 아메리카를 왕복한 콜럼버스의 항해, 아프리카의 해안을 돌아 인도로 향한 바스쿠 다가마의 항해, 잉글랜드에서 출발해 북아메리카의 뉴펀들랜드에 닿았던 조반니 카보토(영국식 이름은 존 캐벗이다 — 옮긴이)의 항해가 그것이다. 대서양 해류와 무역풍의 비밀을 갑작스레 해독해 내 지구의 모든 대양을 가로질러 항해할 수 있게 된 해상 탐험의 세기의 결정판이었다. 이 항해들을 통해 유럽의 바다는 폭풍우가 몰아쳐서 도저히 뚫고 나갈 수 없는 장벽에서 오히려 역동적인 해상 항해의 강점을 지닌 장(場)으로 바뀌었다. 이제 서구 문명은 글로벌 패권을 향한 역사적 노정을 걷기 시작했다. 대서양 항해가 시작된 지 4반세기 만에 마젤란의 배들 중 하나가 역사상 최초의 세계일주 항해를 마쳤다. 애덤 스미스는 1776년 출판된 그의 저서『국부론』에서 콜럼버스의 아메리카 대륙 발견과 다가마의 인도 항로 개척이 "인류 역사에 기록된 가장 위대하고 중요한 두 가지 사건"이라고 적었다.[1]

대서양의 개통은 근대의 시작을 알리는 사건이었다. 대서양에서의 해양력과 세계 해로 통제권은 글로벌 권력과 부를 차지할 열쇠가 되어서 육상 지배의 중요성을 감소시켰다. 해상 중심적인 새로운 세계체제는 지구상의 모든 지역들을 더 가깝게 연결했고, 국제적인 교통망과 해상 교역망을 창출했다. 이것들이 시공간적인 측면에서 지속적으로 두터워지고 긴밀해지면서 오늘날의 통합된 글로벌 경제가 되었다. 비록 새로운 시대가 1500년경 시작되었다고는 하나, 대략 두 세기 동안 세계의 주도적인 문명들 사이에서 이 새로운 시대의 장기적인 궤적이 어떻게 그려질지는 분명하지 않았다. 분명한 것은 어떠한 문명도 서구보다 더 많은 것을 얻지는 못했다는 점이다. 대서양에서 서구가 누린 해상 우위와 우월한 해군력은 종종 시장의 힘에 의해 더욱 촉진되었고, 그 결과 세계의 우수한 해상 교역로에 접근할 수 있었다. 육상 중심적인 문명들이 물, 평원, 사막 같은 경계선을 넘기는 하지만 대체로 지역적인 팽창에 국한되었다. 마찬가지로 지중해나 인도양의 중추적인 해로들에 대한 통제권의 변화는 주로 지역적인 권력 관계의 재편성을 촉진했다. 그러나 이와 대조적으로 글로벌 대양 항해가 개막되면서는 유럽 인들이 향후 500년간 세계의 권력 균형을 재조정할, 저항할 수 없는 막강한 권력을 손에 넣었다.

유럽의 해상 융합과 대서양 돌파라는 장대한 사건을 상징적으로 보여 주는 것이 바로 캐러벨이다. 포르투갈의 소형 선박 캐러벨은 15세기 전반에 처음 바다로 나가기 시작했다. 20미터 길이에 배수량이 50톤 정도에 불과했고 최소한의 보급품만 실은 채 20명 정도의 소수 선원이 승선하는 배로서, 특히 탐험을 위해 설계된 배였다. 캐러벨에는 내부에서 조정하는 선미 방향타가 있었고, 둥근 선체는 평평하게 판자를 대 견고했으며, 바닥이 평평해서 얕은 바다나 다른 위험한 해안에도 출입할 수 있었다. 돛대는 3개였는데, 2개는 추진력을 위한 사각돛을 달았고, 1개는 역풍을 뚫을 수 있도록 민첩한 기동성을 확보해 주는 삼각돛을 달았다. 위험을 무릅쓰고 대양의 풍향체계와 미지의 해류들을 뚫고 나아간 선원들이 역풍을 맞았을 때 무사히 귀환할 수 있다는 합리적 가능성을 보장해 주었다. 콜럼버스와 다가마의 선단에는 모두 캐러벨이 포함되어 있었다.

캐러벨은 북유럽의 바다와 지중해 양쪽 모두의 선박 및 항해 전통의 특징들이 결합되어 만들어졌다. 지리적 여건으로 볼 때 포르투갈은 자연스럽게 이 결합의 산파 역할을 했다. 포르투갈은 대서양 연안에 항행 가능한 강들과 연결된 좋은 항구들을 지녔을 뿐 아니라 무엇보다 유럽 대륙 최서단에 위치한 리스본이라는 훌륭한 항구를 보유했기 때문에, 연안을 따라 항해하는 플랑드르 선단의 기항지로서 번영을 누렸다. 지중해로 향하는 창이 없었고, 게다가 나중에 스페인에 합쳐지게 될 이베리아 반도의 강력한 이웃 국가들로부터 늘 위협을 받았기 때문에 더더욱 포르투갈의 생존과 부는 대양을 이용하는 능력에 달려 있었다. 잉글랜드와 동맹을 맺어 독립을 확보한 1385년부터 스페인 국왕 펠리페 2세가 포르투갈을 성공적으로 지배하게 된 1580년까지 200년 동안, 소국 포르투갈은 대발견 시대의 선구적인 역할과 대양을 횡단하는 캐러벨을 통하여 세계 역사에 자국의 크기를 훨씬 넘어서는 거대한 영향을 끼쳤다.(1580년부터 1640년까지 포르투갈은 스페인에 합병되었다 — 옮긴이)

캐러벨의 영감을 받은 사람으로는 역사상 가장 흥미롭고 특이한 사람 중의 하나인 항해왕자 엔히크(엔리케)를 들 수 있다. 포르투갈 국왕과 영국인 왕비의 셋째 아들로 태어났고, 큰 키에 금발을 한 엔히크 왕자는 20대 중반인 1418년에 장차 세계 최초의 과학 연구소로 성장할 시설을 설립했다. 이 연구소는 아직 알려지지 않은 대서양 바다를 지나 아프리카 해안을 따라 내려가 미지의 땅에 닿는, 순수한 발견과 해상 탐험을 위해 설립되었다. 1460년 엔히크 왕자가 죽을 때까지 포르투갈 남쪽 끝 사그레스 곶 정상에 위치한 이 요새는 선장, 조타수, 지도 제작자, 천문학자, 수학자, 선박 기계 제조자, 조선업자를 비롯해서 그 시대에 가장 박식했던 각양각색의 전문가들이 모이는 기관이 되었다. 이들 모두는 공통적으로 과학적 방법론에 따라 활동했는데, 그 시대에 흔하지 않은 일이었고 인류 역사상으로도 그런 정도에 이른 사례는 드물었다. 스페인의 종교 박해를 피해서 온 무슬림 천문학자들과 유대인 지도 제작자들, 그리고 제노바와 베네치아 출신 선장들, 독일과 스칸디나비아 상인들, 세계의 여행자들, 그리고 심지어 아프리카 부족민 등 각양각색의 사람들이 그들의 지식과 관찰정보들을 제공했다. 엔히크의 전문가들은 대서양과 대서양 해안에 대해 알게 된 것들을 체계적으로 지도에 표시하고, 위도를 측정하는 방법을 고안했으며, 세계에 대한 구체적인 정보들을 가능한 한 많이 축적했다. 매해 엔히크의 배들은 항해임무를 부여받고 파견되어 새로운 데이터와 관찰정보들로 채워진 항해일지와 기록들을 가지고 돌아왔다. 그리고 이 데이터와 관찰정보들은 지도에 수록되어 다시 새로운 항해를 계획하는 데 쓰였다.

떠오르는 르네상스 시대의 정신 속에서 엔히크의 목적은 순수한 발견과 지식 탐구 그 자체였다. 그러나 수도자적인 삶을 살았고 평생 동정을 간직하다가 죽었다고 전해지는 엔히크는 그 시대에 소문으로 떠돌던 동아프리카의 사제 요한의 왕국을 찾으려는 십자군적 열정도 품고 있었다. 앞의 두 동기에 비해 처음에는 별로 강하지 않았던 세 번째 동기는 바로 유럽 전역을 휩쓴 상업적 부에 대한 갈망이었다. 엔히크와 포르투갈 국민들은 아프리카의 중개상을 통해 들어오는 금, 상아, 노예, 그리고 인도양에서 들어오는 후추, 정향, 계피, 생강, 그 이외 다른 사치품들의 원 공급지로 직접 찾아가고픈 열망에 싸여 있었다. 사람들은 아프리카 남단을 돌아서 인도양에 갈 수 있지 않을까 하는 희망을 품었다. 실제로 사그레스를 중심으로 엔히크가 수행하고 있는 비정통적 계획에 대한 공적 지원이나 그에 따른 탐험 사업의 진척 모두 1444년 이후부터 극적으로 속도를 내기 시작했다. 1444년은 엔히크의 탐험가들 중 한 명이 200명의 아프리카 노예들을 끌고 돌아온 해로, 유럽이 아프리카 노예무역에 직접 뛰어들기 시작한 시점이었다.[2]

역사상 수차례에 걸쳐 아프리카 일주 항해와 연안 탐험 항해가 아프리카 대륙 양 방향에서 시도되었다.[3] 가장 유명한 항해는 헤로도토스가 기록한 것으로, 기원전 600년경 이집트의 파라오 네코가 시도한 것이다. 네코는 홍해와 나일 강, 지중해를 연결하는 운하를 건설하려다가, 계획을 철회하라는 신탁을 받고 난 후 이 항해를 떠났다. 네코는 페니키아 선박을 준비시켜 출항토록 했는데, 그들은 남쪽으로 홍해를 지나 아프리카를 돌아서 서쪽 해안을 항해하여 3년 후 지브롤터 해협을 통과해 돌아오는 장대한 항해를 했다고 전해진다. 이 항해는 실제로 일어나지 않았을 가능성도 있지만, 학자들은 이 항해의 가능성이 충분하다고 본다. 실제로 아프리카 동쪽에서 서쪽으로 일주하는 항해는 그 반대 방향보다 기술적으로 더 쉽다. 그러나 문제는 그 항해를 증명할 증거가 없다는 것이며, 더 중요한 점은 만약 그 항해가 실제로 일어났다 하더라도 그것이 어떠한 역사적 유산도 남기지 않았다는 것이다. 또 다른 동아프리카 해안 탐험자들로는 알렉산드로스 대왕을 계승한 그리스 계 프톨레마이오스 왕조의 여행자들이 있다. 그들은 아프리카의 뿔에 닿았고 지금의 에티오피아 지역인 아비시니아 고원에 있는 청나일 강의 수원지를 알아냈다. 로마 시대의 그리스 항해자들은 펨바 섬과 잔지바르 섬(아프리카 동해안의 탄자니아 근해 섬들 — 옮긴이)에 도착했고, 아프리카 내륙 지역 깊숙이 침략할 목적으로 계획적으로 나일 강을 따라 정찰을 보낸 로마 군인들은 서드 늪지와 빅토리아 호수에 도착했다. 무슬림의 다우 선은 모잠비크로 향하는 남쪽 항로로 파견되었지만, 마다가스카르와 아프리카 본토 사이의 공포에 찬 바닷길을 넘어 미지의 땅까지 나아가는 데는 실패했다.

대서양을 따라 남쪽으로 향한 항해자들도 아프리카 서쪽 해안은 제한적으로만 정복했을 뿐이다. 카르타고 인 한노의 항해가 가장 유명한데, 그는 기원전 5세기경 성공적으로 아프리카 해안 식민지를 건설한 것으로 알려져 있다. 정확하게 한노가 얼마나 멀리 갔는가는 아직 논쟁의 대상이지만, 대체로 세네갈 강의 악어가 들끓는 강변에 도착하고 시에라리온을 넘어섰다가, 해류가 멈추어 버린 듯 잔잔하고 타는 듯한 열기를 띤 기니 만에 도착하기 전에 되돌아온 듯하다. 이보다는 덜 성공적인 사례로 페르시아의 탐험가 사타스페스의 항해가 있다. 그는 궁녀를 범한 죄로 사형을 선고받았지만, 크세르크세스 왕이 사타스페스의 형 집행을 유예하고 대신 탐험 임무를 부여했다. 귀국 후 그는 크세르크세스 왕에게 배들이 해안에 정박했을 때 선원들이 적대적인 원주민들에게 공격받는 바람에 더 이상 전진하지 못하고 결국 아프리카를 일주하지 못했노라고 설명했으나, 왕은 즉시 사타스페스를 꼬챙이에 꿰어 죽였다. 기원전 2세기 말 그리스 탐험가는 모로코 해안 중간까지만 내려갈 수 있었다. 천 년 후에도 무슬림 상인들은 많은 위험을 감수하면서까지 서쪽 해안을 탐험하려 하지 않았다. 그들은 이미 낙타 대상무역을 통해 서아프리카 사하라 사막 이남에 있는 왕국들과의 교역을 독점하고 있었기 때문이다. 1291년 교역 상품들로 가득 찬 두 척의 갤리선을 이끌고 아프리카의 대서양 해안을 내려갔다가 흔적도 없이 사라진 제노바의 비발디 형제의 운명이 말해 주듯, 아프리카의 대서양 해안을 항해하는 것은 실로 위험한 일이었다.

아프리카 일주 항해가 극히 어려웠기 때문에, 고대 말 그리스 작가들은 아프리카를 일주하는 것은 아예 불가능하다고 결론 내렸다. 열기가 너무 심하고, 대서양 해상에는 거의 바람이 불지 않는 데다가, 바다가 질척거리고 얕았으며, 해초가 항해를 막는다고 보았던 것이다. 따라서 유럽에서 싹튼 그리스 지식의 부활, 네코 파라오를 위해 아프리카를 일주한 페니키아 인들에 대한 헤로도토스의 이야기나 프톨레마이오스의 소책자 재발견 등에 열광한 엔히크가 인도로 가는 대서양 해로 개척을 위한 탐험을 결정했을 때, 아프리카 서부 해안에 대해서 알려진 것은 별로 없었다. 고전 지식의 부활은 오히려 대서양에 대한 그리스 인들의 공포를 다시 상기시켰다. 심지어 대서양 해안의 어느 지점에 가면 물이 굳어 버려서 배가 멈추고 선원들이 다시는 귀향할 수 없다는 공포에 찬 이야기도 떠돌았다.

엔히크의 꿈을 실현하기 위해서는 그리스 인들에게서 비롯된 이러한 공포를 극복하는 일이 물리적 도전 자체만큼이나 힘들었다. 엔히크의 항해자들의 마음속에는 아프리카 북서부 해안 카나리아 제도 바로 남쪽에 있는 보자도르 곶이 거대한 심리적 장벽으로 자리하고 있었다. 엔히크의 탐험가들은 오늘날 아프리카 지도에서 거의 눈에 띄지도 않는 이 작은 곶 너머의 물이 너무 얕고 바람과 해류가 불안정해서 어떤 배도 그곳에서 돌아올 수 없다고 생각했다. 보자도르 곶을 정복하기 위해 엔히크는 곶 너머 더 먼 곳으로 나아가면 큰 보상을 해 준다고 약속하고 1424년에서 1434년 사이 15차례나 원정대를 파견했다. 하지만 그들은 언제나 그 공포의 곶을 통과하지 못하고 돌아왔다. 마침내 원정대 중 하나가 넓은 대양을 향해 서쪽으로 대담하게 방향을 바꾸었고, 그 후 남쪽으로 항해해서 성공적으로 곶을 통과하고 돌아왔다. 이렇게 해서 일단 보자도르 곶이라는 심리적 장벽이 극복되자 엔히크 왕자의 체계적이고 과학적인 방법론과 탐험에 의해 그 남쪽 해안을 정복하는 것은 시간문제가 되었다. 1460년 엔히크 왕자가 사망할 즈음, 포르투갈의 배들은 풍요로운 세네갈 강과 감비아 강 입구 근처의 베르데 곶을 통과하여 시에라리온에 닿았다. 마침 그해는 아프리카 일주라는 엔히크의 꿈을 성취하는 동시에 그 과정 중에서 대서양의 마지막 수수께끼를 해결하고 대양 횡단 항해의 위대한 시대를 열어젖힐 인물인 바스쿠 다가마가 태어난 해였다.

항해가 단순한 데다가 방향이 규칙적으로 바뀌는 계절풍 몬순의 영향을 전적으로 받는 인도양과는 대조적으로, 대서양은 연중 같은 방향으로 3개의 큰 무역풍이 분다는 점이 중요한 특징이었다. 중앙부의 무역풍 체제는 북서아프리카에서 카리브 해를 향해 서쪽으로 불었으며, 이 때문에 여름철에는 포르투갈과 스페인, 그리고 특히 엔히크의 항해자들이 쉽게 접근할 수 있었던 이베리아 반도 북쪽 지역이 자연적으로 아주 유리했다. 적도 무풍대라 불리는 바람이 거의 없는 위도를 지나 더 남쪽으로 가면 아프리카에서 남아메리카를 향해 지속적으로 부는 두 번째 무역풍 체제가 있다. 또 먼 북쪽에는 신세계를 향해 서쪽으로 바람이 부는 세 번째 권역이 있다. 이 세 번째 무역풍은 봄에 짧게 동쪽으로 바람이 불기 때문에 영국에 해당하는 위도에서 유럽으로 귀환하는 데 도움이 되었다. 이 무역풍 체제 너머로 북반구와 남반구의 극위도에서는, 무역풍 체제와 반대로 서쪽에서 동쪽으로 부는 풍향 체제가 존재했다. 위도 40도인 먼 남쪽에서 서에서 동으로 부는 이 바람이 엄청난 힘으로 아프리카 해안을 돌아 인도양에 이르렀는데, 항해자들은 이 바람을 "포효하는 40도"라 일컬었다. 무역풍 체제를 가로지르거나 서로 연결했던 것은 몇몇 강한 해류, 특히 카리브 해에서 북서유럽으로 흐르는 따뜻한 멕시코 만류와 남아메리카에서 남쪽으로 흐르는 브라질 해류였다. 역사학자 펠리페 페르난데스 아르메스토는 다음과 같이 언급했다. "전체적으로 고려했을 때, 풍향 체제는 짜 맞춘 암호 체계와 닮았다. 일단 그 암호 중의 하나가 풀리면 (……) 나머지도 급속히 풀린다."[4]

1490년대에 이루어진 세 차례의 획기적인 항해로 엔히크 왕자와 그의 후계자들이 수십 년간 해독하려 애썼던 대서양의 암호가 마침내 풀렸다. 1493년 콜럼버스는 2차 항해에서 중부 대서양을 가로질러서 유럽 외부로 항해하거나 유럽으로 귀환하는 두 방향 모두에서 실용적인 항로를 개발했다. 콜럼버스와 마찬가지로 이탈리아 인인 존 캐벗은 1497년에 잉글랜드의 브리스틀과 캐나다의 뉴펀들랜드 간 왕복 항해를 시도했는데, 잉글랜드로 향하면서 봄에 짧게 부는 서풍을 발견하여 이를 이용했다. 이 바람은 후일 북아메리카의 영국인 식민자들이 많이 이용했다. 가장 중요한 사건은 1497년에서 1499년 사이에 포르투갈의 바스쿠 다가마가 리스본에서 출발하여 희망봉을 돌아 인도로 가는 왕복 항해에 성공한 것이다. 이 항해를 계기로 남대서양의 풍향 및 해류 체제의 비밀이 밝혀졌고, 궁극적으로 세계 일주가 가능해졌다. 유럽 항해자들이 폭풍우가 몰아치는 대서양의 항해 암호를 푼 이후 갑자기 유럽의 견고한 배들이 모든 세계의 바다로 침투했다. 그들은 부유한 신세계 그리고 인도와 향신료 제도로 향하는 좀 더 빠르고 저렴한 대안 교역로를 독점했다. 대발견 항해로 인해 유럽은 역사상 최초로 전 세계에 걸친 해상문명으로 전환하는 영예를 누렸다.

엔히크가 사망한 후 아프리카의 상업적 유인은 현실성을 띠어서, 포르투갈 국왕은 부유한 리스본 상인인 페르나우 고메스에게 황금, 상아, 노예, 후추 등 기니 무역에 대한 독점권을 인정해 주되, 그가 더 먼 곳까지 탐험할 것과 또 장차 얻게 될 이윤 중 일부를 국가가 차지한다는 조건을 걸었다. 큰 이득을 찾아 떠난 고메스의 선원들은 이후 5년 내에 항해왕자 엔히크가 30년 동안 탐험한 거리와 같은 길이의 아프리카 해안을 탐험했다. 1481년경 탐험의 경제적 보상은 매우 커진 반면 실패의 위험은 많이 감소했다. 그러자 국왕은 장래의 국왕 주앙 2세가 되는 그의 아들에게 교역과 탐험 독점권을 넘겨주어서 엔히크 왕자의 유산을 열정적으로 수행케 했다. 돌이켜 보면, 엔히크의 연구소는 과학적 탐구의 원형이 되었던 만큼이나 사실은 조숙하게 민간 시장과 정부 간 정치 경제적 결합을 진척시킨 역사적 사례였다. 상업 이윤이 충분히 예측 가능해져서 더 큰 발전 목표를 달성하기 위해 민간의 '벤처 캐피털'을 끌어들일 수 있을 때까지 국가는 엔히크 왕자의 개인 사업 형태로 투기적이고도 기본적인 연구조사의 착수비용을 부담한 셈이다. 일단 실제 이윤이 발생하자 사업자와 정부는 정치적으로 협상한 세율, 임대료, 그리고 다른 수입공유 계약 등을 통해 새로 얻는 부를 균등하게 분배했다. 이러한 모델은 현재 서구에서 정부의 기금을 받아 진행하는 연구 패턴과 매우 유사하다.

    1488년 2월 두 척의 캐러벨을 이끌고 포르투갈 인 선장 바르톨로메우 디아스가 아프리카 최남단 희망봉을 돌았을 때 유럽의 해상 돌파는 정점에 이르렀다. 심한 폭풍우 이후에 선원들 사이에서 반란이 일어나지만 않았다면 디아스는 항해를 계속하여 인도양에 도착한 첫 번째 유럽인이 되었을 것이다. 1488년 12월, 디아스가 리스본 항으로 마지못해 귀환했을 때 이는 유럽사의 발전 경로에 극적인 변화를 가져왔다. 국왕 주앙 2세는 순전히 해로만 이용해서 인도에 닿게 될 후속 항해에 전력을 집중했다. 크리스토퍼 콜럼버스는 1484년부터 포르투갈 국왕과 국왕 측근 전문가들에게 대서양을 가로질러 서쪽으로 향하는 항해에 자금을 지원해 달라고 간청해 왔다. 디아스의 항해는 국왕이 콜럼버스의 제안을 최종적으로 거부하게 만든 요인이었다. 콜럼버스는 대서양 서쪽으로 지중해의 길이를 넘지 않는 거리에 인도가 있다고 믿었다. 국왕 주앙 2세의 전문가들은 인도가 훨씬 더 먼 거리에 있다고 추론했는데, 사실 그들의 의견이 콜럼버스보다 훨씬 더 정확했던 것이다. 영국과 프랑스도 제안을 거절했지만 콜럼버스의 맹목적인 믿음과 인내심은 결국 그런 좌절들을 이겨냈다. 드디어 1492년 스페인 국왕인 페르디난트와 이사벨은 이베리아 반도의 마지막 이슬람 거점인 그라나다에서 이룬 그들의 결정적인 승리를 경축하는 분위기 속에서, 미지의 서쪽으로 향하는 콜럼버스의 항해를 지원하는 데 동의했다. 1492년 8월 3일 출항한(거의 비슷한 시기에 스페인 종교재판소의 추방 시한에 맞춰 많은 유대인들을 태운 배가 스페인을 떠났다.) 콜럼버스의 배 세 척은 2달 반이 지난 10월 12일에 서인도 제도의 섬들을 발견했다. 콜럼버스는 1년 후에 17척의 배와 1500명의 사람들과 함께 신대륙에 돌아와 첫 번째 영구적인 스페인 인 정착지를 건설했다.

신대륙에 건너온 스페인 인이 신세계에 가한 엄청난 충격은 역사에 잘 기록되어 있다. 머스킷 총, 그리고 천연두나 홍역같이 총보다 훨씬 치명적인 유럽의 병균들로 무장한 스페인 정복자들은 그들과 마주친 원주민들을 몰살했다.[5] 아메리카의 인구는 한 세기 안에 2500만 명에서 불과 몇 백만 명으로 급감했다. 질병으로 취약해진 중앙아메리카의 아스텍 제국은 1519년에서 1522년 사이에 스페인 정복자들에 의해 멸망했다. 남아메리카의 잉카 제국도 1531년에서 1535년 사이에 같은 길을 걸었다. 마젤란의 배들이 스페인에서 출항하여 첫 번째 세계 일주 항해를 하기 6년 전인 1513년경, 스페인 인들은 육로를 통해 태평양에 닿았다. 곧 스페인의 갤리언선이 태평양을 항해했고 지금의 멕시코-미국 국경에 있는 리오그란데 강에서 우루과이와 아르헨티나를 가르는 플라타노 강에 걸친 식민지들을 경영했다. 스페인 선박들은 감자, 옥수수, 호박 같은 신세계의 중요한 작물을 발견하여, 장기적으로 유럽 인구의 증가와 건강 개선에 지대한 공헌을 했다. 반면에 금은에 과도한 집착을 보여서 1530년대 막대한 양의 금과 은을 구세계의 고국으로 수출했다. 콜럼버스가 출항할 때, 국왕 페르디난트는 의도적으로 다음과 같이 권했다. "가능하다면 인도적인 방법으로 금을 가져오게. 그러나 모든 위험을 무릅쓰고 꼭 금을 가져오게."[6] 안데스 산맥 높은 곳, 4000미터가 넘는 포토시에 위치한 은광을 발견해 스페인의 국고를 채웠으며 이는 수십 년간 스페인의 야망을 부추겼다. 1570년대에 은 광석을 뚫는 수력 물레방아가 도입되었다.[7] 저수 댐 네트워크가 확대되었고, 지류 운하 네트워크로부터 물레방아를 회전시킬 물을 공급받았다. 1626년 그 댐들 중의 하나가 붕괴했고 그로 인해 발생한 엄청난 손실로 인해 그렇지 않아도 쇠퇴하던 광업은 다시는 완전히 회복하지 못했으며, 이로 인해 스페인 경제도 큰 타격을 받았다.

신세계의 금은은 스페인을 부유하고 강력한 국가로 만들었다. 그 결과 합스부르크 군주들, 즉 카를 5세와 그의 아들 펠리페 2세는 유럽을 통일하여 그들의 정치적 보호를 받는 가톨릭 제국으로 만들려는 과도한 목표를 추구했다. 이는 근대 유럽 사회의 형성에 중요한 역할을 하는 장기간의 종교적, 정치적 전쟁과 충돌을 야기했다. 또한 유럽 화폐 경제 내에 엄청난 금은이 유입됨으로써 16세기 말까지 물가가 서너 배로 뛰는 심각한 인플레이션도 유발되었다. 역설적이게도 의도치 않게 이 인플레이션으로 인해 부의 은밀한 재분배가 이루어졌다. 이는 상승하는 가격에 가장 빠르게 대응할 수 있었던 부르주아, 해양 상인, 민간 자본가들을 선두로 한 북유럽의 부상을 재촉했다. 또한 스페인을 포함한 전통적인 토지기반의 귀족 사회를 떠받치던 정적인 신분 질서와 경제적 질서를 뒤흔들었다.

콜럼버스의 신대륙 발견이 두 충성스러운 가톨릭 국가 간의 영토 쟁탈전으로 비화할지도 모르는 상황이 되자 교황은 북극에서 남극까지 잇는 경계선을 그어서 그 서쪽의 모든 새로운 땅은 스페인에게, 동쪽의 모든 땅은 포르투갈에게 주고자 했다. 그러나 스페인에서 태어난 보르자 가문 출신의 악명 높은 교황 알렉산드르 6세가 스페인에 너무 유리하게 경계선을 그은 나머지 만일 그대로라면 포르투갈에게는 심지어 아프리카 항해를 지속할 만한 공간도 남지 않게 되었다. 그러나 포르투갈의 해군력이 명백히 우월했기 때문에, 군주들 간의 신속한 외교 협상이 이루어진 결과 1494년에 토르데시야스 조약을 통해 서쪽으로 1400킬로미터 정도 이동시킨 새로운 경계선이 그어졌다.[8]

양국 간에 세계를 분할한 결과 포르투갈은 희망봉을 돌아 인도로 향하는 최초의 해로를 개척할 이유가 생겼다. 그 일을 위해서 포르투갈 국왕은 당시 37세였던 바스쿠 다가마를 선택했다. 하급 관리의 아들이었던 다가마는 콜럼버스의 항해보다 훨씬 더 힘든 항해 및 정치 임무에 적임자였다. 그는 능란하고 숙련된 선장이었으며, 무자비하면서도 외교적이었고, 또 담대한 성격을 지닌 인물이었다. 그는 낯선 바다를 항해한 경험이 풍부했으며, 육상과 해상에서 리더십에 대한 복잡한 과제들을 겪었다. 그중에는 육지에서 7200킬로미터 떨어진 상태에서 95일 동안 선원들을 관리해야 하는 문제도 포함되어 있었는데, 콜럼버스의 항해와 비교하면 거의 세 배에 달하는 기간이었다.[9]

다가마는 네 척의 배에 3년치 식량을 싣고 1497년 7월 8일 리스본 항을 출항했다. 디아스가 카보베르데 제도까지 그와 동행했다. 그 이후 위험한 기니 만을 피하기 위해 다가마는 유명한 남서쪽으로의 우회를 시작했다. 그는 거의 브라질에 이를 정도로 넓은 호를 그리며 항해하여 대서양 남동쪽의 무역풍을 가로질러 갔고, 그다음에 이보다 훨씬 남쪽으로 내려가서 편서풍을 타고 희망봉으로 향했다. 마침내 11월 22일 희망봉을 돌았다. 어마어마한 길이의 거친 해안선들과 여태 항해한 적이 없는 바다들이 이어졌다. 드디어 1498년 3월, 험난한 항해와 선박 수리를 위한 한달간의 지연과 휴식 끝에 다가마는 모잠비크와 마다가스카르 사이의 위험한 해협을 통과했다. 이 순간 그동안 아프리카 해안을 내려가려던 무슬림 다우선의 전진을 좌절시켰던, 극복하기 힘든 장벽이 깨졌다. 인도양의 문명화된 지역으로 진입한 다가마의 선단은 모잠비크의 섬에 있는 번영하던 무슬림 항구에 정박했다. 무슬림 상인들의 금, 보석, 향신료, 은이 다가마에게 용기를 북돋워 주었을 뿐 아니라, 해안을 따라 올라가면 내륙 지역에 '잃어버린 기독교 왕국'이 있다는 소식 또한 그에게 용기를 주었다. 물론 그 소식은 결국 거짓이었음이 드러났다. 그는 해안을 따라 북쪽으로 올라가다가 마침내 지금의 케냐와 탄자니아 근처 잔지바르 해안의 주요 항구인 말린디에 닻을 내렸다. 그 세기 초에 중국인 제독 정화가 기린을 얻어 그의 황제를 기쁘게 한 곳이었다. 운 좋게도 다 가마는 말린디에서 아랍 인 전문 조타수를 만날 수 있었는데(일부 역사학자들은 이 사람이 당대 가장 유명한 아랍 인 항해사였던 아흐마드 이븐 마지드라고 믿는다.), 그는 23일 동안 까다롭기 그지없는 아라비아 해를 횡단하는 다가마의 선단을 안내했다. 5월 20일, 다가마는 예정된 목적지인 인도 말라바르 해안의 캘리컷에 도착했다. 이후 3개월간 그 지역의 힌두 군주와 힘든 외교 교섭을 벌였다. 다가마는 군주에게 그의 임무가 '기독교도와 향신료'를 찾는 것이라고 설명했다.[10] 그러나 캘리컷에 있던 기존의 무슬림 상인들이 심한 적대감을 보인 데다가, 앞으로 포르투갈과 교역을 하면 얼마나 큰 이익을 얻을 수 있는지 보여 주기 위해 그가 군주에게 제시한 선물들이 워낙 별 볼일 없는 물건들이었던지라 다가마는 군주와 조약을 맺는 데는 실패했다.

항해에 불리한 바람이 불어와서 아라비아 해를 횡단하는 다가마의 귀환을 괴롭혔다. 3개월간의 항해 동안 어찌나 많은 사람들이 괴혈병으로 죽었는지 배를 몰고 갈 선원이 부족한 탓에 할 수 없이 배 한 척을 불태워야 했다. 그럼에도 1499년 여름 다가마는 의기양양하게 포르투갈에 도착했다. 비록 처음 출항했던 170명의 선원 중 3분의 1만 살아서 돌아왔지만, 후추와 다른 화물들의 값은 항해 비용의 60배나 되었다.[11] 포르투갈이 그 탐나는 무역의 대가로 내놓을 변변한 상품은 없지만 장차 교역 파트너가 될 사람들이 결코 대적하지 못할 결정적인 우위 한 가지를 발견했으니, 엄청난 사거리를 자랑하는 함포와 소수의 선원으로 먼 거리에서 전투를 벌이는 대서양 방식의 새로운 전투술이었다. 이 역시 인도의 부에 대한 포르투갈의 욕망을 자극한 또 한 가지 요소였다.

세계사의 발전 경로를 크게 바꾼 소수의 군사 혁신 중에서도 장거리 함포는 특출났다. 육상에서는 1453년 콘스탄티노플을 함락한 오스만 튀르크

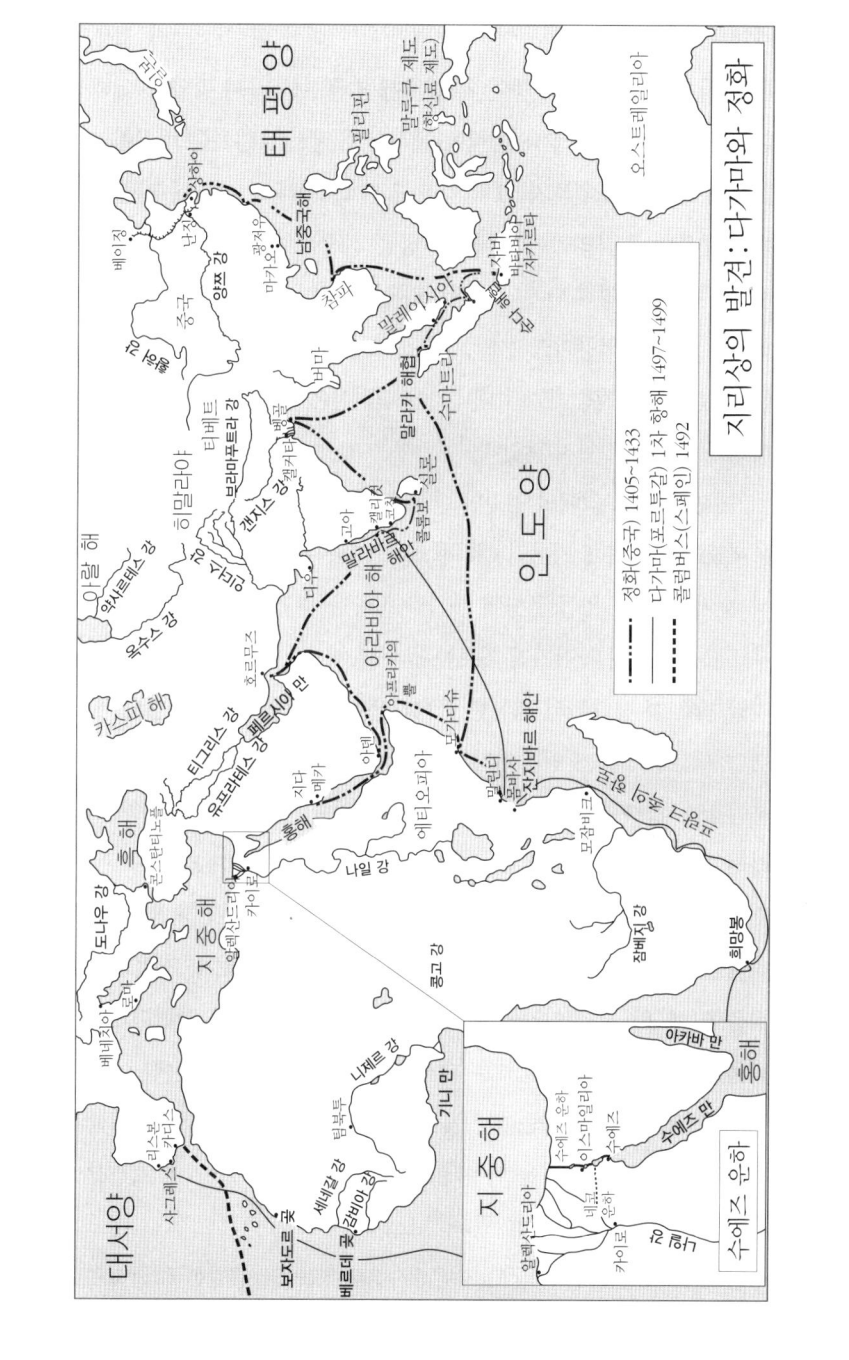

가 극적으로 보여 주었듯이, 화약 혁명은 거대한 대포로 성벽 요새의 방어를 붕괴시킴으로써 오랫동안 지속된 세력 균형을 바꿔 놓았다. 고대 이래로 배끼리 충돌시킨 뒤 상대편 배에 올라타 육탄전을 펼치는 방식이었던 해상 전투에 대포가 도입되자 그 영향은 훨씬 더 컸다. 13세기에 지중해에서 배에 접근하여 올라타려는 적에게 석궁을 집중적으로 쏜 것이 해전에서 발사체를 사용한 혁명적 단계의 시작이라 볼 수 있다.[12] 그러나 함포가 가장 일찍 발전한 곳은 대서양이었다. 잉글랜드는 14세기 말경 이미 몇 문의 함포를 지니고 있었지만, 지중해에서 베네치아 갤리선은 15세기 초엽에서 중엽까지도 대포를 장착하고 있지 않았다.[13]

대포가 발사될 때의 엄청난 반동을 어떻게 흡수하느냐는 대단히 어려운 문제였다. 견고하게 지어진 캐러벨 혹은 그와 유사한 대형 범선들은 이 점에서 운이 좋아서 유럽 문명에 마지막 선물을 주었다. 15세기 중반 프랑스와 부르고뉴의 무거운 장거리 대포는 발사될 때 갑판을 치는 강력한 반동이 생겨났는데, 이 선박들의 월등한 균형감은 그 반동을 흡수하는 데 매우 유리했다. 새로운 역사가 만들어지는 대발견의 시대 초기에, 포신이 긴 무거운 대포는 180미터까지 정확하게 포격할 수 있었으며, 따라서 배에 충돌한 뒤 올라타는 전통적인 방식으로 공격해 오는 적들을 충분히 막을 수 있었다. 이 포들은 포르투갈의 항해용 선박에 공통적으로 탑재되었다. 역사학자 폴 케네디는 "장거리포로 무장한 선박의 발전이 세계에서 유럽 지위의 근본적인 상승을 예고하는 것이었음은 의심의 여지가 없다."라고 말했다. "이러한 선박들로 인해 서구의 해군력은 대양 교역로를 통제하고 해양력 이용에 취약한 모든 사회를 위압하는 위치에 서게 되었다. 인도양에서 포르투갈과 무슬림 세력이 처음 충돌했을 때부터 이 점은 명백했다. (……) 포르투갈 선원들은 바다에서 사실상 무적이었다."[14]

포르투갈 인들은 조금도 지체하지 않고 그들의 우월한 해군력으로 밀어

붙였다. 거의 매년 포르투갈 함대가 인도양으로 파견되어 교역으로 얻을 수 없는 것들을 무자비한 방식으로 거리낌 없이 탈취했다. 다가마 자신은 첫 번째 항해 후 2년 반 뒤에 총 20척 규모의 두 번째 함대를 이끌고 출항했다. 그는 인도의 말라바르 해안에 다시 나타났을 때 냉혹한 의도를 주저 없이 표출했다. 메카를 방문하고 고향으로 돌아오는 무슬림 순례자들을 태운 다우선을 포획하여 선상의 재물을 약탈하고, 여성과 아이들을 포함한 수백 명의 승객들을 배 안에 가둔 채 불을 질렀다. 캘리컷으로 이동한 다가마는 그 지역 군주의 우호적인 제안을 거부하고, 도시에서 모든 무슬림을 추방할 것과 군주의 즉각적인 항복을 요구했다. 그의 말이 진심임을 보여 주기 위해 다가마는 항구를 포격했다. 40명의 어부와 상인들이 물건을 팔러 배를 타고 왔을 때 그는 그들을 즉시 목매달아 죽이고 사지를 잘랐다. 그리고 그 사지들을 군주에게 보내면서 커리를 만들어 먹으라는 말을 전했다. 그 자신은 선창에 재물을 가득 싣고 귀환하면서, 이전과는 달리 함선들을 뒤에 남겨 두었다. 이 함선들은 인도양 최초의 유럽 상비 해군이었다.

매번 새로운 함대를 파견할 때마다 포르투갈의 권력 범위는 급격하게 팽창했다. 이슬람 무역에 대한 포르투갈의 위협이 점차 증가하자, 경쟁자였던 이집트의 맘루크 왕조와 오스만 튀르크는 서로 연합하여 대규모 다우 선단을 홍해로 파견했다. 1509년 광활한 캄베이 만 입구에 있는 인도의 디우 항 앞바다에서, 아라비아 해의 통제권을 둘러싼 이슬람과 서구 사이의 결정적인 전투가 벌어졌다. 포르투갈의 전함에는 무거운 장거리 대포가 탑재되어 있고 적은 수의 선원이 승선해 있었다. 반면에 훨씬 큰 무슬림 선박은 노를 사용했다. 전투는 싱겁게 끝났다. 화력이 약한 총포를 사용하면서 배를 충돌시킨 후 적선에 올라타는 낡은 전술을 구사하는 이슬람 해군에 맞선 포르투갈 해군은 그들이 미처 가까이 다가오기 전에 대포로 다우선을 괴멸했다. 디우 해전 이후 인도양에 대한 포르투갈의 헤게모니는 신속하게 확립되었다. 1510년 인도의 고아가 함락되었다. 1511년에는 말레이시아와 수마트라 사이의 좁은 해협과 향신료 제도라고 불렸던 인도네시아의 말루쿠 제도의 접근로를 통제하는 위치에 있는 말라카를 함락했다. 1515년경에는 페르시아 만의 머리 부분에 있는 호르무즈와 실론 섬(지금의 스리랑카)이 포르투갈에 점령되었다. 포르투갈이 유일하게 점령하지 못한 곳은 홍해 입구에 있는 아덴뿐이었다. 아덴은 알렉산드리아에 물품을 공급하는 교역로였고, 알렉산드리아에서는 베네치아 선박이 상품을 받아 지중해 시장으로 유통시킨다는 점에서 매우 중요한 곳이었다. 1516년에 포르투갈 선박이 중국의 주장 강을 거슬러 올라가서 광저우에 정박했다. 16세기 중반 무렵, 포르투갈은 기니 만에서 희망봉을 지나 동아프리카 해안을 따라 위로 향한 뒤, 인도양의 가장자리를 따라 말라카, 그리고 마카오에 있는 중국의 주장 강 입구에 이르기까지 엄청나게 확대된 연안 지역에 요새들을 보유했다. 인구가 100만 명에 불과한 소국이 이뤄 낸 뛰어난 성과였다. 포르투갈이 주도권을 잡게 된 것은 그들이 선구적으로 대양항해와 해양력의 잠재적 힘을 세계를 향해 폭발시켰기 때문이다.

　포르투갈 해양력의 급격한 성장은 곳곳에 영향을 미쳤다. 세력 균형이 깨졌고, 교역로가 변경되었다. 베네치아-알렉산드리아가 지니고 있던 동방무역 독점도 깨졌다. 다가마가 역사적인 항해를 한 지 4년 만에 리스본의 후추 가격은 베네치아 가격의 20퍼센트까지 떨어졌다.[15] 베네치아는 1502년 초부터 네코 파라오의 구 수에즈 운하를 다시 개통해서 운송시간과 비용을 단축하려 했지만 실패로 끝났다.[16] 1521년 자신들의 지위에 확신을 품고 있던 포르투갈은 향신료 수입 물량 전부를 구매하겠다는 베네치아의 절박한 제안을 거부했다.[17] 베네치아의 권력은 다시는 회복되지 못했다. 마찬가지로 이슬람권 역시 부유한 인도양 교역의 독점권을 상실하고, 인도로 향하는 더 저렴하고 빠른 해상 교역로를 이용하는 경쟁자 앞에서 급격히 쇠락했다. 또 이슬람의 서아프리카 육로 무역도 포르투갈의 선박들에 의해 추월당했다. 포르투갈의 선박 한 척은 5000~6000마리의 낙타 대상 전부를 합한 만큼이나 많은 상품을 운송할 수 있었기 때문이다. 이슬람권 내에서 부의 대부분을 인도양 교역에 의존하고 있던 이집트와 시리아의 맘루크 제국은 곧 오스만 튀르크에게 정복당했다. 튀르크는 그다음에 육상과 지중해를 통하여 동쪽으로부터 유럽에 새로운 군사적 압박을 가하기 시작했다. 16세기 내내 튀르크가 지중해 방면으로 위협적으로 진군해 오자 베네치아와 스페인은 이를 격퇴하기 위해 엄청난 비용과 노력을 들여 해군력을 강화해야 했다. 그 결과 유럽 내부의 권력 중심지는 16세기 중에 훨씬 더 명백하게 지중해에서 대서양 북서쪽의 해상 열강들로 이동했다.

유럽의 해양 팽창 세력이 지구의 대양을 빠르게 정복해 가는 과정에서 보충적인 역할을 했던 또 하나의 주목할 만한 물의 혁신이 일어났다. 배에서 마실 물을 신선하게 유지하는 것은 지극히 평범한 일이었지만, 장거리 원양 항해에서는 가장 힘든 문제였다. 온갖 방법을 다 동원해 보았지만 선상에서 신선한 물을 장기간 보존할 방도는 없었다. 미지의 해안에 상륙할 때 탐험가들은 가장 먼저 물 공급지를 찾아내야 했다. 그 시대에는 문명 지역의 항구에 들어간다 하더라도 언제나 신선한 물을 얻는다는 보장은 없었다. 그때는 변색된 물, 소금물, 세균 투성이의 물, 그리고 오염된 물을 마시는 일이 흔했기 때문에 많은 사람들이 알코올로 살균한 맥주나 포도주, 또는 뜨겁게 끓인 물로 수분 섭취를 제한했다.[18] 그러던 중 15세기에 유럽 인들이 물을 장기간 신선하게 보관할 수 있도록 물통을 개선하면서 선원들의 상황은 어느 정도 나아졌다. 물통 덕분에 다가마가 원거리 인도 항해도 할 수 있었지만, 1519년부터 1522년까지 행해진 마젤란의 기념비적인 첫 번째 세계 일주 항해에는 충분하지 않았다. 마젤란의 선원들은 미로 같은 540킬로미터의 '거짓 만(false bays, 남아프리카의 테이블 만과 비슷하다고 해서 마젤란의 선원들이 이렇게 이름을 붙였다 — 옮긴이)'과 눈보라 치는 피오르드 그리고 좁은 해로에서 길을 잃고 헤매며 38일을 비참한 상태에서 보내고 나서야 겨우 그곳을 벗어날 수 있었다. 대서양과 태평양을 연결하는 이 좁은 수로는 후일 마젤란 해협이라 불렸다. 그 이후 광대한 태평양을 횡단하는 데는 그들이 예상한 것보다 훨씬 더 긴 시간인 100일이 필요했다. 절망에 빠진 한 선원이 1520년 11월 28일에 기록한 일기에는 그들이 마셨던 물이 노랗고 썩은 물이었다고 쓰여 있다.[19]

대항해 시대, 강력한 해양력의 충돌

대발견 시대의 첫 번째 주자들인 포르투갈과 스페인이 큰 부를 벌어들이자 다른 유럽 해상 국가들도 바다를 통해 부를 획득하는 일에 뛰어들었다. 이 국가들은 이베리아의 두 가톨릭 국가에 전 세계를 분할해 준 교황의 조치를 인정하지 않았다. 그 후 3세기 동안 계속된 대양 항해 시대에, 패권을 잡기 위한 유럽 내부의 충돌은 서구 문명의 정치적, 경제적, 종교적 성격을 규정하고 또 서구 문명이 주도하여 만들어 낸 식민주의적 세계체제의 성격을 규정하는 주요한 동력이 되었다.

신세계의 금은이 스페인에 대규모로 유입된 결과, 합스부르크 왕실 출신인 카를 5세와 그의 아들 펠리페 2세는 다른 유럽 국가들에 대한 합스부르크 가문의 지배권을 확대하려고 시도했다. 두 군주는 결혼, 무력, 무기 등을 통해서 더 강화된 전제군주적 가톨릭 제국을 만들려는 야망을 품고 있었지만, 실제로는 더 소규모 국가인 영국과 프랑스의 공격으로 괴롭힘을 당하고 있었다. 잉글랜드와 프랑스 군주들은 사략선(국가가 허가한 사업가형 해적 — 옮긴이)을 파견하여 스패니시 메인(Spanish Main, 남미의 북쪽 해안 지방 — 옮긴이)에 있는 카리브 해 서부의 항구에서 출항하여 항해하던 유명한 스페인 보물선을 공격하고 금은을 약탈했다.[20] 1566년부터 네덜란드 출신의 유능한 사략선 업자들이 이 대열에 합류했다. 당시 종교와 정치의 자유를 얻기 위해 스페인의 상위 지배층에 대항해 봉기했던 네덜란드의 신교도들은 펠리페 2세의 군대에게 가혹하게 보복당했다. 잉글랜드의 엘리자베스 여왕은 때로는 암암리에, 때로는 공공연하게 네덜란드 사략선에 재정적인 원조와 피난처를 제공함으로써 그들의 공적(公敵)인 합스부르크 가톨릭 세력에 맞서고자 했다. 한번은 네덜란드에 주둔한 스페인 군대에 급료를 지불하기 위해 현찰을 운송하던 배가 악천후로 잉글랜드 항구에 정박했는데, 여왕은 이 기회를 이용하여 급료 지불을 막았다.[21] 1576년경, 해적들로 인한 정화(正貨) 수송의 혼란, 지중해에서 전개된 무슬림 튀르크와의 충돌, 그리고 펠리페 2세 자신의 과도한 욕망 등이 결합된 결과 스페인은 국제적인 금융 채무 불이행을 선언했고, 네덜란드에서 싸우는 스페인 군대의 급료 지불을 중지할 수밖에 없었다. 급료를 받지 못한 스페인 군대는 반란을 일으켜서 당시 스페인령 네덜란드에서 가장 부유한 도시였던 안트베르펜을 약탈했다.

그 결과 반란에 가담한 북부의 주들 가운데 중심 도시인 암스테르담으로 민간 자본이 도피했다. 이는 암스테르담이 금융, 무역, 그리고 시장 자본주의의 중심지로 도약하고 또 장기간 군림하는 계기가 되었다. 스페인에 대항해 연합한 북부 7주는 1579년에 네덜란드 공화국을 수립했다. 이 나라는 곧 작은 상업 국가로 발전해 갔다. 반면에 스페인령 네덜란드를 이루는 남부 주들은 결국 스페인 군대에 굴복했다. 북부는 방어를 위해 제방을 터뜨려 홍수를 일으켜서 해수면 아래에 있는 육지를 물에 잠기게 하거나, 혹은 북부 해상에서 전투를 벌여서 육군이 우세한 스페인의 강점이 상쇄되게 함으로써 성공적으로 저항했다. 1580년경 네덜란드의 신교도 반란은 이제 자체 동력으로 움직이는 본격적인 국제 투쟁으로 발전했다. 이는 스페인과 잉글랜드 사이에 돌이킬 수 없는 군사 충돌로 이어졌고, 그 결말은 1588년 여름 유명한 스페인 무적함대의 해전에서 가려졌다.

막강하고 번성하던 스페인과 상대적으로 가난했던 작은 섬나라 잉글랜드 간의 충돌은, 군사적으로 상대가 되지 않는 강력한 적과 싸울 때 해상력이 만들어 내는 동등화 효과를 잘 보여 주는 빼어난 역사적 사례이다. 잉글랜드는 오로지 해군력에 의존해 방어했다. 이와 반대로, 펠리페 2세는 대양 항해 갤리언선과 다른 선박들로 영국 해협을 통제했지만 그것은 단지 스페인령 네덜란드 근처의 됭케르크에서 도버 해협을 넘어 잉글랜드를 침공하는 3만 명의 육군을 지원한다는 의미만 있었다. 원거리에서 함포로 싸우는 방식, 즉 전함을 이동식 대포처럼 운용하는 혁명적인 해전은 무적함대 시대에는 절반 정도만 완성된 상태였다. 엘리자베스 여왕의 아버지인 헨리 8세 이후로 잉글랜드 해군은 이러한 혁명의 첨병이었다. 잉글랜드의 대포는 배의 측면 현창(舷窓)을 통해 사거리가 긴 8킬로그램짜리 가벼운 포탄들을 발사했다. 잉글랜드 해군의 함장들은 사회 신분을 무시하고 선상의 모든 이들을 동등하게 지휘했다. 반대로 스페인은 이러한 해군력의 혁명에서 뒤처져 있었다. 무거운 대포를 장착한 스페인의 거대한 함대는 23킬로그램의 포탄을 발사했지만 사거리는 짧았다. 바람을 거슬러 항해할 때 기동성은 훨씬 더 떨어졌고, 귀족적인 지휘 체제를 유지했으며, 전통적인 근접전 혹은 선상 전투를 위해서 많은 기사들과 머스킷 사수들을 남겨 두었다.

영국 역사학자 조지 매콜리 트리벨리언은 이러한 전술상의 차이 이면에 좀 더 심대한 "스페인과 새로운 잉글랜드 간 사회적 특징의 차이"가 존재한다고 언급했다. "르네상스와 종교개혁 시기에 봉건제도가 해체되던 잉글랜드에서는 민간 기업, 개인적 주도권 그리고 영국 사회에 존재하는 계층 간 호의적 평등의식 등이 증가했으며, 특히 상업 및 해상활동 인구 사이에 이러한 요소들이 가장 강했다."[22] 신세계의 금은으로 부유해진 스페인은 중세적인 신분 위계, 중앙집권화된 정치 권위, 육군 중심의 군사력, 그리고 전통 농업에 기반을 둔 국가 지시적 통제 경제에 계속 매여 있었다. 잉글랜드와 스페인 무적함대 사이의 전투는, 간단히 말해서, 서구 문명의 미래를 향해 경쟁하는 두 개의 정치적, 경제적, 사회적 경향 간의 싸움이라 할 만했다.

잉글랜드 방어의 주축으로 엘리자베스는 스패니시 메인을 약탈하는 지략이 뛰어난 사략선 선원들에 의존했다. 그중에서도 뛰어난 인물이 프랜시스 드레이크였다. 비록 공식 직함으로는 2인자였지만, 사실 그는 잉글랜드의 해상 전투 전략을 짜고 실행하는 데 1인자였다. 많은 면에서 드레이크는 부상하던 잉글랜드의 국민정신을 구현하고 있었다. 그는 1540년대 초 신교도 소작농의 아들로 태어났는데, 그의 가족은 가톨릭 반란을 피해 달아나서 템스 강에 정박한 낡은 배의 선체 안에서 잠시 살기도 했다. 그는 13세에 북해 항구들을 오가는 작은 교역선 선장 밑에서 도제 생활을 시작했다. 부와 모험을 갈구하던 그는 23세에 서인도 제도를 찾아갔다. 그가 부선장으로 일했던 이 초기 항해는 비록 스페인 선박들의 공격을 받아 엄청난 재정 손실을 입은 채 끝났지만, 드레이크의 능력은 엘리자베스 여왕의 주목을 받았다. 여왕은 드레이크에게 독자적인 사략선 임무를 부여했다. 이로써 잉글랜드의 가장 위대한 사략선원, 탐험가, 그리고 해군 혁신가의 경력이 시작되었다.

1570년대 내내 스패니시 메인에 출몰한 드레이크의 약탈 원정대는 엄청난 부와 명예를 얻었으며, 그 결과 1577년에 역사상 가장 거대한 침략 원정(태평양에 있는 스페인 선박들과 정착지를 은밀하고도 기습적으로 약탈하는)을 지휘할 인물로 여왕이 그를 선택했다. 23미터짜리 기함인 골든 하인드 호를 타고 선단을 지휘한 드레이크의 3년간의 항해는, 단일 선장이 행한 역사상 첫 번째 세계일주 항해가 되었다. 드레이크는 위험하기 짝이 없는 마젤란 해협을 놀랍게도 단 16일 만에 통과한 후 남아메리카의 태평양 해안을 따라 북쪽으로 향했다. 무방비 상태의 스페인 식민지에서 10톤이 넘는 금, 은, 진주, 보석들을 약탈하는 것은 너무나 쉬운 일이어서, 곧 노획물로 가득 채워진 드레이크의 배는 수위표 밑으로 배가 내려앉은 채 항해할 정도였다.[23] 드레이크는 북쪽으로 캐나다까지 항해하여 그곳에서 대서양으로 향하는 북서항로를 찾으려 했으나 실패했고, 그 후 잠시 샌프란시스코 만 지역에 닻을 내려서 그곳이 잉글랜드 소유라고 선언했다. 그러나 배가 암초에 걸려 좌초하면서 한순간에 거의 모든 것을 잃은 뒤 태평양을 횡단하여 1580년에 고향으로 귀환했다. 이때 그는 말루쿠 제도와 잉글랜드 간의 향신료 무역 조약을 체결해 왔다. 드레이크가 귀환한 직후 엘리자베스 여왕은 드레이크의 해적 행위에 대한 스페인의 강력한 항의를 무시하고 골든 하인드 호 선상에 직접 올라가서 그에게 기사 작위를 수여했다.

몇 년 동안 드레이크는 잉글랜드 남서부 플리머스 항의 시장으로 재직하며 육지에 머물렀다. 이때 그는 '드레이크의 수로'로 알려진 27킬로미터 길이의 수로를 포함한 초기 형태의 급수 시스템을 구축했는데, 이후 3세기 동안 사용되었다. 1580년대 중반에 그는 신세계에서 스페인의 이익을 탈취하는 사업을 재개했다. 이것이 어찌나 성공적이었는지 스페인이 국제 신용시장에서 차용하는 길을 막을 정도였다. 1586년경 펠리페 2세가 교황 식스투스 5세(르네상스 시대 '물의 교황(로마의 많은 수리시설을 정비한 교황들 — 옮긴이)' 중 한 명이었다.)의 축복을 받고 마침내 잉글랜드를 직접 침공하기로 한 사실이 알려졌을 때, 드레이크는 30척의 배를 이끌고 카디스, 리스본, 그리고 세인트 빈센트 곶의 항구들에 있는 스페인 선박에 기습 공격을 감행했다. 그로 인한 피해가 워낙 커서 펠리페 2세의 잉글랜드 침공 계획은 1년이나 지연되었다. 드디어 1588년 중반에 130척의 선박에 8000명의 선원과 2만 2000명의 병사들로 구성된 무적함대가 전쟁 준비를 갖춘 후 잉글랜드를 공격하기 위해 영국해협을 향해 출항했다.[24]

스페인 무적함대 격파는 잉글랜드의 신성화된 국민적 신화 중 하나가 되었다. 그러나 사실 그것은 한 사람의 영웅적인 행위나 흔히 승자 측에서 주장하는 것처럼 신의 개입의 결과라기보다는, 차라리 자연의 우연한 힘에 의해 결정된 우스꽝스러운 소극에 더 가깝다. 비록 25척의 강력한 군함도 있었지만, 스페인 함대에는 속도가 느린 발트 해의 상선을 개조한 배들도 다수 포함되어 있었다. 이 배들은 바람을 거슬러서 항해하는 데 어려움을 겪었다. 그 결과 거의 같은 크기의 민첩한 잉글랜드 함대는 언제나 적을 향해 바람이 불어오는 쪽을 차지하라는 해상전투의 첫 번째 규칙을 어렵지 않게 지킬 수 있었다. 하지만 이러한 이점을 지니고도 잉글랜드의 경대포로는 한 척의 스페인 선박도 침몰시킬 수 없었다. 한편 더 무거운 스페인 대포의 포탄은 열악하기로 악명 높은 스페인의 주조장에서 제작되어 품질이 형편없었다. 목표물인 영국 배에 충분히 가까이 접근한 경우가 많지도 않았지만, 그런 때에도 스페인의 포탄은 갈라져 버렸다. 그 결과 두 함대는 조수와 바람에 밀려 좁은 도버 해협을 향해 영국 해협을 따라 내려가면서, 서로 헛되이 상대방을 향해 포를 쏘아 대고 있었다.

스페인 함대는 조만간 도착하게 될 육군이 바다를 건너 영국으로 진격해 들어가는 것을 지원하기 위해 닻을 내렸다. 이때 잉글랜드는 해류를 따라 8척의 화선(火船)을 무적함대 쪽으로 흘려 보냈다.(나무로 만들어진 선단을 불로 공격하는 것은 가장 오래된 해전 전략 중 하나였다.) 무적함대는 화염을 피하기 위해 급하게 닻을 끊고 공포에 질려 달아났다. 사실 잉글랜드 역시 탄약이 부족한 상태였는데, 이런 잉글랜드 전함들에 쫓기던 무적함대는 영국 해협을 벗어나 북해 쪽으로 달아나느라고 함대 집결지를 지나쳐 버리고 말았으며, 그곳으로 다시 돌아가지 못했다. 역풍이 불어오자 무적함대는 북쪽으로 항해해 스코틀랜드와 아일랜드를 돌아 대서양 쪽으로 나가서 스페인으로 귀환하는 것 외에는 선택의 여지가 없었다. 그러나 9월의 대서양 날씨는 거칠었고, 식량부족과 질병 때문에 선원들의 상태가 악화되어 있었기 때문에 많은 배들은 부서지고 바위투성이의 해안선들로 내몰리기 시작했다. 결국 무적함대의 절반만이 스페인으로 무사히 귀환했고, 임무 달성에는 실패했다.

희극적인 측면에도 불구하고, 무적함대 해전은 역사를 극적으로 바꾼 위대한 해전들 중 하나다. 이 전투의 승리는 잉글랜드의 독립을 지켜 주었을 뿐 아니라 네덜란드가 멸망하지 않도록 해 주었다. 더 나아가서 북유럽의 종교개혁과 또 이 지역의 해양 시장경제 그리고 아직 미숙했던 자유민주주의 국가들의 생존을 보장했다. 또한 헤게모니를 쟁취하려던 스페인의 시도가 위축되었고, 성능이 우수한 이동식 장거리 대포에 기초한 해전을 구사하는 북대서양 국가들로 유럽의 권력이 이동했다.[25] 그리고 당시 스페인 인구의 절반에 지나지 않았던 500만 명 인구의 소국 잉글랜드가 19세기에 2400만 명 인구의 식민주의적인 대영제국으로 탈바꿈하는 초기 단계를 예고하는 것이기도 했다. 이름을 떨친 함장 드레이크는 엘리자베스 여왕에 의해 1595년 파나마로 파견되어서, 몸값을 요구할 목적으로 그 지역의 정착지 두 곳을 점령하려 했다. 그는 놈브레 데 디오스(Nombre de Dios, 오늘날 파나마에 위치한 항구 도시로서 '하느님의 이름'이라는 뜻 — 옮긴이)를 장악하는 데는 성공했지만, 그 자신은 이질에 걸려 죽은 뒤 수장되었다.[26]

유럽을 지배하려던 스페인과 합스부르크 가문의 시도가 실패하면서, 대양 항해 시대에 유럽과 세계 권력의 새로운 버팀목은 두 해양 교역 국가인 네덜란드와 잉글랜드로 이동했다. 양국은 다른 유럽 국가들에 비해 민간 기업, 시장경제, 종교 및 정치적 자유, 대의제 정부를 더 폭넓게 옹호했다. 다음 두 세기 동안 수위(首位)를 차지한 양국은 근대 자본주의와 자유민주주의의 선조가 되었다. 두 국가가 글로벌 권력으로서 행사했던 영향력과 특히 식민지를 통해서 두 국가의 특별한 정치경제는 전 세계 곳곳의 사회로 멀리, 그리고 폭넓게 수출되었다.

네덜란드는 특히 조숙했다. 해상교역 중개업으로 번성한 상인계층이 통치하던 네덜란드 공화국, 즉 네덜란드 연방은 고대 아테네와 중세 베네치아 전통의 직계 후손이었다. 홀란드 주에 위치한 중심 도시 암스테르담은 베네치아와 놀라울 정도로 유사했다. 암스테르담은 땅의 4분의 1이 해수면 아래 위치한, 황량하고 진흙투성이에 종종 홍수까지 일어나는 저지대에 위치해 있었으나, 13세기부터 배수, 양수, 준설, 제방, 댐, 둑과 인공수로 건설 등 힘들고도 창의적인 개간 작업을 통해 변화해 갔다. 수력 공학의 발달과 사회의 성장이 연결되는 역사적 패턴을 그대로 따르듯이, 한 세기 정도 지속되는 네덜란드의 황금기 동안 이 나라의 토지 수력학은 세계 최고 수준에 이르렀고, 근대에도 주도적인 지위를 유지했다.[27] 특히 이 나라가 지닌 고도로 분권화된 민주주의적 특성은, '폴더(polder)'라고 불리는 저지대 개간지를 지탱하는 기반 시설을 관리하기 위해 13세기부터 설립된 '지역 물 관리 위원회'의 직접적인 산물이었다. 현재까지도 지속적으로 기능하고 있는 지역 물 관리 위원회의 성공과 협력은, 1581년 스페인에서 분리되어 네덜란드 공화국을 형성한 북부 7주에서 통치 모델의 핵심 요소가 되었다.

암스테르담의 도시 풍경은 베네치아와 비슷하게 반원형의 동심원으로 설계된 운하로 특징지어진다. 베네치아의 리알토 다리에 해당하는 것은 암스테르담의 중심부에서 암스테르 강을 막은 댐으로서, 이 댐은 내륙을 향해 거대하게 들어와 있는 바닷물의 흐름을 통제한다. 1500년대부터 1600년대 말까지 담(Dam) 광장은 세계 시장경제의 중요한 집산지였다. 네덜란드 공화국은 자신의 이익을 위해서 자유 무역, 해상의 자유, 그리고 안전한 사적 소유권을 옹호했다. 발트 해, 북해, 대서양 해안, 지중해 그리고 머나먼 향신료 제도에서 들어온 주요 상품들이 댐 근처에서 하역된 뒤 부두를 따라 모여 있는 창고에 보관되었고, 인근의 거래소에 모이는 대리상인들에 의해 매매되었다. 상인 은행은 신용어음 발행, 환어음 할인, 그리고 그 외의 근대 자본주의적 금융 도구들을 통해 원활하게 교역했다. 초기 형태의 주식 시장도 발전했다. 도처에서 유입된 금과 은은 이 나라에 저렴하고 풍부한 금융 자산을 제공하여 현격한 비교우위를 지니게 해 주었다. 세계적인 금융 중심지로 성장한 국가만이 누리는 혜택이었다. 1575년에 3만 명에 불과하던 암스테르담의 인구는 한 세기 안에 일곱 배가 급증하여 20만 명에 이르렀다.

네덜란드는 농경지가 적은 소국이라는 점에서도 베네치아와 닮았다. 네덜란드의 부는 다른 국가의 상품들을 운송하거나 부가가치를 높이는 일에서 얼마나 효율성을 증대하느냐에 달려 있었다. 네덜란드는 발트 해를 왕래하는 해상운송의 절반 이상을 차지하고, 북부와 남부 유럽 사이의 교역을 지배했다.[28] 이 교역에서는 인도양 항구에서 포르투갈 선박을 통해 리스본으로 운송되는 수익성 좋은 화물들이 중요했다.

무적함대의 패배 외에도 네덜란드가 세계열강으로 갑작스럽게 부상하는 계기가 된 중요한 사건은 1592년에 스페인의 펠리페 2세가 반란 상태에 있는 네덜란드 선박의 리스본 입항을 봉쇄한 것이었다.[29] 갑작스럽게 중요한 중개 교역 중심지에 접근할 수 없게 된 네덜란드 상인들은 직접 인도양 무역 중심지로 항해하기로 결정했다. 향후 10년 동안 약 50척의 배가 왕복 수개월이 걸리는 항해에 나서서 후추, 육두구, 정향, 메이스(육두구 겉껍질을 말려서 만든 향신료 — 옮긴이), 차, 커피 등 값비싼 화물을 가득 싣고 돌아왔다. 1602년에 민간의 이익과 공적인 이익 모두를 위해 설립된 유한 책임 합자회사인 네덜란드 동인도 회사는 마치 주권국가처럼 해당 지역에서 교역 독점권을 행사했고, 오랫동안 서양 자본주의의 가장 유명한 상징이 되었다. 네덜란드는 신속하게 인도네시아 향신료 제도와 실론의 항구들에 대한 교역 통제권을 얻었다. 네덜란드는 포르투갈보다 훨씬 효율적으로 통제권을 활용했다. 네덜란드의 권력은 향신료 제도로 연결되는 두 개의 전략적 해로의 지배와 직접 관련이 있다.[30] 첫 번째는 수마트라와 말레이시아 사이의 말라카 해협이었고, 두 번째는 자바와 수마트라 사이의 순다 해협으로서 아프리카 희망봉에서 직접 향신료 제도로 가는 통로에 위치해 있었다. 1619년 자바 섬의 바타비아(오늘날의 자카르타)에 새로운 식민지 본부가 세워졌다. 네덜란드가 거둔 성취는 포르투갈의 경험을 재확인해 주었다. 즉 대항해 시대에는 해양력을 보유하면 국가 규모에 비해 훨씬 큰 글로벌 영향력을 행사할 수 있다는 것이다.

네덜란드 식민 이주민들은 세계 각지로 뻗어 나갔다. 그중 유명한 정착지가 바로 북미 허드슨 강 입구에 있는 뉴암스테르담이었다. 이곳은 동인도회사가 고용한 탐험가 헨리 허드슨이 북아메리카 대륙을 관통하여 인도로 항해해 갈 수 있는 북서항로를 발견하려다 실패한 결과 형성되었다. 그 후 뉴욕이란 영어 이름이 붙은 이 도시는 암스테르담과 런던을 계승하여 20세기에 세계 금융 자본주의의 중심지로 성장한다. 하지만 아마도 네덜란드 공화국 황금기의 가장 위대한 유산은, 부를 창출하는 시장 주도 경제의 탁월한 능력 그리고 이를 바탕으로 확보한 우월한 군사력으로 스페인 같은 전통적인 권위주의 왕국과 패권을 놓고 경쟁하여 해상 민주주의를 수호한 점이라 할 수 있다.

네덜란드가 앞서 가면 잉글랜드가 그 뒤를 바짝 따랐다. 잉글랜드는 향신료 제도에서는 네덜란드를 꺾을 수 없었지만, 인도에서 포르투갈을 성공적으로 축출했으며, 북미 지역의 식민화 사업을 급격하게 확대했다. 상업 지배권을 둘러싼 네덜란드와 잉글랜드 간의 경쟁은 1652년과 1674년 사이 세 차례에 걸쳐 전쟁으로 폭발했으나 결판을 내지 못했다. 1665년에 벌어진 2차 전쟁은 영국이 뉴암스테르담을 점령하면서 촉발했다. 그러나 17세기 말이 되면 이제 양국은 더 큰 공동의 위협, 즉 유럽을 지배하려던 프랑스 루이 14세의 시도에 대항하기 위해서 상호 간의 적대감을 뒤로 미루어 놓아야 했다.

1662년부터 1683년까지 프랑스는 그들의 역사상 아주 드문 일에 전력을 다했으니, 엄청난 규모의 육군을 보충하고자 강력한 해군을 건설하는 일이었다. 유럽을 위압하는 프랑스의 군사적 성공은 실로 압도적이어서, 1689년 잉글랜드가 포위된 네덜란드를 돕기로 했을 때, 프랑스 해군이 잉글랜드-네덜란드 동맹군에 비해서 명백한 우위를 점할 정도였다. 그러나 그렇게 드문 군사적 우위가 완전히 승리로 귀결될 뻔한 결정적 순간에 재정적 압박으로 전쟁 계획을 연기할 수밖에 없었다. 3년 후인 1692년 루이 14세가 영국 해협을 건너 잉글랜드를 침공하기 위해 2만 4000명의 프랑스 군대와 지원 선박들을 집결했을 때는, 잉글랜드-네덜란드 연합 해군이 해상 우위를 확보할 정도로 충분한 힘을 회복한 후였다.[31] 1692년 6월 2일 노르망디의 라오그 해전에서 프랑스의 침략 함대는 완전히 괴멸되었다. 프랑스 해군의 파멸적인 상황과 함께 엄청난 재정적 부담이 루이 14세의 군주정을 짓눌렀다. 결국 루이 14세는 국가가 직접 통제하는 강력한 해군을 재건하려는 생각을 단념하고, 프랑스의 사략선들에게 해군 공격을 위탁하는 전통적이고 저렴한 방법으로 되돌아갔다. 그 사이에 잉글랜드는 해군 확장 사업에 착수했고, 그 결과 18세기 초에 이 나라의 해군은 세계 열강들 사이에서 최고의 세력이 되었다.[32] 1730년 잉글랜드의 해군력은 그 아래 3개나 4개 국가들의 해군력을 합친 것만큼 거대했다.

잉글랜드가 세계 초강대국 해군으로 부상할 수 있었던 핵심 요인은 1688년 명예혁명 이후 민간 자본 시장에서 싼값에 풍부한 전쟁 자금을 조달할 수 있었기 때문이다. 네덜란드의 윌리엄 3세와 그의 잉글랜드 인 아내 메리를 공동 왕으로 추대한 명예혁명은 새로운 무언의 통치 계약에 확고히 기초하고 있었다. 그 계약 내용은 네덜란드식 시장경제, 그리고 의회의 통제 아래 있는 자유주의적 입헌군주제였다. 금융 시장 제도들이 확립되고, 경제의 주요 동력원인 민간 투자가 크게 확대되었다. 이러한 개혁으로 고취된 민간 자본 시장의 신뢰는, 채무 상환이 오로지 군주의 기분이나 의지에 좌우되었던 경쟁국 프랑스의 중앙집권적 군주정과 비교할 때, 잉글랜드에 엄청난 재정상의 비교우위를 제공했다. 수 세기 동안 해상무역과 민주적인 정치 전통이 연결된 결과 이제 자유민주주의 모델이 문명의 최전선에 자리 잡는 데에 충분할 정도로 역동적인 경제 메커니즘이 만들어졌다.

대항해 시대에 잉글랜드 해군의 지배력은 대륙 경쟁국들의 침입으로부터 본토를 방어하는 수준을 넘어, 해외 식민지 제국을 놓고 벌어지는 유럽 열강 간의 경쟁에서 잉글랜드를 승리로 이끌었다. 해양력은 원거리의 식민지 보급선을 유지하고, 상업 운송의 안전을 보장해 주었다. 긴장의 시기에 잉글랜드는 월등한 해군력을 바탕으로 적의 해안선에 쉽게 포격을 가하거나 상륙 거점을 확보할 수 있었다. 17세기 중반까지 잉글랜드는 어떠한 기상 조건에서도 적의 항구를 봉쇄하고 경쟁국의 상업 운송, 군사적 지원, 그리고 해군 반격을 저지하는 정책을 실행할 수 있었다.

전 세계를 무대로 치러졌던 7년전쟁(1756~1763, 미국에서는 프렌치-인디언 전쟁으로 부른다.)에서 해양력은 프랑스를 패배로 몰고 영국이 무적의 식민지 권력으로 성장하는 데 결정적인 역할을 했다. 1758년 영국은 노바스코샤 주 케이프브렌턴 섬의 루이스버그에 있는 프랑스 항구를 장악함으로써 세인트로렌스 강의 통제권을 장악했다. 이는 영국 군인들과 소수의 아메리카 식민지 동맹군들이 큰 절벽을 넘어 1759년 9월 퀘벡을 점령하는 길을 열어주었다. 프랑스가 캐나다를 포기하게 만든 결정적인 사건이기도 했다. 북미 나머지 지역에서 프랑스의 식민지 야심은 오하이오 강 유역에 침입한 영국 군대에 의해 꺾였다. 프랑스는 영국 정착지를 애팔래치아 산맥 동쪽으로 제한하기 위해 미시시피 강 유역의 주요 수로를 따라 뉴올리언스까지 이르는 전역에 요새들을 건설했지만, 이제 그 연결 고리가 끊어진 것이다.

프랑스는 대담하게 영국을 직접 침공해서 빼앗긴 식민지를 회복하려 했으나, 1759년 여름과 가을에 2개의 주요 해전에서 영국의 우월한 해양력에 패배했다. 첫 번째는 지브롤터 해협 근처에서 벌어졌다. 1759년 11월 20일에 브르타뉴 남서쪽 키브롱 만에서 벌어진 두 번째 해전은 더 궤멸적이었다. 프랑스 함대는 브레스트에서 6개월간 영국의 봉쇄에 묶여 있었고, 강풍으로 영국 함대가 일시적으로 후퇴했을 때 겨우 탈출을 시도할 수 있었다.

7년전쟁 이후 전 세계에서 프랑스가 밀려나기 시작했다. 인도 대부분 지역에서도 마찬가지여서, 결과적으로 인도는 경제적으로 영국 식민지 제국의 '왕관의 보석'이 되었다. 1757년 초 영국의 우월한 해양력과 병참능력 덕분에 영국 동인도 회사의 로버트 클라이브는 저항하는 인도의 통치자들 및 그들과 동맹한 프랑스로부터 캘커타의 벵골 항을 되찾을 수 있었다. 1757년 6월 플라시에서 클라이브가 지휘하는 영국-인도 군대 3000명이 프랑스의 지원을 받은 5만~6만 명의 인도군에 기적 같은 승리를 거둔 후 영국 동인도 회사의 식민지 통치는 더욱 강화되었다. 비록 이례적이긴 하지만, 물은 플라시 전투의 전환점에서 주요한 역할을 했다. 몬순 폭우 때문에 화약이 흠뻑 젖어 쓸모없어지자 프랑스의 지원을 받는 인도군은 영국군의 화약도 마찬가지로 손상되었을 것이라 믿었다. 이에 인도군은 후글리 강 제방에 있는 망고나무 숲 한가운데 있던 영국군 진지를 향해 일제히 돌격했다. 그러나 수적으로 크게 열세였던 영국군은 화약을 덮개 아래에 잘 보관해 둔 상황이었다.[33] 공격하던 인도인 군대는 일제 사격을 당해 죽거나 사방으로 흩어졌다.

대항해 시대에 강력한 해양력이 거대 제국의 선결조건이라는 7년전쟁의 교훈을 얻은 뒤, 프랑스는 이후 수십 년 동안 영국과 동등한 규모의 함대를 건설하기 위해 막대한 투자를 했다. 1781년, 프랑스는 영국군에 간접적인 패배를 안길 만큼 충분히 강해졌다. 프랑스가 버지니아 주 요크타운에 있던 영국군의 재보급을 봉쇄했고, 이로써 콘윌리스 장군의 군대가 조지 워싱턴에게 항복하여 미국 독립전쟁이 끝나게 된 것이다. 해양력의 균형 문제는 한 세대가 흐른 후 나폴레옹 전쟁에서도 결정적이었다. 1797년 프랑스 군대가 유럽대륙을 휩쓸며 승리를 거두고 있었지만, 나폴레옹 보나파르트는 유럽대륙에 대한 프랑스의 영속적인 헤게모니는 제해권 획득과 영국의 굴복에 달려 있다고 생각했다.[34] 실제로 프랑스와 영국의 대결은 대항해 시대 영국의 글로벌 주도권에 대한 가장 맹렬한 도전이었을 뿐만 아니라, 알렉산드로스 대제 이후 가장 뛰어난 장군이 이끄는 무적의 육군과 가장 거대한 해군 사이에 군사적 우위를 둘러싸고 벌어진 역사적인 경쟁이었다.

1798년 여름, 29세의 나폴레옹은 지중해에서 영국이 철수하는 것을 교묘하게 이용하여, 프랑스 육군에 대한 극심한 압박에 대항해 북부 항구들의 방어를 개선했다. 프랑스 지도부로부터 비밀 지령을 받은 나폴레옹은 몰타를 점령하고 이집트를 정복했다. 이때 3만 1000명의 군대와 400척의 해상 수송선, 그리고 13척의 전함 외에 작은 배 하나를 채울 정도의 계몽시대 학자들이 동원되었다. 이때 동원된 다양한 학문 분야의 학자들은 순수한 지식의 진보를 위해 이집트에 대해 가능한 모든 것을 연구하는 특별 임무를 부여받았다. 이 정복으로 나폴레옹은 지중해 전체를 통제할 수 있는 지위를 얻었다. 만약 이 상태를 그대로 굳힐 수 있다면 레반트, 오스만 튀르크 제국, 그리고 영국령 인도로 향하는 홍해 루트의 운명을 좌우할 수 있다는 사실을 나폴레옹 자신이 잘 알고 있었다. 나폴레옹은 조금도 지체하지 않고 네코의 고대 수에즈 운하 유적을 개인적으로 조사했으며, 프랑스 측량기사들에게 지중해와 홍해를 직접 연결할 새로운 운하를 연구하도록 지시했다. 그러나 측량기사들은 홍해가 지중해보다 10미터 더 높다고 잘못 계산했고, 그 결과 운하 수문과 다른 복잡한 공학기술이 필요하다고 생각한 나폴레옹은 운하계획을 중단했다.

영국은 자신들의 심각한 전략적 취약성을 인지했고, 프랑스의 지중해 통제권을 깨고 영국의 제해권을 회복하려 했다. 이 일을 맡은 인물은 영국의 가장 젊은 함대 사령관 중 한 명인 40세의 허레이쇼 넬슨이었다. 나폴레옹이 육상에서 그랬던 것만큼이나 넬슨이 해상에서 뛰어난 전술가이자 지휘자였던 것은 분명 영국에게 행운이었다. 넬슨은 타고난 겸손함에, 팔과 눈 하나씩을 잃은 것에서 분명히 알 수 있듯이 담대한 용기를 지녔으며, 예의, 카리스마, 위풍당당함을 두루 갖추고 있어서, 그의 생애 대부분의 기간 동안 연인이었던 해밀턴 부인의 열정을 이끌어 냈을 뿐 아니라 선원들에게서 헌신을 이끌어 냈다. 그는 진정 영국 해군의 자부심이었다. 영국에서 프랜시스 드레이크 경 이후로 이렇게 유명한 국민적 해상 영웅은 없었다.

넬슨은 나폴레옹의 군대를 긴급히 추격해 지중해로 들어갔다. 바다를 샅샅이 수색하던 중 그는 어둠 속을 항해하다가 적을 지나쳐 버리고 말았으며, 그래서 프랑스가 이집트를 정복하자 그곳까지 길을 되짚어가야 했다. 1798년 8월 1일 오후 넬슨은 드디어 프랑스 함대를 찾아냈다. 프랑스 함대는 알렉산드리아 근처, 나일 강 하류의 수많은 지류 중 한 곳에 가까운, 얕은 아부키르 만의 방어선에 정박해 있었다. 우연히도 프랑스 함대 지휘관이 선상에 물을 보충하기 위해 선원들을 육지로 보내 우물을 파게 했기 때문에, 그 순간 프랑스 함대에는 인원이 부족했다.[35] 넬슨은 기습공격이 가능한 유리한 상황임을 감지하고 즉시 공격 준비를 위한 신호 깃발을 올렸다. 나일 강 해전 또는 아부키르 만 해전으로 불리는 이 전투는 근대까지 해전의 역사에서는 매우 드물게 전투의 거의 대부분이 심야에 벌어졌다. 양측의 전함 숫자는 거의 동등했지만, 실력이 더 좋은 영국 포수들은 프랑스 포수들보다 두 배 더 빠르고 훨씬 정확하게 포격했다. 넬슨은 정지 상태에 있는 프랑스 함대의 위치를 이용하여, 다른 배들은 공격 범위 밖에 남겨 둔 채 동시에 몇 척의 선박들을 겨냥해 집중적으로 포격했다. 동틀 녘이 되자 프랑스에 닥친 재앙이 어느 정도인지 드러나기 시작했다. 프랑스 군함 13척 중 11척이 침몰해 있었다.

넬슨이 거둔 승리의 결과는 중대했다. 영국은 곧 지중해의 해로를 다시 확보했고, 그와 함께 국민적 자부심과 투쟁심도 다시 불붙었다. 영국 해군력은 해로 보급선을 통제함으로써 나폴레옹 군이 더 이상 이집트에서 버틸 수 없게 만들었다. 나폴레옹은 이집트 내 그의 군대를 포기하고 은밀히 프랑스로 돌아와 권력을 완전히 장악했다. 포위되었던 유럽 대륙 열강들은 나폴레옹의 대군이 후퇴하는 드문 광경을 목도한 후 용기를 얻어서 영국과 함께 새로운 대불 동맹을 결성했다. 나일 강 해전을 계기로 나폴레옹은 인도를 비롯한 식민지에서 영국이 부를 얻는 길을 차단하겠다는 원대한 야심을 단념했다. 대신에 해군력과 육군력을 집결하여 영국 본토를 직접 침공하는 쪽으로 전략을 바꿨다.

이것은 나폴레옹 전쟁 중 가장 위대한 해전인 트라팔가르 해전을 예비하는 것이었다. 비록 나폴레옹은 영국보다 세 배나 더 많은 육군을 보유하고 있었지만 그의 군대가 이 섬나라를 침공하기 위해서는 영국 해협을 안전하게 횡단하기 위해 며칠 동안 이 해협을 완전히 통제할 수 있을 정도로 충분한 해군력이 필요했다. 아부키르 만의 재난 이후 몇 년 동안 나폴레옹은 네덜란드를 점령하여 이 나라의 함대를 얻었고, 북해에서 지브롤터에 이르는 대륙의 모든 항구를 통제할 수 있었다. 영국은 프랑스가 통제하는 항구들을 광범위하게 봉쇄함으로써 이에 대응했다. 이처럼 1년 동안이나 지속된 봉쇄활동은 해군사에서 독특한 사건이었다. 1805년 나폴레옹은 마침내 그의 함대들에게 봉쇄를 뚫고 카리브 해의 마르티니크 섬에 집결하여 영국해협 침공을 준비하라고 지시했다. 프랑스 육군은 이곳에서 이미 준비하고 있었다. 그러나 항구에 봉쇄된 채 몇 년이 지나는 동안 그렇지 않아도 수준이 떨어졌던 프랑스 함대의 전투 능력은 더욱 약화되었다. 브레스트 쪽 함대는 봉쇄를 뚫지 못했다. 넬슨이 감시하고 있던 툴롱 쪽 함대는 간신히 바다로 나왔다. 넬슨이 대서양을 가로질러 왔다 갔다 하며 프랑스 함대를 추적하는 와중에, 양측은 마침내 1805년 10월 21일 스페인의 지브롤터와 카디스 사

10 유럽의 세계적 우위는 포르투갈의 항해왕자 엔히크가 후원한 '대발견 항해'에 뒤이어 등장한 대양항해용 범선과 해군 포함의 등장 덕분이다. 바스쿠 다가마(위 왼쪽)는 아프리카를 돌아 인도까지 항해했고, 콜럼버스는 대서양을 넘어 신대륙을 찾아갔다. 대발견 항해에는 캐러벨이 유용하게 쓰였다.(위 오른쪽)

11 범선의 시대의 정점은 영국이 차지했다. 영국의 두 위대한 제독인 프랜시스 드레이크와 허레이쇼 넬슨(오른쪽 위)은 각각 스페인의 무적함대와 나폴레옹을 격파했다. 넬슨과 나폴레옹 간 해전에 참전했던 120문의 함포를 지닌 프랑스 전함.(오른쪽 아래)

이에 위치한 트라팔가르 곶에서 맞붙었다. 넬슨은 그의 함대 사령관들과 여러 차례 식사를 하면서 기동성이 뛰어난 영국 배들과 숙련된 선원들의 이점을 더욱 잘 활용할 수 있는 혁신적인 해군 전술을 고안했다. 넬슨은 그의 배를 적의 배들과 평행하게 일렬로 세워 맹렬히 포격을 가하는 대신, 배를 두 개의 종대전열로 나누고 세 번째 예비 함대를 남겨 두고서 적의 중심부를 공격했다. 그렇게 함으로써 별개로 움직이는 두 개의 전선을 만들어 냈고, 각각의 전선에서 전술적 이점을 누릴 수 있었다. 트라팔가르 해전의 승리는 결정적이었다. 영국의 배는 한 척도 침몰하지 않았고, 사상자도 100명에 불과했다. 그러나 이 전사자들 중 한 명은 넬슨 자신이었다.[36] 그는 가까운 거리에 있는 프랑스 선박의 미즌 마스트 꼭대기에서 저격수가 쏜 총탄에 어깨와 가슴에 총상을 입었다.

트라팔가르 해전은 나폴레옹이 영국을 침공할 수 있는 모든 기회를 끝장내 버렸다. 영국의 해상 지배는 카리브 해, 아프리카, 그리고 말루쿠 제도에 있는 프랑스의 해외 자산들을 체계적으로 해체하는 동시에, 항구들을 봉쇄하여 숨통을 조이는 식으로 프랑스 육군의 재보급을 방해했다. 영국은 동시에 미국과 러시아 같은 원격지 국가들과 공해에서 무역을 수행함으로써, 영국을 압박하기 위해 나폴레옹이 전 유럽 대륙에 시도했던 상업 봉쇄령을 극복할 수 있었다. 나폴레옹이 러시아에서 패퇴한 이후 마침내 상황이 무르익자, 영국의 배들은 해상을 자유롭게 이동하며 증강된 영국 군대를 대륙으로 수송하여 나폴레옹의 최후를 준비했다. 나폴레옹은 1815년 지금의 벨기에에 있는 워털루에서 최후의 패배를 맞았다.

장거리 항해와 대포의 시대에 나폴레옹 전쟁의 결과는 다음과 같은 사실을 확인해 주었다. 이때까지는 공해의 자연적 힘을 동원하는 해상 강국의 이점은 월등한 육군에 대항해 힘의 우위를 회복하는 세 번째 축으로 작동하는 정도였으나, 이제 그 장점이 더욱 발전해서 작고 민주적인 해상 국가들이 글로벌 지배를 둘러싼 충돌에서 오히려 우세를 점하는 수준에 이르렀다는 것이다. 섬나라 영국이 대륙의 경쟁국 네덜란드를 능가할 수 있었던 원인 중 하나는 육상 침공에 대항해 견고한 방비를 갖추어야 하는 추가 부담을 아예 지지 않고, 모든 자원을 해군력에 집중할 수 있었다는 데 있었다. 이것은 네덜란드가 쇠퇴한 최종 근인(近因)이기도 했는데, 흥미롭게도 고대 페니키아 인들이 이웃의 대륙 제국이었던 메소포타미아에 의해 몰락한 까닭과 유사하다. 항해 시대를 통틀어 무적함대와 나폴레옹에 이르기까지 영국을 침공하려던 모든 시도는 실패했다. 심지어 2차 세계 대전의 영국 본토 항공전에서 육군, 탱크, 장거리 미사일, 그리고 공군력에서도 압도적인 우위에 있던 나치 독일도 영국 해군과 영국 해협이 제공하는 방어의 이점을 넘어설 수 없었다.

트라팔가르 해전은 대형 목조 범선으로 치른 마지막 주요 전투였다. 영국은 1차 세계 대전까지 1세기 동안 다시는 심각한 도전을 받지 않았다. 19세기에 영국의 해군력은 무적이었다. 농촌의 작은 강들에서 가속력을 얻어서 발전을 거듭하다가 그와는 전적으로 다른 발전의 혁신들을 이루었기 때문이다. 바로 증기력을 이용한 산업혁명이었다.

9 증기력, 산업혁명, 팍스 브리타니카

관개가 고대 수력국가들의 결정적인 지지대였던 것처럼, 증기는 근대 산업사회의 본질적인 성격에 지울 수 없는 흔적을 새겨 놓았다. 증기는 인간의 물질적 삶의 속도, 규모, 이동성 그리고 강도를 철저히 바꿔 놓았다. 사회의 성격이 근본적으로 재형성되었다.

'목재와 범선의 시대' 이후 영국은 산업혁명을 경과하면서 해양력과 식민지 부를 통해 역사상 최초로 글로벌 경제에서 주도권을 지닌 패권 제국으로 성장했다. 1760년에 즉위한 이후 60년간 지속된 조지 3세의 치세 동안 주로 진행된 산업혁명은 영국 민간 시장경제에서 나타난 자연발생적이고 중요한 도약이 계속해서 축적되는 과정이었다.[1] 산업혁명은 일상생활, 사회조직, 인구통계에서 정치관계에 이르기까지 인간사회의 모든 면에서 총체적인 변화를 일으켰다. 이는 약 5000년 전 문명의 초창기에 일어난 관개농업혁명에 비견될 만큼 역사적으로 중요한 사건이다. 수력을 혁신적으로 이용하는 방식이 산업혁명의 촉매로 작용했다. 단순히 전통적인 물레방아를 새롭게 활용하는 정도가 아니라, 이전에는 이용되지 않던 증기 형태로 물을 사용하는 획기적인 방식이었다.

지리적으로 볼 때 영국에는 당대의 기술 클러스터가 이용하기 적합한 해상 자원과 내륙의 수자원들이 풍부했다. 영국의 해군 함대와 상업 선단들은 훌륭한 항구들, 톱니 모양의 긴 해안선, 방어에 효과적인 해자 역할을 하는 바다, 그리고 영국 해협 내의 유리한 해류와 풍향 등의 이점을 누릴 수 있었고, 초기의 산업가들은 유속이 빠르고 연중 계속 흐르는 농촌의 크고 작은 하천을 이용할 수 있었다. 이 하천들은 항행에 용이했고, 물레방아를 통해 상당히 큰 에너지를 얻을 수 있었다. 19세기의 대영제국은 전성기 때 대양을 지배함으로써 지구를 지배하는 영광을 누렸지만, 사실 제국의 기초 경제는 주로 내륙 수로를 이용한 것이었다.

영국의 산업혁명은 중부지방 농촌의 작은 강들 유역에 자리 잡은 소규모 산업들이 어느 정도 겹치는 두 단계를 거쳐 발전하는 가운데 태어났다. 랭커셔에 집중되었던 첫 번째 단계는 물레방아, 그다음에는 증기력을 이용하는 면직물 공장이 주된 동력을 제공했다. 이제 전통적인 가내 수공업은 공장이라는 중심 장소에서 특화된 기능을 수행하는 표준화, 기계화된 제조 시스템으로 재조직되었다. 그다음 시기에 전적으로 증기 에너지에 의존하여 시작된 두 번째 단계는 주철을 생산하는 슈롭셔가 중심지였다. 19세기 말의 중공업은 주철 생산에서 비롯되었다. 증기력과 철이 우수한 해군과 결합되면서 영국의 해상력은 무적이 되었으며, 이제 세계 각지의 해안만이 아니라 수로가 닿는 내륙지역까지 지배를 확대했다. 영국의 산업 생산성과 경제적 부가 증대되었을 뿐 아니라 가속화된 부의 확대 현상에 중간계급까지 동참했다. 이런 역동성은 자체 증식하는 경향을 띠어서, 자유시장이 해상무역의 변방에서 세계경제의 최고 중심지로 이동하는 역사적 과정을 완성했다.

역사상 종종 그랬던 것처럼, 필요는 산업혁명에 불을 붙인 거대한 혁신의 어머니였다. 셰익스피어, 드레이크, 엘리자베스 여왕의 시대부터 미국 독립전쟁 전야까지 거의 2세기 동안, 그리고 심지어 영국 해군이 공해에서 그들의 적을 처부수고 있을 때조차, 정작 영국 본토에서는 삼림자원이 빠르게 고갈되어 극심한 연료 부족으로 고통을 겪고 있었다. 프랑스를 비롯한 대륙의 경쟁국들이 풍부한 삼림자원을 보유했던 반면, 영국은 연료 부족 현상에 시달려서 가정의 연료 공급, 대포를 만드는 주철 공장의 가동, 해군 함선의 건조 등에 필요한 목재와 목탄 비용이 점진적으로 상승했다. 연료 부족 문제는 유럽이 여전히 소빙하기(15세기 중반~19세기 중반)의 고통에 시달리고 있었기 때문에 더욱 악화되었다. 이 시기에 영국의 기온은 20세기 초보다 섭씨 1~2도 더 낮았으며, 그 결과 경작지와 삼림지가 축소되고, 템스 강은 종종 얼어붙었다.[2]

영국은 값비싼 장작을 대체하기 위해 중부와 북부 지역에서 지표면 가까이에 매장된 풍부한 석탄층을 집중적으로 채굴했다. 석탄은 열을 제공하기는 하지만, 오직 목탄만이 용광로에서 철광석을 철로 만들기에 충분한 고온을 낼 수 있었다. 세번 강에 있는 콜브룩데일의 제철업자였던 에이브러햄 다비는 1709년 석탄을 코크스로 바꾸는 과정을 독자적으로 개량했다.(사실 중국에서는 이미 오래전에 발견되었다.)[3] 이제 석탄이 영국의 만성적인 철 부족 사태의 원인이었던 연료 부족 문제에서 영국을 구해 내리라는 희망을 품어볼 만했다.

하지만 두 가지 장애가 가로막고 있었다. 첫째, 막대한 양의 석탄을 채굴 지역으로부터 운송하는 일이 지극히 어려웠다. 화물 운반용 말이나 짐마차는 질척거리는 저급한 도로 위에서 느리고 비싸고 불안정하게 움직였다. 해안 도시 근처에서는 차라리 해로를 이용하여 런던과 다른 항구들의 용광로에 석탄을 공급하기도 했다. 그러나 성장 중이던 영국 내 산업 지역의 거대한 수요를 충족시키기 위해서는 다른 운송 해결책이 필요했다. 둘째, 광부들이 더 많은 석탄을 채굴하기 위해 수직 갱도를 깊게 파자 지하수가 터져 나오기 시작했다. 광부들은 물을 제거하기 위해서 언덕 비탈에 배수구를 팠고 양수 펌프를 돌렸다. 이 양수 펌프는 말로 움직이거나 또는 흐르는 물이 있는 적합한 수원지가 확보된다면 물레방아로 움직였다. 그러나 광부들이 지하수면 아래로 깊게 채굴할수록 더 많은 물이 넘치면서 사태가 악화되어, 이제는 가장 기본적인 석탄 수요 비축분조차 맞추기가 어려워졌다.

따라서 영국의 연료 부족 문제는 계속 미해결 상태로 남았다. 1760년 석탄과 목재가 부족하고 가격이 높아 영국은 국내에서 필요한 철의 절반을 스웨덴과 러시아의 원시림 근처 제철소에서 수입해야 했다. 미국 혁명 전야에 새로운 조선 물량의 3분의 1은 목재가 풍부한 아메리카 식민지 동쪽 해안의 조선소에 위탁되었다.[4] 연료 부족이 곧 해결되지 않았다면 영국의 초기 산업혁명은 너무나도 일찍 무효화되었을 것이며, 아직 소규모였던 제국이 지속되지 못했을 수도 있다. 영국의 역사가 트리벨리언은 연료 부족이 "많은 가정집의 난로를 싸늘하게 식혔다."라고 표현하며, "만약 구 경제체제가 1760년 이후 변화하지 않은 채로 지속되었다면, 이 섬나라에 살던 700만 명이 계속 이전과 같은 안락함을 유지하며 살 수 있을지 의심스러웠다."라고 언급했다.[5]

영국 산업혁명은 두 가지 수력 공학기술이 촉매 역할을 해서 돌파구를 열었기 때문에 가능해졌다. 첫 번째는 예기치 못한 내륙 운송운하 건설 붐이었다. 이것은 당시 성장하던 영국 민간 부문에서 전적으로 자금을 지원하는 가운데 자연발생적으로 일어났다. 중국을 제외하면 세계에서 유일한 전국적인 수로 네트워크였다. 이 네트워크가 신속하게 형성되어 거대한 경제 팽창을 촉진했다. 영국 운하 시대의 선구자는 젊은 귀족이었던 브리지워터 공작 프랜시스 에거튼이었다. 그는 1759년에서 1761년 사이에 자금을 대서 브리지워터 운하를 건설했다. 이 운하는 길이는 짧았지만 중요한 역할을 했다. 공작의 상속재산에는 상당히 큰 수입을 올리는 대규모 석탄 광산이 포함되어 있었다. 지극히 사랑했던 아내를 다른 남자에게 빼앗긴 후, 그의 열정은 이 광산과 맨체스터의 성장하는 공장을 연결하는 운하 건설 계획으로 옮겨 갔다. 운하가 자신의 광산에서 채굴한 석탄 가격을 반으로 줄이고, 또

그로 인해 지역 석탄 시장에서 훨씬 더 큰 지분을 얻을 수 있으리라고 계산했던 것이다.[6]

맨체스터는 단지 16킬로미터 정도 떨어져 있었지만 운하를 건설하기에는 복잡한 수력학적 과제가 제기되는 지형이었다. 구릉이 많은 데다가 바지선을 띄우는 데 충분한 물을 공급할 수 있는 하천이 없었다. 그런데도 브리지워터 공작은 운하 건설의 기술적 가능성을 거의 의심하지 않았다. 젊은 시절 유럽 대륙을 여행할 때 프랑스의 랑그도크 지방을 방문해서 유럽 역사상 가장 경이적인 운하인 남프랑스 운하(Canal du Midi)를 직접 목격했기 때문이다.[7] 이 운하는 1661년과 1681년 사이에 프랑스 해군을 강화하려 노력했던 국왕 루이 14세의 승인으로 세워졌다. 240킬로미터 길이의 남프랑스 운하는 안전한 국내의 수로 지름길이 되었고, 지브롤터를 거쳐 스페인을 돌아갈 필요 없이 프랑스의 대서양 해안과 지중해 해안을 하나로 연결했다. 남프랑스 운하가 가로지르는 프랑스 내륙 지역은 곧 새로운 상업 활동과 함께 약동했다. 해발고도 190미터의 정상을 오르내리는 남프랑스 운하는 후일 볼테르도 영광스러운 업적이라고 환호했을 정도로 경이로운 기술 경지에 이르렀다. 이를 위해서는 수로에 물을 공급하는 103개의 수문과 댐, 교량들, 그리고 460미터에 달하는 유럽 최초의 운하 터널을 비롯한 약 328개의 구조물이 필요했다. 브리지워터 공작의 운하는 남프랑스 운하보다 훨씬 소규모였으므로, 공작은 비록 쉽지는 않더라도 결국 건설에 성공하리라고 확신했다. 게다가 그는 그 일을 이루기 위해 자신의 전 재산을 걸 준비가 되어 있었다.

어떤 운하를 건설하든 예외없이 어느 방향으로든 쉽게 바지선들을 끌 수 있도록 물의 흐름을 느리게 유지해야 하는 과제가 부여되었다. 이 문제를 푸는 한 가지 기술적인 접근 방식은, 2000년 전 중국의 진 왕조가 영거 운하를 건설할 때 했던 것처럼 자연 지형의 등고선 윤곽을 따르는 것이었다. 그러나 그러려면 지형이 훨씬 더 완만하고 운하 길이가 훨씬 더 길어야 했다. 고대 아시리아 인들과 로마 인들은 구릉이 많은 지형을 가로지르는 경사면에서도 일정한 속도로 계속 물이 흐르도록 중력의 힘을 이용할 수 있는 고가식 수로를 고안했다. 구릉 지역에서 널리 사용된 근대적 해결책은, 운하를 계단이 있는 일련의 구역들로 인공적으로 분할하는 방법이었다. 수위가 다른 각 구역들 간에는 바지선들을 올리거나 내리는 조절 기계를 갖추고 있었다. 중세에는 단순하고 평평한 수문을 두었다. 바지선이 하류 쪽으로 내려갈 때는 수문을 열어서 그때 생기는 급류를 타고 배가 빠르게 움직였다. 그러나 상류 쪽으로 이동하기는 훨씬 어려웠다. 사람과 동물들의 힘을 써서 밧줄과 윈치로 바지선을 수동으로 끌어 올려야 했기 때문이다. 수문 아래의 수로에서 선가(船架)를 통해 바지선을 끌어서 더 높은 수위의 물에 올려 보내야 했다. 중국의 기념비적인 대운하도 984년 수위 유지용 복식수문이라는 혁신이 등장하기 전까지는 수로를 준설하고 제방을 유지하며 배를 끌어 올리는 일에 엄청난 노동력을 동원해서 잔혹하게 혹사했다. 그렇게 동원된 인력으로 단순하고 평평한 경사면을 이용해서 배를 끌어 올린 것이다. 수위 유지용 복식수문을 이용하면 물이 두 개의 수문 사이에서 채워지고 빠지면서 물의 부력을 이용하여 바지선을 끌어 올리거나 내릴 수 있었다. 유럽에서 수문을 갖춘 항행 운하들은 14세기 네덜란드에서 건설되었다. 레오나르도 다 빈치는 24미터를 거슬러 올라가는 18개 수문의 베르구아르도 운하를 비롯해서 밀라노의 광대한 운하 네트워크에 큰 관심을 품고 있었다. 그는 효율적인 근대식 갑실(閘室), 그리고 상류면 갑문을 설계하기도 했다. 이 갑문은 V자에 가까운 형태를 갖추었기 때문에 하류로부터 수압이 작용하여 수문의 물이 새 나가는 것을 막아 주었다. 레오나르도 다빈치의 설계는 길고 가파른 언덕을 오르내릴 수 있는 연속적인 계단식 갑실의 건설을 촉진했다. 17세기에 운하 공학 기술의 주도권은 프랑스로 넘어갔다. 프랑스는 19세기에 남프랑스 운하의 후손인 수에즈 운하를 건설할 만한 수력공학 기술을 충분히 갖췄다고 자부하고 있었다.

따라서 브리지워터 공작이 운하 건설에 착수했을 때, 영국 고유의 노하우는 아직 훨씬 뒤처져 있었다. 공작은 수석 엔지니어로 제임스 브린들리를 선정했다. 브린들리는 그 지역 물레방아 제분소의 기계 정비공을 비롯해서 젊은 시절에 다양한 직업에 종사하면서 얻은 재치와 경험을 통해 기술을 익힌 독학 전문가였다. 브린들리와 공작은 수문을 없애고 일정한 기울기를 유지하는 고가식 수로 다리를 건설하기로 했다. 그들은 또한 운하에 채울 물을 공급하기 위해 고지대의 지하수를 끌어오기로 했다. 고지대의 지하수는 석탄 광산을 침수시키기 때문에 어떻게든 제거해야 하는 골칫거리였다. 브리지워터 운하가 결국 성공적으로 건설된 후 공작은 새로운 자수성가형 인물의 전형이 되었으며, 영국의 지도적인 운하 기술자로 유명해졌다. 이 선구적인 운하를 건설하기 위해 400명의 노동자들이 힘들게 일했지만, 당시 운하 건설이 성공하리라는 믿음은 극히 낮아서 공작은 기술적 한계를 극복하지 못하고 전 재산을 탕진할 것처럼 보였다. 많은 이들은 공작이 미쳤다고 수군거렸다. 최악의 순간에는 맨체스터와 리버풀의 은행이 공작의 500파운드짜리 어음 인수를 거부하기도 했다. 그러나 결국 브리지워터 운하의 성공은 그 시대에 영감을 불러일으키는 경이적인 일 중 하나가 되었다. 이 운하 중에서도 특히 어웰 강 위 180미터에 걸쳐 12톤급 석탄 바지선들을 운송하는, 3개의 아치로 된 고가 부분을 보기 위해 사람들이 먼 곳에서 찾아왔다. 그러나 사실 운하의 경이로운 면은 일반인들의 눈에 보이지 않는 부분에 있었다. 광산 내부로 몇 킬로미터에 걸쳐 지하수로가 깊이 만들어져서, 채굴한 석탄을 곧바로 바지선에 선적할 수 있었다. 결국 석탄은 공작이 애초에 계산했던 것보다 훨씬 더 저렴한 비용으로 맨체스터로 운송되었다. 석탄 판매량이 치솟자 공작은 영국의 최고 부호 중 하나가 되었다.

브리지워터 운하는 영국의 운하 건설 붐을 불러일으켰다. 민간의 운하 붐 덕분에 단 몇십 년 안에 영국 중부, 북부, 템스 강 유역의 모든 광업 및 산업 지구 그리고 전국 항구에 걸쳐 바지선으로 석탄을 운송하는 광대하고 경제적인 내륙 수로 네트워크가 창출됐다. 브리지워터 공작과 브린들리는 맨체스터-리버풀 간 운하 공사와 영국 중부를 가로질러서 북해와 아일랜드 해를 연결하는 수로인 트렌트 강에서 머지 강까지의 운하 공사에 직접 자금을 댔다. 1600킬로미터 정도였던 영국의 기존 수로 네트워크에 운하에 대한 열광으로 총 4800킬로미터의 항행 가능한 내륙 수로가 추가되었다.[8]

바지선을 운영하고 통행세를 징수하는 민간 회사가 성장 중이던 런던의 금융 시장으로부터 자본을 조달해서 주도했던 운하 붐은 당시 싹트기 시작한 영국의 자유방임경제 내에 자본가들의 "야성적 충동"을 자극했다.[9] 애덤 스미스는 『국부론』에서 그때까지 여전히 생소했던 자유방임경제의 자기조절적인 "보이지 않는 손"과 부를 창출하는 메커니즘을 설명했다. 운하 붐은 런던 금융가들의 모험 욕구를 자극해서 더 많은 산업투자를 부추겼으며, 이는 다시 저비용 대출과 투자로 이어지는 새로운 사이클과 또 더 많은 자본 축적을 촉진했다. 반세기 후인 1825년에 영국의 운하 붐은 대서양 너머 미국 동부에서 재현되었다. 584킬로미터 길이의 이리 운하는 영국에서와 마찬가지로 자극적인 효과를 가져왔다.

제임스 와트가 설계한 혁명적인 증기기관

로마 시대 이후 최초로 운하 네트워크를 통해 영국 운송에 급속히 이루어진 개선사항들은 영국이 연료 부족을 극복하고 산업혁명을 시작하는 데 필요조건이기는 했지만 충분조건은 되지 못했다. 무엇보다도 석탄 채굴을 방해하는 광산 내의 침수 문제를 해결해야 했다. 광산에 잠긴 물을 제거하는 것은 영국 중부와 북부의 탄전뿐 아니라 콘월 주석 지대의 광산 관리자들을 괴롭힌 문제이기도 했다. 그동안 시도해 본 것 중에서는 수력 양수펌프가 가장 효과적이었다. 하지만 유속이 빠른 믿을 만한 수원지가 주변에 있어야 물레방아를 운용할 수 있는데, 대부분 영국 광산에는 이런 수원지가 없었다. 또 다른 해결책이 필요했다. 결국 이윤을 추구하는 시장의 힘은 증기기관의 발명을 촉진했다. 이는 영국의 풍부한 자연자원 이용가능성을 열어젖히고 대량 산업력과 대량 생산에 기초한, 근본적으로 새로운 사회의 창출을 추동하는 중요한 돌파구가 되었다.

물은 지구상에서 흔히 볼 수 있는 물질 가운데 온도 범위에 따라 액체, 고체, 기체의 모든 상태로 존재하는 유일한 물질이지만, 지금까지 각 문명은 주로 액체 상태의 물을 이용해 왔다. 물을 가열해 가스 상태가 된 증기의 팽창력에 대해서는 고대부터 알려져 있었다.(거의 2000년 전 알렉산드리아의 헤론까지 거슬러 올라간다.) 레오나르도 다빈치는 이론에 그치기는 했지만 증기력 송풍기와 대포를 스케치로 남겼다. 그러나 어느 누구도 증기에 대한 과학 지식을 실제로 실용 기술에 적용하려고 시도하지는 않았다. 17세기 말에 가서야 런던에서 물리학자 로버트 보일과 함께 일했던 프랑스 출신 물리학자 드니 파팽이 기압에 대한 새로운 과학 지식에 따라 실용적 증기 압력 밥솥을 발명했고, 최초의 증기기관들의 이론적 기초가 될 일부 기본 설계들에 대한 개념적인 사항들을 적어 놓았다. 1698년 영국의 군사 엔지니어인 토머스 세이버리는 비록 매우 불안정하고 폭발하기 쉬웠지만, 처음으로 콘월 주석 광산에서 물을 제거하는 데 쓰이는 증기펌프를 설치했다.[10]

역사상 최초의 증기기관 발명이라는 영예는 다트머스 출신의 대장장이 토머스 뉴커먼에게 돌아갔다. 그는 한때 세이버리의 펌프 제작에 참여한 적도 있다. 1712년 석탄 광산에 설치된 뉴커먼의 기관은 약 38리터의 물을 47미터까지 끌어 올렸다. 그러나 뉴커먼의 증기기관은 그 효능을 제약하는 많은 결점을 안고 있었다. 이 기관은 설치하는 데 2층 높이의 건물이 필요할 정도로 거대했지만 정작 마력은 성능 좋은 물레방아와 별반 차이가 없었다. 게다가 뉴커먼 기관은 물을 증기로 바꾸는 열을 얻기 위해 엄청난 양의 석탄을 필요로 했으므로 석탄 광산 지역에서만 유용하게 쓰일 수 있었다. 열에 관한 한 뉴커먼 기관은 매우 비효율적이었다. 그나마 뉴커먼 기관은 너무 느린 속도로 확산되었기 때문에 영국의 석탄 부족과 연료 부족 현상을 타개할 수 없었다. 1734년까지, 영국 석탄 광산에서 펌프로 침수된 물을 퍼내는 곳은 100곳이 안 되었다.[11]

산업혁명의 도약을 가져올 역사적인 돌파구는 뉴커먼 기관보다 월등한 성능을 갖춘 증기기관이 등장한 후에야 마련되었다. 33세의 스코틀랜드 인 제임스 와트가 개발한 증기기관으로서, 1769년에 첫 특허를 받았고 1776년에 상업적으로 이용되기 시작했다. 최초로 와트의 증기기관이 이용된 방식 가운데 하나가 바로 석탄 광산에서 물을 퍼내는 일이었다.[12] 와트의 증기기관은 처음 사용되자마자 17미터 높이의 물이 채워져 있던 수직 갱도에서 물을 비워 냈다. 이와 동시에 와트의 증기기관은 유명한 제철업자 존 윌킨슨의 철 용광로에 바람을 불어넣는 송풍기에도 이용되었다. 이것은 와트의 증기기관이 곧 철 주조에 가져올 거대한 충격을 예고하는 일이었다. 와트의 증기기관은 역사적으로 워낙 유명하기 때문에 와트는 철학자 데이비드 흄, 정치경제학자 애덤 스미스, 지질학자 제임스 허턴, 화학자 제임스 블랙 그리고 시인 로버트 번스 같은 인물들과 함께 18세기 스코틀랜드 계몽주의의 유명한 선각자 중 한 사람으로 거론된다. 또한 와트는 다름 아닌 19세기 말 산업시대 미국의 강철왕 앤드루 카네기(그는 스코틀랜드 이민자 출신이었다.)가 존경하는 마음을 담아 쓴 전기물의 대상이었다.(카네기는 1905년에 와트의 전기를 써서 출판했다 — 옮긴이) 그리고 그의 이름을 따서 전기 에너지의 측정 단위를 와트라고 명명하게 됨으로써 후세에 불후의 명성을 남겼다.[13]

와트의 아버지는 조선기사, 건축가이자 항해장치 제작자였으며, 와트 자신은 과학적 사고를 지닌 토지 측량기사이자 수학적 기계공으로서 글래스고 대학의 많은 과학자들을 잘 알고 있었다. 와트는 십 대 중반에 기계 모델을 제작했으며 기계공의 조수가 되고자 런던으로 갔다. 그러고는 글래스고로 돌아와 1757년 대학에 자신의 기계 제작소를 열었다. 1763년 와트는 대학 실험실 규모의 뉴커먼 기관을 수리해 달라는 요청을 받게 되었다. 그는 뉴커먼 기관이 열의 5분의 4를 헛되이 낭비하고 있다는 사실에 충격을 받고 효율성을 개선하기 위한 연구를 시작했다. 뉴커먼 증기기관의 중심부에는 실린더가 있었는데, 증기가 채워지면 실린더에 붙어 있는 피스톤을 밀어냈다. 뉴커먼 증기기관은 실린더를 냉각하기 위해 기체를 물로 액화했고 이 과정에서 진공 상태를 만들었다. 그러면 피스톤은 기압에 의해 실린더 쪽으로 다시 밀려간다. 이런 식으로 위아래로 움직이는 힘을 이용해서 피스톤에 붙어 있는 펌프 같은 도구들이 유용한 작업을 수행하는 것이다. 와트는 뉴커먼 기관이 비효율적으로 증기력을 낭비하는 원인은 매번 가열된 실린더를 직접 냉각해야 하기 때문임을 알아냈다. 영감을 얻은 와트는 1765년에 획기적인 발명을 이루어 냈다. 그는 별도의 증기 콘덴서(condenser, 액화장치)를 사용함으로써 실린더를 계속 뜨겁게 달구어진 상태로 유지했고 이를 통해 기존 기관보다 효율을 두 배 이상 향상시켰다. 와트는 곧 뉴커먼 기관보다 네 배나 강력한 기관을 설계했다. 와트가 설계한 기관은 뉴커먼의 거대한 증기기관에 비해 훨씬 소형이었고, 따라서 다루기도 편했다.

와트의 혁명적인 근대식 증기기관은 광산의 침수 문제를 해결함으로써 영국 석탄과 주석 광업의 발달을 촉진했다. 게다가 배출된 광산의 물은 새로운 운하 운송 네트워크에 들어가서 사용되었다. 사실 와트가 증기기관을 설계했을 때부터 그의 첫 번째 상업적 증기기관이 설치되기까지 10년이나 걸린 이유는 우선 측량 기사로 일하던 그가 당시 막 시작된 운하 붐 탓에 측량 작업을 위해서 빈번히 호출되었기 때문이다. 또한 상업적, 기술적인 문제들도 있었다. 와트의 첫 번째 사업 파트너였던 존 로벅은 와트에게 자신의 석탄 광산에서 물을 퍼내는 데 쓸 증기기관 제작을 주문했다. 그러나 당시 스코틀랜드 철물 제작 기술로는 거대한 실린더에 정확하게 딱 맞는 피스톤을 만들 수 있는 정밀하고 우수한 기계를 제작하지 못했다. 이 때문에 존 로벅은 큰 이익을 얻지 못하고 파산했으며, 1775년 그의 공동 지분을 버밍엄의 부유한 버클 및 단추 제조업자 매슈 볼턴에게 팔았다. 와트는 더욱 숙련된 철물 제조가 가능한 곳을 찾아 버밍엄으로 갔다. 와트는 곧 이곳의 제철업자 존 윌킨슨의 철공소에서 자신이 필요로 하던 것을 찾아냈다. 존 윌킨슨은 영국 해군으로부터 의뢰받은 대포 제조에 쓰이던 새로운 천공기로 정확한 실린더를 생산할 수 있었다. 볼턴과 와트는 영국 의회 법령에 의해 25년 연장된 특허권을 확보하고 1775년 함께 사업을 시작했다.

볼턴과 와트의 공동사업은 기업사(企業史)에서 가장 주목할 만한 사례 중 하나이다. 볼턴의 사업 안목은 와트의 기술적 창의성을 보완했다. 볼턴은 진실한 사람이라 초기 사업사에서 흔히 나타난 대로 사업가가 발명가를 탐욕스럽게 착취하는 일 없이 두 사람 모두 성공할 수 있었다. 특히 첫 12년 동안 볼턴은 쉽사리 번민에 빠지고 위험을 꺼리는 그의 파트너가 심한 재정적 스트레스에 빠지지 않도록 많은 노력을 기울였다. 두 사람은 모두 버밍엄의 유명한 과학기술협회인 루나협회의 활동적인 회원이었으며, 1785년에는 영국학술원 회원으로 선출되었다.

볼턴은 타고난 상인의 재능으로 그들의 증기기관을 재기 넘치게 선전했다. "선생님, 저는 여기서 세상 사람 모두 열망하는 것, 즉 힘을 팝니다."[14] 앞으로 조직적인 과학, 산업의 체계화를 따라 혁신이 일어나리라고 예견한 과학자 와트는 볼턴이 확인해 준 시장 기회를 충족하는 새로운 증기기관들을 디자인했다. 1781년 6월 21일, 볼턴은 와트 기관의 두 번째 위대한 발전이 될 회전식 기계 장치 제작을 권고했다. 그는 긴급히 와트에게 이런 편지를 보냈다. "런던, 맨체스터 그리고 버밍엄 사람들은 증기기관 공장에 미쳐 있네. (……) 자네가 어떤 결심을 내려야 한다고 재촉하는 것은 아니지만, 한 달 또는 두 달 내로 회전식 기계장치를 생산하는 방법에 대한 특허 취득을 결심해야 한다고 생각하네."[15] 처음의 상하운동식 기관은 광산이나 강에서 물을 퍼내 성장하는 도시에 공급하는 일에는 적합했다. 그러나 영국의 작은 강 근처에서 물레방아로 움직이는 새로운 면화 공장이나 다른 공장들이 증가하는 것을 본 볼턴은 떠오르는 더 큰 시장을 본 것이다. 1782년에 개발된 와트의 회전식 증기기관과 이와 독립적으로 생겨난 기계화된 공장 시스템이 상호 연결되자 영국의 산업혁명은 가속장치를 밟으며 돌진해 나갔다.

공장 시스템은 수력을 이용하던 중세 기계 혁명의 직계 후손이었다. 역사상 첫 번째 근대식 공장은 1771년 노팅엄에 리처드 아크라이트가 세운 수력 면화방적기 공장이었다. 공장에 있던 9마력의 물레방아는 1000개의 방추를 움직여 우수한 품질의 면사를 만들어 내서, 전통적인 가내수공업 생산자보다 훨씬 더 큰 생산량과 생산성을 보여 주었다. 이 공장은 즉각적인 성공을 거두었다. 아크라이트는 발명가가 아니라 조직적 생산과 판매 그리고 자본조달 능력을 갖춘 약삭빠른 기업가였다. 그는 랭커셔에서 뛰어난 수완을 지닌 가발 제조업자이자 직물업 지역의 순회 이발사로 일하고 있었는데, 그곳에서 일련의 소규모 작업들이 여전히 오두막집에서 행해지는 것을 보았다. 아크라이트는 수력 방적기가 중요한 기회임을 알아보았고 그것을 놓치지 않았다. 직물업은 수동 방적기 디자인의 개선, 그리고 인도에서 수입된 저렴한 면화라는 두 가지 요소가 결합해 급격하게 성장하고 있었다. 아크라이트의 수력 방적기는 18세기 초 다비의 실크 스타킹 공장 모델에서 영감을 얻었다.[16] 그 공장은 지름 4미터의 물레방아와 회전 기계로 움직이고 있었는데, 기계 디자인은 원래 이탈리아에서 훔쳐 온 것이었다. 수력 방적기는 한 무명 발명가의 독창적 산물이었지만 아크라이트는 그를 즉시 해고해 버렸다. 아크라이트는 영국에서 가장 부유한 인물 중 하나가 되었고 기사 작위도 받았지만 그가 얻은 막대한 소득 가운데 조금도 그 무명 발명가에게 나누어 주지 않았다.

일단 사업이 정착되자 아크라이트는 영리하게도 급속히 발전하고 있던 초기 영국 면 산업을 지배하려 했다. 10년 내에 그의 수력 공장에서는 밤낮으로 몇천 개에 달하는 방추가 기계적으로 움직였다. 대부분 온순하며 저임금을 받는 300명의 여성과 아동 노동자들은 소수 남성 감독자들의 감시 아래 특화된 작업을 수행했다. 기술 유출에 대한 영국 정부의 엄격한 처벌에도 불구하고, 초기 아크라이트 수력 방적기 디자인은 미국으로 밀반출되었다. 큰 부를 얻으려는 영국인 직공의 뛰어난 기억력에 힘입어 수력 방적기는 미국의 뉴잉글랜드에서 물레방아를 이용한 직물업의 약진을 가능케 한 기술적 중추가 되었다. 1785년 아크라이트가 볼턴과 와트의 증기기관을 설치하여 세계 최초의 증기기관 면직물 공장을 세우면서 증기력이 본격적으로 직물업에 이용되기 시작했다. 1790년에는 새뮤얼 크럼프턴의 훨씬 더 강력하고 더 큰, 혼성 기능의 뮬 방적기가 증기력에 맞게 개량되어 면 방적 공장의 새로운 기준이 되었다.[17]

흐르는 물을 사용하는 물레방아에서 증기기관 공장으로 이행하자 사회 조직 방식에도 근본적인 변화가 일어났다. 흐르는 물에서 동력을 얻던 초기 공장들은 연중 쉽게 수력을 이용하기 위해 멀리 떨어진 농촌 지역을 찾아갔다. 이후 경쟁자로 성장할 남부 유럽에서는 비슷한 규모의 하천들이 여름에 물이 줄어들거나 아예 말라 버리므로 이 점에서 영국 하천들이 비교우위를 점하고 있었다. 농촌의 공장들로 유입되는 노동자들 중에는 종종 고아원이나 구빈원에서 온 아동 노동자들이 많았다. 그런데 증기를 활용하면서 모든 것이 바뀌었다. 공장은 농촌의 하천 유역을 벗어나 시장과 가깝고 임금노동과 석탄 같은 주요 생산요소들을 저렴하고 풍부하게 얻을 수 있는 읍과 도시들로 이동했다. 간단히 말해서 증기는 산업의 도시화를 가져왔다. 거대한 직물 공장들이 생겨났다. 1782년 단 두 곳의 공장밖에 없었던 맨체스터에는 20년 후에 52곳의 공장들이 들어섰다.[18] 영국의 면 생산량은 급증한 반면 면 생산 비용과 판매 가격은 급락했다.

면 수출업자들은 곧 세계 시장을 완전히 장악했다. 공장 생산 덕분에 1789년까지는 인도산 면을 사용하는 영국 공장들이 인도 직공들의 수제 면직물보다 훨씬 저렴하게 상품을 생산할 수 있었다.[19] 영국 증기기관 공장 시스템의 부상은 영국 식민주의의 정치경제 및 호전적인 팽창과 이렇게 연결되었다. 1789년과 1802년 사이 단 13년 동안 면 방적을 위한 영국의 면화 수입량이 2300톤에서 2만 7200톤으로 열두 배 가까이 급증한 사실과 그 이전 90년 동안 수입량이 겨우 다섯 배 증가했던 사실을 비교해 보면 제조업이 얼마나 엄청나게 팽창했으며, 그것이 해당 지역과 원격지 사회 모두에 얼마나 큰 충격을 가했는지 알 수 있다.[20] 해외 원료 공급과 영국산 상품의 최종 판매 시장을 안전하게 확보하는 일은 이제 명백하게 영국 정부 공식 정책의 초점이자 19세기에 영국 해군이 부여받은 많은 임무의 동기가 되었다.

공장생산 시스템이 팽창하는 데 증기기관은 촉매로서 결정적인 영향력을 행사했다. 수백 년 동안 대부분 집에서 개인이 운영하던 수공업 방식에서, 많은 노동자들이 공동 구역에서 정확한 시간 일정에 맞추어 일하는 협력적이고 표준화되고 기계화된 시스템으로 급속히 전환되었다. 1780년경부터 영국의 산업 생산은 놀랍게도 연간 1퍼센트에서 4퍼센트로 네 배가 뛰었고 약 1세기 동안 그런 높은 수준을 유지했다.[21]

와트는 증기압, 밸브, 실린더의 디자인들을 계속 실험하면서 증기기관 개선에 몰두했다. 그는 자신이 만들어 낸 디자인 일부를 표절했던 존 윌킨슨을 비롯한 많은 특허 침해자보다 한 걸음 더 앞서 나가기 위해 부단히 노력했다.

1788년, 와트는 볼턴의 제안으로 기관의 속도를 자동 조절하는 조속기(調速機)를 기관에 덧붙였고, 1790년에는 압력계를 추가했다. 18세기 말까지 와트의 증기기관은 판매를 시작했던 25년 전보다 훨씬 더 강력해지고 연료 효율이 높아진 동시에 크기가 작아지고 운반도 간편해졌다. 이 기관들은 평균적으로 약 25마력을 발생시켰지만 최대 100마력까지 나오는 기관도 있었다.[22] 볼턴과 와트가 원래 계약했던 25년간의 공동경영이 끝난 1800년, 64세의 와트는 은퇴해서 그 시대 사람들이면 누구나 바라는 식으로 만족스럽게 건강과 부와 명성을 누리며 살다가 1819년 83세의 나이로 세상을 떠났다.

1800년까지 볼턴과 와트의 증기기관은 거의 500대 정도 팔렸다.[23] 증기기관이 사용된 곳을 보면 마치 당대 가장 역동적인 활동 모습들을 타임캡슐용 사진으로 찍어 놓은 듯하다. 많은 증기기관이 석탄 및 주석 광산에서 물을 퍼내는 데 사용되었다. 그 밖에 빠르게 성장하던 영국의 고품질 주철 생산을 가능케 한 용광로용 송풍기를 움직이는 데 사용되었다. 18세기 말에는 면직물, 모직물, 맥주, 밀가루 그리고 도자기 공장에 직접 동력을 공급하는 데 증기기관이 가장 많이 쓰였다. 1786년, 런던 사람들은 세계에서 가장 큰 밀가루 공장에서 2개의 증기기관이 50쌍의 맷돌을 움직이는 광경을 보며 경탄을 금치 못했다. 볼턴과 와트가 만든 초기의 증기기관들 다수는 확장 일로에 있던 도시의 물 공급 시스템에 물을 대기 위해서 훨씬 더 많은 양의 강물을 끌어 올리는 데 사용되었다.

음용수, 위생용수 그리고 다른 가정용수 공급은 도시 인구규모와 인구밀도가 성장함에 따라 점점 더 중대한 문제로 떠올랐다. 17세기에 도시의 강들에 설치된 물레방아 펌프는, 비록 오염된 물과 불충분한 양수력이라는 문제가 지속되었지만, 고대 로마의 고가식 수로 이후 가정용수 공급 측면에서 처음 이루어진 진전이었다. 파리의 센 강에는 건설된 지 얼마 안 되는 퐁뇌프('새로운 다리') 아래에 1608년부터 1개의 하사식 물레방아 펌프가 설치되어 있었고, 1670년 노트르담 다리에 또 다른 펌프가 추가되었다. 17세기의 가장 크고 유명한 수도설비는 베르사유에 있는 루이 14세의 사치스러운 궁전에 물을 공급하기 위해 1685년에 세워진 것이었다.[24] 이 수도설비의 특징은 지름이 거의 12미터에 이르는 14개의 하사식 물레방아에 있었다. 259개의 펌프를 작동시켜서 센 강의 댐으로부터 세 단계에 걸쳐 150미터가 넘는 높이를 넘어 매일 300만 리터의 물을 길어 올렸다. 템스 강에는 일찍이 1582년부터 런던 브리지 아래 1개의 물레방아 펌프가 있었지만, 이 펌프는 1666년 대화재 때 불타 버렸다. 파괴적인 대형 화재는 증기 펌프를 이용해서 화재 진압을 할 때까지 도시가 늘 안고 있는 위험요인이었다.

 1726년에 초기 뉴커먼 기관이 템스 강과 센 강에 설치되면서 증기력이 처음으로 이 부문에 활용되었다. 1752년 이후에는 런던에 훨씬 더 큰 뉴커먼 기관이 추가되었다. 하지만 근대 토목공학의 아버지인 존 스미턴은 뉴커먼 기관의 비효율성에 자극받아서 효율을 증대하는 방법을 찾기 위해 조직적이고 과학적인 연구를 수행했다. 와트가 뉴커먼 기관의 개선방법을 탐구했던 것과 마찬가지로, 그 시대의 정신에 속하는 것이었다. 볼턴과 와트의 가장 초기의 증기기관 중 하나가 1778년 런던에 설치되어 이것으로 물을 퍼 올려서 도시의 나무 파이프망을 통해 주당 3번씩 가정에 물을 공급했다. 자크 페리에와 오귀스트 페리에 형제가 1782년 센 강의 두 지역에 강물을 34미터까지 끌어 올리는 강력한 증기 펌프를 설치한 이후, 물 기근에 시달리던 파리의 1일 평균 물 공급량은 일인당 약 4리터에서 12리터로 세 배 증가했다. 역사의 반복되는 패턴을 반영하듯, 증기 펌프가 설치되어 물을 공급한 지역 중 첫 번째는 부유한 생토노레 지구였다. 이제 파리 도처에서 2개의 양동이를 들고 하루에 30번 정도 물을 실어 나르던 2만 명의 물 배달꾼들은 자신들이 해 오던 오래된 직업과 생계의 필연적인 종말을 근심스럽게 기다리게 되었다.[25] 미국에서는 필라델피아 스쿨킬 강에 세워진 페어마운트 수도설비가 방문객들의 감탄을 자아냈다. 페어마운트 수도설비는 이 도시의 물 공급이 산업 오염과 악취 때문에 심각하게 악화되어 일반인들의 항의가 높아지자 이에 대응하고자 1815년 건설된 것이었다. 페어마운트 수도설비는 곧 필라델피아에서 가장 이득을 많이 남기는 사업이 되었다. 페어마운트의 증기 펌프는 그 고장 출신 기술자였던 올리버 에번스가 설계했는데, 와트는 너무 위험하다고 생각해서 멀리했던 고압 시스템에 기반하고 있었다. 언덕 꼭대기에 있는 저수장까지 물을 퍼 올린 뒤, 목제 혹은 주철 파이프를 통해 중력을 이용해서 도시 전역에 물을 흘려보내는 방식이었다. 그러나 에번스의 증기기관은 1822년까지만 쓰였다. 몇 차례 증기기관이 폭발해 물 공급 시스템이 중지된 이후, 하급 기술이지만 보다 믿을 만한 일련의 배터리형 물레방아들로 교체되었고, 1860년 이후에는 수력터빈으로 교체되었다.

    증기력을 공장에 이용하는 것만큼이나 혁명적이었던 것은, 영국에서 용광로를 가열하는 송풍기를 증기력으로 움직이는 것이었다. 증기력은 저렴한 고품질 주철의 대량 생산을 촉진했고, 주철은 곧 산업시대의 가장 중요한 건축자재가 되었다. 그때까지는 한정된 양의 단조 철이 공급되어 주로 영국 해군의 대포와 다른 주요 장비 제조에만 쓰였다. 증기력과 철이 만들어 낸 역동적인 시너지 효과는 자체 강화되는 경제 팽창의 선순환을 일으켰으며, 산업혁명의 두 번째 국면을 이끈 핵심 기술 클러스터가 되었다. 증기력은 더 많은 철을 주조하는 데 도움을 주었고, 더 많은 철은 증기력이 활용될 수 있는 튼튼한 장비들과 응용물들을 생산해 냈다. 최고조의 생산능력을 보이는 용광로와 함께, 영국의 철 생산은 1788년에서 1839년까지 반세기 동안 스무 배가 넘게 성장하여 거의 140만 톤에 이르렀다.[26]

    증기와 철의 시너지 효과는 제철업자 윌킨슨과 볼턴, 와트의 상호관계에서도 나타났다. 윌킨슨은 와트의 증기기관에 들어갈 주요 정밀 부품을 제작했으며, 자신의 중요한 철제 송풍기를 움직이는 데 증기기관을 사용했다. 윌

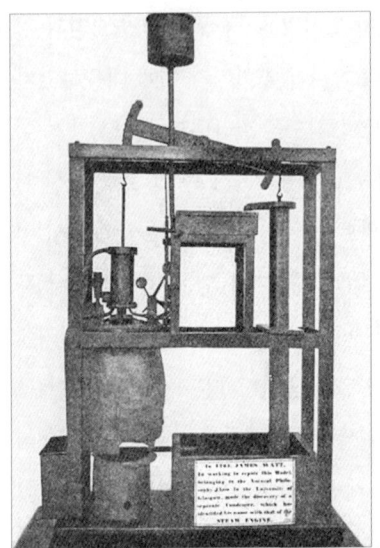

12 1763년에 제임스 와트(위 오른쪽)는 뉴커먼의 초기 증기기관(위 왼쪽)을 수리했다. 그 결과 산업혁명을 촉발한 근대적 증기기관이 탄생했다. 와트의 1797년 회전운동 모델의 강력한 증기기관(아래)은 물레방아의 동력을 훨씬 상회하여, 초기의 자동화된 공장들과 제철소를 가능케 했으며, 이를 토대로 대영제국은 19세기에 세계적 우위를 확보할 수 있었다.

킨슨은 9킬로그램짜리 해머를 증기력으로 움직여서 분당 150회씩 주철을 내리치게 만들었다. 윌킨슨의 많은 혁신적인 철제 응용물 중에는 1787년에 최초로 선체를 철로 만든 바지선이 있는데, 이 배는 세번 강을 따라서 석탄과 철을 운송했다. 그는 콜브룩데일에서 세번 강을 가로지르는 최초의 철교를 건설했고 증기로 움직이는 탈곡기도 만들어 냈다. 그의 주요 고객은 영국군이었다. 허레이쇼 넬슨을 비롯해 나폴레옹을 격파한 영국군의 대포는 윌킨슨의 거대한 용광로에 의존해 만들어졌다. 윌킨슨은 거의 말년까지 철에 관련한 실험을 계속했고, 심지어 자신의 관도 철로 만들었다.

역설적이게도 초기에 증기기관을 이용한 중요한 사례 중 하나는 전통적인 물레방아의 회전율을 높이기 위해 물을 끌어 올리는 것이었다. 볼턴도 버밍엄에 있는 그의 작은 금속제품 공장에서 이러한 방식을 사용했다. 증기력으로 물을 끌어 올려서 물 흐름을 보충해 거대한 철제 바퀴를 돌리자 물레방아의 힘은 엄청나게 증대되었다. 19세기 초, 가장 강력한 물레방아는 250마력이라는 놀라운 힘을 발생시켰는데, 석탄을 연료로 사용하는 증기기관보다 여전히 비용 효율이 더 높았다. 1830년대에 프랑스에서 수력터빈이 발명되자 떨어지는 물이 일으키는 힘은 더 크게 증대했다. 예를 들어 19세기 후반에 뉴욕 근처의 모호크 강에 있던 마스토돈 공장은 수력터빈으로 물을 끌어들여 1200마력을 발생시켰고, 지름 2.5미터의 파이프를 거쳐 16킬로미터의 벨트, 7만 개의 방추, 1500개의 직조기를 움직여서 하루 55킬로미터의 면직물을 생산해 냈다.[27] 이처럼 수력과 증기력은 나란히 성장을 계속했다. 증기력이 수력을 앞지른 것은 19세기 중반 이후에 이르러서였다.

근대 산업사회의 성격을 규정한 증기력

2000년 동안 인류가 지구상의 무생물 에너지 자원을 사용하는 과정에서 물레방아의 동력은 뚫고 나가기 힘든 한계로 인식되어 왔다. 증기 에너지가 동력화하면서 마침내 이 장벽이 깨졌다. 증기는 인간의 물질적 삶의 속도, 규모, 이동성 그리고 강도를 철저히 변화시켰다. 인간 사회의 성격이 근본적으로 재형성되었으며, 이전에는 생각조차 할 수 없었던 방향으로 완전히 새로운 역사가 만들어졌다. 무엇보다도 서구가 엄청난 이익을 누려서, 서구 경제는 마법과 같은 힘으로 비상했다.

몇십 년 안에 철도 기관차, 강 위를 다니는 배, 대양항해 함선, 대형 준설기 그리고 토목공사 설비들이 증기력으로 움직이게 되었다. 지구의 표면은 문자 그대로 거대한 수력 토목 공사에 의해 다시 조각되었다. 대량생산 공장은 수공업을 삼켜 버렸다. 고대 관개농업 문명에서 태어난 소도시들은 거대한 메트로폴리스가 되었다. 이 모든 것 중에 가장 놀라운 변화는, 당시 기록적인 인구 폭발이 일어났지만 그보다 물과 여타 생산 자원을 사용하여 얻은 거대한 부의 증가가 인구증가를 능가했다는 점이다. 이는 인류 역사상 최초였다. 그 결과 개인의 수명과 건강만이 아니라 생활수준도 향상했는데, 그것은 한 세대가 지날 때마다 눈에 보일 정도로 뚜렷하게 발전했다.

이전 시대에도 단기간에 지역적으로 부가 급증한 사례들이 없지 않지만 그런 예외들을 제외하면 인류 역사상 이처럼 엄청나게 부가 폭발한 사례는 없었다. 이전 시대에는 모든 경제적 성과가 매우 느린 속도로 증대되었는데, 돌이켜 보면 단지 인구 수준을 지탱할 정도의 완만한 증가에 불과했다. 매 세기 출생에서 죽음까지 사람들의 일상생활은 무변화 상태의 연속이었다. 1500년부터 1820년까지 3세기 동안 일인당 평균 세계경제 성장률은 1세기당 단 1.7퍼센트에 불과했다.[28] 이에 비해 이후 80년간 이어진 초기 산업화

시기에 일인당 평균 세계경제 성장률은 거의 두 배 증가했으며, 이후 20세기 말까지는 다시 네 배 증가했다. 게다가 1820년에서 2000년까지 세계 인구가 10억 명에서 60억 명으로 급증한 상황에서 이처럼 일인당 생활수준이 전례 없는 대약진을 이루었다는 점을 주목해야 한다. 경제적 부의 갑작스러운 팽창과 함께 혁명적인 새로운 사회 관념, 즉 진보에 대한 기대가 인간의 정치, 경제 그리고 사회 전반에 침투했다.

이전의 증가 추세로부터 심대한 단절이 일어날 때 동시에 물 공급량이 놀라울 정도로 증가하는 것은 역사적으로 기이한 일이 아니다.[29] 관개농업이 시작된 시기부터 모든 시대에 성장하는 문명들은 수자원을 획득하고 이용하는 부분에서도 비약적인 증대를 경험했다. 산업혁명은 이러한 패턴을 더욱 강화했다. 1700년부터 2000년까지 인류의 물 사용량은 인구증가보다 두 배 더 빠르게 증가했다. 세계의 물 사용량은 20세기에만 아홉 배로 급증했는데, 이는 열세 배 증가한 에너지 사용량에 필적할 만큼 사회에 큰 충격을 가했다. 실제로 산업시대의 전례 없는 번영과 인구 성장은 저렴한 화석연료 에너지만큼이나 풍부하게 물을 쓸 수 있었던 점에 기인한다. 물 공급이 증가하자 다시 기존 용도와 새로운 용도 모두에서 물에 대한 수요가 증가했다.

물과 관련된 모든 획기적 돌파 사례들처럼, 증기는 물이 지니고 있던 특출한 촉매 에너지의 잠재력을 생산적으로 이용할 수 있도록 전환시켰다. 증기가 미친 충격의 강도는 예외적일 정도로 컸다. 증기 에너지는 인간의 모든 중요한 물 사용 영역(산업, 농업, 광업에서의 경제적 생산을 비롯, 음용, 요리, 세척 등의 가정 용수는 물론 상업, 통신, 해군력에서의 운송과 전략적 강점의 제공 등)에 더 큰 혁신을 야기했기 때문이다. 그리고 특히 에너지 발생에 쓰이자 그야말로 진보의 폭포를 초래했다. 이는 인간의 목적을 위해 자연 에너지를 끌어다 쓰는 능력을 엄청나게 키웠다.

관개가 고대 수력국가들의 결정적인 지지대였던 것처럼, 증기력은 근대 산업 사회의 본질적인 성격에 지울 수 없는 흔적을 깊이 새겨 놓았다. 증기력의 유동성은 인류 역사상 처음으로 어느 곳, 어느 때나 인간이 큰 힘을 자유롭게 사용할 수 있게 해 주었다. 이는 역설적으로 사회를 민주화하기도 하고, 반대로 위계적 통제의 근본적인 지지대를 강화하기도 했다. 한편으로 소규모 증기력은 분권화, 활동의 다양성 그리고 이해관계의 다원성을 촉진했다. 하지만 다른 한편으로 기성 체제 내에서 증기력을 소유한 계급은 규모의 경제를 이용하고, 소수 독점적으로 경제력과 부를 축적할 수 있었다. 증기력의 비용 편익은 전쟁에서 명확해졌다. 증기력은 더욱 강해진 국가가 조직화된 폭력을 지휘할 수 있도록 해 주었고, 더욱 견고해진 국민국가가 우위에 설 수 있게 해 주었다.

사람들은 증기력 덕분에 이전에 상상했던 것보다 훨씬 더 빠르게 멀리 이동할 수 있게 되었다. 고대부터 19세기 중반까지 말이나 범선, 노 젓는 배 등을 통해 하루에 사람이 이동할 수 있는 최고 거리는 160킬로미터 정도였다. 증기력은 선박이나 철도를 통해 갑자기 하루에 640킬로미터를 이동할 수 있게 해 주었다.[30] 통신, 교역 그리고 대규모 인간 이동의 속도가 빨라졌다. 이로써 역사적인 '거리의 패배(defeat of distance)'가 시작되었다. 이는 운송과 통신 혁명을 가리킨다. 대양 수송, 해상-철도 복합수송, 컨테이너 수송 그리고 21세기의 원격 통신망 등은 통합된 정보 사회의 토대가 되었다.

리처드 트레비식은 1802년 슈롭셔에 최초의 증기기관차인 '철마'를 만들었다. 강을 비롯한 지형적인 장벽을 넘어 기차가 다닐 수 있도록 만든 철교가 설계되면서, 증기기관 철도는 운하와 바지선 운송 시스템을 대신하여 대륙을 가로질러 석탄과 기타 화물들, 사람을 수송했다. 미국의 대륙횡단 증기기관 철도는 1869년 5월 10일 유타 주 프로먼터리 포인트에서 마지막으로 황금 못을 침목에 박으면서 완성되었다. 유명한 오리엔트 특급열차는 1888년 런던에

13 뉴욕의 허드슨 강을 오르내리던 로버트 풀턴(아래 왼쪽)의 클러먼트 호(위)는 강 위를 오가는 증기선 시대의 개막을 알렸다. 풀턴이 미국의 운하를 옹호한 것은 또한 이리 운하 발전에도 큰 도움이 되었다.

14 사랑에 실패한 브리지워터 공작(아래 오른쪽)은 1761년에 자신이 소유한 탄광에서 맨체스터까지 연결하는 운하를 건설하는 데 정력을 쏟아부었다. 그의 성공은 전국적인 운하 건설 붐을 조장했으며 이것이 영국 경제를 변화시켰다.

서 출발하여 파리를 거쳐 이스탄불로 이어지는 첫 운행을 시작했다.

수상 운송에서는 점점 더 긴밀하게 연결되는 대양 항해 시대를 맞아 증기가 나무와 돛을 대체했다. 미국의 로버트 풀턴은 와트와 볼턴의 증기기관을 주문하여, 1807년 허드슨 강을 항행하는 100톤짜리 외륜 기선 클러먼트 호를 처음 운행하였다. 이로써 상업적인 목적으로 강을 오르내리는 기선의 시대가 열렸다. 그러나 풀턴의 증기선은 세계 최초도 아니었고, 심지어 미국 최초도 아니었다. 1778년 미국의 불운한 괴짜 발명가 존 피치는 델라웨어 강에서 그의 이름을 딴 배를 운행했지만 성공적인 사업 모델을 세우는 데는 실패했다. 곧 미국에서 오대호와 미시시피 강을 운행하는 기선이 등장했고, 라인 강과 도나우 강, 론 강, 센 강 같은 유럽의 큰 강들에서도 마찬가지였다. 또한 지중해, 영국 해협 그리고 발트 해에서도 기선이 등장했다. 1819년 기선 사바나 호는 접을 수 있는 외륜을 90마력의 증기기관을 통해 구동했다. 사바나 호는 단 85시간밖에 증기기관을 사용하지 않았지만, 27일 반나절 만에 대서양을 횡단한 최초의 기선이 되었다. 1838년 대서양 횡단 정기 운행이 시작되었는데, 범선으로 통상 2달이 걸리던 운행 시간이 1857년 빠른 기선을 이용해 9일로 단축되었다. 1866년 사이러스 필드는 10년의 노력 끝에 대서양 해저 전신 케이블을 부설하는 데 성공했다.[31] 1830년에서 1920년까지 아메리카와 오스트레일리아 등지로 5500만 명에서 7000만 명의 유럽인들이 이주했던 것은 이러한 발전 없이는 생각할 수 없는 일이다. 이들이 이주한 결과 미국의 서부 팽창을 제한하던 만성적인 노동력 부족 현상이 줄어들고, 동시에 유럽에서는 1848년의 사건같이 혁명적 분란의 위협을 가하는 유럽 내 실업인구의 과잉이 완화되었다.

1840년대 스크루 프로펠러, 1850년대 복합증기기관, 1860년대 강철 선체의 개발 그리고 1869년 수에즈 운하의 개통 등이 이루어진 후 드디어 1870년대부터 위대한 대양 기선 시대가 도래했다.[32] 예컨대 중국에서 유럽 사이를 움직이던 증기선들은 범선에 비해 소요 시간은 절반으로 단축하고도 세 배나 많은 화물을 싣고 운행할 수 있었다. 전 세계적인 기선 네트워크는 지속적으로 발전하여 미국의 대평원이나 아르헨티나, 오스트레일리아에서 유럽으로 정기적으로 곡물을 운송했고, 수에즈 운하를 통해서는 인도와 동남아시아의 밀, 인디고, 쌀, 고무 등이 유럽으로 유입되었다.

이전의 수상 운송 혁신들과 마찬가지로, 저렴한 비용으로 이용할 수 있는 증기력 역시 세계의 지정학적인 균형을 재조정했다. 증기력은 지구상의 모든 사회를 잠재적인 원료 공급지이자 동시에 빠르게 성장하는 유럽 산업을 위한 잠재적 시장으로 만들었다. 식민지 위성국들과 그들의 유럽 식민모국들 사이에는 종속적인 상호관계가 형성되었다. 그동안 토지 소유 농민에 의해 움직이던 유럽 외부의 다양한 자급자족적 생활경제는, 이제 반분소작농(半分小作農, sharecropper)들이 주로 유럽에 수출하기 위해 특화된 단일 작물을 경작하는 플랜테이션 경제, 그리고 이전에는 직접 생산하던 상품을 이제는 수입에 의존하는 경제로 바뀌었다. 새롭게 태어난 세계의 경제적 질서에서 제조업을 장악한 서구의 '중심부'는 더 지배적이고 부유해졌다. 비숙련 노동 위주의 식민지 '주변부'는 증가 일로에 있던 세계의 부 가운데 상대적으로 더 많은 몫을 차지할 수 있는 발전 경로를 거의 찾지 못한 상태에서 '중심부'에 공헌하고 있었다.

1869년 혁명적인 수에즈 운하의 개통은 식민주의적 세계질서의 상호 연결을 더욱 강화했다. 수에즈 운하는 주요 수로를 기선 운항에 할당하고, 범선을 위해서는 담수 쪽에 면한 작은 수로를 할당했다. 한 세대 전에 아프리카 희망봉을 돌아서 인도로 가는 범선 항해는 3달이 걸렸지만, 운하를 이용하는 영국 기선은 인도까지 단 3주 만에 갈 수 있었다. 그 결과 운하 개통 1년 만에 인도산 밀이 대량으로 영국에 수출되었다. 영국이 인도 내의 토지세 정책을 조종한 결과, 인도에 극심한 기근이 들었던 1876~1877년에도 밀 수출량이 유지되었다. 1880년대까지 세계 곡물 수출량의 약 10퍼센트가 인도에서 나왔다. 수에즈 운하와 증기기관 철도 덕분에 영국은 역사상 최초로 인도 전체를 통일한 권력이 되었다. 영국은 역사상의 지배세력들이 그랬던 것처럼, 수출용 곡창지대에 대한 통제를 강화하기 위해 관개시설에 대한 투자를 확대했다. 인도 남부의 코베리 댐이나 델리 근처의 줌나(Jumna) 운하 같은 옛 무슬림 수리 설비들이 재건되었고, 이어서 인더스 강을 따라 개간할 수 있는 농경지의 범위가 확대되었다. 영국의 비공식적인 이집트 지배권이 확립된 1882년 이후, 인도에서 훈련받은 영국 기술자들은 수에즈 운하를 지키기 위해 나일 강 유역에 그들의 전문 기술을 전수했다.

해군력의 우위가 팍스 브리타니카를 뒷받침하다

수에즈 운하의 개통은 우수한 증기력과 철을 갖춘 유럽 해군의 총체적인 힘을 전 세계에 풀어 놓는 계기가 되었다. 이후에 이어진 문명 간 충돌은 지리상의 대발견 시대에 시작된 유럽의 부상을 더욱 확고히 했다. 유럽 내에서도 특히 영국은 증기력 산업과 해군 주도권의 결합을 통해 독보적인 패권국으로 부상했다. 글로벌 경제, 식민지 그리고 해군에 의한 팍스 브리타니카는 근 1세기 동안 지속되었다. 1824~1825년에 이미 영국의 기선 포함들은 버마를 정복하기 위해 이라와디 강을 거슬러 올라갔다. 이후 20년 동안 선박 디자인이 개선됨에 따라 이러한 포함은 강철선체를 갖춘 강 위의 파괴적인 무적함대로 바뀌었다. 과거 범선의 공격은 해안선에 포격을 가하는 정도에 머물렀지만, 기선 포함들은 적국 중심부까지 깊숙이 침투할 수 있었다. 1839~1842년의 1차 아편전쟁에서 영국의 막강한 포함들은 인도에서 재배되고 영국이 운송하는 아편의 자유무역을 강요하기 위해 중국의 강을 거슬러 올라갔다. 4세기 동안 몽유병적인 고립 상태에 있던 중국은 이로 인하여 갑자기 자신들의 상대적인 노쇠함에 눈을 뜨게 되었다. 그와 마찬가지로 1853년 7월 미국 해군제독 매슈 페리의 '흑선'이 증기를 내뿜으며 도쿄 만에 나타났고, 미국 포함은 오랫동안 쇄국 국가였던 일본에 중국의 선례대로 서구의 조건에 따르는 자유무역을 강요했다. 이러한 국민적 트라우마를 겪은 일본의 대응은 메이지 유신 시대의 따라잡기 산업화로 나타났다. 서구 산업주의의 극적인 월등함은, 종속된 이슬람 사회에 정신적 상처를 안겨 주는 장기적인 도전 과제를 제시했다.[33] 이슬람 사회의 지도자들은 서구 방식을 모방함으로써 대응하자는 한쪽 극단과, 종교적 신근본주의를 통해 내부적인 갱신을 꾀하자는 다른 극단 사이에 어느 쪽을 택할지 고심했다.

팍스 브리타니카 시대를 통틀어 영국 정책의 초점은 해군력의 우위를 유지하는 것이었다. 19세기의 군함들은 증기와 철의 혁신을 설계에 적용함으로써 더 먼 거리에 더 정확하게 화력을 집중할 수 있는 더 빠르고 강력한 중무장 함선으로 발전해 나갔다. 무적함대 시대에는 몇 미터 정도에 지나지 않던 영국 군함의 함포 사거리가 1900년경에는 5킬로미터에 이르렀고, 1차 세계 대전경에는 15킬로미터로 세 배 증가했다. 2차 세계 대전 때 등장한 항공모함으로 인해 미사일 사거리는 수백 킬로미터까지 늘어났고, 기동성 있는 폭격기의 지원도 받게 되었다. 초기의 혁신적인 선박에 속하는 잠수함은 네덜란드에서 노를 추진력으로 사용하는 방식으로 개발하여 1620년에 템스 강에 처음 등장했다. 영국 기술자 로버트 화이트헤드의 어뢰 발명(1866), 그리고 전기와 철의 설계 통합이라는 두 가지 요소가 결합되면서 잠수함은 1차 세계 대전 당시 치명적인 무기가 되었다.[34] 어뢰 사거리는 1866년에서 1905년까지 40년 동안 열 배로 급증하여 1.6킬로미터에 이르렀고, 이후 10년이 안 되어 또 열 배가 늘어나 거의 18킬로미터에 이르렀다.[35] 20세기 말, 잠수함에서 발사되는 유도장치를 장착한 대륙 간 탄도미사일은 문자 그대로 대양을 횡단하여 몇천 킬로미터를 날아갈 수 있었다. 게다가 대륙 간 탄도미사일은 문명을 잿더미로 만들어버릴 수 있는 핵탄두를 장착할 수도 있었다.

19세기 동안 영국의 해군 전략은 지중해의 주요 거점을 통제하는 동시에 프랑스-러시아 동맹보다 우월한 힘을 유지하는 데 초점이 맞춰져 있었다. 그러나 새롭게 산업화되고 군국주의화된 독일이 해군력 경쟁에 뛰어들면서 전략이 수정되었다. 영국은 발전된 해군력의 최후 성과물이었던 1906년의 드레드노트로 대응했다. 석유 연료와 거대한 터빈 기관을 장착하고, 강화 합금강으로 무장한 드레드노트급 전함은 다른 어떤 경쟁 전함들보다 10퍼센트 빠른 속도를 냈으며, 장거리 사거리에 정확하고 강력한 화력을 갖춤으로써 새로운 세계적 기준을 제시했다. 비록 드레드노트를 보유하는 강점은 금세 사그라들었지만, 드레드노트는 영국이 중요한 대서양 해상 보급선과 통신선을 통제함으로써 1차 세계 대전을 승리로 이끄는 데 도움을 주었다. 예를 들어 1914년 8월에 1차 세계 대전이 발발하자 영국 전함들은 독일의 대서양 횡단 케이블 5개를 끌어 올려 절단했다.[36] 독일은 이로 인해 무선 통신으로 회귀할 수밖에 없었고, 영국은 아주 쉽게 이것을 감청할 수 있었다. 영국이 가로챈 통신 중의 하나가 독일이 멕시코에 동맹을 제의한 1917년의 유명한 치머만 전보였다. 이 사건은 1차 세계 대전에서 미국이 영국 측에 합류하는 데 결정적인 계기가 되었다. 2차 세계 대전에서 독일 전함 비스마르크 호는 레이더 포격 조종 장치를 장착함으로써, 전함력에서 새로운 주도적인 기술 표준을 세웠다. 그러나 비스마르크 호는 공해에서 힘의 균형을 기울게 하는 역할을 시작하기도 전에, 1941년 영국이 고통스럽고도 비싼 희생을 치러 가며 벌인 전면적이고 필사적인 추적 결과 침몰하고 말았다. 하지만 2차 세계 대전 당시에 비스마르크 같은 전함조차도 전적으로 새로운 부류의 해군 무기인 항공모함과 공해의 새로운 초강대국 미국의 등장으로 쇠퇴하고 있었다.

해군력의 우위는 천혜의 위치조건을 지닌 '대륙 국가'이자 '섬나라 국가'인 미국으로 이동했다. 지구상에서 가장 큰 2개의 대양인 태평양과 대서양 사이에 걸쳐 있는 미국의 해군 발전은 단속적이고 완만하게 이루어진 해군 중심축 이동 역사의 완성을 의미했다. 그것은 고대 지중해와 인도양에서 시작해 유럽 전성기의 대서양을 거쳐 20세기에 대서양-태평양을 잇는 교량으로 서진하여, 마침내 21세기 글로벌 시대에 그야말로 전 세계를 통합하는 네트워크로의 이동이었다.

팍스 브리타니카의 정점, 수에즈 운하

역사상 대규모 수리사업은 종종 세계 권력의 전환점을 예고했다. 1869년 수에즈와 1914년 파나마에 대양을 연결하는 운하가 세워졌을 때가 그러했다. 두 전략적 수로 모두 당대 토목공학의 역작이었고, 증기 시대의 기계가 있을 때에만 가능한 사업이었다. 두 운하는 글로벌 무역과 세계적 힘의 균형을 뒤바꾸는 충격을 가했다. 수에즈 운하는 팍스 브리타니카의 정점을 보여 주었고, 파나마 운하는 주도권이 미국으로 이동한다는 신호였다. 1870년 영국은 세계 무역의 약 4분의 1, 그리고 총 산업 생산량의 30퍼센트를 점하고 있다.[37] 영국의 인구가 영국의 부를 반영한다고 할 수 있는데, 영국 인구는 19세기에 세 배가 되면서 역사적 경쟁국들인 프랑스와 스페인을 따라잡았다. 그러나 1914년까지는 미국과 독일이 영국을 경제적으로 따라잡았다.

지중해와 홍해, 더 나아가서 인도양까지 직접 연결하는 163킬로미터 길이의 수에즈 운하는 1869년 11월 17일의 성대한 개통식 순간부터 영국 식민제국의 전략적인 대동맥이 되었다. 역설적이게도 처음에 영국은 프랑스가 건설하려 한 이 민간 운하 프로젝트에 반대했다. 넬슨이 나일 강에서 나폴레옹의 지중해 함대를 격파했고, 그와 함께 인도 항로에 대한 영국의 통제권을 약화하려는 프랑스의 노력을 좌절시킨 것이 불과 3세대 전의 일이었다. 영국은 프랑스의 의도에 여전히 의심을 품고 있었다. 그리고 영국은 런던에서 인도까지의 여행 시간이 이미 1달 미만으로 단축되었고 알렉산드리아와 수에즈 사이에 증기기관 철도가 연결되어 있는 현 상황에 만족했다.[38]

나일 강을 거치는 파라오 네코의 고대 수에즈 운하 유적지를 조사했던 나폴레옹의 기술자들은 지중해와 홍해의 해수면 높이가 아주 크게 차이 난다고 잘못 계산했고, 따라서 기술적으로 단순한 개착(開鑿) 수로를 내어 홍해와 지중해를 운하로 직접 연결하려던 계획을 포기했다. 1832년, 이러한 나폴레옹의 옛 계획은 이 지역 전문가이자 노련한 프랑스 외교관인 페르디낭 드 레셉스 자작의 손으로 넘어갔다. 그는 수에즈 운하 건설의 비전에 사로잡혔다. 자세히 조사한 결과 홍해와 지중해의 해수면 높이가 사실상 비슷하다는 것, 따라서 수문 없는 개착 수로의 건설이 가능한 것으로 밝혀졌다.

레셉스의 원래 계획은 이집트의 강력하고 야심적이며 근대화된 군국주의적 통치자인 무함마드 알리와 아무런 마찰도 일으키지 않았다.[39] 무함마드 알리는 명목상으로는 이집트 지역의 총독으로서 오스만제국을 섬기는 지위였지만, 실제로는 콘스탄티노플의 영향력에서 벗어나 거의 독자적으로 이집트를 통치했다. 마케도니아 출신의 담배 소상인이었던 무함마드 알리는 나폴레옹과 같은 해에 태어났다는 사실을 즐겨 자랑했는데, 자기 자신을 미래 이슬람권의 나폴레옹이라 상상했던 것 같다. 무함마드 알리는 처음에는 나폴레옹에 저항하는 오스만 병력의 일부로서 이집트에 건너왔는데, 해상으로 퇴각하던 중 물에 빠져 죽을 뻔했다가 영국군에게 구조되었다. 그는 몇 년 안에 정치적 권력을 장악했다. 이때 그가 보인 특징적인 행동은 바로 자신에 반대하는 맘루크들을 모두 소환하여 잔혹하게 학살한 것이다. 알리는 처음에는 종주국인 오스만제국 술탄들의 비위를 맞추면서, 이집트에 자신을 군주로 하는 왕조를 건립하고 주변 지역까지 통치하는 제국을 세우기 위해 군사 계획을 꾸미고 위험한 모험을 감행했다. 그렇지만 이 목표는 끝내 달성하지 못했다. 무함마드 알리는 레셉스의 운하 건설안에 격렬하게 반대했는데, 그 운하로 인해 이집트의 독립이라는 자신의 꿈이 유럽의 거대한 권력 문제에 말려들 것이라고 예측했기 때문이다. 그 예측은 실로 정확했다.

레셉스는 1850년대 중반에 드디어 기회를 잡았다.[40] 무함마드 알리의 두 후계자인 사이드와 이스마일이 선대의 정치적 계산을 뒤집고 운하 건설을 승인했기 때문이다. 이들이 운하 건설에 동의한 이유는 이를 통해 물리적으로, 또 합법적으로 오스만제국의 지배권에서 벗어나 이집트 제국의 영광을 부활시키고자 했기 때문이다. 레셉스는 운하를 건설한 후 99년간 운하 운영을 책임질 민간 회사를 설립했다. 영국인 투자자들도 지분 참여를 제안받았지만, 운하 건설 참여에 반대하던 영국 정부의 승인을 받지 못하여 결국 2만 5000명의 프랑스 인 투자자들이 다량의 주식을 차지했고, 이집트는 44퍼센트의 지분을 얻었다.

운하 건설에 반대함으로써 이 프로젝트를 정치적으로 사장할 수 있다고 믿었던 영국 정부의 모든 정치적 계산은 레셉스의 비범한 조직 능력, 에너지 그리고 그의 결단력 앞에서 실패로 돌아가고 말았다. 수에즈 운하 건설은 레셉스가 애초에 계획했던 시간의 거의 두 배인 10년이 걸렸다. 엄청난 공사비용은 이집트 정부를 거의 파산지경으로 몰고 갔다. 고대 이집트에서처럼 농민들이 강제 노동에 동원되었다. 몇 가지 이유 때문에 건설 작업이 지체되었다. 첫 몇 년 동안 인부의 절반을 죽음으로 몰고 간 콜레라의 발발, 노동자들의 분규, 마지막으로 육상 굴착(dry excavation, 수중 굴착의 반대어로서, 물이 없는 지반이 노출된 상태의 굴착 — 옮긴이)에 곡괭이, 삽, 흙 담는 바구니 등 전통적 수작업 도구들만 사용했던 점 등이 그것이다. 유럽 출신의 숙련된 인부들이 거대한 증기 준설기, 동력 삽 등을 작동하고 나서야 비로소 작업이 완공되었다.

1869년 11월에 열린 운하 개통식은 19세기의 대사건 가운데 하나였다. 이집트가 근대 유럽 문명에 속해 있다는 점을 보여 주기로 결심한 이집트 총독은 국고가 고갈되었음에도 비용을 아끼지 않았다. 이집트가 모든 비용을 부담해서 약 6000명의 손님을 초청했다. 주요 참석자에는 오스트리아 황제와 다른 왕족들, 에밀 졸라와 헨리크 입센 같은 예술가들을 비롯한 당대 저명인사들이 포함되었다. 운하 양편에 수천 명이 줄지어 서서 운하 위로 지나가는 요트 행렬에 갈채를 보냈다. 레셉스는 기술 부문에서는 전적으로 문외한이고 단지 사업가적 기획에 뛰어났을 뿐이지만 그래도 모든 사람들이 그를 위대한 '엔지니어'로 치켜세웠다.[41] 카이로에는 오페라 극장이 건립되었고, 주세페 베르디에게 개장 기념 오페라 작곡을 위촉했다. 그는 기념 작품으로「아이다」를 만들었지만 이 작품은 2년 뒤에야 초연되었다. 이집트의 무장과 에티오피아 공주의 불운한 사랑을 다룬 스토리인데, 이집트 무장은 공주에게 에티오피아를 침공하려는 이집트의 계획을 누설한다. 이러한 이야기는 혹시 나일 강의 통제권을 상실하게 되지 않을까 두려워하는 이집트 국민의 역사적 공포에서 끌어왔다. 나일 강의 약 85퍼센트가 에티오피아에서 발원하기 때문이다.

영국은 운하가 개통되자마자 자국의 이해관계가 이 운하에 긴밀히 연관되어 있다는 점을 인식했다. 따라서 1875년 재정 부담에 시달리던 이집트 총독이(그는 아프리카에서 엄청난 비용을 들여서 제국주의적인 침략 전쟁을 벌였다가 에티오피아에게 재앙에 가까운 굴욕적인 참패를 당했다.) 운하 지분 44퍼센트를 400만 파운드라는 거액에 매입할 것을 영국에 제안하자, 영국 수상 벤저민 디즈레일리는 재빨리 은행가 로스차일드를 찾아가서 매입 자금을 확보했다.[42] 이집트의 재정적 재난은 이후로도 지속되었다. 정치적 위기는 반(反)유럽 민족주의자들이 일으킨 군사 쿠데타로 이어졌고, 이는 이집트의 대외 채무 불이행의 전조로 보였다. 또한 운하 통제와 운영권뿐 아니라 이집트에 거주하는 3만 7000명 유럽 인들의 신변 안전에도 위협이 되었다. 영국 수상 윌리엄 글래드스턴은 이전에는 디즈레일리의 운하 지분 구입에 격렬하게 반대했지만, 이제 정책을 180도 전환했다. 영국은 프랑스와 함께 외교적 행동을 취하다가, 1882년 합법적 질서를 회복하고 민족주의자들을 진압한다는 형식적인 구실을 내세우며 이집트에 단독 출병했다. 영국군 기병대가 35분 만에 수적으로 훨씬 우세한 민족주의자 군대를 대파하는 사이, 알렉산드리아는 영국군의 포격을 받았다. 운하는 이제 안전해졌지만 영국 점령군은 철수하지 않았다. 영국은 매년 자국군의 점령은 단지 일시적인 것에 불과하다는 말을 반복하면서 결국 20세기 전반기 내내 비공식적으로 이집트를 지배했다.

영국은 과거 이집트 통치자들이 배웠던 내용을 재빨리 이해했다. 이집트를 통치하려면 나일 강을 통제해야 한다는 것이었다. 영국은 기민하게 빅토리아 호수 근처의 수원지에서 지중해에 이르는 백나일 강 전 유역에 영국 세력을 확대하는 데 초점을 맞췄다. 수단, 케냐, 우간다가 모두 정복되었다. 이집트의 농업 생산과 나일 강 유량을 극대화할 수 있도록 나일 강 전 유역의 수리 설비 설계를 도와줄 영국 기술자들이 초빙되었다. 이들은 인도 펀자브 지방에서 관개 프로젝트를 담당하던 사람들이었다. 1880년대 전반부 무함마드 알리가 시작한 개혁은 세기 말에 결실을 맺었다. 근대화된 제방, 수문, 운하 네트워크는 이집트 역사상 최초로 영구적인 관개 운영 시스템을 마련해 주었다. 이를 통하여 이모작, 때때로 삼모작도 가능해졌다. 5000년 전 이집트 문명이 시작되었을 때부터 내려온 1모작 중심의 나일 강 유역 경작 체제에 처음으로 일어난 중대한 변화였다. 이집트 인구는 400만 명에서 1000만 명으로 급증했는데, 3000년 동안 깨지 못한 인구상승의 한계의 두 배에 달하는 수치였다. 영국 기술자들은 백나일 강의 유량을 늘리기 위해 지대한 노력을 기울였으나 이 부문에서는 큰 성과를 거두지 못했다. 수단의 거대한 서드 늪지 사이로 굽이굽이 흐르는 강은 나일 강에 합류하기 전에 대부분의 물이 증발해 버리는 문제를 안고 있으므로, 그들은 이 강물을 바로 끌어오거나 물길을 돌리려고 노력했지만 실패로 끝났다. 영국의 수력 공학적 노력은 위축되었으나, 그 대신 1902년 세계에서 가장 크고 정교한 댐 가운데 하나인 1차 아스완 댐 완공이라는 대단한 성과를 거두었다. 지금은 아스완 로우 댐(low dam)이라 불리는 이 댐은, 수력 역사에서 독특한 위치를 차지한다. 처음 범람하는 물이 저수위의 수문을 통과할 때 강의 비옥한 침니가 함께 하류로 흐를 수 있도록 만들었기 때문이다. 이 댐으로 인해 나일 유역과 삼각주의 관개 면적과 농업 생산이 급증하면서 이집트가 정치적으로 안정되었고, 인구가 지속적으로 증가했다.

 영국의 수에즈 운하와 나일 강 유역 점령은 아프리카 쟁탈전으로 알려진 새로운 국면의 식민주의를 촉발했다. 유럽 열강들은 영토 침탈을 위해 군사적인 무한 경쟁에 돌입했다. 나일 강 유역에서 벌인 영국의 군사행동은 1898년 파쇼다 사건으로 역사에 알려진 우스꽝스러운 프랑스와의 전쟁을 야기했다.[43] 1893년 프랑스 대통령의 옛 동창이자 수력학자인 사람이 수단의 파쇼다에서 백나일 강을 막는 프랑스 댐을 세우자는 제안을 하면서 사건이 시작되었다. 이론상으로는 이 댐의 건설을 통해 일거에 나일 강과 이집트의 운명을 프랑스가 지배하게 되고, 영국의 동아프리카 팽창을 저지하는 동시에 대서양에서 인도양으로 향한 프랑스 식민지 확장을 완성해 줄 것으로 보였다. 프랑스 지도층은 이 '사악한 재기발랄함'과 로맨틱한 화려함에 매료되었지만, 사실 이 계획은 너무나도 비현실적이었다. 그 이유는 첫째, 파쇼다와 그 근방 160킬로미터 이내에는 댐을 건설할 석재가 거의 없었다. 둘째, 프랑스 수력학자들이 잘 몰랐던 사실로서, 백나일 강은 이집트 나일 강의 전체 수량 중 5분의 1 이하만을 공급하고 있는 데다가 백나일 강에는 귀중한 침니가 거의 없었기 때문에, 설령 백나일 강의 흐름을 막는다고 해도 의도했던 극적인 효과는 낼 수 없었다. 그럼에도 프랑스 장교들과 세네갈 보병들로 이뤄진 대담한 소규모 부대가 1896년 6월 마르세유에서 원정을 떠났다. 이들은 파쇼다를 정복하기 위해 2년 동안 콩고 강을 따라 올라가고 두터운 서드 습지를 통과하는 3200킬로미터에 걸친 고된 아프리카 횡단을 시작했다. 원정대는 술의 일종인 클라레 1300리터와 페르노 50병, 기계식 피아노를 함께 실어 날랐다.[44]

영국이 프랑스의 계획을 접한 후, 프랑스가 수단을 정복하고 나일 강을 장악하려 한다며 중대한 위협으로 간주하면서 이 우스꽝스러운 소극은 최고조에 달했다. 영국은 허레이쇼 허버트 키치너 장군 휘하의 육군을 파견했다. 하르툼 근처의 이슬람 마흐디 국을 격파한 지 2주 뒤인 1898년 9월에 키치너는 파쇼다에 당도해 프랑스 인들과 맞닥뜨리게 되었다. 프랑스 측에는 12명의 장교들과 125명의 세네갈 식민지 군인들이 있었지만, 그 반대편에는 적어도 2만 5000명의 영국군, 화포들 그리고 포함 함대가 진용을 갖추고 있었다. 키치너는 프랑스 인들에게 철수할 것을 권고했을 뿐 한 발의 총성도 울리지 않았다. 양측은 곧 서로 친해져서 심지어 프랑스 와인을 나눠 마시기도 했다. 그러나 외교적으로 파쇼다는 몇 달간 폭발적인 국제 사건으로 비화되어 자칫 여러 국가들 간의 대규모 전쟁으로 확대될 뻔했다. 일방적인 대결 상황에 대해 프랑스가 국민적 굴욕감을 느꼈기 때문이다. 이는 이른바 식민시대의 '쿠바 미사일 위기'였다. 결국 프랑스는 영국군 부대가 프랑스 국가를 연주하는 가운데 조심스럽게 철수했고, 영국도 똑같이 조심스럽게 파쇼다란 이름을 아프리카 지도에서 지웠다. 양측은 더욱 군건히 협력관계를 다져서 수에즈 운하의 안전을 비롯해서 상호 간 더 큰 국민적 이해관계를 위해 노력하자고 다짐했다. 그들이 설립한 새로운 위원회를 상징하기 위해 1899년에 포트사이드의 운하 입구에 거대한 발판 위에 레셉스의 거창한 동상을 세웠다. 9미터가 넘는 거대한 크기에 환영의 표시로 오른손을 앞으로 뻗고 있는 레셉스 상은 당당한 인상을 주었는데, 마치 뉴욕 항 입구에 서 있는 자유의 여신상과 유사한 인상을 풍겼다.

    국제 협약을 통해 수에즈 운하는 모두에게 열려 있는 국제 수로로 선언되었음에도, 세계 대전 당시에는 영국과 프랑스 양국이 자국 이해를 위해 독일 선박의 수에즈 운하 통과를 거부했다. 그러나 1956년 수에즈 운하는 영국과 프랑스의 마지막 제국주의 야심을 꺾는 동시에, 중동에서 냉전 시대를 여는 계기가 되었다. 미국이 전후 대외 정책에서 저지른 가장 큰 실책 중의 하나였던 이 사건에서, 아이젠하워 행정부의 국무장관 존 포스터 덜레스의 부주의한 행동은 이 지역에서 소련의 영향력이 확대되는 빌미를 제공했고 반서구적인 범아랍주의의 불길에 부채질을 했다.

    '수에즈 사건'은 1952년 이집트에서 군사 쿠데타로 카리스마 넘치는 대령 가말 압델 나세르가 권력을 잡으면서 시작되었다. 전후의 초강대국 미국의 암묵적인 동의하에 나세르는 운하 구역에서 영국군이 철수하는 문제를 놓고 협상을 벌였고, 1956년 여름 영국군 철수가 완료되었다. 나세르의 궁극적인 야심은 아스완에 거대한 댐을 건설해 피폐해진 이집트에 관개시설을 정비하고 전력 공급량을 크게 늘리는 것이었다. 과거 고대 이집트 문명의 파라오가 그랬던 것처럼 이집트의 나일 강 통제권을 부활하고자 하는 목적을 띤, 기념비적인 경제적 중요성과 상징적인 정치적 중요성을 지닌 프로젝트였다. 실제로 나세르 자신이 이 댐을 근대의 피라미드에 비유하곤 했다.[45] 수에즈에서 영국의 철수 문제를 놓고 협상하는 동시에, 나세르는 엄청난 비용이 드는 아스완 하이 댐 건설 비용을 서구 국가들로부터 조달하고자 했다. 덜레스는 영국, 프랑스 지도자들과 마찬가지로 나세르를 극도로 불신했고, 개인적으로도 나세르를 싫어했다. 무엇보다도 덜레스는 냉전 시대에 나세르가 지향한 중립 정책 노력을 참을 수 없었으며, 이집트가 서구와 소련 사이에서 협상을 벌여서 중동의 전략적 세력으로 성장하려 하는 데 분개했다. 1955년 가을, 나세르가 미국산 무기 구매 요청을 거절하고 대신 소련 블록에서 200대의 전투기와 275대의 탱크를 포함한 대량의 무기를 구입하자 덜레스는 충격과 당혹감을 감추지 못했다. 이는 곧바로 이웃한 이스라엘의 전쟁계획을 촉발했다.

1955~1956년 겨울에 덜레스는 아스완 하이 댐 건설을 위해 세계은행, 미국, 영국으로부터 상당한 액수의 대부 및 원조 패키지를 이집트에 제공하여 나세르를 서구의 영향력 아래 붙잡아 두기로 결심했다. 나세르는 원조를 받는 대신 세계은행이 이집트 경제를 감독하는 식의 엄격한 조건을 다는 것이 모욕적이고 거만한 처사라고 반발했다. 그러나 덜레스는 조금도 양보하지 않았다. 덜레스는 소련이 이집트에 아스완 하이 댐을 건설해 주겠다고 제안한 사실을 알고 있었다. 그러나 그는 소련이 댐을 건설할 만한 기술력이 없다고 믿었으며, 소련이나 나세르가 허세를 부리고 있다고 보았다. 덜레스는 나세르가 굴복할 때까지 기다렸다. 과연 몇 달 후, 나세르는 백기를 들고 말았다. 그는 부과된 조건들을 수용하기로 하고 협상을 종결짓기 위해 1956년 7월 19일, 국무부 꼭대기에 있는 덜레스의 집무실에 이집트 대사를 파견했다. 그러나 그 사이 나세르에 대한 덜레스의 불쾌감은 더 커져 있었다. 덜레스는 수에즈 운하 지역에 대한 미국의 지배권을 더 강하게 주장해서 나세르와 소련에 더욱 가혹하게 보복하고 싶어 했다. 이는 아무리 잘 봐줘도 혼란스러운 정책이었고, 나쁘게 보면 엄청난 계산착오였다. 대화를 얼버무리고 "길게 끌라."는 영국 고위관리의 권고에도 불구하고, 덜레스는 이집트 대사에게 왜 미국이 아스완 댐 건설계획을 지원해 줄 수 없는지 설명하기 시작했다. 이집트 대사는 동요하기 시작했고 덜레스에게 제의를 철회하지 말 것을 간청했다. 그러면서 자신의 주머니를 툭툭 치며 이집트에는 소련이 서명할 준비가 된 또 다른 자금 원조 대안이 있다는 사실을 덜레스에게 상기시켰다. 물론 그가 서구와의 협상을 선호하고 있다는 것은 명백했다. 그러나

덜레스는 더 나은 조건을 얻어 내기 위한 협박에 분개했다. 덜레스는 코웃음을 치며 이렇게 말했다. "자, 당신네들은 이미 돈을 가지고 있으니, 더 이상 우리가 필요하지 않겠군요. 내 제의는 취소요!"[46]

격분한 나세르는 아스완 하이 댐 건설을 위해 소련과의 계약에 서명했을 뿐 아니라, 1주 후인 7월 26일에 덜레스가 전혀 예상치 못한 일을 감행했다. 나세르가 일방적으로 수에즈 운하를 국유화한 것이다. 나세르는 징수되는 운하 통행료로 5년 안에 댐 건설 비용을 조달할 수 있으리라고 예상했다. 그는 많은 군중 앞에서 행한 열정적인 연설에서 미리 조율된 코드인 '레셉스'를 사용함으로써, 운하를 장악하겠다는 사실을 암시했다.[47]

이것은 20세기 역사를 바꾸어 놓았다. 미국 대통령 드와이트 아이젠하워와 국무장관 덜레스는 중동전쟁의 확전을 촉발할 수도 있다는 두려움 탓에 대응을 미루고 있었던 반면, 영국과 프랑스는 이를 용납할 수 없는 위협이라고 보았다. 영국 수상 앤서니 이든은 나세르가 "그의 엄지손가락으로 우리의 숨통을 조이려 한다."라고 표현했다.[48] 영국과 프랑스는 나세르의 뻔뻔스러운 행동에 격분했을 뿐 아니라, 만약 중동에서 유럽까지 유조선으로 운송되는 원유 공급선(유럽으로서는 생명선과도 같은)을 이집트가 인질로 잡고 이용할 경우 치러야 할 경제적 비용을 심각하게 우려하기 시작했다. 게다가 영국과 프랑스의 다루기 힘든 식민지들이 이러한 행동을 모방하지 않을까 하는 점도 두려웠다. 양국은 운하를 되찾고 나세르를 축출하기 위해 서로 결탁했으며, 이집트의 대적(大敵)인 이스라엘의 협력을 얻어 냈다.[49] 이스라엘은 1948~1949년의 독립전쟁 때 이집트와 다른 아랍 국가들과 전쟁을 치렀고, 1956년에도 여전히 운하 사용을 거부당하고 있었으며, 이집트가 티란 해협에 있는 아카바 만을 봉쇄하면서 홍해와 인도양으로 선박을 내보낼 수도 없는 처지였기 때문에 기꺼이 영국과 프랑스에 협력했다. 10월 29일, 장래의 이스라엘 수상 아리엘 샤론이 이끄는 이스라엘 낙하산 부대가 운하에서 40킬로미터 떨어진 시나이 반도에 투입되어 진군을 시작했다. 동시에 이스라엘 군은 시나이 반도 동쪽 끝에 있는 티란 해협의 통제권을 장악했다. 영국과 프랑스는 그들이 미리 짜 놓은 각본에 따라, 운하를 통과하는 운송의 안전을 유지하는 데만 관심이 있는 중립적 중재자로 가장했다. 영국과 프랑스는 즉각적인 휴전, 그리고 이집트와 이스라엘 양측 모두 운하에서 16킬로미터 뒤로 철수할 것을 요구했다. 이스라엘은 군사행동을 중지했지만, 실제로 16킬로미터 안쪽에 있는 군대는 이집트 군대밖에 없었으므로 철수 요구의 대상은 그들뿐이었다. 당연히 이집트는 철수 요구를 거부했다. 그러자 영국과 프랑스는 이집트 공군기지에 포격을 가했고, '평화유지군'을 상륙시켜서 운하의 북부 지대를 점령했다. 이러한 사태 추이는 영국이 운하의 안전을 내세우며 출병한 뒤 이집트를 실질적으로 지배한 1882년의 사건을 연상시켰다.

그러나 세계는 이미 1882년과는 완전히 달라져 있었다. 냉전 정치와 전후 독립 운동은 세계 권력 관계의 중심부에서 식민지 제국의 세력을 실추시켰다. 소련은 이집트를 위해 개입하겠다고 위협했다. 이집트 군은 운하를 통과하는 원유 수송을 봉쇄하는 데 성공했다. 세계 도처의 투자자들이 영국의 파운드스털링화를 투매하기 시작하면서 영국은 재정 위기에 몰렸다. 궁극적인 글로벌 권력 중개자였던 덜레스와 아이젠하워는 영국과 프랑스의 비밀스러운 공모에 개인적으로 배신감을 느꼈다. 영국-프랑스 연합군의 공격 소식을 들은 아이젠하워는 이든 수상에게 전화를 걸어 "앤서니, 자네 제정신인가? 당신은 나를 속였어."라고 말했다.[50]

실패로 돌아가긴 했지만 헝가리 혁명이 막 발발한 때라, 냉전기의 새로운 폭발의 두려움에 휩싸인 아이젠하워는 영국과 프랑스를 철수시켜야 한다는 결정을 내렸다. 그는 흔들리는 영국의 파운드스털링화를 구하기 위해 마련된 국제통화기금의 긴급 자금 대출 패키지를 중지하겠다고 위협해 영국을 굴복시켰다. 영국군은 11월 7일 복귀 명령을 받았을 때 이미 운하 아래로 절반 정도 내려온 상태였다. 프랑스는 격분했지만 혼자서 버틸 수는 없었다. 프랑스는 이 경험을 통해 위기 시에 영국은 프랑스와 유럽이 아니라 언제나 미국 편에 서리라는 판단을 내리게 되었다. 프랑스는 수에즈 운하 사건 몇 달 뒤에 유럽 대륙 6개국으로 구성된 유럽공동시장 창설을 주도했는데, 이때 영국을 제외했다. 프랑스 지도자들은 1973년까지 유럽연합의 전신인 이 기구에 영국이 가입하는 것을 어떻게든 거부했다. 미국이 주도하고 소련이 지지한 결의안은 이스라엘을 비난하고 영국과 프랑스에게 굴욕을 안겨주었다. 이때 사상 최초의 유엔 평화유지군(블루 헬멧) 6000명이 수에즈와 시나이 반도에 파견되었다.

영국, 프랑스, 이스라엘의 철수로 운하가 재개통되면서 권력을 확고히 다진 나세르는 운하 통제권을 다시 장악했고, 갑작스럽게 태어난 범아랍주의 운동의 추종을 받았다. 또한 이 사건을 통하여 소련은 중동에 첫 번째 중요한 거점을 확보했다. 1956년이 지나기 전에 수에즈 운하 입구에 서 있던 레셉스의 동상은 흥분한 이집트 군중의 선동으로 파괴되었다. 수에즈에서의 패퇴는 영국과 프랑스가 누려 왔던 글로벌 식민지 제국의 쇠락을 재촉했으며, 증기력에 기반한 산업화와 함께 정점에 이르렀던 세계정치 시대의 종언을 가져왔다.

수력발전, 물에서 이끌어 낸 전력

석탄을 사용하는 증기기관의 전성기는 19세기 말까지 지속되었다. 그 이후 더 거대하고 더 다루기 쉬운 힘을 원하는 산업 사회의 끝없는 수요를 충족하기 위해 새로운 형태의 에너지가 등장하면서 증기기관은 자리를 내주었다. 고전적인 증기기관의 기술적 한계는 약 5000마력 정도여서 빠르게 회전하는 발전기에는 적절치 않았다. 새로운 형태의 거대한 에너지는 많은 증기 기계들을 대체했고, 완전히 새로운 기술력을 갖춘 클러스터를 창출했다. 이상한 일이지만 전기 시대의 초기에는 떨어지는 물을 이용한다는 구식 방식을 개량하여 동력을 얻었다. 높은 곳에서 떨어지는 물이 고정된 수로를 거쳐 지느러미 같은 날개를 회전시키는 수력터빈은 비록 훨씬 더 효율적이기는 하지만 하여튼 물레방아의 후손이었다. 19세기의 대부분, 거대한 마력이 필요한 분야에서 터빈은 물레방아를 대체했다. 마침내 터빈의 전력 효율은 증기기관의 효율을 능가했다. 1879년 토머스 에디슨의 전구 발명으로 전기 시대가 개막되었을 때 수력터빈은 전기를 발생시키는 가장 효과적인 방법이 되었다. 수력터빈이 중요한 역할을 하는 세계 최초의 대형 수력발전소가 1886년 미국 나이아가라 폭포에 세워졌다.[51] 10년 안에 이 발전소는 5000마력의 힘을 내는 10개의 수력터빈을 가동해 전기를 생산해 냈다. 1936년 후버 댐의 수력터빈은 13만 4000마력 또는 10만 킬로와트의 전력을 생산했다.

증기 터빈 또한 급격하게 효율이 증가해, 곧 화석 연료를 사용하는 발전의 주원천이 되었다. 1900년에 단 1600마력을 발생시키던 증기 터빈은 10년 후 세 배 더 큰 힘을 발생시켰다. 1906년, 6만 8000마력을 내는 증기 터빈들이 대서양 횡단 정기선인 루시타니아 호를 움직였는데, 이는 고속선에 증기 터빈이 폭넓게 활용될 것임을 예고했다. 화력 발전소에서 석탄, 천연가스 또는 석유를 태우는 증기 터빈은 점진적으로 수력발전소의 대안이 되었다.

수력발전은 그 자체로 정치적, 경제적, 사회적 혁명을 만들어 냈다. 전기는 송전이 용이했고, 수력발전소가 위치한 지역에서 멀리 떨어진 도시와 공장에 전력을 공급할 수 있었다. 증기력에 필요했던 석탄은 부족했지만 산악지역에 수량이 풍부한, 즉 '백색 석탄'이 많은 국가들은 갑작스럽게 에너지 자원을 얻어서 산업시대에 돌입할 수 있었다. 산악지형인 이탈리아가 극적인 사례이다. 이탈리아는 수력발전 덕분에 산업 강국이 되었을 뿐 아니라 실질적인 국민국가로 발전한 것도 이 때문이었다. 이탈리아는 석탄이 부족해서 영국에 비해 여덟 배나 값이 비쌌다.[52] 풍부한 수력 전기는 이탈리아의 증기력 산업을 이러한 부담으로부터 자유롭게 해 주었다. 새로 통일된 이탈리아는 1885년 최초의 소형 수력발전소를 세웠다. 1905년경 이탈리아는 유럽의 다른 어떤 국가들보다도 많은 수력 전기를 사용하고 있었으며, 1937년에는 거의 모든 전기가 수력으로부터 나왔다. 빙하지대인 이탈리아 알프스 산맥 도처에 댐들이 세워졌고, 북부 알프스 호수들은 수력 전기를 발생시키기 위한 저수지로 쓰였다. 밀라노는 세계에서 두 번째로 전기 가로등을 설치한 도시가 되었다. 이처럼 수력 전기는 고대 로마의 고가식 수로와 대규모 배수 프로젝트까지 거슬러 올라가는 이탈리아 물 역사의 유산에 근대적인 새 장을 열어 주었다. 이탈리아는 롬바르디아 지역의 초기 토지 배수 시설과 관개 프로젝트뿐 아니라 수력 전기의 혜택을 얻게 되었다. 지역적으로 통제하기 어려운 이 나라의 여건에서 1870년경에 국민국가가 형성되었을 때 많은 사람들이 그 존속에 의심을 품었지만 수력발전이 정당성을 부여해 준 것이다.

　수력 전기의 확산은 유럽 전역, 미국 그리고 그 이후에는 세계의 여타 지역으로 산업혁명이 퍼져 나가는 데 도움을 주었다. 1920년경, 미국에서 재생가능하고 청정한 에너지를 생산하는 수력발전소는 미국 전기의 약 5분의 2를 담당했다. 2000년경에도 여전히 수력발전소는 세계 전기의 5분의 1을 생산하고 있다. 수력발전소에 적합한 물 공급지가 부족해지고 증기 터빈이 개선됨에 따라, 화석 연료나 핵연료를 사용하는 대형 화력 발전소에서 더 많은 전기를 얻게 되었다. 이러한 발전소들은 물을 증기 터빈에 사용했을 뿐 아니라 냉각제로도 사용했다. 발전소는 냉각제로 쓰기 위해 단시간에 거대한 양의 강물을 끌어 들여 엄청난 양의 열을 흡수하게 하고, 그다음에 재냉각된 물을 다시 강으로 배출했다. 대부분의 자동차 운전자들이 알고 있듯이, 석유를 사용하는 내연기관의 중요한 혁신 과정에서 물은 중요한 냉각제로 쓰였다. 인간이 물에서 끌어 낼 수 있는 전력량은 20세기 말 놀라운 수준에 이르렀다. 대형 댐에 설치된 최첨단 기술의 수력터빈은 100만 마력(75만 킬로와트)이 넘는 전력을 발생시킬 수 있다. 증기 터빈은 훨씬 더 강력하여 170만 마력(130만 킬로와트)까지 전력을 생산할 수 있게 되었다.

수로로 전달되는 물이 직접 물레방아를 돌리는 단순한 방식부터 석탄에 의해 가열되는 증기기관으로, 또 폭포처럼 쏟아지는 급류나 증기 압력을 통해 전력을 발생시키는 회전터빈으로 그리고 대형 핵발전소나 화석 연료를 사용하는 발전소에서 쓰이는 냉각제까지, 에너지 생산 과정에서 물 사용이 진보하는 모습은 그 자체로 인류 역사에서 물이 얼마나 중요한 역할을 하는지 보여 준다. 물의 사용은 각각의 기술 주기와 함께 매번 발전하고 확대되어 왔다. 연료 부족을 타개하고자 석탄을 추출하는 과정에서 증기기관이 행한 역할에서 시작하여, 증기를 발생시키기 위해 쓰이는 연소 물질로 석탄이 사용되는 데까지, 20세기의 특출한 산업 팽창에 힘을 공급하는 핵심 과정에서 물과 여러 형태의 에너지는 상호 공생적으로 연결된 파트너였다. 어떤 국가도 19세기 영국만큼 대규모로 물-에너지 자원의 연결을 유용하게 이용한 국가는 없었다. 20세기에는 그 역할이 미국으로 넘어갔다.

영국과 미국은 새로운 산업 사회의 유리한 기회를 충실히 활용하기 전에 산업주의의 부산물로 생겨난 가장 중요한 환경 문제인 도시의 물 오염에 대한 효과적 대응책을 찾아야만 했다.

3부 물과 현대 산업 사회의 형성

10 　　위생혁명과 콜레라 극복

위생혁명은 깨끗한 물의 공급량을 엄청나게 증가시킴으로써 산업세계의 핵심인 도시 생태계를 유지하는 데 결정적인 역할을 수행했다. 위생혁명이 아니었다면 인류는 농경 위주의 전원에서 공업도시로 주거 환경이 바뀌는 중요하고도 급속했던 변화 과정을 감당하지 못했을 것이다.

1858년 여름은 런던 역사에서 가장 덥고 건조한 때였다. 6월의 첫 번째 주와 두 번째 주에는 찌는 듯한 무더위로 당시 템스 강을 고사시키는 주범이었던 분뇨 웅덩이에서 썩은 냄새가 올라왔다. 영국 언론들은 '대악취'라는 표제 아래 이 상황을 보도했다. 템스 강을 굽어보는 의사당 내부의 표백분을 먹인 무거운 커튼 뒤에서, 지난 수십 년 동안 악화된 물 오염 문제와 하수도 상태에 무기력하게 아무 대응도 못 했던 의원들은 이 악취의 공격에서 벗어날 방법이 없다는 것을 새삼스레 깨달았다. 즉각적인 대응이 필요한 상황이었다. 게다가 템스 강이 뿜어내는 독성이 의원들의 건강에 치명적일 수 있다는 공포가 이들을 더욱 절박하게 만들었다. 당시의 지배적인 의학 이론에 따르면 오염된 공기가 질병을 퍼뜨리기 때문이었다. 한마디로 19세기 중엽 수년 동안 계속되었던 런던 위생 상태의 위기를 알리는 끔찍한 징후들과는 달리 대악취는 정치가들의 관심을 끄는 데 성공했다.

이전 십 년 동안만 하더라도 두 차례의 콜레라 유행으로 2만 5000명이 넘는 런던 시민들이 사망했다. 도시 도처에서 오수와 분뇨가 하수 웅덩이로부터 우물과 템스 강으로 흘러들어 갔다가 곧 런던 시민들의 식수 속에 포함되어 되돌아왔다. 사람들은 그들이 버린 오수를 마시고 있었다. 그러나 빠르게 증가하는 도시 주민들이 겪고 있던 물 기근을 해소하기에는 그 오염된 물조차도 부족했다. 20~30가구에 물을 공급하는 노상 수도는 하루에 1시간씩 한 주에 3일만 개방되곤 했다. 당연히 런던 시민들은 만성 질환, 수명 단축, 유아 사망의 위험에 시달렸다. 100명의 유아 중 약 15명이 생후 1년 이내에 사망할 정도였다.[1] 이에 작가 찰스 디킨스나 과학자 마이클 패러데이 같은 유명 인사들이 런던의 식수와 위생 문제를 개혁하라고 소리 높여 주장했다. 그러나 그와 같은 집단적 요청도 하원의원들을 움직여 장기간에 걸쳐 나타난 위기에 효율적으로 대처할 수 있는 권한을 시 당국에 부여하기에는 역부족이었다.

초기 산업화가 초래한 도시화의 환경적 부산물이라고 할 수 있는 대악취는 단순한 골칫거리 이상이었고, 대영제국의 칭송받는 자유 시장 민주주의의 사회적 미덕에 대한 당황스러운 추문이었다. 그것은 신설 공장들에 저렴한 가격으로 건강한 잉여 임금 노동력을 충분하게 그리고 지속적으로 제공할 수 있는 기반을 무너뜨리고 있었다. 6월 17일 갑작스럽게 날씨가 서늘해져서 대악취가 주춤해지자, 런던의 《타임스》는 묵묵부답인 의회의 전력에 대해 다음과 같이 한탄했다. "어제 온도계의 수치가 10도나 떨어진 것은 참으로 유감이 아닐 수 없다. 의회는 순전히 악취 때문에 런던이 당면한 거대한 문제에 대한 법을 제정하게 되었다. 그 끔찍한 더위가 템스 강을 굽어보는 건물에 있는 우리의 입법자들을 움직이게 만들었다. 실제로 몇몇 의원들은 이 문제를 철저하게 조사하려 했고 이를 위해 도서관까지 찾아갔지만, 곧 손수건을 코에 대고는 그만두고 싶어 했다. 우리는 진심으로 이 소식에 기뻐했다."[2]

다행히도 1858년 무더운 여름의 대악취는 이 안건에 대한 정치인들의 관심을 해소할 정도로 빨리 사그라지지 않았다. 7월 15일 하원 의장 벤저민 디즈레일리(그는 약 20년 후 수상으로서 영국이 수에즈 운하의 지분을 매입하도록 하기 위해 과감하게 행동했던 바로 그 인물이다.)는 연단에 올라 이미 때늦은 지시를 내놓으며, 템스 강 수질 정화와 세계 제일의 도시라는 위상에 걸맞은 위생적인 하수 처리 체계를 건설하기 위한 입법 과정에 자금을 지원할 것을 제안했다. 결국 지난 몇 년 동안 성과 없이 계속된 토론이 무색하게도, 단지 18일 만에 개혁 법안이 통과되었다. 새로운 법은 19세기 중반 위생 인식의 중요한 전환점이 되었다. 여기에서 시작된 인식이 공중 보건과 환경 혁명을 촉발했다. 그리고 이 변화는 20세기에 구래(舊來)의 유아 사망률 문제를 실질적으로 종결짓고, 질병에 대한 과학적 세균 이론이라는 돌파구를 찾았으며, 인간 수명을 크게 연장하는 결과를 가져왔다. 또한 도시 인구 및 국가 전체 인구를 유례없이 폭발적으로 늘리고 민주적인 정부와 자유 시장이라는 지배적인 통치 구조 안에서 정부가 광범위하고 주도적인 역할을 수행하도록 만들었다.

처음부터 공업용 증기력과 대규모 공장제 생산은 도시 집중 현상을 촉진했다. 한 세기 동안 맨체스터, 버밍엄, 리즈, 글래스고 같은 공업 도시의 인구는 다섯에서 열 배까지 급증했다. 런던과 파리 같은 정치 중심 대도시 역시 빠르게 팽창했다. 런던은 19세기로 전환하는 시기에 고대 로마의 백만 인구를 뛰어넘어 새로운 역사적 기록을 세웠고, 그다음 60년 동안 다시 세 배로 증가하여 300만을 기록했다. 인구 밀도가 높아지자 예전에 만들어진 도시의 위생 시설이나 상수도 시설은 금방 제 역할을 수행할 수 없게 되었다. 인간의 역사 거의 전체를 통틀어, 도시는 건강에 나쁘고 질병이 만연한 죽음의 덫이었다. 그리고 도시 인구가 유지되기 위해서는 자연적으로 감소하는 이곳 주민들의 재생산 능력을 보충하기 위해서 시골에서 들어오는 이주민이 필요했다. 19세기 중엽, 산업혁명과 자유민주주의 제도가 엄청난 도시의 쓰레기 더미 아래서 질식하는 것을 막기 위해서라도 도시는 혁신적인 대응책을 마련해야 했다.

생명을 유지하는 데 필수적인 물은 역사적으로 항상 칼의 양날과 같은 의미를 띠고 있었다.[3] 먼저 사람은 생존을 위해 매일 2~3.5리터의 물을 마셔야 한다. 건강을 유지하기 위한 음식을 만드는 데 수 리터, 그리고 최소한의 위생을 유지하는 데에도 40~75리터의 물이 필요하다. 그런데 오염된 물을 마시거나 병균이 서식하고 있는 고인 물에 노출되면 질병 감염, 수명 단축, 각종 신체적 고통의 주요 원인이 된다. 모든 시대를 망라해 가장 강력한 수인성 질병은 이질과 일반적인 설사 증상이었다. 인류 문명이 수렵, 채취 단계에서 관개농업 단계로 넘어가면서, 인간은 말라리아, 황열병, 뎅기열 등을 옮기는 모기, 주혈흡충, 기니 벌레(사람이나 말의 발에 기생하여 종양을 일으키는 기생충 — 옮긴이) 등이 살고 있는 관개수로의 고인 물 웅덩이에 노출되는 일이 잦아졌다. 그로 인해 사람들의 평균적인 건강 상태는 현저하게 나빠졌으며 수명도 크게 줄어들었다. 급속한 도시화와 산업화는 비위생적인 환경에서 확산되는 치명적인 수인성 질병들의 위험을 증대하는 계기가 되었는데, 가장 대표적인 것이 콜레라와 장티푸스라는 유행병이다.

오랫동안 사람들은 수인성 질병들을 과학적으로 이해하지는 못했지만 물과 질병 사이의 연관성은 어렴풋이 인식하고 있었다. 질병을 예방하기 위해서는 깨끗한 물을 마셔야 한다는 사회적 관습은 거의 어디서나 지켜졌다. 익히 알고 있는 수원지가 아닌 곳에서 가져온 물은 끓이거나 어떤 방식으로든 처리하지 않고는 마시려 하지 않았다. '의학의 아버지'라 불리는 기원전 5세기의 그리스 인 히포크라테스는 질병과 환경을 연결하기 위해 인류 최초로 체계적인 노력을 기울인 인물이었다. 그는 물의 투명도를 떨어뜨리고 맛을 나쁘게 만드는 물질들을 제거하기 위하여 물을 끓일 것을 권장했다. 중국인들도 고대부터 도시의 행상들이 판매하는 뜨거운 차와 끓인 물을 마셨다. 중국의 현자들은 물이 그 기원에 따라 특별한 성질을 띤다고 믿었다. 예를 들어 초봄의 빗물은 인간에게 이롭고 폭풍우로 내린 물은 위험하다고 여겼고, 겨울에 서리나 우박이 녹은 물, 동굴의 종유석에서 얻은 물은 약효가 있다고 믿었다.[4] 히포크라테스의 의학이나 현대의 과학 모두 의심이 드는 물은 항상 끓여서 사용해야 한다고 권한다. 세계 각지에서 눈 녹은 물은 치유력을 갖는다고 여겨져 값비싼 사치품이 되었고, 그것을 구매할 능력이 있는 왕족이나 탐내는 이들에게 공급되었다. 고대 로마인들 역시 그들이 높이 평가하는 샘에서 나온 물을 마시려 했는데, 예를 들어 티볼리 근교의 다공성 석회암 산을 통과하는 과정에서 여과되어 자연스럽게 맑고 차가운 상태를 유지할 수 있었던 아쿠아 마르키아 수로를 통해 공급되는 물을 선호했다. 중세와 근대에 프랑스 인들은 아주 오랜 시간 지하 대수층의 높은 압력 속에 보존되어 있다가 땅에 구멍을 뚫으면 저절로 지표로 분출하는 아주 깨끗한 화석수를 좋아했다. 이런 종류의 찬정(鑽井)들은 1126년 아르투아에서 처음 발견되었을 때부터 고유의 이름을 지니게 되었다.[5]

대항해 시대 이후 처음으로 차와 커피, 초콜릿이 각각 중국, 이슬람권, 멕시코에서 유럽으로 도입되었을 당시 이 식품들은 의학적 효과가 있는 것으로 여겨졌다. 아마도 그것들을 뜨거운 상태로 마셨기 때문일 것이다. 그와 비슷한 시기에 다른 형태의 무균 음료인 곡물 증류주가 대중화되었다.[6] 그리스 인과 로마 인은 고대부터 초기 형태의 증류주를 제작했고, 유럽에서는 9세기 이후로 증류기를 사용했다. 근대에 들어서 증류주는 의학적 효과 때문에 의사나 약사들이 권장하기도 했다. 그리고 2세기가 지난 후 증류주가 대중화되자 공공장소에서 술에 취한 사람들이 눈에 띄게 늘어났다. 오염 가능성이 있는 물을 정화하려 할 때, 더 나은 방법이 없는 경우에는 임시 민간 요법에 따라 식초 몇 방울을 물에 넣기도 했다. 포도주를 마시는 것 역시 그리스, 로마 시대부터 건조한 지중해 연안 주민들 사이에서 애용되는 방법이었다. 현재에도 이탈리아 인들은 종종 와인과 물을 섞어 마신다. 일본에서는 오랫동안 쌀로 만든 술(사케)을 뜨겁게 데워 마셨다. 하루에 필요한 양의 깨끗한 물을 안전하게 섭취하는 일반적인 방법 가운데 가장 오래된 것은 바로 맥주이다. 고대 바빌로니아, 이집트, 중국 상(商) 왕조 사람들과, 더 후대에는 북유럽인들이 맥주를 마셨던 것으로 알려져 있다. 19세기 중반부터 도시의 부유층은 돈이 많이 드는 특별한 예방 대책을 세웠다. 눈에 띌 정도로 큰 이물질 입자들을 걸러 낸 물을 사서 마시기 시작한 것이다.

위생혁명 이전, 도시의 상하수도나 위생 측면에서 역사적으로 가장 훌륭한 예는 로마였다. 로마 이전에도 공중위생 시설이 없지는 않았지만 로마처럼 대규모로 만들어진 적은 없었고, 그나마도 대부분은 상류 계급의 편의를 위해 제한적으로 사용되었다. 로마 멸망 이후 1500년의 기간은 위생의 측면에서 보자면 분명 후퇴한 암흑기였다. 공중 수도의 상태는 로마를 계승한 도시들의 운명을 예측하는 기준이 되었다. 비잔티움제국의 콘스탄티노플은 6세기 이후 점차 쇠락의 길로 접어들었는데, 이 시기는 새로운 저수용 댐과 수로를 건설하지는 못하고 대신 계속되는 포위에 맞서 기존의 시설물을 보강하는 데 급급했던 때였다. 16세기에 이 도시에서 이슬람 세력이 강력하게 부흥했던 것은 1453년 오스만 튀르크가 이곳을 정복한 이후 수로 확충과 수력 관련 혁신에 박차를 가했기 때문이다. 마찬가지로 이탈리아 내에서 로마의 공화제를 계승한 국가인 베네치아가 일정한 크기 이상으로 성장할 수 없었던 것도 부분적으로는 만성적인 물 부족 때문이었다. 그들은 강우를 정제하고 모으기 위해 가는 모래로 절반을 채운 정교한 담수 시설을 만들고, 거기에서 얻은 물을 광장에 있는 수도로 흘려보냈다. 그러나 베네치아는 폭풍 때문에 소금물이 석호에서 우물로 넘칠 때나 건기에는 계속되는 물 부족에 시달렸

고, 결국 급수를 위한 선단이 매일 육지에서 물을 실어 날라야 했다.[7]

유럽 전역에서 로마가 남긴 기반 시설과 수력 기술은 폐기된 상태였다. 중세에 기독교 유럽 세계는 각 지역의 우물이나 샘 또는 강에서 물을 끌어오는 가장 원초적인 급수 방식에 의존했다. 요강을 비울 때는 오물을 창문 밖으로 바로 쏟아 버리거나 땅을 파서 만든 분뇨 구덩이에 부었고, 이로 인해 오염 물질은 거리 곳곳에 그리고 상수원으로 흘러들어 갔다. 특히 북유럽의 상황은 최악이었는데, 습한 날씨와 하수, 오물 처리 시설 부족 때문에 오염 물질이 식수원으로 곧장 침투했던 것이다. 이를 막기 위한 규칙이 있기는 했지만 대체로 효과를 기대할 수 없었다. 18세기 후반 파리의 실상에 대한 한 증언에 따르면, 파리 시민의 주요 급수원인 센 강은 한 주에 3차례 특히 더러워지는데 이는 염색업자들이 강의 지류 가운데 하나에 폐 염료를 버리기 때문이었다.[8]

초기 산업화와 맞물려 급속하게 도시가 성장하면서 상황은 더욱 악화되었다. 썩어 가는 쓰레기 더미는 인간과 동물이 내놓은 배설물과 함께 지독한 악취를 만들어 냈는데, 후각을 마비시킬 정도였다. 도시사 연구자인 루이스 멈퍼드는 다음과 같이 적었다. "때때로 도시 전 지역에 물이 없었고, 심지어는 각 구역의 우물도 말랐다." 그리고 "때로는 빈민들은 중산층이 거주하는 지역에 가서 집집마다 돌아다니며 기근 시기에 빵을 구걸하듯 물을 구걸했다."[9] 물이 너무 귀해져 먹고 마시는 것 이외의 용도로 사용할 수 없게 되면서 개인 위생 상태가 나빠졌다. 로마의 전통에 따라 15세기까지도 인기를 누리던 공공 목욕탕은 점차 타락하여 매춘굴이 되었고, 산업화 시대에 이르면 사라졌다.

19세기 초 위생과 급수 문제에 가장 기민하게 대응한 것은 바로 계몽주의의 수혜를 입은 스코틀랜드와 영국 북부 지역의 새로운 산업 도시들이었다. 스코틀랜드는 댐에 물을 가두고 최초의 근대적인 수질 여과 장치를 설치하여, 로마 인들의 공공 급수라는 이상을 되살려 냈다. 제임스 와트는 글래스고의 수도 시설에 특별한 관심을 보였다. 이 시설은 6개의 증기기관의 힘을 이용하여 클라이드 강 아래에 매설된 주철관으로 물을 퍼올렸다. 에든버러에서는 새로운 우물이 개발되었고 둑과 수로를 세워 19세기 중엽에 이르면 6개의 저수 시설을 이용해서 모든 주민에게 매일 위생적인 물을 공급할 수 있었다.[10] 영국 북부의 산업 도시들도 이러한 예를 따랐다. 1850년 이들은 물 부족을 해결하기 위하여 여러 개의 급수용 댐을 건설했다. 그러나 세계 최대 도시인 런던은 이보다 한참 뒤쳐져 있었고, 산적한 위생 문제들 앞에서 무능력을 드러내고 있었다.

콜레라를 퇴치한 공중 보건 혁명

도시 주거 환경이 끔찍한 지경에 이른 후 이를 계기로 위생 관념에 대한 각성과 공중 보건 혁명이 나타난 곳은 바로 전 세계에 펼쳐져 있는 대영제국의 심장부에 위치한 런던이었다. 이 혁명은 궁극적으로 세계로 퍼져 나가게 된다. 런던에는 원래 로마 인들이 만든 수도관 망이 있었다. 그 관들은 템스 강 지류와 공중수도 및 목욕탕을 연결했다. 중세에 런던 사람들은 여러 우물과 템스 강, 또는 플릿 강이나 월브룩 강 같은 템스 강의 지류에서 물을 끌어왔다. 이 작은 강들은 오늘날에도 런던 거리 아래로 보이지 않게 흐르고 있다. 당시에는 사영(私營) 배달부들이 동이에 물을 담아 가정에 물을 공급했는데, 그들은 1496년에 길드를 조직할 정도로 중요한 존재가 되었다.[11] 진흙이나 납 또는 속을 파낸 느릅나무 줄기로 만든 파이프는 런던에서 소비되는 물의 일부를 운반할 수 있었다. 일반 가정에서는 공중 수도의 물을 무료로 사용할 수 있었지만 양조업자, 요리사, 생선장수 등 사업용으로 물을 사용하는 경우에는 수도 유지비를 물어야 했다. 런던 역사에서 최초의 그리고 유일한 대규모 장거리 수도 공사는 엘리자베스 시대 인구 증가에 부응하기 위해 1613년 민자 사업으로 시작되었다. 그 결과 1723년에 이르면 몇 개의 사설 수도 회사가 1쿼터당 3실링의 가격으로 일주일에 3번 물을 공급한다는 그들의 사업 목표를 달성할 만큼 교외 지역에서 충분히 물을 끌어왔다.[12] 런던에 급수하기에는 템스 강의 수위가 낮았기 때문에 물을 끌어 올리는 펌프 기술이 발전했다. 인구가 급증하면서 강물의 이용량도 함께 크게 증가했다. 최초의 수차형 펌프는 1582년에 런던 교 아래에 설치되었다. 증기형 펌프는 1726년 처음 사용되었는데, 이는 당시 새로 만들어진 뉴커먼 증기기관의 초기 모델을 응용한 것이었다.

그러나 양수차나 증기기관도 만성적인 물 부족과 수질 악화를 해결할 수는 없었다. 런던의 인구는 1800~1860년 사이에 세 배로 뛰었지만, 급수량 증가는 이를 따라잡을 수 없었다. 또한 인구가 늘어나는 만큼 버려지는 오수도 증가하여 템스 강은 점차 독극물로 변해 갔다. 그 결과 템스 강의 양수장들은 절박하게 물을 필요로 하는 런던 시민들에게 점점 더 심하게 오염된 물을 대주는 역할을 수행할 뿐이었다. 이미 1827년 어느 격분한 저자는 상수도 흡입구와 하수도 배출구 사이의 거리가 가까운 데 대한 분노를 담은 팸플릿을 적어 정치적 소란을 일으켰다. 그는 템스 강의 상태에 대해 "130개 이상의 공용 하수구, 쓰레기장과 거름더미에서 흘러나온 오수, 병원이나 도살장에서 내놓은 쓰레기, 염료, 납, 가스, 비누 원료, 제약 공장 및 각종 제작소에서 나온 폐기물, 갖가지 동식물이 부패한 물질로 가득 차 있다."라고 묘사했다.[13] 1828년 첼시 수도 회사(Chelsea Waterworks Company)는 큰 이물질들을 제거하기 위하여 선구적인 여과 장치를 도입했다. 이후에는 다른 회사들도 물을 끌어오는 관을 오염이 극심한 곳에서 멀리 떨어진 상류 쪽으로 옮겼다. 그러나 어업은 급속도로 쇠퇴했고 그들이 헛된 노력을 했음이 드러났다. 템스 강에서 마지막으로 연어를 잡은 것은 1833년이었다.

템스 강은 조수의 영향을 크게 받는 감조하천이라 오염 현상이 더욱 심각했고, 이는 1858년 대악취로 이어졌다. 템스 강의 수위는 밀물과 썰물의 변화에 따라 극적으로 높아졌다가 낮아지는 것을 반복했다. 만조 시 강물은 런던 거리 아래로 흐르는 하수도까지 역류해 올라왔는데, 하수도의 높이는 최고 수위 선보다 9미터 가량 낮았다. 하수는 밀물이 빠지면 함께 내려갔지만, 미처 다 내려가기 전에 다음 만조의 영향을 받아 중간에서 다시 역류하기도 했다. 템스 강의 오수는 썰물을 따라 바다로 빠져나가기 전 런던 근처에서 오르락내리락하기를 반복했고, 사람들에게 유해한 영향을 주었다.

그 외 다른 환경적 악조건들도 대악취의 발생에 일조했다. 수세기 동안 런던 시민들은 지하의 분뇨 구덩이에 배설물을 버렸는데, 이 웅덩이 속의 내용물이 자주 지상으로 흘러넘쳤다. 일기 기록으로 유명한 사무엘 핍스는 1660년 10월 20일에 다음과 같이 기록했다. "지하에 내려갔다가 (……) 분뇨 구덩이에 발이 빠졌다. 그리고 터너 씨 사무실에서 사용하는 구덩이가 다 차서 우리 집 쪽으로 넘친 것을 발견했다."[14] 1810년 런던에는 이러한 분뇨 더미가 20만 개 정도 있었던 것으로 추정되는데, 주민 5명당 한 개꼴이다. 분뇨 수거인들은 돈을 받고 일부 구덩이를 비우고, 시골의 농부들에게 그 인분을 거름으로 팔기도 했다. 그러나 수거인에게 일을 맡기는 경우 그 비용은 노동자 주급의 3분의 1에 해당할 정도로 비쌌기 때문에, 자유 시장 논리에 따라 이처럼 적극적인 위생 조치는 널리 확산될 수 없었다. 이 일을 상업화하여 런던의 위생 상태를 개선하려는 시도는 1847년에 완전히 폐기되었다. 당시 영국의 농부들은 기존의 비료보다 가격이 싸고 더 편리하게 사용할 수 있는 조분석(구아노, 새의 배설물이 석화된 형태의 비료)을 남아메리카에서 들여왔다.[15] 따라서 변소에서 수거한 배설물의 양이 증가했고, 이와 함께 템스 강과 런던이 내뿜는 악취도 심해졌다.

역설적으로 위생의 역사에서 획기적인 성취 가운데 하나인 현대적인 수세식 변소가 19세기 전반기에는 사태를 오히려 악화시켰다. 이 현대적인 화장실을 고안한 사람은 영국의 시인이자 발명가인 존 해링턴으로, 그는 1596년에 자신의 대모(代母)인 엘리자베스 여왕을 위해 이 '필수적인' 물건을 만들었다. 여왕은 "필요하든 그렇지 않든" 한 달에 한 번은 목욕을 한다고 공언했을 만큼 비위생적인 이 시대에도 청결에 신경을 썼다. 해링턴이 고안한 장치는 현대 수세식 변기의 기본 요소 세 가지 가운데 두 가지, 즉 물탱크의 바닥에 설치한 밸브 장치와 배설물을 물로 씻어 내리는 구조를 갖추었다. 그러나 그는 평생 단지 두 개의 변기만을 만들어서, 하나는 자신의 집에 그리고 또 다른 하나는 리치먼드에 있는 여왕의 궁전에 설치했다. 그 후 2세기가 지난 후에야 주목할 만한 발전이 나타났다. 1775년 시계 제작자인 알렉산드로스 커밍스가 해링턴의 것보다 발전된 형태의 변기를 만들어 낸 것이다. 그리고 3년 후 또 다른 독학 발명가 조지프 브라마가 밸브 장치를 개선한 변기를 만들어 팔기 시작했고, 곧 상업적인 성공을 거두었다. 그는 1797년까지 6000개가 넘는 변기를 팔았다.

현대적 변기의 세 번째 요소는 오물을 물로 확실히 씻어 내리는 기계 장치인데, 이것은 보통 토머스 크래퍼와 관련이 있다고 여겨졌다. 그는 하위문화(subculture)에서 민중의 영웅으로 그려진다. 그러나 사람들 사이에서 전해지는 내용과 다르게, 크래퍼는 변기를 발명하지도 않았고 기사 작위를 받지도 않았다. 그가 한 일은 "물을 내리면 확실하게 씻겨 내려간다"는 광고 내용을 만족시키는 효과적인 수세 장치에 대한 특허를 획득한 것이었다.[16] 1861년부터 1904년까지 크래퍼의 배관 회사는 그의 이름이 붙은 수세식 변기를 팔아 런던에서 크게 번창했다. 이 이름은 1차 세계대전에 참가했다가 본국으로 돌아간 미군들의 상상력을 사로잡았다. 군인들이 변기를 지칭하는 속어로 '크래퍼'라는 이름을 쓰고 이를 축약해 화장실 가는 목적을 묘사하는 동사로 사용하여 그의 이름을 영속화했다.

1810년 이후 런던에서 수세식 변기는 드물지 않게 사용되었고, 1830년을 지나서는 사용자 수가 빠르게 증가했다. 수세식 변기를 쓰면서 런던의 물 사용량이 급증하여 1850년과 1856년 사이에만 두 배가 될 정도였다. 물 사용량이 늘어나 더 많은 오물이 하수구와 오수구덩이에서 템스 강으로 흘려 보내졌고, 강에서 나는 악취는 더욱 심해졌다. 만조 때에는 오물이 낡은 하수도관을 타고 가정집의 지하실로 역류하기도 했다.

변기 사용은 1848년부터 정부가 추진한 하수도 체계 개선과 직접적인 연관이 있다. 그리고 이 새로운 습관은 1831~1832년 런던에 처음으로 콜레라가 유행하면서 시작되어 점차 영향력을 확장해 가고 있던 위생 개혁 운동으로 더욱 힘을 얻게 되었다. 이러한 변화를 이끈 사람은 변호사이자 평생 동안 사회 개혁의 선구자였던 에드윈 채드윅이다. 그가 작성한 『영국 노동계급의 위생 상태에 대한 보고서』는 비위생적인 환경이란 다름 아니라 질병에 시달리고 낙후된 도시 빈민들의 사회적 환경과 관련이 있음을 강조하여 사회적으로 큰 영향을 미쳤다. 불결한 상태를 개선하기 위하여 채드윅은 완전히 새로운 상수 시스템과 하수도 관을 설치할 것을 제안했다. 그리고 이 두 가지를 통해 맑은 물을 풍부하게 공급하고 거주지에서 먼 곳에서 하수를 처리할 수 있을 것으로 기대했다. 또다시 재앙에 가까운 콜레라가 유행하리라고 예상한 의회는 1848년 국가적인 위생 기반 시설을 재건하기 위하여 중앙보건국을 설치하고 채드윅을 그 장으로 임명했다.[17]

당시 사람들은 콜레라의 원인을 전혀 알지 못했다. 오염된 공기를 통해 전염된다는 것이 지배적인 견해였다. 그래서 채드윅은 악취를 풍기는 쓰레기를 거주 지역의 지하에서 강으로 떠내려 보내려고 했던 것이다. 끔찍한 콜레라 유행기에 환자들을 간호하여 유명해진 플로렌스 나이팅게일도 평생 동안 공기를 통해 질병이 퍼진다는 당시의 견해를 굳게 믿었다.

지나고 나서 생각해 보면, 채드윅의 위생 정책은 선견지명이 없지 않았다. 그러나 깨끗한 식수를 공급할 수 있는 상수 시설을 마련하지 않은 상태에서 일차적으로 오수를 템스 강에 흘려보낸 결과, 1848~1849년 극심한 콜레라가 창궐하는 비극이 발생했다. 이는 콜레라의 성격을 잘못 이해한 결과였다. 정책 결정권자들에게 영향을 미치지는 못했지만 채드윅의 의견에 대한 도전도 등장했다. 존 스노라는 젊고 유능한 의사가 오염된 물이 콜레라를 옮긴다는 예지력 있는 이론을 전개했다. 그는 오수를 템스 강으로 흘려보내서 배설물과 식수가 섞였고, 그 결과 전염병의 예방이 아니라 오히려 전염병의 확산을 초래했다고 주장했다.

콜레라는 역사상 처음으로 빠르게 전 세계로 확산된 질병으로서, 19세기 사람들에게는 가장 두려운 병이었다. 아침에 병균에 감염되면 해질녘에 극심한 탈수 증상으로 엄청난 고통 속에 죽을 수도 있었다.[18] 급작스러운 위경련, 극심한 설사, 구토, 고열이 이 질병의 증상이었다. 병에 걸리면 얼굴이 핼쑥해지고 꺼졌으며, 얼굴빛은 모세 혈관 파열로 검게 또는 푸르게 변했다. 그리고 결국에는 혈액 순환 체계가 무너져서 죽음에 이르게 된다. 병에 걸리면 적게는 5분의 1에서 많게는 반이 사망했다.

콜레라는 1817년 캘커타 근처 갠지스 강 하류에서 발생하여 전 세계로 빠르게 퍼져 나갔다. 당시 몇몇 전염병들은 증기선이 움직이는 속도로 대륙에서 대륙으로 이동하였다. 질병은 오염된 식수가 담긴 통에 실려서, 그리고 환자가 내놓은 배설물의 형태로 여행할 수 있었다. 병균은 새는 하수도와 우물 사이에서 빠르게 이동했고, 템스 강같이 오염된 강에서 퍼 올린 더러운 식수나 생활용수 속에 상존했다. 군인들은 전쟁터에 전염병을 가지고 갔고, 그들이 진군하는 곳에 병을 퍼뜨렸다. 보통 콜레라는 항구 도시에서 최초로 나타나서 강이나 운하 또는 상업망을 따라 빠르게 퍼져 나갔다.

처음에 이 병은 아시아에서 유행했을 뿐 유럽까지 도달하지는 못했다.[19]

그러나 1826년 벵골 지역에서 두 번째로 발병했을 때에는 진정한 전 지구적 질병이 되었다. 콜레라는 1830년 모스크바를 강타했고, 1831년에는 헝가리에서 십만 명의 목숨을 앗아갔으며 발트 해 지역에서도 기세를 부렸다. 그러고는 해로를 통해 영국으로 넘어갔다. 1831년과 1832년 사이 런던과 파리에서는 이 병 때문에 수천 명의 사망자가 발생했다. 격리 조치는 별다른 효력을 발휘하지 못했고, 최악의 위생 조건 때문에 가장 질병에 취약했던 도시 빈민들의 물질적 궁핍을 가중시켰을 뿐이다. 파리에서는 폭동이 일어났으며, 반쯤 미친 상태의 폭도들은 의사들을 공격했다. 런던에서는 의사들이 사체를 해부하기 위해서 환자를 죽였다는 비난까지 받았다.[20] 이 전염병은 1832년 아일랜드에 도착했다. 그러고는 몬트리올과 퀘벡으로 이주하는 이민자들을 따라 대서양을 건넌 후, 그곳에서 남하하여 미국에 이르렀고, 디트로이트와 이리 운하를 따라 늘어선 도시들을 덮쳤다. 뉴욕은 교회의 조종(弔鐘)이 울리는 묘지로 변했으며, 시민들은 맨해튼 북부의 전원 지역으로 몸을 피했다. 콜레라는 1833년에 멕시코까지 퍼졌다. 메카로 순례를 떠난 사람들은 1831년 그곳을 휩쓸었던 질병을 멀리 떨어진 고향으로 옮겨 왔다. 카이로에서는 전체 주민 중 약 13퍼센트가 전염병에 걸려 사망했다.

1848~1849년과 1853~1854년에 콜레라가 유행하여 런던이 황폐화되자 이 질병의 원인을 둘러싼 논의는 더욱 가열되었다. 그러한 의학적 추론의 유명한 예로, 존 스노는 콜레라가 수인성 질병이라는 자신의 이론을 뒷받침할 결정적 증거를 찾기 위해서 두 번째 콜레라 유행 시기에 브로드 가에 있는 한 무료 공중 수도를 대상으로 전염병에 걸린 소수의 케이스를 추적해 나갔다. 이 수도는 소호 가에 있는 자신의 병원에서 멀지 않은 곳에 있었는데 그 주변 빈민 거주 지역 사람들이 많이 사용했다. 실험 결과 수도가 오염원으로 추정되는 하수도와 가까운 거리에 있음이 드러났다. 스노는 추가 전염을 막기 위하여 수도를 제거해야 한다고 지방 정부를 설득했다. 그러나 그

는 콜레라를 연구하는 정부 내 특별 위원회까지 설득할 수는 없었다. 위원회는 여전히 이 질병이 공기를 통해 전염된다고 믿고 있었다. 스노는 짧은 생애 내내 자신의 연구 내용을 알리기 위해 노력했다. 그는 '대악취의 해'로 기억되는 1858년 45세의 젊은 나이로 세상을 떠났다.

콜레라의 발병으로 위생 개혁을 추진하려는 의회의 정치적 계획은 크게 흔들렸다. 그러나 19세기 중반 5년 동안 수십만 명이 콜레라로 사망한 상황이 벌어졌는데도 기존의 지역적 이해관계와 자유시장경제 이데올로기 사이의 견고한 유대를 넘어 서지는 못했다. 개혁 반대파는 어떤 형태의 중앙 집권화는 물론, 분할되어 있는 런던 시 정부의 역할이 확대되는 것도 거부했다. 그러나 점점 더 심각해지는 템스 강 오염과 또다시 전염병이 돌지 모른다는 두려움은 개혁 반대 세력이 아무런 실행 가능한 해결책을 내놓지 못한다는 비판을 강화했다.

19세기 중반 위생의 위기는 산업화된 시장경제 고유의 딜레마를 드러내는 초기적 현상이었다. 이 체제는, 지속가능한 생태계가 지속적인 생산 증가의 필요조건이라고 할지라도, 원치 않는 성장의 부산물로 오염된 자연 생태계를 건강한 균형 상태로 되돌려 놓을 자동적이고 내재적인 장치를 갖추고 있지 않았다. 고대 로마에서는 국가가 빵을 배급해 주고 공공 수도관을 건설하여 공중 보건과 공공질서를 유지하였다. 영국에서는 급박한 위기 상황 속에서도 여러 가지 이해관계들이 자유 민주적 경쟁을 통해 공공재를 제공하기에 충분한 권한을 지닌 시 정부체를 구성했다. 이 개혁에서 최후의 기폭제가 된 사건은 바로 '대악취'였다. 디즈레일리가 이끄는 의회도 이 엄청난 사건을 무시할 수는 없었다.

런던의 대도시사업위원회는 일단 권한을 갖게 되자, 신속하게 세계 수준의 도시 위생 시설과 상수도 체계를 건설해 나갔다. 오랫동안 이 사업의 책임자였던 조셉 바잘게트의 지휘 아래 런던 지하에 정교한 하수도망이 지어졌다. 그 관의 일부는 오수를 런던 중심부에서 멀리 떨어진 하류로 보내기 위해서 강의 양쪽에서 강과 평행하게 이어졌다. 그리고 일부 저지대에서는 오수가 주요 하수관에 원활하게 유입되게 하기 위해 관을 높여서 묻기도 했다. 하수도망의 일부를 보호하고 지하 선로, 가스관, 후기 빅토리아 시대 런던의 익숙한 여타 근대적 시설들에 대비하기 위하여 1869년과 1874년 사이에 세 개의 제방이 만들어졌다.[21] 하수구와 지하도를 만들면서 그때까지 별로 사용된 적이 없는 포틀랜드 시멘트를 쓴 것도 또 다른 혁신이었다. 새 재료는 물속에서도 매우 높은 내구성을 유지하고, 기존의 로만 시멘트보다 세 배 이상의 압력도 견딜 수 있었다.

새로운 하수 처리 시설의 효과를 확인할 기회는 금방 찾아왔다. 1866년 콜레라가 유행했을 때 런던에서 피해를 입은 유일한 집단은 새로운 하수도망에 아직 완전히 편입되지 않은 지역 사람들이었다. 이후 런던은 다시는 콜레라에 시달리지 않았다. 1866년의 경험을 통해 공식 견해는 콜레라가 오염된 물을 통해 전염되는 질병이라는 스노의 가설 쪽으로 기울었다. 이를 끝까지 의심했던 이들도 1892년 독일의 함부르크에서 있었던 극적인 예를 접하고는 입장을 바꿀 수밖에 없었다. 그 도시에서 한 도로를 사이에 두고 엘베 강에서 정수하지 않은 물을 끌어다 쓴 동네는 콜레라 유행으로 엄청난 피해를 입은 반면, 물을 여과하여 마신 반대편 동네 사람들은 모두 무사했던 것이다. 이때는 이미 독일인 과학자 로베르트 코흐가 1883년 이집트에서 콜레라가 유행했을 때 콜레라 균이 물을 통해 전파된다는 사실을 알아냈다고 발표한 이후였다.

코흐가 콜레라 균을 성공적으로 분리한 것은 루이 파스퇴르를 비롯한 동시대 세균학자들의 연구에 의해 보강되었다. 그리고 질병 연구 분야에서 세균 이론의 등장이라는 획기적인 발전과 20세기 공중 보건 분야의 등장이라는 거대한 사건의 초석이 되었다. 코흐는 이러한 업적을 인정받아 1905년 노벨상을 수상했다. 1893년에 이르면 콜레라 백신이 개발되었고, 곧 예방 접종이 일반화되었다. 콜레라 퇴치 경험은 다른 주요 세균성 질병들에도 그대로 적용되었다. 장티푸스는 19세기 내내 확장세에 있는 도시들을 괴롭혔던 또 다른 수인성 전염병으로, 1861년에는 빅토리아 여왕의 남편인 앨버트 공이 이 병에 걸려 사망했고 나중에는 장래의 에드워드 왕과 여왕의 다른 아들도 같은 질병 때문에 죽을 고비를 넘겼다. 그러나 장티푸스는 1897년 효과적인 백신의 개발 그리고 콜레라를 근절했던 위생혁명 덕분에 통제할 수 있는 질병이 되었다.[22] 파나마 운하 건설 중 미국인 의사들은 모기를 통해 전염되는 황열병 퇴치에 놀라운 성과를 거두었고, 1915년부터는 새로 설립된 록펠러 재단이 전 지구적 수준에서 이 질병을 퇴치하는 작업을 시작했다. 그리고 1937년에는 새롭고 가격도 저렴한 백신이 개발되어 전 세계적인 문제였던 이 무시무시한 질병을 무력화시켰다. 1920년대에는 말라리아가 정복의 목표가 되었다. 처음에는 배수 문제를 해결하여 성과를 냈고, 2차세계대전 이후에는 DDT와 같은 살충제의 광범위한 살포를 통해 문제를 해결할 수 있게 되었다. 위생 상태 개선, 항생제 사용, 예방 접종 같은 방법들을 종합적으로 사용한 결과 많은 전염병들이 거의 사라졌고, 그 덕분에 인간의 평균 수명은 놀랍게도 1920년에서 1990년 사이에 20년이나 증가했으며, 위생 관념이 나타나기 전과 비교했을 때에는 두 배나 늘어났다.[23] 반대로 유아 사망률은 곤두박질쳐서, 21세기 초 영국과 대부분의 산업국가들의 경우 그 수치가 0.5퍼센트 밑으로 떨어졌다.[24] 이는 19세기 중반과 비교했을 때 스무 배 향상된 것이다.

위생 관념이 등장하고 세균 이론을 수용하게 되자, 영국인들은 이제 런던에 깨끗한 물을 풍부하게 공급하기 위해 중요한 추가 조치들을 취했다. 주요 원칙은 가능한 한 가장 깨끗한 곳에서 물을 끌어와야 하고 그 물을 제대로 정화해야 하며 공급되는 과정에서 생길 수 있는 오염을 방지해야 한다는 것이었다. 그 결과 템스 강은 여전히 런던의 가장 주요한 식수 공급원이지만, 지하수나 상류의 강물이 공급의 상당 부분을 보충하게 되었다. 전통적인 저속 모래 여과 방법, 1890년대 이후에 도입된 응고제로 선(先)처리를 하는 급속 여과 방법 등 다양한 방식으로 불순물을 제거하는 여과 시설들이 만들어졌다. 또 다른 중요한 전기는 20세기 초 염소 소독법의 도입이다. 물속 세균을 거르기 위해 여러 가지 화학 소독법과 열 소독법이 사용되었는데, 구리, 은, 자외선을 이용하거나 강력한 오존 처리를 거치는 방법 등이 여기에 속한다. 당시에 사회 곳곳에서 찾아볼 수 있었던 '오염을 해결하는 가장 좋은 방법은 희석'이라는 간단하고 편리한 지침에 따라, 하수는 인구가 밀집한 지역으로부터 멀리 떨어진 곳에서 폐기되었다. 19세기 말부터 런던 사람들은 도시에서 나오는 오수를 템스 강으로 배출하지 않고 바지선으로 운반하여 바다에 버리기 시작했다.

1900년에 이르면, 영국은 공중 보건 및 공중 위생 증진에서 큰 고비를 넘겼다. 매우 느리게나마 템스 강의 수질도 회복되었다. 1974년에는 환경 상태에 까다로운 연어도 140년 만에 다시 등장했다. 2007년 현재 런던의 전체 하수도 길이는 2만 2500킬로미터에 이른다. 현재 이 도시는 처음 하수도가 만들어졌던 빅토리아 시대 이후 최초로 대대적인 확충 작업을 준비하고 있다. 그 가운데는 강 아래에 32킬로미터 길이의 하수 저장용 터널을 매립하는 것도 포함된다.[25] 기존의 시설로는 800만 명에 이르는 인구를 더 이상 감당할 수 없기 때문이다.

위생혁명으로 도시 생태계를 유지하다

영국의 위생혁명을 계기로 산업화된 민주 국가들 사이에 상수 시설을 개선하고 공중 보건을 도모하려는 경쟁의 선순환 고리가 만들어졌다. 1920년에 이르면 유럽과 북아메리카에 위치한 부유한 산업 도시에 거주하는 주민 대부분은 깨끗하고 풍부한 식수와 생활용수의 혜택을 누리게 되었다. 5000년 만에 처음으로 도시는 대체로 자급자족이 가능한 거주지가 되었다. 장티푸스와 황열병의 유행(그 가운데 몇몇은 특히 격심했다.)을 경험하면서, 미국 동부의 도시들은 식수와 위생 용수, 소화 용수를 충분히 제공하기 위하여 스코틀랜드 및 영국 북부의 예를 따라 조치를 취하였다. 1860년경 미국의 16대 도시 가운데 12개는 시 자치체가 운영하는 상수도 시스템을 갖추고 있었다.[26] 20세기로의 전환기에 시카고는 파나마 운하가 만들어지기 전까지 미국에서 가장 큰 규모의 토목 공사였던 시카고 강을 거꾸로 흐르게 하는 공사에 성공했다. 강의 흐름을 바꾸자, 오수가 강을 따라 도시의 식수원인 미시간 호로 유입되지 않고 대신 하류에 있는 일리노이 강과 미시시피 강으로 흘러들어 가게 되었다. 미국에서 수인성 질병으로 인한 사망률은 급격히 감소했으며, 1940년에 이르면 그 수치는 무시해도 좋은 정도가 되었다.[27]

동시에 하수 처리 시설도 일반화되었다. 현대 사회가 성취한 것 중에서 잘 알려지지 않은 내용이지만, 완전하게 처리된 하수는 일반적으로 식수로 사용해도 무방할 정도로 깨끗하다. 물론 세계 어느 도시에서도 실제로 그렇게 하지는 않지만 말이다. 최첨단 3단계 하수 처리 과정, 즉 고체 물질 여과, 미생물을 이용한 잔여 유기물 분해, 박테리아를 제거하기 위한 화학 살균제 처리를 모두 거치고 나면 폐수는 그것이 방출되는 강이나 바다의 물보다 대체로 깨끗한 상태가 된다. 오늘날 런던에서 나온 폐기물은 바다에 그냥 버려지지 않고 섭씨 850도의 모래층을 통과하면서 가열되는데, 이때에 발생한 열은 처리 시설의 동력이 되는 전기를 생산하는 증기 터빈을 돌리는 데 사용되며, 남는 에너지는 영국 전기 회사에 판매된다. 이런 과정을 거쳐 최종적으로 방출된 폐수는 템스 강의 물보다 훨씬 깨끗하다.[28]

위생혁명은 깨끗한 물의 공급량을 엄청나게 증가시킴으로써 산업 세계의 핵심을 차지하는 도시의 생태계를 유지하는 데 결정적인 역할을 수행했다. 위생혁명이 아니었다면 인류는 농경을 주로 하는 전원에서 공업 도시로 주거 환경을 바꾸는 중요하고도 급속했던 과정을 감당하지 못했을 것이다. 1800년에는 전 세계 인구의 2.5퍼센트인 2500만 명만이 도시에 거주하고 있었다. 그러나 2000년에는 전체 인구 60억 가운데 거의 절반이 도시에 살고 있다. 인구의 도시 집중 현상도 매우 심각해졌다. 2세기 전에는 인구 50만 이상의 도시가 6개에 불과했으나 현재에는 인구 700만 이상의 대도시가 29개에 이른다.

서구의 자유민주주의는 시민들에게 양질의 물을 부족함 없이 공급하고 하수도 서비스를 제공하는 데 성공했는데, 이는 냉전 시대에 그들이 경쟁자들에 비해 경제적, 정치적 정당성에서 비교 우위를 점하는 요인 가운데 하나가 되었다. 반면 공산권의 권위주의적인 계획 경제는 하수 설비를 비롯한 공중 보건 서비스 면에서 훨씬 뒤쳐져 있었다. 이러한 상황은 그들의 상대적 후진성을 보여 주는 대표적 징후인 동시에 그 쇠락의 주된 원인이었다. 예를 들어 1980년대 후반 소련 붕괴 직전 시기에 모스크바 강은 수도(首都)가 쏟아내는 처리되지 않은 하수의 대부분을 받아들이고 있었고, 따라서 대악취 시기의 템스 강을 연상케 하는 일종의 개방형 하수도와 거의 다르지 않았다.[29] 같은 시기 중국 내 도시의 약 90퍼센트에는 하수 처리 시설이 전혀 갖추어져 있지 않았다. 제3세계의 상황은 훨씬 더 심각해서, 기껏해야 19세기 중엽 유럽의 상황과 비슷한 수준이었다. 21세기 초입에도 전체 오수의 90퍼센트, 산업 폐수의 70퍼센트가 전혀 처리되지 않은 채 강이나 호수에 버려졌다.

초기 산업시대의 환경위생 문제에 대한 대응책을 주도한 선두 주자가 영국에서 미국으로 바뀐 것은 결코 우연이 아니다. 이는 힘이 대서양을 건너 미국으로 서진(西進)하는, 역사의 지속적 변화를 그대로 반영한 것이다. 20세기 초, 미국은 세계에서 가장 부유하고, 생산력이 높고, 혁신적인 물 관리국이 되었다.

11   미국의 이리 운하가 가져온 호황

대운하가 중국에서 남북 간 통합성을 높여 사회와 경제에 활기를 불어넣었던 것처럼, 이리 운하를 필두로 하는 아메리카의 운하들은 미국이 전통적으로 고수해 왔던 남북 방향의 축 대신 제퍼슨, 워싱턴, 프랭클린이 꿈꿨듯이 동서 방향으로 더욱 공고히 통합된 대륙적 사명을 제시했다.

    미국이 전 지구적으로 영향력을 행사할 수 있게 된 것은 세 가지 이질적인 수리학적 환경을 지배하는 데 성공한 경험과 밀접한 관련이 있다. 첫 번째는 강수량이 많고 기후가 온화하고 유수량이 풍부한 동부 지역으로, 이곳은 대륙의 동맥이라고 할 수 있는 미시시피 강의 영향권에 속한다. 두 번째는 대체로 건조하고 가뭄이 잦은 지역이며, 대평원의 서경 100도 선에서 태평양에 이르는 극서부 지방이다. 마지막 세 번째는 세계의 두 대양 사이를 잇는 항로에 접한 지역이다. 미국은 이처럼 다양한 물의 변경들을 일관된 정치, 경제의 영역 안에 융합함으로써, 그 방대한 대륙이 허락한 유리한 지리적 위치와 풍부한 천연 자원을 이용하여 20세기에 세계 초강대국으로 발돋움할 수 있었다.

    미국은 열강의 반열에 오른 다른 국가들과 마찬가지로, 중요한 수자원을 활용하기 위해 천연 자원에 대한 통제를 강화해 나갔다. 또한 특정한 과제들에 대한 혁신적인 대응책들을 내놓았는데, 당시의 시대적 특징이라고 할 수 있는 극적인 새로운 돌파구를 찾기 위해 물 고유의 변형 능력을 이용하는 방법들이었다. 19세기 말에 완결된 첫 번째 단계는 미국의 경계가 서부로 확장되는 과정이었다. 변경은 애팔래치아 산맥 동쪽에 위치한 해안가 주에서 시작하여 미시시피 강 유역의 비옥한 농경 지대를 지나 캔자스 주와 네브래스카 주에 위치한 대평원의 건조 지대까지 확대되었다. 이 과정에서 주된 동인은 기존의 유럽식 경제 기술에 '양키의 독창성'을 적용하는 것이었다. 이러한 방법을 통해 미국은 풍부한 강과 호수, 속도가 빠른 유수, 비옥한 농경지, 나무가 우거진 숲, 들며나며 길게 이어지는 해안선의 이점을 활용할 수 있었고, 역사가 짧은 나라이기 때문에 생겨나는 노동, 자본, 기술 경험의 부족을 상쇄할 수 있었다. 물레방아와 수력터빈은 내수용 공장의 설립을 뒷받침했으며, 후일 거대한 수력발전의 잠재성을 실현하는 데 중요한 역할을 담당했다. 증기선과 운하는 강어귀에 위치한 뉴욕, 피츠버그, 시카고, 뉴올리언스의 시장들을 연결하는 저렴한 장거리 내륙 수송망을 가능케 했고, 그 덕분에 미시시피 유역 중심부에 있는 엄청난 양의 원자재와 농산물이 대형 시장에 등장할 수 있었다. 증기기관차는 1869년까지 대륙을 가로지르는 수송망을 연장하고 또 조밀하게 만들어서, 미국 산업을 가속적으로 도약시켰다. 19세기 말 철과 증기의 시대가 끝나고 강철, 전기, 석유, 내연기관의 대량 생산 기술이 그 자리를 차지했을 때, 이미 미국의 공업 생산은 세계 최고 수준에 이르렀다.

    미국은 동부의 자원을 토대로 열강의 반열에 올랐지만, 다른 두 종류의 물의 변경에 내재된 잠재 장애물들을 극복하고 이용함으로써 세계 초강대국으로 도약할 수 있었다. 미국이 처음으로 자국의 우위를 천명한 것은 1914년 당시 수자원 관련 공사로서는 가장 거대한 도전이었던 파나마 운하의 완성을 통해서였다. 이 운하를 완공하면서 미국은 단번에 전 세계 해양 교역의 핵심국가가 되었으며, 두 개의 대양에 걸쳐 점차로 강력해지는 해군력을 보유한 해양 세력이 되었다. 또한 자국 내에서는 미개발 지역인 극서부 지방과 생산성이 높은 동부의 경제를 이어 주는 연결 장치를 빠른 속도로 완성해 갔다.

훨씬 중요한 발전의 추동력은 사람이 살기 힘들 정도로 건조하고 자연 상태 그대로 머물러 있던 서부 프론티어를 관개농업과 광산업 그리고 수력 발전의 보고로 변화시킨 혁신적 조치들에서 나왔다. 콜로라도 강에 세워진 볼더 댐(나중에 이름이 후버 댐으로 바뀐다.)은 20세기에 전 세계에 세워졌던 거대한 다목적 댐들의 기술적 원형이 되었다. 그리고 그 댐들은 농업 분야의 녹색혁명과 전 지구적 산업화가 가져온 이례적인 번영을 촉진했다. 훨씬 성능이 좋은 펌프 기술과 관개 기술을 도입해 대평원 아래 깊은 곳에 숨어 있는, 휴런 호 크기의 지하 호수인 거대한 화석 대수층의 풍부한 수자원을 사용할 수 있게 되자 미국 중서부 지방의 농부들은 먼지 구덩이를 곡창지대로 바꾸어 놓았다. 즉 1940년대까지 미국인들은 지구상 어떤 사회보다 더 광범위하고 집중적인 방법을 동원하여 풍부한 수자원을 개발하고 이용했다. 역사에서 언제나 그랬던 것처럼, 이는 번영하는 문명의 가장 확실한 지표인 동시에 그 촉매제였다.

중요 물길을 지배한 세력이 독립전쟁에서 승리하다

물은 18세기 후반 미국이 영국을 상대로 벌인 독립전쟁에서 승리할 수 있게 한 핵심 전략 요소였다. 미국 혁명은 우연하게도 대항해 시대의 말미에, 그리고 해군이 증기력을 이용하기 전에 일어났다. 이러한 상황에서 바다는 자연스럽게 미국 독립세력에게 유리했고, 영국의 가장 큰 군사적 강점인

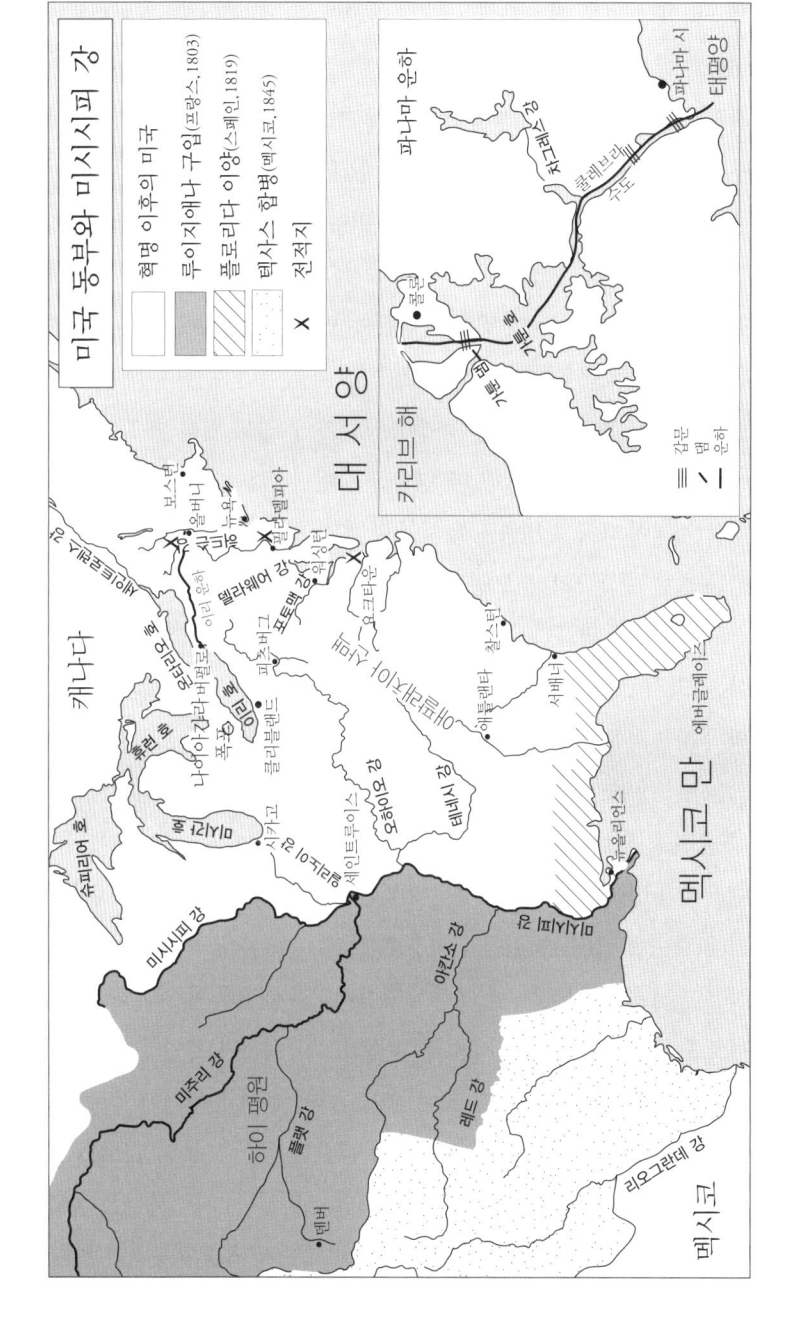

해군력의 효과를 최소화했다. 대서양 횡단은 6~7주나 걸리는 험난한 여정이었기 때문에, 영국의 보급로는 길어지고 군대의 지휘 및 통솔은 어렵고 복잡해질 수밖에 없었다. 영국군 자신과 그들이 사용하는 포와 총, 군량은 모두 대양을 가로질러 4800킬로미터를 항해해야 했다. 이때 영국이 증기 포함을 가지고 있었다면, 1820년대 이후 버마와 인도 그리고 중국에서 그랬던 것처럼 아메리카 내륙의 강을 간단히 거슬러 올라가 군사력을 이용하여 그곳 주민들에게 자신들의 뜻을 관철할 수 있었을 것이다. 그러나 여전히 그들은 훨씬 번거로운 대항해 시대의 전술들, 예를 들면 항구 봉쇄, 항구 도시의 습격과 점령, 외양에서의 운항 제한, 연안 항구 간의 병력 및 물자의 이동 같은 방법들을 답습하고 있었다. 영국군은 반란군을 제압하기 위해 광범위한 내륙 지역에 대규모 병력을 배치해야 했고, 나폴레옹의 기지로도 해결하기 힘들 법한 미국군의 기습 공격 전술에 한참이나 시달렸다. 당시의 영국군은 군사적으로나 병참학적으로나 이러한 문제를 해결할 수준에 이르지 못했다. 따라서 그들은 원활한 수송과 식민지 내 왕당파가 제공하는 정보에 승리의 가능성을 걸고 있었다.

사실 독립전쟁 중 벌어진 세 번의 결정적 전투는 모두 전략적으로 중요한 물길을 지배한 자에게 승리가 돌아갔다. 1776년 크리스마스에 워싱턴이 델라웨어 강을 가로질러 트렌턴에 있는 영국군 요새를 급습한 것이나, 영국이 허드슨 강 사수에 실패한 이후 1777년 10월 17일 버고인이 새러토가에서 식민지 군에 항복한 것, 프랑스와 아메리카 연합군이 영국군의 보급선과 퇴로를 끊고 나서 4년이 지난 뒤 콘월리스가 체서피크 만의 요크타운에서 최종 항복한 것이 모두 이를 보여 준다. 독립전쟁의 분위기가 무르익어 가던 중에도 물은 대서양의 양안 모두에서 대중의 상상을 불러일으켰고 상징적인 중요성을 과시했다. 1773년 12월 16일 식민지 내 과격파들은 동인도 회사의 차 무역 독점과 영국 정부의 과세에 대한 반대를 선동하기 위해, 모호크 인디언으로 가장하고 동인도 회사 소유의 차 342상자를 보스턴 항구에 던져 버렸다. 1776년 여름, 전쟁이 본격적으로 시작되자 전략상으로 중요한 지역인 뉴욕이 핵심 전역(戰域)이 되었다. 당시 뉴욕은 필라델피아에 이어 미국에서 두 번째로 큰 도시였고 2만 2000명 주민의 생활 터전이었다. 이 도시는 또한 군대를 배치하고 보급을 담당하기에 적격인 훌륭한 항구를 끼고 있었을 뿐만 아니라 동쪽으로는 뉴잉글랜드, 북쪽으로는 허드슨 강 계곡, 서쪽으로는 뉴저지를 공격할 수 있는 핵심 요충지이기도 했다. 조지 워싱턴은 자신의 부대가 뉴욕을 지키는 데 최선의 노력을 기울이도록 했지만, 그 노력이 실패로 돌아가자 도시를 거의 파괴해 버렸다. 영국군은 전쟁 내내 이 도시를 핵심 작전 기지로 삼았다.

워싱턴 휘하의 미국군은 뉴욕에서 패배하자 뉴저지를 통해 후퇴할 수밖에 없었다. 워싱턴은 1776년 12월 초 델라웨어 강을 건너 펜실베이니아로 탈출하여 그의 동맹군이 전멸하는 상황을 막았다. 강을 건너기 전에 그는 뉴저지 쪽에서 구할 수 있는 모든 선박을 수배했다. 그 근처에는 필라델피아 북부의 강을 건널 수 있는 다리가 없어서, 배가 없으면 영국군이 그들을 추격할 수 없었기 때문이다. 결국 겨울의 시작과 델라웨어 강이라는 자연적 방어 장벽 때문에 영국군은 전쟁 초기에 승리를 거둘 수 없었다. 그러나 워싱턴이 패배하자 군대의 사기가 저하되었다. 군인들의 복무 기간은 곧 만료될 예정이었고, 영국의 관용적인 제안에 동조하는 수많은 식민지 주민들은 굴복하기 시작했다. 워싱턴은 이처럼 절박한 현실을 타개하기 위해 엄청난 모험을 시도했다. 1776년 12월 25일 몹시 추운 밤, 그는 2400명의 지치고 헐벗은 병사들과 말, 18문의 대포를 배에 실어 얼어붙은 델라웨어 강 건너 뉴저지로 수송할 것을 명령했다. 이 작전은 저녁 7시에 시작되었고 선원들은 어둠을 틈타 이 모든 일을 진행했다. 동이 틀 무렵에는 모두 강을 건너는 데 성공하여 진눈깨비와 비를 뚫고 트렌턴을 향해 진군했다. 영국이 고용한

900명의 독일인 용병 부대는 그들의 급작스러운 공격에 전혀 대비하지 못했기 때문에, 곧 적군에 항복하고 6문의 대포와 1200정의 소화기(小火器)를 넘겨주었다. 미국 역사상 가장 빛나는 승리 가운데 하나였다. 전투에서 미국인 사망자는 없었다. 단지 4명만이 부상을 당했고, 전장으로 행군하던 중 2명이 동사했다.[1] 승리 소식에 사람들은 흥분했다. 즉각적으로 재입대하는 사람들의 수가 증가했고 새로운 병력이 워싱턴 아래로 모여들었다. 동요하던 식민지인들도 용기를 되찾았다. 혁명은 지속되었고 다음 단계로 넘어갔다.

겨울이 지나고 전쟁이 재개되자 영국 정부는 반란을 진압하기 위한 새로운 작전을 시작했다. 두 개의 영국군, 곧 캐나다에서 남쪽으로 이동하는 부대와 뉴욕에서 북쪽으로 이동하는 부대가 전략적으로 중요한 허드슨 강의 수로를 장악하기 위하여 협공 작전을 펼치기로 한 것이다.[2] 영국군은 허드슨 강 유역을 손에 넣음으로써 뉴잉글랜드 지역의 급진파를 다른 식민지 지역과 분리시킬 수 있으리라고 기대했다. 그러나 런던에서 시작해 대서양을 건너는 느리고 열악한 통신 상태가 영국의 발목을 잡았다. 존 버고인 장군 아래에 있던 8000명 규모의 부대는 캐나다에서 작전을 개시했지만, 윌리엄 하우 장군의 뉴욕 부대는 필라델피아 점령에 몰두하고 있던 터라 제때에 남부 작전 지역에 병력을 동원할 수 없었다. 버고인의 군대는 단독으로 적을 상대하면서 식민지인들의 저항에 시달렸고 보급 및 병참 문제로 고전했다. 버고인이 이끄는 부대는 반역자들이 조직적으로 다리를 파괴하고 나무를 쓰러뜨리고 물줄기를 바꾸어 놓아 더욱 지나가기 힘들어진 허드슨 강 계곡의 험악한 지역을 지났는데, 때때로 하루에 겨우 1.6킬로미터를 전진할 정도로 느리게 진군했다. 게다가 그들은 진군하면서 40개 이상의 다리를 지어야 했다. 이러한 상황 때문에 한량 기질로 유명한 '젠틀맨 조니(Gentleman Johnny)' 버고인은 자신의 개인적인 수행단 전체를 대동할 수도 없었다. 거의 5킬로미터나 이어졌던 그의 수행단에는 개인 짐을 실은 수레 30대와 그의 정부(情婦), 많은 양의 클라레와 포트와인까지 포함되어 있었다.³ 버고인은 베네딕트 아널드 장군 휘하의 의용군과 버몬트의 그린마운틴보이스(Green Mountain Boys)에게 패하고, 이로 인해 모호크 인디언 동맹들이 이탈해서 전력이 크게 약화되었다. 버고인의 부대는 이동 중 왕당파의 지원을 거의 받지 못했고 만나기로 했던 하우의 부대와도 만나지 못하여, 결국 인력과 물자가 모두 바닥나는 상황에 처했다. 새러토가 근처에서 벌어진 두 차례의 격렬한 전투에서 완패하자 버고인은 1777년 10월 17일 6000명의 군인들을 넘겨주었다.

미국의 승리 소식은 대서양 건너편까지 울려 퍼졌다. 프랑스의 루이 16세는 반란자들에게 승산이 있다고 생각하고 당시 대사로 와있던 벤저민 프랭클린이 제안한 미국-프랑스 동맹안을 받아들였다. 영국 정부는 늦게나마 이와 같은 동맹을 막기 위해서, 무거운 과세로부터의 자유를 포함하여 식민지인들이 독립 선언 이전에 요구했던 모든 사항을 들어주려 했다. 그러나 이미 갈등이 깊어질 대로 깊어진 후였다. 1778년 2월 6일 프랑스 정부와 미국 정부는 영국으로부터 아메리카의 독립을 인정받기 위해 함께 노력한다는 내용의 조약을 맺었다. 그리고 2년 이내에 다른 유럽 국가들 역시 영국에 대항하는 국제전으로 확대될 이 전쟁에 동참하게 된다. 그러나 독재자적 성향을 보이던 조지 3세는 의회의 반대를 물리치고, 반란자들을 완전히 진압해야 하며 필요하다면 무자비하게 다루어야 한다는 의견을 굽히지 않았다.

신세계 전체가 여기에 동원되었다. 영국이나 프랑스는 상대적으로 빈곤한 아메리카 식민지의 운명보다 막대한 부를 지닌 카리브 해의 섬들에 큰 관심을 기울였다. 그 후 몇 년 동안 군사적 교착 상태가 지속되었다. 워싱턴은 뉴욕에서 영국인들을 몰아낼 수 있는 해군력을 지니지 못했고, 프랑스는 자신들의 군사력을 동원하여 이 일을 떠맡기를 주저했다. 그러는 동안 영국은 적대적인 대중들의 반응에 직면하자 내륙 깊은 곳에서 지지도 받지 못한 채 전개되는 군사 활동을 기피하게 되었다. 1780년 여름 찰스 콘윌리스 경이 지휘하는 영국군이 수륙 양쪽에서 공격을 펼쳐 사우스캐롤라이나 주의 찰스턴을 점령하면서 상황이 바뀌었다. 콘윌리스 경의 계획은 먼저 왕당파 세력이 강한 캐롤라이나와 버지니아를 차지하고, 남부에서부터 반란 주들을 제압해 나간다는 것이었다. 대륙군은 어렵사리 콘윌리스의 작전을 지연시킬 수 있었다. 1781년 봄 콘윌리스는 요크 강과 제임스 강이 만들어 낸 체서피크 반도에 위치한 버지니아 주 요크타운에 기지를 건설하기 시작했다. 그리고 이곳에서 바다를 이용하여 보급과 병력을 보충받을 수 있으리라고 기대했다. 그러나 미국과 프랑스가 그의 발목을 잡기 위해 그곳을 먼저 장악해 버렸다.

독립전쟁의 대단원은 프랑스가 요크타운에 그들의 해군 병력을 전폭적으로 지원하기로 결정하면서 시작되었다. 프랑스는 7년전쟁에서 거둔 재앙 수준의 패배에서 해군력의 중요성을 깨달았고, 이후 약 10년 동안 해군을 증강하는 데 국고를 쏟아부었다. 그 결과 1781년에 이르면 프랑스의 해군력은 영국과 거의 대등한 수준에 도달했다. 프랑수아 드 그라스 장군이 이끄는 프랑스 선단이 체서피크 만에 대한 영국의 보급을 차단하기 위해 카리브 해에서 이동해 왔다. 미국과 프랑스는 뉴욕을 공격하는 것처럼 교묘하게 꾸며서 영국인들이 반란자들의 진짜 목표가 뉴욕이라고 오인하게 만든 후에, 콘윌리스와 대적하기 위해 거대한 규모의 군단을 파견했다. 결정적인 해전은 1781년 9월 5일 오후에 벌어졌다. 그라스 휘하에는 24척의 전함이 있어서 19척을 가진 영국보다 우세했다. 게다가 영국의 배들은 수리를 위해서 뉴욕으로 향하고 있었다. 체서피크 만을 봉쇄한 조지 워싱턴과 프랑스 장군들은 요크타운을 포위하기 위해 콘윌리스가 가진 8000에 가까운 병력의 두 배에 해당하는 연합군을 끌어들였다. 작전은 9월 28일에 시작되었다. 영국군의 진지는 포격에 시달렸다. 여러 기습조가 활약했는데, 그중 하나는 워싱턴의 총애를 받고 있던 알렉산더 해밀턴 중령이 지휘했다. 해밀턴은 나중에 미국의 재무장관이 되고 연방주의자로서 큰 영향력을 행사하게 될 인물이었다. 영국군의 인명 피해는 미미했지만, 목재로 지은 작은 보루 두 채가 적에게 넘어가고 요크 강을 건너 탈출하려는 휘하 부대의 노력이 돌풍 때문에 실패하자 콘월리스는 자신이 처한 상황이 절망적이라는 것을 깨달았다. 그는 바다로 이어지는 보급로와 퇴로 모두에서 단절된 처지에 놓였다. 버고인이 새러토가에서 항복한 때로부터 정확히 4년이 지난 10월 17일 콘월리스는 항복을 의미하는 백기를 올렸다. 그리고 이틀 뒤 그의 군대 전체를 넘겨주었다. 이로써 전쟁은 끝이 났다.

독립전쟁은 자유민주주의의 확산이라는 측면에서 결정적인 승리를 의미했다. 북미 대륙에서 강력한 공화국이 탄생한 것이다. 영국에서는 이 전쟁으로 군주 개인의 권위를 재확인하려 했던 조지 3세의 노력이 무력화되었다.[4] 결과적으로는 강력한 영제국의 시대가 시작되기 직전에 온전한 의회 정치가 영구히 확립되었다. 유럽 대륙에서도 역시 얼마 지나지 않아 루이 16세의 군주정이 1789년 프랑스 혁명으로 무너졌다. 이 혁명은 부분적으로는 미국의 성공에 자극을 받고, 다른 한편으로는 미국을 원조하는 데 너무 많은 돈을 사용하여 국고가 바닥난 상황에서 일어났다.

서부 프론티어를 장악하기 위한 노력

비록 전쟁은 동부 해안 지역에서 전개되었지만, 갈등의 주요 전장은 애팔래치아 산맥 너머로 광활한 오하이오 강과 미시시피 강의 하곡(河谷)까지 뻗어 있는 땅이었다. 건국의 아버지들에게 서부의 프론티어는 미국의 운명을 열어 줄 관문이었다. 영국 정부의 정책은 식민지인들을 애팔래치아 산맥 동쪽에 묶어 두는 데 초점이 맞추어져 있었다. 그렇게 함으로써 영국의 해상 제국과 보다 긴밀하게 연결된 상태를 유지할 수 있으리라 기대했던 것이다. 그러나 식민지 지도자들은, 유혹적인 미시시피 강 유역의 농지와 산맥 너머의 서로 교차하며 흐르는 가항(可航) 하천들이 자신들만의 풍족한 서부 제국을 만들어 줄 핵심 열쇠임을 알아차렸다. 조지 워싱턴과 벤저민 프랭클린은 서부의 농업 프론티어가 장차 국부의 중요한 원천이 될 것으로 믿고 그 토지에 투기했다. 토머스 제퍼슨은 독립적이고 개인주의적인 자작농들의 땅인 팽창일로의 변방이 미국 민주주의의 진수가 될 것으로 생각했다. 도시의 상황이 더욱 불결해지자 변경의 빈 땅은 서부로 향하는 정착민들을 끌어들이는 일종의 안전판이 되었다. 그 덕분에 미국 고유의 특성을 지킬 수 있었고, 유럽에서 볼 수 있는 산업 부문의 계급 불평등이 미국 땅에 이식되는 것을 막을 수 있었다. 제퍼슨을 비롯한 많은 사람들은 동방을 향한 태평양 교역로라는 오래된 꿈을 실현시켜 줄 아메리카 대륙의 숙명에 대해서도 생각했다. 미국 초기의 정치 지형은 공업을 장려하는 해밀턴 식 연방주의자들과 농업을 중시하는 제퍼슨 식 공화주의자들로 확실히 양분되어 있었지만, 양측 모두 서부로의 팽창이 중요하다는 점에서는 의견의 일치를 보였다.

  미국이 서부로 전진하는 운명을 실현하려 할 때 핵심과제는 대륙이 품고 있는 거대한 강 미시시피 강을 통제하는 것이었다. 이 강은 아메리카 대륙의 나일 강이었다. 미시시피와 비견할 수 있는 강으로 인더스 강과 갠지스 강, 양쯔 강과 황허 강을 꼽을 수 있을 것이다. 길이를 기준으로 했을 때 미시시피-미주리 강은 전체 길이가 6200킬로미터로, 나일 강과 아마존 강, 양쯔 강에 이어 세계에서 네 번째로 긴 하천이다. 그리고 지구 전체에서 미시시피보다 많은 유량을 자랑하는 강은 7개에 불과하다. 무엇보다 중요한 점은 비옥한 하천유역이 존재한다는 점인데, 이 지역은 로키 산맥과 애팔래치아 산맥 사이 북미대륙의 핵심부를 지나 2010킬로미터에 걸쳐 펼쳐져 있으며 북쪽으로는 캐나다, 남쪽으로는 멕시코 만에 이른다. 미시시피 유역은 나일 강이나 갠지스 강 유역보다 두 배 가량 크고, 중국 북부 황허 유역보다 20퍼센트나 넓다. 북미 대륙의 5분의 2가 넘는 지역을 아우르고, 오하이오 강, 미주리 강, 테네시 강, 플랫 강, 일리노이 강, 아칸소 강, 레드 강을 비롯한 수백 개의 강과 지류를 끌어들인다.[5] 세계에서 아마존 강과 콩고 강만이 미시시피보다 넓은 유역을 포괄한다. 미시시피는 제국을 지향하는 미국의 야망을 지탱할 수 있는 강이었다.

미시시피 강은 간선 하천인 동시에 범람 하천이며 관개가 가능한 하천이었다. 이 강의 가항성(可航性)으로 인해 자연적인 내륙 수로 교통망이 가능해졌고, 그 덕분에 상상도 할 수 없을 만큼 광활한 지역에 걸쳐 띄엄띄엄 분포해 있는 국민들을 곧바로 통합할 수 있었다. 육로였다면 그런 일은 실제 불가능했을 것이다. '빅머디(Big Muddy, 미시시피 강의 별칭 — 옮긴이)'는 특히 서쪽에서 흘러드는 지류 덕분에 세계에서 7번째로 많은 양의 진흙을 운반한다. 그리고 수차례 범람하면서 중서부의 농지에 두툼하고 비옥한 잔여물을 남긴다. 미시시피 강의 규모는 오하이오 강과 합류하면서 두 배로 커져서, 종종 양안 사이의 거리가 2.4킬로미터를 넘기도 한다. 강은 범람원을 통과하며 구불구불 흐르고 하류의 직선 유역을 지나 뉴올리언스 근처 멕시코 만의 하구에 이른다.

미시시피 강은 매우 복잡하고 변화가 심한 강이다. 수량의 변화가 특히 심하고 강을 구성하는 네 유역의 특성이 각기 상이하며 수로가 깊고 사행 구간이 길다. 그리고 멕시코 만에서 유입되는 조수의 영향을 받고, 강 물살의 세기와 방향이 복합적이며, 급작스러운 물길의 변화나 대대적인 범람이 잦았다. 강의 마지막 720킬로미터는 그 하상이 해수면 아래에 위치하고 심지어 뉴올리언스 항구 부근에서는 강바닥이 해수면 아래로 최대 50미터까지 내려가는데, 이는 미시시피 강 하류의 아주 중요한 특징이다.[6] 이러한 특성 때문에 위쪽 물이 바닥 쪽 물보다 훨씬 빠르게 흐르며, 더 나아가서 그 아래에 있는 물을 타 넘으며 흘러서 종종 사람들이 세운 제방과 강둑 전체를 무너뜨리고 그것을 뚫고 흐를 정도로 엄청난 힘을 발휘하기도 했다. 하구에는 강이 쌓은 퇴적물이 거대한 모래 언덕을 이루어서, 이 때문에 가끔은 몇 주씩 또는 몇 달씩 멕시코 만에 배가 진입하지 못했다. 1850년부터 미국 정부는 미시시피 강 하류의 범람을 제어하고 하천의 가항성을 높이기 위해서 수천 킬로미터에 걸친 제방과 배수로를 만들거나 수리하여, 마치 고대 관개 농업 문명들처럼 끈질긴 노력을 펼쳤다. 그러나 홍수가 너무 자주 몰려와 인간이 만든 최고 시설들을 무력하게 만들었다. 1927년 몇 개월 동안 계속된 폭우로 엄청난 규모의 물이 범람해 공병대가 만든 홍수 통제용 제방 전체를 무너뜨렸고 그 결과 미시시피 강은 거대한 배수로로 변해 버렸다. 이는 미국 역사상 최악의 자연 재해 중 하나였으며 이 때문에 미시시피 유역의 도시와 넓은 농경지는 물에 잠겼고, 수십만 명의 이주민이 발생했다. 당시 유수의 힘이 얼마나 대단했는지, 그 장대한 오하이오 강이 일시적으로 거꾸로 흐르기까지 했다. 강 하구에 있는 뉴올리언스는, 홍수 때문에 불어난 물을 다른 방향으로 흐르도록 유도하기 위해 상류에 위치한 제방을 폭파한 덕분에 초토화되는 사태를 면할 수 있었다. 이 일로 대규모 저수지나 지름길 역할을 하는 수로를 갖추지 않고 오직 제방으로만 큰 강을 통제하려 했던 공병대의 계획이 얼마나 무모했는지 드러났다. 수자원 공학자들이 시설을 재건하는 일에 착수했다. 그리고 이번에는 극심한 유량 변동에 대응하고 제방에 가해지는 압력을 줄이기 위해 대규모의 배수로를 만들었다. 동시에 직강화(直降化) 공사가 진행되었고, 댐과 수로가 대대적으로 건설되었다. 그 결과 강의 유량의 절반 정도가 인간이 만든 장벽 안에 갇혔다. 그와 동시에 오늘날에는 홍수를 방지하는 중요한 자연 완충 지역으로 알려진 주변 습지 약 6만 9000제곱킬로미터가 개발을 위해 수장되었다.[7] 1993년의 미시시피 강 대범람은 다시 한번 자연을 통제하려는 인간의 노력을 좌절시켰다. 이때의 홍수는 규모 면에서 1927년 홍수의 3분의 1 정도였지만, 강물이 제방을 넘어 흘러서 중서부 지역의 자연 범람원 4850제곱킬로미터를 거대한 호수로 바꾸어 놓았다. 그리고 이러한 상태는 몇 개월 동안 지속되었다.

미국은 독립전쟁을 종결지은 1783년의 파리평화조약에서 미시시피 강에 대한 권리를 처음 확인했다. 지난하고도 복잡했던 여러 국가들 간의 협상 과정에서 미국 대표였던 존 제이, 벤저민 프랭클린, 존 애덤스는 애팔래치아 산맥 서쪽에서 미시시피 강에 이르는 지역에 대한 소유권을 확보하기 위해 완고하게, 그리고 경우에 따라서는 교묘하게 노력했다.[8] 결국 조약의 당사국들은 독립한 미합중국의 경계가 서쪽으로는 미시시피 강, 북쪽으로는 영국령 캐나다라는 데 동의했다. 그리고 남쪽 국경은 스페인령 플로리다와 닿았는데, 가늘고 길게 뻗은 이 지역은 멕시코 만 전체를 감싸고 있었고 전략적으로 중요한 미시시피 강 어귀의 뉴올리언스를 포함하고 있었다. 이 스페인령은 프랑스가 1763년 7년전쟁을 끝내면서 맺은 조약에서 마지못해 스페인에 양도한 땅인 루이지애나와 미시시피 강 서안을 연결하는 육교 형태를 띠고 있었다.

파리평화조약은 몇 가지 미해결 영토 문제와 상업 관련 분쟁들을 남겼는데, 이로 인해 몇 년 지나지 않아 영국과의 갈등이 다시 불거졌다. 1794년 워싱턴 정부는 영국과 전쟁을 피하고 서부로 팽창하기 위한 전진 기지를 보호하기 위해서 논란의 여지가 많은 조약을 체결했다.[9] 이 조약은 몇몇 주요 영토 분쟁과 상업 분쟁들을 마무리 지었고, 영국령 서인도 제도에서 이루어지는 미국의 무역 활동을 공식화했다. 이 조약이 가져온 예상치 못한 이익은 미국과 영국이 루이지애나 소유권을 놓고 비밀 계획을 세울까 두려워하던 스페인이 일종의 양보안을 내놓은 것이다.[10] 스페인은 미시시피 강 동안의 여러 경쟁 지역에서 철수하고, 미국 배가 미시시피 강 하류를 자유롭게 운항할 수 있는 권리를 인정했으며, 멕시코 만과 카리브 해로 향하는 주요 관문인 뉴올리언스 항구를 경유할 수 있도록 허락했다. 혁명 후 프랑스는 새로운 장기간의 전쟁에 착수하였고, 오랫동안 초강대국의 자리를 두고 영국과 벌여 왔던 경쟁을 재개했다. 이 전쟁은 나폴레옹 보나파르트가 권좌에 있는 기간 내내 지속되었다. 프랑스는 1794년 조약을 두고, 영국에 대해 중립적인 태도를 취하겠다고 공표했던 미국이 약속을 어기고 노골적으로 영국 편을 든 것으로 파악했다. 이 때문에 프랑스와 미국의 관계는 악화되었고, 과거의 동맹은 공식적으로 선언하지는 않았지만 1798년 카리브 해에서 실제로 해전을 치르게 되었다.

이러한 상황은 뜻하지 않게도 역사상 최대 규모의 토지 거래 가운데 하나인 1803년 루이지애나 매입으로 이어지는 일련의 극적인 사건들의 배경이 되었다. 미국은 루이지애나를 확보함으로써 미시시피 유역 전체에 대한 통제권을 확보할 수 있었다. 그러나 당시는 유럽 열강들 간의 세력 균형이 바뀔 때마다 식민지 영토의 주인도 계속 변하던 시기였기 때문에, 미국이 거의 비어 있는 미시시피 유역을 법적으로 소유한다고 해도 상황이 바뀔 수 있는 여지는 여전히 남아 있었다. 실제로 당시 프랑스에서 무소불위의 권력을 휘두르던 나폴레옹은 미국 서부 지역과 플로리다, 캐나다를 포함하는 프랑스령을 확립하려는 원대한 꿈을 꾸고 있었다. 18세기 말 미국은 프랑스의 침략에 대비하여 육군과 해군을 강화하는 데 매진했다. 1799년 넬슨이 이집트의 나일 강 전투에서 나폴레옹 군대를 무찌르자 침략에 대한 두려움은 일시적으로 사그라들었다. 그러나 곧 미국-프랑스 간 평화 협상이 결렬되고 1801년에 스페인이 루이지애나에 대한 권리를 비밀리에 프랑스에 넘겨주려 했던 사실이 드러나면서 공포감이 다시 고조되었다. 게다가 1802년 나폴레옹이 커피와 설탕을 생산하는 프랑스 식민지에서 노예들이 일으킨 반란을 제압하기 위해 아이티 근처에 수만 명의 군대를 배치하자 전쟁의 공포는 더욱 심해졌다. 그다음 해 스페인이 미국 선박의 뉴올리언스 항구 이용 권리를 갑자기 철회하여 미국이 미시시피 강을 통해 카리브 해로 나가는 길을 효과적으로 차단하자, 미국인들은 극도로 흥분했다.

친프랑스적 성향으로 유명한 토머스 제퍼슨 대통령조차 나폴레옹의 계획에는 긴장하지 않을 수 없었다. 그는 1802년 4월 주불 미 대사 로버트 리빙스턴에게 보낸 편지에 "프랑스가 뉴올리언스를 차지하는 그날 우리는 영국 선박 및 영국인들과 연합할 수밖에 없다."며, 해결책을 찾기 위한 협상을 진행하라고 독려했다.[11] 전운이 감도는 상황에서 제퍼슨은 몇 달 뒤 파리에 있는 대사에게 추가로 구체적인 협상 관련 지시 사항들을 전달했다. 그리고 대통령은 미국이 뉴올리언스와 플로리다를 구입하기 위해 천만 달러까지 내놓을 의사가 있다고 노골적으로 밝혔다. 뉴올리언스만 따졌을 때 가격은 750만 달러였다. 프랑스가 이 땅을 팔기를 거부한다면 미국은 영구 통행권을 확보하기 위한 교섭을 시도할 계획이었다. 제퍼슨은 모든 시도가 실패할 경우 그가 그렇게도 피하고 싶어 했던 영국과의 밀접한 동맹 관계를 수립하기 위해 미국의 사절들이 비밀리에 접촉을 시도하게 될 것이라고 말했다.

이 중차대한 시기에, 미국은 아무런 조치를 취하지 않았음에도, 상황은 뜻밖에도 신생 국가 미국에게 유리하게 돌아갔다. 아이티 노예 반란을 진압하기 위한 프랑스의 대대적인 군사 작전은 엄청난 실패로 끝이 났다. 3만 3000명의 프랑스 군대를 쓰러뜨린 데에 반란군의 저항보다 훨씬 중요한 요인은 카리브 해 연안 열대 기후에 서식하는 수생(水生) 모기가 옮기는 황열병이었다. 수천 명의 군사들이 죽거나 전투를 수행할 수 없을 만큼 쇠약해졌다. 이것은 물론 수인성 질병이 역사의 흐름을 바꾸어 놓은 최초의 예도, 또 최후의 예도 아니다. 나폴레옹은 아이티를 포기할 수밖에 없었다. 그리고 그와 함께 영국 침략이라는 더 큰 계획을 위태롭게 하지 않기 위해서는 신세계 제국 건설의 꿈도 포기해야 했다. 나폴레옹의 새로운 정치적 계산에 따르면 루이지애나가 영국에게 넘어갈 수도 있는 불안한 상태보다는 차라리 미국의 수중에 있는 것이 나았다.

나폴레옹이 영국과의 외교 관계를 단절한 바로 그날인 1803년 4월 11일, 그의 대신 탈레랑은 미국 대사 로버트 리빙스턴을 만난 자리에서 갑자기 "루이지애나 '전체'의 대가로 무엇을 주겠는지" 질문하여 대사를 당황시켰다.[12] 리빙스턴은 정신을 차리고 400만 달러를 제시했다. 그러자 탈레랑은 "너무 낮은 가격"이라며 "숙고해 보고 내일 다시 만나자."라고 제안했다. 거래는 4월 30일에 끝났다. 미국은 1500만 달러에 뉴올리언스와 좁고 긴 플로리다의 서쪽 지역, 그리고 텍사스 일부를 포함하는 루이지애나 영토 전체를 획득했다. 중서부 내륙의 제국 건설에 핵심이 되는 미시시피 하곡의 비옥한 지역도 이제 모두 미국의 소유가 되었다. 소유권을 미국으로 넘기는 일은 1803년 12월에 신속하게 마무리되었다. 같은 달 프랑스는 아이티에 마지막 남은 병력을 철수시켰다. 그리고 얼마 지나지 않아 이곳에는 과거에 노예였던 사람들이 만든 세계 최초의 독립 국가가 세워졌다.

미국이 서부 프론티어를 확실히 장악하기 위한 방편으로 제퍼슨이 법적인 협상에만 의존했던 것은 아니다. 루이지애나 매입이 이루어지기 몇 달 '전에' 이미 그는 유명한 루이스와 클라크 탐험대의 출정을 위한 작업에 착수했다. 1804~1806년에 걸쳐 50명의 탐험대는 태평양에 이르는 북서부 지역의 물길을 찾아 미주리 강을 거슬러 올라갔다. 실용적인 입장을 고수한 제퍼슨은 이용 가능한 수상 교통로가 생긴다면 이주와 교역이 활발해질 것이고 실질적인 점유를 통해서 아직 사람들이 정주하지 않은 지역에 대한 소유권을 확보할 수 있으리라 생각했다. 그리고 얼마 후에도 그는 레드 강과 와시토 강을 탐험하고 미시시피 강의 수원을 찾기 위해 또 다른, 덜 유명한 탐험대를 파견했다. 그러나 이들은 정해진 경로에서 벗어나서 아칸소 강을 대신 추적하여 로키 산맥에서 그 원류를 찾아냈다.

미국 최초의 자동 면직 기계

19세기 초에 이르면 서부의 미시시피 유역 변방은 약속의 땅이 되어 사람들을 유혹했지만, 여전히 사람들이 거주하지 않는 야생의 상태로 남아 있었다. 미국 인구 400만 명 중 대다수는 아직도 동부 해안 지역을 따라 분포해 있었다. 상업, 이주, 공통의 정치적 목표로 두 지역을 묶어 주는 애팔래치아 산맥 관통 도로가 없었던 것이다. 파리평화조약이 성립되자마자 조지 워싱턴은 혁명 이전부터 자신을 사로잡았던 그 목표에 착수했다. 바위투성이의 포토맥 강을 가항 하천으로 바꾸어, 산지를 지나 서부로 가는 주요 관문으로 삼는다는 계획이었다. 정치가로서 워싱턴은 서부 정착민들을 북쪽의 영국 세력이나 남쪽의 스페인 세력 대신 미합중국에 결속하기 위해 내륙 수로의 필요성을 절감하고 있었다. 그는 포토맥 강 유역에 누구보다 많은 토지를 소유하고 있었고 오하이오 하곡의 저지대에 1200제곱킬로미터가 넘는 땅을 가지고 있었기 때문에 수로를 통해 막대한 이익을 얻을 수 있었다. 그는 개인적으로 포토맥 강의 경로를 탐사하고 그것을 오하이오 강과 연결할 수 있는 방법을 강구한 후에, 1785년 포토맥 운하 회사의 사장이 되었다. 그는 이 계획이 성공할 경우 가장 큰 수혜자가 될 버지니아 주 유력자들의 지원을 등에 업고 개인 투자자들로부터 건설 자금을 모으기 시작했다.[13] 그러나 그의 계획은 실패로 끝났다. 포토맥 강은 돌이 많고 폭포가 산재하며 때로는 수심이 너무 얕아서, 수로를 만들기에는 기술적으로 매우 힘들었다. 결국 워싱턴은 1788년 자신의 새로운 과업인 미국 초대 대통령직을 수행하기 위해 이 회사의 경영에서 물러났다.

따라서 서부 농업 프론티어에서 정착 과정은 서서히 진행되었다. 그러나 이 신생 국가는 동부에 비옥한 천수답 농경지를 가지고 있었으며, 국가의 성장을 추동할 수 있는 다른 수자원도 확보하고 있었다. 긴 해안선과 아울러 영국인들이 남긴 유산 덕분에 미국은 역사의 초창기부터 활발한 해양성 문화가 성립할 수 있는 여건을 갖추고 있었다. 동북부 지역의 주요 경제 활동은 포경업과 어업이었다. 건어물, 고래 기름, 처녀림에서 채집한 목재, 식민지 중부의 잉여 농업 생산물은 보스턴에서 볼티모어와 찰스턴까지 늘어선 많은 천혜의 항구를 통해 대서양 연안을 남북으로 이동하며 거래되거나 카리브 해 연안 혹은 대서양 건너 남부 유럽에서 팔리기도 했다. 종종 미국에서 건조한 배가 그 물건들을 실어 나르기도 했다. 단단하고 곧게 뻗어서 마스트 재로 사용하기에 적격인 37미터짜리 백송을 비롯하여, 뉴잉글랜드에서 자라는 키 큰 나무들 덕분에 이 지역은 한 세기 이상 조선의 중심지가 되었다. 영국의 삼림 파괴 때문에 영국인들이 식민지 선박 회사들에 배를 주문하는 경우가 급증했다. 혁명 직전의 상황을 보면 영국 선단을 구성하는 배 가운데 3분의 1 정도는 미국 조선소에서 건조된 것이었다.[14]

알렉산더 해밀턴 같은 극소수의 예외를 제외하면, 건국의 아버지들 대부분은 이 나라에 농지와 원자재는 아주 풍부한 반면 자본, 노동, 기술 경험이 매우 부족하므로 급속한 산업 발전이 이루어질 가능성은 희박하다고 판단했다. 이는 분명 상당히 합리적인 판단이다. 그러나 미국은 상대적으로 유속이 빠른 하천이 무수히 많아서 저렴하게 수력을 이용할 수 있다는 강점이 있었다. 실제로 식민지 건설 초기부터 수력 확보에 유리한 지역과 배가 다닐 수 있는 물길에 인접한 곳부터 사람들이 정착하기 시작했다. 마을의 제분소와 제재소에 동력을 제공하기 위해서 그리고 매우 널리 퍼져 있는 소규모 대장간이나 주조 공장 같은 곳에서 사용되는 풀무와 기계 해머를 돌리기 위해서 저렴한 목제 혹은 철제 물레방아가 많이 만들어졌다. 식민지의 제철업자들이 독립전쟁 즈음에 전 세계 생산량의 7분의 1에 해당하는(영국보다 많은) 양의 선철과 철봉(鐵棒)을 생산해 냈던 것은 싼 가격에 수력과 목탄 연료를 구할 수 있었기에 가능한 일이었다.[15] 그럼에도 그처럼 조야한 시작이 미국의 자생적 산업혁명의 출발점이 되리라고 생각하는 것은 여전히 무리였다.

당시 영국은 최첨단 기술인 증기를 동력으로 이용하는 공장에서 저렴한 고품질의 직물을 생산하여 세계적인 우위를 점하고 있었으며, 직물 기술 분야에서 자신들의 독점적 지위를 보호하기 위해 기계류 수출과 숙련 노동자들의 이민을 금지하는 강력한 제재 조치를 실행했다.[16] 그럼에도 섬유업은 미국의 산업화 과정에서 예상 밖의 견인차가 되었다. 미국에서 섬유업은 한 야망에 찬 영국인 젊은이가 금기를 깨고 자신의 성공을 찾아 대서양을 건너면서 시작되었다. 새뮤얼 슬레이터는 면직물 공업의 거물인 리처드 아크라이트의 동업자 중 한 명이 운영하는 방직공장에서 십 대 때부터 수년간 도제로 일했고 이후에는 감독자로 승진했다. 그는 기억력이 뛰어난 숙련공으로 아크라이트 공장 전체의 설계를 암기할 수 있었다. 그는 1789년 평범한 농민으로 가장하고 미국으로 향하는 배에 올랐다. 그러고는 곧장 로드아일랜드의 부유한 상인인 모세 브라운의 동업자로 사업을 시작했다. 브라운은 이전에 생산성이 높은 면직 공장을 세우려 노력했으나 실패한 적이 있었다. 채 일 년도 되기 전에 슬레이터는 블랙스톤 강 유역의 포터킷에 아크라이트 방식의 공장을 세우는 데 성공했다. 그러나 개업일은 다가오는데 기계들이 제대로 작동하지 않았다. 그가 소면기(梳綿機, 개면기나 솜틀로 대강 탄 솜을 가는 바늘로 불순물이나 짧은 섬유를 없애 가지런히 하는 기계 ― 옮긴이) 날의 정확한 각도를 기억해 내지 못했기 때문이다. 그 후 지루한 수정 과정을 거친 후에야 미국 최초의 자동 면직 기계가 작동할 수 있었다. 공장에는 소면기 세 대, 72개의 방추가 달린 방적기 한 대가 있었다. 1771년 아크라이트가 만든 원래 방적기에 천 개의 방추가 있었던 것과 비교하면 작은 규모였다. 처음에 이 공장은 일곱 살에서 열두 살 사이의 어린이 9명의 노동력으로 운영되었지만, 1801년에 이르면 100명의 종업원을 고용하고 블랙스톤 강의 낙차를 이용하여 동력을 공급했다.

이 공장에서 슬레이터 밑에서 훈련을 받은 기술자들과 노동자들은 수력 면직 공장 분야의 새로운 세대로 자라났다. 그러나 그들 대부분은 영국에서 들어오는 상품과 경쟁할 수 없었기 때문에 실패를 경험했다. 미국의 초기 직물 산업이 때 이른 고사(枯死)를 면할 수 있었던 것은 1807년 제퍼슨 대통령이 통상 금지령을 내리는 바람에 사업 환경이 근본적으로 변했기 때문이었다. 통상 금지 조치는 나폴레옹 전쟁이 격렬해지면서 프랑스와 영국이 중립국인 미국 선박들을 공해에서 나포하는 일이 발생하자, 이를 막기 위해 시행한 것이었다. 다른 금수 조치들과 마찬가지로 이번에도 의도하지 않은 결과들이 나타났다. 영국산 직물 제품을 포함하여 모든 수입과 수출이 동결되었다. 수입 대체 상품을 만들 수 있는 미국 내 생산업자들은 갑자기 큰 수익을 거둘 수 있었다. 1809년 한 해 동안에만 기존 15개 공장의 여섯 배에 해당하는 87개의 면직물 공장이 새로 세워졌다. 농업의 대변자 제퍼슨이 내놓은 통상 금지 조치가 오히려 그 자신이 그렇게도 꺼려했고 그의 중요한 정적이었던 해밀턴이 열렬히 옹호했던 산업화를 촉발했다는 것은 미국 역사의 커다란 역설 가운데 하나이다.

　그러나 영국인들이 자유 기업 문화를 미국 땅에 미리 이식해 놓지 않았다면 미국의 초기 산업은 그렇게 신속하게 뿌리내리지 못했을 것이다. 또 물과 관련된 지리적 여건이 미국의 문화를 더욱 활기차게 만들었다. 해안 지역의 경제는 미국을 유럽의 자유주의 시장 전통에 연결시켰다. 또한 기후가 온화하고 비가 풍부하게 내리며 소규모 하천이 많은 지형도 큰 도움이 되었다. 이 덕분에 실용적인 이유로 경제 영역에서 시장 지향적 기업가 정신을 조장하려는 중앙 정부의 지나치게 간섭적인 압력으로부터 개인의 재산권을 지킬 수단을 지닌 자급자족적이고 독립적인 공동체가 생겨날 수 있었다. 이용 가능한 물리적 자원과 한정된 인력 범위 내에서 현명하게 일을 해결하려는 소박한 필요성 때문에 미국의 환경에 맞춘 독특하고 혁신적인 실용정신이 더욱 발전했다. 이 '양키의 독창성'은 대대적인 금전적 보상이라는 장려책 때문에 더 활발해졌고, 산업 분야에서 다양한 독창적 발명들을 낳았으며 그 발명들은 또다시 개인 사업을 부추기는 결과를 낳았다. 1787년 올리버 에번스는 수력을 이용하는 전자동 제분소를 만들어 냈다. 에번스는 나중에 필라델피아의 수도를 작동시키는 고압 증기엔진을 발명하고, 수륙양용이 가능한 거대한 증기기관 준설기를 만들어 낸 인물이다. 이 공장에서는 밀가루를 생산하는 동안 인간의 노동력이 전혀 사용되지 않았다. 1837년에는 앨러게니 산맥 서쪽 변경에 1200개의 자동 공장이 운영되고 있었다.[17] 제분 분야에서 에번스가 해낸 일을 면직 분야에서는 엘리 휘트니가 해냈다. 그는 1793년 인간보다 50배 효율적으로 목화를 손질할 수 있고, 수력과 동물의 힘을 모두 이용할 수 있는 조면기를 발명해 냈다. 하룻밤 사이에 미국 남부에서 면화는 인기 있는 환금 작물이 되었다. 그리고 쇄도하는 면화 수요를 충족시키기 위해 쇠퇴하고 있던 노예제가 되살아났다. 양키의 독창성이 낳은 혁신 가운데 휘트니가 1801년에 개발한 공구보다 더 장기간 더 큰 영향을 미친 것은 없었다. 그 덕분에 표준화된, 따라서 교체 가능한 부품을 생산할 수 있었는데, 이는 미국 산업의 상징이 될 대량 생산의 핵심 기술이 되었다.[18]

직물업 분야에서 나타난 다음 단계의 주요 기술 혁신은 프랜시스 캐벗 로웰이 이루었다. 캐벗은 뉴잉글랜드 지방의 유력 가문 출신으로 이미 상당히 부유한 상인이었는데, 가족과 함께 2년 정도 영국에 머무는 동안 큰 관심을 가지고 버밍엄과 맨체스터의 면직 공장들을 방문했다. 슬레이터가 그랬던 것처럼, 그도 공장들을 방문할 때마다 공장의 설계나 기계의 구조 등 세부 내용들을 가능한 한 많이 암기하려 애썼다. 로웰은 고향으로 돌아와서는 보스턴의 재력가 가문들에게서 자금을 끌어들였다. 그리고 자신의 사업을 도울 숙련된 기계공 폴 무디를 고용하여 미국 최초의 기계식 직조 공장을 세웠다. 1813년 보스턴 근교의 찰스 강가에 세운 방적, 방직 공장은 미국 최초의 통합 면직 공장이었다. 이곳에서는 원료인 면화를 가지고 완성된 천을 만들기까지 모든 공정을 처리할 수 있었다. 이 공장이 대성공을 거둠으로써 이 지역은 최초의 계획된 공업 도시의 본보기가 되었다. 이 신도시는 보스턴의 북서쪽, 메리맥 강과 콩코드 강이 만나는 지역에 위치해 있었는데, 그 근처에 대규모 공장을 가동하는 데 필요한 전기를 제공할 수 있는 9미터 높이의 폭포가 있었다. 창업자들은 로웰을 기념하여 도시의 이름을 로웰이라고 하였다. 그 이름의 주인공은 1817년 42세의 나이로 세상을 떠났다. 이 도시가 가장 번창했던 1840년대 중반, 10개의 대규모 공장으로 구성된 이 공업 단지에는 만 명의 노동자가 고용되어 있었다. 수력발전 시설은 9.6킬로미터 길이의 운하와 댐, 저수지를 포함하고 있었으며, 낙차를 이용하여 1만 마력이 넘는 전력을 끌어올 수 있었다. 이 회사는 1840년대에 이르면 미국 직물 업계 최대 규모의 면직물 생산 공장이 되었다. 당시 미국에는 1200개의 공장에서 225만 개의 방추가 돌아가고 있었다.[19] 로웰은 인구가 2만 명이 넘는 산업 도시가 되었다. 1870년까지도 여전히 면직물 공업은 미국에서 두 번째로 규모가 큰 산업이었으며, 이보다 규모가 큰 분야는 미국인들이 매일 먹는 빵 제조용 밀가루를 생산하는 제분업밖에 없었다.

많은 유럽 인들이 로웰의 공장 시스템에 찬사를 보냈고, 미국을 여행하면 반드시 이곳에 들렀다. 그러나 그들이 주목한 것은 공장의 생산성 때문이 아니라 노사 관계에 대한 독특한 접근법 때문이었다. 로웰은 공상적 사회주의자인 로버트 오언과 19세기 뉴잉글랜드 이상주의의 영향을 받은 고귀한 성품의 소유자였다. 그는 경제적으로 이익이 되는 산업이라고 해서, 그가 목도한 영국 공업 도시들의 특징인 불결, 타락, 빈곤, 문맹, 도덕적 부패 같은 끔찍한 상황을 동반할 이유는 없다는 것을 자신이 세운 공장을 통해 증명하고자 했다. 그는 만성적인 노동력 부족에 시달리는 농촌 지역에서 많은 소녀 노동력을 공장으로 유인하기 위해, 상당한 정도의 생활수준을 보장하고

2~3년 후에는 약간의 지참금을 마련할 수 있을 정도로 높은 임금을 제공했다. 로웰 시에서 소녀들은 깨끗한 옷을 갖춰 입고, 보호자가 상주하는 기숙사에 살았다. 두 사람 이상이 한 침대를 함께 사용해야 하는 일은 없었으며, 도시 주변에는 녹음이 우거진 광장도 있었다. 그들의 일상은 엄격한 통제를 받았고 노동시간은 하루에 12시간씩 일주일에 6일이나 되었지만, 매주 회사가 제공하는 문자 교육과 종교 교육을 받을 수 있었다. 공장제에 대한 비판으로 유명했던 찰스 디킨스는 1842년 미국을 방문하고는 로웰 방식의 미덕을 극찬했다.

그러나 로웰이 제시한 새로운 노동관계는 자유 시장의 경쟁이라는 혹독한 현실과 마주하자 취약성을 드러냈다. 우수한 생활환경과 노동 조건은 사업 확장, 회사의 이익 추구와 병행하기 힘들었던 것이다. 1834년과 1836년에 때 이르게 발생한 파업은 진압되었다. 1840년대부터 로웰 사에서 일하던 소녀들은 제대로 교육도 받지 못한 엄청난 수의 미숙련 저임금 노동력으로 대체되었고, 더 나아가서 대서양 횡단 증기선의 출현으로 보다 나은 삶을 찾아 떼를 지어 대서양을 건너온 순종적인 유럽 이민자들에게도 자리를 내주어야 했다. 1840년 이후 이민자 수는 일 년에 최대 9만 명까지 증가하여, 20년 후에는 아홉 배로 늘어났다. 1850년에는 30만 명, 1854년에는 거의 50만 명이 미국으로 들어왔다. 그 결과 19세기 중반에 이르면, 미국의 만성적인 노동력 부족 문제는 해외 이민으로 거의 해결되었다. 국내 산업의 발전으로 대규모 투자가 가능할 정도로 충분한 자금이 축적되었고, 기술 분야의 전문 지식도 확보되었다. 교통을 비롯한 다른 성장 저해 요인들도 점차 해결되었다. 산업화의 도약 단계가 시작되었는데, 이는 남북전쟁 이후 가능성을 완전히 발휘하게 될 것이다.

영국에서 증기력을 이용하여 공업이 발전한 것과 대조적으로 미국의 산업혁명은 주로 낙수를 독창적으로 이용하는 방법을 택했다는 것이 특징이다. 물레방아나 전력 설계에 대한 실험 결과 전력 생산이 꾸준히 증가했고 결국에는 증기기관의 한계를 뛰어 넘는 성과를 냈다. 로웰의 면직 공장은 중요한 요소인 수력터빈의 발전 과정에서 창조적인 선례를 남겼다. 수력터빈은 물레방아의 발전된 형태로, 낙수가 폐쇄된 관을 지나 지느러미처럼 생긴 회전날을 돌림으로써 더 많은 에너지를 이용할 수 있도록 만든 장치이다. 19세기 중반 수력터빈은 제재소 외에도, 대규모 방직 공장의 정교한 기어나 캠축, 도르래, 벨트 장치를 움직이는 데 사용되었다. 1840년대에 벌써 메리맥 강변에 위치한 로웰의 직물 공장 중 하나는 약 190마력 규모의 터빈을 사용하기 시작했다.[20] 그 분기점이 되는 기술 혁신의 주인공은 로웰 사의 수력 부문 기관장인 제임스 B. 프랜시스였다. 그는 꼼꼼한 과학적 분석과 이론, 실험, 그리고 유명한 로웰 사 기계 분야의 숙련된 기술을 모두 동원하여 1848년 효율이 매우 높은 새로운 종류의 터빈을 만들어 냈다. 19세기 후반 회전축을 발전기에 연결하는 방법으로 프랜시스의 터빈을 개량한 모델이 대규모 전력 생산을 위한 가장 효율적인 엔진으로 밝혀진 후 수력터빈의 전성기가 열렸다.[21]

1831년 영국인 과학자 마이클 패러데이가 구리 코일 내부에서 자석을 회전시켜서 전기를 만들어 낼 수 있다는 사실을 발견한 이후부터, 발명가들은 새로운 동력원이 될 수 있는 엄청난 힘을 찾기 위해 계속 노력했다.[22] 1840년대에 통신 분야에 혁명적 변화를 가져온 모스의 전기식 전신 발명은 각 대륙들을 연결했다. 19세기의 마지막 25년 동안에 등장한 현대식 발전기와 토머스 에디슨의 백열전구, 베르너 지멘스의 전차 같은 초기 응용 제품들은 산업용 전기 시대의 개막을 알렸다. 그러나 본격적인 도약을 위해서는 전력을 대량으로 생산할 수 있는 수단이 필요했다. 수력터빈은 대규모 낙차를 이용한 수력발전 방법의 개발에서 역사적으로 중요한 사례다. 1880년대와 1890년대에 나이아가라 폭포에서 이루어진 선구적 노력이 대표적이다. 세기가 바뀐 직후 나이아가라 폭포 전력 회사는 수면 4.5미터 아래에 위치한

5500마력짜리 프랜시스 터빈으로 전기를 생산해 냈다.[23] 그리고 2년 뒤에는 1만 마력의 전기를 생산해 낼 수 있는 수력터빈이 장착되었다.

전기는 저장과 장거리 전송이 모두 용이한 유일한 에너지이다. 그리하여 전기는 인간 생활의 거의 모든 측면을 변화시켰다. 도시는 밝아졌고 가정에는 세탁기, 전화, 라디오가 설치되었다. 냉장 보관 덕분에 음식을 오래 저장하고 먼 곳까지 운송할 수 있게 되었다. 속도는 빨라졌고 더 정확해졌다. 생산성 향상을 위해 모든 종류의 제품에 소형 전기 엔진이 장착되었다. 완전히 새로운 산업 분야도 등장했다. 예를 들어 알루미늄은 풍부한 양의 전기만 있다면 큰 비용을 들이지 않고 원석에서 추출하고 정제할 수 있는 재료이다. 미국, 캐나다, 노르웨이같이 수력 전기가 풍부한 나라들은 중요한 알루미늄 생산국이 되었다. 그리고 싼값에 알루미늄을 확보하면 항공기, 선박, 자동차 등을 생산하는 데 유리해진다. 강철, 석유, 내연기관과 더불어 전기는 증기와 철의 시대를 대체한, 2차 대량 생산 산업혁명의 역동적 토대들 가운데 하나이다.

수력발전은 새로운 산업 시대에 미국이 전 세계적으로 선도적인 위치에 오르는 데 일조했다. 1907년에서 1929년 사이 미국 내 비농업 가구 중 전기 시설을 갖춘 비율은 열 배나 증가하여 전체의 85퍼센트에 이르렀다. 1930년을 기준으로 미국인들은 세계에서 가장 많은 전력을 소비했고, 전 세계 산업 생산량의 절반을 차지했다.[24] 미국 역사에서 수력발전이 더욱 중요한 이유는, 그것이 건조한 서부의 프론티어에 묻혀 있던 부를 끌어내는 데 기여한 핵심 기술이기 때문이다. 이리 호수와 온타리오 호수 사이에 위치한 나이아가라 폭포는 낙차가 크고 연중 일정한 수량을 유지하기 때문에 수력발전에 적합하지만, 미국 내에 이러한 환경을 가진 곳은 몇 군데 되지 않는다. 그러나 세기 전환기 즈음 여러 가지 산업 기술들을 조합하여 인공적인 대안을 만들어 낼 수 있었다. 콘크리트 댐이 그것이다. 미국 남서부 콜로라도 강에 만들어진 후버 댐은 이런 면에서 선구적이다. 1936년에 완성된 이 거대한 다목적 댐은 홍수를 통제하고 관개용수를 공급했으며, 10만 마력급 프랜시스 터빈을 통해 막대한 수력 전기를 생산해 냈다. 후버 댐과 그것을 모델로 삼아 이후에 만들어진 거대 댐들은 미국의 극서부 지방 개발을 위한 핵심 기반 시설이 되었다. 세계 최대의 수력발전 시설인 후버 댐은 20세기 말에 17개의 개량형 프랜시스 터빈으로 약 270만 마력의 청정한 재생가능 에너지를 생산할 수 있었다.

다른 형태의 터빈과 그 응용 제품들도 미국의 부흥에 기여했다. 프랜시스 터빈에서 파생된 스크루 프로펠러 터빈은 고속 해군 함정에 동력을 공급했다. 수력발전에 적합한 환경을 찾기가 힘들어지면서 낙수 대신 화석 연료와 핵 연료를 이용하는 증기 터빈이 대규모 전력 생산에 사용되었다. 그렇지만 이 경우에도 강물을 냉각수로 사용해야 했기 때문에 발전소는 강가에 세워졌다. 동부 해안에서 미시시피 하곡의 중심까지 아우르는, 기후가 온화하고 강수량이 많으며 유수가 풍부한 미국의 나머지 절반은 19세기 말에 이르면 당대 세계 최고의 경제 대국인 영국의 지위를 넘보고 있었다. 그러나 세계적인 권력 균형의 이동이라는 이 역사적인 사건도, 당시 수송 분야에서 진행되고 있었던 혁명적 변화가 없었다면 불가능했을 것이다. 수송 분야 혁명으로 미국 내 여러 가항 하천들은 서로 연결되고 비용 측면에서도 저렴한 내륙 수로 네트워크에 편입될 수 있었다. 수상 운송망은 물의 역사에서 나타난 두 가지 발전, 즉 목재 증기선과 현대식 장거리 운하 덕분에 활력을 띠게 되었다. 이 방면에서 미국은 단순히 산업화된 유럽의 예를 따른 것이 아니라 신기술의 적용을 선도했다.

이리 운하에서 시작된 수송 혁명

앨러게니 산맥을 지나는 포토맥 물길을 만들고자 했던 조지 워싱턴의 계획이 실패한 것은 부분적으로는 상류로 거슬러 올라갈 수 있고 동시에 상업적으로도 타산이 맞는 선박이 없었기 때문이다. 워싱턴의 계획은 버지니아 주의 제임스 럼지가 1784년에 제작한 증기 펌프 동력선에 희망을 걸고 있었다. 이것은 증기기관으로 펌프를 움직여 추진력을 얻는 선박이었다. 사실 프랑스는 그로부터 1년 전에 초기의 증기선을 손 강에 띄우는 데 성공했다. 1787년 유별나고 불운했던 발명가 존 피치는 델라웨어 강에 본격적인 외륜 증기선을 띄웠다.[25] 심지어 그는 당시에 필라델피아에서 진행 중이던 제헌 회의에 참가한 대표들을 그 배에 시승시키기까지 했다. 그러나 배의 기관 성능이 완전치 못하고 일정을 맞출 수도 없었기 때문에 이 사업의 성공 가능성은 낮았다. 증기선이 최초로 상업적 성공을 거둔 사례는 1802년 스코틀랜드를 가로지르는 운하에서 예인선으로 운행 서비스를 제공한 것이었다. 상업적인 하천용 증기선의 시대는 미국인 로버트 풀턴이 1807년 8월 허드슨 강에서 '노스 리버 증기선'으로 뉴욕과 올버니 사이의 240킬로미터를 겨우 32시간 내에 주파하는 데 성공하면서 시작되었다. 당시 증기선과 경쟁 관계에 있던 범선으로 이 거리를 이동하려면 꼬박 4일이 걸렸다. 풀턴이 사용한 배는 선체 양측에 외륜이 달린 45미터 규모였고, 나중에는 일반적으로 '클러몬트 호'라고 불렸다.

풀턴은 실패한 화가이자 자수성가한 기술자였으며, 사업비용을 계산할 때에는 약삭빠른 얌체였고 계획 앞에서는 야심찬 책략가였다. 그는 화가로서의 명성을 얻기 위해 유럽에서 지낼 당시 사람들이 갑자기 기선에 관심을 갖는 현상을 목도하였다. 곧 그는 미술을 그만두고 소규모 운하를 이용하는 내륙 운송의 효율성을 설명하는 논문을 작성했다. 그리고 잠수함을 발명하여 당시 영국과 전쟁 중이던 나폴레옹에게 팔려고 시도했다. 1801년 파리에서 그에게 중요한 기회가 찾아왔다. 당시 36세이던 그는 주 프랑스 미국 대사 로버트 리빙스턴을 만났다. 리빙스턴은 얼마 안 있어 루이지애나 구입 관련 협상을 진행할 예정이었는데, 대사직을 맡기 전에 선견지명을 갖고 뉴욕에서 20년 동안 증기선 운항을 독점할 수 있는 권리를 획득해 놓았다. 두 사람은 동업자가 되었다. 풀턴은 볼턴 앤드와트 사에서 24마력짜리 증기기관을 구해서 미국으로 돌아가 그 유명한 증기선을 만들었다. 이 배는 수익 면에서 처음부터 성공적이었다. 풀턴과 그의 동료들은 얼마 후 피츠버그의 머농거힐라 강에서 기선 사업을 시작했다. 이 노선 덕분에 오하이오 강과 미시시피 강을 따라 뉴올리언스까지 내려가는 거의 3200킬로미터에 이르는 거리를 단 2주 안에 여행할 수 있게 되었다. 1815년에는 4주에 걸쳐 미시시피 강을 거슬러 올라오는 기선이 처음 등장하여 왕복 노선이 완성되었다. 그 이전에는 곡물이나 여타 상품들을 실은 목재 평저선이 강의 흐름을 따라 한쪽 방향으로만 이동했고, 그 배는 목적지에 도착하면 분해되어서 목재상에 팔렸다. 그러나 이제 미시시피 강에 경흘수선(輕吃水船)이 떠다니고 서부에서 양방향으로 화물 운송이 가능한 시대가 열렸다. 공병대는 주요 하천에서 배의 운항에 방해가 되는 장애물과 모래톱을 제거하여 항해를 보조하는 역할을 맡았다. 서부의 하천에는 채 5년도 되지 않아 약 60대의 기선이 정기적으로 오가게 되었으며, 1840년이 되면 536대로 늘어났다. 운송비는 급락했고, 미시시피 강 유역 전체에서 교역 붐이 일었다. 1850년에 이르면 서부 하천의 증기선들은 영 제국 전체를 이동하는 화물의 양에 필적하는 물건들을 실어 나르게 되었다.[26]

서부 하천에서 기선 사업이 호황을 맞은 것은 한편으로 오랫동안 넘어설 수 없었던 장애물, 즉 애팔래치아 산맥을 가로지르는 물길이 없는 상황을 극복했기에 가능했다. 그런 길을 확보할 수 없다면 서부의 하천들은 동부의 활기찬 산업 지대와 농경지 그리고 시장에서 동떨어진 채로 남아있을 수밖에 없었다. 동부는 여전히 대부분의 미국인이 거주하고 있고 해안을 따라 교역이 이루어지는 곳으로서, 서부에서 보면 사실상 애팔래치아 산맥으로 둘러싸인 지역이었기 때문이다. 그러나 강을 무대로 하는 증기선의 시대가 개막되면서 미국을 하나로 통합하고 미시시피 유역에 묻혀 있는 부의 원천들을 끌어내며 또한 전통적인 남북으로의 팽창 대신 서부로의 확장을 추동할 수 있는 엄청난 기술적 토대가 마련되었다. 1817년부터 1825년 사이에 건설된 이리 운하가 그것이다.

조지 워싱턴은 포토맥 강을 통해 서부로 진출하려는 계획을 세웠지만, 한편으로는 그의 경쟁자들이 뉴욕 주의 모호크 강을 서부로 향하는 주요 관문으로 만들려 한다는 사실도 잘 알고 있었다. 모호크 강은 150미터 깊이의 협곡을 지나 산맥을 관통하여 흐르는 유일한 강이라는 이점이 있었다. 포토맥 강과 마찬가지로 여러 개의 폭포를 포함하고 중간에 급류 구간과 바위투성이에 수심이 얕은 구간도 있지만, 이 강의 대부분은 항해에 유리한 완경사를 이루고 있었다. 이 강을 나이아가라 폭포의 상류에 위치하는 이리 호까지 연장한다면 뉴욕 시와 대서양 연안에서 출발해 오대호까지 이어지는, 그리고 조금 더 연장한다면 미시시피 강을 통해 뉴올리언스까지 연결되는 엄청난 교역로가 출현할 가능성도 있었다. 그러나 모호크 강을 가항 하천으로 전환하려는 노력은 포토맥 강의 경우와 마찬가지로 실패했다. 이에 뉴욕 시민들은 다른 계획을 내놓았다. 강을 따라 585킬로미터 길이의 운하를 건설한다는 것이었다. 이 계획은 대담하고도 거창했다. 로버트 풀턴도 초기 주창자 가운데 한 명이었다. 그는 1807년 미국 내륙 수송 증진 방안에 대한 연방 정부 보고서에서 꼼꼼하게 그리고 상당히 정확하게 운하 건설 비용과 그 효과를 기술하였다. 풀턴은 열렬한 어조로 다음과 같은 결론을 제시했다. "미국이 운하로 인해 통합된다면, 어느 곳에서도 저렴하고 편리한 방법으로 시장에 접근할 수 있게 된다면, 그리고 상호 교류와 교역에서 비롯되는 공동의 이해관계를 인식한다면, 미합중국을 독립된 그리고 분리된 정부들로 갈라놓는 것은 불가능해질 것이다."[27]

그러나 작업을 시작하려는 시점에서 미국 내에 이미 건설된 운하 전체의 길이는 160킬로미터를 조금 넘는 정도였다. 운하를 지지하는 사람들은 신기원이 될 만한 유럽의 성공 사례를 자신만만하게 제시했지만, 실상은 그렇지 않았다. 영국에서 운하 열풍을 몰고 왔던 브리지워터 운하는 석탄 운송을 위해서 1761년에 만들어진 것으로, 총 길이가 16킬로미터밖에 되지 않았다. 1682년에 만들어진 남프랑스 운하는 형태가 매우 복잡했다. 대서양과 지중해를 연결하는 이 운하의 총 길이는 240킬로미터나 되지만, 대부분은 문명화가 진전되고 인구가 조밀한 지역을 지난다. 그러나 이리 운하는 규모도 훨씬 크고, 사람이 거의 살지 않는 자연 그대로의 광활한 황무지를 지나게 되어 있었다. 따라서 대대적인 정부의 재정 지원이 필요한 상황이었다. 선견지명을 갖춘 제퍼슨 대통령은 평소에 내륙의 수상 교통 증진에 열의를 보였지만, 1809년 1월 계획을 보고받는 자리에서 내용이 훌륭하기는 하지만 비현실적이라며 제안을 거절했다. 그리고 시대보다 한 세기는 앞서 있는 생각이라고 평가했다. 그는 실망한 사람들에게 "오늘날 그 제안을 숙고하는 것은 미친 행동과 별반 다르지 않다."라고 잘라 말했다.[28]

그 계획은 뉴욕의 뛰어난 정치가 드 위트 클린턴이 발 벗고 나서서 관철시키지 않았다면 이 시점에서 사장되고 말았을 것이다. 클린턴은 유명한 정치가 가문 출신으로, 오랜 기간 뉴욕의 시장과 상원의원을 역임했으며 나중에는 뉴욕 주지사가 될 인물이었다. 기선을 타고 허드슨 강을 살펴보라는 권유를 받자 그는 1810년 7월 초 운하의 실현 가능성을 확인해 보려고 풀턴의 클러몬트 호를 타고 52일 동안 올버니에서 버펄로를 왕복하는 일종의 실사 여행을 했다. 그는 큰 감명을 받고 돌아와서는 이리 운하에 자신의 정치 경력을 걸겠다고 결심했다. 그리고 뉴욕 주 의회의 지원을 얻어 주 재정을 운하 건설에 투입하기 위해 그다음 7년 동안 결연한 자세로 갖은 정치적 난관과 기술적인 의심들 그리고 1812년 전쟁을 둘러싼 분열 등을 해결하였다. 클린턴이 뉴욕 주지사로 당선된 지 3일째 되는 날인 1817년 7월 4일, 그에 반대하는 사람들이 운하를 '클린턴의 도랑'이라고 부르며 비난하는 가운데에서도, 드디어 공사의 첫 삽을 뜰 수 있었다.

깊이 1.2미터, 너비 12미터의 수로와 말이 배를 끄는 예선로(曳船路)를 건설하는 것은 기술적인 면에서나 재정적인 면에서나 엄청난 도전이었다. 작업은 세 단계로 나누어 진행되었는데, 그 모든 것이 사람의 손이나 말, 소 또는 발파용 화약의 힘으로 이루어졌다. 강을 가로지르거나 수문을 세우는 데 필요한 기술적 경험들은 유럽의 운하에서 차용할 수 있었다. 그러나 수백 마일에 걸친 울창한 수풀로 덮인 황무지에 물길을 파는 것은 완전히 새로운 실험이었다. 작업에 투입된 기술자들이 신속히 나무를 베고 그루터기를 파내고 쟁기를 사용하여 엉킨 나무뿌리를 잘라 내면서 겪는 시행착오 속에서 기발한 해결책들이 나왔다. 기술자들은 일반적인 생석회가 배수로, 수문, 송수로 공사에 사용하기에는 불안정하다는 것을 알아내고는, 뉴욕 주에서 나는 저렴한 석회석을 사용하기 시작했다. 그 재료는 굳으면 방수용 로만 시멘트와 같은 효과를 냈다.[29] 1819년 가을, 수익성 좋은 소금 산지를 관통하는 운하의 허리 부분 공사가 끝났고 물이 채워졌다. 1820년 7월에는 완공된 구간에서 최초의 통행 요금을 걷을 수 있었다.

운하 건설의 재정 상황은 1819년의 금융 공황과 그에 따른 은행 대출 축소 그리고 전국가적인 경제 침체를 계기로 확실히 드러났다. 1818년, 그렇지 않아도 재정난을 겪고 있던 차에 프랑스에 루이지애나 구입 대금 지불을 위해 발행했던 대규모 부채를 상환하려고 재무부가 금화 300만 달러를 급히 회수하자 공황이 촉발되었다. 이리 운하에 대해 회의적인 입장에 있던 사람들은 처음부터 클린턴이 제시한 예산 600만 달러가 한정된 주 예산과 국가 예산을 훌쩍 넘어서는 수준이라고 주장해 왔다. 그러나 주 정부의 꾸준한 재정 지원 덕분에 운하 공사는 지속되었고, 그 덕분에 뉴욕 주는 최악의 불황을 피할 수 있었다. 더욱이 국가 경제의 붕괴로 자본 시장에서 대출 금리가 급락했다. 운하 건설이 점점 더 성공 가능성이 높은 계획으로 비치는 한편 그 외에 매력적인 투자 대안이 별로 없는 상황에서, 뉴욕 주가 새로 발행하는 운하 채권에 대한 수요가 급증했고 그 결과 운하 건설 비용은 낮아졌다. 이전에는 몸을 사리고 있던 대규모 투자자들이 몰려들었다. 이리 운하의 채권 열풍이 외국에까지 퍼지면서 영국의 투기자들까지 가세했다. 1829년 시가 총액 790만 달러의 전체 운하 건설 채권 중 절반 이상이 외국인 소유였다.[30]

1821년 9000명의 사람들이 운하의 중간 부분을 완성하기 위해 양쪽 방향에서 작업을 진행하고 있었다. 당시 양측 모두 가장 험난한 지형을 만나 고군분투 중이었다. 애팔래치아 산맥을 관통해 흐르는 가파른 협곡 지형을 성공적으로 넘기 위해서는 수로가 급류와 폭포보다 약 9미터 높은 곳을 지나가도록 만들어야 했다. 운하의 동쪽 끝단에서는 허드슨 강으로 흘러들어가는 가파른 내리막 물길을 조절하기 위해 긴 송수교를 세웠다. 각각의 다리는 강을 십자형으로 가로지르는 26개의 기둥으로 지탱했다. 그러나 가장 험난한 도전들은 서쪽에서 이루어지고 있었다. 그곳에서 운하는 27킬로미터 아래로 물을 쏟아붓는 나이아가라 폭포로 이어지는, 가파르게 솟은 여섯 단짜리 절벽을 지나야 했다. 공사의 마지막 2년 반 동안 노동자들은 높이 3.6미터짜리 거대한 수문을 다섯 개나 완성했고, 견고한 암석 지대에 11킬로미터나 되는 운하와 예선로를 뚫었다.[31] 1825년 10월 드디어 운하가 완공되었다. 이리 운하는 이 나라가 이룬 경이로운 업적이었다. 총길이 585킬로미터의 운하는 수문 83개, 송수교 18개를 포함하고 있었고, 이곳을 오르내리는 노새나 말이 끄는 화물선은 약 50톤 정도의 물량을 수송할 수 있었다.

드 위트 클린턴 주지사는 2주에 걸친 완공식을 주도했다. 그는 버펄로에서 기념 행진을 하고, 성공을 축하하는 의미에서 운하를 따라 올버니까지 가는 여행을 시작했다. 15년 전처럼 육로를 이용했다면 32일이 걸렸겠지만, 이번에는 겨우 8일이 소요되었다. 주지사와 그의 수행단은 올버니에서 허드슨 강의 기선을 이용하여 뉴욕으로 향했다. 클린턴은 뉴욕 항 입구에서 이리 호수의 물을 대서양에 부어 두 물이 만나는 상징적 결합 의식을 연출했다.[32] 다른 고관들도 세계 각지에서 병에 담아 온 13종류의 강물을 여기에 보탰다. 갠지스 강, 인더스 강, 나일 강, 감비아 강, 템스 강, 센 강, 라인 강, 도나우 강, 미시시피 강, 컬럼비아 강, 오리노코 강, 라플라타 강, 아마존 강의 물이 합쳐졌다.

이리 운하의 성공은 즉각적으로 굉장한 효과를 불러일으켰다. 운하의 통행료는 1.6킬로미터당 4센트였는데, 그 덕분에 화물 운송 비용은 하룻밤 사이에 10분의 1로 떨어졌다.[33] 완공 첫해에만 약 7000대의 배가 운하를 이용하여 통행료 수입도 크게 늘었다. 그리고 운하 건설 공채는 12년 만에 전부 상환할 수 있었다. 터무니없이 높았던 운송비 부담이 사라지자, 중서부 지역에서 재배되는 밀, 옥수수, 귀리 등은 미국 동부 해안 지역과 대서양 건너 유럽이라는 새로운 시장을 재빠르게 잠식했다. 그 결과 농업 생산량은 올라가고 생산비는 떨어졌으며 미시시피 강 유역의 경작지가 확대되었다. 조지아 주지사는 뉴욕 주에서 생산된 밀이 서배너 시장에서 중부 조지아산(産)보다 싼 가격에 팔리고 있다는 사실을 알고는 큰 충격을 받았다. 필라델피아 시민들 역시 피츠버그로 가는 가장 저렴한 길이 허드슨 강을 타고 올라가 이리 운하를 가로질러 이리 호에서 운하나 마차를 이용하여 남쪽으로 내려가는 것임을 확인하고는 중요한 사실을 깨달았다.[34] 애팔래치아 산맥 너머에 있는 미국의 드넓은 내륙 지방이 세계 시장에 편입되면서, 여타 상품들의 동서 방향 교역량 역시 믿기 힘들 정도로 빠르게 증가했다. 이리 운하를 통해 이동한 화물의 총중량은 1836년에서 1860년 사이에 서른한 배나 늘었다.

이리 운하가 촉발한 변화는 운하 자체가 일으킨 엄청난 수익보다 훨씬 더 중요하고 극적이었다. 운하 개통 이후 1년 내에 미국 전역에서 100건이 넘는 새로운 운하 건설 계획들이 세워졌다. 1840년대 후반까지 대대적인 운하 건설이 유행을 타 4800킬로미터가 넘는 새로운 물길이 만들어졌고, 미국 내 가항 하천들은 뉴욕에서 멕시코 만까지 저렴하게 이용할 수 있는 고속도로망처럼 연결되었다.[35] 그리고 그 가운데 4분의 3은 이리 운하의 예를 따라 공채를 통해 건설 자금을 마련했다. 수로 덕분에 오대호는 동쪽으로는 오하이오 강을 통해, 서쪽으로는 일리노이 강을 통해 미시시피 강과 연결되었다. 1840년대에는 이리 강이 체서피크 만의 머리부분과 연결되었다. 한편 초기의 증기 철도는 수로가 관통하지 않는 지역을 통과하여 수로들을 연결했다. 시카고, 클리블랜드, 버펄로, 신시내티, 피츠버그는 내륙의 번화한 항구 도시가 되었다. 운하로 연결된 하천과 증기선의 결합으로 중서부 지역에서는 농업의 확대와 당시 급성장세를 보이던 공업의 발전이 더욱 가속되었다.

이리 운하의 성공이 낳은 운하 붐과 1761년 이후 40년 동안 지속된 영국의 운하 열풍에는 여러 가지 공통점이 있다. 영국에서 수로 건설은 미들랜드와 그 북부 지역을 산업혁명의 발생지로 바꾸어 놓았다. 그러나 영향력 측면에서 봤을 때 미국의 운하는 중국의 대운하와 더 유사하다. 이리 운하 이후에 만들어진 미국의 수로망은 대운하가 그랬던 것처럼 분리 성향의 지역주의와 각종 지리적 장애물들, 비효율적인 교통 및 통신, 다양한 사회 경제 제도의 도전에 시달리고 있던 대륙 규모의 국민 국가를 통합하는 데 크게 기여했다. 내륙 수로는 해안 지역의 해상무역에 대한 의존도를 낮추고, 중앙 정부의 세력 범위를 넓히고, 공동의 경제적 이해관계를 공고하게 만들었으며, 넓은 지역에 걸쳐 공통된 정치적, 문화적 담론을 퍼뜨리는 역할을 했다. 대운하가 중국에서 남북 간 통합성을 높여 사회와 경제에 활기를 불어넣었던 것처럼, 이리 운하를 필두로 하는 아메리카의 운하들은 미국이 전통적으로 고수해 왔던 남북 방향의 축 대신 제퍼슨, 워싱턴, 프랭클린이 꿈꿨듯이 동서 방향으로 더욱 공고히 통합된 대륙적 사명을 제시했다. 애팔래치아를 횡단하는 길이 뚫리자 정착을 원하는 사람들이 서부 지역으로 몰려들었다. 그 결과 1840년에 이르면 미국인 다섯 명 중 두 명은 애팔래치아 산맥 서쪽 너머에 거주하게 되었다. 이리 운하가 개통된 이후 국가 경제 발전 속도 역시 현격히 빨라졌다. 19세기의 첫 사분기 동안 미국 경제는 평균 연 2.8퍼센트씩 성장했다.[36] 그다음 25년의 연 평균 성장률은 4.8퍼센트였는데, 이는 미국 역사 전체를 통틀어 가장 빠른 성장세였다. 1840년대 미국 경제는 내륙 교통 기반 시설 확충, 노동 이민의 유입, 대규모 국내 자본의 축적에 힘입어 구조적인 변형을 경험했고, 그 결과 미국은 본격적이고 대대적인 경제 도약의 준비를 마친 나라가 되었다.

이리 운하가 가져온 호황은 또한 그 뒤를 이어 등장할 증기기관 철도의 발판을 마련해 주었다. 빠르고 연중 이용할 수 있는 교통수단인 철도는 수로 네트워크를 효과적으로 확장했을 뿐 아니라, 19세기 중반 이후에는 수로를 추월하여 미국에서 가장 중요한 화물 운송 수단이 되었다. 증기와 철이 결합한 철도는 중세 이슬람 세계의 낙타 대상처럼 미국 극서부 지방의 사막과 산맥으로 채워진 광활한 변경을 건널 수 있는 수단이 되었다. 그리고 온화한 동부 지역에서 발전한 대량 생산을 위한 공업 경제 체제에 서부의 자원을 결합할 수 있는 방법을 제공했다. 1870년대부터 오대호 서쪽에서 채굴하여 증기선으로 운반된 철광석과 증기기관차나 운하의 예인선이 날라 온 석탄을 사용하여 대규모 제철소에서 다양한 형태의 강철을 대량 생산했다. 철이 연약한 나무를 대체했듯이, 매우 강하면서도 탄성이 있는 강철이 잘 휘거나 잘 끊어지는 철을 대체했다. 강철 생산 과정에서는 냉각을 위해 엄청난 양의 물이 필요했다. 이 금속은 새로운 시대에 가장 역동적인 도시들과 공장들의 건축에 기초 재료가 되었다. 강철선은 1883년에 세워진 역사적인 건축물이자 당시 세계에서 가장 긴 현수교였던 브루클린 교를 지탱하는 데 사용되었다. 1860년대부터 대규모 시추가 시작된 석유 그리고 전기와 함께 강철은 산업혁명의 두 번째 국면에서 미국이 세계적인 경제 강국으로 부상하는 데 핵심적인 기술이 되었다.

뉴욕 시의 크로톤 상수 시설 건설

이리 운하에서 시작된 수송 혁명은 도시 사이의 위계를 만들어 냈다. 뉴욕은 거대하고 비옥한 미국의 내륙과 나머지 세계 사이의 주요 교역 관문으로서, 미국에서 가장 중요한 도시가 되었다. 뉴욕 항은 식민지 시대에는 이용 선박의 총 톤수를 기준으로 했을 때 필라델피아, 보스턴, 찰스턴의 뒤를 이어 네 번째에 그쳤지만, 19세기 중엽에는 미국 내 다른 모든 항구들을 합친 것과 맞먹는 수송량을 처리할 정도로 성장했다. 이 도시의 금융 중개인들이 세운 소규모 금융 시장도 마찬가지이다. 그 시작은 아주 미미했으니, 이 도시를 처음 세운 네덜란드 인들이 1653년에 방어벽을 세웠던 거리에 1792년에 24명의 중개인들이 모여 플라타너스 나무 아래에서 그들끼리 거래 조건을 약속한 것이 출발점이었다. 이 모임은 1817년까지 여러 지역의 선술집 등을 돌며 계속되다가 1825년에 고정된 장소에 정착하였다. 이곳이 뉴욕 증권 거래소의 전신이 되었다. 이리 운하의 성공 이후 운하 및 철도 건설 채권들이 유행하면서 이곳은 미국 제일의 금융 중심지가 되었다. 1815년과 1840년 사이 뉴욕의 인구는 세 배로 뛰어 30만에 이르렀고, 1850년에는 다시 그보다 두 배 이상 증가하여 70만을 기록했다.

서부에서는 운하와 철로가 가져온 호황 덕분에 미시간 호를 끼고 있는 시카고가 주도적인 대도시로 부상했다. 1833년에 시카고는 겨우 인구 350명 규모의 도시였지만, 이리 운하를 통해 곡물과 원자재를 공급하면서 급성장했다. 그리고 1848년 시카고와 미시시피 강을 연결하는 총길이 154킬로미터의 일리노이-미시간 운하가 개통되면서 성장 속도는 더욱 빨라졌다. 1850년에는 인구가 3만 명으로 늘어났다. 시카고는 1850년대에 증기 철도의 중심지가 되면서 내륙의 곡물, 가축, 원자재의 중계를 담당하는 중서부의 핵심 도시로 자리 잡았다. 배로 3주일 걸리던 뉴욕까지의 이동 시간은 기차를 이용하면서 3일로 줄어들었다. 뒤이어 도축장, 정육업, 냉장 열차를 이용한 수송 방식이 등장했다. 1890년에 이르러 시카고는 미국에서 두 번째로 큰 도시가 되었다.

유럽에서와 마찬가지로 미국에서도 급속한 도시화로 위생에 대한 새로운 인식이 나타났다. 이 분야에서도 뉴욕이 선도적이었다. 맨해튼 섬은 염분이 섞여 있어 식수로 사용할 수 없는 강으로 둘러싸여 있고, 깨끗한 민물을 공급할 수 있는 수원은 섬의 남쪽 끝에 위치한 안정된 저지대에 딱 하나 있을 뿐이었다. 곧 뉴욕은 미국 전체에서 가장 물이 부족한 도시 중 하나가 되었다. 그런데 1880년대가 되자 그 높아진 위상을 반영하듯, 뉴욕은 세계에서 가장 풍족한 도시 상수도 시설을 갖추어서 백만이 넘는 뉴욕 시민들에게 일인당 하루 평균 380리터 정도의 풍부한 물을 제공할 수 있게 되었다.[37] 한창 때의 고대 로마가 현대 도시에서 재현된 것이다.

식민지 시대부터 미합중국 초기까지 뉴욕 시의 공용 급수시설의 상태가 끔찍하다는 것은 널리 알려져 있었기 때문에, 이곳 주민들이 물을 그대로 마시는 일은 거의 없었다. 대신에 그들은 아침에 끓인 물에 코코아나 차를 넣어 마셨고 시내 여관에서는 살균된 알코올 음료인 맥주를 데워 마시곤 했다. 우물물은 짠맛이 나거나 센물인 경우가 많아서, 가공하지 않으면 거의 마시지 못했다. 콜렉트(the Collect)라고 불렸던 로어 맨해튼에 있는 유일한 담수 못은 19세기에 들어서면 오수와 배설물, 동물 사체, 심지어는 인간의 시체까지 버려지는 쓰레기장이 되어 버렸으므로, 민물 음용수를 얻을 수 있는 방법은 하나밖에 없는 양수 우물뿐이었다. 그나마 물이 그렇게 깨끗하지 못해서 차를 타는 데나 적합했기 때문에 '찻물 펌프'라고 불렸다. 도시 곳곳에서 '찻물 장사'들은 이 물을 수레에 싣고 다니면서 부자들에게나 가능한 정도로 높은 가격을 받고 판매했다. 그러나 이리 운하의 영향으로 뉴욕의 인구가 급격히 팽창할 즈음에는 이러한 급수 방식도 한계점에 다다랐다.

결국에는 재앙 수준의 질병과 화재로 인해 지난 수십 년 동안 개혁을 요구하는 목소리를 억눌러 왔던 정치적, 경제적 이해관계들이 무너졌다. 1798년에 유행한 황열병으로 2000명이 사망했다. 그 외 다양한 전염병들이 주기적으로 이 도시를 휩쓸었으며, 1832년에는 세계적으로 유행했던 가공할 콜레라가 이곳을 강타했다. 당시 전체 시민의 2퍼센트에 해당하는 3500명이 극심한 탈수 증세와 모세혈관 파열로 사망했고, 도시 인구의 거의 절반인 10만 명은 42번가 북쪽이나 그보다 더 먼 교외 지역으로 대피했다. 제대로 된 급수 시설이 부족해 1776년 대화재나 그 뒤에 몇 번의 대형 화재가 발생했을 때 뉴욕 시민들은 무방비 상태에 놓였다. 1835년 12월 뉴욕 시민들은 콜레라 유행의 여파에서 미처 벗어나지도 못한 상황에서 끔찍한 화재까지 겪었다. 강풍으로 더욱 거세진 불길은 로어 맨해튼에 있는 상업 및 운송업 지구의 상당 부분을 포함하여 도시 전체의 3분의 1을 파괴했다. 물탱크는 얼어붙고 소방관들이 끌고 온 수동 펌프의 파이프 안에 담긴 물이 얼음으로 변하는 사이에 불길은 도시에 새로운 방화용수 저장소를 만들 수 있는 자원들을 집어삼켰다.

1830년대에 잇따라 일어난 사건들에 자극을 받은 뉴욕 시는 결국 68킬로미터 길이의 크로톤 수로 시설을 건설했다. 이 공사의 총책임자였던 존 저비스는 이리 운하에서 많은 것을 차용했다. 댐과 저수지, 아치 모양의 다리, 터널을 포함하는 이 상수 시설은 뉴욕 북쪽 크로톤 강의 물을 42번 가와 5번 애비뉴가 만나는 머레이힐에 설치된 이집트 신전 모양의 화려한 저수지로 끌어왔다. 이 저수지 자리에는 나중에 뉴욕 공립 도서관이 들어선다. 1842년 10월에 수로가 완성되자 다양한 기념식이 개최되었다. 시청과 유니언 스퀘어의 분수는 물을 뿜어 올렸고, 배터리 공원에서는 축포가 터졌으며, 이때를 위해 특별히 작곡된 「크로톤 찬가」가 울려 퍼졌다.[38] 게다가 11킬로미터나 이어진 가두 행진을 보기 위해 전체 백만 명의 시민 가운데 4분의 1이 몰려들었다. 나중에 뉴욕 시장이 될 필립 혼은 일기에 당시 분위기를 이렇게 기록해 두었다. "뉴욕 사람들은 크로톤 수로 이외의 것은 생각하지도 않고 말하지도 않는다. 전부 분수, 수로, 수도, 호스 타령이다. (……) 모든 계층의 시민들이 수도의 도입을 이렇게 반기다니 놀랍다. 그들에게 그리고 그들의 후손에게 대대로 세금의 부담을 지울 엄청난 지출에 그렇게나 흔쾌히 동의한 것도 놀라울 따름이다. 물. 물. 이것이 도시 곳곳에서 공통으로 울려 퍼지며 대중들을 기쁨과 희망으로 이끄는 단 하나의 음(音)이다."[39] 1850년대부터는 하수 처리 시설도 갖추었다. 뉴욕 인들의 삶에서 이제 수세식 화장실은 일상적인 것이 되었다. 뉴욕에서 지독한 콜레라의 유행이나 대형 화재 때문에 고통 받는 일은 다시는 반복되지 않았다. 위생혁명 이후 런던이 그랬던 것처럼, 뉴욕에서도 영유아 사망률은 떨어지고 평균 수명은 전통적인 추세에서 벗어나 급증했다.

처음에는 크로톤 상수 시설을 60년 정도 쓸 수 있으리라고 예상했지만, 채 10년도 되지 않아 추가 조치가 필요하다는 점이 명확해졌다. 인구가 급증하고, 또 갑자기 물을 사용할 수 있게 되면서 일인당 물 소비량이 늘어났기 때문이다.[40] 1884년 기술자들은 원래 처리 용량의 세 배를 공급할 수 있는 2차 크로톤 수로 건설에 착수했다. 그리고 1911년 신(新) 크로톤 수로가 완성되기도 전에 더 큰 규모의 새로운 시립 상수 시설 공사가 또 시작되었다. 캐츠킬 수로는 이제 350만을 넘긴 뉴욕 시민들의 갈증을 해결하기 위해서 160킬로미터 정도 떨어진 허드슨 강의 서쪽에 위치한 산에서 물을 끌어왔다. 1927년에 완성된 이 수도 시설은 허드슨 강의 하상 아래로 지나는 340미터의 터널을 자랑했다. 당시에 유행했던 밀어붙이기식 문화(Go-Go culture)대로 정부는 대규모 저수 시설을 만들기 위해 지방의 마을과 도시에 거주하는 사람들을 이주시키면서 고압적인 토지 전유 정책을 실시했다.[41]

팽창 중인 대도시를 통과하는 물길을 내기 위해 1917년 뉴욕 시는 최초로 지하 깊은 곳에 고압 도관을 매설했다.[42] 29킬로미터 길이의 제1지하터널이었다. 노동자들은 신체적으로 조심스럽게 적응해야 하는 위험천만한 고압 환경에서 작업해야 했다. '샌드호그(sandhog)'라는 별칭으로 통했던 이들은 강이나 항구의 230미터 아래에서 도시를 지탱하는 단단한 기반암을 뚫었는데, 이는 거꾸로 된 마천루 위에서 작업하는 것과도 같았다. 1936년 제2지하터널의 완성으로, 도심의 도로 아래 깊은 곳에 위치한 상수 시설의 길이는 32킬로미터 더 늘어났다. 동시에 지하철과 지하의 전기 수송관 및 가스 수송관의 용적도 늘었다. 21세기 전환기에 세계적으로 가장 거대한 건설 사업들 중 하나에 속했던 제3지하터널 공사는 1970년에 시작되어 1990년대까지 이어졌다.

1950년대에 뉴욕 시의 인구는 800만으로 증가했고, 따라서 더 많은 물이 필요해졌다. 1937년부터 1965년에 걸쳐 뉴욕 시는 뉴욕 주와 펜실베이니아 주, 뉴저지 주 사이를 흐르는 델라웨어 강에서 물을 끌어오는 엄청난 규모의 상수관을 건설했다. 델라웨어 수도 건설 직전인 1931년 올리버 웬들 홈스 판사는 대법원 판결에서 강 하류에 위치한 뉴저지 주의 수도 건설 사업 반대안을 기각하였다. 이때 제시된 홈스 판사의 의견은 수자원 공유 원칙을 확립했다. 그에 따르면, "강은 단순한 편의 시설 이상이다. 그것은 우리의 보물이다. 물은 삶에 필수불가결한 것이고, 그것에 대한 권리를 갖는 모든 사람들에게 분배되어야 한다." 따라서 "원칙에 대해 옥신각신하지 않고 공정하게 나눠야 한다."는 것이었다.[43]

21세기 초에도 뉴욕 시의 상수 시설은 여전히 경이로운 기술적 업적이다. 재앙적인 붕괴를 막기 위해 몇몇 핵심 부품들을 현대화하는 일이 시급하고 또한 누수 현상도 있지만, 이 상수도는 거의 전적으로 중력의 힘을 이용하여 매일 약 49억 리터의 물을 900만 시민에게 제공하고 있다.[44] 시민 한 사람에게 530리터 이상의 물이 공급되는 것이다. 그리고 그 주요 상수관 3개는 19개의 저수지와 세심히 관리되는 5200제곱킬로미터에 이르는 3개의 호수에서 물을 끌어온다. 이와 짝을 이루는 하수 시설은 총 길이가 1만 460킬로미터에 이르고, 매일 52억 리터의 오수를 14개의 하수 처리장, 89개의 폐수 펌프장 또는 여타 처리 시설로 보낸다.[45] 여기서도 역사는 또다시 반복된다. 고대 로마나 다른 선도적 문명들이 그러했듯이, 한 시대를 좌우하는 초강국의 핵심 지역에 설치된 상하수 기반 시설은 그 문화의 우월성을 예고하는 전조이자 동시에 그 우월성이 성립하는 계기를 제공한다.

금을 찾아 캘리포니아로 가는 싸고 빠른 바닷길

19세기 후반 뉴욕의 상하수 시설이 빠르게 확대되고 있던 때, 미국은 잠에서 깨어난 세계적인 경제 대국으로서 자신의 위상을 확인하기 시작했다. 미국이 아직 인간의 손이 닿지 않은 채로 남아 있는 물의 두 프론티어, 즉 건조한 극서부 지방과 지구에서 가장 거대한 두 대양에 동시에 맞닿은 지역을 활용하는 문제를 해결하는 것은 20세기를 미국의 세기로 만드는 데 핵심적인 사건이었다. 1848년 1월 24일 서부의 운명을 바꾸는 나팔 소리가 울려 퍼졌다. 스위스 이민자였던 요한 수터가 현재의 캘리포니아 새크라멘토 근

15 　뉴욕 시의 드 위트 클린턴(오른쪽 위)은 선견지명이 있는 미국의 운하 건설자였다. 1825년 이리 운하의 완공식에서 이리호의 물을 허드슨 강 하구의 대서양 물과 결혼시키는 의식을 거행하고 있다. 584킬로미터 길이의 이리 운하(오른쪽 아래)는 애팔래치아 산맥을 가로지르는 경제적인 동서 교역로를 통해 뉴욕과 동부 해안 지대를 미시시피 강 유역 및 대륙 내부의 방대한 자원과 연결했다. 이로써 미국의 운명은 커다란 변화를 맞았다.

16 　뉴욕 시민들이 주 북부 크로톤에 설치된 새로운 상수도망을 통해 풍부하고 깨끗한 담수를 얻게 된 것을 축하하고 있다. 이로써 뉴욕 시민들은 만성적인 물 부족과 수인성 질병의 고통에서 벗어날 수 있었다.

처에 있는 강가에 물레방아를 이용하는 제재소를 짓던 중, 그곳에서 일하던 사람들이 수로에서 금 덩어리와 사금 1.5온스를 발견한 것이다.[46] 5월 4일 샌프란시스코의 작은 마을에는 금을 발견했다는 소식이 쫙 퍼졌다. 그리고 이듬해에 그 소식은 저 먼 곳까지 도달했다. 캘리포니아의 골드러시가 시작되었다. 금을 찾는 사람들, 즉 '포티나이너스(forty-niners)'가 육로와 해로를 통해 캘리포니아로 몰려들었다. 2만 5000명의 프랑스 인과 2만 명의 중국인을 포함하여 1853년까지 총10만 명 이상의 사람들이 이곳에 도착했다. 그러고도 셀 수 없이 많은 사람들이 그 뒤를 따랐다. 몇 달 지나지 않아 샌프란시스코는 인구 2만이 넘는 신흥 도시로 변모했다.[47]

금을 찾는 사람들은 산비탈에 갱도를 파고 개울물을 일었다. 그들이 땅에 묻혀 있는 금광맥을 찾기 위해 가장 많이 사용한 방법은, 고압의 물을 분사하여 산등의 돌이나 나뭇잎을 제거해 내는 로만 수압법이었다. 여기에 사용되는 물을 끌어올리기 위해서, 갱부들이 직접 만들고 '허디거디'라는 이름을 붙인 목제 수차를 이용했다.[48] 물은 관을 통해서 채굴 현장보다 수백 미터 높은 곳에 있는 수조나 댐으로 보내졌고, 그곳에 저장되었다. 그리고 파이프와 지름이 작은 금속 노즐을 통과하여 쏟아져 내린 물은 분당 약 11만 리터의 압력을 만들어 냈다. 이와 같은 환경 파괴 행위 때문에 산등성이는 모두 벌거숭이가 되었다. 깨진 바위와 표토의 잔류물이 인근 농지에서 샌프란시스코 만으로 흘러내렸다. 농민들이 압력을 행사하여 1884년 마침내 이러한 관행을 금지하는 법이 만들어졌다. 그러나 이때쯤 되면 근방에 묻혀 있던 금 대부분은 채굴되었고, 금을 노리는 광부들은 다음 기회를 찾아 떠나버렸다. 그러는 사이 요한 수터는 그의 재산과 사업을 노리는 침입자들과 도둑들의 침입에 끊임없이 시달리다가 1880년 77세의 나이로 세상을 떠났다.

동부와 서부 변경을 연결하는 두 개의 주요 수송로는 골드러시가 미국 서부의 역사에 길이 남긴 가장 두드러진 영향이었다. 극서부의 사막과 고원지대를 가로지르는 몹시 건조한 육로를 지나 30만 명의 사람들이 캘리포니아로 건너갔다.[49] 이들 중 상당수는 나중에 상인으로 그리고 농민으로 그곳에 눌러 앉았다. 또한 캘리포니아의 때 이른 발전은 결과적으로 대륙을 횡단하는 증기 철도의 건설 시기를 앞당겼다. 1869년 센트럴퍼시픽선과 유니온퍼시픽선이 연결되면서, 사람들은 뉴욕에서 샌프란시스코까지 단지 열흘 만에 편한 방법으로 횡단할 수 있었다.

한편 캘리포니아로 가는 더 싸고 더 빠른 바닷길을 찾으려는 노력은 대서양과 태평양 사이를 잇는 운하를 만드는 엄청난 도전으로 이어졌다. 파나마 운하가 만들어지기 전까지 캘리포니아로 가기 위해서는 위험하기로 소문난 남아메리카의 혼 곶을 돌아 2만 4000킬로미터를 항해해야 했다. 1850년 어느 특정 달에 샌프란시스코에 도착한 33척의 배들이 바다에 떠 있었던 시간은 평균 159일이었다. 완전 범장을 한 더 빠른 범선이 도입된 이후에 항해 시간은 97일로 줄었다.[50] 골드러시가 시작되기 전인 1840년 제임스 포크 대통령은 미국 내에서 점차 커져 가는 대륙 규모의 야망에 고무되어, 미국이 파나마 지협을 관통하는 철도를 이용할 수 있는 권리를 갖는 대가로 그 지역에 대한 콜롬비아의 주권을 인정했다. 1846~1848년에 멕시코와 벌인 전쟁 이후 캘리포니아를 획득하면서 운하의 필요성이 높아졌다면, 골드러시는 그 필요성을 절박함으로 바꾸어 놓았다. 1855년 두 대양을 잇는 파나마 철도가 미국 자본으로 완성되었다.[51] 1860년대에는 40만 명이나 되는 사람들이 이 철길을 건넜고, 그중에는 캘리포니아로 향하는 광부 집단도 포함되어 있었다. 허드슨 강 증기선 사업으로 부호가 된 코넬리어스 밴더빌트 '준장'은 파나마 철도와 경쟁하기 위해 니카라과에 있는 넓은 호수를 건너는 증기선을 운행하기 시작했다. 이 배에서 내린 뒤 노새를 이용하면 태평양 연안에 닿을 수 있었다. 그는 자기 나름대로 니카라과에서 대양을 연결하는 운하를 만들 계획을 세우고 있었다. 그런 와중에 1855년 밴더빌트의 사업 동료 중 한 명이었던 윌리엄 워커는 니카라과의 대통령이 되었다.[52] 19세기의 남은 기간 동안 미국과 유럽의 강대국들은 점차로 가치가 높아지는 중대한 이권을 두고 다투었다. 그들은 파나마와 니카라과 중 어느 곳에 대양을 연결하는 운하를 만들지 정하기 위한 싸움을 계속했다. 그리고 그 결정에 따라 20세기의 세계적 강대국이 탄생했다.

12 　　파나마 운하가 연 새로운 시대

파나마 운하는 미국이 전 세계에서 독보적인 존재가 되었음을 보여 주는 상징이다. 그 사회 내의 다양한 역동적 힘들이 합쳐져 새로운 시대를 열었고, 바로 이때가 미국 역사에서 중요한 전환점이 되었다. 마침내 미국은 대양을 향해 열린 두 프론티어의 해양 자원들을 결합할 수 있게 된 것이다.

1869년 수에즈 운하의 개통이 증기와 철의 시대에 영제국이 지니고 있던 패권을 명시적으로 보여 주었듯이, 1914년 파나마 운하의 개통은 기술에 기댄 대량 생산 시대에 선두에서 빠르게 성장하고 있던 미국에게 유리하도록 세계의 역학 구도가 재조정되고 있음을 보여 주었다. 파나마 지협 운하는 대서양과 태평양을 가로지르는 고속도로가 되었고, 유럽과 아메리카 대륙과 동아시아 지역을 정치적, 경제적, 군사적으로 긴밀하게 통합된 세계 규모의 네트워크로 연결했다. 상업적으로나 전략적으로나 운하가 가져온 변화에서 가장 큰 혜택을 입은 나라는 미국이었다. 운하는 미국의 뒷마당에 자리하고 있었고, 미국의 통제 아래 놓여 있었다. 미국을 제외한 어떤 나라도 운하 건설이라는 엄청난 기술적, 조직적, 정치적 과제를 수행할 만큼 유능하거나 대담하지 못했다. 운하를 성공적으로 완성하면서 미국은 산업 경제의 우월성과 세계적 열강으로 자리매김하려는 야망을 천명했다. 두 개의 대양을 잇는 빠르고 저렴한 수로는 미국 내부의 성장에 중요한 촉매로 작용했다. 결국 이 국가는 광범위한 해양 환경이 제공하는 이점을 온전히 누릴 수 있게 되었다. 미국은 막다른 길이었던 카리브 해를 대륙을 가로지르는 수송의 지름길로 변화시켰고, 이를 통해 극서부 지역에 묻혀 있는 광물과 농업 자원을 미시시피 유역, 오대호, 동부 해안의 번창한 산업 및 시장과 연결하는 새로운 시너지 효과를 창출해 냈다. 게다가 운하를 통해 대서양과 태평양의 해군력을 하나로 통합해 외해에서 막강한 힘을 발휘할 수 있었다.

운하의 완성은 미국 해군력의 발전과 긴밀하게 연결되어 있다. 미국은 삼면이 바다로 둘러싸여 있기 때문에 역사적으로 해군력과 통상은 항상 중요한 역할을 맡아 왔다. 독립 전쟁 동안 미국의 신생 해군은 영국의 해군력에 완전히 압도되었지만, 존 폴 존스가 바다에서 거둔 영웅적인 승리와 잉글랜드 해안 습격으로 국가적 자긍심은 고취되었다.[1] 그리고 바다의 전사로서 미국인들이 보여 준 자질은 이 신생 국가의 중요한 이해관계를 수호하는 데 대서양이라는 자연적 해자가 더욱 위력을 발휘하리라는 희망을 품게 했다. 프랑스와 영국 간의 전쟁 위협이 고조되는 가운데, 미국인들은 자국의 상업 선박과 외교적 중립성을 수호하기 위해 1794년부터 규모는 작지만 효율성 높은 해군 함대를 조직했다. 미국 해군은 1798년부터 3년 동안 지속된 프랑스와의 준전쟁 기간 동안 카리브 해에서 당대 최고의 프랑스 전함들을 상대로 벌인 수차례의 교전에서 승리하여 유럽 강대국들의 찬사를 받았다.[2] 그리고 많이 알려지지는 않았지만 1801년부터 1806년까지 계속된 바르바리 전쟁에서 북아프리카의 이슬람 국가들이 부과했던 막대한 통행세와 포로 몸값의 부담에서 미국을 해방시켜 더 큰 명성을 얻었다. 제퍼슨이 재임하는 동안 미국 상선이 지브롤터 해협을 통과하고 지중해 내륙 지역과 교역하는 것을 승인받기 위해 알제, 트리폴리, 튀니스, 모로코에 지불한 금액은 미국 정부가 한 해에 거두어 들이는 세입의 5분의 1에 해당하는 약 200만 달러에 이르렀다.³ 트리폴리는 미국의 해군력을 과소평가하고 있었다. 이 국가는 더 큰 이익을 거둘 목적으로 1801년 미국에 전쟁을 선포했고, 이에 제퍼슨은 해군을 급파했다. 그 후 트리폴리에서 이루어진 포격과 과감한 해상 공격은 새로운 바다의 영웅들이 등장하는 계기가 되었고, 미국인들의 애국심에 불을 지폈다. 미국인들은 차라리 방어 비용을 치를지언정 다시는 타국에 세금이나 몸값을 지불하지 않겠다고 다짐했다.

1812년 전쟁에서 드디어 미 해군은 미국 방위에 필수적인 군(軍)의 분과로 독립했다. 제대로 준비도 하지 못한 전쟁이 시작되었을 때 USS 컨스티튜션 호(이 배는 외부 공격에 대비한 여러 겹의 방어막 때문에 올드 아이언사이즈(Old Ironsides)라고 널리 알려졌다.)가 이끄는 미국의 함대는 규모도 작고 재정 지원도 충분치 않았지만, 최근 나일 강과 트라팔가르에서 프랑스를 상대로 거둔 승리에 도취되어 지나치게 자신만만해하던 영국 사령관들과 벌인 일련의 해상 교전에서 승리하여 영국인들을 놀라게 하고 미국인들을 흥분시켰다. 가장 중요한 것은 미 해군의 새로운 지휘관들이 1814년 내륙에서 벌어진 샘플레인 호 전투와 이리 호 전투를 승리로 이끌어 동시다발적인 영국군의 침략을 저지하는 데 결정적인 역할을 수행했다는 점이다. 미국은 이 전투에서 승리함으로써 전략적으로 중요한 북부 지역과 오대호 지역에 대한 통제권을 확보할 수 있었다. 반면 영국은 미시시피 강 유역을 차지하려던 오랜 계획을 결국 포기하고, 그 대신 영국령 캐나다의 불안정한 경계라도 지키기 위해 미국과 미해결 상태로 남아 있는 국경 분쟁들을 조정하기로 했다.⁴

전쟁이 끝난 후 해군은 대륙의 영토를 태평양까지 확장한다는 '명백한 운명(Manifest Destiny)'을 달성하기 위해 투입되었다. 해군력에 점차 자신감을 갖게 된 미국은 1823년 대담하게 먼로 독트린을 발표했다. 아메리카 대륙이 속한 반구는 미국 고유의 영향권에 속하므로 유럽 열강들은 라틴 아메리카 내 신생 독립국들의 일에 개입하지 말아야 한다는 내용이었다.⁵

1846~1848년에 일어난 멕시코 전쟁에서 미군 선박들은 멕시코의 항구들을 봉쇄했고, 1847년 4월에는 결정적으로 육군이 베라크루스에서 멕시코시티로 진군할 수 있도록 상륙과 포격 작전을 지원했다. 미국의 대륙 내 팽창 과업은 1848년 멕시코 영토의 거의 절반을 미국에 넘겨준다는 내용의 조약으로 대부분 완성되었다. 그 결과 골드러시가 일어나기 직전 캘리포니아 주의 남서부 지역 대부분이 미국의 영토가 되었고, 멕시코는 텍사스에 대한 권리를 상실했다.

또한 미 해군은 1840년대와 1850년대에 태평양에서 서구 제국주의 세력의 역할을 떠맡았다. 영국이 아편전쟁을 이용하였듯, 미국도 1844년 무력으로 중국을 위협하여 통상권을 얻어 냈다. 1853년과 1854년 매슈 페리 제독은 화통에서 연기를 뿜어내는 무시무시한 흑선들로 구성된 무장 함대를 이끌고 도쿄 만으로 진입했다. 일본 지배층이 2세기 동안 지켜 온 쇄국을 끝내고 대외 통상을 위한 개방에 착수하도록 설득하기 위해서 전함들은 심심치 않게 실제로 포격을 퍼부어 압도적인 무력을 과시했다.

1861~1865년의 남북전쟁에서 산업화를 이룬 북부는 우월한 해군력을 바탕으로 농업에 기반을 둔 남부를 위협했다. 이 전쟁은 모든 중요한 근대전과 반란들에서 해군력의 강점을 이용하지 않고서는 승리할 수 없다는 것을 증명하는 예가 되었다. 북부의 선박들은 남부 연합의 항구들을 봉쇄했고, 증기 포함들은 남부의 하천들을 장악했다. 1862년이 되자 북군은 오하이오 강과 미시시피 강에서 뉴올리언스 항구에 이르는 모든 길목의 요충지들을 통제했다.

그러나 1880년대까지도 미국 해군은 투자 부족 때문에 선도적인 유럽 열강 국가들(대표적으로는 영국이지만 떠오르는 산업 강국인 독일 역시)에 비해 함정의 속도나 대포의 정확성, 사거리, 파괴력 면에서 기술 수준이 상당히 뒤쳐져 있었다. 미국의 바다는 대항해 시대에는 해자 역할을 했지만, 이제 그 방어용 완충 장치의 효과는 현저히 낮아졌다. 미국의 관리들은 태평양 전쟁(1879~1883) 때에 같은 대륙의 페루와 칠레가 미 해군보다 우수한 함선들을 동원했다는 사실에 깜짝 놀랐다.

미국은 당시 발전 일로에 있던 대량 생산 능력을 이용하여 세계 수준의 강철 해군을 만들기로 결정했다. 이러한 대응은 세력 균형에서 미국이 유리한 고지를 차지하고 파나마 운하 건설을 위한 배경을 조성하는 데 결정적인 전환점이 되었다. 1880년대 중반, 세계 속에서 미국의 적절한 지위를 찾고 또 그것을 유지하기 위해 해군이 감당해야 하는 역할에 대한 전망이 변화하면서 강철 해군 건설을 위한 점진적 노력이 진행되었다. 그리고 세계 수출 시장에서 미국산 제품에 대한 수요가 급속히 팽창하면서 이 모든 변화들을 더욱 자극하였다.[6] 미국의 지도자들은 자국의 경제적 이해관계에서 해외 부문이 차지하는 비중이 늘어날수록, 미국이 유럽의 열강들과 같은 역할을 수행해야 한다는 점과 강력한 해군이 국가의 번영과 안정에 중요한 요소로 작용한다는 점을 더욱 확신하게 되었다.

지적인 측면에서 이러한 견해를 형성하는 데 가장 큰 영향을 미친 인물은 앨프리드 세이어 머핸이다. 1890년에 발표된 그의 유명한 저서 『해군력이 역사에 미친 영향』은 1차 세계 대전을 거치면서 한 세대 지도자들의 정책 틀을 형성하는 데 중요한 역할을 담당했다. 머핸의 책은 미국뿐 아니라 영국과 독일에까지 영향을 미쳤고, 심지어 빌헬름 2세에게도 영향을 주었다. 미 해군 장교이자 역사가이며 로드아일랜드 주 뉴포트에 있는 해군 대학의 학장을 역임한 머핸은 그의 저서에서 해양 세력의 부흥과 쇠퇴의 과정을 추적했고, 특히 17세기 중반부터 18세기 후반 동안 유럽의 사례를 면밀하게 관찰했다. 그리고 해상에서의 우위가 국제 무역의 성공과 번영, 국가적 위대함을 결정짓는 열쇠라고 결론지었다. 머핸은 우호적인 해양 환경은, 적절하게 이용할 수만 있다면, 비용이 적게 들고 편리하며 안전한 수송로가 될 수 있다고 주장했다. 또한 전 세계의 항로와 전략적으로 중요한 길목의 통행을 통제하기 위한 매우 중요한 무역 경쟁 속에서 해양 국가들에 이점을 제공할 것이다. 이와 관련해 머핸은 다음과 같이 적었다. "한 나라의 해안은 그 나라의 변경들 중 하나이다.", "수심이 깊은 여러 개의 항구는 곧 부와 힘의 원천이다. 그리고 그 항구가 가항 하천의 유출구라면 국내 교역을 집중시킬 수 있기 때문에 효과는 두 배가 된다."[7] 또한 역으로 유리한 해양 지리를 충분히 활용하지 못하는 국가는 잠재적 취약성을 내보이는 것이라고 주장했다. 이에 따라 그는 다소 과감한 결론을 내렸는데, 위대한 국가가 되기 위해서는 국내와 해외에 기지를 두고 자국의 해양 무역을 진흥하여 세계적 영향력을 높이는 것을 목적으로 하는 강력한 상비 해군이 필요하다는 것이었다. 머핸은 만약 중앙아메리카의 두 대양을 연결하는 운하가 만들어진다면 "카리브해는 종착지에서 (……) 세계적으로 엄청나게 중요한 고속도로로 변모할 것"이라며 강력한 지지를 표했다. 그리고 "이 노선과 관련한 미국의 지위는 영국과 영국해협의 관계 또는 지중해 국가들과 수에즈 운하와의 관계와 같을 것"이라고 단언했다.[8] 또한 그는 운하가 전 지구적인 영향력을 행사하려는 미국의 "공격적 충동"을 부추길 것이라는 희망 섞인 전망을 했다.[9]

사후적으로 평가하자면, 머핸의 연구는 중상주의 시대의 역사에만 집중해 해군력과 상업 그리고 국제적 지위 사이의 관계에 대해 근시안적인 결론에 이른 지적 한계를 보인다. 특히 그는 산업화와 자유무역에 기반을 두어 국가적 번영을 이루고 강력한 군사력을 건설한 많은 사례들을 과소평가하고 있다. 그럼에도 고대부터 현대까지 해상력의 이점에 대해 그가 제시한 설명은 정도의 차이는 있지만 논리적 일관성을 띤다. 무엇보다도 그의 견해가 역사적으로 중요한 이유는 강대국의 지도자들이 그에 바탕을 두고 전략과 정책을 추구했다는 데 있다.

미국 내 머핸의 지지자 가운데 가장 중요한 인물은 시어도어 루스벨트였다. 장차 대통령이 되어 머핸의 사상을 현실로 옮기는 데 누구보다 큰 역할을 하게 될 그는 31살에 『해군력이 역사에 미친 영향』을 접하고 《애틀랜틱 먼슬리》에 이 책을 극찬하는 서평을 기고했다.[10] 루스벨트가 해군 대학에서 자신이 집필한 책의 주제 가운데 하나인 1812년 전쟁에 대해 강의를 한 이후 두 사람은 수년간 친밀한 관계를 유지했다. 1896년 공화당 소속의 윌리엄 매킨리가 대통령으로 선출되었을 때 루스벨트가 해군 차관보로 임명된 데는 머핸의 추천이 큰 도움이 되었다.

루스벨트는 차관보 시절에 미 해군 선단을 공격적으로 확장하고 지협에 운하를 건설하는 일을 추진하여 매킨리 정부 내에서 혼란을 일으켰다. 그는 자신의 선배와 마찬가지로 강력한 해군이야말로 새롭고 훨씬 단호한 외교를 확립하고 해상에서 우위를 확보하는 데 필요한 '몽둥이'가 될 수 있다고 보았다. 루스벨트는 대통령으로서 행한 연설에서도 이러한 인식을 드러냈다. "흔히 쓰는 격언에 이런 말이 있습니다. '말은 부드럽게, 그러나 큰 몽둥이 하나는 가지고 다니세요.' 그렇게 할 것입니다."[11]

해군 차관보 루스벨트는 1898년 2월 15일 쿠바의 반(反)스페인 봉기 도중 아바나 항에 정박 중이던 미국의 전함 메인 호가 알 수 없는 이유로 폭발하여 260명이 사망하자 즉시 '몽둥이'를 휘둘러야 한다고 촉구했다. 매킨리는 4월에 루스벨트의 호전적 주장과 "메인 호를 기억하라."는 젊은 공화당원들의 여론 선동에 굴복하여 스페인에 선전포고를 하고 쿠바를 해방시켰다.[12] 루스벨트는 과거 해군 대학이 개발한 전쟁 계획을 실행에 옮겨, 필리핀에 있는 스페인 선단을 성공적으로 격파하고 아바나를 봉쇄했다. 미국의 아시아 함대는 즉시 마닐라 만으로 진입했고, 그곳에서 자국의 인명 피해가 전무한 가운데 구식 스페인 함대를 궤멸했다. 루스벨트는 직접 미국 함대와 함께 쿠바로 향했고, 직접 모집한 '러프 라이더' 대원들을 이끌고 산후안을 공격하여 전국가적인 전쟁 영웅이 되었다. 전쟁이 시작되고 3개월도 지나지 않아 미국은 아메리카 대륙과 태평양에 남아 있는 스페인 제국에 대한 통제권을 확보했다.

미서 전쟁은 해군력의 중요성을 강조한 머핸의 주장을 입증하는 계기가 되었고, 결국 강철 해군을 건설하려는 미국의 계획을 극적으로 촉발하는 기회로 작용했다. 1890년 전체 연방 정부 지출의 6.9퍼센트를 차지했던 해군에 대한 투자는 1914년에는 19퍼센트로 급증했다.[13] 1차 세계 대전 발발과 파나마 운하 개통 직전, 미 해군은 세계에서 세 번째 규모의 전력을 갖추었고 곧 영국과 독일의 위치를 따라잡았다.

미서 전쟁은 또한 운하 건설 계획을 부추긴 결정적 계기가 되었다. 대서양 선단과 태평양 선단이 지닌 무력을 통합한다는 측면에서, 갑자기 운하가 미국의 국가 안보에 필수적인 것으로 여겨졌기 때문이다. 전쟁 기간에 운하의 필요성에 대한 대중들의 인식은 극적인 방식으로 드러났다. 예를 들면 태평양 전함인 오리건 호는 남아메리카의 혼 곶을 돌아오느라 1만 3000킬로미터를 더 항해해야 했기 때문에 카리브 해 전역(戰域)에 한참이나 늦게 도착했다. 1897년과 1899년 두 차례 결성된 바 있는 대통령 직속 대양 연결 운하 위원회는 니카라과를 통과하는 운하 건설을 제안했다. 국무장관 존 헤이는 운하 건설에 대비한 외교적 근거를 마련하였다. 대양을 연결하는 운하 통제권은 양국이 공유한다는 1850년 영국과 체결한 미완성 조약(outstanding treaty)을 대신할 새로운 조약 마련에 착수한 것이다. 영국은 미국이 운하를 건설하고 운영할 수 있는 권리를 인정했고, 대신 평시에는 물론 전시에도 모든 선박에 동등하게 운하를 개방한다는 수에즈 운하 중립 규정에 의해서만 제재를 받는다고 결정했다. 미국은 그곳의 질서 유지 권리는 갖지만 방어 시설을 구축하지는 않기로 했다.

1900년 초 새로운 조약이 발표되었을 때, 루스벨트는 격렬히 반대하고 자신과 입장이 같은 사람들을 이끌었다. 그는 1898년 선거에서 전쟁 영웅이라는 이미지에 힘입어 뉴욕 주지사에 당선되었고, 이 새로운 지위를 바탕으로 자신의 의견을 적극적으로 개진할 수 있었다. 루스벨트는 미국이 적선의 공격을 저지할 수 있는 요새를 지을 권리를 포기해 자국이 건설한 운하가 제공하는 해양력의 강점을 위태롭게 만들어서는 안 된다고 소리 높여 외쳐댔다. 이에 여론은 동요했다. 헤이는 재협상에 임할 수밖에 없었다. 1901년 11월 중순 요새화 금지 조항이 빠진 헤이폰스포트 조약이 새로 체결되었다.

그즈음 예상 밖의 상황들이 전개되어 독불장군 루스벨트가 대통령의 자리에 앉게 되었다. 루스벨트는 당시 미국 첨단 산업들을 지배하고 있던 거대 기업들의 트러스트와 부패한 정치 기구에 반대하는, 열정적이고 개혁적인 입장을 견지하고 있었다. 그의 주장에는 난색을 표하면서도 그의 대중적 인기를 활용하려 했던 공화당의 기존 지도자들은, 1900년 대선에서 루스벨트가 부통령직을 맡도록 하여 그를 고립시키려 했다. 그러나 1901년 9월 6일 매킨리 대통령이 뉴욕 주 버펄로에서 암살자에게 저격당하자 그들의 계획은 엉뚱한 방향으로 흘러갔다.

루스벨트는 43세로 미국 역사상 가장 젊은 대통령이 되었고, 여느 대통령들과 다른 모습을 보여 주었다. 그는 끝없는 열정과 확고한 행동 의지 그리고 미국의 앞날에 대한 원대한 계획을 품고 있었다. 또한 개인적으로는 오만하고 성급했지만, 정치적인 면에서는 영리하고 자기표현에 능했다. 루스벨트는 대통령으로서 20세기 미국의 역사와 물의 역사를 바꾸어 놓을 중요한 여러 조치들에 착수했다. 무엇보다도 그는 연방 정부를 강력하고 주도적인 정책 실행 주체로 만들기 위해 진보적인 세력을 동원했다. 그리고 이들을 통해 시장의 힘을 왜곡하는 거대 기업들의 트러스트에 대항하고, 자연 보호 구역을 보존하고, 사기업이 동원할 수 있는 자원의 범위와 그들이 감당할 수 있는 위험성의 정도를 넘어서는 대규모 공공 사업을 추진하려 했다. 또한 문명의 진보를 위해서는 물을 포함하여 인류의 생존에 필요한 지구상의 자원들을 통제하고 인위적으로 조정해야 한다는 믿음을 실행에 옮기고자 했다.

루스벨트가 대통령에 취임했을 때, 그는 해협 운하 건설을 최우선 정책으로 내세웠다. 당시 대통령 자신을 포함하여 대부분의 사람들은 니카라과에 운하를 짓는 것을 당연하게 받아들였고, 그것을 미국의 통로라고 생각했다. 스페인의 정복자 바스코 발보아가 1513년 오늘날의 파나마를 가로질러 진군하여 유럽 인으로서는 최초로 태평양(그는 이 바다를 '남해'라고 불렀다.)을 발견했을 때부터 사람들은 중앙아메리카에 운하를 건설하는 꿈을 꾸었다. 합스부르크 왕국의 군주이며 신성로마제국의 황제인 카를 5세는 1534년에 이미 운하 건설을 위한 조사에 착수할 것을 명했다. 운하에 대한 현대적인 관심은 1821년 스페인이 라틴 아메리카에 대한 권리를 잃은 후 본격적으로 증가했다. 니카라과, 멕시코, 파나마 등 운하에 적합한 여러 장소가 물망에 올랐다.[14]

지협을 통과하는 운하 건설 계획을 행동으로 옮기게 된 직접적 계기는 무엇보다도 세계를 변화시킨 사건인 1869년 수에즈 운하의 완성이었다. 미국의 대통령 그랜트는 1870년부터 운하 건설이 가능한 여러 경로들을 철저하게 탐색하기 위해 중앙아메리카에 7차례 탐험대를 파견했고, 1876년에는 니카라과를 통과하는 길이 적합하다고 결론 내렸다. 그러나 운하 건설 계획을 행동으로 옮긴 최초의 인물은 그 유명한 수에즈 운하의 기획자인 프랑스인 페르디낭 드 레셉스 자작이었다. 1879년 5월 전 세계의 저명한 전문가들이 참석한 파리 회의에서 레셉스는 수에즈 운하의 유산을 계승하여 지금까지 몰래 추진해 왔던 민간 부문이 주체가 되는 계획을 발표했다. 이 회의의 표면적인 목적은 운하의 경로를 결정하고 기술적 문제들을 밝히는 것이었지만, 실제로 완전히 레셉스가 조직한 대로 행사가 진행되었고 그 결과도 이미 정해져 있었다. 그는 당시 74세의 고령이었음에도 수에즈에서 그에게 승리를 안겨주었던 카리스마와 정열, 외교적인 수완과 넘치는 자신감을 여전히 유지하고 있었다. 여러 가지 공사 계획이 제시되었지만, 모든 주요 기술 위원회가 참여한 마지막 표결에서 레셉스의 제안, 즉 파나마에 해수면 높이의 운하를 건설하는 계획이 채택되었다. 기실 그는 이미 중재자들을 통해 파나마에 운하를 건설하겠다는 내용의 배타적인 계약을 콜롬비아 정부와 맺어 놓은 상태였다.

파나마 운하는 갑문 없이 해수면 높이에서 건설될 것이므로 수에즈에서 사용된 기술이 다시 사용될 것이고, 따라서 새 운하는 사실상 제2의 수에즈 운하라 할 수 있었다. 그러나 실제로 파나마 운하는 수에즈 운하와 전혀 다른 것이었다. 수에즈는 덥고 건조하며 평평한 지역을 관통했으므로 공사 과정에서 물 부족이 가장 큰 문제로 나타났다. 그와 반대로 파나마는 물이 지나치게 풍부하여 강이 넘실거리고 진흙 더미가 흘러내리며 치명적인 질병을 옮기는 모기가 서식하는 무더운 열대지방이었다. 드 레셉스는 선견지명을 지닌 사업가이지 기술자는 아니었지만, 기술과 기술자 그리고 자금을 끌어올 수 있다고 대중들 앞에서 자신했다. 또한 수에즈 운하 길이의 절반에 해당하는 80킬로미터 짜리 파나마 운하를 건설하기는 더 쉬울 것이라고 장담했다.

언론의 열광적 분위기와 채권 가격의 상승 덕에 프랑스 전체가 흥분했다.[15] 그러나 얼마 지나지 않아 공사는 현장의 거대한 장애물에 부딪혔다. 예상 외로 가장 치명적인 장애는 전염병이었다. 말라리아와 황열병 때문에 심지어 노동력의 80퍼센트가 작업에 임할 수 없었던 때도 있었다. 말라리아에 걸리면 오한과 끝없는 갈증에 시달렸고, 황열병의 경우에는 극심한 두통, 요통, 사지통을 겪다가 결국에는 검은 피를 토하며 죽음에 이르렀다. 추산에 따르면 2만 명의 노동자와 관리자가 이처럼 원인 불명의 모기가 옮기는 열대 풍토병으로 사망했다.[16] 게다가 하루 종일 들이붓듯이 폭우가 쏟아지면 수면이 9미터나 상승하는 차그레스 강을 통제할 수 있는 만족스러운 방법도 찾아내지 못했다. 계산에 따르면 이 강의 수위를 조절할 수 있는 댐은 지구에서 가장 큰 규모여야 했다. 무엇보다 당황스러운 것은 끝없이 산에서 흘러내리는 진흙과, 대륙 분수령의 불안정한 산악 지형을 뚫고 나가기 위해 굴착한 지대가 점점 넓어지는 현상이었다. 그 많은 흙들을 단순히 옮겨서 없애는 것은 엄청난 도전이었다. 1886년 말에 이르면 프랑스 기술자들은 레셉스의 계획에 따라 운하를 완성하기에는 당시의 굴착 기술 수준이 떨어진다는 것을 깨달았다. 레셉스는 오랫동안 다른 대안을 생각조차 하지 않았다. 그는 지독한 고집과 탁월한 선견지명을 구분하는 기준이 모호하다는 점을 잘 보여 주는 사례이다. 레셉스가 수정안에 동의했을 때는 이미 너무 늦었다. 회사의 자금은 바닥났고, 1889년 중반에는 작업이 중단되었다. 영광스럽지만 실패로 끝난 이 꿈에 수에즈 운하 전체 공사비의 세 배에 해당하는 약 2억 8700만 달러가 투입되었다. 결국에는 당대 최고의 기술을 지녔다고 해도 민간 부문이 이 계획을 단독으로 실행에 옮기는 것은 무리라는 점이 드러났다. 많은 사람들과 가문들은 재산을 잃었고 프랑스는 국가적 자존심에 상처를 입었다. 이에 프랑스 정부는 부정행위가 있었는지 조사에 착수했고, 희생양이 필요하던 차에 레셉스를 사기와 경영 실책을 이유로 기소하고 결국 징역형을 선고했다.[17] 몸과 마음이 병들고 약간의 노망기까지 있었던 그는 1894년 89세의 나이로 사망했다.

1890년대에 프랑스는 운하 건설 계획을 다시 추진하려 했지만 실패했다. 1901년 후반 루스벨트가 대통령에 취임하면서 니카라과에 운하를 건설하려는 미국 정부의 움직임이 활기를 띠자, 프랑스의 주주들은 파나마 운하에 투자한 돈의 일부라도 건져야 한다는 절박한 심정이었다. 그들은 회사의 경영진을 교체하고, 그들의 자산으로 치는 지금까지의 공사 부분을 4000만 달러에 팔 의향이 있음을 미국인들에게 밝혔다. 1억 900만 달러에 이르던 과거 호가에서 60퍼센트를 할인한 가격이었다. 미국의 운하 위원회가 최근에 니카라

17 영국의 지도자 벤저민 디즈레일리는 위생혁명을 적극 옹호했는데, 이는 산업화된 지역들에서 공중보건혁명을 촉발했다. 훗날 디즈레일리는 지중해를 홍해 및 인도양과 연결하는 전략적으로 중요한 수에즈 운하에서 영국의 영향력을 확보할 수 있는 기회를 획득했다.

18 1869년 수에즈 운하의 완공 뒤에는 프랑스의 천재적인 기업가 페르디낭 드 레셉스 자작이 있었다. 이후 드 레셉스는 대서양과 태평양을 잇는 대양 간 운하를 건설하고자 했으나 실패로 돌아갔다. 그러나 그의 노력이 궁극적으로 운하를 완공할 수 있도록 활력을 불어넣은 것만은 분명하다.

과안을 지지하기는 했지만, 그들이 파나마안을 거부한 이유는 기술적 문제가 아니라 오히려 프랑스 회사의 자산을 매입하는 데 드는 과도한 비용 때문이었다.[18] 이때까지도 루스벨트 대통령은 공개적으로는 그 논쟁에서 거리를 두고 있었지만, 개인적으로는 자신의 견해에 대한 자문을 구하기 위해 각 위원들을 백악관으로 소집했다. 그러고 나서 전체 위원회의 구성원들이 참여하는 비밀 회의를 소집했다. 여기에서 대통령은 특유의 배짱을 내세워 파나마안에 우호적인 내용의 추가 보고서를 원한다고 위원들에게 말했고, 게다가 만장일치라면 더 좋겠다는 언질을 주었다. 어떠한 요인들이 복합적으로 작용해 지금까지 강력한 대안이던 니카라과 계획안에 신임 대통령이 이의를 제기하게 되었는지는 확실하게 알려지지 않았다. 그러나 그가 파나마가 기술적 측면에서 유리한 경로라는 것을 확신하게 되었고 프랑스 인들이 실패한 요인을 극복할 수 있다고 믿었다는 점만은 명확하다.[19] 또한 새로운 계획이 파나마를 지지하는 막강한 국내 정치 세력과 가까워질 적절한 방법이라고 생각했을 수도 있다. 또는 프랑스 인들이 가진 지분을 미국이 사지 않는다면 독일 등 경쟁 관계에 있는 다른 강대국이 매입할 것이라는 계산도 작용했을 것이다.

루스벨트의 개입으로, 미국 사회의 정점을 차지하고 있던 유력가들이 운하의 경로를 놓고 벌이는 격렬한 로비전이 다시 시작되었다. 대다수의 상원 의원들과 여론은 처음부터 니카라과 계획안에 우호적이었지만, 매킨리의 가장 중요한 정치 후원자이자 당대 최고의 정치 실세인 공화당 소속 상원 의원 마크 해나와 월 가의 유력 은행가들 그리고 철도 재벌들은 파나마를 통과하는 안을 지지했다.[20] 상원 청문회에서 운하 위원회의 위원들은 루스벨트와 의견을 나눈 후 기존의 결정을 뒤집고 파나마안을 지지하게 된 이유를 밝히라는 압력에 시달렸다. 그러나 그들은 두 가지 경로 모두 실행이 가능하다고 설명하고, 프랑스 인들이 이미 진행한 작업의 경제적 가치 때문에 의견을 바꾸었다고 밝혔다. 결국 1902년 6월 팽팽한 의견 대립 끝에 상원이 루스벨트의 파나마 운하 계획을 지지하게 되었는데, 이는 감정적 측면에서는 중요하지만 기술적인 면에서는 크게 중요하지 않은 원인 때문이었다. 다름 아니라 그 지역의 화산 활동이 문제였다. 당시 카리브 해의 마르티니크 섬을 강타한 대단히 파괴적인 화산 폭발 때문에 사람들의 감정적 동요가 심해졌다. 그리고 상원에서 표결을 진행하기 직전에는 바로 니카라과에서 소규모 화산이 분출했다. 사실 이 나라에서 화산 폭발은 매우 드문 일이었다. 니카라과 정부는 부정적인 여론이 형성되는 것을 막기 위해 화산 폭발 사실을 부인했다. 그러나 필립 뷔노 바리야는 이 거래를 매듭지을 만한 극적인 장치를 이용하여 승리를 거둘 수 있었다. 그는 예전에 프랑스 운하 회사의 기술자로 근무했고 레셉스 밑에서 공사 책임자직을 맡았는데, 이때는 파나마 운하 측의 로비 활동을 지휘하기 위해 미국에 머물고 있었다. 뷔노 바리야는 표결 전날 상원 의원들에게 니카라과의 1센타보짜리 우표를 보냈다.[21] 니카라과에 지진의 위험이 존재한다는 사실을 반박할 수 없도록 시각적 방법으로 증명한 우표였다. 우표에는 니카라과 호수 중간에 솟아오른 화산에서 연기가 피어오르는 그림이 그려져 있었다. 결국 최종 표결에서 파나마안이 42 대 34로 채택되었다.

1903년 1월, 미국 정부가 파나마를 포기하고 니카라과와 협상을 개시하겠다며 콜롬비아를 협박하는 바람에 수개월 동안 계속된 교착 상태가 끝이 났고, 워싱턴에 주재 중인 콜롬비아 대사는 루스벨트가 제시한 고압적인 조약 내용을 마지못해 받아들였다. 조약에 따르면 미국은 파나마 운하 지대에서 효율적으로 통치권을 행사할 수 있도록 갱신이 가능한 100년 단위 임차 계약을 맺고, 그 대가로 매년 1025만 달러를 지불하기로 했다. 그러나 콜롬비아 상원은 주권을 포기해야 한다는 데 기분이 상했으며, 게다가 프랑스 회사가 파나마에 있는 자산에 대해 네 배나 많은 선금을 받았다는 사실에 분노하여 그해 여름 조약 승인을 거부했다. 루스벨트는 이에 격노했다. 그는 개인적으로 콜롬비아를 일컬어 "토끼 같은 것들", "도둑놈들", "인류 문명의 중추가 될 고속도로의 건설을 방해하는 나쁜 놈들"이라고 표현했다. 그리고 파나마가 콜롬비아에서 분리 독립하고 미국과 운하 건설 조약을 체결한다는 내용의 비밀 계획에 암묵적인 지지를 표했다.[22]

파나마 혁명은 뉴욕과 워싱턴에 있는 프랑스 인 뷔노 바리야와 미국의 파나마 로비 단체가 사전에 치밀하게 계획한 결과물이었다. 파나마의 분리주의 지도자들은 모두 미국 소유의 파나마 철도 회사에 소속된 유명한 전문가들이었다. 뷔노 바리야는 그들에게 필요한 거의 모든 것을 제공해 주었다. 독립 선언서, 군사 작전 계획, 헌법, 국기(國旗), 비밀 통신 암호, 거사 후 지불된 10만 달러의 비용 등 모든 것이 그에게서 나왔다. 그리고 무엇보다도 중요한 것은 미군이 혁명을 지원할 것이라는 약속이었다. 그는 심지어 11월 3일이 혁명의 날이 될 것이라는 계획까지 세워 놓았다. 이 모든 것에 대한 그의 조건은 하나였다. 새로 수립되는 파나마 정부가 미국의 승인을 받아 내기 위한 협상과 운하 관련 협정을 진행하는 과정에 그를 전권 대사로 임명하는 것이었다.

뷔노 바리야는 1903년 10월 10일 백악관에서 루스벨트와 개인적이고 비공식적인 만남을 갖고, 대통령의 군사적 지원을 약속받았다. 그로부터 3주 뒤 미군 전함 3척이 명령에 따라 파나마 지협을 향해 출발했다. 11월 2일, 첫 번째로 목적지에 도착한 배의 함장은 소요가 발생할 경우 콜롬비아 군이 그곳에 상륙하는 것을 저지하라는 명령을 받았다. 11월 3일 아침, 지상에서 어떤 사건이 일어나기도 전에 워싱턴의 국무부는 파나마에 있는 영사에게 지협에서 발생한 봉기에 대한 내용을 전보로 보냈다. 영사는 아직 반란이 일어나지 않았으며 오후 6시에 시작될 것이라고 본국으로 다시 전보를 쳤다.[23] 그리고 영사가 말한 대로 사건이 진행되었다. 소방대가 신생 파나마 육군으로 임명되었다. 미군의 기선 포함에서 내려온 해병대는 잔인하게 콜롬비아 군인들에 맞섰다. 어떤 콜롬비아 전함은 미국 선박의 우월한 힘을 확인하고는 파나마 시티에 포탄 몇 발을 쏘고 달아났다. 이 포격으로 잠자고 있던 중국인 가게 주인 한 명과 당나귀 한 마리가 죽었다.

　11월 4일 파나마의 독립이 선포되었다. 그리고 이틀 후 미국은 파나마 공화국의 성립을 정식으로 승인했다. 백악관에서는 루스벨트와 이제 파나마의 전권대사가 된 프랑스 인 뷔노 바리야가 그 의식을 거행했다. 조약 체결을 위한 절차가 곧 시작되었다. 협상이 잠시나마 중단된 것은, 뷔노 바리야가 파나마의 지도자들에게 약속한 10만 달러의 보수를 지불하기 위해 대출을 받으려고 월 스트리트에 있는 은행가 J. P. 모건을 방문했을 때뿐이었다. 파나마가 뷔노 바리야에게 부여한 특별한 권한을 철회하기 위해서 파나마 대표단이 급히 워싱턴으로 향하고 미국이 타국의 혁명에 독단적으로 개입했다고 비난하는 언론의 목소리가 높아지자, 뷔노 바리야와 미국의 국무장관 헤이는 1903년 11월 18일 서둘러서 운하 설립 조약을 마무리 지었다. 그 조건은 예전에 콜롬비아에 제시했던 것과 똑같았지만 뷔노 바리야의 주장에 따라 7개 조항이 추가되었다. 파나마 운하 지대에서 미국의 주권을 확대하고 임대 계약 기간을 영구히 연장한다는 내용이었다. 루이지애나 구입 100주년이 되는 해에 체결된 또 다른 미완성 조약으로 미국은 추가 영토를 확보했다. 그리고 이 새로운 영토는 그다음 시대에 미국의 팽창에 힘을 실어 주었다. 1904년 2월 미국 상원이 이 조약을 인준하고 프랑스 회사가 운하와 관련하여 갖고 있는 자산 4000만 달러의 지불을 확인하자마자 뷔노 바리야는 파나마에서 맡고 있던 직위에서 물러나 파리로 돌아갔다.

　루스벨트가 무리하게 해군을 동원하여 파나마 내정에 개입한 일을 정당화하고 파나마의 주권을 인정하는 과정에서 자의적으로 법률을 적용한 데 대해서, 미국의 제국주의에 반대하는 이들은 강렬한 분노를 표출했다. 역사가 새뮤얼 엘리엇 모리슨은 이에 대해 "콜롬비아가 커다란 몽둥이에 맞았고 라틴 아메리카 전체가 동요했다."라고 적었다.[24] 미국은 마치 카리브 해가 미국의 호수라도 되는 것처럼 본격적으로 그 지역의 치안 유지에 나섰다. 그리고 종종 인근 국가의 경제 문제나 외교 문제에 개입했고, 1900년과 1917년 사이에는 여섯 차례나 해병대를 타국에 상륙시켰다. 루스벨트와 그의 후임자들은 서반구 이외의 지역에서도 점차로 커져 가는 미국의 제국주의적 성향을 드러냈다. 그 대표적인 예는 루스벨트가 1907년 대규모 미군 함대가 세계를 일주하도록 해 자국의 해군력을 자랑한 일이다. 라틴 아메리카의 분노는 수십 년 동안 지속되었다. 윌슨 대통령은 파나마 지역을 상실하고 격노한 콜롬비아에 2500만 달러를 지불하여 그들을 달래려고 했다. 그리고 파나마가 고분고분하게 굴지 않는 바람에 운하 관련 조약은 수차례 개정되었으며, 실질적인 운하 통제권은 1979년부터 단계적으로 파나마로 이양되었다.

그러나 루스벨트는 파나마에서 자신이 행한 일에 대해 후회하거나 미안해하지 않았다. 대통령은 그 운하가 문명의 진보를 확고히 할 것이며, 미국의 방위와 번영에 필수적이라고 생각했다. 그는 파나마 혁명을 꾸미는 데 전혀 개입하지 않았다고 강력하게 부인했지만, 나중에는 추억에 잠겨 그 일은 "외교 분야에서 취한 조치 중 단연코 가장 중요한 것이었다."라고 적었다.[25] 1911년 한 연설에서는 특유의 매력적인 배짱을 보이며 다음과 같이 말했다. "나는 파나마 지협을 차지했고 운하 작업에 착수했다. 그리고 의회가 운하가 아니라 나의 행동에 대해서 논하도록 내버려 두었다."[26] 그가 자신에 대한 비판에 즉각적으로 대응한 가장 유명한 예는, 1904년 5월 미국 정부에 소속된 기술자들이 파나마 운하 지역을 떠맡은 직후에 나왔다. 이때 그는 "내가 그런 헛소리들을 모두 날려 버리겠다고 그들에게 말하시오."라고 대답했다.[27]

운하 건설은 기술적인 측면에서 당대의 가장 거대하고 복합적인 도전이었으며, 그것의 완성은 인류 역사의 기술 발전이 이룬 거대한 성과물 가운데 하나였다. 그것을 완성하기 위해서는 미국이 초강대국으로 부상하는 데 밑바탕이 되었던 모든 자질들, 예를 들면 높은 산업 생산력, 혁신적인 기술, 정부의 재정적 지원, 강력한 목표의식, 궁극적인 성공 가능성에 대한 문화적 낙관주의 등을 동원해야 했다. 운하 건설은 대통령 세 명의 임기 동안 진행되었지만, 루스벨트가 목표 의식을 고취시킨 장본인이며 그 사업을 상징하는 화신이라는 점에 대해서는 이견이 없다. 이를 드러내기라도 하듯 1906년 11월에 루스벨트는 몸소 3일 일정으로 운하 건설 현장을 방문했다. 대통령은 최전방의 군대를 사열하는 장군처럼 휘몰아치는 빗속에서 진흙이 질척거리는 작업 현장을 걸어서 방문하고 파나마 철도를 따라 시찰을 다녔으며 댐 후보 지역을 살펴보기 위해 언덕에 오르거나 질문을 쏟아 내기도 했다. 또한 루스벨트는 즉흥적으로 자신이 탄 기차를 세우고는 폭우 속에서 열심히 작업 중인 거대한 굴착기의 운전석에 직접 오르는 매우 인상적인 모습을 보여 주었다. 이 굴착기는 과거에 프랑스 인들이 사용하던 기계가 처리하던 양의 세 배나 되는 8톤의 흙을 한 번에 퍼내고, 8분마다 움직이는 열차에 그 내용물을 내려놓았다. 현직 대통령이 해외를 방문한 선례가 없었기 때문에, 루스벨트의 파나마 순방과 그 후 이어진 의회에서의 경과보고는 상당한 극적 효과를 낳았다.

이 사업에 뒤늦게 뛰어든 미국은 한동안은 지협을 가로질러 해수면 높이의 깊은 물길을 파내는 레셉스의 계획을 되살리고자 했다. 그러나 1906년에 이르러 갑문식 운하 건설을 위한 실현 가능한 계획과 방법을 마련했다. 빗물로 늘어난 차그레스 강물을 가두기 위해 댐을 세워 지협의 넓은 부분을 포괄하는 26미터 깊이의 인공 호수를 만든다는 것이다. 선박들은 호수의 한쪽 끝에 있는 거대한 계단식 수문을 통과해 들어와서 반대 쪽 끝에 있는 수문을 통과해 나가게 된다. 태평양 쪽으로 가면 배들은 좁고 긴 14킬로미터 길이의 협곡을 지나게 되는데, 이 통로는 대륙 분수령의 바위 산과 열대 우림

19 미국의 위대한 수자원 대통령 시어도어 루스벨트(가운데)는 파나마 운하를 추진한 원동력이었다. 역사적인 운하 건설지를 방문한 그는 "흙더미를 날려 버리겠다."는 약속을 지키기 위해 거대한 증기 굴착기(위) 조종석에 올라섰다. 1914년 8월 운하의 유명한 쿨레브라 횡단로를 항해하는 최초의 증기선(아래).

지역에 만들어질 예정이었다. 이 계획을 성공시키려면 가장 큰 문제 세 가지를 해결해야 했다. 즉 프랑스 노동자들을 무력하게 만들었던 열대의 질병을 억제하는 것, 걷잡을 수 없이 상승과 하강을 반복하는 차그레스 강의 흐름을 제어하는 것, 그리고 가장 어려운 숙제인 거대한 진흙 더미가 흘러내리는 산을 뚫고 길을 내는 것이 그것이다. 1907년부터 1914년까지 평균 매년 3만 3000~4만 명의 노동자가 운하 건설에 참여했고, 1914년 운하가 완성될 때까지 그들은 전임자인 프랑스 인들보다 여덟 배 이상의 땅을 팠다.[28]

파나마 계획의 시행 초기에 황열병을 근절하고 말라리아를 통제할 수 있게 된 것만으로도 20세기의 중요한 성취를 이루었다는 명성을 얻어 마땅하다. 프랑스 인들이 운하 공사에 착수했을 무렵 질병에 관한 세균 이론은 막 등장하기 시작했고, 모기가 황열병과 말라리아를 옮기는 역할을 한다는 것도 겨우 알려지기 시작했다. 그러나 20세기 초입에 월터 리드가 이끄는 일단의 미국인 의사들은 쿠바의 아바나에서 의료 활동을 전개하던 중 두 질병의 발병을 줄일 수 있는 방법을 알아냈다. 그들은 두 전염병을 전달하는 각기 다른 두 종류의 모기를 없애면 된다는 결론을 내렸다. 이와 유사한, 그러나 더 광범위한 전쟁이 파나마의 여러 도시와 정글에서 벌어졌다. 무시무시한 황열병을 옮기는 은색 암 모기는 깨끗한 물 웅덩이에만 알을 낳는데, 이들은 번식과 먹이 확보를 위해서 인간의 생활 터전과 가까운 곳에 머물며 인간에게 의존한다. 미군은 체계적으로 모든 문과 창문을 차단하고, 가옥을 소독하고, 물통을 밀폐하고, 수조와 오수 구덩이에 기름을 치고, 고인 물을 없애는 방법 등을 동원하여 1905년 말에 이르면 파나마에서 황열병을 거의 없앨 수 있었다. 그리고 더 널리 퍼져 있는 말라리아 모기를 없애기 위해서 수백 마일의 습지를 정화하고, 효율적인 배수로를 설치하고, 밀림의 식물들을 베어 내고, 물이 고인 곳에는 기름을 분사하고, 인간의 거주지와 가까운 곳에는 모기의 유충을 잡아먹는 피라미와 모기의 천적인 거미, 도마뱀을 펴뜨렸다. 말라리아를 완전히 근절하지는 못했지만 충분히 억제할 수 있게 되었고, 전염병 때문에 운하 건설 작업이 방해를 받는 일은 없어졌다. 파나마에서 전염병을 통제할 수 있게 되었다는 사실이 알려지자, 1910년대와 1920년대에는 록펠러 재단이나 여타의 인도주의적 단체들이 황열병과 말라리아를 박멸하기 위한 전 세계적 노력에 착수했다.

차그레스 강을 통제하기 위해서 거대한 댐이 세워졌다. 댐의 바닥은 산에서 채굴한 흙으로 채워졌다. 이 댐의 완공으로 세계 최대 규모의 인공 호수가 생겼다. 강철로 된 거대한 계단식 갑문을 만드는 데 사용된 콘크리트의 양은 1930년대 초반 후버 댐이 완성될 때까지 단일 공사로는 세계 최대를 기록했다. 배가 호수에서 바다로 나갈 때에는 표고(標高)를 26미터 올리거나 내려야 했고, 그때마다 획기적인 계단식 갑문 시설에 약 9800만 리터(당시 뉴욕 시 전체가 하루에 사용하는 수돗물의 약 4분의 1에 해당하는)의 물을 채워야 했다.[29] 갑문 안으로 들어오거나 밖으로 나가는 배를 끌기 위해서 새로운 예인용 기관차가 사용되었다. 예인 차, 밸브, 배수로, 갑문, 그 외의 수문 조절 시설은 모두 낙수를 이용하는 수력발전용 모터 1500개에서 생산된 전기로 움직였다. 결과적으로 운하는 중앙 제어식으로 운영되었고, 외부의 에너지 공급원이 필요하지 않은 전적으로 자족적인 운영 체계를 갖췄다.

공사가 진행되는 동안에도 운하 건설의 최대 난관이던 대륙 분수령의 산맥을 관통하는 14킬로미터 길이의 병목 모양 수로를 뚫는 현장을 직접 보러 전 세계의 관광객들이 찾아왔다. 프랑스 인들이 포기했던 쿨레브라 수로를 사람들은 종종 "특별한 기적"이라고 불렀다. 미국이 공사를 주도한 이후 노동자들은 꼬박 7년에 걸쳐 체계적으로 그 작업을 진행했다. 그들은 일요일을 제외하고는 낮밤으로 일했고 찜통 더위나 폭우 속에서도 작업을 계속했다. 산을 폭파하고, 바위와 흙더미를 옮기고, 우기에는 산비탈의 진흙 사태로 흙더미 아래 묻힌 공사용 기계를 반복해서 파내야 했다. 쿨레브라 수로를 만드는 과정에서 파낸 흙의 양은 상상을 초월한다. 엔지니어들이 미국 공업 분야의 일괄 작업 방법과 기술적 독창성을 이 작업에 적용하지 않았다면 노동자들은 완전히 압도당하고 말았을 것이다. 이 작업 시스템의 생명은 수로 내의 서로 다른 층 사이에서도 정확한 스케줄에 맞추어 작동하는 대형 철도 망이었다. 무거운 바퀴가 달린 운송 수단은 물렁한 땅을 지날 때 수렁에 빠질 수 있겠지만, 철도는 일정한 간격을 두고 작업용 기계를 운반할 수도 있고 굴착해 낸 흙을 나를 수도 있었다. 50~60대의 거대한 증기 굴착기가 하루에 열차 500대 분량의 흙을 퍼냈다. 열차용 하륙기(下陸機), 흙 파헤치는 도구같이 새로 고안된 기계식 굴착 장비들 덕분에 예전 같으면 수천 인시(人時)가 걸렸을 작업을 겨우 몇 분 내에 해낼 수 있게 되었다. 프랑스 인들은 이러한 장비가 없었던 것이다. 1913년 5월 드디어 서로 다른 방향에서 작업을 진행하던 두 대의 굴착기가 서로 만났다. 몇 달 후인 1913년 10월 워싱턴에 있는 우드로 윌슨 대통령은 마지막으로 운하에 물을 채우기 위해 둑을 무너뜨리라는 중요한 명령을 내렸다. 불길하게도 그보다 열흘쯤 전에 강력한 지진이 파나마 운하 지대를 덮쳤고, 이 때문에 파나마시티의 건물들이 무너졌다. 그러나 운하는 자연의 마지막 시험을 아무 탈 없이 통과했다. 공사는 정해진 기한에 맞추어 끝났다. 미국 정부는 이 공사에 총 3억 7500만 달러를 투입했다. 그러나 1914년 8월 15일로 예정되었던 국제 경축 행사는 1차 세계 대전이 발발하는 바람에 열리지 못했다. 루스벨트는 완성된 운하를 직접 가서 보지도 못하고 1919년 60세의 나이로 세상을 떠났다.

두 대양 사이, 80킬로미터의 욕망

어느 면에서 보건 운하는 대성공이었다. 개통 후 10년 이내에 운하는 매년 약 5000대의 선박이 통과하는 수로가 되었다. 이는 수에즈 운하와 비슷한 수치이다. 1970년까지 1만 5000대가 넘는 배들이 10~12시간이 걸리는 이 운하를 통과했고 매년 1억 달러가 넘는 통행료를 지불했다.[30] 주기적인 확장과 개선 작업이 이루어져 대규모 전함이나 점점 더 규모가 커지는 초대형 유조선 또는 거대한 화물 컨테이너 수송선도 운하를 지나갈 수 있게 되었다. 이러한 변화는 20세기 후반 세계경제가 빠른 속도로 통합되는 현상을 뒷받침하는 해운 혁명의 근간이 되었다.[31] 400년 전 유럽인의 지리상 발견으로 시작된 변화, 즉 세계의 바다가 사람들의 이동을 제한하는 경계에서 통합된 초고속 도로망으로 변모하는 역사적 현상은 이 운하가 완성되면서 그 정점에 도달했다.

데이비드 맥컬러는 운하의 역사에 대한 개설서에서 다음과 같이 요약했다. "두 대양 사이의 80킬로미터는 인간이 자신의 능력과 노력을 이용하여 가장 힘들게 얻은 것에 속한다. 그리고 그 용적이나 통행료에 대한 통계로는 그 업적의 위대함을 결코 전달할 수 없다." 그리고 "운하는 분리된 것을 이어 인류를 통합하려는 오래된 숭고한 욕망의 표현이다. 우리 문명의 작품이라고 할 만하다."라고 적었다.[32]

파나마 운하는 미국이 전 세계에서 독보적인 존재가 되었음을 보여 주는 상징이었다. 그 사회 내의 다양한 역동적 힘들이 합쳐져 새로운 시대를 열었고, 바로 이때가 미국 역사에서 중요한 전환점이 되었다. 마침내 미국은 대양을 향해 열린 두 프론티어의 해양 자원들을 결합할 수 있게 된 것이다. 운하 개통 이후 미국의 수출과 해외 투자는 급증했고, 해외 시장과 원자재는 역동적인 미국 산업 경제의 생산 고리에 편입되었다. 1929년에 미국은 전 세계 총산업 생산량의 거의 절반을 차지하는 국가가 되어 있었다.

파나마 운하는 미국 해양 역사의 세 단계 중 첫 번째 시기에서 두 번째 시기로 넘어가는 계기가 되었다.[33] 미 해군이 자국의 국경과 물길을 방어하고 자유 무역을 보호하며 해상무역상들의 시장 접근성을 확보해 주는 일에 몰두하면서, 적당한 기회를 노려 대륙 내에서 팽창을 도모하던 긴 시대는 이제 끝났다. 파나마 운하 완공 이후 미 해군은 미국이 군사적인 면에서나 상업적인 면에서 전 세계에 걸쳐 팽창하는 한편, 미국의 국력이 밖으로 뻗어 나가 유럽과 아시아에서 발생하는 문제를 중재할 수 있도록 기획했다. 독일의 잠수함들이 영국의 해상 장악과 항구 봉쇄를 무너뜨리려고 분투하던 중 미국을 비롯한 공식적 중립 국가의 상선과 여객선을 침몰시키자, 우드로 윌슨 대통령이 공언했듯이, 미국은 세계의 민주주의를 수호하기 위해 1차 세계 대전에 참가했다.[34] 2차 세계 대전부터 시작되는 세 번째 시기 내내, 막강한 미 해군은 자유세계의 질서를 수호하기 위해 전 세계 바다와 전략적으로 중요한 항로를 순찰하고 다녔다. 미국의 힘은 비할 데가 없을 정도였고, 거기에 도전하는 자도 거의 없었다. 미국은 이론의 여지가 없는 세계 일인자였다. 미국의 항공모함은 2차 세계 대전에서 최첨단 무기였다. 항공모함은 1942년 6월에 벌어진 미드웨이 해전에서 결정적인 역할을 수행했다. 이 전투로 태평양 지배권의 행방이 결정되었다. 일본 해군은 그보다 여섯 달 전에 진주만에서 처음으로 끔찍한 급습을 감행했지만, 미드웨이에서 패한 이후로는 전세를 회복하지 못했다. 이 전투는 역사상 처음으로 교전에 참여한 함대가 적과 130~270킬로미터나 떨어져서 상대를 보지 못한 채로 진행된 전투였다.[35] 미국은 제해권을 확보하자 노르망디 상륙 작전을 수행할 수 있게 되었다.

미국은 세계 대양의 초고속도로망에서 중심 위치를 점하고 있었고, 적절한 곳에 위치한 전천후 항구들을 많이 확보하고 있었으며 해군력에서도 우세를 유지할 수 있었다. 그리고 이와 같은 능력은 미국이 냉전 시대에 주요 적수인 대륙 지향적 성격의 소련을 상대로 승리할 수 있었던 결정적인 강점이 되었다. 반면 소련의 전함과 보급선은 흑해에서의 상황이 잘 보여 주듯이 장거리 이동, 열악한 기후 환경, 서구의 핵심적 항로 장악으로 인한 운신의 제약 같은 지정학적인 불리함에 직면해야 했다. 21세기 초 미국이 여전히 누구의 도전도 허락하지 않는 군사 강대국으로서 영향력을 행사할 수 있는 것은 세계 최고 수준의 핵 동력 항공모함으로 구성된 기동 부대를 전 세계에 배치하고 있기 때문이다. 미국의 군사력은 해당 분야에서 그 뒤를 잇는 9개의 선도 국가의 힘을 합한 것과 비슷할 정도로 우세하며, 고대 로마가 지중해 세계를 제패한 이후 서구의 역사에서 그 누구와도 비교할 수 없을 정도로 막강하다.[36]

파나마 운하는 대서양과 태평양을 잇는 빠르고도 경제적인 물길을 터주었고, 결과적으로 다음 시대에 미국 내에서 경제 붐을 일으킬 지역을 결정했다. 바로 기후가 건조하고 미개발 상태에 있는 극서부 지역이다. 팽창 중인 동부의 산업 및 시장이 이 지역에 잠재된 풍부한 광물 자원과 농업 생산물에 쉽게 손을 뻗칠 수 있게 되었던 것이다. 더욱이 운하는 연방 정부가 자금을 대고 직접 운영하여 성공을 거둔 사업이었던 만큼, 극서부 지역을 20세기 미국의 성장 동력으로 바꾸어 놓을 국가 주도형 대규모 수자원 관련 사업 계획의 실행에 힘을 실어 주었다. 19세기 말 영국과 프랑스에서는 전통적인 자유방임주의 시장경제체제가 우세했던 것과 반대로 미국에서는 늘 고유의 '미국적 제도'가 통치에 동원되었다. 이 제도하에서는 정부도 사적 영역에서 진행되는 자원의 개발을 보조하기 위해 움직이는 하나의 주체가 된다. 뉴욕 주 정부가 이리 운하 건설에 자금을 공급했던 것이나 연방 정부가 초기에 국내 시설 발전을 지원하는 정책을 실시했던 것, 그리고 연방정부가 1862년 이후 대륙 횡단 열차 사업을 지원하고 미시시피 이서(以西)의 정부 공여 농지에 정착한 소농들을 우대한 것은 모두 19세기 미국의 혼합 경제정책이 작동한 좋은 예이다. 파나마 운하의 성공으로, 산업시대가 가져온 거대한 기회와 도전에 응수하기 위하여 더욱 본격적이고 전면적인 형태의 혼합

경제체제가 시작되었다. 시어도어 루스벨트는 정부 주도 정책의 견인차 역할을 맡았고, 그의 노력은 그의 친척인 프랭클린 루스벨트의 대통령 재임 시기에 초대형 다목적 댐의 건설이라는 결실을 맺게 될 터였다. 이때에 만들어진 댐들로 인해 인구가 드물고 기후가 건조한 미국 서부의 풍경은 농업용 관개 시설, 광업 및 공업을 뒷받침하는 수력발전 시설로 채워지는 극적인 변화를 겪었다. 그리고 정부가 건설한 이 시설들은 20세기 여러 선진 국가들의 특징인 대규모 정부 주도 사업에 대한 일반인들의 인식을 강화했다.

13 　　다목적 댐의 기술적 원형, 후버 댐

후버 댐 건설은 물의 역사에서 중요한 전환점이 되었다. 이로 인해 거대 다목적 댐의 시대가 열렸다. 1930년대 중반 이후 약 30년 동안 미국은 세계적인 댐 건설 열풍을 이끌었다. 댐 덕분에 엄청난 양의 관개용수와 수력발전 전기를 싸게 공급할 수 있어 생산이 늘어났고, 곧 인류 사회의 모습이 변했다.

　　미국의 극서부 개발은 완전히 새로운 종류의 물의 도전을 의미했다. 미대륙은 전체를 놓고 보면 수자원이 풍부했지만, 대부분 기후가 온화하고 강이 많은 동부 지역에 집중되어 있었다. 대체로 동부의 연강수량은 관개시설을 갖추지 않은 소규모 농경에 필요한 최소 기준인 500밀리미터를 넘는다. 그러나 미시시피 강 유역에서 서쪽으로 이동하여 반건조 기후에 나무는 없고 풀로 덮여 있는 고도가 높은 평원 또는 대초원으로 진입하면 강수량은 급격히 줄어들고 그나마도 불규칙해진다. 미국의 스텝이라고 할 수 있는 이러한 환경은 캔자스 주 서부에서 네브래스카 주, 텍사스 주까지 펼쳐져 있다. 경도 99도와 100도를 넘어가면 토지가 아니라 물이 발전을 제약하는 중요 요소가 된다. 대초원 지대에서는 강수량이 풍부한 해에만 경작이 가능하다. 1865년의 농경 한계선은 캔자스 주 동부와 네브래스카 주를 지나는 96도선과 대략 일치했다. 그 후 사반세기 동안 계속 밀려온 강인한 자작농들은 습한 시기에 100도 선 너머에 정착하려 노력했지만 그 뒤에 이어진 건조한 시기에는 물러날 수밖에 없었다. 1870년과 1880년 사이 캔자스 주, 네브래스카 주, 콜로라도 주의 인구는 백만 명 이상이 늘어 160만 명에 이르렀다.[1] 그러나 3년째 계속되는 가뭄과(이 가뭄은 그 후 십 년 동안 계속된다.) 1885년과 1886년에 걸친 혹한이 지나간 후 1890년 캔자스와 네브래스카의 인구는 4분의 1에서 2분의 1까지 줄어들었다.[2] 로키 산맥 서쪽의 골짜기와 저지대 대부분은 북아프리카보다 더 건조한 사막이었고, 오늘날의 피닉스, 라스베이거스 같은 여러 지역은 연 강수량이 180밀리미터에도 못 미쳐 사람이 거주할 수 없는 상태였다. 서부의 강수는, 겨울에 산에 내린 눈이 봄에 녹아 유거수(流去水, 땅 위를 흐르는 빗물)로 흐르는 것까지 포함하더라도, 계절에 따른 편차가 매우 컸고 장기간 지속되는 가뭄으로 연결되는 일이 많았다. 따라서 농사를 지을 수 있을 정도로 풍부한 물이 있다고 해도 정작 필요할 때에 그 물을 사용할 수 없는 경우가 잦았다. 게다가 극서부 지역의 영구 지표수 대부분은 산에서 발원한 3대 수계(남서부 지역의 콜로라도 강, 북서부의 컬럼비아 강, 캘리포니아 센트럴 밸리의 샌와킨 강과 새크라멘토 강)에 집중되어 있다. 그리고 이 강들은 대체로 곡식을 경작하는 농토와 멀리 떨어진 바위투성이 땅 사이로 흐른다.

다시 말해 미국 극서부의 지리적 조건을 결정짓는 요인은 바로 물 부족이었다. 결과적으로 물을 확보하기 위한 노력은 부와 권력을 차지하기 위한 노골적인 경쟁과 불가분의 관계에 있었다. 1958년 할리우드 영화 「빅컨트리」가 잘 보여 주듯이, 용수권은 가문 간의 유혈 분쟁을 불러오는 주제였다. 작가 마크 트웨인이 비꼬아 말한 대로 서부에서 "위스키가 마시기 위해 있다면 물은 싸우기 위해 있었다." 미국은 세계 최초의 거대 다목적 댐(이는 물과 관련된 20세기의 결정적이고 혁신적인 고안물이다.)을 건설함으로써, 1930년대 중반 이후로 서부의 험준한 강을 관개농업, 수력발전, 저수, 홍수 통제에 동원할 수 있는 강력한 원동력으로 변화시키는 데 성공했다. 극서부의 사막은 기적적으로 지구에서 가장 비옥한 관개 농지로 변모했다. 서부라는 건조한 수리상의 프론티어는 강국으로 부상 중인 미국에 새롭고도 강력한 자극을 제공했다. 미국 연방 정부의 개발 정책은 정치 경제학의 준거가 되었다. 미국의 댐 건설 기술은 매우 빠른 속도로 전 세계로 퍼져 나갔고, 그와 함께 기본적인 물의 사용을 극대화함으로써 얻을 수 있는 엄청난 물리적 이익도 확산되었다.

거칠고 혹독한 미국 서부 지역 관개 계획

극서부에서 전개된 물에 대한 도전은 강수량이 풍부한 미국 동부보다는 차라리 권위주의적인 고대 메소포타미아의 수리 사회와 더 많은 공통점을 지닌다. 물론 미국 서부의 환경이 메소포타미아보다 더 거칠고 혹독했으며, 그 풍광이 훨씬 광활했지만 말이다. 그에 비해 미국 동부 지역은 독립적인 자작농과 진취적인 산업, 분권화된 정치권력 같은 미국의 시장 민주주의를 부양했다. 실제로 건조한 서부 지역을 미국 주류 문명에 편입시키는 것은 정치경제적이고 문화적인 도전이었다. 세기 전환기의 위대한 미국인 사학자 프레더릭 잭슨 터너는 이와 같은 광범위한 도전을 연구했다. 그는 1893년에 발표한 중요한 논저 『미국 역사에서 프론티어의 중요성』을 통해 미국 특유의 개인주의적, 민주적, 실용적, 다원적인 기질과 제도를 형성한 것은, 과거의 학설들이 설명하듯 신세계에 이식된 유럽의 가치나 상충하는 북부와 남부의 이해관계 사이의 상호 작용이 아니라 계속되는 서부로의 팽창을 통한 변경의 경험이었다는 유명한 패러다임을 확립했다. 터너는 미국 역사에 대한 그의 고전적 해석에서 면조지(免租地)와 농업 변경의 실질적 폐쇄(그는 이 시점을 1893년으로 파악했다.)가, 미국 사회가 점차로 개인주의에서 탈피하여 사회적 협동, 거대 기업들의 연합, 정부 지원에 대한 의존성 증가를 수용하는 과정을 동반한다는 점을 지적했다. 그리고 극서부 정착지의 물리적 도전들이 이러한 경향을 가속시킬 것이라고 주장했다. "서부의 건조한 토지와 광물 자원을 손에 넣자 과거 개척자 개개인이 사용했던 방법으로는 어떤 것도 정복할 수 없게 되었다. 이제 그곳에는 큰 돈이 드는 관개시설을 건설해야 했고, 그렇게 공급된 물을 사용하기 위해서는 협동 작업이 요구되었으며, 소규모 농장주가 감당할 수 없을 정도의 돈이 필요해졌다. 즉 지리적 환경 자체가 이 새로운 프론티어의 운명은 개인적일 수 없고 사회적이어야 한다고 결정해 버렸다."[3] 역사적으로 반건조 지역의 관개수를 통제하고 배분하는 거대 국가들이 중앙집권적이고 권위주의적인 경향을 보였듯이, 터너는 미국도 그러한 상황에 직면하였지만 자영농들의 프론티어 정신이 새로운 형태의 민주주의를 고취시켜 이를 잘 극복하리라고 낙관했다.

터너가 시카고에 있는 미국역사학회에 그의 유명한 논문을 제출할 즈음에는 사유 관개시설만으로는 극서부 지방을 개발할 수 없다는 것이 이미 명확해졌다. 이 지역에 관개시설을 만들려는 노력은 기원전 1200년경으로 거슬러 올라간다. 그때 이미 남서부 지역의 아메리카 원주민들은 곡물을 경작하기 위해서 관개수로를 파기 시작했다. 아즈텍과 마야 문명 북부에 위치한 선진적인 호호캄 문화는 기원후 500년경 콜로라도 강의 지류인 중앙 애리조나의 솔트 강 주변에 대규모 수로망을 건설했다. 그러나 16세기에 이르면 호호캄도 이 지역의 다른 문화권들처럼 빈번한 장기 가뭄과 집약적 관개 농업의 부작용인 토양 염분화로 사라졌다. 그들이 사용했던 운하의 일부는 1860년대 후반 미국 정착민들이 이 지역으로 이주해 왔을 때 발굴되어 다시 사용되기도 했다. 서부에서 근대적 관개시설은 모르몬교도들이 1847년부터 유타 주로 이주하면서 시작되었다. 그들은 중앙집권적 조직, 종교 규율, 고된 노동을 통해 수많은 소규모 농업 공동체를 건설했고, 이 공동체들은 산에서 내려오는 물을 짧은 운하로 돌려 감자, 콩, 밀, 옥수수 등을 재배했다. 모르몬교도들은 1850~1890년 사이에 관개 농지를 열다섯 배나 늘렸고, 이를 통해 20만 명이 넘는 인구를 부양할 수 있었다.[4] 캘리포니아에서 관개농업이 본격적으로 시작된 것은 골드러시가 끝나고 1869년 대륙 횡단 철도가 들어오면서부터였다. 투기를 목적으로 하는 부동산 컨소시엄들이 물을 얻을 수 있는 곳에 소규모 농장주들의 공동체를 건설하기 시작했다. 여기서 사용하는 물은 킹 강, 샌와킨 강, 컨 강, 새크라멘토 강 등을 포괄하는 비옥한 캘리포니아 센트럴 밸리를 통과하는 강과 개천에서 운하나 때로는 개인이 건설한 사설 댐을 이용하여 끌어왔다. 동부 콜로라도는 서부의 또 다른 중요한 관개 농경 지역이었다. 1870년대부터 공동체적 이상(理想)을 품은 이들이 이곳에 정착하기 시작했고, 1909년에 이르면 콜로라도에는 캘리포니아보다 더 넓은 관개 농지가 조성되었다.

    그러나 대체로 19세기 미국에서 관개농업에 종사했던 이들은 극서부의 풍경을 농업용지로 바꾸는 데 그들의 선배인 호호캄 인들보다 나을 것이 없었다. 1880년대 중반이 되자 관개농업에 가장 적합한 이 지역 소형 하천 주변 땅들은 이미 포화 상태에 이르렀다. 서부에서 의미 있는 규모의 농업이 발전하기 위해서는 미개발된 몇몇 대형 하천에 대규모 댐을 세워야 했다. 그러나 그 작업에 착수하려면 먼저 막대한 모험 자본을 끌어오고 복잡한 수리권 문제를 해결해야 했다. 게다가 1880년대 후반의 가뭄과 1893년 경제 공황 때문에 민간 부문에서 대규모 관개를 위한 자금 조달은 거의 끊어졌고 토지 가치는 곤두박질쳤다. 사기업이 이 계획을 주도하도록 하는 대안은 1889년 봄 펜실베이니아 주 존스타운에 민간이 건설한 댐이 붕괴하는 비극적인 사고가 일어나 완전히 날아갔다. 당시 댐이 무너지면서 물이 넘쳐 2200명이 사망했다.[5] 1890년대를 지나면서 서부 민간 부문과 지도자들은

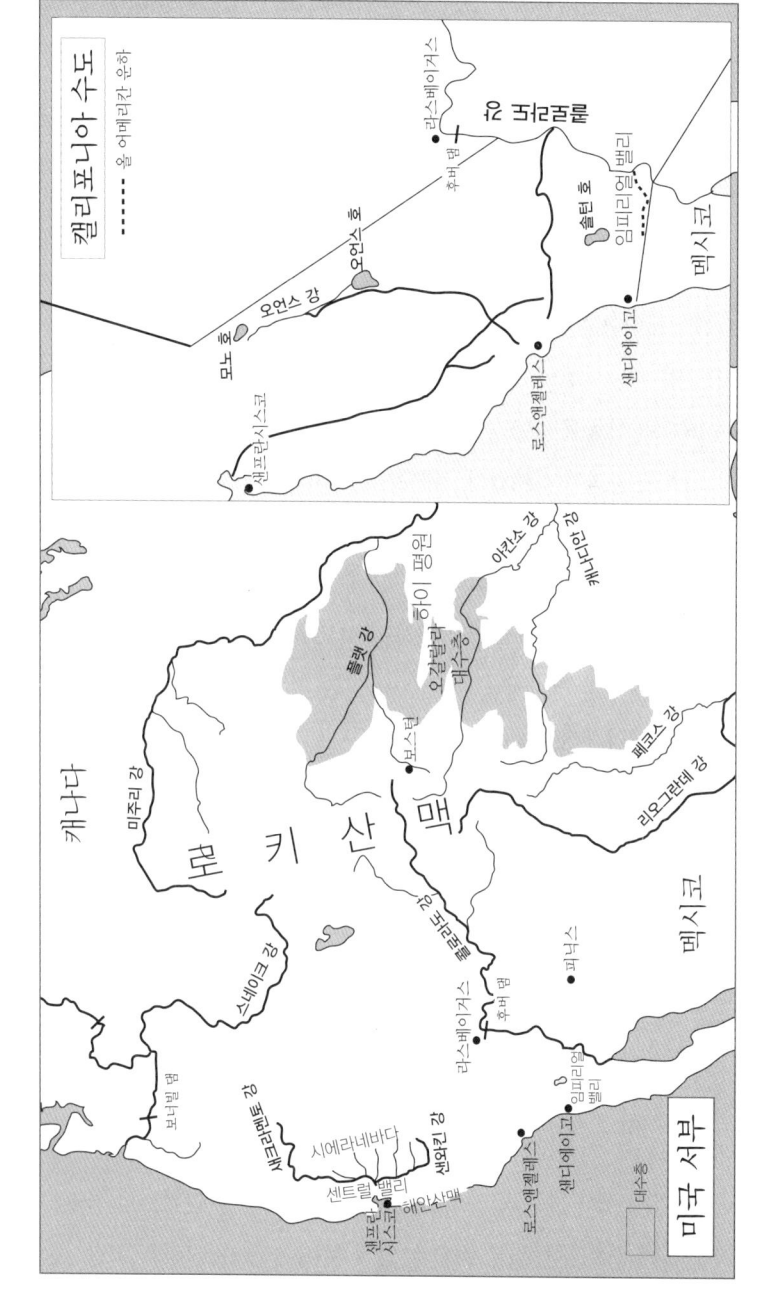

연방 정부가 이 일을 주도하기를 점점 더 간절히 바라게 되었다.

　연방 정부의 관개시설 공사를 위한 기초 작업은 존 웨슬리 파월의 선구적 노력에 힘입어 수년에 걸쳐 이루어졌다. 1834년에 태어난 파월은 1850년대에 미시시피 강을 탐험했다. 그는 북군의 장교로 남북전쟁에 참전했을 당시 샤일로 전투에서 오른팔 아랫부분을 잃었음에도 1869년 탐험가 9명과 나무 보트 4대로 이루어진 탐험대를 용감무쌍하게 이끌어 콜로라도 강과 그랜드캐니언을 최초로 탐사하는 데 성공했다. 파월은 자신이 탐험가로서 지닌 명성을 서부의 지리학 발전과 경제개발을 위한 디딤돌로 활용했다. 그는 1874년 사람들이 소중히 여기는 국가적 신화에 도전하는 발언으로 국민과 의회를 충격에 빠뜨렸다. 경선 99도와 100도 너머의 미국 서부 지역 거의 대부분이 관개시설이 없는 동부 방식의 소규모 농업을 하기에는 지나치게 건조하며, 심지어 관개시설이 있다고 해도 가용한 물의 전체 공급량은 관개시설을 옹호하는 사람들이 가정하는 것보다 훨씬 적은 인구를 부양할 수 있는 매우 한정된 경작지만 지탱할 수 있을 정도라고 주장했다. 당시 많은 관리들은 '쟁기를 꽂는 곳에 비가 내릴 것'이라는 안이하고 낙관적인 생각에 매달려 있었다. 그 결과 그들은 대륙 전역에서 소규모 자영농들이 끝없이 번창할 수 있으리라고 믿었다. 파월은 1878년 『미국 건조 지대 내 건조 지역에 대한 보고서』를 통해 자신의 견해를 매우 자세히 피력했다. 이 보고서 덕분에 그는 과학적인 방법으로 서부 지질을 조사하고 차후에는 서부의 잠재 수자원을 이용한 관개를 연구할 새로운 정부 부처의 장으로 임명되었다.

　이 자리에 있는 동안 파월은 서부에 농업용수를 대기 위해 정부가 주도하는 저수용 댐 건설의 거목이 되었다. 하천에 흐르는 모든 물을 자연 상태에서 끌어내 경제적인 측면에서 국가에 도움이 되도록 적극적으로 활용해야 한다는 것이 그의 입장이었다. 또한 삼림처럼 자연적으로 물을 모으고 저장하는 공유지는 정부 소유로 남겨 두어야 하며, 그것을 고갈시킬 수 있는 목재 회사나 여타 사기업에 매각해서는 안 된다고 주장했다. 파월은 미합중국이 고대 수력 중심 사회의 권위주의적 역사를 되풀이할지도 모른다는 생각에 조바심을 내지는 않았다. 그 대신 독특하고 이상주의적이며 전문가적인 자신만의 개발 계획을 제안했다. 자연적인 경계를 중심으로 재편성된 정치 단위에 기반을 둔 계획이었다. 파월의 계획에 따르면 125만 소규모 자영농이 40만 제곱킬로미터의 관개 가능한 농경지를 경작하게 될 것이다.[6]

그러나 인습을 무시하는 파월의 계획은 기득권층의 이해와 맞지 않았다. 게다가 대중들의 정치적 신화, 즉 소규모 공여지를 자영 농지법 방식으로 분배하는 제퍼슨식의 이상적인 소농체제를 근간으로 하여 연방 정부의 관개 계획이 성립될 수 있을 것이라는 믿음을 흔들어 놓았다. 1893년 로스앤젤레스에서 열린 2차 전국관개회의에서 파월은 사실에 기초하여 대규모 사기업들이 이미 관개농업에 가장 적합한 토지들을 모두 장악했다고 밝혀서 엄청난 논란을 야기했다. 그러나 이때에 이르면 관개시설 계획은 그것을 최초로 제안한 사람의 별난 수자원 운영 계획과는 거리를 둘 수 있을 정도로 보수적인 정치가들과 강력한 사기업들에게 충분히 지지를 받고 있었다. 1년 후 파월은 공직에서 사임했다. 1902년 그는 사람들에게 잊힌 채 메인 주에서 사망했다.

그러나 파월은 죽기 전에 연방 정부가 서부에서 관개 작업에 착수하는 것을 보았다. 1902년 개간법을 처음 발의한 사람은 미국의 위대한 '물 대통령' 시어도어 루스벨트였다. 그는 1901년 9월 매킨리가 암살당한 후 곧바로 대통령에 취임한 상황이었다. 루스벨트는 파월의 추종자였다. 그는 서부의 사우스다코타 주 배드랜드에서 살았고, 그곳의 건조하지만 비옥한 토지를 개발하기 위해서 연방 정부가 관개시설을 지원해야 한다는 파월의 주장을 열렬하게 신봉하고 있었다. 신임 대통령은 1901년 12월 3일 대통령으로서 의회에 보낸 최초 공식 서한에서 중앙아메리카를 관통하는 운하의 경로를 둘러싼 논의를 재개하기 위해 노력하는 한편, 연방 정부를 통해 저수와 관수 시설을 세워 서부를 개발하려는 자신의 의지를 공표했다. 그는 "건조 지역에서 생산을 결정하는 것은 땅이 아니라 물"이라고 말함으로써 파월과 프레더릭 잭슨 터너의 주장을 반복했다. 그리고 다음과 같이 확언했다. "미합중국 서부의 절반은, 현재 버려지고 있는 물을 모아서 관개용수로 사용한다면, 우리나라 전체 인구보다 더 많은 인구를 부양할 수 있을 것이다."[7] 1902년 개간법에 따라 서부에서 국유지를 판매한 돈을 연방 정부의 관개시설 사업 자금으로 사용하게 되었고, 내무부 산하에 새로이 구성된 개간 담당 부서가 이 일을 담당했다. 65만 제곱미터 이하의 소농장만이 정부의 관개 혜택을 받을 수 있었지만, 사실상 이러한 조건은 시간이 지나면서 대체로 유명무실해졌다. 또한 루스벨트는 물과 삼림 사이의 밀접한 연관성도 충분히 인식하고 있었다. 숲은 천연 저수지로서 토양을 보존하며 끔찍한 홍수를 억제할 수 있었다. 루스벨트는 "숲과 물은 미국이 당면한 가장 필수적인 내부 문제라고 할 수 있다"라고 말하기도 했다.[8] 임기 말년에 그는 유명한 서부 국립공원 제도를 만들기도 했는데, 이는 부분적으로는 삼림 유역을 보존하기 위한 조치였다.

개간청(1923년 개간국으로 개명되었다.)은 정부가 운영하는 수자원 관리 관료 집단으로서는 인류 역사상 가장 큰 규모가 될 것이었지만(고대 중동의 신관이나 중국 고관의 현대적, 민주적 형태라고 할 수 있을 것이다.), 그들이 추진한 개간 계획의 시작은 기대에 미치지 못했다. 처음 20년 동안 이 부서가 진행한 사업 성과는 미미하여, 서부의 농경 확대라는 면에서 별다른 변화를 가져오지 못했다. 게다가 경제적 기반도 위태로웠다. 관개시설 공사와 연관된 농부들의 절반 이상이, 풍부한 보조금 혜택과 지불 기한 연장에도 불구하고, 1922년에는 대출금을 상환하지 못하여 체납 상태에 놓여 있었다.[9] 부유한 토지 투자가들은 매처럼 관개 담당자들을 찾아내고, 관개시설 공사가 이루어질 것 같은 지역의 정부 공유지를 낚아채듯이 사들였다. 조만간 과도한 부채에 시달리게 될 새로운 소농들에게 헐값에 땅을 사들인 다음 나중에 몇 배나 뛴 가격을 받고 그 땅을 팔기 위해서였다. 기존의 개인 토지 소유자들 역시 연방 관개 계획 덕분에 불로소득을 얻는 횡재를 누렸다. 1920년대 초반 미국의 농업은 농산물 가격 급감으로 침체 국면을 맞이했다.[10] 이러한 현상은 1930년대 경제 전반에 걸친 대공황을 초래한 다양한 원인 중 하나가 되었다. 관료 체제가 실패와 목표 상실에도 불구하고 장기간 견뎌 낼 수 있는 강인한 탄성을 지니지 못했다면, 개간국과 서부 관개 계획은 이 시점에서 역사에 흔적도 남기지 못할 실패한 정책으로 사라져 버릴 수도 있었다.[11]

"왔노라, 보았노라, 압도당했노라"

후버 댐이 모든 것을 바꾸어 놓았다. 개간 기술자들은 국가가 이 일에 개입하기 시작했을 때부터 콜로라도 강에 댐을 건설하는 상상을 했다. 그러나 1910년대 후반과 1920년대가 되어서야 콜로라도 강 하류에 세계 최초의 거대 다목적 댐을 건설하기 위한 최초의 진지한 노력이 이루어질 수 있을 정도로 정치, 경제 및 기술적 협력 기반이 갖추어졌다. 공사가 시작되기까지는 그로부터 10년에 걸친 정치적 노력이 더 필요했다. 1936년에 본격적으로 시작된 댐 건설은 실로 엄청난 작업이었다. 규모 면에서나 기술 면에서나 이전에 세워진 모든 댐을 압도했다. 고대 로마나 한(漢)나라 시대부터 19세기까지 세워졌던 댐들의 경우 높이가 46미터를 넘지 못했다.[12] 그러나 19세기 중반 이후 토목 공학, 수압 공학, 유체 역학을 체계적으로 적용하게 되면서 과거보다 훨씬 더 복잡한 댐 구조가 가능해졌다. 콘크리트로 지어진 후버 댐의 높이는 221미터인데, 이는 영국인들이 이룩한 경이로운 업적인 나일 강의 아스완 댐이 1929년 최종 확장 공사를 거친 이후의 높이보다 여섯 배 이상 크고 지구에 존재하는 그 어떤 댐보다 두 배 이상 큰 수치다.[13] 이 댐이 건설되어 세계 최대 규모의 인공 저수지인 미드 호가 생겼다. 이 호수는 콜로라도 강 연간 수량의 두 배를 저장할 수 있고, 펜실베이니아 주 전체를 수심 30센티미터 아래에 잠기게 할 정도의 물을 가둘 수 있다. 또 세계 최대의 수력발전소로 170만 마력의 전기를 생산할 수 있었는데, 이 수치는 1980년대에 270만 마력까지 증가했다. 2000년에는 남서부 지역에 거주하는 약 3000만 명의 사람들과 거의 8100제곱킬로미터의 귀중한 농경지 그리고 로스앤젤레스, 샌디에이고, 피닉스, 라스베이거스 같은 대도시들이 콜로라도 강이 제공하는 물에 의존하고 있었다. 댐의 벽은 대륙을 횡단하는 고속도로로 사용할 수도 있다. 후버 댐 건설로 인류는 역사상 처음으로 기술을 이용해 거대한 강들을 총체적으로 통제할 수 있게 되었다. 즉 거칠고 변화가 심한 급류와 예측 불가능한 범람을 조절함으로써 유수는 조심스럽게 통제되고 수위는 예측 범위 안에서 움직이는 길들여진 물로 바꾸어 놓았다. 후버 댐은 미국의 수자원 관료들에게는 건조한 서부 지역을 개발하는 과정에서 반복적으로 모방할 수 있는 성공적이고 경제적인 댐 건설 계획의 청사진이었다.

그 어마어마한 규모에 더하여, 성공적인 다목적 댐으로 설계된 점이 후버 댐이 이룩한 핵심 기술 혁신이다. 역사상 모든 댐과 그와 연계된 급수 시설 대부분은 오직 하나의 목적을 수행하도록 만들어졌다. 보통 관개나 홍수 통제가 목적이었지만 항해나 식수 공급을 위해 또는 수차나, 1880년대 이후에는 터빈을 이용하는 수력발전에 동원되기도 했다. 다양한 목적에 부합하기 위한 서로 다른 설계들이 경합했다. 예를 들어 홍수 조절용 댐은 넘치는 물을 가둘 수 있도록 저수량이 적어야 했지만, 발전량을 극대화하기 위해서는 저수 수준이 높아야 했다. 운항용 댐은 또 다른 문제를 제기했다. 다목적 댐에 대한 논의는 1908년 시어도어 루스벨트가 지체되고 있는 서부 관개시설 개발을 촉발시키려고 노력하는 과정에서 등장했다. 개간 담당 공무원들은, 구 육군공병단 소속 수자원 관료들의 뿌리 깊은 회의에도 불구하고, 자신들의 존재 이유를 찾기 위해 관개용 댐에 수력발전 기능을 통합하는 실험에 착수했다.[14] 초기에 그들이 거둔 가장 중요한 성과는 애리조나 주 솔트 강에 건설한 85미터 높이의 댐이었다. 이 댐은 1911년에 완공되었고 루스벨트 대통령의 이름을 따서 명명되었다. 오래전에 사라진 호호캄 원주민들이 남긴 운하 주변의 농장들이 겪고 있던 관개 농수 부족 문제를 완화하고 전력을 생산하여, 이 댐은 피닉스 지역 경제에 큰 도움을 주었다. 결정적으로 전력 판매로 거둔 수익은 댐 건설 비용을 지불하고도 남을 정도였다.

수력 전기 판매 수익으로 관개 보조금을 지불하는 정책은 후버 댐 이후에 촉발된 거대 댐의 시대에 널리 통용된 재정 모델이 되었다. 1920년대 내내 미국의 지도자들은 미국 동부의 테네시 강 유역에 다목적 댐을 건설하는 계획을 거듭 거부해 왔다. 그럴 경우 전력 산업 분야에서 정부가 큰손이 될 것을 우려했기 때문이다.[15] 오히려 그 계획은 서부에서 관철되기 쉬웠다. 남부 캘리포니아의 농업, 도시, 철도 관련 로비 단체들이 연합하여 남서부의 생명줄인 대형 하천에 관개와 홍수 통제, 전력 생산을 위한 거대 댐을 건설해 달라고 청원했던 것이다.

콜로라도 강은 4260미터 높이의 로키 산맥을 지나 거의 해수면 높이까지 떨어진 다음 2320킬로미터를 협곡(강의 급류가 수십억 년에 걸쳐 빚어낸 그랜드캐니언을 포함하여)과 사막을 관통하며 흐른다. 탁하고 사나운 콜로라도 강은 7개 주를 지나고, 캘리포니아와 애리조나의 경계 남쪽에 위치한 멕시코 영토에 삼각주를 만든 후 캘리포니아 만 어귀로 빠져나간다. 이 강의 평균 유량은 1년에 약 1400만 에이커푸트(1에이커를 1피트의 높이로 채웠을 때의 수량을 말한다 — 옮긴이)로 규모가 그리 크지 않은 하천이다.[16] 유량으로는 동부의 서스쿼해나 강이나 델라웨어 강, 허드슨 강, 코네티컷 강과 비슷하며 거대한 미시시피 강과 컬럼비아 강에 비하면 보잘것없는 정도이다. 그러나 강이 대륙에서 가장 건조하고 광활한 분지를 지나는 만큼, 그곳을 흐르는 물은 한 방울 한 방울이 매우 귀중하다. 콜로라도 강은 주변 1600킬로미터 이내에서 유일하게 중요한 수원(水源)이었다. 석호와 언덕으로 이루어진, 로드 아일랜드 두 배 규모의 삼각주는 지난 4000년 동안 재규어, 코요테, 비버, 다양한 물새들과 물고기, 셀 수 없이 다양한 식물들의 천국이었다.

댐이 건설되기 이전의 자연 상태에서 강의 유속은 매우 변덕스러웠다.[17] 봄에 산에서 내려온 융설수로 인해 유량이 많아지면 때때로 강은 초당 약 870만 리터의 속도로 마치 폭포처럼 무섭게 쏟아져 내리며 산비탈을 깎고 바위를 부수기도 했다. 그러나 건기에는 그 속도가 100분의 1에도 미치지 못할 정도로 미미했다. 강의 연간 유량 역시 건기냐 우기냐에 따라 50퍼센트 이상 차이가 났다. 특이하게도 그토록 거대하고 거친 에너지 때문에 적갈색의 콜로라도 강은 세계에서 가장 점토 함유량이 높은 하천이 되었다. 가파른 내리막을 지나는 동안 산기슭에서 생겨난 퇴적물들은 그랜드캐니언을 지나 강의 하류에 쌓였다. 그 결과 강의 하류에는 진흙탕인 미시시피 강보다 가는 모래가 열일곱 배나 많았다.[18] 남서부 사람들은 이 강물을 두고 "마시기에는 너무 탁하고 쟁기질을 하기에는 너무 옅다."라고 농담했다.[19] 하천의 바닥은 매년 쌓이는 침전물 때문에 높아지므로, 결국 큰 홍수가 나면 그때까지 범람을 막고 있던 모래 언덕을 강물이 무너뜨리고 만다. 이제 강물은 새로운 방향으로 맹렬히 흐르고 바다로 향하는 새로운 길을 뚫는다. 댐이 강을 길들이기 전, 난폭한 콜로라도 강은 주기적으로 범람해 남부 캘리포니아와 멕시코의 저지대를 거대한 늪으로 바꾸어 놓았다. 그 후 물이 빠지고 나면 아주 비옥한 토양이 생겨났다.

후버 댐은 이처럼 끔찍한 홍수 때문에 만들어졌다. 1890년대 후반 민간 개발업자들이 야심찬 계획을 세우고 작업을 시작했다. 그들은 보통 앨라모 강으로 불리는 콜로라도 강의 오래된 홍수 수로 하나를 정리하고, 그것을 강물을 끌어오는 용수로로 사용하려 했다. 이것이 성공하면 강수량이 1년에 8센티미터 이하에 그치더라도 남부 캘리포니아 사막의 저지대 침적 토양을 생산성이 높은 농지로 바꿀 수 있으리라고 기대했다. 1901년 이 수로에 물이 흐르기 시작했다. 물길은 멕시코 국경 바로 북쪽의 콜로라도 강에서 시작해서 남쪽으로 고리 모양을 그리며 80킬로미터 정도 멕시코를 통과한 후, 다시 북쪽으로 방향을 틀어 솔턴 싱크로 알려진 남부 캘리포니아의 오목한 지대를 지난다. 관개가 가능해진 저지대는 약 2000명의 농부들이 정착하면서 농작물 경작으로 활기를 띠기 시작했다. 지명도 물과 함께 찾아온 새로운 자신감과 희망을 반영하여 '죽음의 골짜기'에서 '황제의 계곡'으로 바뀌었다.[20] 그러나 1904년 콜로라도 강에 자연적으로 퇴적된 세사가 그 분수로의 숨통을 조이기 시작했다. 관개 기술자들은 퇴적물을 퍼내려고 애쓰는 한편, 새로 뚫은 우회 수로를 통해 임시로 강물을 끌어오기로 결정했다. 우회로는 잠시 사용하기 위한 것이었기 때문에 엉성한 목재 수문만 갖추고 있었다. 불행히도 1905년 콜로라도 강의 봄 홍수는 2개월이나 일찍 왔고 그 정도도 심했다. 임시 수문은 물에 쓸려 갔고 요동치는 콜로라도 강은 오래된 수로로 돌진했다. 솔턴 싱크는 물에 잠겼고, 오늘날 솔턴 호수의 내륙이 된 훌륭한 농경지 수천 에이커가 침수되었다.[21] 농민들은 루스벨트에게 무너진 수문의 복구 작업을 정부가 주도해 달라고 요청했지만 아무런 도움도 얻지 못했다. 서던퍼시픽철도는 이 지역의 경제적 이해와 밀접하게 연관되어 있었기에 열심히 흙과 바위를 퍼 날랐다. 그러나 1907년에 들어서야 망가진 수문을 닫을 수 있었다. 그 후로 이 지역의 농업은 서서히 회복되었다. 그러나 1905~1907년 홍수의 영향으로, 연방 정부가 콜로라도 강에 홍수 통제용 댐을 세울 것을 촉구하는 압력단체들의 활동이 활력을 띠었다. 임피리얼 계곡의 농장주들 역시 정부가 '온전히 미국에 속하는' 관개 운하를 건설할 것을 촉구했다. 농민들 생각에 운하는 국경 안쪽의 미국 영토를 지나야 하고 따라서 멕시코가 그처럼 중요한 콜로라도 강의 흐름에 영향을 미칠 수 없어야 했다. 1920년에 이르면 워싱턴에서 본격적인 계획이 논의될 정도로 댐과 운하 건설에 대한 정치권의 의욕도 강해졌다.

급성장세에 있던 로스앤젤레스는 1924년 자신들의 예산으로 콜로라도 강물을 이용하기 위한 수로를 건설하고, 바위투성이 산지를 지나 320킬로미터 떨어진 도시까지 물을 수송하기 위하여 건설할 계획인 댐에서 생산되는 수력 전기를 구입하겠다는 내용의 계획을 내놓았고, 이로써 '볼더 협곡 계획'이라고 불리게 될 사업이 가시화되었다.[22] 로스앤젤레스는 물이 절박한 상황이었다. 남북전쟁이 끝날 당시 로스앤젤레스는 사막의 가장자리에 놓인 인구 1만 3000명 규모의 척박한 농업 도시였다. 초기에는 오렌지 농장과 철도 덕분에 성장했다. 1867년에는 서던퍼시픽철도의 지선이 연결되었고, 1885년에는 애치슨-토피카-샌타페이선을 따라 캔자스시티까지 직행이 가능해졌다. 1905년 이 도시의 인구는 20만으로 늘어나서, 지하수와 소형 하천인 로스앤젤레스 강에서 얻을 수 있는 상수만으로는 더 이상 감당할 수 없을 정도가 되었다.[23] 로스앤젤레스 강은 겨울에 몇 주 동안 퍼붓는 비가 모인 하천 수준이었고, 연중 유량은 캘리포니아 전체 하천의 0.2퍼센트에 지나지 않았다. 도시의 지도자들이 역사상 가장 악명 높은 물 공급 문제들을 해결하지 못했다면, 인구 증가는 평범한 수준에서 정체했을 것이다. 영화 「차이나타운」(1974)의 줄거리처럼 로스앤젤레스 시 당국은 400킬로미터 떨어진 시에라네바다 산맥에 위치한 빙하 시대에 만들어진 계곡, 오언스 강을 장악하기 위해서 수단과 방법을 가리지 않았다. 그리고 그들은 1907년부터 1913년에 걸쳐 건조한 로스앤젤레스로 오언스 강의 물을 끌어올 수 있는 엄청난 규모의 수로를 건설했다.

로스앤젤레스에서 이 문제를 담당했던 사람은 재치 있고 독재적인 성격의 윌리엄 멀홀랜드였다. 그는 젊은 시절 파나마 지협을 통과하는 철도를 따라 캘리포니아로 온 아일랜드 출신 이민자였다. 그는 독학으로 성공한 기술자였는데, 배수로 청소부에서 시작해 명실상부한 거물 건축가이자 로스앤젤레스 현대 상수도 체계의 화신이 되었다. 멀홀랜드는 오언스 강이야말로 멀리 떨어져 있음에도 시민들에게 한 세대 동안 물을 공급해 줄 로스앤젤레스의 몇 안 되는 선택지 가운데 하나가 될 것임을 내다보았다. 그리하여 멀홀랜드와 그의 동료들은 강의 통제권을 획득하기 위해서라면 속임수, 거짓말, 비밀 요원 파견, 염탐, 뇌물 제공 등 어떤 것도 주저하지 않았다. 그들은 연방정부 개간국의 지역 관서에 근무하는 내부자의 협력으로 비밀리에 워싱턴에서 약삭빠른 정치 공작을 벌여서 오언스 밸리에 농업 관개시설을 설립하려는 개간국의 계획을 공격하고 결국에는 폐기시켰다.[24] 그러고는 목장주나 휴양지 개발업자로 가장하여 농장들을 사들였다.[25] 이 방법으로 로스앤젤레스는 농장과 결부된 귀중한 용수권과 미래의 저수지가 될 최적의 부지를 확보할 수 있었다. 멀홀랜드는 먼저 로스앤젤레스 교외의 건조 지역인 산페르난도 밸리로 물길을 돌려 오언스 밸리 농장주들에게 피해와 모욕을 동시에 주었다. 철도업계의 거물들과 공익사업계의 거목들, 언론 부호, 토지 개발업자, 은행가 등 서로 긴밀한 관계를 지닌 도시의 주요 인물들이 산페르난도의 저렴한 땅을 조용히 사들였다.[26] 수로의 경로가 알려지자 이 지역의 부동산 가격은 폭등했고, 부자들은 더 큰 부자가 되었다. 산페르난도 밸리는 곧 로스앤젤레스에 편입되었고, 도시의 성장을 뒷받침할 재정적 기반을 더욱 튼튼하게 만들었다. 1913년 오언스 강물이 실제로 이 지역에 들어오자 산페르난도 밸리의 관개 농지는 5년 사이에 스물다섯 배나 늘었다. 물길의 방향을 둘러싼 제로섬 경제에서 오언스 밸리는 쇠퇴하고 산페르난도 밸리는 번창했다.

무엇보다도 풍부한 물을 공급해 로스앤젤레스의 경제적 번영이 지속될 수 있었다는 점이 중요하다. 지역의 인구는 멀홀랜드의 예상치를 훨씬 초과하여 1920년에는 110만, 1930년에는 250만까지 늘었다.[27] 1920년대 초반 이 지역에 새로운 건기가 시작되자 멀홀랜드는 새로운 상수원을 얻지 못한다면 로스앤젤레스는 또다시 물 기근을 겪게 되리라고 생각했다. 그리고 이때부터 콜로라도 강물과 그것을 운반할 수로를 확보하기 위해 적극적으로 로비 활동을 펼치기 시작했다. 또 물 부족 사태를 완화하기 위해서라면 오언스 강물의 마지막 한 방울까지 짜내겠다고 결정했다. 그러나 그가 더 많은 수리권을 확보하기 위해 금전적인 유인책과 폭력적인 전술을 동원하고 고압적인 태도를 취하자, 분노한 오언스 밸리의 농장주들이 격렬히 대응했다.[28] 1924년과 1927년 사이 농민들은 로스앤젤레스 송수관의 일부를 폭파하기도 했고, 도시 거주자와 농민들 사이에 벌어진 물을 둘러싼 최초의 폭력적 충돌을 진압하기 위해 파견된 무장 요원들에 맞서기도 했다. 그러나 로스엔젤레스에 공급되는 오언스 강의 물이 언제든 차단될 수 있다는 사실이 알려지자, 콜로라도 강에 수로를 건설하려는 멀홀랜드의 노력에 대한 최후의 지역적 반대도 분쇄되었다.[29] 1928년 가장 중요한 물 문제를 해결하기 위해서 새로운 지역 단위 정치체인 남부 캘리포니아 광역 수도국이 구성되었다. 이 조직은 수로에 설치된 펌프에 전력을 공급하고 여타 시설을 운영하는 데 필요한 후버 댐의 수력 전력 비용을 마련하기 위해 조세 부과권을 행사했다. 1930년대 중반 콜로라도 강의 물이 도시에 들어오자 '돈만 있으면 물도 높은 곳으로 흐른다.'는 오래된 서부의 속담이 문자 그대로 입증되었다.

후버 댐 건설을 시작하기 전에 해결해야 할 정치적 문제가 하나 더 있었다. 콜로라도 강의 용수권 문제를 정리해야 했다. 미국 동부에서는 강이나 개울에 인접한 토지의 소유자가 수리권을 갖는다는 연안주의적인 법적 전통이 통용되었지만, 물이 부족한 서부에서는 동부와 다른 원칙이 발전했다. '선점주의', 보다 일상적인 용어로는 '이용하지 않으면 잃는다.'는 원칙에 따라 서부에서는 그 위치와 상관없이 수원(水源)을 최초로 그리고 계속해서 사용한 사람이 우선적인 수리권을 가졌다. 1920년대 초 후버 댐 계획이 그 모양을 갖추어 가고 있을 무렵에는 캘리포니아 주만이 콜로라도 강물을 대량으로 사용할 듯했다. 그러나 캘리포니아가 자신들보다 먼저 강물을 사용하여 강 전체에 대한 권리를 주장하는 것을 막기 위해 콜로라도 강 유역의 여섯 개 주가 장래의 사용권을 보호하려고 나섰다. 결국 엔지니어 출신인 상무장관 허버트 후버가 1922년 콜로라도 강 유역에 위치한 주들 사이의 중대한 협약을 중재했다. 강을 상류 지역과 하류 지역으로 나누고, 물에 대한 동등한 권리를 각 주에 부여한다는 내용이었다.[30] 이는 특이하게도 서부의 정치 단위를 수역에 따라 재조직해야 한다는 존 웨슬리 파월의 독창적인 개념을 따르고 있었다. 강의 유량을 연간 1750만 에이커푸트로 잡아(후에 이 수치는 심하게 과대평가된 것으로 밝혀졌다.) 각 유역에 750만 에이커푸트가 할당되고 150만 에이커푸트는 멕시코에 그리고 나머지는 자연 증발이나 저장에 할당되었다.[31] 이 협상의 핵심은 캘리포니아 주 몫의 한도를 정하는 것이었고, 결국 연간 440만 에이커푸트로 결정되었다. 볼더 협곡 계획의 모든 주요 원칙들이 결정되고 승인을 얻어 최종안이 나오기까지는 6년 이상의 시간이 걸렸다. 결국 1929년 신임 대통령 허버트 후버가 혁신적인 볼더 댐 건설을 시작할 수 있었다. 이 댐은 1947년 그를 기리기 위하여 후버 댐으로 개명되었다.

정치적 구상은 그처럼 오래 걸렸지만 홍수 통제와 관개, 수력발전을 위한 거대한 댐의 물리적 건설은 완공까지 겨우 5년이 걸렸다. 댐은 그 이름에 맞지 않게 볼더 협곡이 아니라 블랙 협곡에 세워졌다. 볼더 협곡에서 하류 쪽으로 32킬로미터 내려온 곳이고, 그랜드캐니언에서 약 240킬로미터 떨어진 곳이다. 이처럼 부정확한 명칭이 붙은 까닭은 최종 부지가 선정되기 전에 최초의 입법이 이루어졌기 때문이다. 당시에는 이런 댐을 짓는 데 참고할

20 1935년 4월 14일 캔자스 주의 롤로 지역을 덮친 모래 폭풍.(왼쪽 위) 물이 부족한 지역을 인간이 무분별하게 다루어 발생한 모래 폭풍은 대공황 시기 대평원 지역을 초토화했다. 아주 먼 옛날 깊고 거대한 지하 대수층에 축적된 물을 뽑아내 사용함으로써 대평원은 세계에서 가장 거대한 곡창지대 가운데 하나로 변모했다. 그러나 장기적 지속가능성에 대해서는 의문이 제기되고 있다.

21 "왔노라, 보았노라, 압도당했노라." 1935년 9월 30일, 프랭클린 루스벨트(왼쪽 아래)는 볼더 댐(나중에 후버 댐으로 이름이 바뀜. 아래)에 대한 헌정사에서 위대한 물의 시대의 서막을 알렸다. 거대 다목적 댐은 건조한 미국의 극서부 지대를 변모시켰고, 2차 세계 대전의 승리를 안겨주었으며, 녹색혁명을 전 세계에 퍼뜨렸다.

수 있는 기존의 공학적 본보기가 부재했다. 토목 공학 분야의 여러 혁신적 위업들과 마찬가지로, 이 공사 역사 미지의 영역을 향한 도약이었다. 예측 불가능한 문제가 발생하면 즉흥적으로 '양키의 독창성'을 십분 발휘하여 해결책을 마련해야 했다. 미국의 건설사 중에는 그처럼 거대한 공사를 단독으로 맡을 수 있는 규모의 회사가 없었기 때문에, 공사를 수주하기 위해서 6개의 회사가 참여하는 컨소시엄이 구성되었다. 벡텔, 카이저, 모리슨 크누센과 그 외 국제적인 대형 건설사들의 장래 향방이 결정되었다. 첫 번째 단계는 1931년에 시작되어 거의 18개월이나 걸렸는데, 이때는 협곡의 벽에 거대한 네 개의 터널을 뚫는 작업이 진행되었다. 댐을 짓는 동안 콜로라도 강은 이 터널들을 통해 우회해서 흐르게 만들었다. 강물의 방향을 바꾸고 임시 물막이를 설치하여 건설 부지를 확보하면, 높은 곳에서 작업하는 인부들은 긴 밧줄에 매달려 협곡 벽의 바위를 폭파했고 다른 한쪽에서는 노동자들이 마른 강 아래로 댐을 지지할 기반암에 이를 때까지 12미터를 파 내려갔다. 거대한 규모의 댐을 채우기 위해 부은 뜨거운 콘크리트가 자연적으로 식으려면 백년이나 되는 시간이 필요했기 때문에, 기술자들은 즉각적인 냉각 장치를 고안해 냈다. 구조물 전체에 일정한 간격을 두고 삽입된 2.5센티미터 깊이의 냉각용 파이프에 찬 물을 주입하는 방법이었다. 2년 내에 전체 냉각 작업이 끝났다. 당시 미국에는 댐 바닥 근처에 위치한 터빈을 돌리기 위해 미드 호수에 설치된 취수 밸브로 낙수를 송출할 수 있을 만큼 커다란 강판 파이프를 생산할 수 있는 회사가 없었기 때문에, 건설업자들은 현지에 제철 공장을 직접 지어야 했다.[32] 작업은 밤낮으로 쉴 새 없이 진행되었다. 타는 듯한 더위 속에서 계속되는 작업은 매우 고됐고 종종 생명을 위협할 정도로 위험했다. 1931년 중반 최저 임금이 삭감되자 세계산업노동자동맹(IWW)을 통해 조직화된 노동자들은 파업을 감행했다. 그러나 대공황이 시작되었고, 라스베이거스 인근에서 파업 불참 노동자들을 데려오면서 파업은 분쇄되었

다. 연방정부는 이 조치를 암묵적으로 승인했다.[33]

1936년 모든 것이 완료되었다. 댐 뒤편 미드 호에 물이 채워졌고, 물은 새로운 터빈 발전기 시설을 통과했다. 즉시 문명의 획기적인 성과로 인정받은 이 댐은 우아한 곡선 형태와 아르데코 양식의 장식, 70층 높이의 구조물이 내뿜는 장엄함을 갖추었다. 프랭클린 D. 루스벨트 대통령은 1935년 9월 이 댐의 헌정식에서 율리우스 카이사르의 말을 비틀어 인용하였다. "왔노라, 보았노라, 압도당했노라."[34]

거대 다목적 댐의 시대를 연 후버 댐

사실 루스벨트는 1932년 대통령에 취임하자마자 시작된 대공황에 대응하기 위해 마련된 뉴딜 정책의 핵심인 공공사업 계획의 모범 사례로 후버 댐을 생각하고 있었다. 전국적으로 25퍼센트에 이르는 실업자들이 건설 인력으로 동원되었고 이들은 미국 하천이 지닌 미개발 수자원을 활용할 목적으로 건설되는 새로운 댐들을 짓는 데 투입되었다. 1930년대 중반에 이르면 지구상에서 가장 거대한 규모의 건축물 다섯 개가 미국 서부에 세워지고 있었는데, 이들은 전부 댐이었다.[35] 콜로라도 강의 후버 댐, 컬럼비아 강의 그랜드 쿨리 댐과 보너빌 댐, 캘리포니아 새크라멘토 강의 섀스타 댐, 미주리 강 상류의 포트펙 댐이 그것이다. 확실히 후버 댐은 물의 역사에서 중요한 전환점이었다. 그로 인해 거대 다목적 댐의 시대가 열렸다. 1930년대 중반 이후 약 30년 동안 미국은 전 세계적인 댐 건설 열풍을 이끌었다. 댐 덕분에 엄청난 양의 관개용수와 수력발전 전기를 싸게 공급할 수 있어 생산이 늘어났고, 곧 인류 사회의 모습이 변했다. 홍수 조절 능력이 향상되고 하천 항해술도 발전했다. 1940년대 미국은 다른 어떤 나라보다 수자원을 확실하게 통제할 수 있었다. 미국은 아직 인간의 손이 닿지 않은 강물이라는 중요한 자원을 생산적인 경제, 군사적 결과물로 전환시킬 수 있는 혁신적인 지도력을 갖추고 있었다. 이 능력은 2차 세계 대전 이후 미국이 세계적인 초강대국으로 부상하는 과정에서 핵심적인 역할을 수행했다.

후버 댐과 그 뒤를 이은 뉴딜 정책만으로는 대공황으로 인한 충격적인 경제 붕괴의 늪에서 미국을 건져 내기에 역부족이었다. 그러나 그것이 불어넣은 희망은, 국가 존립의 기반이 되는 정치 경제 제도의 능력에 대한 불신으로 사면초가에 빠져 있던 정부에게 귀중한 정당성을 되찾아 주었다. 그리고 국가 주도하에 건설된 대형 댐들이 남긴 지속적인 영향은 정치, 경제적인 중앙집권화 시대의 도래를 알렸다. 이 사회는 관개에 기반을 둔 고대의 하천 국가와 여러 가지 면에서 유사했다. 강력한 정부가 경제 영역에 개입하는 것이나 기술 관료들이 정책을 입안하는 것, 저임금 노동력을 대대적으로 동원하는 것 등이 그 예이다. 강을 통제하고 대대적으로 조정하는 작업은 정치권력의 핵심 요소였고, 고대 사회에서 그랬듯이 수리 시설이 가져다준 부의 혜택은 그 사회의 기존 권력 구조의 능력을 드러내는 동시에 그들의 기득권을 강화했다.

뉴딜 정책이 추진되면서 미국 극서부의 주요 하천 유역 전체가 다목적 댐 개발의 직접적인 영향 아래 놓였다. 수자원 개발 덕분에 극서부는 전후에 미국에서 가장 역동적인 성장을 기록하여 세기 전환기에 시어도어 루스벨트가 제시했던 전망을 뛰어넘었다.

서부에서 가장 장대하고 강력한 하천은 북서부 태평양 연안을 흐르는 컬럼비아 강이다. 이 강의 유량은 거의 콜로라도 강의 열 배에 해당하며, 계절 변화에 따라 빙하로 덮힌 산지에서 쏟아져 나와 거대한 협곡을 지나 흐른다. 그 엄청난 잠재력, 특히 수력발전에 적합한 조건 때문에 전문가들은 오랫동안 이 강을 탐내고 있었다. 컬럼비아 강을 온전히 활용할 수 있다면 당시 미시시피 강 서쪽에 거주하는 인구 전체가 사용할 수 있을 정도로 충분한 양의 전기를 생산할 수 있었다.[36] 특히 그랜드쿨리 지역은 엄청난 가능성을 안고 있었다. 이곳에는 150~180미터 높이의 절벽 사이로 길이 80킬로미터, 폭 1.6~10킬로미터의 협곡이 펼쳐져 있어서, 구조적으로 댐 건설에 이상적인 조건이었다.[37]

1930년대 초반까지도 이 강은 자연 그대로의 모습을 완벽하게 유지했다. 신임 대통령으로 선출된 프랭클린 루스벨트는 이곳을 바꾸어 놓겠다고 마음을 굳혔다. 그랜드쿨리에 댐이 세워지면, 상상할 수 있는 수준을 훨씬 능가하는 전력과 관개용수 공급이 가능해질 것이며 그 지역에 거주하는 300만 주민들에게 경제적으로 큰 도움이 될 수 있었다. 의회는 외딴곳에 위치한 그랜드쿨리에 댐을 건설할 경우 소요될 막대한 비용 때문에 망설였지만, 루스벨트는 다른 구제 기금을 동원하여 그 나름대로 계획을 진행했다.[38] 결국 1933년부터 1973년까지 컬럼비아 강과 그 지류에는 36개의 대규모 댐이 만들어졌다.[39] 거의 1년에 하나꼴로 댐이 세워진 것이다. 1938년 완공된 보너빌 다목적 댐과 1941년에 완성된 그랜드쿨리 댐은 당시 세계 최대 규모였다. 그 공사에는 수천 명이 투입되었다. 루스벨트의 참모들은 댐의 유용성을 홍보하기 위해서 포크가수 우디 거스리를 고용하기도 했다. 거스리는 특유의 중서부 지역 분위기가 물씬 나는 비음 섞인 소탈한 억양으로, 「컬럼비아여 흘러라」 같은 노래에서 댐 건설 계획은 인류 최고의 목표라며 그 위대함을 알렸다.

그랜드쿨리 댐은 실제로 역사상 가장 거대한 건축물이 되었다.[40] 길이는 1200미터가 넘고, 높이는 168미터나 되었으며, 용적은 후버 댐의 세 배 정도에 달했다. 당시 전국의 전력 소비량의 절반에 해당하는 수력 전기를 생산할 수 있었고 백만 에이커가 넘는 농토에 관개용수를 공급할 수도 있었다. 이 거대한 협곡에 콘크리트로 만들어진 거대한 방벽의 후방으로 캐나다 국경 쪽 약 240미터 떨어진 곳에는 인공호인 프랭클린 D. 루스벨트 호수가 생겼다. 하류로 내려가면 보너빌 댐이 발전 시설을 이미 가동하고 있었고, 그 거대한 수문은 8킬로미터 길이의 거친 급류를 다스리고 있었다. 그 덕분에 대형 바지선이 농작물을 상류로 운반하고, 이 지역의 전력 접근성이 급속하게 향상되면서 발전하기 시작한 알루미늄 제련 공장으로 보크사이트를 운송할 수 있게 되었다. 1980년대 후반 컬럼비아 강은 미국 전체 수력발전의 40퍼센트를 생산했다.[41]

후버 댐이나 그와 동시대에 지어진 여타의 대형 댐들과 마찬가지로, 그랜드쿨리 댐은 전기 판매로 거두어들인 수입으로 댐 건설 및 그와 관련된 관개시설 건설에 투입된 비용의 상당 부분을 충당할 수 있었다.[42] 그러나 1930년대 후반까지도 루스벨트에게 심한 비판을 퍼붓는 사람들은 누가 그렇게 많은 전기를 소비하겠느냐며 목소리를 높였다. 역사가 반복해서 증명하듯, 유용한 자원의 개발은 필연적으로 상상할 수도 예측할 수도 없었던 생산적인 응용으로 이어진다. 그러나 당시로서는 어느 누구도 얼마나 신속하게 서북부의 잉여 전력에 대한 수요가 발생할지 예측할 수 없었다. 댐 완공을 겨우 5일 남겨 놓았을 때 일본이 진주만의 미 해군 함대를 공격하여, 이제 미합중국은 2차 세계 대전에 참전했다. 전쟁이 불러일으킨 엄청난 규모의 동원과 경기 부양으로 이 지역 곳곳에 비행기 공장과 알루미늄 제련소가 들어섰다. 1942년 그랜드쿨리와 보너빌에서 생산되는 전력의 92퍼센트는 전쟁 물자 생산에 투입되었다.[43] 그리고 그 가운데 상당 부분은 항공모함에 들어가는 전투기 수천 대를 만드는 데 쓰였다. 이 무기는 태평양 전쟁이 미국에 유리하게 진행되는 데 크게 기여했다. 전쟁 수행에 핵심적인 항공 산업은 후버 댐이 생산하는 전기에 의존하여 캘리포니아 남부 지역에서도 발전할 수 있었다. 일본과 독일에는 이와 대적할 만한 것이 없었다.

미국이 진주만에서 입은 피해를 재빨리 만회하고 궁극적으로는 전쟁에서 승리할 수 있었던 결정적 이유는 미국의 산업 생산 능력이 전반적으로 우월했다는 점, 특히 수력발전이 양적으로 엄청난 우위에 있고 그것을 시기적절하게 사용할 수 있었다는 점에 있다고 해도 과언은 아닐 것이다. 역사적으로 수자원 개발이 군사적 성공과 강대국으로의 부상에 그처럼 극적이고 즉각적으로 영향을 미친 사례를 찾기는 힘들 것이다. 그랜드쿨리에서 생산된 전력은 전시에 워싱턴 주 컬럼비아 강 연안의 일급 기밀 군사 시설인 핸퍼드 공장에서 플루토늄 239를 생산하는 데 쓰였다. 그 덕분에 미국은 전후에 월등한 핵 강대국이 되었다.

루스벨트는 후버 댐 완공식 이후 세 달도 지나지 않아 또 다른 거대한 치수 및 관개시설 계획을 승인했다. 이번에는 길이 720킬로미터, 폭 80킬로미터의 캘리포니아 센트럴 밸리를 관통하는 서부에서 세 번째로 큰 강이었다. 그 규모는 후버 댐이 캘리포니아 남부의 임피리얼 밸리로 보내는 유량을 훨씬 능가했다. 시에라네바다 산맥과 해안 산맥 사이에 자리한 샌와킨 강과 새크라멘토 강 유역에서 진행된 센트럴 밸리 프로젝트는 비교적 비가 많이 내리는 캘리포니아 북부에서 건조한 남부 지역으로 물을 이동시키기 위한 것이었다. 이 공사를 통해 북아프리카만큼이나 건조한 지역이 국내 농작물 생산의 중심지이자 세계에서 가장 집약적인 관개농업 지대로 변모했다. 1차 세계 대전 즈음, 이 지역의 대형 농장주들이 기름이나 전기로 작동하는 원심모터 펌프를 사용하여 지하수를 이용하기 시작하면서 센트럴 밸리 인근에서 개인 관개농업 붐이 일었다. 1920년대를 통틀어 약 2만 3500개의 우물용 파이프가 설치되어 센트럴 밸리 남쪽의 샌와킨 유역에 관개용수를 풍부하게 공급했다.[44] 그 덕분에 캘리포니아는 아이오와 주를 제치고 미국 제일의 농업 지역이 될 수 있었다. 그러나 무절제하게 지하수를 이용한 결과 1930년대 초반에는 대수층 수위가 급격히 낮아져 수천 에이커의 농경지가 농업용수 부족으로 제 기능을 발휘할 수 없게 되었다. 대수층이 고갈되고 지표의 가뭄 상태가 지속되자 센트럴 밸리의 대형 농장주들은 마지못해 정부의 원조에 기대를 걸었다.

농부들은 후버 댐 프로젝트의 엄청난 수자원 이동에 고무되어 봄철 융설수로 채워진 북쪽의 분수령에서 남쪽으로 물을 보낼 수 있는 수리 계획을 제안했다. 그에 따르면 수백 킬로미터를 이동하는 일련의 대형 운하와 새로운 대형 댐 두 개가 필요했다. 이 계획의 핵심은 새크라멘토 강에 세워질 샤스타 댐과 샌와킨 강에 지어질 프라이언트 댐이었다. 센트럴 밸리 프로젝트는 본질적으로 대규모 농장이 주가 되는 기존 농업 경영에 대한 긴급 구조 수단이었다. 1902년 법안이 제시한 것과 같이 다수의 새로운 소규모 농장을 건설하려는 개간 계획과는 전혀 다른 얘기였다. 그러나 루스벨트는 대공황의 와중에 그 계획을 승인했다. 1934년 '모래 폭풍'이 중서부 평원을 휩쓸어 농장들이 파괴되고 캘리포니아로 향하는 대규모 내부 이민이 시작되었다. 마크 라이스너는 서부의 물의 역사에 대한 고전적 연구인 『캐딜락 사막』에서 다음과 같이 적었다. "센트럴 밸리 프로젝트는 미국 농민들이 지금까지 받았던 것 중에서 단연코 가장 큰 혜택이었다. 그들은 직접 그런 것을 이룰 수 있으리라고 꿈도 꾸지 못했다. 그리고 값싼 동력 확보와 세금 면제의 형태로 주어지는 보조금은 수년 동안 엄청난 액수에 이르렀다." 또한 "그것은 그곳에 존재하던 수천 개의 농장들을 구제했다. 그중에는 법이 규정한 것보다 훨씬 더 큰 규모의 농장도 포함되어 있었다."[45]

연방 정부가 추진하는 수리 사업은 1960년대 초반에도 계속됐다. 캘리포니아 주 수자원 프로젝트는 전적으로 주(州) 정부가 추진하는 거대한 공사로 여러 개의 댐과 저수지 그리고 수백 킬로미터에 걸친 수로를 이용하여 훨씬 더 많은 양의 물을 이동시키기 위한 것이었다. 이 계획에 따르면 막대한 양의 에너지를 투입하여 강물이 5단계에 걸쳐 산맥을 완전히 넘어가게 된다. 심지어 그 마지막 단계에서는 물을 0.6킬로미터나 들어 올리는 엄청난 작업이 이루어졌다. 1971년 강이 산맥을 지나 흐르기 시작했을 때, 캘리포니아는 지구상에서 가장 집약적인 수자원 공학의 수혜를 입은 땅이 되었다.[46] 시에라네바다에서 시작되는 모든 대형 하천에는 댐이 설치되었다.

뉴딜의 일부였던 서부의 치수사업은 미국의 동부 지역에서도 반복되었다. 가장 유명한 것은 테네시 강 유역 개발 공사(Tennessee Valley Authority, TVA)였다. 1933년에 시작된 이 공사는 잉글랜드 넓이의 4분의 3에 해당하는 테네시 강 유역 전체를 그야말로 포괄적으로 관리하려는 시도였다.[47] 그 목적은 불행에 빠진 그곳 주민들의 사회적 행복을 증진하고 경제를 부흥시키는 데 있었다. 독립적인 공공 단체가 TVA의 광범위한 권한을 통제하는 역할을 맡았다. 이는 과거 파나마 운하 위원회가 특별 권한을 가졌던 전례를 따른 것이었다. 1920년대 내내 의회 내 진보 세력은 정부가 소유하고 있는 머슬숄즈의 대형 댐과 군수용 질산염 공장, 테네시 강 주변에 위치한 기타 자산들을 헨리 포드와 같은 거물급 실업가에게 판매하거나 대여하여 그 시설들을 민영화하려는 대통령의 계획에 반대했다. 그러나 테네시 강 유역 개발 공사를 계기로 이 자산들은 전력 생산, 홍수 통제, 관개용수 공급, 항해 환경 개선, 지역 농민을 위한 질산 및 인산 비료 생산 등 주 정부의 야심 찬 계획을 추진하는데 핵심적인 요소가 되었다. 이 강은 지구상의 어떤 강보다 많은 양의 물을 42개의 계단식 댐과 저수지를 이용하여 가두어 놓을 수 있게 되었다.[48] 1100킬로미터 길이의 미주리 강 중류 직선 유역이 근소한 차이로 그 뒤를 이어 2위를 차지했다. 공사 결과 테네시 강 유역이 바뀌었다.[49] 사납게 몰아치는 봄철 홍수로 인근 농장이 피해를 입는 일이 없어졌다. 항해 환경이 개선되어 하천을 이용한 화물 운송이 원활해졌고 운송량은 30년 동안 예순일곱 배나 증가하여 1963년에는 약 22억 톤을 기록했다. 전기 가격은 절반 이하로 떨어졌고, 농업 생산량은 정부가 생산한 비료 덕분에 크게 증가했다. 고질적인 풍토병인 말라리아도 사라졌다. 수백만 에이커에 걸친 공공 식림 사업의 결과 강 유역 생태계의 상태도 개선되었다. 또한 테네시 강에서 생산된 전기는 알루미늄 산업, 2차 세계 대전 시기의 군수 산업 그리고 오크리지 핵분열 연구소의 동력원으로 사용되었다. 농민들도 처음으로 전기의 놀라운 혜택을 입게 되었다. 1930년대 초 그들은 전기가 들어오지 않는 암흑의 세계에 살고 있었다. 전체 농장 중 겨우 10퍼센트에만 전기가 공급되었다. 그러나 1950년에 이르면 수력발전 덕분에 미국 농민의 90퍼센트가 전등, 냉장고, 라디오를 비롯한 여러 가지 현대적 전기 제품을 사용할 수 있게 되었다.

전후 초기 거대 댐 건설의 시대 동안 수백 개의 댐들이 미국 전역에 세워졌다. 미국 역사를 통틀어 약 7만 5000개의 댐이 만들어졌다.[50] 조지 워싱턴의 대통령 재임 기간이 끝나고 약 200년 후 조지 W. 부시 대통령이 취임하기 전까지 하루에 하나 꼴로 댐이 들어선 셈이다. 6600개에 달하는 높이 15미터 이상의 거대 댐은 모두 다목적 용도로 지어졌고, 후버 댐 이후에 세워진 것들이다.[51] 개간국은 75주년 기념일에 부서의 업적을 총괄하는 목록을 발표했다.[52] 345개의 댐, 322개의 저수지, 총 500억 킬로와트시의 전력을 생산하는 49개의 발전소, 174개의 양수 발전소, 2만 4100킬로미터 길이의 운하, 1500킬로미터의 송수관, 350킬로미터 길이의 터널, 2만 4100킬로미터가 넘는 하수도, 3만 6800제곱킬로미터의 농지에 공급되는 관개용수, 1600만 명의 도시 사용자와 산업용 사용자에게 공급되는 상수도가 그것이다. 극서부 건조 지역의 농업은 시작하자마자, 세계 역사상 최고의 관개농업 지대 가운데 하나로 발전했다. 1978년을 기준으로 17개의 서부 주에는 18만 제곱킬로미터의 관개 농지가 운영되고 있었는데, 이는 전 세계 관개 농지의 10퍼센트에 해당하는 것이었다.[53]

1940년대 이후 미국은 단연코 지구상에서 가장 발전된 수리공학의 혜택을 누리는 사회였다. 과거에 그랬던 것처럼, 이 분야에서 선도적인 사회는 인구가 증가하고 상수 공급 또한 크게 증대된다. 1900년과 1975년 사이 미국인의 물 사용량은 하루 1510억 리터에서 1만 4800억 리터로 열 배가 늘었다.[54] 같은 기간 동안 인구는 세 배가 늘어났다. 그리고 일인당 물 소비량이 세 배 이상 증가한 것은 이 나라의 생활수준이 급격히 향상되었고 경제의 생산성이 상승했으며 국제 사회에 대한 영향력이 높아졌다는 것을 보여주는 지표인 동시에 그러한 변화를 추동한 요인이었다. 미국은 전후 세계에서 가장 부유하고 건강하며, 최초로 완전한 전기화를 이루고, 최고의 산업 생산력을 달성했으며, 가장 높은 수준의 도시화를 경험한 국가가 되었다. 또한 운송의 효율성과 군사력에서도 일등 국가가 되었다. 이 모든 것은 미국이 전통적인 물 사용 분야에서 높은 수준에 이르고 앞장서서 물 사용의 혁신적인 돌파구를 마련할 수 있었기에 가능했다.

거대 댐의 물 생산량을 앞지른 물소비량

미국 극서부 지역의 상수 공급이 급증한 원인을 획기적인 댐 건설에서만 찾을 수는 없다. 가뭄 빈발 지역인 서부 하이플레인즈는 1940년대 중반 이후 갑자기 전혀 새로운 수원에서 풍부한 물을 공급받을 수 있게 되어, 끔찍한 먼지 구덩이에서 관개 곡물 재배의 보고로 변신했다. 이전에는 사용할 수 없었던 거대한 대수층을 활용할 수 있게 된 것이다. 그 수원은 봉인된 지하 시설처럼, 반건조 기후의 지표와 가까운 지하수 층에서 더 깊이 내려간 곳에 묻혀 있었다. 이 오갈랄라 대수층은 1970년대 후반까지 미국 내 관개 용수 사용량의 5분의 1을 담당했고, 풍년에는 국제 시장에서 거래되는 전 세계 밀 생산의 4분의 3를 길러냈다. 미국에서 사육되는 소의 40퍼센트가 오갈랄라의 물을 마셨고 그 물로 기른 곡물을 먹었다.[55] 소고기 1톤을 얻기 위해서는 약 1000톤의 물이 필요했다.

건조한 하이하이플레인즈에서 솟아난 물의 비밀은 네브라스카, 캔사스 서부, 오클라호마 팬서부, 텍사스 북서부, 사우스다코타의 일부, 와이오밍, 콜로라도, 뉴멕시코의 땅 밑으로 거대한 벌집 모양을 형성하며 흐르는 예닐곱 개의 담수 호에 있다. 그 물을 다 합하면 휴런 호 정도의 규모가 되는데, 숫자로 환산하면 약 33억 에이커푸트 또는 235년 동안 콜로라도 강에 흐르는 유량이 된다. 이 지하수는 세사, 모래, 돌과 함께 섞여서 암반들 사이에 고여 있다. 대수층에서 가장 깊이가 깊은 지점이 북쪽에 있기 때문에, 전체 수량의 3분의 2 정도가 네브라스카 주에 묻혀 있고 텍사스와 캔사스에 각각 10퍼센트가 매장되어 있다. 오갈랄라의 "화석수"는 선사 시대의 빙하기부터 한 방울씩 축적된 것이다. 그리고 인간에게 알려진, 지구 깊숙한 곳에 존재하는 지하 저수지 중에서 가장 큰 규모에 속한다. 지구의 대수층에는 지표면 위를 자유롭게 흐르고 따라서 인간이 쉽게 이용할 수 있는 물의 열 배나 되는 물이 갇혀 있다. 그러한 화석수는 지표면과 얕은 지하에 흐르는 물이 증발과 강수를 통해 형성하는 지속적이고 자연스러운 순환 구조에서 분리되어 있어, 독립적이고 재생 불가능한 저수지와 같다. 화석수는 매우 느린 속도로 재충전되기 때문에, 텅빈 가스통처럼 고갈되기 전에 딱 한번만 제대로 사용될 수 있다. 오갈랄라도 지표에서 서서히 스며드는 물에 의해 일 년에 겨우 1.2센티미터 상승할 뿐이다.[56]

하이플레인즈의 풍부한 지하수는 물 자체의 무게와 대수층에서 물을 끌어 올리는 데 필요한 기술적 한계와 비용 문제 때문에 1930년대에도 인간의 손이 닿지 않은 채로 남아 있었다. 물레방아로 움직이는 펌프는 그것을 돌릴 수 있는 하천이 없는 건조 지대에서는 무용지물이었고, 증기식 펌프를 작동하는 데 사용할 석탄의 운송비도 감당할 수 없을 정도였다. 풍차는 1분에 겨우 몇 갤런의 물을 길어 올릴 수 있었고, 깊은 곳에 묻혀 있는 오갈랄라의 수면에 찰랑이는 물도 걷어내지 못할 정도였다. 1870년대와 1880년대에 대초원 목초에 방사되었던 소떼들은 1890년대에 가뭄과 더위 때문에 자취를 감췄다. 1차 세계 대전 이후 이 지역에 비가 돌아오고 곡물에 대한 수요가 높아지자 농민들은 다시 서경 100도 너머의 물이 빈약한 프론티어에 쟁기와 노새를 갖추고 진출했다. 그 후 1930년대 가뭄이 오랫동안 지속되던 시기에 인간이 자초한 환경 재앙인 모래 폭풍이 발생했다. 농민들은 소를 방목하고 수확한 밀의 그루터기를 태워서 땅을 척박하게 만들었는데, 이는 의도적인 것은 아니었지만 안 그래도 취약한 생태계를 훨씬 더욱 불안정하게 만들었다. 단단하지 않은 표토를 지탱할 수 있는 식물이 사라지고 가뭄과 더위, 고기압이 계속되자, 돌풍은 무시무시한 모래 폭풍을 일으켰다. 그 결과 서부의 평원에 펼쳐져 있던 농장들은 완전히 파괴되었다.

모래 폭풍은 바싹 마른 토양이 뜨겁고 거센 바람 때문에 대기 중으로 들려 올라갈 때에 발생한다. 그 결과 형성된 미세한 입자의 소용돌이로 만들어진 구름은 점점 더 커지고 더 강력해져서 사방이 트인 평원을 가로지르며 휘몰아쳤다.[57] 결국에는 높이가 3048미터에 달하고 속도는 시간 당 96~160킬로미터에 이르는 거대한 먼지 구름이 형성되었다. 모래 폭풍은 실로 엄청난 규모의 파괴를 초래했다. 작물들이 남아나질 않아 수확 자체가 불가능했다. 건물에 바른 페인트가 벗겨지고 심지어는 닭의 깃털도 그 색을 잃었다. 먼지는 농업용 기계 장비를 망치고 송수관을 막았다. 땅의 소중한 유산인 엄청난 양의 비옥한 표토는 멀리 날아가 영원히 사라져버렸다. 1934년 5월 9일에 시작된 먼지 바람으로 약 3억 5000만 톤의 흙이 유실되었다. 이로 인해 하늘이 어두워지고 시카고, 버펄로, 워싱턴 DC, 심지어는 482킬로미터 떨어진 대서양을 항해 중인 배에까지 흙 먼지가 떨어졌다. 1935년부터 1938년까지 하늘빛이 변할 정도의 대형 모래 폭풍이 발생한 횟수는 연 평균 60회가 넘었다.[58] 모래 폭풍의 중심부는 오클라호마 일부와 텍사스, 뉴멕시코, 캔자스, 동부 콜로라도를 포함하는 가로 482킬로미터, 세로 643킬로미터 크기의 지역이었다. 이곳에서는 평균적으로 1에이커 넓이의 토지에서 408톤의 비옥한 표토가 사라졌고, 그 결과 척박한 사질 토양만이 남았다. 1940년까지 350만 명 가량의 '모래 폭풍 난민'들이 일자리를 찾아 중서부 지역을 떠났다.[59] 그중 다수는 캘리포니아로 이주하여 농업 노동자가 되었다. 그들이 겪었던 고난은 존 스타인벡의 대표작인 『분노의 포도』에 잘 표현되어 있다.

모래 폭풍이 이 지역을 휩쓸었을 때, 하이플레인즈의 농민들을 구원할 수 있는 기회는 가까운 곳에 있었다. 즉, 대수층에서 방대한 양의 물을 끌어 올려 캘리포니아의 센트럴 밸리를 기적적으로 변화시키는 데 이미 사용 중이던 원심 펌프가 그것이었다. 전후 복구가 시작되고 인근 텍사스와 오클라호마의 석유 산출 지대에서 값싼 디젤 연료를 입수할 수 있게 되면서, 디젤 연료로 작동하는 원심 펌프와 수도가 빠르게 보급되었다. 원심 펌프는 1분 만에 800갤런의 물을 퍼올릴 수 있었고, 그 덕분에 하이플레인즈에서는 처음으로 대대적인 관개가 가능해졌다.[60] 또한 더 빠른 속도로 물을 끌어 올릴 수 있는 시추법도 도입되었다.[61] 전후 원형 회전식 관수법(호스를 이용하여 멀리 떨어진 우물에 연결된 이동식 스프링클러 장치)이 개발되어 양수와 관개농업이 유행했다. 농작물의 성장 시기에는 약 15만 개의 펌프가 밤낮으로 엄청난 양의 물을 뿜어내는 바람에, 1950년에서 1980년 사이 오갈랄라의 연중 물 사용량은 네 배가 늘어났고 관개 농지는 일곱 배가 확대되어 그 전체 넓이는 5만 6600제곱킬로미터가 되었다.[62] 1970년대 후반까지 최신식 석유 화학 비료, 살충제 및 제초제와 풍부한 농업 보조금의 도움을 받아 미국 농민의 1퍼센트가 국내 전체 농경지의 6퍼센트 넓이에 해당하는, 40년 전에는 황량한 먼지 구덩이였던 땅을 경작하여 밀, 옥수수, 면화, 수수 총 생산량의 15퍼센트를 길러냈다.[63]

그러나 이러한 호황이 영원히 계속될 수는 없었다. 농민들은 대수층의 물이 차오르는 속도보다 열 배나 빠르게 오갈랄라의 물을 길어 올렸다.[64] 그들은 덤으로 주어진 물로 덤으로 주어진 풍요를 누렸다. 가장 극심하게 양수가 행해졌던 곳은 텍사스 서부와 대수층의 남부 지역이었다. 1970년대 캔자스의 한 지역에서는 앞으로 300년 동안 사용할 수 있는 물이 지하에 저장되어 있다고 믿었다. 그러나 1980년대에는 고작 7년 동안 쓸 수 있을 만큼의 물이 남았다는 것을 알게 되었고, 1993년에는 이미 사용 가능한 지하수의 반을 써 버렸다는 것을 확인했다. 수천년에 걸쳐 축적되고 비상시 저수지의 역할을 담당했던 물도, 알뜰하게 사용하고 보존하지 않는다면, 일회용 관개 용수로 소진되어 한 세기도 지속될 수 없다. 대초원은 그 본연의 건조한 상태로 돌아가고, 풍족한 농경지는 흙먼지 속에 퇴색될 것이다.

미국의 지하수 자원을 이용하여 외국으로 수출할 식량을 생산하는 것은 매우 근시안적인 정책이었다. 1970년대 후반부터 물 분배가 축소되고 당시 석유 파동으로 물을 퍼내는 비용이 급격히 증가하자 수자원 고갈의 속도는 느려졌고, 관개농업의 효율성을 증진하여 '물 사용량 대비 곡물 생산량'을 늘리려는 노력이 이루어졌다. 그러나 대수층의 깊이가 더 낮은 남부의 일부 지역에서는 과도한 채굴이 계속되었는데, 그 양은 2000년까지 모두 2억 에이커푸트 또는 콜로라도 강의 열네 배에 달했다. 따라서 물이 풍부한 네브라스카 주에서는 지속가능한 평형 상태가 달성된 반면, 텍사스와 캔자스 주는 각각 할당된 전체 수량의 약 30퍼센트와 6분의 1을 이미 소비해 버렸고 여전히 무분별하게 물을 끌어다 쓰고 있다. 오갈랄라 대수층의 물이 앞으로 얼마나 지속될지는 대초원 위로 모여드는 먹구름처럼 예측하기 힘들다.[65] 그러나 추정에 따르면 텍사스와 캔자스의 경우 2020년과 2030년 사이에 그 날을 맞이할 것이다.

1960년대 후반 몇몇 텍사스의 지도자들은 석유 자원 위에 지어진 텍사스의 미래가 충분한 물을 확보하는 데 달려 있다는 것을 깨달았다. 그들은 대규모의 기술집약적이고 비용이 많이 드는 텍사스 수자원 계획에 착수했다. 그 내용은 미시시피 강에서 물을 끌어와 주 경계를 가로질러 서부 텍사스의 고지대로 퍼 올리는 것이었지만, 결국에는 실패했다. 이미 과부하가 걸린 생태계의 물을 도용하여 다른 지역의 생태계를 보충하는 것은 수자원 고갈 문제에 대한 근본적인 해결책이 될 수 없었다. 그러나 이 계획은 오갈랄라의 물이 말라감에 따라 앞으로 발생할 수 있는 극심한 정치적 다툼과 자원 경쟁을 예고했다. 캘리포니아 센트럴 밸리의 샌와킨 유역과 대도시 피닉스에서 엘파소, 휴스턴, 그리고 텍사스에 이르기까지 여러 건조 지역의 지하수면이 급속히 낮아졌다. 그 결과 지반이 침하하고, 식수와 농업용수가 염분으로 오염되었다. 캘리포니아의 수자원 이전 계획이 일시적으로 중단되었음에도 불구하고 센트럴 밸리에서는 규제를 피한 과잉 양수가 엄청난 속도로 이루어져서 이로 인해 지하수면은 121미터까지 내려갔으며, 어떤 지역에서는 땅이 15미터나 꺼졌다. 심지어는 강과 호수, 습지, 표층 지하수, 그리고 강수가 풍부한 지역 동부의 상호연관된 수중 생태계도 인구 증가와 산업 발전이 동반한 지나친 수요 때문에 점증하는 압력을 받게 되었다. 남부 플로리다에서는 이 지역의 대형 사탕수수 재배 농장들을 위해 제방건설과 하천 직선화 및 노선재조정 사업을 실행했는데, 그 결과 생태적으로 취약한 에버글레이즈 습지가 피해를 입게 되었다. 습지의 면적이 줄어들었고 땅은 말라버렸다. 미국 전역에서 맑고 깨끗한 지표수는 점점 얻기 힘들어졌고, 그 부족분을 보충하기 위해서 지하수 자원이 과잉 유출되었다. 미국 내 지하수 사용량은 1996년 이전 30년 동안 두 배 이상 증가하여, 전체 물 사용량의 4분의 1을 차지하게 되었다.[66]

 미국은 전 세계 재생가능한 담수의 8퍼센트를 확보하고 있는 반면 인구는 전체의 4퍼센트밖에 되지 않아 세계적으로 물이 풍족한 나라에 속한다. 그러나 깨끗하고 신선한 물의 부족은 많은 지역들의 성장세에 걸림돌로 작용하기 시작했고, 그 결과 풍족한 양의 물을 사용하는 데 익숙해진 이웃들이 수자원을 둘러싸고 경쟁을 벌이는 새로운 정치가 전개되었다. 그렇다고 이 나라가 가진 전체 물의 양이 자국의 수요를 충족시키기에 부족하다는 것은 아니다. 오히려 물의 낭비 때문에 그 소비량이 거대 댐 시대의 혁신적 성공이 도달한 생산력의 한계를 결국 넘어섰다는 것이 문제였다. 저렴하고 부족함 없는 물의 시대는 종말을 고하고 있다. 따라서 새로운 기술과 더욱 효율적인 소비가 필요하다. 물의 역사 전체가 그러하듯이, 한 시대의 성공은 그다음 시대에 결정적인 도전이 될 씨앗을 배태한다.

물 공급 제한, 생태계 고갈로 대표되는 새로운 물의 시대

미국에서 거대 댐의 시대는 1970년대에 마감되었다. 그즈음에는 대형 댐 건설에 가장 적합한 곳들은 대부분 개발된 상태였다. 미국의 풍경을 가로지르는 대형 하천들 가운데 댐의 방해를 받지 않거나 저수지에 갇히지 않고 자유로이 흐르는 하천은 거의 없다. 후버 댐을 필두로 하는 초기에 지어진 댐들은 매우 낮은 보조금에 비해 엄청난 경제적 이득을 돌려주었지만, 후기에 지어진 것들은 대체로 막대한 자금을 투입하고도 조건이 썩 좋지 않은 곳에 지어져서 경제적으로도 도움이 되지 못했다. 그러나 댐 건설 붐이 점점 수그러들어도, 물과 전기에 대한 수요는 늘어나는 인구를 부양하기 위해서 계속 높아졌다. 따라서 한정된 그리고 필수적인 수자원의 배분을 통제하기 위해 사용자들 사이의 정치적 투쟁이 점점 치열해졌다.

콜로라도 강이 그 예이다. 1964년에 이르면 강을 따라 늘어선 19개의 대형 댐과 저수지가 강의 연평균 유량의 네 배에 해당하는 물을 저장하고 있었고,[67] 콜로라도 유역 전체가 총괄적으로 관리되고 있었다. 이제 이 강은 거의 한 세기 전 존 웨슬리 파월이 탐험했던 거친 급류가 흐르고 변덕스럽게 범람하는 강과 조금도 비슷해 보이지 않는다. 중앙의 관리자가 물 한 방울까지 측정하고, 계산에 따라 방류하고, 강에서 벌어지는 모든 일들을 계획했다. 이 강은 미국 남서부 전역의 생명줄이 되었다. 강물은 바다에 도달하기 전 17차례나 거듭 사용되었다.[68] 물 수요가 증가하면서 이 강은 또한 세계에서 가장 많은 소송에 연루된 하천이 되었다. 1950년대 남부 캘리포니아는 1922년 맺은 수자원 분할 조약을 통해 할당된 440만 에이커푸트를 모두 사용하고 있었을 뿐만 아니라, 다른 주에 배당된 물 가운데 90만 에이커푸트의 미사용 분량을 추가로 차지하기 위한 작업에 착수했다.[69] 당시 급성장 중이던 아리조나 주는 캘리포니아가 자신들 몫의 물에 대해 영구적인 권리를 주장할 것을 우려하였다. 아리조나 주가 제기한 소송에서 1963년 대법원은 캘리포니아의 수자원 남용에 법적인 재제를 가했다. 그러나 이 판결을 실현하기 위한 정치적 결정은 이후 40년 동안 이루어지지 않았다. 아리조나 주를 비롯한 콜로라도 유역에 속하는 주들의 물 수요가 그들에게 할당된 전체 수량에 임박하자 뭔가 새로운 조치가 필요했다.

이러한 압박을 가장 먼저 감지한 것은 멕시코였다. 1950년대에 연평균 424만 에이커푸트의 물이 국경을 넘어 멕시코로 흘러들었다. 이 물은 관개용수로 사용되었고, 강 하류의 비옥한 삼각주의 석호를 보충하기도 하였다. 그러나 1960년대에 평균 유량은 1944년 조약에서 규정한 최소 분량인 150만 에이커푸트까지 급감했고, 강물은 바다에 닿지도 못했다. 물과 세사의 감소로 삼각주의 생태계는 피폐해져, 극히 일부의 관개 농경지만 남고 생명체가 살지 못하는 소금 더미 황무지로 변했다. 설상가상으로 150만 에이커푸트의 물도 염분이 너무 높아 관개용수로 사용하기에 적합하지 않았다. 콜로라도 강 유역의 댐 건설과 집중적인 관개시설 확충은 강의 규모뿐 아니라 그 구성까지도 바꾸어 놓았다. 퇴적물이 댐에 갇히는 바람에 강물은 훨씬 적은 양의 세사를 포함하게 되었다. 자연적으로 유수에 침전물을 공급할 수 없게 되었지만, 대신 대량 사용되는 인공 비료가 그 손실을 부분적으로 벌충할 수 있었다. 그러나 사용된 관개용수가 배수 중 역류하여, 경지에서 침출된 다량의 염분이 강을 오염시켰다. 1972년 강의 절반 지점에서 측정한 염도는 댐 건설 이전 자연 상태의 수치보다 2.5배나 높았다.[70] 염분 농도는 멕시코 국경 지역의 강 하류에서 가장 높게 나타났다. 미국은 1944년 조약에서 '관개 가능한 수질'의 물 150만 에이커푸트를 보장하기로 했다는 멕시코의 항의를 10년 이상 묵살했다. 그러더니 1973년 드디어 미국의 외무 관리들은, 아마도 멕시코 연안에서 대규모의 유전이 발견된 것을 염두에 두고, 염분 농도가 기준치 이내인 용수의 공급을 약속했다.

콜로라도 강을 사이에 둔 경쟁이 점점 치열해지고 있을 때, 수자원 관리자들은 1922년의 콜로라도 강 협약에서 제시된 기준치인 1750만 에이커푸트가 지나치게 낙관적인 수치였다는 끔찍한 결론에 도달했다. 그것을 도출하는 데 사용된 18년간의 유량 데이터는 예외적으로 비가 많이 오던 시절에 수집된 것이었다. 장기간에 걸친 자료에 의거하여 개간국이 계산한 결과 1965년이 되면 콜로라도 강의 평균 유량이 겨우 1400만 에이커푸트밖에 되지 않는다는 사실을 알게 되었다. 멕시코로 보내는 150만 에이커푸트와 거대한 인공 저수지에서 증발되어 없어지는 150만 에이커푸트를 제외하고 남은 1100만 에이커푸트의 물로 관개와 수력발전, 그리고 식수 공급을 이 강에 의존하는 주들의 수요를 충당해야 했다. 그러나 이 주들의 수요는 과거 예측치인 1500만 에이커푸트에 맞추어져 있었다. 과거에 정부가 중재했던 협약은 강이 실제 제공할 수 있는 것보다 더 많은 물을 약속했던 것이다.

1970년대 후반 매우 습한 기후가 계속되고 미드 호수와 그 외 저수 시설에서 물을 끌어올 수 있었던 덕에 콜로라도 강의 물 부족 사태에 대한 고민은 뒤로 늦춰졌다. 사람들이 물을 과도하게 사용한 결과를 본격적으로 느끼게 된 것은 21세기 첫 10년에 발생한 장기 가뭄 시기였다. 콜로라도 강 협약에서 상류 지역과 하류 지역을 공식적으로 구분하는 기점이 되는 애리조나 주 리스페리의 수위는 1922년 관측이 시작된 이래 최저 수준으로 떨어졌다. 2800만 에이커푸트의 물을 저장할 수 있는 미드 호수의 수량이 최고 수위의 절반 아래로 내려가자, 관리자들은 수면이 후버 댐의 취수 파이프보다 낮아지는 경우에 대비하여 비상 대책을 서둘러 마련해야 했다.[71] 게다가 나이테 조사를 통해 도출한 장기적 기후변화 추이에 따르면 20세기는 비교적 비가 많이 내린 시기에 속했다. 따라서 날씨가 평균적인 상태로 돌아간다면 미국의 남서부 지역은 더 더워지고 더 건조해질 것이다. 또한 10세기 초 이 지역 토착 농경 문명을 파괴했던 정도의 대형 가뭄이 반복될 가능성도 얼마든지 있었다. 그 원인이 자연적인 것이든 인공적인 것이든, 1970년대부터 2000년대 중반까지 30년 넘게 지속된 극서부 지역의 온난한 기후로 인해 콜로라도 강의 유량은 눈에 보일 정도로 줄어들고 있었다. 날씨 변화 때문에 겨울에 산에 내리는 눈과 봄에 강물을 보충하는 융설수의 양이 줄어들고, 반면에 저수지에서 증발로 인한 유실은 늘어났기 때문이다. 콜로라도 강물이 만성적 부족에 시달릴 것이라는 예측은 그 유역에 거주하는 3000만 인구의 삶을 위협했다. 경기가 침체될 것이고, 라스베이거스나 피닉스 같은 대형 사막 도시들에서는 물 부족 사태가 지속될 것이며, 협약을 맺은 주들 사이에 그리고 각 주 안에서도 대도시의 공업용수 사용자들과 농업용수 사용자들 사이에 혼란스러운 정치적 충돌이 일어날 수도 있다.

    콜로라도 강의 물 부족 사태는 극서부 지역에서 수자원 공급의 제한과 생태계 고갈을 특징으로 하는 새로운 물의 시대가 시작되었음을 의미했다. 이제 대체 기술과 수자원 보호, 부족한 수자원의 조직적 재배치, 수자원 관리에 대한 새로운 접근법 등 새로운 대응책이 필요했다. 건조한 서부 지역에서 성공적인 관개농업이 남긴 거대한 문제는 정부가 대형 농장에 보조금을 아낌없이 지급하는 바람에 경제적 자원이 매우 불합리하게 배분되었다는 것이다. 농장들은 강물의 3분의 2 이상을 소비했고, 농장에서 배출한 유거수는 생태계에 막대한 피해를 입혔다. 그들이 수령한 보조금은 서부의 농업 발전을 도모한다는 본래의 목적에는 부합했지만, 그 유용성이 사라진 지 한참이 지난 후에도 계속되었다. 캘리포니아 주의 경우 농장 5개 가운데 4개가 4제곱킬로미터 이상의 규모였고 전체 농장의 10퍼센트가 주 농업 총생산량의 75퍼센트를 생산한다.[72] 20세기 후반 기존의 기업식 농장들은 지역의 물 부족 상황에 대해 아무런 대가도 치르지 않는 특권적인 '물 소유층'이 되었다. 그러나 경제적인 측면에서 생산성이 높고 물 사용의 효율성도 높은 공업 분야와 도시들은 충분한 양의 물을 얻기 위해서 15~20배의 할증세를 납부하는 부담을 져야 했다.[73] 경쟁에 의해 움직이는 시장의 힘을 통해 효율적으로 자원을 배분하는 기제는 엄청나게 왜곡되었다. 그 결과 경제 성장과 환경 자원, 기본적인 공정성에도 좋지 않은 영향을 미쳤다.

미국에서 대규모 댐의 시대는 1970년대에 막을 내렸다. 이때부터 환경 운동가들, 도시의 산업가들 그리고 오락 산업 로비스트들이 연합하여 대형 댐 건설이 가져올 비경제적 결과를 증명하고 주 정부 및 연방 정부의 정책에서 관개와 댐의 이익에 대해 과대평가된 부분을 점차로 걷어내기 시작했다. 그 시발점이 된 사건은 1960년대 후반 신비로운 자연 경관인 그랜드캐니언에 댐을 건설하려는 계획을 무산시키기 위해 시에라 클럽(이 단체는 1892년 박물학자 존 뮤어와 몇몇 캘리포니아 주 출신 인사들에 의해 설립되었다.)이 전국적 규모의 정치 운동을 전개한 것이었다. 이때부터 국가적 논의는 점차 댐이 초래하는 환경적으로 유해한 부작용들, 예를 들면 삼각주와 습지의 축소, 인공 비료와 제초제, 살충제에 대한 과도한 의존, 단일 작물 재배, 토양을 보충하는 세사의 침전, 하천 야생 생태계의 파괴 등을 드러내는 쪽으로 진행되었다. 일례를 들자면, 컬럼비아 강에 서식하는 야생 연어는 댐에 가로막혀 산란장으로 돌아갈 수 없게 되었고, 그 결과 개체 수가 1500만 마리에서

200만 마리 이하로 떨어졌다. 20세기 후반에 이르면 댐에 대한 중요한 논의는 그것의 해체나 제거에 대한 것이었다. 실제로 2000년에 미국에서 해체된 댐의 수는 새로 지어진 댐의 수를 초과했다.[74]

침묵의 봄, 현대 환경 운동의 시작

미국 내 댐 반대 운동의 추동력은 기층에서 시작된 활기찬 환경 운동에서 나왔다. 인류가 산업을 발전시키는 과정에서 무심코 배출한 쓰레기가 인류에게 해가 된다는 것을 입증하는 증거들이 쌓이면서, 그에 대한 반응으로 환경 운동이 등장했다. 19세기 초 산업혁명의 시대에 인구가 대도시로 집중되자 도시의 생활 환경을 위협하는 위생 문제가 발생했고 이어서 위생 관념이 생겨났듯이, 급속한 산업화가 진행되면서 공공의 대기와 토양은 공업 및 기업식 농업이 초래한 반갑지 않은 유해 오염 물질의 증가에 시달렸고 그로 인해 현대 환경 운동이 탄생했다. 수십 년 동안 강과 호수의 지표수 및 바다는 물론이고 우리의 눈에 보이지 않는 가운데 서서히 움직이는 지하수 생태계의 오염은 점점 더 심해졌다. 자연 생태계의 회복력을 넘어서는 규모와 강도로 진행되는 수질 오염은 20세기 중반의 새로운 현상인데, 이는 대중의 건강과 계속되는 경제 성장을 떠 받쳐줄 장기적인 환경의 지속가능성을 눈에 띄게 위협하기 시작했다. 2차 세계 대전 이전 그러한 오염 물질의 대부분은 화석 연료를 사용하여 철, 강철 등의 중금속을 생산해내는 일군의 굴뚝 산업에서 배출되었다. 그러나 세계 대전 이후에는 플라스틱, 농업용 비료, 그 외 여러 합성 화학 물질들을 생산하는 새로운 산업군이 점차로 주된 오염원이 되었다. 그리고 이들이 배출한 오염 물질 가운데 많은 수는 독성이 매우 강하고 자연적으로 분해되기 어려운 것들이었다.

수십 년 동안 화학 회사들은 처리하지 않은 독성 폐기물을 지역의 강이나 하천, 연못에 버렸다. 그리고 그 독성 물질들은 식수원인 지하수로 흘러들어 시간이 지난 후 무수한 사람들을 질병과 죽음으로 몰아넣었다. 1980년 미합중국에는 5만 개가 넘는 유독 폐기물 폐기장이 있었다.[75] 가장 악명 높은 사건은 뉴욕 주 나이아가라 폭포 인근의 러브 운하에서 발생했다. 이 운하는 독성 폐기물 매립장으로 사용되었는데, 그 지역 거주자들은 비정상적으로 높은 암 발생률을 나타냈고, 한 세대 후 태어난 어린이들은 선천적 결손증에 걸린 경우가 매우 많았다. 정부는 이 지역을 재난 지역으로 선포하고 그곳에 거주하던 시민들을 이주시켰다. 이와 유사한 재난 이야기는 다른 나라들에서도 반복되었다. 예를 들어, 1956년부터 일본 미나마타 만 인근에 거주하는 어린이들은 몇 년 전 그 지역 화학 공장이 바다에 버린 수은에 중독된 물고기를 먹고 뇌 손상 증상을 보였다. 소련에서는 깊이가 1.6킬로미터가 넘는, 지구에서 가장 큰 담수호인 바이칼 호에 가로 29킬로미터, 세로 4.8킬로미터짜리 유독 폐기물 섬이 떠다니기도 했다. 지구 상 민물 지표수의 20퍼센트를 담고 있는 북아메리카의 오대호도 호수 연안에서 중공업이 발전하자 오염에 시달렸다. 1960년대 초반 이리 호에서는 비료 유입과 쓰레기 폐기로 인한 조류(藻類)의 이상 번식 때문에 어류가 폐사하는 일이 발생했다. 유사한 사례로, 한때 풍족한 어장이었던 발트 해의 상당 부분도 북유럽에서 흘러든 공업 폐수와 인공 비료 성분이 포함된 오수로 인해 생물학적으로 죽은 바다로 변했다. 특히 공산주의 국가인 폴란드의 비스툴라 강에서 유입된 물이 문제였다. 산업용 용광로나 화석 연료를 연소할 때 나오는 이산화황 가스의 증가로 인한 산성비는 국경을 넘나들며 상수원을 오염시키고 먹이 사슬에 해로운 영향을 미쳤다. 온타리오의 대형 구리, 니켈 용광로에서 1980년대 후반부터 십 년 동안 배출된 이산화황의 양은 지구가 생긴 이래 모든 화산에서 자연적으로 분출된 양보다 많았다.[76] 또한 냉전 시대 강대국들이 핵무

기를 생산하는 과정에서 미국과 소련의 강과 호수들이 방사성 폐기물에 오염되었다.[77]

현대 환경 운동이 시작된 특정한 순간을 꼽는다면, 그것은 바로 1962년 이 분야의 중대한 연구서인『침묵의 봄』이 출판된 때일 것이다. 이 책의 저자 레이철 카슨은 한 때 정부 소속 해양 생물학자였다.『침묵의 봄』은 해충을 죽이고 곡물 수확을 늘리기 위해 널리 사용되는 DDT와 같은 합성 화학 농약이 느리고 은밀하게 수질 오염에 미치는 영향에 대해 사람들이 관심을 갖도록 만들었다. 그리고 인간이 자신의 생활 환경에서 저지르는 행위들이 야기할 더 큰 영향에 주목하도록 했다. 카슨은 다음과 같이 적었다. "수로의 오염 물질은 다양한 곳에서 유입된다. 방사성 폐기물은 원자로나 실험실, 병원에서 나오고, 핵폭발로 인한 낙진에도 포함되어 있다. 생활 폐기물은 도시에서 그리고 마을에서 쏟아져 나온다. 화학 폐기물은 공장에서 배출된다." 그리고 "여기에 새로운 종류의 물질이 추가되어야 한다. 바로 농경지와 정원, 숲과 들에 살포되는 화학 약품이다. (……) 우리의 물은 살충제 때문에 어느 곳에서나 오염에 시달리고 있다."[78] 카슨은 피츠버그 인근 앨러게니 강가에서 자라면서, 석탄을 사용하는 화력 발전소가 배출하는 산업 오염 물질이 하천 생태계에 미치는 영향을 직접 목격하였다. 그녀는 생생한 필치로 과학적 연구 성과를 더 큰 그림 속에 통합시켰다. "살충제가 일으킨 수질 오염 문제는 더 큰 맥락 속에만 제대로 이해될 수 있다. 그 문제가 속한 전체, 즉 인류가 직면한 총체적 환경 오염의 일부로서 이해되어야 한다."[79]

인류는 20세기에 들어 지구 역사 상 최초로 자연 환경을 상당 부분 바꿀 수 있을 정도의 힘을 확보했다. 카슨은 인간이 그 힘을 부주의하게 사용하고 있다는 점에 대해 우려했다. 즉 문명 자체의 생존에 위협이 될 정도로 공기, 토양, 하천, 바다를 오염시키고 있다는 것이다. 그녀는 이렇게 결론을 내렸다. "따라서 우리 시대의 핵심적인 문제는 핵전쟁으로 인한 인류 멸망의 가능성 외에도, 믿기 힘들 정도의 잠재적 위험 요소를 내포하고 있는 물질들로 인한 환경 전반의 오염이다. 이러한 오염 물질들은 식물과 동물의 조직 안에 축적되고 있으며, 심지어는 생식 세포에까지 침투하여 미래의 형질을 결정하는 유전자를 교란시키거나 변형시킬 수 있다."[80]

『침묵의 봄』은 당시 시작 단계에 있던 환경 운동의 목소리가 되었고, 환경에 대한 대중의 관심을 불러 일으켰다. 현대적 환경 운동은 순식간에 강력한 정치 세력이 되었다. 거대 화학 회사들과 미국 농무부, 그 외 현상 유지를 바라는 이들은, 다른 시대에 같은 입장에 있었던 사람들과 마찬가지로, 『침묵의 봄』에 대한 대대적인 반격에 나섰다. 카슨의 연구 업적, 전문가로서의 자질은 물론이고 심지어 개인적 성격까지도 공격의 대상이 되었다. 그러나『침묵의 봄』은 미국이라는 다원화된 민주주의 국가의 대응력 있는 유권자들 내에서 깊은 반향을 불러 일으켰다. 존 F. 케네디 대통령도 이 문제에 대해 개인적인 관심을 표했다. 연방 정부와 주 정부들은 때를 맞추어 전문적인 연구에 착수했고, 그녀의 주장을 입증하였다.

1960년대가 끝나기 전에 새로운 환경 운동은 제지할 수 없을 정도로 강력한 힘을 얻게 되었다. 몇몇 커다란 환경적 재앙들로 이들의 활동은 더욱 활발해졌다. 그 가운데 가장 영향력이 컸던 사건은 1969년 6월 22일 클리블랜드 쿠야호가 강에서 폭발이 일어나 5층 높이의 거대한 화염이 치솟았던 일이다.[81] 이 폭발은 규제를 받지 않고 강에 버려진 가연성 쓰레기 더미에서 시작되었다. 몇 달 이내에 미국은 종합적인 환경 입법을 추진하고 그 법률을 실행할 권한을 환경보호국에 부여하여 규제의 본보기를 세웠다. 미국 내 지표수와 지하수를 오염으로부터 보호하기 위하여 1972년에는 청정수질법이, 1974년에는 식수안전법이 통과되었다. 당국은 호수나 바다 연안에서 조류의 과잉 번식을 막기 위한 조치를 취하기 시작했다. 그리고 멸종 위기에 처한 종들을 보호하는 일에도 착수했다. DDT를 비롯한 유해한 화학 살충제

22 물이 독성 물질에 광범위하게 오염되고 있음을 밝힌 레이철 카슨(위)의 『침묵의 봄』은 근대적 환경운동의 시작을 알리는 계기 가운데 하나였다. 산업 폐기물로 오염되어 악취를 내뿜는 클리블랜드의 쿠야호가 강(아래)에서 1952년과 1969년에 연이어 화재가 발생하고 나서야 의회는 마침내 청정수질법을 제정했다.

들의 국내 사용이 금지되었다. 그러나 제삼국에 대한 수출까지 금하지는 않았다.

제1회 지구의 날인 1970년 4월 22일, 환경적으로 건강한 지구를 지지하기 위해서 2000만 명의 미국인들이 모였다. 20년 후에는 140개의 나라에서 2억 명의 사람들이 같은 목적 아래 모여들었다. 1980년대 후반 환경주의 운동은 세계적인 것이 되었다. 국제 연합은 1987년 「우리 공동의 미래」라는 보고서 발표를 시작으로 선도적인 역할을 맡았다. 그 위원회의 회장을 맡았던 노르웨이 정치인의 이름을 따라 '브룬트란트 보고서'라고도 하는 이 영향력 있는 보고서는 경제 성장과 환경의 지속가능성 사이의 관계를 검토할 것을 요구했다. 그 후로 1992년부터 매 십년 마다 각국의 수뇌들이 모이는 지구 정상 회의가 개최되고, 1988년부터는 기후변화에 대한 정부 간 합동 연구가 지속되고 있으며, 1989년에는 환경적으로 지속가능한 발전을 논의하는 유력한 위원회가 구성되었다.[82] 그리고 지구 전체의 생태계에 대한 최초의 총체적인 평가가 새로운 천년을 맞이하여 2000년에 시작되었고 2005년에 완결되었다. 대기 오염부터 지구 온난화까지 여러 환경 문제들을 다루는 국제 환경 조약들에 많은 나라들이 참여했다. 21세기 초부터는 수상 생태계가 특별히 주목을 받기 시작했다. UN은 3년마다 발행되는 「유엔 세계 물 개발 보고서」를 2003년에 처음 공표했고, 2005년에는 「생명수 국제 10개년 계획」에 착수했다. 점차 세계 어디서나 깨끗한 물 공급과 건강한 환경이 국내 정치의 정당성을 측정하는 기준으로 여겨지게 되었다. 참혹한 환경 재앙은 소련이 붕괴하기 전에 이미 그 정치적 신뢰성을 떨어뜨리는 계기가 되었다. 21세기 초 중국에서도 환경 문제가 민주적 시위의 중심에 서는 일이 늘어났다. 제너럴 일렉트로닉스와 같은 거대 기업들도 점차 환경 운동의 주장을 포용했으며, 회사의 이미지와 활동을 환경 친화적인 것으로 재정립하려 노력했다. 레이첼 카슨은 살아서 자신의 작품이 결실을 맺는 것을 보지 못했다. 그녀는

『침묵의 봄』이 세상에 나온 지 2년도 되지 않은 1964년 56세의 나이에 암으로 생을 마감했다.

환경 운동은 물의 역사와 세계의 역사에서 하나의 전환점이 되었다. 인간의 역사 전체를 통틀어 물에 대한 지배적인 관점은, 지구의 수자원은 본질적으로 무한하고 자연적으로 자정 능력을 갖추고 있으며 인간의 사용량에 구애받지 않지 않고 자연에서 마음껏 추출할 수 있다는 것이었다. 그러나 점차 새로운 인식이 기존 관념을 대체했다. 자연 환경을 대체할 수 있는 막강한 힘을 가진 산업 문명이 지속적으로 번영하기 위해서는 경제 성장과 물의 생태계 사이에 지속가능한 평형 상태가 유지되어야 했다.

물, 세계에서 가장 폭발적인 정치경제 문제

미국의 선구적인 대형 다목적 댐은 곧 전 세계적인 부러움의 대상이 되었다. 얼마 지나지 않아 다른 국가들도 미국이 이룩한 성과를 모방하기 위해 분투하였다. 그 결과 지구 상의 거의 모든 주요 하천에 댐을 건설하는 거대한 붐이 일어났다. 그것이 가져온 물질적 풍요 덕분에 공산주의 국가들은 전후 서구 자유민주주의 국가들의 패권에 대항하는 그럴 듯한 도전자가 될 수 있었다. 또한 빈곤한 신생 독립 국가들은 역사 상 처음으로 산업 발전의 사다리를 오를 수 있게 되었다. 공업 발전으로 인한 번영은 전 지구로 퍼져나갔고, 세계의 정치 경제와 세력 균형의 판도를 바꾸어 놓았다. 그 결과 20세기 말에 이르면 상호 의존적인 다원적 질서가 성립되어, 오랫동안 유지되었던 유럽과 미국의 주도권을 점차로 대체해갔다.

대형 댐이 제공하는 값싼 전력과 물은 모든 국가들의 만병통치약이 되었다. 식량생산 증진을 위한 관개, 공장을 돌리기 위한 전력, 건강에 유익한 식수, 위생 시설, 거대한 도시 시설을 위한 조명, 그리고 물질생활 향상이라는 일반적인 갈망에 대한 해결책이 되었던 것이다. 댐은 정치적, 경제적 이데올로기를 초월했다. 어떤 체제 아래에서건 댐은 번영, 안정적인 사회, 정부의 정당성을 보장해주었다. "한 방울의 물이라도 최대한의 경제적 이익을 국가에 돌려주지 못하고 바다로 흘러들어간다면, 그것은 경제적인 낭비다."라는 미국 대통령 허버트 후버의 연설은 "바다로 그저 흘러들어가는 물은 버려진 것과 다름 없다."는 소련 지도자 요제프 스탈린의 발언과 사실상 똑같은 말이다.[83] 미국의 시어도어 루스벨트부터 중국의 마오쩌둥에 이르기까지 20세기의 모든 지도자들은 여기에 동의할 것이다. 1963년 인도 북부에 세워진 바크라 댐의 완공식에서 자와할랄 네루 수상은 그 업적에 감탄하여 그 댐의 건설 계획을 "인도의 재기를 상징하는 새로운 신전"에 비유함으로써 후버 댐에서 플랭클린 루스벨트가 남긴 거창한 표현을 반복했다.[84] 또한 네루 수상이 느꼈던 감정과 사용했던 비유 모두 이집트의 나세르 대통령이 아스완 하이 댐을 피라미드에 비교했던 것과 놀라울 정도로 유사하다. 이 모든 지도자들에게 물은 잠재적으로 무한하고 풍부한 자연 자원이며, 다만 물을 추출하는 사회의 기술적 수준에 의해서만 제한받을 뿐이었다.

댐 건설 과정에서 나타나는 중앙집중적, 통제적 사회 분위기는 공산주의 국가의 계획과 수월하게 맞아 들어갔다. 스탈린은 1937년 강제 노동 수용소의 무보수 노동력을 동원하여 볼가 강에 댐 건설 작업에 착수했고, 이후에는 드네프르 강, 돈 강, 드니에스테르 강 등 대형 하천에도 대형 댐을 건설했다. 그 거대한 영토 전역에서 소비에트의 수리공학자들과 국가 경제 계획 관리들의 뜻에 따라 강의 경로가 바뀌고 호수의 형태가 변했다. 대형 댐들 덕분에 소련의 물 사용은 1917년 볼셰비키 혁명 이후 60년 동안 여덟 배나 증가했고, 소련은 세계를 선도하는 초강대국으로서 미국의 경쟁상대로 부상할 수 있었다.[85]

공격적인 댐 건설과 그와 연계된 수자원 관리는 전후 중국 사회를 공산주의 체제로 재편하기 위한 마오쩌둥의 노력에서도 핵심적인 주제가 되었다. 국가 중심의 거대한 수리사업이라는 황허 문명의 유산을 물려받은 공산주의 중국의 관료들은 자연스럽게 크고 작은 모든 하천에 댐을 세우고자 했다. 20세기 말까지 중국에는 약 2만 2000개의 댐이 세워졌다. 이 수치는 전 세계 댐의 거의 절반에 해당하며, 미국의 세 배가 넘는 것이다. 그 결과 1949년 시작된 공산주의 통치의 첫 사반세기 동안 관개 농지가 두 배 이상 증가했다.[86] 2006년에는 양쯔 강의 싼샤에 세계 최대의 댐이 완공되었다. 이 댐은 중국의 후버 댐에 비유되며, 미국이 서부의 건조 지역을 개척할 때 그랬던 것처럼 가속도가 붙은 경제 체제 이행을 위한 노력의 핵심이었다.

전후 일본의 경제 기적(그와 함께 자유민주당이 그렇게 오랫동안 집권당의 지위를 유지할 수 있도록 만든 풍족함)은 부분적으로는 한정된 농경지를 집약적으로 활용하고, 산에서 발원한 강에 건설한 약 2700개의 대형 댐을 통해 수력 전기 자원을 십분 활용할 수 있었기에 가능했다. 인도는 4300개의 거대한 댐들을 건설하여, 이 분야에서 중국과 미국의 뒤를 이어 세계 3위를 차지했다.[87] 그 댐들은 전후 폭발적으로 증가하는 인구와 보조를 맞추어 식량생산을 확대하는 데 필수적인 역할을 했다. 거의 모든 개발도상국들은 그 사회에서 경제적, 정치적 구심점이 되는 중요한 댐 건설 계획을 가지고 있다. 아스완 댐이 나일 강과 이집트 전체를 변화시켰던 것처럼, 1990년에 시작된 터키의 아타튀르크 댐은 동남부 아나톨리아 프로젝트의 시작점이 되었다. 이 사업은 22개의 댐과 19개의 수력발전소를 포함하는 엄청난 규모의 지역 발전 계획이었다. 한편 유프라테스 강 하류에서는 충분한 물을 확보하려는 시리아와 이라크의 국가적 희망이 그들이 추진 중인 대형 댐에 전적으로 달려 있었다. 인더스 강에 세워진 거대한 규모의 타벨라 댐은 파키스탄의 국가적 자랑거리가 되었다. 물이 풍부한 남아메리카에서는 1991년 브라질과 파라과이의 국경을 흐르는 파라나 강에 이타이푸 댐이 세워졌다. 이 댐은 싼샤 댐이 전 용량을 가동하기 전까지 세계 최대의 수력발전소로 유명했다. 중앙아시아의 타지키스탄은 구소련이 붕괴되자 높이 984피트로 세계에서 가장 높은 댐인 누렉 댐을 소유하게 되었다.

20세기가 끝날 무렵 인류는 모두 합쳐 약 4만 5000개의 대형 댐을 건설했다. 세계적으로 댐 건설이 한창이었던 1960년대, 1970년대, 1980년대에는 평균 하루에 13개의 댐이 세워졌던 셈이다.[88] 1960년에서 2000년 사이, 세계의 저수 용량은 네 배 늘었고 그 결과 하천에 흐르는 물의 약 세 배에서 여섯 배에 해당하는 물이 거대 댐에 담겨 있게 되었다.[89] 세계 수력 전기 생산은 두 배 증가했고, 그 동안 식량생산은 2.5배 그리고 전체 경제 생산은 여섯 배 성장했다.[90]

전 세계적인 댐의 유행은 인간이 지구 환경을 가장 극적으로 변화시킨 경험을 가능하게 했다. 특히 관개 농지의 급속한 팽창은 (많은 경우 본래의 하상에서 멀리 떨어진 곳에서 이루어졌다.) 종종 숲이나 습지를 공격적으로 개간한 결과였다. 관개농업은 농업의 기계화에 힘입어 1950년 이후 반세기 동안 세 배 가까이 확대되었고 세계 농경지의 17퍼센트를 차지했으며 식량생산의 40퍼센트를 담당했다.[91] 세계를 변화시킨 20세기의 녹색혁명의 핵심에는 집약적인 물 사용이라는 변화가 놓여 있었다. 1960~1970년대부터 이 혁명은 잉여 농산물을 생산할 수 있던 서구에서 개발 도상 국가들로 퍼져나갔다. 녹색혁명은 옥수수, 밀, 쌀 등 주요 작물의 다수확 품종 재배를 기본으로 하고 있었고, 이 경우 산출량은 물과 화학 비료의 투입량에 확실히 비례했다. 획기적인 발전은 1930년대에 개발된 미국산 교배종 옥수수에서 시작되었다. 1970년대 미국에서 재배되는 옥수수의 거의 대부분은 이 잡종 옥수수였는데, 이 품종의 수확량은 1920년대의 일반적인 옥수수보다 평균 서너 배 많았다.[92] 일반 밀보다 많은 양의 낟알이 줄기에 달리는 잡종 소형 밀은 멕시코에서 먼저 녹색혁명을 촉발시켰다.[93] 그리고 1960년대에는 인도 펀자브 지역에서 시작하여 고대의 비옥한 초승달 지대의 끝인 터키까지 이어지는 서남아시아 밀 생산지대로 확산되어 놀라운 결과를 낳았다. 자주 반복되는 대규모 기아 사태에 시달렸던 인도는 처음에 미국의 대대적인 식량 원조에 의존하여 그 위기에서 벗어났지만, 1974년 교배종 밀을 받아들인 이후로 식량을 자급할 수 있게 되었다. 1960년대 후반부터는 혼합종 왜성도(矮性稻)가 벵골 지역에서 자바 섬을 지나 한국으로 이어지는 쌀 생산 지역을 장악했다. 1970~1991년 사이 개발도상국에서 생산되는 밀과 쌀 중 변종 작물이 차지하는 비율은 15퍼센트 이하에서 75퍼센트로 증가했고, 수확량은 두세 배 늘었다.[94]

녹색혁명은 세계 역사를 바꾸어 놓은 다른 위대한 농업 혁명들과 유사한 점이 많다. 중국이 11세기에 참파 벼를 도입한 것이나 유럽의 신대륙 발견 이후 유럽과 아시아로 아메리카의 옥수수, 감자, 카사바가 전래된 것, 그리고 17세기 후반부터 20세기 초반까지 영국이 체계적인 농업 혁명을 성공적으로 추진한 것 등이 그 예이다. 20세기에는 세계 인구가 네 배 증가했음에도 불구하고 대형 기근이나 정치적 혼란이 발생하지 않았으며 오히려 사람들의 생활수준은 지난 역사적 경험과 달리 세 배나 향상되었다. 부의 생산이 전 지구적으로 확장되면서 새로운 세계경제 질서가 성립되었다. 이 질서의 특징은 커뮤니케이션, 자본, 상품, 아이디어, 사람, 환경적 영향 및 급변하는 환류 고리가 빠른 속도로 국경을 넘나들며 교환되는 과정에서 구축된 통합망에 있다. 상품들은 일관수송식 컨테이너에 실려 대양의 초고속 도로를 따라 전 세계로 이동했고, 그 결과 어떤 나라의 국내 수요가 국경 너머에서 생산된 물품으로 쉽게 충족되는 새로운 현상이 생겨났다. 2000년을 기준으로 전 세계 교역의 약 90퍼센트가 바닷길을 통해 수송되었다. 이들은 대략 4만 6000척의 거대한 배를 이용하여 3000개의 주요 항구를 드나들며 10

여 개의 전략적으로 중요한 해협과 운하를 통과하였다. 대형 댐, 전동식 드릴과 펌프, 여타 발전된 형태의 공업 기술들을 이용하여 확보한 엄청난 양의 깨끗하고 저렴한 수자원은 현대 문명이 그 놀라운 업적을 이룩하는 데 물이 필수적인 것이었음을 확실하게 보여주었다.

그러나 20세기 말부터 미국에서 먼저 그랬듯이 댐의 시대가 허락한 전 세계적인 물의 풍요는 한계에 도달했고 그 정점에서 내려오기 시작했다. 유사한 형태의 생태계 고갈과 제약이 훨씬 더 방대한 전 지구적 규모로 진행되고 있었다. 2000년에는 세계 모든 대형 하천의 60퍼센트 정도가 댐이나 인공 구조물을 통과하며 흐르고 있었다.[95] 그리고 수력발전과 관개에 가장 적합한 장소는 대부분 이미 이용되고 있었다.[96] 20세기를 통해 상당한 양의 담수가 댐, 저수지, 운하를 통해 재분배되었다. 이 현상은 세계적인 물 전문가 피터 글리크의 표현에 따르면 "지구 환경에 작지만 주목할 만한 변화"들을 가져왔다.[97] 황허 강, 나일 강, 인더스 강, 갠지스 강, 유프라테스 강과 같은 대형 하천들은 콜로라도 강처럼 더 이상 바다에 제때에 도달하지 못하게 되었다. 또는 바다에 닿더라도 삼각주와 해안 생태계에 상당히 줄어든 양의 유량과 퇴적물을 운반해 주었다. 장기간 계속된 집중적인 관개농업과 염류 축적, 침수, 토사 침식으로 황폐해진 토양에 부적합한 배수 시설이 설치된 결과 발생한 유해한 부작용은 어디에서나 점점 더 분명하게 나타났다. 관개 농지는 세계적으로 식량 대량 증산을 가능하게 만들었지만, 기존의 농토는 새로운 농토가 개발되는 것과 같은 속도로 쓸모없게 되어 버렸고 그 결과 역사적인 관개 농지의 순 증가 추세도 끝이 났다.[98] 전통적으로 사용하던 지표수가 바닥을 드러내자, 점점 더 많은 지역에서 자연적인 물의 순환이 메울 수 있는 것보다 훨씬 빠른 속도로 지하수를 끌어다 관개용수로 사용했다. 세계 농업의 약 10퍼센트는 결국에는 지속 불가능한 것이다.[99] 여러 대륙에서 지하수면은 내려앉고 사막화가 확산되었다. 이 문제는 세계 각지에서 배출된 산업 폐기물과 농업 폐수가 민물 자원과 연안 어장을 오염시키는 바람에 더욱 심각해졌다.

21세기 초입에 이 새로운 물의 도전은 세계의 문화, 지정학, 사회 내(內) 그리고 사회 간(間) 지배적 위계질서를 재구성하는 데 최우선 과제로 부상했다. 곧 닥칠 물 부족 사태와 지구의 문명을 지탱하는 수중 생태계의 고갈이 바로 그것이다. 산업계의 과도한 수요, 엄청난 기술력, 단순한 인구 증가와 개인 소비 수준 향상으로 인해 늘어난 충족될 수 없는 수준의 물 수요는 인류 역사 상 처음으로 지구 생태계가 제공하는 접근 가능하고 재생가능한 깨끗한 담수의 절대 공급량을 크게 앞지르기 시작했다. 현재의 사용 추세와 관행, 예측 가능한 기술 등을 고려했을 때, 개도국의 수십 억 인구가 서구에 준하는 번영과 건강 수준을 달성하는 데 필요한 경제 성장을 지탱할 수 있을 정도로 충분한 양의 담수가 증발과 강우로 이루어지는 자연적인 물의 순환에 의해 지표로 돌아올 것 같지는 않다. 수많은 사람들이 건강하고 자연스러운 삶을 영위하는 데 필요한 물을 충분히 공급받지 못하고 있다. 부족한 물을 두고 벌어지는 치열한 경쟁이 닥쳐올 것이다. 건조하고 인구밀도가 매우 높으며 빈곤한 지역들은 이미 그 곳 주민들을 부양할 수 없게 되었다. 그리고 곧 회복되리라는 현실적인 희망도 거의 없다. 게다가 상대적으로 물이 풍부한 지역에서조차 점점 물 부족이 심해지면서 수자원을 통제하려는 해묵은 경쟁이 새로이 시작되고 있다. 그와 함께 정치적, 경제적 권력의 재편성이 진행되고 있다.

새로운 물 부족 시대는 자원 활용의 극대화, 인구 증가, 자원 고갈, 경제 성장의 정체 또는 하락이라는 고전적인 역사 순환의 부산물이라고 할 수 있다. 이는 자원 증가 및 성장의 다음 단계가 시작되어 가용한 물 공급이 증가하고 기존의 수자원을 더욱 생산적으로 이용할 수 있게 될 때까지 계속된다. 20세기 세계 인구의 급증은 부분적으로는 그 시대의 위대한 물 혁명이 가져온 일회적인 수자원 공급의 증가에 따른 것이었다. 그러나 이제 물 공급 붐은 정점을 찍었고, 세계 각지의 사람들은 자원이 충족시킬 수 있는 수준을 훨씬 능가하는 수요와 기대를 갖게 되었다. 이 세기 중반까지 세계 인구가 50퍼센트 정도 더 증가할 것이라는 예측을 감안한다면 두 번째 가위의 날이 불가피하게 닫히고 있다. 현재와 같이 운용한다면 사용 가능한 물의 공급량은 젊고 활발한 대중들의 요구를 충족시키기에 부족할 것이다. 맑고 깨끗한 그리고 없어서는 안 될 물은 아주 빠른 속도로 전 지구적으로 부족한 천연 자원이 되어가고 있으며 세계에서 가장 폭발적인 정치경제 문제로 변해가고 있다.

4부 결핍의 시대

14 　　물을 가진 자와 갖지 못한 자

고대 메소포타미아의 관개수로든 중국의 대운하든 유럽의 증기엔진이든, 탁월하게 부상한 사회들은 보다 생산적으로 대규모 잠재 수자원을 개발해 경쟁자들보다 더 많은 물을 이용할 수 있었다. 반면 용수문제에 제대로 대처하지 못하거나 급수설비를 유지하는 데 실패한 사회는 대개 쇠퇴와 몰락을 겪었다.

물 부족과 생태계 고갈 문제가 세계 정치와 인류 문명을 좌우하는 결정적 요소로 급격히 부상하고 있다. 전례 없이 물이 풍부했던 시대가 끝나고 인구과밀, 수자원의 불균형과 만성적 부족 그리고 환경 악화 및 지속가능성 문제가 빈번히 대두되는 새로운 시대가 시작되었다. 석유 분쟁이 20세기의 역사를 정의하는 데 중심적인 역할을 했던 것처럼, 수자원 이용을 둘러싼 투쟁이 이제 여러 사회의 운명과 21세기 세계질서 형성의 기초가 될 것이다. 물은 세계에서 가장 부족하고 중요한 천연자원이라는 점에서 석유를 따라잡고 있다. 그러나 물은 새로운 석유 그 이상이다. 석유는 어떻게 해서든지 다른 연료원으로 대체가능하며 극단적인 경우 없이도 살 수 있지만, 물은 그 사용처가 광범위하고 다른 물질로 대체 불가능한 전적으로 필수불가결한 자원이다.

역사적으로 오래 지속된 문명들은 당대의 기술과 사회 조직을 이용하여 효과적으로 물을 통제했다. 고대 메소포타미아의 관개수로든, 중국 제국의 대운하든, 초기 산업시대 유럽의 물레방아와 증기엔진이든, 혹은 20세기의 거대한 다목적 댐이든, 선진 사회들은 언제나 더 생산적으로 대규모 잠재 수자원을 개발함으로써 자기 시대의 물 문제에 대응하였으며 굼뜬 경쟁자들보다 더 많은 물을 이용할 수 있었다. 반면에 용수 문제에 제대로 대처하지 못하거나 급수설비를 유지하는 데 실패한 사회, 혹은 자신보다 생산적인 용수 관리에 압도당한 사회는 대개 쇠퇴와 몰락을 겪었다. 마찬가지로 오늘날 선진 사회의 경제적 생산성과 정치적 균형은 항만 설비, 준설기, 교량, 터널, 그리고 대양항해선단 같은 수상교통 시설망뿐 아니라 대형 댐, 발전소, 수로, 저수지, 펌프, 배관망, 위생적인 하수처리설비, 오수처리설비, 관개수로, 배수 시스템, 배수설비, 제방 등 상호연관된 시스템의 견고함과 안전성 그리고 지속적이고 혁신적인 발전에 결정적으로 의존한다. 새 천년이 시작된 현재 물의 이용과 그 기반시설의 문제는 식량 및 에너지 부족, 기후변화 같은 인류의 운명을 좌우하는 상호 연관된 문제들의 핵심에 자리 잡고 있다.

21세기가 시작되는 오늘날, 경제적으로 발전된 지역에는 더 이상 인간의 손이 닿지 않은 수원(水源)이 존재하지 않는다. 세계 인구가 지속적으로 상승하여 2050년이면 90억 명에 이르고, 수많은 제3세계 주민들이 산업화된 국가들의 5분의 1 수준으로 소비와 쓰레기 배출량을 증가시키면 물에 대한 요구는 갈수록 크게 치솟을 것이다. 그러나 어디서도 그러한 수요를 충족할 만큼 용수를 대규모로 늘릴 수 있는 새로운 혁신적 돌파구는 나타나지 않고 있다.

지난 두 세기 동안, 물 사용량은 인구보다 두 배나 빨리 증가해 왔다. 지구상에서 인구가 가장 조밀한 지역들에 흐르는 전체 재생가능한 지표수의 약 절반이 이용되고 있다.[1] 간단히 계산해 보더라도 그리고 자연의 물리적 한계를 고려해 보더라도 과거의 추세는 지속될 수 없다. 역사적으로 오직 인류의 기술적 한계만이 자연에서 더 많은 물을 뽑아낼 수 있는 인간의 능력을 한계지어 왔다. 이제 인류 문명이 궁극적으로 의존하는 재생가능한 용수 생태계의 고갈을 결정적으로 막기 위한 새로운 방안이 고안되었다. 그 결과 전통적으로 물을 이용해 온 네 가지 방식에 더해 또 하나의 새로운 방식이 등장했다. 강 유역 및 그와 관련된 자연 생태계에 충분한 물을 공급해서 수리 환경 그 자체의 생명력을 지속시키는 것이다.

물 부족 시대가 도래함에 따라 물과 세계사의 궤도에서 결정적 변화가 일어날 것이다. 즉 자연에서 언제나 더 많이 그리고 무제한으로 물을 뽑아내 관리하고 공급했던 대규모 중앙집중식 처리시설에 기반한 전통 패러다임에서 보다 분산되고 목적에 맞게 조절되며 환경과 조화를 이루는 새로운 패러다임으로 이동할 것이다. 이는 결국 물을 더욱 생산적으로 사용한다는 뜻이다. 이에 따라 전 세계 모든 사회의 인구규모와 용수 사이의 낡은 등식을 버리고 새로운 정책을 시행하라는 목소리가 높아지고 있다. 물이 부족한 사회든 풍부한 사회든 한편으로는 효율성과 구조의 혁신으로, 다른 한편으로는 개별적인 생활수준과 전반적인 인구의 하락을 통해(양자가 어느 정도 혼합될 가능성이 가장 높지만) 결국에는 인구와 자원 사이의 새로운 균형이 달성될 것이다. 역사적으로 보았을 때, 그것은 사회 질서, 국내의 경제적 위계, 국제적인 힘의 균형 및 일상생활을 재편성하는 혼란스러운 과정이 될 것이다. 어떤 지역들은 다른 지역들보다 그러한 변화를 준비하는 데 더 유리하다. 인구증가 수준 이상으로 물 수요가 급상승하고 지구상의 많은 생태계들이 지속가능한 수준을 넘어 착취됨에 따라, 점점 많은 물 부족 국가들이 이미 벼랑 끝으로 내몰렸다.

가장 두드러진 현상은 물 부족 문제가 21세기 정치, 경제, 사회의 총체적인 풍경을 가로질러 물 보유 국가들과 그렇지 못한 국가들 사이의 폭발적인 구분선이 되고 있다는 것이다. 국제적으로 보았을 때, 상대적으로 물이 잘 공급되는 산업세계의 시민들과 물 부족에 시달리는 개발도상국 시민들 사이에, 또 강의 흐름을 통제하는 상류 국가들과 상류로부터 충분한 유량을 공급받을 수 있느냐의 여부에 생존이 걸린 이웃한 하류 국가들 사이에, 그리고 식량 자급에 필요한 농업용수를 확보한 국가들과 과도한 인구를 먹여 살리기 위해 수입에 의존해야 하는 국가들 사이에 그러한 구분선이 그려진다. 국가 안에서도 새로운 물의 구분선이 제한된 수자원의 몫을 둘러싼 이익집단들과 지역들 사이에 더 큰 갈등을 유발하고 있다. 농부들은 많은 보조금을 지급받는 반면, 산업계와 도시 주민들은 아무런 보조도 받지 못한다. 수원에 인접해 있는 부유한 사람들과 수원에서 멀리 떨어져 있어 상수도망을 통한 물 공급이 불충분할 뿐만 아니라 더 큰 비용을 부담해야 하는 농촌과 도시의 빈민들 사이에도 물의 구분선이 존재한다. 물의 구분선은 인간들 사이를 가로지른다. 풍부하고 위생적인 식수에 높은 가격을 지불할 수 있는 사람들이 있는 반면, 쓰레기 더미를 뒤지는 물 빈민들도 있다. 효율적인 오염 규제와 현대적인 하수 처리시설 및 위생 설비를 갖춘 곳에 거주하는 사람들 너머에는 불결하고 병균이 우글거리는 물에 노출된 오염 지역 거주민들이 존재한다. 지리적으로 물의 구분선은 상대적으로 물 공급이 원활하고 숲이 잘 보존된 온대지역에 거주하는 특권적 소수와, 물이 부족한 메마른 지역이나 강수량이 지나치게 많은 열대우림, 혹은 계절적 홍수, 산사태 그리고 가뭄 등을 일으키는 극단적인 강수 상황에 처한 대다수의 사람들 사이를 나눈다. 물을 가진 자와 갖지 못한 자 사이의 구분선은 점차 국제적인 차원으로 확대되고 있다. 전통적인 경제적 민족주의자들은 사태를 국가 차원에서 관리하고자 하지만, 전 지구적인 상호의존과 물 생태계의 지역적 붕괴가 초래하는 지구적 환경위기의 불안정한 영향을 염려하는 계몽된 이해당사자들은 점차 상호 협력을 지지한다.

매일매일 지구 곳곳에서 물 부족에 허덕이는 사람들(주로 여성과 아이들이다.)이 갈증 때문에 학교와 생산적인 일을 포기하고 가족의 생존에 필요한 물을 구하기 위해 가장 가깝고 깨끗한 수원지까지 무거운 플라스틱 용기를 들고 하루에 두세 시간씩 맨발로 걸어서 오간다. 전 인류의 거의 5분의 1에 해당하는 11억이 넘는 사람들이 안전하게 먹을 수 있는 1일 최소 식수를 구하지 못할 정도로 심각한 상황에 처해 있다.[2] 세계 인구의 5분의 2에 해당하는 26억 명은 일상적인 위생 및 보건을 위해 추가로 필요한 하루 20리터의 물을 공급받지 못한다. 목욕과 요리에 사용되는 물을 포함해 기초적인 가내 위생과 복리에 들어가는 하루 50리터라는 최소치의 물을 얻을 수 있는 사람들의 수는 훨씬 더 적다. 더군다나 물이 가장 심각하게 부족한 사람들은 설사, 이질, 말라리아, 뎅기열, 주열흡충병, 콜레라같이 빈번하게 인간을 괴롭히는 수인성 질병들로 인해 만성적으로 고통받고 수명도 단축된다. 아프리카, 아시아, 라틴 아메리카 및 카리브 제도의 개발도상국에 사는 인구의 절반이 부적당한 물과 위생 때문에 생긴 질병으로 고통받는다. 기반시설이 부족하여 물난리로부터 보호를 받지 못해 10년에 한 번꼴로 생활 터전이 뿌리 뽑힐 정도의 재난을 겪는 사람들이 20억 명에 달한다.[3] 반면에 산업화된 세계의 시민들은 빈국 혹은 개발도상국의 시민들보다 열 배에서 서른 배나 많은 물을 사용한다. 물이 풍부한 미국에서는 화장실 세척에 과도하게 물을 사용하거나 잔디밭에 물을 주는 것 같은 낭비적인 물 사용을 포함하여 집안 내외에서 사용하는 물의 양이 일인당 하루 평균 570리터나 된다.

　물 배급은 물이 부족한 사회에서는 점점 더 일상적인 일이 되고 있다. 내부 갈등 및 공급부족 그리고 높은 가격에 대한 격렬한 저항 역시 마찬가지다. 물 공급이 불충분하면 식량생산의 부족과 (산업 발전에 꼭 필요한 물을 농업에 우선적으로 공급하기 때문에) 산업 발전의 정체, 그리고 (전력 생산을 비롯해 많은 근대적 생산 설비에 냉각수 등의 용도로 많은 양의 물이 필요하기 때문에) 에너지 공급 부족이 발생한다. 만성적인 물 부족은 사회 불안과 '실패국가(failed states)'를 조장하며 정부의 정치적 정당성을 약화한다. 예를 들어 1999년부터 2005년 사이에 파키스탄의 카라치, 인도의 구자라트, 북중국의 건조한 지역들, 볼리비아의 코차밤바, 그리고 케냐의 부족들과 소말리아의 마을들에서 물 폭동과 폭격, 집단 몰살 및 기타 폭력적인 경고성 조짐들이 발생했고, 수단의 다르푸르에서는 종족학살이 일어나기도 했다.[4] 지금까지 보고된 물 폭동 가운데 가장 기묘한 것으로는 8마리의 원숭이들이 죽고 10명의 케냐 인들이 다친 사건이 있는데, 절박한 사정에 놓인 원숭이들이 가뭄 피해를 입은 마을을 구제하기 위해 파견된 급수차를 습격했던 것이다. 국제 수역은 세계에서 정치적으로 가장 민감한 곳이기도 하다. 그곳에는 민족국가들 사이의 국경을 넘어선 긴장과 군사적 위협이라는 명백한 위험이 존재한다. 오늘날 정치가들은 1995년에 21세기세계물위원회의 전직 의장이자 세계은행 고위관료이기도 한 이집트 출신의 이스마일 세르겔딘이 예측했던 말을 거듭 반복한다. "금세기의 많은 전쟁이 석유를 둘러싼 쟁탈전이었다면, 다음 세기의 전쟁은 물을 둘러싸고 일어날 것이다."[5]

평가절하되어 온 물의 경제적, 환경적 가치

1992년 리우데자네이루에서 열린 제1회 지구정상회담이 상징하듯 1990년대 초부터 전 지구적 환경의식의 각성이 일어났다. 이때부터 주의 깊은 세계 지도자들 사이에서 다음과 같은 일종의 합의가 이루어졌다. 즉 현재의 추세와 기술로는 장기적인 전 지구적 경제 성장에 필요한 만큼 충분한 수자원을 확보하지 못하리라는 사실이다. 이러한 합의에 자극받아 2001년에 지구의 모든 주요 생태계의 건강 상태와 그것이 인간 복리에 미치는 영향에 대한 전 지구적 차원의 포괄적인 평가가 최초로 실시되었다. 유엔이 후원하고 천 명이 넘는 세계 전문가들의 견해를 반영하여 완성된 역사적인 새천년생태계평가서(MEA, Millennium Ecosgstem Assessment)의 주요 조사결과에 따르면, 연구가 실시된 24곳의 지구 생태계 가운데 15곳의 생태계가 붕괴 중이거나 지속 불가능한 방식으로 이용되고 있다. 특히 담수 생태계와 포획어업은 "현재 수요만으로도 지속가능한 수준을 훨씬 넘어서며 미래에는 규모가 크게 축소될 것"으로 예측되었다.[6]

20세기 들어 더 많은 경작지와 농업용수를 확보하는 과정에서 전 세계 습지의 절반 가까이가 사라지거나 심하게 손상되었다. 역사상 처음으로 관개농지가 전 세계적으로 확장되었다.

인구규모나 발전 속도로 보았을 때, 현재 인류는 인간이 이용할 수 있고 재생가능한 지표수 가운데 약 절반을 사용하고 있는데, 이 비율은 2025년이면 70퍼센트까지 증가할 것으로 예상된다.[7] 새천년생태계평가서 전문가들의 추산에 따르면, 물이 부족한 일부 지역들에서는 물의 충전 속도보다 훨씬 빨리 물을 끌어다 쓰고 있어 이미 세계 물 사용량의 4분의 1이 지속가능한 공급량을 초과한 상태다.[8]

21세기의 첫 10년간 점점 더 많은 국가들에서 물 부족 현상이 극도로 심해져 더 이상 자기 국민들을 먹이고 입히는 데 필요한 만큼의 작물들을 재배할 수도 없게 되었다. 작물을 재배하는 데에는 놀랄 만큼 많은 물이 사용된다. 전 세계적으로 인류가 사용하는 물의 4분의 3이 관개농업에 이용된다. 실제로 음식물의 주성분 자체가 물이다. 0.5킬로그램의 밀을 생산하는 데에만 약 1톤의 물이 필요하고, 쌀 0.5킬로그램의 경우 950에서 2500리터가 소요된다. 먹이 사슬을 고기나 우유를 얻기 위한 가축들로 옮겨 가면 물 집약도가 크게 증가하는데, 왜냐하면 동물들을 기르는 데에는 엄청난 양의 곡물이 들어가기 때문이다. 예를 들어 햄버거 한 조각을 만들기 위해서는 3톤 이상의 물이 필요하고 우유 한 잔에는 1000리터의 물이 필요하다.[9] 모든 것을 따져 봤을 때, 평균적으로 한 사람이 매일 먹는 음식물에 들어가는 물의 양은 3000~3800리터에 달한다. 그가 걸치는 평범한 면 티셔츠 한 장만도 만드는데 2700리터의 물이 들어간다.[10]

식량을 자급하지 못하는 물 부족 국가들은 물이 풍부한 농업 국가들로부터 곡물을 비롯한 다른 식량들을 수입하는 데 점점 더 크게 의존하게 되었다. 2025년까지 중동, 아프리카, 그리고 아시아에서 가장 건조하고 인구가 가장 밀집되어 있으며 가장 빈곤한 곳에 사는 36억 명은 식량을 자급하지 못하는 국가들에 거주하게 될 것이다.[11] 물 부족으로 인한 가상수(virtual water, 국내의 수자원 부족을 대체하기 위해 수입하는 식량을 비롯한 다른 완제품들) 무역의 증가는 변화하는 세계질서의 두드러진 특징으로 부상하고 있으며, 이것이 국제 교역의 조건을 재규정하고 있다.[12] 물이 부족하여 식량을 수입하는 국가들과 물이 풍부한 국가들 사이의 격차는 점점 더 커지고 있으며, 토양 유실과 오염물질 배출 등 인간의 잘못으로 인한 경작지의 파괴 때문에 더욱 심해지고 있다. 값싼 물과 값싼 식량의 시대가 끝나고 국제 식량 가격이 상승하리라는 전망 때문에, 이미 전문가들은 더 적은 물로도 재배할 수 있는 유전자 변형 식물종의 개발까지 포함하는 새로운 녹색혁명이 일어나지 않는다면 심각한 결과가 초래될 수 있다고 경고한다.

지구상에 존재하는 물의 총량 가운데 0.001퍼센트에 해당하는 한정된 물이 증발산과 강수 작용으로 대기를 통해 끊임없이 순환하는데, 이 현상이 역사가 시작된 이래 현재까지 존재한 모든 문명들을 지탱해 왔다.[13] 인간은 실질적으로 이 재생가능한 물 공급량의 최대 3분의 1까지만 이용할 뿐이며, 다른 3분의 2는 강이나 지하로 급속히 사라져 지표면과 지하수의 생태계를 충전하고 궁극적으로는 바다로 되돌아간다.[14] 그렇더라도 만약 균등하게 분배된다면 그 3분의 1의 담수만으로도 지구상의 60억 인구가 사용하는 데 부족함이 없을 것이다. 그러나 현실은 그렇지 못하다. 많은 양의 물이 이용되지 못한 채 그냥 흘러가 버린다.[15] 아마존 강, 콩고 강, 오리노코 강 같은 밀림지역의 강이나 러시아의 광대한 시베리아를 가로질러 북극해로 유입되는 예니세이 강과 레나 강같이 인구가 희박한 지역을 흐르는 거대 강이 그런 사례이다. 그래서 일부 지역에서는 쉽게 이용할 수 있으며 재생가능한 담수의 실제 총량이 물 부족 기준 지표인 일인당 연간 2000세제곱미터에, 훨씬 못 미친다. 그리고 그 양은 세계 인구 증가로 인해 급격히 감소하고 있다. 그러나 이런 사실만으로는 갈수록 심각해지는 물 위기 사태를 충분히 전달하지 못하는데, 왜냐하면 인간 사회의 광범위한 구역 안에 존재하는 재생가능한 물의 상당량은 불균등하게 집중되고 계절적인 영향을 받는 등 인간이 사용하기 불가능한 형태로 순환하기 때문이다. 예를 들어 열대 기후에서는 냉대 혹은 온대 기후보다 증발로 인한 손실이 훨씬 크다. 아프리카에서는 총 강수량의 5분의 1만 잠재적으로 이용 가능한 유거수로 전환된다.[16] 그러나 가장 다루기 힘든 수리 환경은 아주 건조하거나 습한 환경이 아니라, 계절에 따라 이용할 수 있는 물의 양이 크게 변하거나 홍수와 같은 예측할 수 없는 물난리, 산사태, 가뭄 등 급작스럽고 극단적인 이상 기후에 쉽게 노출되어 있는 환경이다. 계절적 변화는 수자원공학의 복잡성과 비용을 증가시키는 한편, 그로 인한 예측불가능성은 심지어 꼭 필요한 급수시설의 건설마저도 어렵게 할 만큼 개발을 좌절시킨다. 역사상 가장 가난한 사회들이 종종 가장 다루기 힘든 수리 환경에 처한 사회였다는 것은 결코 우연이 아니다.[17]

결과적으로 각 지역의 실제 물 문제는 환경, (수자원 이용의) 효율성, 그리고 부양 인구에 따라 대단히 다양하다. 호주는 단연 가장 건조한 대륙으로 전 세계 유거수의 5퍼센트밖에 차지하지 못한다. 대신 전 세계 인구의 0.5퍼센트가 채 안 되는 겨우 2000만 명만 부양하면 된다. 아시아는 총 재생가능한 물의 약 3분의 1에 해당하는 가장 많은 몫을 차지한다. 그럼에도 아시아는 가장 심한 물 부족의 압박을 받는 대륙인데, 전 세계 인구의 5분의 3의 수요를 감당하고 있고, 세계에서 가장 건조하고 광대한 지역을 포함하며, 또 강수량의 4분의 3 이상이 대단히 변화무쌍하면서도 집중 호우를 쏟아내는 몬순기에 인간이 사용하기 힘든 형태로 내리기 때문이다. 물이 가장 풍부한 대륙은 남아메리카인데, 전 세계 재생가능한 물의 28퍼센트를 차지하면서도 인구는 단 6퍼센트에 불과하다. 인구 일인당 기준으로 볼 때 남아메리카는 매년 아시아보다 열 배, 아프리카보다는 다섯 배 많은 물을 공급받는다. 그러나 대부분의 물은 사용되지 않은 채 밀림의 수역들을 통해 흘러가 버리고, 반면 일부 극히 건조한 지역들은 바싹 말라 있다. 북아메리카는 세계 유거수의 18퍼센트를 포함하나 인구는 8퍼센트에 불과해 물이 풍부한 대륙이다. 유럽은 전 세계 수량의 7퍼센트로 세계 인구의 12퍼센트를 부양해야 하지만 습한 북부와 중부의 절반은 상대적으로 유리하다. 왜냐하면 대부분의 강수가 연중 고르게 분포되어 있고, 천천히 증발하며 쉽게 접근할 수 있고 항해가 가능한 소규모 강들을 따라 흐르기 때문이다.

물론 대륙별 현황은 새로운 물 정책에 활력을 불어넣고 있는 지역들과 국가들 사이의 모든 중요한 차이들을 보여 주지 못한다. 새천년생태계평가서는 전 세계 인구의 3분의 1에 해당하는 20억 이상의 사람들이 사는 지구의 건조 지대는 지표수와 빠르게 충전되는 지하수를 통해 공급되는 재생가능한 세계 물 공급량의 8퍼센트밖에 차지하지 못한다는 놀라운 사실을 보고했다. 건조지역 주민의 90퍼센트 이상이 개발도상국에 거주하고 있어서 물 부족 문제는 국제 경제 발전의 까다롭고 핵심적인 문제들 가운데 하나가 되었다.[18] 북아프리카, 중동, 그리고 인더스 강 유역으로 이어지는 방대한 건조지대가 세계에서 정치적으로 가장 불안정한 지역이라는 사실은 새삼스러운 일이 아니다. 스펙트럼의 다른 쪽 끝에는 브라질, 러시아, 캐나다, 파나마, 니카라과같이 자국민들의 사용량보다 훨씬 더 많은 물을 보유하는 과다 물 보유 국가들이 있다. 미국과 중국은 각각 극서부와 북부 지역에서 물이 부족하여 상당한 정도의 수리적 불균형을 겪고 있다. 인구가 그리 많지 않은 미국의 극서부 지역이 급격한 성장을 억제해야 할 필요를 느끼는 정도라면, 비옥하고 인구가 과밀한 중국 북부 평원은 지구상에서 가장 물이 부족하고 환경 문제가 심각한 지역들 가운데 하나다. 마찬가지로 점점 더 늘어나고 있는 거대한 규모의 인도 인구는 대단히 비효율적인 수자원 처리 능력을 압도해 버려서, 농가와 산업은 물론 일반 가정도 더 빠르게 그리고 더 깊이, 그야말로 밑바닥까지 파고 들어가 지하수를 퍼 올려 쓸 수밖에 없다. 서유럽 국가들은 성공적으로 수자원을 관리했는데, 농업보다 산업과 도시 생활용수로 더 많은 양의 물을 이용함으로써 제한된 수자원을 생산적으로 사용했기 때문이다.

물은 성질상 매우 무겁고 또 엄청나게 많은 양을 필요로 하기 때문에 원거리 수송을 통해 만성적인 물 부족 문제를 영구적으로 해결할 수는 없다. 따라서 물 부족 문제는 각 지역의 물리적, 정치적 조건에 따라 개별적으로 다루어야 한다. 그러나 전 세계 인구의 40퍼센트가 거주하는 261곳의 국가 간 유역에서는 이웃한 국가들의 필요에 의해 이용이 제한되기도 한다. 수자원에 대한 가장 신뢰할 만한 지표 가운데 하나는 각 나라들이 자연 재해에 대비하고 경제적 필요를 충족시키기 위해 갖추어 놓은 인구 일인당 물 저장량이다. 저장 능력이 큰 나라들은 거의 대부분 세계에서 가장 부유한 국가들인 반면, 최빈국들은 수자원의 자연적인 변동에 크게 종속되어 있다.

역설적인 사실은 물은 생명에 필수적이어서 값을 매길 수 없을 정도로 귀하면서도 점점 더 부족해지고 있지만, 또한 인간이 가장 잘못 관리하고 비효율적으로 배분하며 가장 낭비가 심한 자연 자원이라는 점이다. 다시 말하면 사회가 물을 잘못 관리한 것이 물 부족 위기의 주원인이라는 것이다. 시장 민주주의 국가든 권위주의 국가든 똑같이 근대 정부는 국가의 수자원 공급과 가격책정 및 배분을 독점적으로 통제한다.[19] 보통 수자원은 사회적 재화로, 편애하는 이익집단에게 베푸는 정치적 선물로 그리고 자신만만하게 추진되는 공공 프로젝트의 산물로 배분된다. 거의 모든 정부들이 여전히 물을 자연의 무한한 선물인 양 다룬다. 물을 이용할 능력이 있는 권력은 공짜로 그것을 베풀 수 있다는 식으로 생각하는 것이다. 석유를 비롯해서 거의 모든 다른 자연 상품들과 달리 물은 시장의 규율에서 벗어나 있다. 물 그 자체에는 어떤 고유한 가치도 부여되지 않으며, 대개 그것을 획득하여 분배하는 비용만 계산될 뿐이다. 또한 물의 발원지이자 궁극적인 회귀지인(종종 오염된 상태로 회귀하지만) 물 생태계의 붕괴로 인해 발생하는 비용도 고려하지 않는다. 물은 모두의 것이기에 어느 누구도 사적으로 책임지지 않는 자원이며, 결국 탐욕스럽게 소비되고 무분별하게 오염되어 왔다. 그것은 '공유지의 비극'의 고전적 사례이다.[20]

그 결과 물의 온전한 경제적, 환경적 가치는 놀랄 만큼 평가절하되었으며, 시간이 지나면서 더욱 악화되었다. 이 때문에 물은 무한정 공급된다는 은밀하고 잘못된 경제적 신호가 보내지고, 또 이것이 고의적인 저생산성의 낭비를 조장한다. 20세기의 가장 놀랄 만한 사례 중 하나는 옛 소련이 예기치 않게 중앙아시아의 아랄 해를 파괴한 것이다.[21] 이는 수리학상의 체르노빌 사건이라 할 수 있다. 이 사건은 성립된 지 한 세기도 안 된 공산주의 국가의 실험이 실패했음을 상징적으로 보여 주었다. 건조한 중앙아시아를 면화지대로 만들어 물을 많이 소모하는 "백색 황금"(원면)을 자급하고자 했던 수십 년에 걸친 노력은 비록 좋은 의도로 시작되었지만, 잘못된 생태계 재설계가 가져올 수 있는 재앙과 견제받지 않고 비용에 둔감한 산업국가의 계획이 얼마나 처참한 결과를 가져올 수 있는지 잘 보여 주는 실례가 되었다. 1950년대 후반 소련의 공학자들은 세계에서 4번째로 큰 담수호인 아랄 해로 유입되는 시르다리야와 아무다리야라는 두 개의 거대한 강(고대사에서 자카르테스와 옥수스라고 불렸던 강들이다.)의 물줄기를 바꾸려 했다. 호수의 유량은 곧 급격히 줄어들었다. 2000년대 초, 아랄 해는 전체 호수 유량의 3분의 2를 상실하여 두 개의 작은 호수로 축소되었고 염분 농도가 너무 진해져서 한때 번창했던 어업은 사라져 버렸다. 버려진 배로 뒤덮여 있고 유령 마을이 되어 버린 어촌과 인접한 옛 호수 바닥은 소금 황진지대가 되었다. 거기서 나오는 독성 잔류물질은 폭풍을 타고 관개된 면화 재배지를 덮쳐 수확에 피해를 주고 중요한 생산 기반시설들을 부식시켰다. 더욱 심각한 문제는 주변의 기후를 온화하게 해 주던 호수의 수량이 줄어들자 지역의 기후가 점점 더 극단적으로 변하기 시작했다는 것이다. 여름은 더 더워졌고 겨울 추위는 더 혹독해졌다. 수분 증발이 줄어들자 지역 강수량이 적어졌고 눈으로 뒤덮인 들판(여름에는 이 자체가 수원이 된다 — 옮긴이)의 크기도 작아졌다. 그렇게 해서 간선 수로 역할을 하던 두 강의 수량은 영구적으로 줄어들었는데, 이는 건조 작용의 증가와 토양 비옥도의 손상이라는 자기 강화적 패턴을 만들어 냈다. 결국 소련 계획당국은 환경의 신호를 완고하게 무시하고 물의 가치를 잘못 평가함으로써 모든 것을 잃고 말았다. 면화 생산은 극적으로 줄고 어업은 소멸했으며 결과적으로 더 이상 생산성 있는 사회가 들어설 수 없을 만큼 환경이 심하게 손상되어 버렸다. 사하라 사막 이남 아프리카의 거대 호수인 차드 호도 1970년대부터 유사한 운명을 맞았다.[22] 호수에 인접한 국가들이 상호 조정도 없이 댐과 관개수로를 건설하고 토지를 개간하여 호수의 풍부한 수량과 습지 그리고 지하수를 고갈시켰기 때문이다. 이는 자연적인 기후 순환을 가속하고 확장해 단 두 세대 만에 호수 표면의 95퍼센트가 사라지고 대신 사막이 들어서는 충격적인 결과를 가져왔다. 오늘날 수많은 다른 지역들도 지역 물 생태계의 자연적 리듬을 교란시킨 결과 정도는 덜하지만 미세한 기후변화를 겪고 있다.

인간의 악명 높은 물 낭비는 만성적으로 관개용수의 가격을 싸게 매기는 데에서 비롯되었다. 멕시코, 인도네시아, 파키스탄의 관개 농민들은 그들이 사용하는 용수 가격의 10퍼센트도 지불하지 않는다.[23] 이슬람 전통에 따르면 물은 공짜여야 하기 때문에 많은 무슬림 국가들이 물값을 조금만 받거나 아예 받지 않는다. 다만 세계에서 가장 건조한 일부 지역들에서 약간의 배송비용을 물리는 정도이다. 미국의 서부 건조지대 관개 농지의 4분의 1을 경작하는 소수의 농부들은 정부로부터 댐 용수 보조금을 지원받는다. 이 보조금은 무척 관대해서 농민들은 사막 한가운데서 물을 많이 사용하면서 가치가 낮은 알팔파 같은 작물을 재배하는 반면, 더 생산적이고 빠르게 성장하는 산업계와 지자체들은 충분한 물을 확보하기 위해 엄청나게 높은 비용을 지급한다. 전후(戰後) 중국의 국가 계획당국은 많은 물 집약 산업들과 대도시들을 물이 부족한 북부에 배치하는 실수를 범했는데, 그로 인해 결국 산업 시설들과 도시들이 물을 얻기 위해 지역의 주요 곡물 농업과 경쟁해야 했다.

물 가격의 평가절하는 곧 물 보존을 저해하는 결과를 가져왔다. 전 세계에서 사용되는 물의 3분의 1에서 5분의 3은 기반시설을 통해 누설되거나 증발 또는 오염되든지 혹은 부주의한 관리로 낭비되는 것으로 추산된다. 물 부족에 시달리는 멕시코시티는 매일 총 공급량의 5분의 2에 해당하는 물을 잃는데, 이는 로마 시의 물 수요를 충족시킬 양이다.[24] 전 세계적으로 지난 몇 년간 일어난 물의 누출을 복구하기 위해 물 기반시설을 수리하느라고 든 돈이 1조 달러 이상이다. 18세기에 애덤 스미스가 경제에서 물을 특별히 다룬 것은 잘 알려져 있다. 그는 『국부론』에서 이렇게 썼다. "그 무엇도 물보다 유용하지 않다. 그것은 어떤 진귀한 것도 구입할 수 있고, 어떤 진귀한 것도 그것과 교환될 수 있다." 스미스는 '다이아몬드와 물의 역설'이라는, 널리 알려졌으며 경제학자들이 경제 이론의 탐구 수단으로 애호하는 딜레마를 설명하고자 했다.[25] 왜 물은 생명에 필수적이면서도 그렇게 값이 싼 반면, 다이아몬드는 상대적으로 별 쓸모가 없으면서도 그렇게 비싼가? 스미스는 물은 도처에 있고 그것을 얻는 데 필요한 노동이 상대적으로 적게 들기 때문에 그렇게 가격이 싸다고 보았다. 그의 이론은 19세기 후반 주류 경제학 안에서 보다 정교한 설명으로 대체되었다. 물의 가격은 물의 최소가치 이용 가득성에 기초한 차등제에 따라 결정된다. 예를 들어 잔디밭에 물주기, 수영장의 물 채우기, 야생동식물에 물주기, 혹은 오늘날의 환경에 대한 각성이 있기까지 그러했듯 생태계 재충전하기와 같은 데에 물을 사용할 수 있으면 그런 정도의 낮은 수준에서 가격이 결정되는 것이다. 물의 가격 프리미엄은 물의 희소성이 증대됨에 따라 상승한다. 마시는 물의 가치가 분명 그 정점일 것이다. 스미스보다 반세기 전에 벤저민 프랭클린은 저서 『가난한 리처드의 달력』에서 특유의 실용주의로 이론적 성찰을 통해 물 딜레마의 본질에 도달했다. "우물이 말라 봐야 물의 가치를 알게 된다."[26] 사실 새로운 물 부족 시대에 지구의 우물은 마르기 시작했다. 물의 가치는 그것의 최고 한계효용가치로 상승하고 있으며, 물보다 귀한 것은 없다는 스미스의 본래 의견을 반영하기 시작했다.

역사상 처음으로 시장의 여러 힘들이 작용한 결과 물에 대한 근본적인 경제적, 정치적 규칙들이 변형되기 시작했다. 물 기근의 압박을 받는 시대에, 프랭클린이 생생하게 묘사한 공급과 수요의 철의 법칙(iron law)은 시장경제의 팽창적이고 이윤추구적인 기제가 물의 영역으로까지 확대되도록 만들었다. 엄청난 이윤 획득의 기회가 생겨나자 이제 수자원과 그 기반시설을 통제하고 물을 석유나 밀, 목재 같은 일반 상품처럼 상업화하려는 세계적 쟁탈전이 벌어졌다. 생수는 단연 세계에서 가장 빨리 성장하는 산업 음료로서, 전 세계적으로 천억 달러 이상 판매되며 또 매년 10퍼센트 이상 성장하면서 네슬레, 코카콜라, 펩시콜라 같은 거대 기업들에게 엄청난 이윤을 가져다준다. 뒤의 두 미국 회사는 퀸즈, 뉴욕, 위치타, 캔자스 등 여러 곳에서 가져온 일반 수돗물을 고도의 기술로 여과 처리하여 각각 단사니와 아쿠아피나라는 상품명을 달아서 공공 수돗물 가격보다 1700배나 비싸고 또 그 회사들이 파는 탄산음료들보다도 비싸게 판매한다.[27] 폐수처리시설과 마찬가지로 상하수도 처리시설의 민영 관리 부문도 다국적 기업들이 지배하는 또 하나의 세계적 규모의 거대 영역이다. 전체적으로 보았을 때, 물 분야는 빠르게 성장하고, 고도로 분화되어 있으며, 경쟁력을 갖춘, 연 4000억 규모의 산업으로 성장했다.[28] 월가에는 물 전문 투자기금이 등장했다. 2001년 불명예스럽게 파산하기 이전 엔론 사는 캘리포니아에서 에너지를 판매했던 것처럼 물 이용권의 판매 계획을 추진하고 있었다. 수도세 체납자들에게 물 공급을 중단한 적이 없었던 뉴욕 시를 비롯한 많은 도시들이 수백만 달러에 이르는 체납 수도세를 걷기 위해 물 공급을 중단하는 방법을 고려하고 있다.

물을 시장의 규율과 생산적 투자의 영역으로 끌어들이자 이 부문에서 절대적으로 필요했던 효율성과 혁신을 광범위하게 자극할 수 있게 되었다. 그러나 물은 인간의 생명에 너무나 소중해서, 그리고 정치적으로 너무 폭발적이어서 냉혹한 시장의 논리에만 맡겨 둘 수는 없다. 실제로 인도, 중국, 볼리비아 등 분쟁이 뚜렷이 표출되고 있는 지역들에서 경고 사격이 일어났다. 그곳에서 다국적 기업들은 사업을 접거나 비싼 대가를 치르고서 현지 활동을 수정해야 했다. 물의 상품화가 궁극적으로 물 부족을 완화해 줄 효율성의 제고를 가져올지, 아니면 물 가격 책정과 배분의 통제가 사라져서 물 빈곤층에게 메마르고 비위생적인 삶과 절망적인 구제책 가운데 하나를 선택하도록 강요하는 일이 벌어질지는 사회가 물이라는 전통적이고 공적인 영역에 어떠한 조건으로 시장의 힘을 이식시키느냐에 달려 있다.

물 기근의 시대는 서구 자유민주주의에 특별한 전환기적 도전을 제기한다. 그것은 그 사회들이 지속가능한 물 공급과 다른 환경 생태계를 유지하는 데 들어가는 경제적 비용을 온전히 반영하는 새롭고 효율적인 기제를 만들어서, 역사적으로 시장경제가 수행해 온 엄청난 부의 창출 과정에 그것을 솜씨 좋게 잘 접목해야 하는 문제이다. 애덤 스미스는 정말로 우리 눈에 안 보이는 '보이지 않는 손'이 어떻게 작용해서 경쟁적으로 자신의 이익만 도모하는 개인들의 활동이 결과적으로 사회 전체의 부를 극대화 하는지 묘사했다. 그러나 시장은 '보이지 않는 녹색 손'을 통해 고갈되어 가는 자연 자원의 비용, 혹은 사회 질서와 번영이 달려 있는 전체 환경의 건강을 지속하는 데 들어가는 비용을 자동적으로 반영하도록 하는 데에는 명백히 실패했다. 20세기에 들어와 두 번에 걸쳐 서구 민주주의는 국가 주도의 개입을 통해 시장의 치명적 실패에 성공적으로 적응했다. 1900년대 초 시어도어 루스벨트의 반(反)트러스트 노선 및 혁신주의 운동과 1930년대 대공황에 대한 복지 국가의 대응이라고 볼 수 있는 뉴딜이 그것이다. 각각의 개입은 사적 영역과 공적 영역을 규정하는 규칙을 변화시켰다. 두 경우 모두 시장경제의 생산력은 활기를 되찾아 서구의 전 세계적 지도력이 지속되도록 도왔다. 그러한 새로운 기제가 작동하도록 하기 위해 시장과 정부 사이의 세 번째 암묵적인 자유민주주의적 협정이 필요해졌다.

물 기근의 시대에 모든 사회는 점증하는 물의 필요량을 어떻게 확보할 것이냐는 핵심적인 문제에 직면한다. 이 문제에 대한 대응 방식으로는 대체로 네 가지가 있는데, 종종 그 네 가지 방법이 동시에 사용된다. 첫 번째 대응법은 마술 탄환 같은 혁신의 출현을 기다리는 것으로서, 20세기에 건설된 다목적 댐처럼 자연에서 물을 더 많이 끌어다 쓸 수 있게 해 주는 것이나 바닷물의 담수화 혹은 물을 덜 이용하고도 자랄 수 있는 유전자변형작물 개발 같은 흥미로운 과정들을 들 수 있다. 두 번째 대응법은 주로 물이 풍족한 제1세계 산업국가들 사이에서 발전해 왔는데, 규제와 시장 지향적 방법들로 기존에 사용되는 물의 생산성을 늘려 공급의 효율성을 제고하는 방식이다. 마지막 두 가지 대응들은 절망적인 국가들이 최후의 심판의 날을 연장시켜 보려는 편의적인 방편들에 불과하다. 강과 호수의 물길을 습한 지역에서 건조한 지역(극도의 지역적 물 불균형을 겪고 있는 가난하고 국토가 넓은 나라들에 주로 분포한다.)으로 변경하는 장거리 대수로 사업이 세 번째 대응 방식이다. 마지막 대응 방식은 얕은 지하수를 자연적으로 충전되는 속도보다 빠르게 끌어다 쓰는 것이다. 엄청난 비용과 기술적 어려움을 무릅쓰고서라도, 지구 내부에서 수천 년간 자연적으로 축적되어 한번 사용하고 나면 영원히 고갈되고 마는 암반 대수층의 일부를 채굴하는 것이다.[29]

각국은 물이 많고 적음에 따라 네 가지 주요 사회 유형으로 세분화될 수 있다. 가장 비참한 밑바닥에는 효율적인 기반시설을 갖추지 못해 물의 변덕스러운 횡포로 인한 재난을 완화하지 못하고, 기초적인 생활용수와 위생상의 필요를 위한 깨끗한 물을 제공받지 못하는 빈곤한 대중들이 있다. 이런 사회는 주로 사하라 사막 이남의 아프리카와 아시아에 분포한다. 그러한 중세적 조건의 환경에 거주하는 인류의 5분의 2에 해당하는 사람들에게 물이란 경제 발전을 위한 기회라기보다는 생사를 걸고 매일매일 쟁취해야 하는 분투의 대상이다. 다음은 보다 근대화된 사회들 차례인데, 이 사회들도 대체로 자급자족에 필요한 곡물을 재배할 만큼 물이 풍족하지는 못해서 한 사람이 하루에 사용할 수 있는 물의 총량이 2700리터가 안 되고 자연적인 유거수의 최소 5분의 1을 이용한다.[30] 그다음으로 물이 부족한 사회들은 자급할 수 있을 정도의 식량과 물을 여유 있게 마련할 정도에는 못 미쳐서 하루 일인당 2700에서 5300리터의 물을 사용하고 유거수의 10~20퍼센트 정도를 이용하는 곳이다. 그런 경계에 해당하는 국가들은 대개 식량을 자급할 정도는 되지만, 많은 경우 장기적으로 식량을 수입하고 다른 부문에서도 자주 물 부족에 직면하곤 한다. 5300리터 이상의 물 그리고 자국 유거수의 10퍼센트 미만을 이용하는 사회들은 대체로 세계의 주요 식량 수출국들이다. 이 사회들의 물 부족은 약간의 개선만 이루어지면 대체로 기존의 물 생산성만으로도 충분히 해결할 수 있다.

그러나 세계 인구가 50퍼센트 급증하고 생활수준이 제3세계 수준에서 제1세계 수준으로 상승하는 국가들의 자원 수요가 크게 증가하면서, 전체 물 스펙트럼이 급격히 물 부족 쪽으로 쏠리고 있고(광범위한 건조화 현상이라 칭할 수도 있을 것이다.) 이것이 모든 사람들에게 압박을 가하고 있다.[31] 이미 위기에 처한 나라들의 물 기근은 더욱 악화되고 있으며, 세계 최대 규모 사회들 가운데 일부를 포함한 많은 사회들이 물 기근으로 인한 위기에 빠지고 있다. 물 부족으로 인해 그야말로 새로운 석유로서 물의 핵심적인 중요성을 폭넓게 재평가하는 것이 절실하다. 물은 의식적으로 보존되고 효율적으로 이용되어야 하며, 일상적인 일이든 위대한 일이든 인간 활동의 모든 영역(공공 위생과 식량 및 에너지 생산부터 국가 안보, 외교 정책, 그리고 인간 문명의 환경적 지속가능성에 이르기까지)에 걸친 대차대조표에서 합당하게 고려되어야 할 소중한 자원이다. 물은 세계사에서 언제나 가장 중요하되 조용한 역할을 맡아왔다. 그러나 물 부족의 시대가 도래하면서 물은 가시적으로 무대의 전면에 등장하고 있다.

15   물 기근에 허덕이는 중동

현대 중동사회를 건설한 것이 석유라면, 미래는 물에 달려 있다. 이 지역은 물 부족이라는 지리적 한계를 벗어날 수 없다. 고대 이슬람 문명을 형성했고, 지속가능한 인구규모의 한계를 정했으며, 이슬람이 12세기의 영광에서 갑작스럽게 쇠퇴하는 데 궁극적으로 영향을 준 것이 모두 물 문제였다.

세계적 물 위기의 최전선에는 역사적으로 늘 물 부족에 시달려 온 중동과 북아프리카가 있다. 아랍 이슬람 문명과 비옥한 초승달 지대의 범람원에서 일어난 고대 관개수로 문명의 심장부였던 이 지역은 알제리, 리비아, 이집트에서 아라비아 반도를 거쳐 이스라엘, 요르단, 시리아 및 이라크와 그 주변 지역들을 포함한다. 이곳은 정치적으로 불안하고 인구가 밀집해 있으며 건조하여 물을 둘러싼 긴장과 분쟁 및 불안정한 상태가 만연해 전면적인 물 전쟁으로 확대될 소지가 다분하다.

중동 지역은 주요 지역 가운데 현대 세계사에서 최초로 물 부족을 겪은 지역이다. 이 지역 국가들은 작물을 재배하고 장기적인 생활수준의 향상을 뒷받침하는 데 필요한 물이 부족하다. 이 지역 주민들의 일인당 사용 가능한 물의 양은 물 기근 지역 지표의 최소 기준치보다 훨씬 낮다. 건조한 이스라엘과 팔레스타인뿐만 아니라 아라비아 반도와 리비아의 사막 국가들에서도 1950년대에 지속가능한 식량 자급에 필요한 물의 양이 국내 수자원양을 초과해 버렸다.[1] 요르단은 1960년대, 이집트는 1970년대, 그리고 다른 지역들은 최근에 물이 부족해지기 시작했다. 새천년생태계평가서에 따르면 "중동과 북아프리카 지역에서 인간은 재생가능한 물 공급의 120퍼센트를 사용한다."[2] 그들은 점점 더 많은 식량(이는 사실상 물과 다름없다.)을 수입하는 한편, 가능한 곳에서는 자연이 채워지는 것보다 더 빠르게 지하수층에서 물을 끌어다 쓰며 생존한다. 1970년대 초부터 석유 수입이 급증하면서 전면적인 위기는 늦춰졌다. 석유에서 얻은 부가 한 세대 만에 네 배나 증가해서 이렇게 얻은 돈이 4000만 톤을 넘어선 중동의 밀 수입 대금 지불에 쓰였다.[3] 역사적으로 중동과 북아프리카에서는 얕은 우물이나 산비탈 내부로부터 물을 운반했던 고대의 수평 터널인 카나트 등을 통해서 지하수층을 이용하는 수준에 머물러 있었다.[4] 석유의 발견은 깊은 지하수층에서 물을 뽑아내는 근대적인 방식에 대규모로 보조금을 지급하여 그 물을 관개에 사용하는 새로운 시대를 열었다.

그러나 석유가 현대 중동사회를 건설했다면, 미래는 물에 달려 있다. 결국 이 지역은 물 부족이라는 지리적 한계를 벗어날 수 없다. 고대 이슬람 문명을 형성했고, 토착민의 지속가능한 인구규모의 한계를 정했으며, 이슬람이 12세기의 영광에서 갑작스럽게 쇠퇴하는 데 궁극적으로 영향을 준 것이 모두 물 문제였다. 이 지역에서 근대적 공법으로 표층수를 본격 관리하기 시작한 것은 19세기부터였다. 이후 관개와 값싼 석유 에너지 때문에 각 사회에 내재해 있는 전통적인 인구-자원 등식이 변화했다. 1950년부터 2008년 사이에 인구가 네 배 이상 증가하여 3억 6400만 명이 되었다. 그러나 곧 각국에서 차례로 지역 수자원의 생산 한계와 급수시설의 처리능력을 초과하기 시작했다. 2050년까지 인구가 새로 63퍼센트 증가하여 6억 명이 될 것이라는 전망이 나오면서 이슬람 중동 지역은 인구학적 화산이 되고 있다.[5] 이 지역에서 일어나는 폭력의 분출, 종교적 근본주의, 테러리즘은 물 부족이 심해지면서 앞으로 일어나게 될 잠재적 상태를 짐작케 해 준다.

위기에 처한 이집트의 물 사용

이집트는 2006년 현재 7500만 명으로 아랍권 내 최대 인구를 가지고 있으며 한 세대 안에 거의 1억 명에 육박할 것으로 예측되어, 인구상의 한계점에 다다랐다.[6] 고대 파라오 시대 이래 나일 강은 늘 이집트 사회의 운명을 지배하는 가장 중요한 요소였다. 그러나 1971년 아스완 하이 댐이 완공된 나일 강의 역할은 완전히 변했다.[7] 거대한 다목적 댐인 아스완 댐은 나일 강을 자연의 기적에서 총체적으로 관리되는 관개수로로 변형시켰으며, 전기를 충분히 공급받지 못하던 국가에 방대한 양의 수력전기를 생산해 주었다. 이 댐은 나일 강의 흐름을 완벽히 통제한다는 지난 5000년 동안 계속된 이집트 지도자들의 꿈을 실현시켰으며, 주기적으로 극단적인 가뭄과 홍수를 몰고 왔던 강에 대한 끔찍한 외상으로부터 이집트 인들을 보호해 주었다. 그러나 아스완 댐은 그 엄청난 위력에도 불구하고 나일 강의 또 다른 역사적 특징을 바꿀 수는 없었다. 즉 이집트 사회의 행복은 나일 강 분지의 물을 엄청난 비율로 소비하는 데 달려 있지만, 나일 강은 거의 전적으로 이집트 국경 밖에서 발원한다는 것이다. 수단과 더 상류에 있는 적도 동부아프리카의 대호수 평원의 국가들이 백나일 강의 수원을 이룬다. 에티오피아 고원지대는 단연 이집트로 흘러들어 가는 물의 최대 공급지로, 청나일 강과 앗바라 강 그리고 소바트 강은 도합 85퍼센트의 물을 공급하며, 매년 6월 아스완 댐에 도달하는 모든 토사를 실어 보낸다. 역사적으로 곤궁한 에티오피아와 백나일 강 주변국들은 나일 강 수원의 극히 일부만을 자국의 경제발전에 이용해

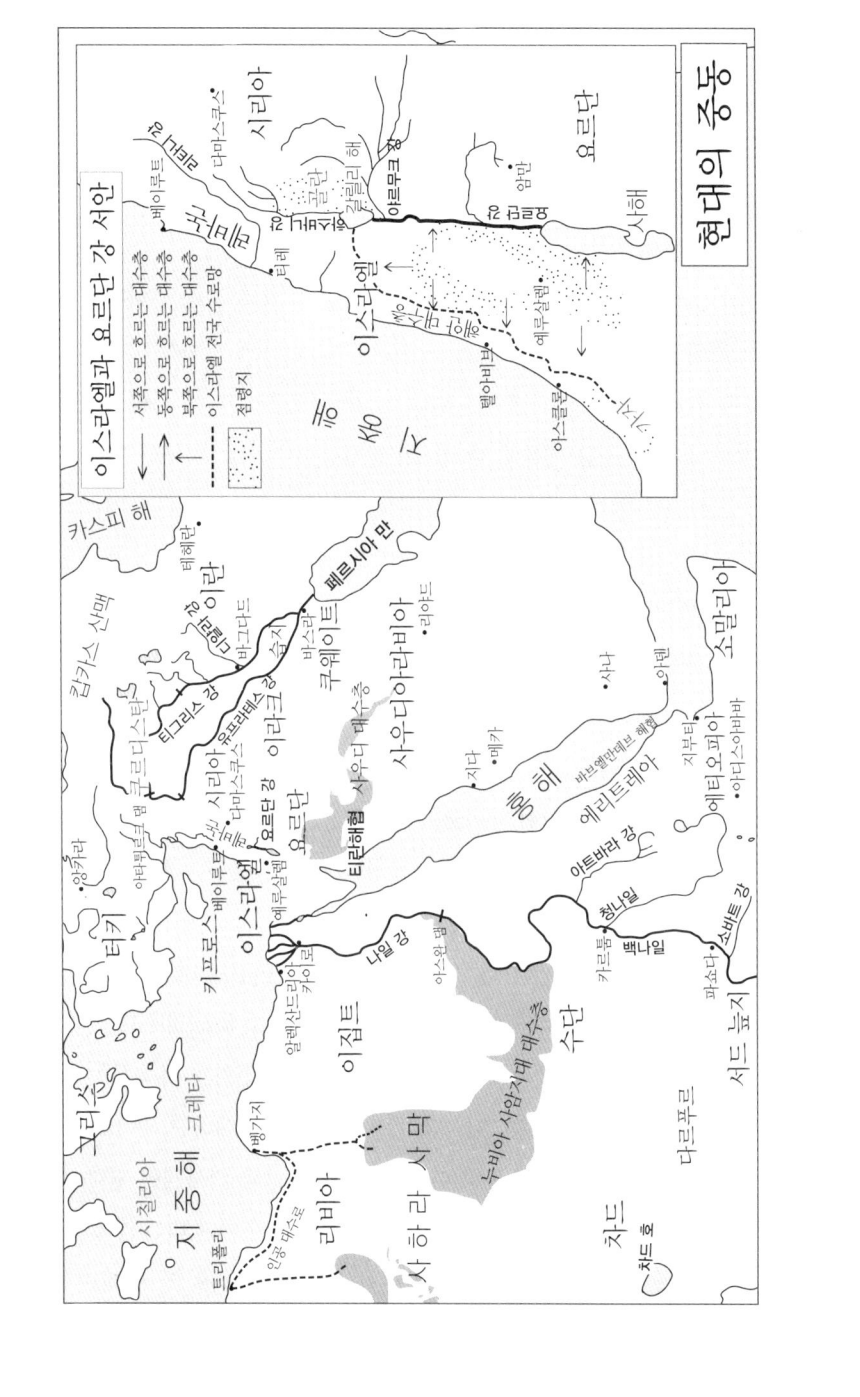

왔다. 이 국가들은 계속되는 빈곤을 막기 위해 이제 더 많은 양의 나일 강 물을 사용하고 있다. 1989년 당시 이집트 외무장관이었으며, 후에 유엔 사무총장이 되는 부트로스갈리는 미 하원에서 이집트의 지정학적 역설을 다음과 같이 요약했다. "이집트의 국가 안보는 나일 강 분지 8개 국가들의 손에 달려 있습니다."[8]

상류 국가들, 특히 에티오피아에 의해 나일 강 물 공급이 중단될지 모른다는 거의 편집증적인 두려움은 수 세기 동안 이집트 인들의 정신에 깊이 뿌리박혀 있었고 종종 과열되곤 했다. 그 한 예로 1200년에 치명적으로 낮아진 나일 강의 유량 때문에 대기근이 발생하여 카이로 인구의 3분의 1이 사망한 사건을 들 수 있다. 베르디는 오페라 「아이다」에서 이집트와 에티오피아 사이의 전쟁에 휘말린 비극적인 연인을 통해 이 불안감을 표현했다. 베르디의 이야기는 1875년과 1876년에 이집트 군이 몇 차례 에티오피아 영토에 대한 괴멸적인 제국주의적 공격을 가한 끝에 6만 명의 에티오피아 군에 의해 전멸된 유혈사건에서 부분적으로 끌어온 것이다. 아스완 댐을 성공적으로 건설하고 이집트 인들은 역설적으로 국가 안보에 대한 불안감이 더욱 가중되었는데, 그러한 성취가 이웃한 상류의 빈국들을 자극해서 댐을 건설하여 나일 강의 물을 더 많이 이용하고자 하는 의욕을 고취시켰기 때문이다. 따라서 대다수 다른 나라들이 수에즈 운하와 아랍-이스라엘 전쟁이라는 시각으로 이집트의 정책을 바라보는 데 반해, 이집트 지도자들은 명확히 자국의 최우선적인 국가 안보 목표인 물 문제에 초점을 맞추고 있다. 이집트가 불균형적으로 많은 비중의 나일 강 물을 안전하게 사용하는 것과 아스완 댐을 통해 이용할 수 있는 강의 전체 유량을 확대하는 것이 그 핵심이다. 1978년 5월 이집트 대통령 사다트는 이스라엘과 역사적인 평화 협정을 체결하기에 앞서 에티오피아에 세심한 주의를 기울이며 다음과 같이 직설적으로 선언했다. "우리는 우리의 생존을 100퍼센트 나일 강에 의존하고 있습니다. 언제 누가 됐든 우리의 생존을 박탈하고자 한다면, 우리는 조금도 망설이지 않고 전쟁을 선포할 것입니다. 그것은 죽느냐 사느냐의 문제이기 때문입니다."[9]

고대 이집트 문명의 여명기부터 나일 강 줄기를 따라 형성된 농경지역에서는 단일 작물을 재배하는 계절적 유역 농경체제가 변함없이 지속되어 왔는데, 최대 400~500만 명의 인구를 부양할 수 있었다. 이 한계치는 19세기에 보(洑)와 연중 여러 작물의 재배를 가능하게 해 주는 관개수로의 건설로 배가되었다. 1882년 이후 영국 수리학자들의 개선 노력으로 인구는 다시 급증했다. 아스완 댐이 완공될 무렵 이집트의 인구는 2500만 명이었다.[10]

19세기에서 20세기로 넘어갈 무렵, 영국인들이 건설한 아스완 로우 댐은 처음으로 끔찍한 대규모 침수에서 이집트를 보호하면서도 홍수 기간 동안 토사의 흐름을 허용하여 자연적이고 자기지속적인 관개체제를 영구히 보장했다. 그러나 여러 해에 걸친 가뭄을 극복할 만큼 충분한 양의 물을 저장하기에는 댐의 저수량이 너무 적었다. 그 후 수십 년 동안 영국 수리공학자들은 적도 동아프리카의 고지대 호수와 에티오피아의 타나 호수같이 증발률이 낮은 곳에 막대한 저수 용량을 갖춘 댐을 건설하고자 했다. 그들은 또한 영국령 수단 남부에 광활하게 펼쳐져 있는 서드 습지를 돌아가는 긴 우회 수로를 건설하여 나일 강의 총 유량을 늘리려고 했다. 왜냐하면 이 습지에서 백나일 강 유량의 절반이 증발되어 버리기 때문이다. 그러나 2차 세계 대전 이후 영국이 패권을 상실하고 민족국가들이 독립할 때까지도 영국의 야심찬 나일 강 수로 건설 계획들은 대부분 달성되지 못한 상태였다. 영국의 지배가 끝나자 나일 강 유역은 상호 협조하여 나일 강을 개발할 능력이 없는 성마르고 빈곤한 국가들 차지가 되었다. 이로써 정치적 요인을 떠나 최적의 급수시설을 건설하여 강의 생산적인 수자원을 최대화할 가능성은 사라졌다.

아스완 댐의 아버지인 이집트 대통령 나세르는 1952년 원대한 꿈을 품고 집권했다. 즉 아스완에 건설될 거대한 댐 하나로 단번에 이집트가 나일 강 수자원을 경제적으로 통제하고, 변덕스러운 자연과 나일 강 상류 국가들의 정치적 책략에서 벗어나며, 식량 안보 및 경제 근대화를 이루고, 독립적인 주권을 갖는 이집트 및 아랍 문명의 영광을 복원한다는 꿈이었다. 미국 국무장관 덜레스가 이전에 약속했던 지원을 철회하자 나세르는 1956년 소련과 아스완 댐을 건설하기로 협약을 맺었는데, 댐은 곧바로 팽창하는 이집트 애국주의와 새로운 정치적 현상인 범아랍주의를 구현하는 상징이 되다. 아스완 댐을 성공적으로 건설하여 그것을 제3세계 전체 국가들에 사회주의의 가능성을 알리는 상징으로 만들고자 했던 소련의 바람에도 불구하고, 1960년에 착공된 지 2년 만에 과연 러시아 인들이 아스완 댐 건설을 실현할 만한 기술적 능력을 갖추고 있는지 의구심을 품었던 덜레스의 예측이 들어맞는 듯했다. 댐 건설은 예정된 일정을 맞추지 못했다. 싸고 풍부한 이집트의 노동력을 이용할 수 있었지만, 댐 건설에 필요한 골재는 10퍼센트도 안 되는 분량만 채굴되었다. 나세르는 러시아 인들과의 계약을 파기하고 서구의 우수한 건설 장비를 도입하여 댐 건설 계획을 본 궤도에 올려놓았다.

나세르는 살아서 아스완 댐의 완공을 보지 못했다. 그는 1971년 1월에 열린 댐의 공식 개통식 5개월 전에 세상을 떠났다. 댐은 1975년 무렵 완전히 작동하기 시작했다. 아스완 댐은 그 자체로 기념비적인 공학적 성취이자, 이집트는 물론 새롭게 독립한 전 세계 모든 제3세계 국가들에 의미 있는 정치적 희망의 상징이었다. 100미터가 넘는 높이에 커다란 곡선을 이루며 3킬로미터 이상 길게 펼쳐져 있는 아스완 댐은 석재로 건설된 세계에서 가장 높은 댐이었다. 만약 댐이 붕괴한다면, 마치 성서에 나오는 신의 분노와도 같은 파괴적인 전염병처럼 폭포수 같은 홍수가 일어날 것이고 그 과정에서 근대 이집트 문명을 전멸시킬 것이다. 많은 토지와 고대의 유적들을 침수시켰

23 이집트 대통령 가말 압델 나세르는 중동 전역의 아랍 인들에게 칭송을 받았다. 그는 1956년 수에즈 운하를 국유화해 서구 열강들과 긴장관계를 유발했다. 또한 나일 강 상류 아스완에 다목적 하이 댐을 건설하기 위해 소련과 계약을 체결하기도 했다. 나세르 대통령은 이 댐을 거대 피라미드에 비유하곤 했다.

으며 십만 명 이상의 남부 이집트 주민들과 수단의 누비아 족들을 이주시킨, 길이 530킬로미터, 너비 13킬로미터의 거대한 나세르 호 저수지는 나일 강 유역 연평균 유량의 두 배 이상의 물을 저장한다. 아스완 하이 댐은 그것이 대체한 아스완 로우 댐보다 서른 배 이상의 물 저장 능력을 갖추어 이집트 역사상 최초로 가뭄과 홍수의 양 극단으로부터 이집트를 보호했다. 댐에 설치된 12개의 발전기는 이집트 전력사용량의 절반을 생산했다. 효과적으로 통제할 수 있는 나일 강 유량이 증가하면서 기존 경지에서는 집약적인 이모작 혹은 삼모작이 가능해졌으며, 사막 지역에도 관개경지가 20퍼센트나 증가했다. 댐의 성공을 보여 주는 궁극적인 지표는 댐이 가동되기 시작한 시점부터 2005년까지 이집트 인구가 세 배 증가하여 7400만 명에 이르렀다는 사실이다.

여러 가지 기술적, 환경적 문제점들을 지적하며 잘못된 장소에 들어선 잘못된 댐이라고 경고한 비판자들의 목소리는 승리를 축하하는 떠들썩한 민족주의의 열풍 속에 묻혀 버렸다. 예를 들어 댐을 반드시 이집트 영토 안의 이글이글 타오르는 사막에 건설해야 한다는 나세르의 주장 때문에 막대한 양의 물을 증발로 잃어버리게 되었다. 이는 평균 840억 세제곱미터로 추정되는 아스완 댐 유량의 12퍼센트에 해당한다. 아스완 댐은 또한 토지를 비옥하게 해 주는 토사의 흐름을 막아 나일 강을 자연적이고 자기지속적인 관개 체제에서 대규모 화학비료에 전적으로 의존하고 처음으로 염분화와 침수에 노출되기 쉬운 인위적으로 관리되는 강으로 변형시켰다. 나일 강의 자연사(自然史)는 아스완 댐에서 끝났다. 미국의 콜로라도 강처럼 이집트의 나일 강도 철저하게 관리되는 미화된 관개수로가 되었다. 그러나 1970년대 팡파레를 올리며 댐을 개통할 무렵, 그런 것들은 나중에 생각할 문제들로 치부되었다. 그 문제들은 결국 미래 세대들이 씨름해야 할 것들로 남겨졌다.

나세르가 아스완에 세운 기념비적인 유산은 곧바로 천우신조로 받아들여겼다. 왜냐하면 댐 덕택에 20세기 중 나일 강의 최저 수위를 기록한 1979년부터 1988년 사이에 일어난 끔찍한 지역적 가뭄으로부터 이집트가 벗어날 수 있었기 때문이다. 백만 명이 넘는 상류의 에티오피아 인들과 무수한 수단 인들이 기근으로 사망할 때에도 이집트의 인구는 조금도 수그러들지 않고 계속 증가했다. 십년간 지속된 가뭄 기간 동안 아스완 댐에 도달한 나일 강의 평균 유량은 정상치의 40퍼센트 미만으로 급락했다. 1988년 7월경, 나세르 호의 수위는 너무나 낮아져서 몇 미터만 더 내려가면 댐 전체의 수력터빈 가동을 중단해야 할 정도였고, 이집트 전체 전력 사용량의 5분의 1도 충당하지 못해 값비싼 화석 연료에 의존할 수밖에 없었다.[11] 마지막 7개월 분량의 관개용수밖에 남지 않았다는 점이 가장 우려되었다. 그러던 차에 하늘이 도왔는지 1988년 8월 엄청난 양의 비가 에티오피아와 수단에 쏟아졌다. 대가뭄은 나일 강 홍수의 수위가 금세기 최고치를 기록하면서 막을 내렸다. 다음 몇 년 동안 아스완 댐 뒤쪽 인간이 만든 호수가 서서히 차오르기 시작했다. 이집트는 살아남았다.

1980년대 나일 강의 대가뭄과 그로 인해 이집트 남부 인접 국가들이 입은 비극은 나일 강 수자원의 준독점적 사용권 확보가 이집트 국가 안보의 최우선 순위라는 사실과, 이를 달성하는 데에 아스완 댐이 기여하는 핵심적 역할을 극명히 보여 주었다. 동시에 대가뭄은 아스완 댐의 군사적 취약성을 적나라하게 드러냈는데, 만약 댐의 우뚝 솟은 장벽이 공격으로 파손된다면 그 결과는 상상하기 힘들 정도로 파괴적일 것이다. 이러한 양날의 검과 같은 댐의 지정학적 현실 때문에, 나세르의 후계자 사다트는 과감하게 아랍권의 금기를 깨고 예루살렘으로 가서 경멸해 마지않는 적 이스라엘과 1979년 평화협정을 체결했다. 이집트는 1948년, 1956년, 1967년 그리고 사다트 대통령 집권기인 1973년에 이스라엘과의 전쟁에서 아랍권의 핵심적인 군사 지도국이었다. 이집트는 초기에 어느 정도 군사적 성공을 거두었지만, 나중에는 이스라엘이 수에즈 운하를 다시 한번 양쪽으로 포위한 채 전쟁이 끝나는 것을 지켜봐야 했으며, 1967년 이후로 이스라엘이 압도적인 공군력으로 아스완 댐 폭격을 위한 준비를 마쳤다는 소문에 위협을 느끼지 않을 수 없었다.

비록 아랍 형제국들의 분노를 샀지만, 이스라엘과 평화협정을 맺은 사다트의 전략적 결정은 나일 강 수자원 확보라는 이집트의 최우선적인 국가 안보의 이해관계를 훌륭하게 보장했다. 평화협정은 단번에 이집트에 국제적인 선의라는 뜻하지 않은 외교적 횡재를 가져다주었고, 이집트를 (이스라엘에 뒤이어) 두 번째로 많은 미국 대외 원조의 수혜국으로 만들었다. 또 이스라엘의 침략으로부터 영토의 안전을 보장받고, 그 결과 얻은 우월한 군사적, 외교적 힘을 귀중한 나일 강 유역 개발로 돌릴 수 있었다. 1979년 사다트는 이스라엘과의 평화협정으로 이집트 국가 안보의 초점이 전환되었음을 밝히는 다음과 같은 유명한 선언을 남겼다. "또다시 이집트를 전쟁에 나서게 만들 수 있는 유일한 것이 있다면 바로 물이다."[12] 그는 심지어 팔레스타인 사람들과 이스라엘 사람들 사이의 물을 둘러싼 긴장을 완화하기 위한 노력의 일환으로 소량의 나일 강 물을 팔레스타인과 이스라엘에 공급한다는 '평화의 배수관'이라는 발상을 일시적으로 제안하기도 했다.

사다트 대통령 정권의 외무부 장관이자 훗날 유엔 사무총장이 되는 부트로스갈리는 이 당시의 일에 대해 자신의 회고록에서 분명히 확언했다. "나일 강의 수자원을 확보하는 일은 이집트에게 경제적, 수리적 사안일 뿐만 아니라 국민적 생존의 문제이기도 하다……. 이스라엘의 군사력이 막강하지만, 우리의 안보는 동쪽이 아니라 남쪽에 달려 있다."[13]

나일 강 수원에 대한 사다트의 전략적 초점은 1974년 권력을 장악한 신임 공산주의 군 지도자 마리암이 통치하는 에티오피아가 청나일 강 상류에 댐을 건설하겠다고 했을 때 단호하게 반대한 사실에서도 알 수 있다.[14] 이스라엘이 1970년대 내내 에티오피아가 내부적인 혹은 이웃 국가들과의 전투에서 승리할 수 있도록 군사적으로 지원했다는 사실 그리고 이스라엘과 에티오피아가 역사적으로 유대교를 매개로 오랜 친선관계를 맺어 왔다는 사실이 사다트의 심기를 불편하게 했다. 1950년대 후반 미국의 개간국은 셀라시에 황제의 요청으로 에티오피아의 아직 손대지 않은 광대한 수리적 잠재력을 조사했다. 소련과 손을 잡고 아스완 댐을 건설한 사실을 아직도 못마땅해하던 미국의 냉전 지도자들은 기꺼이 이 요청에 부응했던 것이다. 무려 17권의 보고서로 제출된 조사결과는 약 33군데의 관개 및 수력발전 계획을 포함하고 있었는데, 특히 수력발전의 잠재적인 전력량은 아스완 댐의 세 배에 달했다. 토지개간국은 증발량이 아스완 지역의 3분의 1밖에 되지 않는 에티오피아의 서늘한 고산 지대에서 청나일 강과 그 지류들의 물을 가두어 저장하면 에티오피아는 지역의 수력전력 생산량을 크게 늘릴 수 있으며, 수단과 이집트로 흐르는 이용 가능한 전체 하류의 순유량을 실질적으로 증가시킬 수 있다고 결론 내렸다.[15] 이론상으로는 모든 나라들에 이익이 되는 것처럼 보였다. 문제는 이 계획에 의하면 에티오피아가 이집트로 흘러들어 가는 강물의 최종 통제 국가가 된다는 것인데, 이것이야말로 바로 수 세기 동안 이집트 인들을 괴롭힌 악몽이었다. 이집트는 이 계획에서 얻을 것이 없었으며, 절망적으로 가난한 에티오피아는 그러한 야심찬 계획을 재정적으로 감당할 능력 자체가 없었다. 이집트는 훨씬 우월한 외교적 역량을 동원해 에티오피아의 다각적 재정확보 노력과 자신들이 동의하지 않는 다른 수자원 개발 경로의 가능성을 효과적으로 무산시켰다.

에티오피아는 이집트를 지나는 나일 강 유량의 5분의 4가 발원하는 곳이지만 이집트는 역사적 권리를 앞세워 수자원의 최대 몫에 대한 우선적인 사용권을 주장했다. 나세르는 1956년 아스완 댐 건설 계획에 착수하면서 동시에 새롭게 독립한 남부 인접 국가인 수단과 나일 강 수자원 공유 협약을 맺기 위해 노력했다. 아스완 댐 저수지의 일부분이 수단 국경 너머에 위치해야 하기 때문이었다. 1958년 말, 나세르는 막 수단에서 권력을 장악한 협조적인 협상 동료를 찾았는데, 그 또한 자신과 동류의 이슬람 군사 지도자였다.[16]

그 결과 1959년 나일강수자원협정이 체결되었다. 놀라울 정도로 대담하게도 그 협정은 나일 강의 모든 수자원을 이집트와 수단이 양분한다고 규정했다. 증발 후 이용 가능한 유량 추산치의 4분의 3인 555억 세제곱미터를 이집트가 차지하고, 수단이 당시 자국이 사용할 수 있는 양보다 훨씬 많은 나머지 4분의 1인 185억 세제곱미터를 받는다는 것이다. 이집트는 노다지를 차지한 셈이다. 1959년 협정은 에티오피아를 비롯한 다른 나일 강 상류 7개국의 수자원 이용 권리를 완전히 배제했다. 그것은 사실상 사하라 사막 이남의 나일 강 유역 국가들에 강요된 '무슬림 아랍식 해결책'이었다. 더군다나 이집트와 수단은 자신들에게 도전하는 상류 국가들에 맞서 공동 대응한다는 데 동의했다.[17] 나일 강 유역 수자원의 1퍼센트밖에 이용하지 못하는 에티오피아는 협정의 유효성을 강하게 부인했다. 1956년과 1957년에 셀라시에 황제는 아이젠하워 미국 대통령과 닉슨 부통령에게서 에티오피아의 나일 강 수자원 이용 권리를 지지한다는 공개 선언을 이끌어 냈다.[18] 그러나 에티오피아는 실질적으로 이집트의 수자원 장악을 저지할 힘이 없었다. 1970년대 후반, 이러한 긴장은 셀라시에의 후계자인 공산주의자 맹기스투와 사다트 사이의 호전적인 언쟁으로 번졌다. 사다트는 에티오피아가 나일 강 수자원에 감히 손을 댄다면 무력으로 보복하겠다며 노골적으로 위협했다. 이집트의 아랍 언론들은 곧 반에티오피아 선동으로 불타올랐는데, 그들은 서기 615년 메카에서 달아나야만 했던 자신의 초기 추종자들에게 피난처를 제공했던 에티오피아의 악숨 왕조의 왕을 배려해 기독교 국가인 에티오피아는 침략하지 말라는 예언자 무함마드의 유명한 지시까지도 서슴치 않고 수정하여 해석했다.

오랜 역사를 지녔고 자부심이 강하며 결코 정복당하거나 식민화 된 적이 없는 에티오피아 문명은 파라오 시대까지 거슬러 올라간다. 이집트의 여왕 핫셉수트가 기원전 15세기에 유명한 홍해 원정대(원정대는 몰약과 유향나무를 가지고 귀환했다.)를 파견한 곳이 바로 에티오피아의 영토인 '아프리카의 뿔'에 있는 푼트 지방이었다. 에티오피아의 구비 설화에 따르면, 솔로몬 왕과 시바 여왕의 아들이 언약의 궤를 에티오피아 북부 악숨으로 가져와 보호했는데, 그것은 오늘날까지도 보존되고 있다고 전해진다. 악숨제국은 그리스 선원들이 기원전 100년경 개척한 이집트와 인도를 연결하는 해상무역로 상의 중요한 연결지점으로 부상했다. 전성기 때 제국의 국경은 남부 이집트와 홍해를 가로질러 아라비아 반도에까지 이르렀다. 제국은 로마 황제 콘스탄티누스가 개종할 때와 거의 같은 시기에 기독교를 받아들였으며, 에티오피아 정교회는 12세기 중엽까지도 알렉산드리아의 콥트교와 밀접한 관계를 유지했다. 무함마드의 호의에도 불구하고 에티오피아는 이슬람 선원들이 인도와 동방으로 향하는 최고의 교역로들을 차츰 잠식해 나가면서 7세기 이후 쇠퇴하기 시작했다. 20세기 후반, 에티오피아는 기대 수명이 겨우 53세에 불과한 세계에서 가장 빈곤한 나라 가운데 하나로 전락했다. 극도로 까다로운 고지평원 지대의 수리 조건은 에티오피아 경제 개발의 최대 장애물 가운데 하나였다. 강수량은 계절에 따라 편차가 컸으며 예측할 수 없을 정도로 변화무쌍했다. 진흙투성이 청나일 강은 우기 때에는 협곡에서 30미터 높이로 격하게 소용돌이치지만 건기에는 거의 쓸모없을 정도로 천천히 흘러서, 수위조절용 댐이나 교량, 여타 급수시설을 건설하려면 기후가 더 온화하고 부유한 국가들의 경우보다 훨씬 더 복잡하고 비용도 몇 배나 더 들어간다.[19]

에티오피아와 이집트의 대립은 1981년 무슬림 근본주의자들이 사다트를 암살한 이후 완화되었다. 신임 이집트 대통령 무바라크는 이집트의 고위 고문 부트로스갈리가 오랫동안 지지해 온 타협적인 접근법을 추구했다. 즉 나일 분지를 공동으로 개발하여 저수능력을 증대하고 증발 손실을 감소하며, 방치해 두었던 수력발전 가능성을 개발하고, 무엇보다도 더 많은 나일 강 물을 관개에 이용하는 등 포지티브 섬(positive sum)적인 가능성을 끌어낸다는 것이다.

외교적인 수사에도 불구하고 모든 나일 강 유역 개발 계획들과 이집트가 제공하는 기술적, 재정적 원조는 여전히 다른 나일 강 인접 국가들이 1959년의 일방적인 나일강수자원협정을 묵인하는 것을 전제하고 있었으며, 모든 새로운 수자원 공급 협정에서 과도하게 큰 몫을 이집트에 부여했다.[20] 정치적, 환경적 장애물들 또한 기존에 시작된 나일 강 유역 개발을 방해했다. 남부 수단의 거대한 습지를 배수하고 물길을 새로 만들어서 백나일 강의 유량을 거의 두 배로 늘리기 위한 장장 360킬로미터 길이의 이집트-수단 우회 운하 건설 공사는 1984년 남부의 흑인 민간 무장 반란군들의 공격을 받고 70퍼센트밖에 진행되지 않은 상태에서 갑작스럽게 중단되어 버렸다. 반란군들은 운하의 건설을 북부 수단의 무슬림 통치자들과 그들의 이집트 동맹자들의 이익을 위해 지역의 소중한 자연 자원을 약탈하는 도둑질이자 기후 조절 기능을 파괴하는 행위로 간주했다.[21] 1990년대 초 이집트는 에티오피아에 대한 아프리카 개발 은행의 융자를 봉쇄했는데, 에티오피아가 너무 많은 물을 사용할지 모른다는 우려 때문이었다.[22] 부트로스갈리의 나일 외교가 아무런 중요한 성과도 거두지 못했다는 사실은 놀랄 일이 아니었다. 1990년대는 그 출발점에서 한 발짝도 나아가지 못했다. 1989년 11월 이스라엘 수리학자들과 엔지니어들이 아스완 댐에 도달하는 유량의 절반에 가까운 물을 저장할 수 있는 댐 건설을 위해 부지 타당성 조사를 벌이고 있다는 소식을 듣자, 부트로스갈리는 에티오피아 대사를 카이로로 소환하여 이집트의 동의를 받지 않은 채 청나일 강에 댐을 건설하면 전쟁 도발로 간주될 것이라고 엄중히 경고했다.[23]

1990년대 초 수자원 외교의 새로운 순환은 순조롭게 시작되었다. 제나

위가 이끄는 에티오피아의 신임 민주정부와 이집트는 에티오피아가 나일 강 수자원에 대해 동등한 권리를 가지며 나일 강 개발에 상호 협력한다는 데에 원칙적으로 동의했다. 1999년 나일 강 인접 국가들은 전 세계적으로 다수의 국가 간 하천 유역에서 적용되는 모델을 따라 세계은행이 지원하는 나일강유역개발계획을 출범시켰다. 그러나 그러한 외교적 협력 배후에 있는 실제 동기는 사막에 물을 대 좁고 비옥한 나일 강 회랑 지대에 가해지는 폭발적인 인구 증가 압력을 덜어 내려는 이집트의 야심찬 계획과 관련이 있다. 1997년 이집트는 많은 논란을 일으킨 신나일강유역20년개발계획을 시작했다. 이 계획은 1920~1930년대 남부 캘리포니아를 바꾼 개발과 유사한 대규모 수로 사업으로서, 나세르 호에서 추가로 50억 세제곱미터의 물을 나일 강의 옛 수로로 흘려보내려는 것이었다.[24] 그러나 이 계획을 실행하려면 상류 국가들의 협력이 필요했다. 에티오피아의 협력을 유도하기 위해 이집트는 에티오피아에 수력발전 댐 건설 외에도, 수자원 이용의 효율성을 높이고 강의 유량을 늘리며 아스완 댐에 쌓이는 골칫거리인 토사의 양을 줄이기 위해 에티오피아 고산지대의 계단화 사업, 그리고 그 밖에 소소한 관개사업들을 지원하겠다고 제안했다. 그러나 에티오피아 관개 농지의 단 1퍼센트라도 늘릴 수 있는 저수량 확장 계획은 그것이 무엇이든 진지한 협상의 대상이 되지 못했다.

2005년, 에티오피아 인 8명 가운데 1명이 국제식량원조에 의존해야 하는 상황에서 에티오피아 총리 제나위는 나일 강의 대규모 관개사업을 이집트가 독점하는 것에 격렬히 항의했으며, 일방적으로 나일 강 물을 돌려 자국을 위해 사용하겠다고 위협하기도 했다. "이집트가 나일 강 물을 이용해 사하라 사막을 녹지로 바꾸는 동안, 나일 강 수원의 85퍼센트를 차지하는 에티오피아의 국민들은 먹고 살기 위해 강을 이용할 가능성을 거부당했다."고 주장했다. "내가 생각하기에 이집트가 정글 전투를 전문으로 수행하는 부대를 보유하고 있다는 것은 공공연한 사실이다. 이집트에는 정글이 없다. 이따금 이집트 대통령들은 주변국들의 움직임을 군사적 행동으로 위협해 왔다……. 만약 이집트가 에티오피아의 나일 강 물 사용을 저지하려는 계획을 세우고 있다면, 이집트는 에티오피아를 점령해야 할 것이다. 그러나 과거 지구상의 어떤 나라도 그렇게 하지 못했다." 제나위 총리는 음울하게 덧붙였다. "현재의 체제는 지속될 수 없다. 그것은 이집트의 외교적 영향력 때문에 지속되고 있다. 머지않아 동아프리카와 에티오피아의 인민들이 너무나 절망에 빠져서 세부적인 외교 문제들 따위에는 신경을 쓰지 않을 날이 올 것이다. 그때, 그들은 행동할 것이다."[25]

급속히 인구가 증가하는 수억 명의 나일 강 상류 아프리카 인들의 광범위한 빈곤과 영양실조, 인도주의적 위기, 억압적이고 제대로 기능하지 못하는 정부들을 방치한 채로 이집트가 나일 강 물에 대한 자국의 역사적 패권을 오래 유지할 수 있을 것 같지는 않다. 르완다와 수단에서 최근에 발생한 두 차례의 끔찍한 대량학살 역시 나일 강 유역 국가에서 일어난 일이다. 에티오피아와 더불어 부룬디도 세계에서 가장 가난한 세 국가 중 하나이며, 아프리카의 뿔은 실패한 국가들 사이의 전쟁으로 피폐해졌고 빈곤이 심화되고 있다. 나일 강은 이들 국가들에도 개발을 위한 가장 중요한 자연 자산이다. 예를 들어 에티오피아는 잠재적인 수력발전양의 3퍼센트밖에 가동하지 못하고 있다. 이따금 미래 아프리카의 곡창지대로 각광받고 나일 강 유역의 4분의 3 이상을 포함하는 수단은 경작 가능한 토지의 1퍼센트만 관개농업에 이용하고 있다. 지독한 궁핍에 시달리고 있는 이집트 주변국들은 풍부한 국제 지원을 이용하여 나일 강 수자원을 개발하는 데 실패해 왔다. 이집트의 동의가 있든 없든 마찬가지였다. 수단은 바로 그러한 역사에 도전장을 던졌다. 문명들은 하류의 비옥한 삼각주와 범람원에서 태어나지만 점차 강의 유량을 통제할 수 있는 최적의 전략적 위치에 놓여 있는 상류 쪽으로 정치권력의 무게 중심이 이동하는 것은 반복되는 역사적 패턴이다.

더군다나 물 기근의 시대에 이집트의 근시안적인 전통적 전략은 새롭게 등장하는 물 정책들과 단절되어 있는 듯하다. 이집트는 한편으로 지속적인 정치 지배를 통해, 그리고 다른 한편으로는 새로운 관개와 신도시들을 위한 대규모 토목건설 계획을 통해 그 어느 때보다도 많은 나일 강 물을 이용할 수 있으리라는 역사적 시대착오에 빠져 있다. 그러면서도 이집트는 기존 수자원의 효율적인 이용을 촉진해 줄 정치적으로 까다로운 내부 개혁을 극도로 꺼렸는데, 그 결과 물이 점점 더 부족해지는 시대에도 낭비적인 물 사용 관행을 지속했다. 매년 50~100억 달러에 달하는 막대한 보조금을 지급받는 농민들에게 나일 강 물을 계속 공급해서 침수 관개농법을 하도록 하는 것은 귀중한 농경지를 심하게 손상하는 낭비이다.[26] 나일 강을 연구하는 로버트 콜린스의 설명에 따르면, "이집트 문화에서 물은 공기와 마찬가지로 신이 주신 선물이며 따라서 공짜라는 믿음이 널리 퍼져 있다. 물에 가격을 책정하고 사용을 통제하려는 어떠한 제도도 전혀 받아들여질 수 없고 거의 신성모독으로 간주된다."[27]

이집트의 물 사용에 대한 심판의 날은 거침없이 다가오고 있다. 물이 부족한 결과 이집트 인들은 점점 더 수입곡물에 의존하고 있는데, 이는 소비 식량의 5분의 2에 이를 정도이다.[28] 동시에 아스완 댐으로 인한 장기간에 걸친 유해한 환경상의 영향도 점점 빠르게 증가하고 있다. 집중적으로 관개되는 모든 경지들이 그렇듯이 이집트 농경지는 지력 고갈 문제에 시달리고 있다. 토양 염분화와 침수 문제로 삼각주와 나일 강 유역 전역에 걸쳐 농업 생산성이 악화되었다. 댐 건설 이전 나일 강이 실어 나르던 자연 토사가 막히는 바람에 지중해 해안선이 내륙으로 48킬로미터나 침범해 들어왔다.[29] 3000만 명 이상의 이집트 인들이 거주하고 이집트 농경지의 3분의 2를 차지하는 비옥한 충적지는 계속해서 줄어들고 있다. 아스완 댐 건설 이후 지중해에 도달하는 강물의 연간 유량이 320억 세제곱미터에서 20억 세제곱미터로 급격히 감소하면서 해안과 저지대 어업에 필수적인 영양분 공급이 중단되었으며, 한때 이집트에서 번창했던 연어와 새우잡이 어업의 대부분이 소멸되었다.[30] 막대한 양의 화학비료에 의존하게 되면서 아스완 댐에서 생산되는 전력의 많은 부분이 화학비료를 생산하는 데 소모되었으며 강과 충적지의 호수들을 심각하게 오염시켰다. 비료 사용 때문에 물 히아신스의 꽃들이 관개수로를 틀어막는가 하면 달팽이 떼가 증가하면서 간과 장 질환을 일으키는 주혈흡충병이 유행했다.

요컨대 이 모든 비용은 나세르와 이집트가 20세기 후반에 내린 치명적인 결정, 즉 세계 역사상 유일하게 지속가능한 대규모 관개체제라는 나일 강의 독특한 정체성을 열사의 땅 아스완에 건설한 일종의 거대한 피라미드 같은 상징물로 영원히 대체해 버린 바로 그 결정에 따른 결과였다. 7500만 명에 매년 백만 명 이상씩 증가하는 이집트 인구는 아스완 댐과 나일 강의 현재 생산 한계치를 위험스러울 정도로 초과하고 있다. 그러는 동안 나일 강 유역 전역의 인구 증가로 인한 물 수요의 상승이라는 가위의 두 번째 날이 이집트를 위협하고 있다. 2006년 이집트, 에티오피아, 수단의 인구는 모두 1억 9200만 명이었다. 2025년까지 이 수치는 50퍼센트나 증가하여 2억 7500만 명에 이를 것으로 추정된다.[31] 나일 강 유역의 모든 국가들을 대상으로 계산하면 대략 5억의 인구(압도적으로 젊고 가난하며 끊임없는 분쟁의 와중에서 성장한)가 나일 강 물에 의존해서 살기 위해 투쟁할 것이다.

세계적인 물 부족 문제와 관련된 다른 사항들을 고려했을 때, 예측은 더욱 암울해진다. 2008년 초 역대 최고치를 기록한 세계 식량 가격은 향후 더욱 인상될 가능성이 높다. 왜냐하면 전 세계 인구의 50퍼센트가 증가할 것으로 예상되고, 중국과 인도 중산층들의 동물성 단백질 수요가 증대될 것이며, 심지어 미국이 가솔린 연료의 대체물질로 옥수수 에탄올 생산을 지속한다면 식량 공급이 줄어들기 때문이다. 식량 사슬의 맨 밑바닥에는 가계 지출의 대부분을 식량 구입에 쓰고 있어 더 높은 식량 가격을 충당할 여력이 전혀 없는 '물 빈곤층'이 있다. 기후변화가 실제로 발생한다면 대재앙의 가능성은 더욱 높아질 것이다. 기후변화 모델에 따르면, 강수량과 증발 패턴의 변화로 나일 강의 유량은 25퍼센트 가까이 감소할 것이며, 동시에 해수면이 상승하여 이집트 충적지에 자리 잡은 농경지의 상당 부분이 침수될 가능성이 있다.[32]

2008년 초, 이집트는 미래에 일어날 법한 일을 경험했다. 길게 늘어선 빵 배급 줄에서 발생한 폭력으로 11명이 사망한 것이다. 사건은 곡물 가격의 기록적인 상승과 만성적인 관리들의 부패 때문에 정부가 배급하는 5피아스트짜리 둥글고 평평한 이집트 전통 빵이 부족해지면서 발생했다. 무바라크 대통령은 군에 빵을 추가로 구워 배급하라고 지시했다.[33]

요컨대 이집트와 나일 강 유역의 이웃 국가들은 인구 증가와 수리 문제라는 시한폭탄의 꼭대기에 앉아 있는 셈이며, 그 도화선은 바로 나일 강의 물 부족이다. 전 세계적인 물 기근에 직면해 있는 많은 나라들처럼 이집트에도 합리적인 정책적 대응은 단 하나밖에 없는 듯하다. 국내적으로는 적극적인 효율성 향상을 통해 기존의 물 공급량을 늘리고, 나일 강 유역의 주변 국가들과 협력하여 강에서 지속적으로 끌어다 쓸 수 있는 수자원 양의 절대치를 최대로 증대시켜야 한다. 그리고 혁신적인 돌파구가 마련되어 수자원과 인구 수준 사이에 지속가능한 균형이 이루어질 때까지 식량 같은 물 집약 필수품들의 수입을 위해 통합된 국제 무역 체제에 장기적으로 의존해야 하는 현실에 맞춰 경제를 재구조화하는 것이다.

이집트가 직면한 막대한 정치적, 문화적 과제를 과소평가해서는 안 된다. 나일 강 문제를 온전히 협력적인 태도로 접근한다는 것은 수천 년 넘게 국민 정신에 각인되어 온 나일 강 하류의 패권 국가라는 자랑스러운 자화상의 포기를 의미한다. 일종의 사고실험을 해 본다면, 그것은 아스완 댐을 허물고 국가의 운명을 이웃 국가들에 맡기는 것이나 마찬가지다. 상호의심과 간헐적인 전쟁, 불안정한 내정, 빈곤, 그리고 인도주의적 비극으로 점철되어 온 오랜 역사를 지닌 상류 국가들의 선의와 정치적 신뢰 및 성장에 국가의 운명을 내맡기는 것은 어떤 지도자라도 기꺼이 수용할 만한 비전이 아니다.

그럼에도 2000년대 첫 10년의 후반기 동안, 정치경제적 상황은 이집트에 불리해졌다. 수단은 중국의 원조로 나일 강에 새로운 댐을 건설할 계획을 세우고 있다. 에티오피아와 수단 모두 곡물 재배에 유리한 농경지들을 사우디아라비아같이 부유하지만 건조하고 농지가 부족한 외국에 임대해 주기 시작했다. 유역의 다른 국가들 또한 일방적인 계획을 수립하고 있다. 에티오피아와 수단의 농민들이 나일 강의 지류에 건설하고 있는 3미터 높이의 흙으로 쌓은 소규모 댐들의 수가 급증하여 점점 더 많은 양(1990년대 중반 아스완 댐 유량의 3~4퍼센트에 해당하는)의 나일 강 물을 본류에 도착하기 전에 흡수하고 있다. 에티오피아의 외교적 영향력 또한 커졌는데, 청나일 강의 유출수가 모여서 생긴 미지의 대수층이 발견되어 관개에 이용할 수 있다는 사실이 알려졌기 때문이다. 그로 인해 에티오피아는 나일 강 물을 둘러싼 협상에서 더 좋은 조건을 얻기 위해 점점 더 필사적이 되는 이집트보다 더 오래 버틸 수 있다는 점을 자각했다. 이러한 일련의 상황을 타개하기 위해 이집트, 에티오피아 그리고 수단을 비롯한 다른 나일 강 유역 국가들은 강 유역에 대한 공동 투자 및 개발에 관한 포괄적 합의에 도달하기 위해 더 열심히 새로운 회담들을 개최했다. 전 세계적으로 국제적인 수로를 공유하는 국가들은 물 부족에 대응하기 위해 협력을 통한 수역 개발 계획을 세우고 있다. 나일강유역개발계획은 다른 계획들보다 덜 진전되었으며 더욱 힘난한 과제에 직면해 있지만, 참여하는 모든 나라들에 엄청난 잠재적 보상을 약속하고 있다.[34] 이집트는 처음으로 증발률이 낮은 에티오피아 고산지대에 국제적인 관리 및 재정지원으로 상당히 큰 규모의 댐을 건설하는 계획에 진심으로 실용적인 의도에서 관심을 보이기 시작했다. 실제로 수역 개발 전문가들의 추산에 따르면, 댐을 통해 홍수로 손실되는 물을 댐으로 통제하면 에티오피아는 사실상 자신이 구상한 모든 관개용수를 충당할 수 있고, 엄청난 양의 수력발전을 추가로 생산하면서도 현재보다 훨씬 더 많은 양의 물을 하류인 수단과 이집트로 흘려보낼 수 있다. 적도 부근의 서드 습지를 길게 우회하는 운하를 완공할 경우, 습지에서 증발로 손실되는 많은 양의 물을 보존할 수 있게 되어 나일 강 유역 협약국들은 나일 강에서 추가로 100억 세제곱미터 이상의 물을 얻을 수 있게 된다.[35] 전 수역에 걸쳐 관개농업 생산과 수력발전은 엄청나게 증대되고, 나일 강 생태계는 더 잘 관리되며, 경쟁적인 적대의식이 아닌 협력을 통해 공통의 어려움을 해결하려는 연대감이 형성될 수 있을 것이다. 전 세계는 혼란에 빠져 있는 이집트와 그 주변국들을 돕는 데 이해를 같이한다. 이집트에서 발생하는 어떠한 정치적 봉기도 물이 부족하고 정세가 불안한 중동과 북아프리카에 불안을 전파할 수 있기 때문이다.

불평등한 물 공급과 이스라엘의 갈등

물은 이미 고대의 비옥한 초승달 문명 지대에서 가장 비좁고 건조한 곳인 요르단 강 유역에서 실제로 열전의 불씨를 점화시킨 바 있다. 세계에서 가장 치열한 정치 분쟁이 일어나는 지역 중 하나인 이스라엘, 팔레스타인, 요르단 그리고 시리아는 지역의 희소한 수자원을 통제하고 분배하기 위해 경쟁하고 있다. 이 지역에서는 이미 오래전부터 모든 사람들에게 공급할 수 있는 충분한 양의 물이 존재하지 않았다. 2000년을 기준으로 수역의 핵심부에 사는 사람들은 32억 세제곱미터의 물을 끌어다 썼는데, 이 양은 매년 자연 강수로 충전될 수 있는 양인 25억 세제곱미터를 크게 초과하는 수준이다.[36] 요르단 강은 나일 강 크기의 4퍼센트밖에 안 되는 매우 작은 강으로서, 담수로 이루어진 갈릴리 해의 남쪽에서 사해로 흘러들어 가는 도랑물 수준에 불과하다. 이 강물로는 사해를 채우지 못해서, 사해의 염도가 점점 더 진해지고 수량도 계속 줄고 있다. 부족한 물은 지역의 주요 대수층(3개는 이스라엘이 점령한 팔레스타인 서안에 그리고 하나는 이스라엘 해안에 있다.)에서 발원하는 지하수로 충당해 왔다. 모두 1200만 명이 넘는 요르단 강 유역 주민들은 식량 자급에 필요한 물의 3분의 1밖에 얻지 못한다.[37] 따라서 이 지역의 안정은 가상수를 원활하게 공급하는 것, 즉 지속적인 식량 수입에 달려 있다.

1948년 이스라엘이 건국될 당시만 하더라도 모든 요르단 강 유역 주민들이 이용할 수 있는 충분한 물이 존재했다. 물 부족은 1950년대 이스라엘의 집단농장(키부츠)들과 개별 농민들이 건조지대를 관개농지로 바꾸어 물 사용이 갑절로 증가하면서부터 시작되었다. 임박한 물 분쟁을 막기 위해 1950년대 초 미국의 아이젠하워 행정부는 특사 존스턴을 파견하여 수역의 모든 주민들의 경제적, 사회적, 환경적 조건을 개선해 줄 테네시강유역개발공사(TVA) 형태의 물 공유 협약을 체결하고자 했다.[38] 놀랍게도 존스턴은 모든 물 전문가 대표들에게서 동의를 얻어 냈다. 그러나 정치적 양극화와 1956년 수에즈 위기 전야에 고조된 아랍 민족주의의 영향으로 이 획기적인 물 협정은 결국 체결되지 못했다.[39] 이스라엘이 협정에 동의를 표시한 직후, 아랍권 총리들은 1955년 10월 회담을 열어 그것을 거부했다. 1950년대의 물 부족 사태는 1960년대의 무력 분쟁으로 치달았다. 1960년대 초 이스라엘의 외무부장관 골다 메이어는 주변 아랍국들에 이스라엘은 요르단 강 북부 지류들의 수로를 바꾸려는 어떠한 시도도 이스라엘 자체에 대한 중대한 공격 행위로 간주할 것이라고 경고했다.[40] 1964년 이스라엘은 갈릴리 해 주변에 대규모 펌프장을 건설하여 그곳의 물을 해안에 위치한 텔아비브와 남부 네게브 사막의 농장들에 공급하기 위해 전국 수로망 계획 네트워크로 운반하기 시작했다. 그 무렵 아랍 지도자들은 정상회담을 열고 이스라엘의 행위를 중단시키기로 결의했다. 아랍 국가들은 자국의 댐 수위를 조절해 상당한 양의 요르단 강 물이 이스라엘에 도달하기 전에 틀어막기 시작했다. 아라파트가 지휘하는 팔레스타인해방기구의 파타 게릴라는 1965년 새해에 비록 실패로 끝났지만 이스라엘의 물 운반시설을 공격해서 자신들을 세상에 알렸다. 그 후 폭격전에 뒤이어 1966년 중반 이스라엘이 탱크와 헬기의 공격으로 시리아의 수로건설 계획을 중단시키고, 야르무크 강 유역의 이스라엘 댐 부지를 파괴하겠다는 아랍 국가들의 결정을 무위로 돌렸다. 전면적인 수자원 전쟁은 면했지만, 이러한 일련의 사태는 점증하는 폭력의 연쇄반응을 초래했다. 이스라엘 군 사령관이자 훗날 총리가 되는 샤론은 1967년 6월 전쟁을 개시했다. 그는 다음과 같이 기록했다. "사실상 6일 전쟁은 2년 반 전 이스라엘이 (시리아의) 요르단 강 수로건설 계획에 대항하는 조치를 취하기로 결정했을 때 시작되었다. 시리아와 이스라엘 사이의 국경 분쟁이 대단히 중요한 것은 사실이지만, 수로건설 문제는 죽느냐 사느냐의 냉혹한 사안이었다."[41]

운명적인 1967년 전쟁은 나세르 대통령이 5월 중순 유엔의 수에즈 위기 중재군을 추방하고 뒤이어 홍해와 인도양으로 이어지는 이스라엘의 유일한 항로를 재봉쇄하면서 시작되었다. 아랍 연합군이 이스라엘의 전 국경에 집결하고 여론이 공개적으로 이스라엘의 임박한 붕괴를 환영하는 동안, 이스라엘 지도자들은 6월 5일 아침 첫 번째 비밀 공격을 단행했다. 지상군은 수에즈 운하로 향하는 경로인 이집트의 가자와 시나이로 진격했고, 소규모 공군은 이스라엘을 무방비 상태로 둔 채 주로 이집트 전투기들로 구성된 훨씬 규모가 큰 아랍 공군 기지들을 기습 공격했다. 몇 시간도 지나지 않아 격렬한 폭격과 대공포화를 주고받은 끝에 아랍 공군력의 핵심은 이륙도 한 번 못 해 보고 잿더미로 변해 버렸다.[42] 이후 며칠간의 전투에서 요르단 군은 요르단 강 서안지구 전체에서 후퇴했고 예루살렘 구시가지를 포기했다. 시리아 탱크부대는 패해서 인구가 드문 골란 고원의 경사지로 후퇴했다가 그곳 마저도 포기하고 다마스쿠스로 후퇴했다.

6일 전쟁의 충격적인 결과는 중동의 지정학을 바꾸어 놓았다. 이스라엘의 영토는 갑자기 네 배로 늘어났다. 똑같이 중요하지만 세간엔 잘 알려지지 않은 사실이 있는데, 그것은 이스라엘과 주변국들 사이의 수리적 힘의 균형이 결정적으로 변했다는 것이다. 전쟁 전, 이스라엘은 요르단 강 수계의 10퍼센트 미만을 통제했다. 전쟁이 끝난 후 이스라엘은 요르단 강 유역의 지배적인 물 통제국가가 되었다. 요르단 강 서안의 지하 대수층이 이스라엘의 완전한 통제 아래 들어갔다. 서안에서 가장 큰 대수층을 포함하는 이 지하수층은 녹지대 부근의 산등성이를 따라 남북으로 흐르다가 이스라엘과 지중해를 향해 서쪽으로 향하는데, 이곳에서 점령된 팔레스타인 영토 아래 주로 존재한다. 2000년대 초, 요르단 강 서안의 대수층은 이스라엘 물 공급의 3분의 1을 담당했다. 1981년 병합되었으며 전략적으로 대단히 중요한 지역이기도 한 골란 고원은 이스라엘 물 사용량의 3분의 1을 공급하는 갈릴리 해의 재생가능한 수원지를 확보해 주었다.[43] 골란 고원은 야르무크 강 정면은 물론 요르단 강 상류의 수원지를 보호하는 데에도 큰 도움이 되었다. 갈릴리 남부 요르단의 젖줄인 야르무크 강은 636년 무슬림 군이 함정에 빠진 비잔티움 군을 상대로 승리를 거둔 역사적으로 유명한 장소이기도 하다. 당시 비잔티움 군은 레반트와 이집트의 수문을 열어 이슬람 군을 공격한 바 있다. 이스라엘이 아랍의 물을 훔쳐 가고 있으며 그것은 반드시 회복되어야 한다는 믿음은 아랍과 이스라엘 사이의 위험한 긴장관계를 부추기는 또 하나의 선동적인 열정이자 일촉즉발의 위험요소였다.

이스라엘은 갑작스럽게 얻은 풍부한 물을 경제성장과 근대화의 활력소로 활용했다. 1982년에는 요르단 강 서안의 물 공급을 '전국수로망'에 통합했다. 동시에 이스라엘은 물을 국내의 정치적 도구로 활용했다. 즉 요르단 강 서안의 팔레스타인 인들이 새로 우물을 파거나 기존의 우물을 더 깊이 파는 것 그리고 물을 관개에 이용하는 것을 가혹하게 제한함으로써, 그들에게 공급되는 물의 양을 불균형적으로 줄였다. 그 결과 팔레스타인 지역은 전 세계적으로 물을 둘러싼 가진 자와 못 가진 자 사이의 차이가 가장 극명하게 벌어진 곳 가운데 하나가 되었다. 팔레스타인 인들은 그들과 나란히 거주하는 이스라엘 정착민들이 사용하는 물의 양의 4분의 1밖에 사용할 수 없다. 요르단 강 서안의 팔레스타인 관개농지는 전체 경작지의 4분의 1에서 20분의 1로 급격히 줄어들었다. 팔레스타인 인들은 잔디밭과 수영장을 갖춘 이웃의 이스라엘 정착민들보다 목욕도 덜하고 씻는 것도 덜 해야 한다. 그러면서도 마실 물과 요리, 위생처리에 사용하도록 탱크에 담아 배급되는 물을 터무니없이 비싼 돈을 내고 사용해야 하는 부담까지 지고 있다. 예를 들어 나블루스 인근 마을의 일부 가족들은 수입의 20~40퍼센트를 물 구입비로 지출해야 했다.[44] 이스라엘은 와디가자 지구의 해안에 댐을 건설해서 자국 농민들에게 물을 돌렸는데, 이는 수심이 낮고 과도하게 이용된 대수층의 유일한 재충전 수원을 막는 결과로 이어졌다. 이 대수층은 팔레스타인 거주지인 가자 지구에 유일하게 자연적인 물을 공급하고 있었다. 가자 지구 대수층은 너무 심각하게 고갈되어 버려서 바닷물과 하수가 쉽게 스며들었는데, 그로 인해 140만 명의 가자 지구 팔레스타인 인들은 문자 그대로 종종 구역질나고 전염병에 노출된 오염수를 마셔야 했다.[45] 물 기근과 아랍의 물이 도둑맞고 있다는 분노는 1987년에 일어난 반이스라엘 운동(가자 지구에서 최초로 발생하여 요르단 강 서안 전체로 번진)을 크게 악화시켰다.[46]

극심한 물 부족과 이스라엘과 요르단 강 유역 주변국들 사이의 극도로 불평등한 물 공급 문제를 고려해 보았을 때, 물은 야세르 아라파트 PLO 의장(그 자신이 물 문제를 전문적으로 이해할 줄 아는 토목기사 출신이다.)과 이츠하크 라빈 이스라엘 총리가 1993년 백악관 잔디밭에서 악수를 나눈 유명한 사건 이후 계속 진행되는 이 지역의 평화협상에서 핵심적인 사안이 되고 있다. 물 문제는 오슬로에서 진행된 이스라엘과 팔레스타인의 평화 협상 과정에서 제기된 5가지 핵심 사안들 가운데 하나였다. 1995년 9월의 중간 협정은 산지 대수층을 1대 4의 비율로 이스라엘에 유리하게 배분한다는 데에 동의했다. 이스라엘은 공식적으로 팔레스타인의 요르단 강 서안 지하수 이용 권리를 인정했고, 아울러 당면한 물 부족 문제를 누그러뜨리기 위해 팔레스타인의 지하수 이용 양을 소규모 늘리고 동부의 대수층 개발을 돕겠다고 약속했다. 그러나 사실 이 동부의 대수층은 이스라엘이 수년 동안 개발하려고 했으나 성공하지 못한 대수층이었다. 요르단 강 서안의 지하수를 공유한다는 더 공정한 목표는 협상의 최종 단계로 연기되었고, 2000년에 협상이 결렬되면서 더 이상의 진전을 보지 못했다.[47]

팔레스타인과 이스라엘의 평화 회담은 요르단과 이스라엘의 1994년 조약의 정치적 보호막을 제공했다. 조약은 지역의 물 부족 문제를 해결하기 위해 공동 수자원 개발에 양국이 협조하겠다는 약속은 물론 이스라엘이 매년 5000만 세제곱미터의 물을 지원하여 물 기근에 시달리는 요르단의 최소한의 수요를 충족시키는 것을 돕겠다는 양보를 포함하고 있었다. 양국의 물 전문가들이 1950년대 존스턴의 임무가 실패한 이후 수년간 요르단 강둑을 따라 정기적으로 '소풍 회담'을 비밀리에 열어 정보를 교환하고 때때로 물 관리 문제를 조절해 왔기 때문에 평화 조약은 신속히 타결될 수 있었다.[48] 반면 이와 유사한 비공식적 신뢰 회복 루트가 마련되어 있지 않은 채 골란 고원의 반환을 의제로 이스라엘과 시리아 간에 벌어진 협상은 2000년 갈릴리 연안에 대한 접근을 요구하는 시리아의 주장으로 인해 실패로 돌아갔다. 왜냐하면 갈릴리 해는 이스라엘의 중요한 재생가능한 수자원 저장소이자 물 안보의 핵심 지역이기 때문이다.

얼마 후, 2001년과 2002년에 유사한 물 위기가 발생했다. 시리아와 동맹을 맺은 전투적인 레바논 남부 시아파는 2000년 이스라엘 군이 18년간의 점령 끝에 레바논 남부 대부분의 지역에서 일방적으로 철군한 틈을 타 즉시 골란 국경에 있는 와자니 샘에서 소량의 물을 빼내기 위해 수도관을 건설했다. 와자니 샘은 하스바니 강에 물을 공급했고, 하스바니 강은 요르단 강에 공급되는 수량의 4분의 1을 차지했다.[49] 이스라엘보다 일인당 다섯 배나 많은 물을 공급받아서 수자원이 풍족한 레바논은 리타니 강처럼 자국의 국경 내에서만 흐르는 강과 같은 다른 수자원에서 여분의 물을 끌어다 쓸 수도 있었고 물이 공급되는 마을까지의 운송 경로도 더 짧았다. 6일 전쟁에 이른 일련의 사건들을 암시하면서 이스라엘의 샤론 총리는 와자니 샘의 물줄기를 바꾼 것은 이스라엘에 대한 고의적인 도발이며 이는 전쟁을 초래할 수도 있다고 경고했다. 2002년 가을에 시의적절하게 행해진 미국과 유엔, 그리고 유럽연합의 최고위급 수준의 외교적 움직임 덕택에 무력 충돌만은 미연에 방지할 수 있었다.[50] 비아랍권 이슬람 국가인 터키의 중재로 시리아와 이스라엘 간 비공식 대화가 재개되었고 골란 고원 및 요르단 강 문제에 대한 돌파구 마련에 거의 근접했다.[51] 그러나 미국의 충분한 지지를 받지 못한 데다가, 2008년과 2009년 겨울 가자 지구에서 발생한 이스라엘과 팔레스타인 사이의 새로운 무력 충돌이 사태를 압도해 버렸다.

물 부족 문제에 대한 이스라엘의 대응은 지역의 여러 국가들 가운데서도 독특했다. 이스라엘은 단순히 가급적 많은 양의 지표수와 지하수에 대한 지배권을 확보하려는 데에 그치지 않고, 기존 방식보다 물을 더 생산적으로 사용하고 혁신적인 물 관련 기술들을 선구적으로 이용하도록 촉진하는 정책들을 적극적으로 채택했다. 예를 들어 1986년 가뭄으로 물 위기가 발생하자 이스라엘은 지속적으로 물을 공급하고 운송하는 데 들어가는 모든 비용을 감안해서, 물 보조금을 크게 삭감하여 6년 이내에 농업용수로 사용되는 물의 양을 거의 3분의 1이나 감소시켰다.[52] 이후 추가로 보조금을 삭감하여 이스라엘은 관개용수로 사용되는 물의 양을 60퍼센트 감축하겠다는 최종적인 국가적 목표에 거의 근접했다. 2008년, 물 위기의 압박으로 대부분의 이스라엘 농부들은 수자원공사가 책정하는 온전한 시장가격을 지불한다는 데에 원칙적으로 동의했다.[53] 이스라엘은 농업부문에서 절약한 용수를 경제적 효과가 더 높은 산업 분야와 기술 집약 부문, 필수적인 도시 생활용수 및 물을 덜 쓰면서도 고부가가치를 생산하는 작물을 재배하는 쪽으로 전용했다. 전형적인 선진 경제 체제를 갖춘 이스라엘은 경제 전체의 생산에서 농업 부문의 비중이 대략 2퍼센트에 불과한데도 국가 전체 물 사용량의 5분의 3을 차지했다.[54] 기존의 물을 더 효율적으로 사용함으로써 이스라엘은 식량을 포함해 국내에서 지속적으로 생산할 수 없는 다른 가상수 상품들을 수입하는 데 필요한 수익을 벌어들일 수 있었다. 이스라엘의 경제 구조조정은 이집트와 중동의 다른 물 빈국들에게 대안적인 경제 발전 경로의 모범 사례라 할 수 있다.

높은 효율성으로 세계적인 명성을 얻고 있는 이스라엘의 농업은 물 이용 기술의 선진화 또한 주도하고 있다. 그중에서도 폐수를 처리, 재활용하여 농업 혹은 저급수로 사용하는 방식이 주목할 만하다. 예를 들어 2000년대 초, 텔아비브 및 다른 도시들에서 나오는 재처리된 하수의 4분의 3이 네게브 사막지역을 비롯한 여타 경작지들로 공급되었다. 재활용된 폐수의 상당량은 1960년대 이스라엘 엔지니어들이 개발한 고효율의 미세관개법에 사용된다.[55] 미세관개는 구멍이 뚫린 관을 통해 지하로 식물의 뿌리에 직접 물을 전달하는 것이다. 컴퓨터로 토양의 상태를 점검하여 최적의 작물 성장에 필요한 만큼 정확히 물을 공급한다. 세류 기술을 이용한 결과 투입된 물 양을 기준으로 생산량은 두 배 혹은 세 배까지 증가했다. 반면에 전통적인 침수관개에서는 투입되는 물의 절반만 식물의 뿌리에 도달하고 나머지는 증발되어 버린다. 2000년대 초까지 이스라엘 농가의 3분의 2가 그러한 미세관개

방식을 도입했다. 이스라엘 전문가들은 이 기술을 이웃 요르단에 이식했고, 요르단은 그것을 자국 농가의 절반 이상에 보급했다. 미세관개와 폐수재활용을 이용하여 이스라엘 농민들은 2000년까지 30년 동안 물 생산성을 네 배 향상시켰다.

중동지역같이 물이 부족한 지역에서는 물의 효율적인 이용이 필수적이지만 그것만으로는 충분치 않으며, 새로운 물의 공급처 또한 필요하다. 물 공급의 확대를 위해 이스라엘은 대규모의 최첨단 해수담수화에 관심을 기울이고 있다. 물이 극도로 부족하고 다른 대안이 없는 해안 지역에서 오랫동안 사용되어 온 방법이긴 하지만, 담수화에는 엄청난 비용이 들어간다. 왜냐하면 물을 증발시키거나 혹은 역삼투막법이라는 최신 방식을 사용하더라도 고압상태에서 미세한 막으로 염분을 걸러내기 위해서는 엄청난 에너지가 필요하기 때문이다. 최근까지도 해수담수화에는 자연적인 물 공급보다 백 배나 많은 비용이 들어갔다. 다만 1990년대부터는 역삼투막 설비를 이용한 담수화 비용이 거의 3분의 2 정도 크게 줄었다.[56] 21세기로 넘어갈 무렵 이스라엘은 물 부족과 담수화 비용의 하락으로 가자 지구 북부 남지중해 해안을 따라 5개의 최첨단 해수담수화 시설을 건설했다.[57] 첫 번째 시설은 아시켈론에서 2005년 문을 열었다.[58] 이 시설은 갈릴리 해에서 텔아비브로 물을 공급하는 데 들어가는 비용의 두 배 정도로 최고급 담수를 생산한다. 2008년에 발생한 가뭄으로 더 많은 담수화 시설 건설을 추진하게 되었다. 이스라엘은 2020년까지 매년 7억 5000만 세제곱미터 혹은 요르단 강 서안의 대수층에서 끌어다 쓴 것보다 많은 양의 담수 생산을 기대하고 있다.[59] 순수하게 전통적인 시장의 관점에서 보았을 때 경제적이든 아니든 간에, 담수화된 물은 수자원 안보는 물론 팔레스타인 사람들과의 평화를 유지하는 데 핵심적인 열쇠라는 점에서 가격으로 따질 수 없는 잠재적인 정치적 가치를 지니고 있다.

장기적으로 수자원 안보를 강화하기 위해 이스라엘은 중동의 떠오르는 수자원 강대국 터키로부터 소량의 물을 사들여 비싸지만 새롭고 전략적으로 중요한 수자원으로 이용하기 시작했다. 비아랍권 이슬람 국가인 터키가 21세기 초 지역의 중심 강국으로 점차 부상하고 있다. 이는 터키가 서구와 이슬람 세계가 만나는 접경에 위치하고 있으며, 지중해와 흑해 사이의 해상 접근로를 통제하고 있고,[60] 상당한 규모의 군사강국일 뿐만 아니라 중동의 물 부국으로서의 영향력 또한 커지고 있기 때문이다. 자국의 여러 산지에서 발원한 하천들로부터 터키는 일인당 기준으로 이스라엘의 열 배, 시리아의 세 배에 달하는 물을 얻고 있다.[61] 특히 전략적으로 중요한 곳은 대부분 쿠르드 족이 거주하는, 만년설로 뒤덮인 남동 산악지대이다. 이곳은 고대 메소포타미아 문명의 위대한 쌍둥이강의 상류이며, 오늘날 갈증에 시달리는 시리아와 이라크가 사용하는 담수의 생명줄이 시작되는 곳이기도 하다. 시리아와 이라크를 거쳐 페르시아 만으로 흐르는 유프라테스 강 유량의 98퍼센트가 터키에서 발원한다. 티그리스 강도 이란의 먼 바위투성이 산악 지역에서 시작되는 몇몇 지류들을 제외하면, 강 유량의 거의 절반이 터키에서 시작된다.

역사적으로 쌍둥이강의 물이 가져다준 혜택을 가장 많이 입은 지역은 오늘날 이라크에 해당하는 건조한 하류 지역이다. 그곳에서는 강물이 만들어 놓은 비옥한 띠 모양의 토사지대에서 풍요로운 농업이 번성해 왔다. 그러나 이라크는 수원의 80퍼센트가 국경 밖에 있다. 1970년대 시리아가 유프라테스 강에 거대한 다목적 댐을 건설하여 강의 유량을 차단하자, 강의 상류국이 차지하는 전통적 이점은 유프라스테스 강을 따라 북으로 이동했다. 10년 후, 유사한 방식으로 터키가 자국의 천연 수자원을 통제하기 시작하면서 힘의 균형은 더욱 결정적으로 상류에 위치한 터키로 이동했다.[62] 터키의 야심 찬 수자원개발계획의 핵심은 남동부 아나톨리아개발계획, 즉 GAP인데, 총 22기의 다목적 댐과 19기의 수력발전소 및 다수의 관개사업을 망라한다. GAP는 600만의 인구가 거주하는 가난한 지역을 개발하여 국가의 총 관개

농지와 전력 생산량을 두 배로 늘리고, 터키를 식량 수입국에서 수출국으로 탈바꿈시키려는 계획이다.[63] 그 계획의 중심에는 터키의 아스완 댐으로 불리는 아타튀르크 댐이 있다.[64] 바위와 흙으로 쌓아 1990년 완공된 이 댐의 저수지 하나만으로도 유프라테스 강 전체 연간 유량의 다섯 배에 달하는 물을 저장할 수 있다.

"21세기는 터키의 시대가 될 것이다."[65] 터키 지도자 투르구트 외잘은 아타튀르크 댐 개장식 때, 182미터 높이에 1.6킬로미터 너비의 댐 벽 위에서 이렇게 선언했다. 그러나 터키가 오스만제국의 영광, 그와 동시에 지역의 수자원에 대한 터키의 패권을 회복할 것이라는 전망은 터키 인들에게 황홀감을 주는 만큼 강 하류의 아랍국가들에게는 위협적이었다. GAP 계획이 완료되면 시리아의 유프라테스 강 유량은 절반으로 줄어들고 또 남은 유량의 수질은 더욱 악화될 것이다.[66] 몹시 건조한 이라크의 경우 역사적으로 누렸던 강 유량의 10퍼센트밖에 남지 않을 것이다. 더군다나 터키, 시리아, 이라크에서 상호 조율 없이 각각 추진된 유프라테스 강 유역의 댐 건설과 관개사업은 그것을 모두 더했을 때 강 전체 유량의 절반을 흡수한다.[67] 그러나 이것은 물리적으로 불가능한 시나리오이며 결국엔 상류에 위치한 터키가 누가 언제 얼마만큼의 물을 가질지 정하는 최종 결정권자가 될 것이다.

초창기 터키 지도자들은 자국이 물로 얻게 될 뜻밖의 횡재를 낙관적으로 예상하고, 여분의 물을 1600킬로미터 길이의 '평화의 수도관'을 통해 중동 전역에 판매하겠다고 제안했다. 첫 번째 수도관은 남쪽으로 향하는데, 시리아와 요르단 분지를 거쳐 이스라엘과 팔레스타인으로 이어지는 지선과 함께 사우디아라비아의 성지 메카와 메디나까지 연결되는 것으로 구상했다. 두 번째 수도관은 동쪽으로 이라크와 쿠웨이트를 거쳐 페르시아 만으로 연결될 것이었다.[68] 이 방대한 길이의 수도관을 통해 운반되는 담수의 가격은 해수담수화 물 가격의 3분의 1 수준으로 책정할 계획이었다. 터키는 자국의 물을 강장제 삼아 지역의 협력과 평화를 도모하겠다는 구상(물론 전략적, 외교적 통제 밸브에 대한 터키의 영향력을 유지한 채)을 하고 있었다.

그러나 평화의 수도관은 기술적 검토 수준을 벗어나지 못했다. 그것은 중동의 수자원 정치라는 메마른 현실 안에서 추진되었던 것이다. 터키가 얄팍하게 위장한 자국의 수자원 권력을 과시하며 1990년 아타튀르크 댐을 완공하고 그로 인해 유프라테스 강의 유량이 감소하자, 시리아와 이라크는 호전적인 태도로 격렬히 대응했다.[69] 군사적으로 열세인 시리아는 불만의 표시로 1987년 터키의 1급 지명수배 테러리스트 압둘라 오잘란이 속해 있는 터키 남동부의 쿠르드 족 반란 세력과 비공식 비밀 협약을 체결하고 1990년대 내내 상당한 비밀 원조를 제공했다.[70] 한편 이라크의 독재자 사담 후세인은 시리아에 외교적으로 접근하면서 아타튀르크 댐을 폭파하겠다고 으르렁거렸다. 유엔 회원국들은 1차 걸프전을 준비하는 과정에서 후세인에게 이라크 침략군을 철수시키지 않으면 유프라테스 강을 막아 버리겠다고 위협하기도 했다.[71] 이 조치가 취해지지는 않았지만, 물은 확실히 걸프전쟁에서 전투 목표의 일부였다. 이라크의 물 공급시설과 위생 처리시설은 의도적인 표적이 되어 파괴되었다. 한편 이라크도 쿠웨이트에서 후퇴하는 과정에서 해수담수화 설비의 상당 부분을 파괴했다.

현대에도 물을 외교 수단으로 사용하거나 쌍둥이강에서 전쟁이 일어나는 것은 고대 메소포타미아 문명에서 그랬던 것만큼이나 익숙하다. 1970년대 중반 이라크와 시리아는 양국 국경에 군대를 집결했고 전쟁 직전 상황까지 이르렀다. 시리아가 대규모 다목적 댐의 저수지에 물을 채워 유프라테스 강의 유량을 축소한 것이 원인이 되었다.[72] 사담 후세인은 여느 때처럼 댐을 폭파하겠다고 위협한 반면 시리아는 자국 정책에 이라크가 간섭하는 데 대한 불만의 표시로 파종기 동안 몇 차례 의도적으로 댐의 방류량을 줄였다. 1985년부터 2000년까지 1차 걸프전쟁 이후 자신의 체제에 맞서 봉기를 일으킨 시아파들을 억누르기 위해 사담 후세인은 바스라 북부의 쌍둥이강 하류 유역을 따라 형성된 비옥하고 어획량이 풍부한 습지 생태계를 목표로 공격을 감행했다. 그곳은 수메르 문명이 발생했던 곳이자 에덴동산으로 추정되는 장소이기도 한데, 대부분이 시아파인 습지 아랍인(이라크 남부와 동부의 티그리스-유프라테스 강 유역 습지에 거주하는 아랍인들을 가리키는 말 — 옮긴이) 25만 명이 거주하는 지역이었다. 대대적인 배수 작업(이에 더해 고의적으로 살충제를 살포하고 고압의 전기 충격을 가해 살아남은 어류를 몰살시켰다.)으로 거대한 습지는 본래 크기의 10분의 1로 축소되었다. 인구 또한 이와 유사한 비율로 감소했다. 2차 걸프전쟁으로 사담 후세인이 권좌에서 최종적으로 물러난 이후 다시 물을 공급했지만 습지의 40퍼센트만 복원할 수 있었다.[73]

쌍둥이강의 물을 둘러싼 분쟁은 1992년 중반 다시 고조되었다. 터키의 총리 쉴레이만 데미렐은 터키의 관개사업 및 수력발전 계획에 대한 시리아와 이라크의 반대를 단호히 거부하며 물을 차단하여 보복할 수도 있음을 암묵적으로 내비쳤다. "우리는 그들의 석유 자원을 우리 것이라고 이야기하지 않습니다. 그들도 우리의 수자원을 그들 것이라고 이야기할 수 없습니다. 이것은 주권의 문제입니다. 우리는 우리가 하고 싶은 대로 할 권리가 있습니다."[74] 1990년대 전반기 내내, 유프라테스 강의 유량이 줄어 시리아의 대규모 댐인 타브카 댐에 설치된 10기의 발전기 중 7기가 가동을 멈추어서 시리아에 전력난을 일으켰다.[75] 1998년, 양측 국경에서는 군사 훈련이 실시되었다. 제3자 중재외교를 벌이고 시리아가 다마스쿠스에서 쿠르드 족의 급진 지도자 오잘란을 추방하면서 겨우 전쟁을 피할 수 있었다. 2000년대 초, 수자원 공유에 관한 일부 외교적 진전이 이루어지긴 했지만, 터키는 여전히 중국 및 나일 강 상류국 부룬디와 더불어 1997년 유엔 수로협정에 강력히 반대한 3개 국가 가운데 하나였다. 유프라테스 강 유역에 위치한 3국의 인구가 급격히 증가하고, 이라크와 시리아에서는 토양의 염분화와 오염 및 식량 부족 문제가 심각해지고 있으며, 쌍둥이강에 대한 수요 압박이 강의 유량을 훨씬 초과하는 가운데, 메소포타미아 문명의 요람이자 역사상 최초로 물 전쟁이 일어난 장소이기도 한 이곳에, 불편한 진실이지만 심판의 날이 점점 다가오고 있다.

물 부족의 시대에 터키는 중동의 중요한 정치 사안들에서 핵심적인 실세 역할을 할 수 있는 좋은 위치에 자리 잡고 있다. 2차 걸프전쟁 이후 이라크의 재건 능력은 상당 부분 터키가 하류로 흘려보내는 물의 양과 시기에 의존하고 있다. 실제로 2008년 가뭄이 발생했을 때, 저명한 시아파 성직자 아야톨라 알리 알시스타니는 특혜 가격으로 석유를 터키에 공급하고 대신 더 많은 물을 얻어 내라는 안을 이라크에 제안한 바 있다. 당시 이라크를 방문 중이던 에르도안 터키 총리는 "우리나라 자체의 막대한 수요에도 불구하고 우리가 약속한 것보다 더 많은 물을" 공급하고 있다고 밝히며 이의를 제기했다.[76] 터키가 시리아 국경에서 유프라테스 강의 수도꼭지를 얼마나 틀어 줄 용의가 있느냐의 문제는 시리아가 이스라엘과의 평화회담에서 골란고원의 물을 둘러싼 협상에 어느 정도나 적극적으로 임할지 결정할 중요한 지렛대이기도 하다. 물 교역은 터키와 이스라엘의 자체 군사력은 물론 아랍 세력이 지배하는 지역에서 양국의 외교적 상호 협력을 강화해 주고, 이슬람교 국가인 터키가 이스라엘과 이웃 아랍국가들 사이에 발생하는 분쟁에서 믿을 수 있는, 그리고 점점 더 눈에 띄게 증가하는 중재자 역할을 맡을 수 있게 해 준다. 그러나 터키의 수자원 외교 활동은 독립을 추구하는 쿠르드 족의 내부 영향력과 이에 호응하는 잠재적인 국제적 지원을 높일 수 있는 위험이 있는데, 왜냐하면 티그리스 강과 유프라테스 강이 발원하는 지역이 바로 쿠르디스탄 고원지대의 터키쪽 부분이기 때문이다. 이웃하는 티그리스 강 유역의 이라크 북부에 거주하는 쿠르드 족 일파는 이미 미군의 철수가 임박한 가운데, 이라크 최대의 수력발전 댐에 대한 통제력을 이용하여 사담 후세인이 사라진 이라크에서 더 많은 영토와 자치를 요구하고 있다.[7] 훨씬 폭넓은 관점에서 보면, 물 공급 능력을 지닌 터키는 항상 물 기근과 과잉인구에 시달리는 아랍 세계에 석유가 가져다준 정치적, 경제적 우위를 일부 상쇄할 수 있게 되었다.

세계에서 가장 건조하고 정치적 폭발성이 높은 이 지역에서 물 전쟁이 벌어질 가능성이 높은 것은 사실이지만 그렇다고 그것을 피할 수 없는 것은 아니다. 물 부족으로 인한 실존적 위기가 너무나 강력해서 그에 반대되는 상호공존을 위한 협력의 본능 역시 강하게 나타나고 있다. 팔레스타인에서 일어난 두 번째 반이스라엘 운동이 최고조에 달했을 때, 분노에 찬 시위자들이 돌을 던지며 요르단 강 서안의 물에 대한 이스라엘의 지배를 격렬히 규탄하는 가운데서도, 팔레스타인과 이스라엘 관리들은 계속해서 조용히 회담을 갖고 상대방의 급수시설에 손상을 입히지 않기로 합의했다.[78] 사막의 종교인 이슬람교는 물에 특별한 가치를 부여하는데, 그것은 결국 협력을 촉진한다. 지독하게 건조한 지역에 사는 모든 주민들은 다음과 같은 터키 속담에 직관적으로 공감할 것이다. "한 사람이 물을 마실 때 다른 사람은 지켜볼 수밖에 없고 그러면 최후의 심판일이 다가온다."[79] 상호확증파괴라는 교의가 전후 핵무장 시대에 직접적인 군사 충돌을 방지한 것처럼, 정치력이 부재하고 심각한 자포자기 상태에 빠진 중동에서 물 부족 현상은 파괴적인 전쟁이 아니라 지역 평화에 이바지하는 물 데탕트 협력 모델을 만들어 낼 수도 있다. 만약 이스라엘의 최첨단 농업기술력과 아랍권의 석유 투자 사이의 결합이라는 점점 희미해져 가는 꿈이 되살아나서 이 지역을 심각한 물 위기에서 구원한다면, 협력 모델은 모순적일 수는 있지만 불가능하지는 않다.

석유와 맞바꾼 물

한편, 지역적, 국제적 세력 균형을 뒤흔들 만한 잠재력을 지닌 물 쇼크가 몹시 뜨겁고 광활한 모래로 뒤덮인 사우디아라비아의 사막에 도사리고 있다. 지질은 사우디아라비아 왕국에 잔인한 속임수를 썼다. 세계에서 가장 풍부하게 매장된 석유로 이 나라에 축복을 내린 동시에 지구상에서 가장 빈약한 물 보유국으로 만들어 버린 것이다. 따라서 사우디아라비아의 미래는 단기적으로 풍부한 석유 자원을 장기적으로 지속가능한 충분한 양의 수자원으로 전환하는 과업을 얼마나 효과적으로 수행하느냐에 달려 있다. 사우디아라비아에는 호수도 강도 존재하지 않는다. 수 세기 동안 사우디아라비아에서 사용하는 물은 거의 모두 지하에서 끌어온 것이었다. 이는 우물이나 오아시스를 통해 쉽게 끌어낼 수 있는 얕은 대수층에서 나오며 빗물로 다시 충전되는 물인데, 이렇게 얻는 물로는 소수 인구의 최저생활만 겨우 가능하다. 그러나 지표면보다 훨씬 아래, 대략 400미터 깊이의 지하에 미국 중서부 오갈랄라 대수층의 6분의 1 정도의 규모에 달하는 상당한 크기의 또 다른 화석수 대수층이 존재한다. 이는 이곳의 지표 기후가 지금보다 더 습했던 과거에 오랜 세월 동안 지하로 흘러들어 가 쌓인 원시의 물이다. 3만 년 전부터 형성된 이 물은 한번 쓰면 재생이 불가능하다.

석유 호황과 1970년대 채굴 기술의 발달에 힘입어 사우디아라비아는 처음으로 화석수 대수층을 대규모로 이용할 수 있게 되었다. 사우디 왕조는 새로운 보물인 이 고대의 물을 신중히 사용하지 않고 서구의 산업국가들이 석유를 쓰듯이 흥청망청 써 댔다. 그들은 가능한 한 빠르게 지하 깊은 곳에서 물을 뽑아 올렸다. 사우디아라비아의 황량하고 건조한 경작지는 하룻밤 사이에 화려한 분수대와 근대적인 배관시설, 그리고 푸르른 골프장으로 뒤덮였다. 1973년 석유수출국기구의 석유 수출제한 담합에 대한 보복으로 서구가 곡물 수출을 제한하여 보복할지 모른다는 두려움으로, 사우디 왕조는 지하수를 무상으로 제공하여 사막에 물을 대 곡물을 재배함으로써 식량 자립을 이루고자 했다. 경제사적으로 볼 때 가장 사치스러운 보조금을 지급하여 극도로 비경제적인 사업을 추진한 결과, 사우디아라비아는 사막에서 재배한 밀로 자급자족을 달성했을 뿐 아니라, 1980년대 중반부터는 세계적인 곡물 수출국이 되었다. 그러나 곡물의 생산비는 국제시장가격보다 다섯 배나 비싼 충격적인 수준이었다.[80] 한층 더 값비싼 대가는 재생이 불가능한 귀중한 담수층이 급속도로 고갈되고 있다는 현실이다. 1980년대 조사치에 따르면, 사우디아라비아는 콜로라도 강의 30년치 유량에 해당하는 4억 에이커푸트의 지하저장수를 보유하고 있는 것으로 추산되었다. 그러나 매년 콜로라도 강 하나 만큼(재생가능한 물이 재충전되는 양보다 여덟 배나 많은)의 물을 뽑아낸 결과, 2005년까지 접근 가능한 대수층의 60퍼센트가 고갈되었다.[81] 1990년대부터 보조금을 대폭 삭감하여 고갈의 속도를 늦추긴 했으나 완전히 중단하지는 못했고, 그 결과 밀 생산량은 1992년 최고 생산치와 비교했을 때 70퍼센트나 감소했다.[82]

사우디아라비아의 석유를 물로 전환하는 또 다른 수단은 반도를 둘러싼 바다를 담수화하는 것이다. 그러나 동부 해안에 건설한 담수화 설비에서 사실상 공짜나 다름없는 석유 에너지를 이용해 재생가능한 담수를 생산하고 있지만, 그 양은 2500만 사우디 인구가 이용하는 천연 화석수의 극히 일부에 해당한다. 21세기 초에도 화석수는 사우디아라비아 도시에서 사용되는 용수의 절반과 농업용수의 70퍼센트 이상을 차지한다. 뒤늦게 사우디 왕조는 수자원부 장관직을 설치하고 물의 효율적 사용을 강조하기 시작했다. 국내 물 사용량을 절반으로 줄이겠다는 국가적 목표를 상징적으로 실천하기 위해, 사실상의 통치자인 압둘라 왕자는 2004년 궁전에서 사용되는 물 낭비가 심한 10쿼트용 변기를 6쿼트용으로 교체했다.[83] 그러나 그것만으론 너무 부족했고 너무 늦었다. 개혁은 강력한 가격 유인책과 강제성을 결여했다. 사우디 농부들은 물 소비가 밀의 네 배나 되는 알팔파를 계속 재배했는데, 이 알팔파는 유제품에 맛을 들인 사우디 국민들이 소비할 소의 사료로 이용되었다. 도시에서 사용되는 용수는 거의 재활용되지 않았다. 주택의 3분의 2가 하수처리 공장과 연결되어 있지 않아 하수 오염물질이 표층 지하수에 흘러들어 가 그렇지 않아도 심각한 물 부족 사태를 더욱 악화하고 있다. 사우디아라비아는 자국의 천연 화석수 이용 및 관리 패턴을 재구조화할 시간을 벌 수 있는 사실상 한번뿐인 기회를 놓치고 있다. 대신 다른 많은 물 부족 국가들과 마찬가지로, 아직 예측하기 힘든 해수담수화 기술의 획기적인 발전이나 또 다른 중대한 수자원 이용 기술의 도약에 자국의 운명을 상당 부분 의존해야 할 처지이다. 빠르면 2025년에 아라비아 반도의 대수층은 바닥을 드러낼 것이다.[84] 단기적으로는 계속해서 값싼 석유를 이용해 가장 필수적인 분야에 이용할 담수를 만들어 내고 여분의 오일달러를 식량 같은 가상수를 수입하는 데 지출함으로써 최악의 충격을 완화할 수는 있을 것이다. 실제로 사우디아라비아는 이미 석유로 벌어들인 부를 이용해 수단 및 파키스탄 등 인근의 비아랍권 수니파 이슬람교 국가들과 홍해 건너편의 다종교 국가 에티오피아 등지에서 농장을 사들이거나 임대하여 믿을 만한 미래의 국외 식량원을 확보하고 있다. 그러나 불안정한 국가들로부터 수입되는 식량에 의존하는 것은 대단히 불확실한 대안이며, 서서히 석유 황금시대의 종말이 가까워 오면서 왕국의 부를 소모할 것이다. 결국 석유 매장량마저 동이 나면 현대의 사우디 인들도 석유가 아니라 물이 인간에게 필수적인 단 하나의 자원이라는, 사막에 살았던 선조들의 지혜를 고통스럽게나마 깨닫게 될 것이다. 석유가 이미 바닥난 건조한 아라비아 반도의 동부와 서부에서 2개의 대조적인 미래의 대안이 준비되고 있다. 동쪽 페르시아 만에서는 아부다비가 발 빠르게 석유 자본을 투자하여 물 집약도가 낮은 국제적인 금융 및 해운 서비스 지대를 건설하였다. 이것은 세계경제와 긴밀히 통합되어 있어서, 아부다비는 스스로 생산하지 못하는 식량을 세계경제의 교역망에 의존하고 있다. 남서쪽으로 홍해 연안에는 세계에서 가장 위험하고 실패한 국가들 가운데 하나인 고지대 국가 예멘이 있다. 이곳에서는 지하수면이 낮아지면서 농촌 내 폭력이 빈번하게 발생하고 또 이미 과밀 상태인 도시로 대량 이주하는 사태가 벌어지고 있으며, 급진적인 이슬람 근본주의는 물론 국제적인 테러리즘까지 만연하고 있다.[85]

가장 대담하게 석유를 물로 바꾸는 사업을 진행하고 있는 사막의 이슬람교 지도자는 리비아의 무아마르 알 카다피이다. 카다피는 리비아 석유달러의 상당 부분과 자기 정부의 집권 정당성을 인류 역사상 가장 거대한 지하수 운반 계획, 즉 인공대수로 사업에 걸었다. 인공대수로 사업은 남부의 먼 사하라 사막 지하에 엠파이어스테이트 빌딩을 뒤집어 놓은 것만큼의 깊이에 묻혀 있는 거대한 대수층에서 고대의 화석수를 뽑아내 이글이글 타오르는 종잡을 수 없는 모래더미 아래에 2미터 깊이로 묻힌 3200킬로미터 길이의 지하철만 한 대수로망을 통해 리비아 600만 인구의 85퍼센트가 거주하는 지중해 해안으로 운반하는 것이다.[86] 리비아가 해안가에서 낙타로 40일 여행 거리의 텅 빈 사막 아래 500억 에이커푸트(지금까지 알려진 최대규모 지하 화석수이다.[87])의 물을 포함하고 있는 부드러운 바위 지반이 있다는 사실을 처음 알게 된 것은, 20세기 중반 서구의 석유 탐사 팀이 집중적인 탐사를 개시했을 때였다. 누비아 사암지대 대수층에 묻혀 있는 물은 대부분 2만 5000년에서 7만 5000년 전에 내린 비가 모여서 생긴 것이다. 4500년 전부터 만년 전 사이 두 번째 우기 때 물이 좀 더 보충되었고, 이후 수렵채집 부족들이 야생동물들을 사냥하던 사바나는 오늘날의 사하라 사막으로 변했다. '풍족한 리비아'라는 자신의 미래 전망을 실현하기 위해 카다피 대령은 1969년 집권 후 곧장 옥시덴탈 석유 사의 거물 아먼드 해머의 도움을 받아 지하 인공대수로 공사를 시작했다.[88] 리비아는 국가가 지원하는 테러리즘에 연루되어 있다는 이유로 서방과 정치적으로 대립했지만, 핼리버턴의 계열사인 브라운앤드루트 같은 미국 기업들의 도움으로 1991년 '신 나일 강' 물을 처음으로 해안으로 운반하는 데 성공했다. 그러나 방대하고 복잡하며 막대한 비용이 소요되는 리비아의 영웅적인 수로 공사가 과연 완공될 수 있으며 또 그것이 의도한 대로 리비아에 구원을 가져다줄 수 있을지 의문이 제기되었다. 1999년부터 수도관에 펑크가 발생하기 시작했고 공중에 30미터 높이로 간헐천이 쏟아져 나왔다.[89] 사막을 건너 중장비를 이동시키기가 어려워 수리가 지연되기도 했다. 또 완성된다 하더라도 이 '인공의 강(대수로)'을 통한 물 공급은 작지만 빠르게 증가하는 리비아 인구의 식량 수요의 절반도 충당하지 못할 것이다.[90] 그것은 요르단 강 수로망보다도 적은 양이다. 그러나 그 정도의 양이라도 누비아 사암지대 대수층의 일부가 걸쳐 있는 이집트, 차드, 수단의 부러움을 사기에는 충분했다. 이집트는 대수층의 수위가 낮아져 귀중한 나일 강 유역의 지하수가 그 쪽으로 스며들어 가지나 않을까 우려하고 있다. 사막에서 물 냄새를 맡는 낙타들처럼, 리비아의 주변국들도 사하라 사막에 묻혀 있는 보물들을 어떻게 해서든 얻어 내기 위해 노력하고 있다.

16   인도와 중국의 물 압박

순전히 그 규모만으로도 물 문제에 대한 중국과 인도의 국내 대응은 세계의 경제적, 환경적, 그리고 정치적 조건들에 엄청난 영향을 미친다. 이 나라들의 물 관리는 낭비적인 관행, 부적절한 기반시설, 비효율적인 배분, 그리고 환경적으로 지속가능하지 못한 남용 등으로 점철되어 있다.

물 부족 문제로 인해 중동 지역이 세계에서 가장 폭발성이 큰 물 빈곤 지역이 된 것은 사실이지만, 21세기 세계질서의 중심이 이동하는 이 시점에서 세계적인 물 위기의 전반적인 상황은 심각한 물 문제를 안고 있는 역동적인 아시아의 거인들로부터 더 큰 영향을 받을 것이다. 전 세계 인구의 거의 5분의 2를 차지하는 떠오르는 세계경제의 주역 중국과 인도는 대규모 댐을 비롯한 근대적 급수시설을 통해 재생가능한 물을 공급하여 과거의 만성적인 굶주림을 극복하고 녹색혁명을 통해 자급자족을 이루어 냈다. 인더스 강 유역에 있는 인도의 접경국 파키스탄까지 합치면 이 3개국은 세계적으로 관개 농지가 급속하게 확장되고 1950년부터 2000년까지 세계 곡물 수확량이 세 배나 증가하는 데 크게 기여했다. 그러나 인구와 경제의 성장으로 야기된 물 문제, 자연생태계의 과도한 착취와 남용으로 인해 이 국가들의 곡물 생산량은 정점을 지났다. 이러한 흐름이 바뀌지 않는 한, 그들은 곧 먹고살 충분한 양의 깨끗한 물을 얻지 못할 것이다. 순전히 그 규모만으로도 물 문제에 대한 이 국가들의 국내적 대응은 세계의 경제적, 환경적, 그리고 정치적 조건들에 엄청난 영향을 미친다. 중국과 인도에 미국을 더하면 이 국가들은 전 세계 곡물의 절반을 생산한다. 세계 곡물 시장에 대한 이 국가들의 영향력은 석유 시장에서 석유수출국기구가 차지하는 정도와 비슷하다. 따라서 인도와 중국이 주요 곡물 수입국이 되리라는 전망은 세계 곡물 가격을 급격히 상승시키고, 또 물 부족에 시달리는 빈국들의 입지를 박탈하여 전 세계적인 인도주의적 비극과 정치적 봉기를 야기할 수 있다.

인구 13억의 중국과 11억의 인도는 세계에서 가장 크고 경제적으로 빠르게 성장하는 국가들이다. 급속한 근대화와 일인당 평균 소비량 및 쓰레기 배출량의 급증을 경험하고 있는 이 두 나라는 위험할 정도로 빠른 경제 성장과 환경의 지속가능성 사이에서 고민하는 전 지구적 긴장 관계의 중심에 위치해 있다. 그 결과에 따라 양국의 상반되고 경쟁적인 발전 모델, 즉 국내 민간 부문의 수요를 추동력으로 삼고 있는 인도의 다문화적 민주주의와 수출산업과 내수 산업의 혼합을 국가가 지도하는 중국의 권위주의적 정치경제는 유효성을 인정받거나 혹은 신임을 잃게 될 것이며, 다음 세대의 정치경제 질서의 성격에 강한 영향을 미칠 것이다.

물과 관련해 이 두 거인 국가는 여러 특징을 공유한다. 세계 인구의 20퍼센트를 차지하면서도 담수량은 7퍼센트에 불과한 중국의 수자원은 매우 빈약하다. 인도도 비슷해서, 세계 인구의 17퍼센트를 차지하지만 쉽게 이용할 수 있는 물의 비중은 4퍼센트에 불과하다. 양국은 점차 증가하는 자국민들의 대규모 단백질 수요를 만족시키기 위해 물을 효율적으로 이용해야만 한다. 그러나 세계 대부분의 지역들과 마찬가지로 이 나라들의 물 관리는 낭비적인 관행, 부적절한 기반시설, 비효율적인 배분, 그리고 환경적으로 지속가능하지 못한 남용 등으로 점철되어 있다. 양국은 비록 성공과 실패가 혼재되어 있지만 세계에서 댐을 가장 많이 건설하는 나라들이다. 두 나라 모두 관개농업과 대도시 생활용수로 지하수에 점점 더 많이 의존하다 보니 수위가 과도하게 낮아지고 있다.[1] 극심한 오염배출과 인간의 활동으로 인해 발생한 토양 침식 및 황폐화 때문에 천연수(natural water)의 한계치 또한 악화되고 있는데, 이는 환경과 위생에 대한 각성이 일어나기 전 시대의 산업화된 서양을 연상케 한다. 양국 모두 임박한 물 위기에 대응할 체계적이고 실행가능하며 장기적인 해결책을 마련하지 못했으며, 다만 환경적으로 문제가 될 수 있는 대규모 수로를 건설하여 시간을 벌고 있을 뿐이다. 2005년 세계은행은 인도가 "극심한 물 부족 시대"의 극단에 있으며 정부의 물 관리에 즉각적인 변화가 필요하다고 경고했다.[2] 2050년까지 물 수요는 인도 전체의 용수 공급 수준의 두 배에 이를 것으로 예상된다. 중국 지도자들 역시 계속되는 일련의 환경 문제들과 밀과 쌀 생산의 하락으로 인해 이제 막 시작된 자국의 물 부족 위기의 심각성을 깨닫고 있다. 1999년 당시 부총리였던 원자바오는 다가오는 물 공급 부족 사태가 "중화민족의 생존" 자체를 위협하고 있다고 말했으며, 총리였던 2005년에는 "모든 인민에게 깨끗한 물"을 공급하겠다고 맹세했다.[3]

위험스럽게 재깍거리고 있는 인도의 시한폭탄

인도의 근대사는 관개 확장의 고전적 주기로 특징지을 수 있다. 즉 관개농업의 확대가 인구 증가를 불러오고, 또 이렇게 증가된 인구의 생활수준과 인구성장을 유지하기 위해 더 많은 관개지가 필요하게 된다. 식민지 시기 영국의 관개사업이 최초의 추동력을 제공해서 인구의 지속적인 증가를 가져왔다. 인도의 인구는 1850년 1억 7500만에서 1900년에는 거의 3억으로 증가했고 2005년에는 다시 네 배 가까이 증가해 11억에 육박했다. 녹색혁명의 슈퍼 작물들, 그리고 전후 독립 이후 네루 총리와 그의 딸 인디라 간디가 펀자브를 비롯한 여러 지역에서 추진한 관개사업 및 수력발전 댐 건설은 초창기 인도의 경제적 번영을 주도하여 만성적 기근에서 허덕이는 인도를 구하고 개개인의 생활수준을 향상시켰다. 그러나 1970년대와 1980년대에 이르러 인도 경제는 과도한 인구 압력과 비효율적인 정부 관료제의 압박 및 사적 부문에 대한 과도한 규제로 활력을 잃기 시작했다. 정부 관료제가 운용하는 관개용수의 공급이 시간적인 면에서나 양적인 면에서나 믿을 수 없게 되고, 또 정부가 건설한 제2세대 댐들의 효율성이 점차 감소하면서 농업 생산성은 악화되기 시작했다. 인도는 단순히 댐을 많이 건설하고 대규모 물 관리 사업을 추진한다고 해서 경제가 성장하지는 않는다는 것을 보여 준 국제적 전형이 되었다. 경제가 성장하기 위해서는 타당성 있게 계획하고 효과적으로 관리해야 한다. 인도인들은 자신들의 '힌두식 성장률'에 대해 한탄하기 시작했다.[4]

다문화적인 인도 민주주의는 두 가지 예상치 못한 사건에 직면했다. 1980년대 후반에 생겨난 풀뿌리 저항운동은 정부 주도의 대규모 댐 건설을 효과적으로 저지했다. 1989년 9월에 약 6만 명의 농민, 환경운동가, 그리고 인권운동가들이 인도 서부 나르마다 강 유역에 모여 정부의 대규모 관개사업에 반대하는 시위를 벌였다.[5] 30개의 주요 댐 건설 계획을 포함하고 있는 이 사업은 지역 공동체를 희생하여 멀리 떨어진 다른 지역에 경제적 이익을 가져다줄 뿐이었다. 지난 수십 년간 정부 주도의 댐 건설과 저수지 사업으로 2000만 명으로 추산되는 사람들이 삶의 터전을 빼앗겼고, 서툰 운영 때문에 대규모 관개 농지가 염분화와 토양침수로 못쓰게 되었다는 사실에 나르마다의 시위대는 대단히 분개했다.

시위 직후 세계은행은 나르마다 강의 댐 건설 계획에 대한 재정 지원을 철회했다. 서구가 주도하는 국제 환경운동가들과 개발 업계뿐 아니라 세계은행 안에서도 대규모 댐에 대한 환멸이 점차 커지고 있었다. 세계은행은 그 기회를 이용해 독립적인 세계댐위원회를 지원해서 세계은행이 지원하는 모든 대규모 댐 계획의 효율성을 측정했다. 2000년 말, 세계댐위원회는 92개국의 대규모 댐 건설에 세계은행이 투자한 750억 달러의 개발 비용편익에 대해 강도 높게 비난했다. 대다수의 대규모 댐들은 당초 선전보다 비용은 훨씬 더 많이 들었고, 수익성 있는 관개농지는 더 적었으며, 수력발전 생산은 미진했고, 도시에 공급하는 물의 양도 기대치에 훨씬 못 미쳤다. 더군다나 과도하게 산정된 경제적 성과에는 전 세계적으로 8000만 명의 농촌 인구 이주, 경제적 혜택의 불균등한 분배, 그리고 농촌 지역의 말라리아 유행 등 사회적 불평등 문제는 빠져 있었다. 댐은 강의 수계나 수상 생태계에 종종 막대한 피해를 끼쳤다. 위원회의 결론에 따르면, 실제로 댐이 가져다준 대부분의 이익은 댐으로 인해 발생한 여러 부정적 결과들 없이도 성취될 수 있었다.[6] 즉 분산되고 효율성이 높은 소규모의 대안들에 자금을 재분배하는 것이 차라리 낫다. 여기에는 산업화 시대 이전의 전통적인 급수시설까지 포함된다. 세계댐위원회의 이 보고서가 결정적인 전환점이었다. 전 세계적으로 진행된 무분별한 댐 건설의 시대는 끝났다. 이후 세계은행은 광범위한 이해당사자의 혜택을 증명하도록 요구했고, 선진국들(이런 나라들에서는 이미 오래전에 개발될 수 있는 대규모 댐들은 모조리 개발된 상태였다.)의 비정부기구 활동가들은 반사적으로 개발도상국들의 초대형 댐 건설을 반대했을 뿐 아니라 자국의 댐을 해체하기 위한 활동을 개시했다.

　인도에서는 나르마다 댐 건설 반대운동이 만모한 싱의 1991년경제 개혁 운동에 기여했다. 당시 재무부 장관이었으며 훗날 총리가 되는 싱은 국내 민간 부문을 자유화했으며, 인도 경제의 선진 부문을 엄청난 속도로 변모시켰다. 인도는 중국 다음으로 세계에서 두 번째 빠르게 성장하는 주요 경제 대국이 되었으며, 2005년부터 2007년까지 연평균 9퍼센트의 성장률을 기록했다. 세계적 수준의 기술 서비스 기업들이 들어섰고 전문 교육을 받은 중간계급의 규모는 네 배로 증가했다. 2000년대의 첫 10년이 끝나 갈 무렵, 인도는 세계 3위의 경제대국이라는 지위에서 거의 일본을 추월하기 직전이었다. 인도는 지역의 강국이자 국제적인 세력균형에서 영향력을 행사하는 국가로 그리고 전 세계 개발도상국들에게 가능성 있는 자유민주주의의 모델로 부상하고 있다.

그런데 무언가가 엇나가 있다. 인도의 급격한 경제 변화는 위험스러울 정도로 한쪽으로 치우쳐 있다. 사실상 두 개의 인도가 존재한다. 부상하는 도시의 전문직 종사자들이 주도하며 현대식 첨단기술 서비스를 제공하는 기업들이 주축인 역동적인 민간부문이 상층부를 이루는 반면, 절망적으로 가난하고, 구식의 수자원 기반시설, 허약한 통치기구, 그리고 비생산적인 관행에 묶여 있으며 특히 시골 농업 지대에서 전체 인구의 4분의 3이 살아가는 세계가 하층부를 구성한다. 이 양자가 나란히 존재한다. 실제로 인도의 가장 놀랄 만한 일탈 가운데 하나는 곡물 관개농업 분야가 드러내는 최악의 생산성이다. 예를 들어 인도의 밀 재배 농민은 미국과 중국의 농부들보다 곡물 1톤당 사용하는 물의 양이 두 배나 많고 이집트의 수준에도 미치지 못한다. 정부가 관리하는 물은 부적절한 시기에 부적절한 방식으로 공급되고, 곡물을 시장으로 운반하는 운송수단은 형편없으며, 무수히 많은 댐을 건설했음에도 물 저장 능력은 놀랄 만큼 부족하다. 게다가 관료제도의 부패와 무능력은 상황을 더욱 악화하고 있다. 인도의 가난한 시골 농부들은 이중으로 소외당한다. 첫째로 부유하고 권력 있는 자들이 차지하는 주요 수자원에서 배제되었고, 둘째로는 그들에게 공급되는 물에 대해 더 높은 가격을 치르기 때문이다. 싱 총리는 인도에 두 번째 녹색혁명이 필요하며 "그래서 식량부족이라는 유령을 다시 한 번 시야에서 사라지게 해야 한다."라고 선언한 바 있다.[7] 그렇게 하기 위해서는 불안정한 물 경제를 쇄신할 필요가 있다.

지난 천 년간 인도 인의 삶은 단 수개월 동안 연간 강우량과 유거수의 80퍼센트가 집중되는 폭우성 몬순 기후 때문에 생겨나는 예측할 수 없는 풍년과 흉년의 주기 사이에서 매년 심하게 요동쳤다. 너무 늦게 찾아오는 적은 양의 몬순은 끔찍한 기근을 낳고, 반면 일찍 시작되는 대규모 몬순은 엄청난 홍수와 산사태를 일으켜 수천 명의 목숨을 앗아가고 수많은 이재민을 양산한다. 이와 달리 적절한 때에 불어오는 적당한 규모의 몬순은 작물에 물을 공급하고 강과 지하수를 충전하며 소박한 풍요를 가져온다. 오늘날까지도 인도 경제에서 몬순의 시작만큼 중요한 일은 없다. 몬순이 시작되었다는 소식은 즉각 전 국토에 산재해 있는 정부 관공서로 전파된다. 몬순의 변덕스러운 횡포에 대처하기 위해 수세기 동안 인도 인들은 지역마다 건기에 대비해서 물을 저장하는 중소규모의 지역적 저수 기술을 발전시켜 왔다. 단순한 물탱크류뿐 아니라 여러 층 깊이의 정교한 계단식 우물이 대표적인데, 물을 긷는 사람은 건기가 진행되는 동안 물의 수위가 점점 낮아짐에 따라 한층씩 아래로 내려가게 되어 있다. 영국 식민지 시대에 전통적인 저수 시설들은 대량 산업시대의 저수 방식들로 대체되었고 부분적으로는 잊혔다. 그러나 산업시대의 물 저장 기술은 인도를 극도로 예측 불가능한 몬순의 영향으로부터 완전히 보호해줄 만큼 충분히 효과적으로 이용되지 못했다. 아스완 댐이 이집트에 2년간 공급 가능한 물을 저장할 수 있고, 미국의 콜로라도 강과 오스트레일리아의 머리달링 강 시스템이 가뭄이 잦은 환경의 불확실성에 대비하여 2년 반치의 하천 유량을 저장할 수 있는 반면, 5억 인구가 의존하고 있는 갠지스 강의 댐 저수지들은 2개월 이상 사용할 물도 저장하지 못한다.[8] 나르마다 강과 크리슈나 강도 4개월에서 6개월 분량의 유량밖에 저장하지 못한다. 경제와 몬순의 고리를 단절하겠다는 인도의 오랜 숙원을 달성하지 못한 결과, 인도 사회의 4분의 3은 여전히 신뢰할 수 없는 물 관리로 인해 계속되는 가난을 벗어나지 못하고 이따금 파괴적인 물난리로 심대한 타격을 입고 있다.

인도는 적절한 저수 시설 정비, 홍수 방지, 깨끗한 담수 공급 등에 실패하면서 위험스러울 정도로 지하수 사용에 의존하게 되었다. 1980년대부터 정부가 사실상 관개사업에 대한 투자를 중단하자, 물 공급 확대 사업에서는 인도의 민간 기업들이 계속해서 중요한 역할을 맡게 되었다. 마침내 믿을 수 있는 관개용수를 공급받게 되자 식량생산량이 급상승했다. 1968년과 1998년 사이에 곡물 생산은 두 배 이상 증가했다. 그러나 그것은 무자비하고 무분별하게 그리고 궁극적으로는 지속가능하지 못한 방식으로 얕은 대수층의 지하수를 마구 퍼다 흥청망청 썼기 때문에 가능했다. 당연히 대수층은 고갈되어 갔다. 특히 정부가 농가에 전기 보조금을 지불하여 지하수를 끌어다 쓰는 비용을 사실상 무료로 대주면서 사태를 더욱 조장했다. 지하수 사용이 중요해지기 전인 1975년 인도에는 약 80만 개의 우물이 있었다. 대부분의 우물들은 얕고 손으로 판 것이었으며, 전통적인 방식대로 황소의 힘으로 물을 끌어올렸다. 그런데 불과 25년 만에 인도의 우물 개수는 2200만 개를 헤아리게 되었다. 대부분은 정부의 전기 보조금 덕택에 공짜로 작동시킬 수 있는 전기 굴착장치로 뚫은 소규모 관정호였다.[9] 우물의 수는 매년 약 백만 개씩, 그야말로 경이적인 속도로 증가하고 있다.

그러나 인도 전역에 걸쳐 지하수면이 급격히 낮아지고 있기 때문에 우물은 새로 팔 때마다 이전 것들보다 더 깊게 파야만 한다. 굴착과 펌프 사용 행위에 대한 규제가 없기 때문에 인도의 민간 물 기업들은 전체 이익에 반하여 능률적으로 대수층을 하나씩 고갈시켜 나가고 있다. 가장 많은 자본이 투입되어 가장 깊게 파들어 간 우물이 물을 차지한다. 얕은 우물밖에 팔 수 없는 가난한 사람들은 찌꺼기만 얻게 되고 그마저도 곧 말라 버린다. 예를 들어 인도의 곡창지대인 펀자브와 하리아나 지역에서는 매년 지하수위가 0.9미터 이상 낮아지고 있다. 구자라트 서부 주의 우물들을 조사한 결과 어떤 우물은 30년 사이에 지하수면의 깊이가 15미터에서 396미터로 낮아졌다. 완전히 별도의 지리대인 인도 남부는 이미 사실상 메말라 있다. 인도는 서서히 수리학적 자살 행위를 범하고 있는 셈이다.

21세기에 들어서 인도는 관개용수의 절반 이상을 지하수에 의존하고 있다.[10] 세계 어느 국가도 그렇게 많은 양의 지하수를 뽑아내지 않는다. 일부 추산에 따르면 인도는 자연적으로 충전되는 속도보다 두 배나 빠르게 지하수를 끌어다 쓴다고 한다.[11] 고갈되고 있는 지하수로 재배한 식량은 지속가능하지 못한(물이 떨어졌을 때 터져 버릴) 거품과 다를 바 없다. 2006년 제기된 한 경고에 따르면, 인도는 최근 처음으로 곡물비축을 위해 밀을 대량으로 수입해야 했다. 지하수면이 바닥을 드러내면서 식량생산자들과 산업 및 가내 소비자들 사이에 갈등이 불거져 나오고 있다. 2003년에는 코카콜라와 펩시 사의 남인도 공장이 희생양이 되었다.[12] 그 공장들은 지역 지하수 고갈에 책임이 있다는 입증되지 않은 고발 때문에 면허를 취소당했다. 다른 지역에서는 면직 공장들이 문을 닫아야 했고 방갈로르의 IT 회사들은 물이 부족한 데다 공급마저 신뢰할 수 없었기 때문에 회사를 이전했다.

지리학적으로 인도는 인구규모는 거대하지만 경작지와 일사량 그리고 물의 총 공급량에서 축복받은 지역이다. 현재는 곤경에 처해 있지만 여전히 관개농지와 수력발전, 저수량, 그리고 식량생산을 확대할 수 있는 상당한 잠재력을 지니고 있다. 새로운 녹색혁명 없이 더 강력한 제도와 더 개선된 수자원 관리만으로도 가까운 시일 안에 자급자족이 가능한 최상의 사례이다. 전 세계 관개농지에서 인도가 차지하는 비중을 고려했을 때, 생산성이 조금만 증가해도 세계 식량 시장의 조건을 크게 향상시킬 수 있을 것이다. 그러나 인도에 깊숙이 뿌리내린 비효율성과, 무익한 관료 문화, 그리고 왜곡된 보상제도 등을 뿌리 뽑고 여러 가지 필수적인 공공 급수시설을 건설하기 위한 수월한 정치적 청사진은 존재하지 않는다. 예를 들어 정부가 과도한 지하수 이용을 늦추기 위해 갑자기 농민들의 전기 보조금을 중단하면 곧 경작 실패 사례들이 급증할 것이며 수천만 명의 인도 인들이 일촉즉발의 기아에 직면할 것이다.

그러나 보조금 제도는 지나치게 오용되고 있어서 많은 농민들이 거리낌 없이 퍼 올린 귀중한 물로 농사를 짓는다. 사실 농민들은 농사를 짓는 대신 도시에 물을 판매하는 사기업들에게 그 물을 팔 수 있다. 이 기업들은 개당 1만 1000리터짜리 물탱크들을 가지고 매일 십여 차례씩 도시에 드나들면서 절망적으로 갈증에 시달리고 위생상태가 나쁜 도시민들에게 상당한 이윤을 남기고 물을 판매한다. 많은 도시 거주민들이 심지어 인도의 낡아 빠진 지역상수도 시설망(보통 공급되는 물의 40퍼센트를 누수, 오염, 그리고 무단도용으로 잃어버리는)에 연결조차 되어 있지 않다. 설사 상수도에 연결되어 있더라도 하루에 단 몇 시간만 물이 공급되는 경우가 흔하다. 2006년 인도 정부의 보고에 따르면,[13] 인구 1500만의 뉴델리에서는 전체 가구의 4분의 1이 상수도에 연결되어 있지 않으며, 상수도와 연결된 가구라 하더라도 4가구 가운데 1가구는 하루 3시간도 안 되는 동안만 물을 공급받는다. 거의 200만 가구에는 화장실도 없다. 상류 계급의 주민들은 최상의 서비스를 제공받는 반면, 빈민가는 궁핍에 허덕인다. 지역 상수도로 공급되는 물은 실제 공급가의 10분의 1도 안 되는 요금이 부과되기 때문에, 사실상 물 빈곤층이 물을 잘 공급받는 부유층에게 보조금을 지급하는 셈이다.[14] 도시에 공급되는 대부분의 물은 정확히 계량되지 않는다. 일부 지역에서는 새로 설치한 계량기가 고장나곤 했는데, 그 계량기들이 24시간 수압을 받아야 제대로 작동하기 때문이다.[15] 사용량에 따라 정확히 요금을 부과해서 능률적이고 공정한 물 공급 조절 체제를 구축하려는 노력은 전혀 실효를 거두지 못하고 있다.

매일매일 사용할 물을 얻기 위해 인도의 도시 거주자들(주로 여성들)은

솜씨가 비상한 약탈자가 되어야 한다. 공공 상수도관에서 얻을 수 있는 물을 보충하기 위해서는 민간 물 판매자에게 구입하거나 아파트 단지 등에 파놓은(합법적인 것이든 비합법적인 것이든) 우물에서 물을 길어 와야 한다. 뉴델리 인근의 중간 계급 출신 중년 거주자 리투 프레이저 씨는 매일 가족이 사용할 충분한 물을 구할 방도를 세우고 있다. 평소 지역 상수도에서 물을 충분히 공급받지 못하면, 휴대전화로 민간 물 판매업자에게 전화를 걸고 나서 그가 도착할 때까지 기다린다. 기다리는 동안 그녀의 아파트 안 뜰에 자가 부담으로 마련한 관정호에서 끌어 낼 수 있는 물을 모은다. 뉴델리 지하의 대수층이 과도한 사용으로 고갈되어 감에 따라 아파트 관정호에서 퍼낸 물은 점점 더 염도가 높아지고 있다. 하루를 무사히 넘기기 위해 그녀는 가능한 한 모든 물을 재활용한다. 예를 들어 세탁하고 남은 물로 발코니를 청소하는 식이다. 그녀는 지역 상수도에서 월평균 겨우 49리터의 물밖에 얻지 못하고 920리터의 물은 민간업자에게 구입한다.

 인도 전체 가구의 5분의 3에 해당하는 6억 5000만 명 이상의 사람들이 식수로 쓸 수돗물을 공급받지 못한다. 위생 문제는 훨씬 더 심각하다. 인구의 3분의 2에 해당하는 7억 명이 어떤 종류의 것이든 실내 화장실을 갖추고 있지 않다. 도시의 하수 처리율은 10퍼센트에도 미치지 못한다. 갠지스 강부터 아그라의 야무나 강까지 이 나라의 유명한 강들이 하수에서 나오는 유해한 오물과 오염물질로 몸살을 앓고 있다는 사실은 놀랄 일도 아니다. 그 강들은 수억 인도 인의 식수원이지만 동시에 헤아릴 수 없이 많은 질병과 유아 사망의 근원이기도 하다. 인도에서 공급되는 모든 상수도와 지하수의 3분의 2가 농업용 살충제, 비료 유출물, 산업 폐기물 및 도시 쓰레기로 오염되고 있다.[16] 오염 정화 문제에 대한 관료들의 무감각한 부조리가 얼마나 심각한가는 1984년 보팔 지역의 유니온카바이드 사 살충제 공장의 악명 높은 독가스 유출 사고가 일어나고 나서 25년이 지난 지금까지도 잔존 독성물질이 지

역 지하수로 흘러들어 가 2세대 사람들까지도 오염시키고 있다는 사실에서 분명히 확인할 수 있다.[17]

고조되는 수자원 위기라는 인도의 시한폭탄은 사람들의 귀에 들리지 않고 눈에 보이지 않는 곳에서 더 위험스럽게 재깍거리고 있다. 왜냐하면 인도 주요 강들의 궁극적인 수원인 히말라야의 빙하가 빠르게 녹아내리는 산꼭대기 또는 지하수면이 낮아지고 있는 지하 수백 미터 아래에 그러한 시한폭탄들이 놓여 있기 때문이다. 예측불가능할 정도로 불규칙적이며 게다가 인공 저수량 또한 위험스러울 정도로 적은 성스러운 갠지스 강의 중요한 수원인 강고트리 빙하가 지구 온난화의 영향으로 매년 36미터씩 빠르게 줄어들고 있다.[18] 이는 1980년대보다 두 배나 빨라진 속도이다. 빙하와 눈덩이로 뒤덮인 들판은 자연이 만들어 낸 산상(山上) 저수지이다. 그것들은 추운 계절 동안 쌓였다가 따뜻한 계절에 녹으면서 귀중한 물을 방출하여 강과 지하수를 재충전한다. 지구온난화는 빙하의 형성과 해빙 주기를 교란하여 이용 가능한 물의 양을 줄이고 또 계절적 불일치를 강화한다.

이와 유사하게 티베트 고원을 가로지르는 히말라야 전체의 빙하가 급격히 줄고 있다. 이로 인해 아시아에서 가장 큰 강들, 곧 인더스 강, 브라마푸트라 강, 갠지스 강, 메콩 강, 살윈 강, 이라와디 강, 양쯔 강, 황허 강의 운명이 위협받게 되었다. 이 강들의 물이 대다수의 아시아 인들에게 기본적인 식량과 에너지를 공급하며, 이 강들을 따라 15억 인구가 살아간다. 그런데 빙하의 축소로 가장 큰 영향을 받는 나라들조차 저 먼 산맥에서 무슨 일이 일어나고 있는지 거의 이해하지 못하고 있었으며, 2006년 세계은행이 아부다비에서 시작된 일련의 비공식 대화들을 후원할 때까지도 서로 모여 문제를 토의한 적조차 없었다.[19] 전 지구적 기후변화의 충격은 가장 먼저 열사의 땅 인도를 강타할 것으로 보인다. 2080년까지 인도 농업 생산의 3분의 1이 감소할 것이다.[20]

빠른 속도로 녹아내리고 있는 빙하의 충격

　점점 더 빠른 속도로 녹아내리는 빙하의 충격은 갠지스 강보다 인더스 강에서 더 크다. 인더스 강의 수량은 설원의 융설수에 훨씬 더 많이 의존하기 때문이다. 인더스 강 물을 이용해 펀자브 지역에서는 세계에서 가장 집약적인 관개농업이 이루어지고 있다. 펀자브의 관개농업은 핵으로 무장한 힌두교 국가 인도와 인구가 많고 역시 핵으로 무장하고 있는 이웃 이슬람 국가 파키스탄에 대체 불가능하고 안정적인 식량 생명선이 되어 왔다. 길이 2900킬로미터의 인더스 강은 히말라야 빙하에서 발원하여 인도와 격한 분쟁을 치르는 지역인 카슈미르(인도와 파키스탄 사이에 발생한 3번의 전쟁 가운데 두 번이 이 지역을 두고 일어났다.)에서 지류들이 합류한다. 인더스 강은 고대 인더스 문명의 중심지 파키스탄에서 펀자브 지역의 밀집된 관개수로망을 따라 남쪽 신드 지역으로 흐르다가 신드 삼각주에서 산개하여 아라비아 해로 빠져 나간다. 인더스 강은 유량을 기준으로 볼 때는 거대한 강이라고 볼 수 없다.[21] 대략 나일 강 크기의 1.5배 정도 되는 이 강은 나일 강이 이집트에서 차지하는 것과 거의 비슷한 비중으로 파키스탄을 차지하고 있다. 거의 1억 6000만 명에 가까운 파키스탄의 인구는 이집트의 두 배이며, 양국 모두 수자원 부족으로 유사한 정도의 고통을 겪고 있다는 사실은 우연이 아니다. 실제로 파키스탄의 인구 압력은 이집트보다 훨씬 빠르게 증가해 왔는데, 파키스탄의 인구는 1947년 이후 네 배 이상 증가하여 세계에서 여섯 번째로 인구가 많은 나라가 되었다. 2025년까지 파키스탄의 인구는 2억 2500만 명으로 증가할 것으로 예상되며, 이때 아마도 물 위기로 인한 고통은 절정에 달할 것이다.

　나일 강과 마찬가지로 인더스 강도 증가하는 파키스탄의 식량 수요를 맞추기 위해 지나치게 남용되어 왔다.[22] 상류에서 너무 많은 물이 이용되는 바람에 강의 마지막 130킬로미터에는 아예 강물이 남아나질 않는다. 한때 논, 양어장, 그리고 야생동물들로 가득했던 강 하류의 비옥한 삼각주는 이제 수량이 부족하여 아라비아 해의 바닷물이 흘러들어 오는 황량한 황무지로 전락했다. 파키스탄의 물 부족 문제가 점점 더 심해지고 있지만 물 관리가 제대로 이루어지지는 않는다. 면직물 산업 같은 지역 산업을 보호하기 위해 물을 많이 소모하는 원료 작물들을 재배하는 데 많은 물이 배분되거나 정치적으로 특권적인 지역들에 공급되며, 그나마도 불충분한 기반시설을 통해 이루어진다. 인더스 강 분지에 저장될 수 있는 유량은 대단히 불확실하다. 변덕스러운 가뭄에 대비해 간신히 30일 가량 작물을 보호할 수 있는 정도이다.[23] 동시에 집중적으로 댐과 관개수로가 건설된 펀자브 지역은 세계 최악의 토양 염분화 문제에 직면해 있다.[24] 미국은 1960년대부터 파키스탄을 지역의 핵심적인 전략 파트너로 간주하고 재원을 아낌없이 지원했다. 파키스탄은 이를 바탕으로 수천 개의 관개용 지하수를 개발했는데, 그로 인해 지하수면이 낮아져 작물의 뿌리까지 염분화에 노출될 정도에 이르렀다. 1990년대에 재정지원이 중단되자, 지하수면의 상승과 염분화로 펀자브의 곡물 경작지가 대규모로 파괴되기 시작해서 이제 이 지역에는 근대화된 배수 설비가 절실해졌다.

물 부족 문제는 또한 파키스탄을 내부적으로 분열시키는 중요한 정치적 원인 가운데 하나다. 강의 유량이 줄어들자, 남부의 신드 족은 펀자브 지역의 기존 정치적, 군사적 주류 집단이 관개사업을 한다면서 가뜩이나 부족한 수자원에서 불공정할 정도로 많은 몫을 도둑질한다고 강하게 비난하고 있다.[25] 남부 항구도시 카라치에서는 물 부족과 오염 문제가 매우 심각해져서 그곳 주민들은 일상적으로 물을 끓여서 마신다.[26] 물 폭동과 그로 인한 사망 사건 또한 드물지 않다. 물을 둘러싼 대립은 민족들 사이의 투쟁과 정당들 사이의 분열로도 표출되었다. 2007년 12월 암살된 베나지르 부토는 물 부족으로 고통받는 남부 신드족을 근거지로 하는 정당의 대표였다. 파키스탄이 이용할 수 있는 수자원으로 증가하는 인구의 수요를 충족시키지 못하게 되면서, 현재의 소란스러운 상황이 균열과 파산으로 이어지지 않으리라고 장담할 수 없게 되었다. 2009년 4월 파키스탄 북부 산악지대에서 출발한 탈레반 무장조직이 버너 지구를 점령했는데, 이곳은 인더스 강 타르벨라 댐을 통제하는 곳에서 40킬로미터도 떨어지지 않았으며 아울러 중부 파키스탄의 전력과 관개용수를 통제하는 전략적 요충지이다.[27]

파키스탄의 물 부족 문제가 심각해짐에 따라, 인더스 강은 다시 한 번 인도와의 충돌을 유발할 수 있는 잠재적인 원천으로 부상하고 있다. 전후 인더스 강이 이슬람 국가인 파키스탄과 힌두교 국가인 인도를 나누는 국경선으로 책정되었지만, 이는 인더스 강 유역이 하나의 유기적인 수리적 통일체라는 사실을 전혀 고려하지 않은 조치였다. 이는 유럽의 식민 통치를 겪은 국제 수역권에서 공통으로 나타나는 문제이다. 즉각적으로 강의 주요 지류의 통제권을 둘러싼 분쟁이 발발했다. 1948년 양국은 전쟁 일보직전까지 갔다.[28] 인도 동부 펀자브 지역에 있는 두 개의 대규모 운하를 통해서 파키스탄 쪽 경작지로 관개용수가 공급되고 있었는데, 인도가 강에 대한 자국의 주권을 과시하기 위해 운하의 물길을 막아 버렸기 때문이다. 당시 국제적인 자금 지원의 열쇠를 쥐고 있던 세계은행이 기나긴 외교협상을 주도하여 마침내 1960년 인더스강수자원협정을 이끌어 냈다. 그러나 조약 내용은 상호개발 협력을 통해 전체 수자원을 늘리도록 노력한다는 공동수역관리협정 같은 종류가 아니라, 양측이 6개의 인더스 강 지류들 가운데 각각 3개의 지류들에 대해서 특권적 권리를 갖는다는 최소한의 타협에 불과했다. 이후 1999년에는 인도와 파키스탄은 전쟁 발발 직전 상태에까지 이르렀고 카슈미르에서 폭력사태가 계속되었다. 조약은 반세기 동안 유지되었지만 인더스 강은 여전히 언제든 점화될 수 있는 분쟁의 도화선으로 남아 있다.

인도의 인구가 2050년이면 3억이 더 증가하여 15억에 달할 것으로 예상되는 가운데, 인도의 지도자들은 신속한 조치로 임박한 물 위기를 피하기 위해 신속한 조치를 취해야 한다는 사실을 깨달았다. 경제성장과 환경의 지속가능성이라는 두 가지 주된 정책경로가 국가적 경쟁관계를 이루고 있다. 한편에는, 인도가 정치적 고통을 감수하고서라도 저개발된 인도 경제의 4분의 3을 개혁하여 기존 물 공급의 효율성을 향상시키는 데 매진하는 방법이 있다. 이것은 왜곡된 보조금 제도를 점진적으로 폐지하며, 관료제도의 부패를 뿌리 뽑고, 새로운 장려책을 도입하여 비록 효과가 서서히 나타나더라도 소규모 댐이나 지역적인 저수 체제 및 기타 수자원 설비들을 건설하도록 유도해야 가능하다. 그러한 개혁들은 정치적 어려움과 폭발력을 내포하면서도 성공 가능성은 대단히 불확실하다. 이 점을 고려할 때, 많은 인도 지도자들이 단번에 막대한 양의 새로운 수자원 공급을 보장하는 대규모 수자원 개발 계획 추진이라는 두 번째 경로로 기우는 것도 놀랄 일이 아니다. 가장 유력한 계획은 모든 주요 강들을 연결해 주는 전국적인 수로망 건설이다. 이렇게 되면 적어도 이론상으로는 수자원 기술 관료들이 밸브 몇 개만 돌리면 인도의 모든 계절적, 지역적 물 편중 문제와 극단적인 홍수와 가뭄의 문제, 그리고 물 공급을 둘러싼 주 정부들 사이의 치열한 법정 공방 등을 모두 합리적으로 해결할 수 있다. 환경운동가들은 이러한 계획에 대해 혜택은 과대평가하고 생태계와 인간에 미치는 해로운 영향은 과소평가하는 또 하나의 손쉽고 가르강튀아적인 경성 기술(hard technology)의 어리석은 사례라고 비난했다. 사실 그런 계획이 선전한 대로 이루어진다 하더라도, 싱 총리가 바라는 새로운 녹색혁명 같은 불확실하고 지속적인 기술의 기적이 일어나서 현재의 임박한 물 위기를 배태하고 있는 구조적인 원인들을 벗어나게 되기까지 다만 시간을 벌어 줄 뿐이다.

'중국의 근심'을 해결하기 위한 싼샤 댐 건설

강을 연결하는 수로망 건설이라는 인도의 꿈은 번영하는 아시아의 이웃 국가 중국에서는 이미 현실이 되었다. 2001년 중국은 물 부족 문제에 대처하기 위해 제1단계 대규모 국내 수로 공사를 개시했다. 인구의 5분의 1이 영향을 받는 이 공사로 인해, 중국은 급속한 경제 근대화와 환경의 지속가능성 사이에 벌어질 수 있는 세계에서 가장 강력한 충돌에 직면할 것이다. 여러 가지 심각한 환경 문제들 외에도 중국에는 깨끗한 용수가 절대적으로 부족하다. 2030년까지 중국의 주요 지역에서 물 부족 사태가 일어날 것이며, 국가 전체의 물 부족분은 2008년 총 물 사용량에 맞먹을 것으로 예상된다.[29] 점차 중국의 최고위 지도자들도 제1세계 생활수준을 가파르게 추격하고 13억 인구의 높아진 기대 수준을 충족해 줌으로써 사회적, 정치적 질서를 유지하는 데 가장 위협이 되는 요소가 물 부족 위기임을 인정하고 있다.

중국의 물 부족은 인구 대 수자원의 비율이 나타내는 것보다 더 심각한데, 왜냐하면 정작 물이 가장 필요한 곳에서 그리고 가장 필요한 시기에 용수가 부족하기 때문이다. 전체적으로 중국은 일인당 물 사용량에서 세계 122위에 해당한다. 중국인들은 세계 평균의 3분의 1의 물을 사용한다. 그러나 이 수치는 물이 풍부한 남부와 물 기근에 시달리는 북부 사이에 존재하는 중국의 수리적 불일치를 은폐한다. 북부 사람들은 세계 평균 10분의 1의 물만 사용하며 그나마 상황은 지속적으로 악화되고 있다. 더군다나 지난 반세기 동안 집중적으로 이루어진 산업화와 도시화로 인한 극심한 수질 오염은 이용가능한 수질의 물을 고갈시키고 있다. 한편 중국 경제의 소비와 쓰레기 배출 수준은 단기간에 제1세계 수준에 육박한 반면, 수상 생태계 관리와 쓰레기 처리 기반시설은 여전히 구제가 불가능할 정도로 제3세계 수준에 머물러 있다.

중국의 농업 생산은 1959~1961년 기근 때(당시 국영농장 체제에서 죽은 사람 수는 3500만 명에서 5000만 명 사이로 추정된다.) 끔찍한 수준으로 최저점을 찍은 후 수십 년간 증가해 오다 1990년대 후반 최고치에 이르렀다. 이후 다시 2005년까지 10퍼센트가 감소하여, 중국은 국가 비축식량 마련을 위해 많은 양의 곡물을 수입에 의존하고 있다.[30] 상당량의 깨끗한 물이 확보되지 않거나 국토의 조건이 개선되지 않는다면 중국의 식량 부족은 대단히 심각해질 것으로 전망되며, 물이 풍부한 나라에서 재배된 수출 식량을 확보하기 위해 더 가난하고 기아에 허덕이는 나라들보다 수입 가격을 높게 책정하는 데 점점 더 많은 재원을 사용하지 않으면 안 될 것이다. 더욱 심각한 것은 새롭게 부유해진 중국인들의 식단이 물 소모가 적은 채소 중심에서 물 소모가 높은 고기 위주로 바뀌면서 물 수요가 급격히 증가하고 있다는 사실이다. 지난 25년간 일인당 평균 고기 소비는 두 배 반 증가했다.[31] 물론 그와 더불어 그것을 생산하는 데 들어간 물 소비도 급증했다. 중국인들의 번영이 계속되는 한 물 수요도 계속해서 치솟을 수밖에 없다.

방대한 국토를 가로질러 강물을 이동시키는 중국의 대규모 남북대수로 사업은 중국 북부의 긴박한 위기를 완화하기 위해 실시했다. 사실상 그것은 현대판 대운하이다. 그러나 중국의 중세 황금기에 만들어진 대운하가 남부의 쌀(가상수) 잉여를 선박을 통해 실어 나름으로써 수리상 남북으로 나누어진 국토를 연결하여 물이 부족한 베이징과 북부를 지탱했다면, 인구가 밀집된 도시와 대규모 공장들 그리고 집약적 관개농업의 필요를 충족시켜야 한다는 과제를 안고 있는 21세기의 대수로 사업은 물 자체를 직접 이동시키는 것이다.

대운하와 마찬가지로 남북대수로사업도 자연을 이용하고 정복하여 공공선이라는 지상목표에 기여한다는 유교적 견해를 표현하고 있다. 전후에 어떤 나라도 중국만큼 집요하게 대규모 급수시설 건립 계획을 추진하지 않앉다. 실제로 마오쩌둥의 공산주의 정부와 그의 시장 개혁주의 후계자들은 당대의 발전된 산업 기술을 이용해 자연을 주조하고 변형하겠다는 결의로 볼 때 한결같이 극도로 유교적이었다. 그들이 세운 광대한 건물들은 마치 옛 중국 왕조가 부활하여 어마어마한 건축물들을 짓는 모습을 연상시켰다. 그들은 반세기 만에 8만 5000개의 댐을 건설했는데(그 가운데 4분의 1은 대규모 댐이었다.) 하루에 4개 이상 건설한 셈이다. 관개수로, 홍수 조절 시설, 수력발전기, 그리고 물이 부족한 지역에 계절에 따라 수량을 조절하는 저수지가 들어섰다. 강은 긴 제방으로 둘러싸였다. 황허 강 제방사업 하나에만도 만리장성 13개를 세우기에 충분한 콘크리트가 사용되었다.[32] 전체 물 사용량은 다섯 배 증가했고, 도시에 공급되는 물의 양은 백 배나 늘어났다.[33] 관개농업이 확산되어서, 강우에 의존하던 가난한 여러 지역들에서도 역사상 처음으로 관개농업이 이루어졌다. 마찬가지로 산업용수의 사용량도 크게 증가하여 제철소, 석유화학 공장, 제련 공장, 제지 공장 및 석탄 광산은 물론 강과 호수 주변의 여러 곳에 건설된 화력발전소의 냉각수로 이용되었다. 광적인 댐 건설 때문에 이주해야 했던 사람들을 중국 관리들은 2300만 명이라고 추산하지만, 비판적인 견해에 의하면 4000만 명에서 6000만 명에 달한다고 한다. 인적 비용이 높긴 하지만, 그것은 중국의 강제노동 전통과 모순되지 않았으며 인구를 두 배 이상 늘린 중국의 놀랄 만한 사회적 위업을 촉진했다. 한편 1978년 시장 지향적 개혁 이후 중국은 세계 역사에서 가장 눈부신 부의 창출과 생활수준의 향상을 이루어 냈다.[34]

당 주석 마오쩌둥이 1952년 첫 번째 국내 시찰 기간에 황허 강에 흙으로 쌓은 작은 댐에 올라서서는 경제 발전을 위해 이 위대한 강의 힘을 어떻게 하면 더 잘 이용할 수 있겠느냐며 넌지시 감탄조로 이야기했을 때, 그는 중국 최초의 황제 우왕을 모방하여 중국의 새로운 물의 시대의 정신을 교시했던 것이다. 황허 문명의 모태인 황허 강은 3년 안에 수많은 댐들의 연쇄와 46개

24　중국 역사의 위대한 왕조 창건자들처럼 마오쩌둥도 중국을 개량하기 위해 대대적인 수자원 개발 공사를 추진했다. 오늘날 중국에는 전 세계에 건립된 4만 5000개의 대규모 댐 가운데 거의 절반이 존재한다. 특히 논란을 일으키고 있는 양쯔 강 싼샤에 건설된 초대형 댐과 대륙을 남에서 북으로 연결하는 대수로 사업이 유명하다.

25　기후변화, 에너지, 그리고 식량 문제는 물 문제와 긴밀히 연결되어 있다. 아시아의 거대 강들을 지탱하여 인류의 4분의 1을 부양하는 고산지대의 빙하가 수축하고 있다. 이로 이해 치명적인 가뭄과 수력발전 부족 문제가 발생할 수 있다.

의 수력발전소를 갖춘다는 계획에 따라 웅대하게 재구조화되었다.[35] 고대 황허 문명의 심장부 싼먼샤에 건설된 대규모 댐 근처에는 18미터 높이의 우왕 동상이 만족스러운 표정을 짓고 있으며, 다음과 같은 중국 옛 속담도 새겨져 있다. "황허 강이 평온하면 중국이 평온하다."[36]

그러나 침니 투성이에 변화무쌍한 황허 강은 '중국의 근심'이라는 별명처럼 시작부터 근대적인 엔지니어들과 중앙 당국의 입안자들에게 결코 손쉬운 상대가 아니었다. 황허 강에 대한 마오주의적 '인민의 승리'를 기릴 중점 프로젝트는 삼협(황허 강물이 밀과 기장의 주산지인 북부 평원에 진입하기 전 부드러운 황토 고원지대에 있는 마지막 협곡)에 건설한 싼먼샤 댐이다. 그러나 1960년 댐의 거대한 저수지에 물을 채우기 시작하자마자 댐 설계의 치명적 결함이 분명히 드러났다. 단 2년 만에 토사가 저수지 가장자리까지 쌓여 강 상류 쪽 지류가 홍수로 범람했고, 만약 차오르는 물이 댐을 붕괴시킬 경우 강 하류 쪽으로 엄청난 물벼락이 쏟아질 위험이 있었다. 인구가 많은 도시들을 구하고 신생 공산주의 국가의 정당성을 지키기 위해 마오쩌둥은 토사 문제를 해결할 다른 방법이 없다면 공중폭격으로 댐을 파괴할 용의가 있음을 내비쳤지만, 끈기 있는 재설계와 10년 동안의 힘겨운 재건축으로 마침내 댐을 구해 냈다. 그러나 결국 댐에는 그것이 애초에 의도한 규모의 자취만 남게 되었다.[37] 저수량이 본래 계획한 규모의 5퍼센트에 불과해서 전기와 관개용수 공급 능력이 크게 줄었다.

그 무렵, 황허 강의 대규모 수리 토목 공사로 인해 또 하나의 경악할 만한 환경 부작용이 나타났다. 파괴적인 홍수와 극단적인 수로 변경으로 이 위대하고 변덕스러운 강이 마르기 시작한 것이다. 그 현상은 1972년 여름 처음 목격되었다. 강 하구 부근의 하천측량국 관리들은 보하이 만을 향한 강에 아무것도 흐르지 않는 마르고 금이 갈라진 강바닥이 드러난 것을 보고 깜짝 놀랐다. 건조지대의 평균 길이는 지속적으로 증가하여 1970년대 128

킬로미터에서 시작하여 1995년에는 절정에 달해 708킬로미터에 이르렀다.[38] 1997년 황허 강은 7개월 반 동안이나 바다에 도달하지 못했고, 내륙의 옛 수도 카이펑 부근의 강바닥 속으로 그 마지막 물줄기가 사라졌다.

작물의 성장 기간에 강이 산둥 지방의 중요한 해안 농경지까지 도달하지 못하게 되면서 이 지역에서 재배하던 밀의 상당 부분이 말라 죽어 버렸다. 이에 놀란 베이징 정부는 이제부터 강에서 끌어다 쓸 수 있는 물의 양을 배분하여 일정 양의 강물이 반드시 바다로 흘러들어 가게 하겠다고 결정했다.[39] 미국의 콜로라도 강과 이집트의 나일 강처럼 황허 강도 전자 지도를 통해 관리되고, 수리적인 내용들이 실시간으로 기록되며, 강물의 모든 이용이 정치적으로 결정되는 등 총체적으로 관리되는 하천이 되었다. 1999년 이후 황허 강물은 한번도 마르지 않았다. 그렇다고 강의 근본적인 문제가 해결된 것은 아니다. 단순히 말해 황허 강에 의존하는 모든 경쟁적인 이해관계들, 즉 농업, 공업, 도시, 그리고 자연 생태계를 충족해 줄 충분한 물이 없는 것이다. 강은 사실상 철저히 이용되고 있다. 2000년 산둥 지역에서 소규모 물 전쟁이 벌어졌는데, 수천 명의 농민들이 배분된 황허 강물이 부족하다고 분노하며 도시에 공급할 용수로 지정된 저수지의 물을 불법으로 이용했던 것이다. 당국이 개입하여 농민들의 불법 행위를 차단하는 과정에서 경찰관 한 명이 죽고 농민 수백 명이 부상당했다.

점점 더 부족해지고 있는 황허 강물을 보충하기 위해 북중국은 손쉽게 이용할 수 있는 유일한 대안, 즉 북중국 평원 아래 있는 대규모 대수층에 손을 댔다. 지표면 부근에 빗물과 계절적 유거수로 충전되는 대수층이 존재한다. 또 다른 대수층은 지표면 아래 깊은 곳에 암반과 침전 토사로 이루어진 층에 존재하는데, 사하라와 오갈랄라의 대수층들처럼 재생불가능한 화석수로 채워져 있다. 황허 분지가 강물의 남용으로 점점 더 건조해지면서 물이 부족한 북중국 평원의 주민들은 얕은 대수층에 구멍을 뚫기 시작했고, 차

즘 깊이 파 내려가 화석대수층까지 손대기 시작했다. 북쪽 베이징 부근 산지에서 뻗어 나와 황허 강 중류에 황토지대로 펼쳐져 있는 광대한 북중국평원은 중국 밀 생산량의 절반과 옥수수 생산량의 3분의 1을 차지하여 미국의 아이오와와 캔자스 농업지대에 비견될 정도로 국가의 식량 안보에서 중요한 위치를 차지하고 있다. 강우량이 부족하고 극단적인 더위와 추위 및 바람에 노출되어 있는 곳이지만, 비옥한 토양 덕분에 관개가 이루어질 경우 풍부한 곡물을 생산해 낸다. 한때 지표면에 신속히 충전되는 풍부한 하천과 습지, 우물들이 있었고 지하에는 2.5미터 정도 깊이에 풍부한 지하수가 존재했던 북중국평원 생태계는 장기적인 기후변화와 인간의 남용으로 급속히 메말라 가고 있다. 인도에서처럼 지하수를 과도하게 이용하여 평원 전체의 지하수면이 가라앉고 있다. 물을 얻기 위해 우물 펌프를 60미터나 지하로 내려보내야 하는 경우도 흔하다. 도시와 공업지대, 광산 및 농장 등지의 폐기물로 인한 오염 때문에 대도시 일대에서 깨끗한 음용수를 얻기 위해서는 이보다 세 배나 깊이 파 내려가야 한다.[40] 물이 부족한 베이징 주변의 일부 우물들은 804미터 깊이의 화석대수층에 닿아 있기도 하다. 1997년 이 도시의 가장 유명한 저수지가 식수로 적당치 않다고 판명되었으며, 베이징 남부 평원의 대규모 담수호는 1950년과 2000년 사이에 규모가 5분의 2로 축소되었다.[41] 전후 일곱 배나 증가하여 1400만 명에 이른 베이징의 인구는 꾸준히 확장된 급수시설의 공급 능력을 압도해 버렸다. 이제 베이징의 물 부족 문제는 놀라울 정도로 심각해져서 관리들은 농담 삼아 언젠가는 수도를 물이 풍부한 남중국으로 이전해야 한다고 제안할 정도이다.[42]

전체적으로 20세기 후반에만 북부의 대규모 대수층에서 재생불가능한 지하수 가운데 끌어다 쓸 수 있는 양의 절반 정도를 이미 사용했다. 새로운 공급처가 발견되지 않거나 과단성 있는 조치가 취해지지 않는다면, 2035년경이면 지하수는 바닥을 드러낼 것이다.[43] 일부 지역에서는 그보다 15년 정도 앞서 고갈될 수도 있다. 그럴 경우 중국 곡물 재배의 5분의 4가 관개용수에 의존하고 있기 때문에 식량 거품이 터지는 것은 물론이고, 지하수의 과도한 이용으로 지속가능할 수 없는 수준으로 높게 유지되어 온 도시와 산업의 팽창이라는 이중 거품 또한 터져 버릴 위험에 처해 있다.

임박한 중국의 물 부족 위기는 훨씬 빨리 시작될 수도 있다. 황허 강 유역 토목 사업의 예기치 못한 부작용으로 북중국의 미세환경이 심각하게 건조해지고 있기 때문이다. 자연 회복되는 하천유량의 상실(댐과 관개수로 때문에 일어난 일이다.), 광범위한 습지 배수, 산림 벌채, 농지조성을 위한 초지 개간, 1990년대부터 시작된 노천탄광 급증, 그리고 탐욕스러운 지하수 채굴 등이 복합적으로 작용하여 세계에서 가장 심각한 토양 침식위기가 일어났다. 이것은 널리 알려지지는 않았지만 그 자체로 물과 관련된 가장 심각한 21세기 환경문제들이다. 티베트 고원의 황허 강 발원지를 둘러싸고 있던 호수의 절반과 초지의 3분의 1이 사라졌다.[44] 심각한 산림 벌채가 이루어진 황허 강 중류에서는 비옥한 고원 황토의 70퍼센트가 침식되어 버렸다. 사막화가 북중국을 잠식하고 있다. 북중국을 포위하는 사막의 모래는 옛 야만족 유목민들을 대신해 만리장성 주변에서 최대의 위협으로 부상하고 있다. 1990년대 중반 이후 단 10년 동안 이 지역의 모든 잠재적인 새로운 경작지의 15퍼센트가 파괴되었다.[45] 칭기즈 칸 기념 묘는 본래 호수가 많은 초지인 아름다운 고원에 세워졌으나, 이제는 불모의 모래사막에 홀로 노출되어 있다.[46] 1930년대 미국 대평원을 덮친 것과 같은 대규모 황진(黃塵)이 점점 더 자주 베이징의 하늘을 뒤덮고 많은 중국인들의 목숨을 빼앗고 있다. 중국의 지도자들은 수도를 보호하기 위해 다시 나무를 심어 '녹색 장벽'을 만들고 있다.[47] 중국의 다음 세대가 이용할 곡물 재배에 반드시 필요한 귀중한 표층토가 회오리바람에 휩쓸려 동쪽으로 날아가 한국, 일본은 물론 심지어 태평양 너머 서부 캐나다에까지 뿌려지고 있다. 종종 두꺼운 매연 구름과 먼지 섞인 오염된 공기가 수백 킬로미터를 떠다니는데, 베이징에 비가 내릴 때면 자동차 앞 유리에 검은 얼룩이 되어 떨어진다.[48] 북중국의 건조화는 이 지역의 가뭄을 심화한다.[49] 그 결과 황허 강 유역 전체의 총 강수량이 크게 줄었으며 1990년대 후반 곡물 수확이 정점에 이른 후 계속 하강하고 있다.

전후 황허 강의 대대적인 재정비를 지휘한 주요 설계자들은 산업화 시대의 힘이 전체 생태계의 복잡한 동력학과 회복 능력을 저해할 수 있다는 사실을 충분히 고려하지 않았다. 그들이 만들어 낸 자연의 가장 기묘한 돌연변이 가운데 하나는 오늘날 황허 강이 주변 풍경보다 20미터 높은(건물 5~6층 높이에 해당한다.) 수백 킬로미터 길이의 홍수 방지용 제방 사이에서 흐르고 있다는 것인데, 마치 로마 시대의 특대형 수로 같기도 하고 위로 쌓아 올린 기차 제방 같기도 하다. 제방 안에 틀어 막혀 있는 토사가 계속 쌓이다 보니, 하천 바닥이 10년마다 0.9미터 정도 상승하고, 그러면 물이 범람하지 못하도록 하천 제방도 더 높이 쌓아 올려야 한다. 중국의 엔지니어들이 현재의 더 작고 일상적인 홍수를 피하기 위해 자연과 파우스트적 계약을 맺고 있는 것은 아닐까? 그리고 그 대가는 아마도 미래의 극단적인 기후변화에 의해 물과 토사가 갑작스럽게 분출하고 제방이 붕괴해 거대한 홍수를 일으키며 만들어 낼 대참사가 아닐까?

중국의 두 번째 거대 하천 유역은 강우가 많은 남부의 양쯔 강이다. 역사적으로 이곳의 문제는 물의 부족이 아니라 과잉이었다. 양쯔 강 역시 중앙 정부의 입안자들에 의해 대대적으로 개량되어 왔다. 그리고 마찬가지로 생태계 남용으로 심각한 붕괴를 겪고 있다. 마오쩌둥은 1953년 황허 강만이 아니라 양쯔 강도 시찰하면서 적극적인 개발을 촉구했으며, 이 강의 악명 높은 홍수를 통제하는 일에 대한 관리들의 소극적인 대처를 힐난했다. 세계에서 가장 크고 또 엄청난 논란에 싸여 있는 싼샤 댐은 황허 댐보다 저수량이 열세 배나 많다. 싼샤에 댐을 건설해 단번에 양쯔 강의 끔찍한 홍수를 끝장내 버리겠다는 것은 일찍이 중국 근대화의 아버지 쑨원의 꿈이기도 했다. 1956년 그를 기리는 축사「수영」에서 마오쩌둥은 "좁은 협곡에 잔잔한 호수가 차오를 때까지 우산 산의 구름과 비를 걷어 들일" 댐에 대한 그 자신의 유명한 미래상을 크게 찬양했다.[50] 마오쩌둥의 지지에도 불구하고 싼샤 댐 건설은 오랫동안 연기되었으며, 1984년 정부의 한 평가서가 댐 건설에 반대 의견을 제시하자 댐 건설 계획은 무기한 보류되는 듯했다. 아마도 1989년 6월 톈안먼 광장에서 민주화를 요구하는 중국 시위대들의 대량 학살이 없었다면 계속 그 상태로 머물러 있었을 것이다.

중국이 세계에서 가장 빠르게 성장하는 강대국으로 깜짝 놀랄 만한 변신을 이루기 시작한 것은 마오쩌둥의 후계자 덩샤오핑이 1978년부터 성공적으로 개혁을 이끌면서부터였다. 덩샤오핑은 행정의 효율성을 강화했고 시장 제도의 부분적 도입과 정치적 의사결정 구조의 일정한 분권화를 통해 경제 성장을 가속화했다. 덩샤오핑 자신은 전혀 그러한 의도가 없었다고 부인했지만, 서구는 덩샤오핑의 자유화 개혁이 중국을 서구적 유형의 자유민주주의로 이끌어 가길 희망했다. 이러한 희망은 톈안먼 사태에서 깡그리 부서져 버렸다. 중국의 강경파 지도자들은 세계의 날선 비난에 분개했다. 자신들의 민족주의적 저항을 과시하고 국가가 관리하는 권위주의적 시장 제도에 대한 단호한 헌신을 보여 주기 위해 그들은 싼샤 댐 건설계획을 다시 끄집어냈다. 그리고 국내의 댐 건설 비판자들을 투옥했다. 싼샤 댐은 단순한 댐이 아니라 새로운 중국의 용맹과 부, 세계적 지위로의 부상 및 불변의 독립성을 더할 나위 없이 잘 보여 주는 모델이었다. 그들은 싼샤 댐을 만리장성 이후 황허 문명의 최대 기술적 업적이라며 환호했다.

아스완 댐이 나일 강과 이집트 사회를 완전히 새롭게 바꾸었듯이 싼샤 댐 또한 양쯔 강을 철저히 변화시키리라는 점에 대해서는 거의 이견이 없었다. 덩샤오핑의 1978년 개혁은 수자원 관리에 대한 중국의 전통적 태도를 전혀 바꾸지 않았다. 그리고 2006년 댐이 공식 완공되었을 때, 자연을 통제하고자 하는 가공할 만한 노력이 그 위용을 완전히 드러냈다. 댐은 높이 182미터, 폭 2.4킬로미터의 인상적인 규모였으며 계단식 선박로크(ship locks)를 갖추었고 643킬로미터 길이의 저수지를 만들어 냈다. 댐 건설 과정에서 140만 명이 원하지 않는 이주를 해야 했지만, 그 대신 양쯔 강의 홍수 조절 및 운송 능력 확대, 그리고 세계 최대의 수력발전 생산이라는 이익을 얻었다. 한편 싼샤 댐은 2020년까지 국내 수력발전량을 세 배로 늘리겠다는 야심찬 계획의 첫 걸음이자, 재생 불가능하고 더러운 석탄에 극단적으로 의존하지 않게 해 줄 양쯔 강 상류 12개 거대 수력발전 기지들 가운데 핵심 기지로서의 역할을 수행할 것이다.[51]

댐이 만들어져 온 역사를 돌이켜 볼 때, 댐 완공 1년 후인 2007년 9월에 중국의 댐 건설 담당 고위 관료가 오랜 금기를 깨고 싼샤 댐 건설이 가져올 "숨겨진 위험들에 즉각적인 조치가 취해지지 않을 경우 거대한 재난"을 초래할 수 있다고 고백하고 더 나아가 공개적으로 경고하기까지 했다는 사실은 광범위하게 움트고 있는 중국 환경운동 활동가들에게 실로 놀라운 일이 아닐 수 없었다. 게다가 그는 중국이 "당면한 경제 번영을 위해 환경을 희생할 수는 없다."라고 덧붙였다. 그가 경솔하게 말실수를 한 것은 아니라는 사실은 다음날 정부의 신임 대리인 스스로가 그 사건을 "중국 정부, 싼샤 댐의 환경 '재앙'을 경고하다"라는 헤드라인으로 처리한 데에서 확인할 수 있다.[52] 댐 건설 비판론자들이 말하는 우려할 만한 사항들로는 수질 오염, 산사태, 강둑 붕괴, 취약하고 단층이 발생하기 쉬운 지역에서의 대규모 지진, 홍수, 상류의 선박 운항 문제, 그리고 저수지에 쌓인 대량의 토사로 인한 수력발전 잠재력의 손상 등이 있다. 실제로 저수지에 토사가 쌓이기 시작하면서 댐에서 뭔가 일이 잘못되고 있다는 징조들이 계속 나타났다. 수압이 상승하고 누출이 증가하면서 상류와 지류에서 여러 차례 산사태가 발생하여 십여 명의 농민과 어민들이 진흙 사태와 진흙 더미가 추락하면서 만들어 낸 50미터 높이의 거대한 파도에 휩쓸려 사망했다. 댐이 산업 오염물질과 도시 하수의 확산을 차단했기 때문에 상류의 수질 또한 악화되었다. 이로 인해 수만 명이 의존하는 식수가 오염되고 댐 저수지 전체가 거대한 오수구덩이로 전락할 처지에 놓였다. 강 하구에 위치한 상하이에서는 물 부족 사태가 벌어졌는데, 댐이 강의 유량을 줄이는 바람에 동중국해에서 유입되는 조수의 힘을 상쇄할 수 없었기 때문이다. 양쯔 강의 오염으로 이 거대도시의 수돗물은 악취가 나고 누렇게 변했다. 싼샤 댐에 대한 정부의 경고가 나온 지 2주 후, 정부는 추가로 300만~400만 명의 사람들이 오염과 산사태의 위협 때문에 이주해야 할 것이라고 공고했다.[53] 몇 개월 후, 십여 척의 배들이 한 세기 반 만에 최저 수심을 기록한 양쯔 강 수로의 확장 구간에서 좌초했다.

심지어 싼샤 댐이 완공되기도 전에 중국의 양쯔 강 엔지니어들은 자신들의 작품에서 고통스러운 부작용을 목격했다. 강의 유량이 줄었음에도 1998년 끔찍한 홍수들이 발생하여 수천 명의 목숨을 앗아 갔다. 산림 벌채, 토양 유실, 토사로 인한 강 상류의 매몰, 그리고 하류의 습지를 적셔 준 물의 배수 등이 결합하여 강에 새로운 유형의 홍수 위험을 만들어 낸 것이다. 그들이 두려워하는 최악의 악몽은 싼샤 부근의 활동 단층 지대에서 대규모 지진이 발생하는 것이다. 저수지 자체의 물 무게로 인한 압력만으로도 대재앙이 벌어질 수 있다. 2008년 5월 기원전 3세기 리빙의 유명한 수로와 관개설비가 있는 듀장옌 인근의 쓰촨 지방에서 발생한 진도 7.9의 끔찍한 지진으로 8만 명이 죽고 400개의 댐이 막대한 피해를 입었으며, 진앙지로부터 겨우 5.5킬로미터 떨어진 50층 높이의 거대한 지평푸 댐 저수지 물을 완전히 배수해야만 했다. 만일 이 지진이 563킬로미터 서쪽 싼샤에서 일어났다면 그 재앙은 상상을 초월했을 것이다. 실제로 많은 과학자들은 2008년 지진이 비정상적으로 극단적인 규모로 발생했던 것은 지평푸 저수지에 있는 3억 2000만 톤의 물이 가한 지질학적 압력 때문이라고 주장했다.[54] 정부는 이를 강력히 부인했으며, 이 지역에 계속해서 대규모 저수 시설을 건설하는 것이 주민들을 위험에 빠뜨릴 것이라고 주장하는 웹사이트를 폐쇄했다.

싼샤 댐에 대한 중국 정부의 공개적인 경고는 톈안먼 사태 이후 중국 지도자들이 중국의 미래를 위태롭게 하는 환경 문제, 그리고 매번 치명적인 생태적 재앙이 발생할 때마다 대중의 분노가 비등하여 자신들의 통치 신뢰성이 손상되는 문제의 심각성에 깊은 관심을 가지고 있음을 잘 보여 주었다. 불과 몇 개월 전인 2007년 6월 만 명가량의 중간 계급 환경 운동가들이 해안도시 샤먼에 신규 화학공장을 건설하려는 움직임에 반대해 거리로 뛰쳐나왔다. 이 사건은 그 이전 5월에 전국적으로 대서특필된 사건에 뒤이어 일어났다. 대운하 지선 부근의 양쯔 강 하류 삼각주에 위치한 타이후 호는 중국에서 세 번째로 크고 전국적으로 유명한 절경을 자랑하는 곳이었는데, 이곳에 갑자기 악취가 나는 형광빛 녹색의 독성 남조류가 가득 차 200만 명 이상의 지역 주민들이 식수와 요리에 사용할 물을 공급받지 못하는 일이 벌어졌다. 타이후 호에서 발생한 오염은 수십 년 동안 진행되어 온 것으로서, 관개 및 홍수 처리 시설이 호수의 순환을 감소시켜 물을 정화하고 산소를 공급하는 작용이 약해졌기 때문이다. 또한 1980년대부터 약 2800개의 화학공장들이 호수 주변의 운하를 따라 건설되었다. 호수는 공장에 가공과 폐기물 배출에 필요한 물을 공급해 주고 완성된 상품을 하류의 상하이 산업 항까지 뱃길로 운송할 수 있게 해 주었다. 지역 관리들은 지자체 세수입의 5분의 4를 책임지는 화학공장들이 호수 주변에 들어서도록 적극 권장했다. 일찍이 2001년도에 화학공장들이 광범위한 오염을 일으키고 있다는 보고가 중국의 최고위 지도자들에게까지 올라갔으나, 지역 정치 세력들의 저항과 화학 공장의 은폐 공작으로 정부 조사관들의 접근이 봉쇄되어 왔다. 한 외롭고 완고한 사설 환경 고발자가 직업을 잃었으며, 몇 번의 선동을 더 벌인 후 2006년 미심쩍은 혐의로 체포되었다.[55] 화학 폐기물, 미처리된 하수, 화학 비료 유출수, 그리고 강우량 부족이 치명적으로 결합하여 마침내 호수에 산소 질식을 유발하는 남조류가 만개했을 때에도 그는 여전히 감옥에 있었다. 그리고 곧바로 전국적인 영웅이 되었다. 6개월 안에 중앙정부는 오염방지법을 제정했고, 2030년까지 중국의 주요 호수들을 본래 자연 그대로의 상태로 되돌려 놓겠다고 약속했다.[56]

21세기 초에 이르러 중국 전역에서 오염 사태가 만연하는 단계에 이르렀고 국가의 천연 수자원 부족 문제를 크게 가중시켰다. 국내의 주요 수계와 호수의 절반 이상 그리고 지하수의 3분의 1이 음용수로는 부적합해졌다.[57] 주요 도시들 3곳 가운데 2곳이 심각한 물 부족을 겪고 있다. 하수 처리율이 5분의 1에 불과해 선진국의 5분의 4에 비하면 크게 뒤떨어진다.[58] 적당량의 물이 공급되지 않아 화력 발전소의 전기 공급이 중단되기도 하며, 석유화학, 제련, 제지 공장처럼 물을 많이 소비하는 공장들도 물 부족 때문에 일시적으로 공장 가동이 중단되기도 한다.[59] 물 수요를 충당하기 위해 1970년 이후 지하수 사용이 두 배로 늘어나 국가 전체 물 공급량의 5분의 2를 차지하고 있다.[60] 정부 스스로도 국토의 3분의 1이 수분 상실, 토양 침식, 염분화, 그리고 사막화 때문에 심각하게 붕괴되었음을 인정한다.[61] 2007년 세계은행은 약 75만 명의 중국인들이 매년 수질 및 대기 오염 때문에 조기 사망하는 것으로 결론 내렸다. 그러나 국내의 불안을 우려한 중국 정부의 공식 요청에 따라 최종보고서에서는 그 내용이 삭제되었다.[62]

사실 2000년 톈안먼 사태 이후 권력을 승계한 중국 지도부는 경제 체제를 환경적으로 지속가능한 경로로 이동하기 위해 노력해 왔다. 2004년 후진타오 주석은 중국의 강박적인 성장 제일주의 문화를 바꾸기 위한 노력의 일환으로 새로운 녹색 GDP 산출법을 도입할 것이라고 공개적으로 천명했다.[63] 녹색 GDP는 각 지역의 환경 붕괴 문제를 성장의 부정적 비용으로 GDP 산출에 반영하는 것이다. 그러나 후진타오의 녹색 GDP 보고서는 단 한 번 발행되었을 뿐이다. 지역 지도자들이 정치적으로 강력하게 저항했기 때문이다. 그들은 1978년 개혁 이후 상당한 권력을 위임받았는데, 자기 지역 경제적 성과의 많은 부분이 환경적 손실에 의해 상쇄되고 중앙당 지도자들에게 책임을 추궁당한다는 사실에 분개했다. 그러나 다른 기관들은 녹색 GDP 계산법을 계속 적용했다. 세계은행은 중국 GDP 성장의 절반 이상에 해당하는 6퍼센트가 지속가능한 생태계와 인간의 건강에 나쁜 영향을 끼친 대기 및 수질 오염으로 차감된다고 주장했다. 중국의 허약한 국가 환경보호국 국장은 더 나아갔다. 그는 연간 환경손실비용이 GDP의 8~13퍼센트라고 추산했는데, 이는 중국이 자랑하는 경제 성장을 완전히 무효화하는 수준이다.

중국의 환경 변화는 산업혁명 초기 영국 도시들의 비위생적이고 과밀한 상태를 연상시킨다. 물론 중국이 어마어마하게 더 큰 데다가 현대적 규모의 기술을 사용하며 또 훨씬 더 집중되고 급격한 발전을 이룬 것은 사실이지만 말이다. 2025년과 2035년 사이의 어느 때쯤, 물 기근에 허덕이는 북부에서는 깨끗한 물이 바닥날 것이고, 오염된 호수와 강을 정화하겠다는 약속은 점점 더 환경적 위험에 민감하게 반응하는 대중들 때문에 지켜지지 못할 것이다. 중국이 풀어야 할 난제는 15억 시민들의 치솟는 물질적 기대를 저버려 가며 엄청난 경제 성장을 상당 정도 포기할 여유가 없다는 것이다. 그러나 중국은 수자원의 체계적 남용을 빨리 되돌리지 않는다면 지속가능한 형태로 장기적으로 성장하지 못할 것이며 갑작스럽게 환경 붕괴의 충격을 겪을 가능성이 있다. 중국의 통치 금언은 여전히 "선(先)성장 후(後)정화"로 동결되어 있다.

녹색 GDP 도입의 실패가 보여 주듯이, 굳게 뿌리박힌 정치경제 문화를 바꾼다는 것은 심지어 권위주의적인 중국의 경우에도 어렵다. 분명하고 당면한 위급상황이 없는 가운데, 중국 지도자들은 한나라 이후 계속 지배적인 전통 유교적 접근법에 집착하고 있다. 새로운 오염 규제 정책들과 재조림 사업 등이 점점 더 많이 생겨나고 있지만, 물 공급의 모든 비용을 완전히 반영한 가격 책정을 통해 물을 더 효율적으로 이용하려는 노력은 아주 미약한 수준에 머물러 있다. 그 결과 광범위한 물 부족 문제에 직면해 있어도 도시 상수도와 산업 및 농업용수의 가격은 계속해서 정치적으로 꼼꼼하게 통제되며 엄청난 보조금이 지급된다. 따라서 중국 농민들은 여전히 도시 및 공장들(대개 서양보다 물을 처리하고 재활용하는 수준이 훨씬 적은)과 경쟁하며 건조한 지역에서 물을 엄청나게 소모하는 작물들을 경작하고 있다. 중국의 산업은 일반적으로 서양에 비해 세 배에서 열 배의 물을 더 사용한다.[64] 장기적으로 보아 물 보조금이나 또는 물 그 자체가 사라졌을 때, 세계 시장에서 심각한 경쟁력 하락을 겪을 것이다. 또한 깨끗한 물의 부족은 물 집약적인 첨단 산업인 생명공학, 반도체, 제약 등의 산업에서 중국의 미래 경쟁력을 제한한다. 잘 드러나지 않지만 경쟁력을 떨어뜨리는 또 다른 요인이 물과 에너지, 식량 사이의 상호의존에서 비롯된다. 예를 들어 중국처럼 비료와 직물 제조에 필요한 암모니아를 석탄을 이용해 생산하면 서양에서 훨씬 깨끗한 천연가스를 이용해 만드는 것보다 무려 마흔두 배나 많은 물을 소비한다.[65] 더군다나 비효율적인 침수식 관개와 과도한 인공 비료의 사용으로 토양은 계속 고갈되어 가고 중국의 장기적 자급 능력을 떨어뜨리는 오염 부하(pollution load)는 가중된다.

    싼샤 지역의 환경 대재난 가능성에 대한 경고에도 불구하고 중국 지도자들은 활동 단층 지역에서 많은 대규모 설비 기반 사업들을 통해 자연을 이용하고 정복하겠다는 완고한 결심을 전혀 굽히지 않고 있다. 양쯔 강 상류에 12개 이상의 수력발전 기지들을 건설한다는 국가의 주요 발전 계획에 더해, 메콩 강과 살윈 강 상류 분지에서도 대규모 댐 건설에 착수했다.[66] 그러나 중국의 댐 건설은 이 거대한 강이 중국의 국경 너머 중하류에 위치한 아시아 국가들에 생명력을 나누어 주기 전에 강줄기를 돌리거나 오염시켜 버릴 수 있다.

중국의 황허 강과 양쯔 강뿐 아니라 아시아 대부분의 거대 강들은 티베트 고원에서 발원한다. 실제로 티베트 점령 문제에 대한 중국의 국제적 대응이 공격적인 까닭은 그것이 민족주의적인 정책인 만큼이나 자국과 아시아 지역 수자원의 실용적 통제와 관련되어 있기 때문이다. 이 강들이 물 부족으로 압박을 받고 있는 하류 국가들에 절대적으로 중요하다는 점을 고려할 때, 중국이 국제 수로 이용 시 다른 연안 국가들의 이익을 심각하게 침해하지 않고 균등하게 공유할 필요성을 인정한 1997년 유엔수로협약에 반대한 전 세계 3개국 가운데 하나일 만큼 비타협적인 자세를 유지하고 있다는 사실은 심히 우려스럽다.[67] 사실 중국은 국가적 최우선 사안인 국가경제성장의 추구를 제한할 수 있는 모든 국제협약에 대해 일반적으로 그런 태도를 보여 왔다.

그러나 중국의 다른 모든 대규모 수자원 개발 계획들은 규모나 야망 면에서 그야말로 영웅적인 남북대수로공사에 비한다면 왜소해 보인다. 영감의 원천은 또다시 마오쩌둥이었다. 그는 1952년 중국의 수자원을 시찰하면서 다음과 같이 언급했다. "남부에는 물이 너무 많고 북부에는 너무 적다. 남부에서 물을 끌어와 북부에서 사용할 수 있도록 시도해 봐야 한다."[68] 북부의 물 부족 문제가 점점 심각해지는 상황을 고려하고 2008년 베이징 올림픽을 새로운 중국을 위한 국제적인 전시장으로 삼기 위해, 2001년 중국 지도자들은 양쯔 강 분지에서 북쪽으로 물길을 돌릴 전국 횡단 수로이전 토목사업에 착수했다. 콜로라도 강 유량의 두 배반~세 배이고 리비아 지하대수로 유량의 스물다섯 배에 달하는 엄청난 규모의 이 수로 건설 작업은 기술적으로 실행가능성이 불확실한 데다가 환경상의 부작용이 예상된다. 여하튼 총 길이 3500킬로미터에 달하는 세 개의 분리된 수로들은 산과 협곡, 운하, 철로 및 기타 험준한 자연적, 인공적 풍경을 가로질러 긴박한 물 부족에 시달리는 북중국의 갈증을 완화하도록 설계되었다.

동부와 중부 노선의 공사는 올림픽에 맞추어 물을 공급할 수 있도록 일정을 가속적으로 앞당겨 시작되었다.[69] 더 복잡한 서부 노선의 공사는 2005년 이후 시작하는 것으로 계획되었다. 동부 수로는 양쯔 강 하안에 13개의 펌프장을 설치하여 물을 수로로 퍼 올린 후, 해안을 따라 북중국 평원과 그곳에 위치한 톈진 및 베이징 시로 물을 공급하는데, 많은 부분이 아직도 그 기능을 수행하고 있는 대운하의 구간을 따라 이어져 있다. 중부 노선은 양쯔 강의 주 지류인 한장 강의 대규모 인공 저수지를 확장하고, 새로 60미터 너비에 프랑스 영토에 해당하는 길이의 운하와 수로를 건설하여 인구가 조밀한 북중국평원을 가로질러 베이징과 톈진으로 향한다. 운하는 싼샤 댐 부근의 양쯔 강 수로를 통해 물을 보충받아 황허 강 아래를 지나는 터널을 통과하고 500개의 도로와 120개의 철로를 지나 이동한다.[70] 이 운하 건설 과정에서 25만 명이 이주해야 한다. 이 노선의 목적은 황허 강 주변의 건조한 지역에 대한 황허 강의 물 공급 부담을 줄여 주는 것이다. 마지막 서부 노선은 티베트 고원에 빙하 상태로 있는 양쯔 강 상류의 물을 돌려 직접 황허 강으로 흐르게 한다는 계획이다. 이 노선은 황허 강물을 직접 재충전하는 유일한 노선이다.

인류 역사상 가장 큰 수로 건설 계획에 대한 환경운동가들과 하천 공학자들의 의구심은 북부에 물을 공급해야 한다는 긴급함 때문에 무시되었다. 동부 노선에 대한 주된 우려는 극도로 오염된 대운하의 오염물질을 퍼뜨려 지역의 하천들을 오염시키지나 않을까 하는 것이다. 1855년 대홍수 이후 대운하의 많은 지류들이 복구되지 않고 메마른 상태로 남아 있다. 지금도 매년 10만 톤 이상의 화물선 운항에 이용되는 수백 킬로미터의 노선은 공장 유출물과 도시 하수로 가득 찬 악취가 나고 생명이 존재하지 않는 검정색 오수 구덩이가 되었다. 심지어 그 물에 손을 대는 것만으로도 건강에 해가 될 정도였다. 수로 건설 계획은 수백 개의 신규 하수처리장 건설, 운하 주변에 끝없이 늘어선 더러운 공장들의 폐쇄, 대규모 준설작업 및 기타 주요 하천 정화 활동 등을 필요로 한다.[71]

중부 노선에 대한 주된 관심은 양쯔 강 지류인 한장 강에서 너무 많은 물을 끌어가면 지역의 생태 균형을 교란하고 하류 지역의 오염을 심화할지 모른다는 점이었다. 산을 가로질러 싼샤 댐의 물을 끌어가면 댐의 수력발전량이 적어도 6퍼센트가량 낮아질 것이다.[72] 서부 노선의 경우에는 산과 협곡을 뚫고 지진 빈발 지대를 관통하는 104킬로미터 길이의 터널을 건설해야 하는 기술적 문제에 직면할 것이다.

남북대수로공사는 대운하 이후 중국이 자연을 이용하고 정복하기 위해 시도한 가장 야심찬 수리사업이다. 대운하와 마찬가지로 대수로공사 또한 물의 세계사에서 새로운 기념비가 될 것이다. 접근가능한 모든 지표수와 지하수를 하나로 통합하는 국가적 규모의 수로망은 진정 새로운 시대를 개막할 것이며, 만약 이것이 성공한다면 물 부족 문제를 겪고 있는 다른 나라들이 따라할 것이다. 그렇지만 미국을 비롯한 서양의 산업화된 자유민주주의 국가들은 그러한 대규모 장거리 물 운송 방식을 환경상의 저주로 간주하며 점점 더 탐탁치 않게 생각한다. 이러한 물 운송 방식이 가져다주는 혜택은 부작용이 적고 더 생태 지속적인 방식들로도 얻을 수 있다는 것이다. 비판론자들은 종종 그것을 소련이 아랄 해의 물을 끌어다 중앙아시아에 공급하려다가 아랄 해를 끔찍하게 파괴하고 그곳의 기후를 변화시킨 행위와 동일시한다.

한편 수자원 관리를 둘러싼 국제 논쟁은 자연과 소박한 조화를 이루며 사느냐 혹은 인간의 뜻에 따라 자연을 인위적으로 정복하고 이용하느냐, 즉 인간이 자연 질서에 어느 정도나 순응해야 하느냐를 두고 고대 중국의 도가와 유가가 벌인 철학적 논쟁의 재판(再版)이다. 근대 용어로 표현하자면, 논쟁은 온건노선 대 강경노선의 구도를 보인다. 환경보호주의의 확산으로 국제적 영향력이 커지고 있는 도가식 온건노선 옹호론자들은 기존 물 공급 체제의 효율성 증대와 사용자의 필요에 맞게 재단된 '적절한 규모'의 해결책을 강조한다. 이러한 방식은 작고 분권화된 기술과 관리를 우선시하고, 환경의 체계적 균형을 달성하기 위해 자연의 흐름과 긴밀한 조화를 이루며 작동한다. 인류 역사의 대부분의 시기 동안 엔지니어들의 사고를 지배해 왔으며 20세기 댐의 시대에 절정의 성취를 이룬 강경노선 옹호론자들은 자연의 생태계와 수자원을 대규모로 재주조하기 위한 기술들과 중앙집중식 기반시설을 우선시한다. 21세기 중국은 명백하게 강경노선을 대표하는 국가이다. 그러나 단순한 일상의 수준에서 볼 때, 중국인들이 대규모 수로 건설 계획을 선호하는 것은 단지 이용가능한 단기적 대안이 극히 부족한 국내의 현실을 반영한 것에 불과하다.

남북대수로공사가 성공한다면 물 부족 위기로 인한 당면한 위험을 극복할 수는 있을 것이다. 그러나 장기적 위기를 해결하지는 못한다는 점은 분명하다. 양쯔 강 자체가 이미 초과 이용되고 있으며, 중국의 급격한 근대화에 장기간 보조를 맞출 수 있을 만큼 북으로 보낼 충분한 잉여 수자원을 가지고 있지 않기 때문이다. 그것은 중국의 물 안보와 생태계 고갈이라는 근본적인 문제에 대한 직접적 해결책이 아니라 단지 문제를 연기할 뿐이다.

그러는 동안 지구 온난화가 중국 전체의 물 공급 문제에 대한 환경상의 히로시마 원자폭탄으로 등장했다. 주요 강들의 발원지인 티베트 고원의 빙하는 히말라야 산지에서 급격히 녹아내리고 있다. 만약 빙하가 사라져서 중국의 수리 시설들이 완전히 새롭고 극단적인 계절적 기후 유형에 잘 들어맞지 않게 된다면, 중국의 모든 대규모 댐과 수로들이 하룻밤 사이에 역사적 헛수고로 전락할 수 있다. 중국만이 지구 온난화의 위협에 직면한 것은 아니지만, 중국이 대규모 댐과 수로공사의 성공에 거는 기대 수준을 놓고 볼 때,

다른 어느 나라보다 많은 것이 걸려 있음을 알 수 있다. 중국이 기후변화의 대가를 치를 때까지 얼마나 많은 시간이 남아 있는지 아무도 알지 못한다. 그러나 기후변화에 관한 정부 간 패널의 추산에 따르면, 2035년이면 지구 온난화로 상당량의 빙하가 녹아내려 중국의 담수 공급이 농업에 필요한 수준의 3분의 1이하로 떨어질 것이라고 한다.[73] 이는 중국의 여타 물 환경 위기가 절정에 이를 것으로 예측되는 시간대와 대략 일치한다.

중국의 미래는 중국이 물과 환경의 위기에 어떻게 대처하느냐에 달려 있다. 빛나는 고대 문명을 20세기에 회복하고 부상하는 강대국의 지위를 획득하는 것 또한 여기에 달려 있다. 한 가지 정치적 발전의 가능성은 풀뿌리 환경운동이 지속적인 국내 세력으로 등장하여 정부를 좀 더 자유민주주의적이고 민감하게 반응하도록 이끄는 것이다. 다른 한편, 환경운동의 압박이 오히려 일종의 권위주의적 반동을 초래할 수도 있다. 그것은 15억 중국 인민의 물질적 기대를 충족시키기 위해 방대한 양의 새로운 물과 다른 자원들을 공급해야 할 당면한 요구와 격렬히 충돌할 가능성도 있기 때문이다. 중국이 물 문제 해결에 성공하든 실패하든 그 결과는 국제적으로 영향을 미칠 것이며 21세기 역사에 지울 수 없는 흔적을 남길 것이다.

물 부족과 생태계 고갈 문제가 급성장하는 거대한 물 부족 국가인 중국과 인도에게는 취약점이지만, 동시에 상대적으로 물이 풍족한 서양의 자유민주주의 산업국들에게는 변화하는 세계질서에서 자신들의 쇠퇴하는 주도적 지위를 되찾을 수 있는 기회를 제공해 주고 있다. 물이 새로운 석유로 부상하고 있는 물 부족의 시대에, 서양은 막대한 자원상의 비교 우위를 누리고 있다. 서양은 이 점을 잘 인식할 필요가 있다.

17 부족을 기회로, 새로운 물 정책

대규모 댐이나 녹색혁명 같은 지난 세기의 기술적 만병통치약이 존재하지 않는 상황에서, 세계적 물 위기에 가장 성공적으로 대응하는 방법은 다양한 기술과 규모, 조직 방식들을 관찰하고 시행착오를 통해 실험한 결과가 될 가능성이 높다. 각 지역은 각자의 특수한 조건에 맞게 재단된 해결책을 찾고자 할 것이다.

전 세계적으로 인구 압박과 물 부족으로 고통받는 나라들의 위기 상황이 주로 거론되는 반면, 상대적으로 물이 풍부한 산업화된 민주주의 국가들에서 서서히 모습을 드러내고 있는 새로운 추세는 제대로 조명을 받지 못했다. 바로 기존 수자원의 이용 면에서 전례 없이 급격한 생산성 향상을 이루어냈다는 점이다. 이 새로운 진전을 가져온 원동력은 깨끗한 수자원이 부족해지고 오염 규제가 강화되면서 점차 증가한 시장의 영향력이다. 그것은 물 부족 위기를 완화하기 위한 일종의 대안이자 지침 경로(beacon path), 아울러 서양 주도의 시장 민주주의가 다시 한 번 세계의 주도권을 되찾을 경로를 제공한다. 낮은 수자원 가격과 비효율적인 정치 개입은 모든 사회에서 어마어마한 물 낭비를 초래했다. 그렇다면 현재의 자원을 더 생산적으로 이용하여 물 공급의 총량을 증대할 수 있는 기회 또한 엄청나게 크다고 할 수 있다. 예를 들어 북미에서는 세계 평균보다 일인당 재활용 용수 사용량이 2.5배나 많다.[1]

쉽게 이용할 수 있는 고효율 수단과 기술을 도입하기만 해도 엄청난 양의 새로운 물을 생산 활동에 공급할 수 있다. 더군다나 그처럼 이미 이용가능한 물을 활용하는 것은 자연이나 하천의 재배치를 통해 끌어올 수 있는 어떠한 새로운 물 공급보다 환경 비용이 낮다.

고대 그리스와 서구 전통에서 발전한 민주주의 국가들은 효율성 개선을 통해 물 부족 문제를 극복하려는 경향이 더 강하다. 왜냐하면 대체로 그들은 물 소비에 신중하고 경쟁력 있는 통치 구조를 갖추었으며, 물 부족 국가에 비해 자원에 대한 인구의 압력이 훨씬 덜하기 때문이다. 대부분의 나라들은 풍부하고 예측 가능한 기준에서 연중 이용 가능하며 상당히 쉽게 접근할 수 있는 재생가능한 물 공급처를 확보하고 있다. 강우 의존 농경은 보편적이고 믿을 만한 자연적 식량 기반을 제공한다. 미국의 지하수 양은 어마어마하게 많고 또 계속 증가하고 있지만, 인도, 파키스탄, 중국, 그리고 중동의 국가들처럼 식량자급을 위해 지하수를 이용한 관개농업에 과도하게 의존하지 않는다. 수자원 기반시설은 상당수가 낡아서 정밀한 정비가 필요하지만 어쨌든 광범위하게 분포되어 있고 실용적이다. 산업 및 도시 폐기물로 인한 수질오염은 규제와 감시의 대상이다. 산업화된 민주주의 국가들의 총 인구규모가 전체 인류의 9분의 1 수준으로 줄었지만, 상대적으로 풍부한 수자원 때문에 혁신적 도약을 통해 환경적으로 지속가능하고 경제적으로 역동적인 방식으로 물의 생산적 공급을 늘려야 한다는 현 시대의 핵심적 과제를 충족시키는 데 유리한 위치를 차지하고 있다. 역사적으로 입증되었듯이, 수자원 이용의 혁신적 도약은 새로운 세기의 세계질서에서 그들의 부와 세력에 큰 영향을 미칠 것이다.

실제로 미국은 기존 기술을 이용하여 현재의 수자원 공급을 공격적으로 재배분함으로써 세계의 주요 식량 수출국 지위를 유지할 뿐만 아니라, 에너지 산출을 늘리고 산업 생산을 가속화하며 서비스 분야와 도시 경제의 건실한 성장을 지속시키는 데 유리한 조건에 있다. 수자원 부족으로 제약받는 세계경제와 정치 질서에 (그것의 효율적 이용 능력이) 미치는 상대적 충격은 20세기 초 대규모 석유 매장량의 발견과 생산이 가져다준 이점과 유사하다. 선진 산업민주국가들이 달성한 수자원 생산성의 엄청난 증대는 물 이용량의 절대치와 경제 및 인구 성장 사이의 상관관계에 놀라운 변화를 가져온 중요한 역사적 의미를 내포한다. 지난 3세기에 비해 두 배나 빠르게 세계 인구가 증가한 이후, 많은 선진 민주국가들의 일인당 평균 물 이용량은 꾸준히 감소하고 있으나 경제 성장의 둔화는 일어나지 않았다.[2] 미국의 물 이용량은 1980년에 최고치에 이르렀다가 2000년까지 약 10퍼센트 감소했다.[3] 같은 기간 미국의 인구는 25퍼센트 증가했고 경제는 장기 성장을 지속했다. 1900년부터 1970년까지 산출되는 물 1 세제곱미터당 생산성은 상대적으로 변화 없이 6.5달러(국내총생산 기준)를 유지해 오다가 그 이후 2000년까지 15달러로 치솟았다.[4] 일본의 단위 물 공급량당 경제 생산성은 1965년부터 1989년 사이에 네 배 증가했다.[5] 유럽 각국과 오스트레일리아에서도 유사한 경향을 확인할 수 있다.

물 생산성이 갑작스럽게 증가한 이유는 물 부족이 심화되고 환경운동의 영향으로 1970년대부터 수질 오염 규제가 효력을 발휘하면서부터 물의 경제적 이용이 중요해진 데 대해 시장이 반응했기 때문이다. 으뜸가는 환경상의 황금률은 사용자가 자연에서 끌어온 물을 원래 상태 그대로 생태계로 방출해야 한다는 것이다. 화력발전소, 산업시설 및 도시 등 대규모 물 사용자들은 효율적인 보존 및 재활용 기술을 통해 물을 보다 적게 사용함으로써 수질 오염 정화에 드는 비용을 절약할 수 있다는 것을 깨달았다.

정부의 제1세대 환경 규제는 생태계의 요구와 서비스에 부합하는 더 민감하고 온건한 노선인 효율성을 추구하는 접근법으로 점차 세밀하게 발전해 가고 있다.[6] 혼잡하고 다원주의적인 서구민주주의 방식에서는 사용자의 구체적인 필요와 요구에 맞는 적절한 규모의 해결책을 고안하기 위해 정부 관료, 시장 참여자 및 환경운동가들이 종종 같은 구성원으로 함께 일한다. 그들은 가능하다면 소규모 환경 친화적 해결책을 선호한다. 예를 들어 물 정책에 관한 유럽연합 기본지침(2000년)은 경제적으로나 환경적으로나 실행 가능한 대안이 있는 경우 새로운 댐을 건설하지 말 것을 명시적으로 권고한다. 미국에서도 댐을 철거하고 습지와 산림을 복원하기 시작했다. 입법부와 사법부는 최초로 생태계에 물을 지속적으로 공급받을 수 있는 법적 권리를 인정했다. 생태 서비스 공급에 가격을 매긴다는 창의적인 개념도 고안되어 환경 규제가 좀 더 유연하고 시장 지향적인 방식으로 이행되고 또 교환될 수 있도록 했다. 단순하게 물의 순산출량만 고려할 경우, 다양한 용도로 물을 재활용하거나 혹은 재처리된 물을 하류에서 다시 사용함으로써 얻을 수 있는 생산성을 포착할 수 없다. 그 때문에 물 소비의 효율성 증대를 위한 유연한 조치들에 더 많은 관심을 기울이고 있다. 예컨대 관개용수처럼 한 번 사용하면 다른 목적으로 사용할 수 없는 사용 방식을 지양하고 효율성을 증대하고자 하는 것이다. 일부 사람들이 자신들의 연간 물 사용권을 일정한 대가를 받고 물을 더 효율적으로 사용하는 다른 사용자에게 판매할 수 있도록 하고, 종종 정부가 나서서 이런 사업을 돕는 중개기구를 만들기도 한다.

물 부족이 심화되고 연성규제 접근법들이 형태를 갖추어 감에 따라 물의 서비스를 위한 시장과 시장가격도 구체화되고 있다. 자신이 지구 온난화에 어느 정도 책임이 있는지 측정하여 그것을 줄이도록 하기 위한 도구로서 상당한 호응을 얻고 있는 '탄소 발자국' 개념과 유사하게, 몇몇 기업들은 물 사용 '발자국' 측정법을 선도적으로 개발하고 있다. 기업들은 시장 지분과 이윤 획득에서 경쟁력을 높이기 위해 물에 많은 투자를 한다. '보이지 않는 녹색 손'이라는 오랫동안 잊혀 왔고 인위적으로 접목된 메커니즘의 초보적 윤곽이 어렴풋이 드러나고 있다. 이 메커니즘이야말로 수자원의 이용과 복원 비용을 온전히 가격에 반영할 수 있으며, 지속가능한 환경을 마련하는 데 사적 시장에 의한 부의 창출이라는 어마어마한 역사적 힘을 얻을 수 있게 해 준다. 아직은 시작에 불과하다. 농업처럼 크고 결정적인 분야들이 여전히 엄청난 보조금을 지급받고 오염에 대한 규제를 느슨하게 적용받으며, 따라서 시장의 힘으로부터 떨어져 있다. 발전이 이루어진다고 해도 지역적으로 그리고 간헐적으로 수요가 생길 때마다 그에 반응하는 식이다. 변화에 대해서 모든 면에서 강력하고도 이데올로기적인 반대가 일어나고 있다. 여전히 느리게 변화하는 지배적인 수자원 관료제 안에서는 물을 운반, 저장, 배수 및 정화하는 데 경성 접근법이 전반적으로 우세하다. 그와 동시에 전통적인 환경운동가들은 물을 경제재로 취급하려는 어떠한 시도에도 의구심을 보이고 있다. 그들이 두려워하는 것은 본래 값을 매길 수 없을 만큼 자연과 인간의 생명에 신성한 가치를 지닌 물이 고작해야 불평등한 결과를 낳는 시장의 힘에 좌우되는 천박한 상품으로 전락하지 않을까 하는 것이다. 이 양극단 사이에 새로운 것이 자리를 잡아 가고 있다.

미국 서부를 구원한 콜로라도 강 협정

물 부족, 생태계 보호, 그리고 시장 반응이 결합하여 기존의 물을 더욱 생산적으로 이용하도록 촉진한 사례를 든다면 미국의 건조한 남서부 지역을 꼽을 수 있다. 물 사용의 역사에서 새로운 시대가 시작될 무렵이면 언제나 사회는 과거의 물 사용 방법을 더 생산적인 새로운 방법으로 전환하기 위해 수자원을 어떻게 재할당할 것이냐 하는 고전적인 문제에 직면했다. 20세기 말에 미국 남서부 지역의 물 생산성 격차는 엄청났다. 한편에는 과거 정부가 건설한 댐에서 확보한 사회화된 관개용수로 거침없이 물을 소모하는 특권적인 기업형 농장들이 있고, 다른 한편에는 근대적인 서부의 역동적인 도시와 첨단 산업이 존재했다. 연간 9억 4600만 리터의 물로 농업노동자는 단 10명밖에 부양할 수 없는 반면, 첨단 기술직 일자리는 10만개를 부양할 수 있다.[7] 캘리포니아 주의 농업 부문은 주의 부족한 수자원의 80퍼센트를 사용했지만 전체 경제 생산 중 단 3퍼센트밖에 차지하지 못했다. 농업 안에서도 어떤 지역에서는 물 소모가 많고 가치가 낮은 쌀이나 알팔파 같은 작물 재배에 물이 비효율적으로 사용되는 반면, 다른 지역에서는 가치가 높은 과수나 견과 나무들이 물 부족으로 잘려 나가곤 했다. 건조한 남서부 지역에서도 본질적인 문제는 이용할 수 있는 물의 절대량이 너무 부족해서 건실한 경제 성장을 뒷받침할 수 없는 것이 아니라, 물이 너무 싸서 효율성이 낮은 사용자에게 공급된다는 것이다. 즉 시장의 가격 인센티브 기제가 작동하지 못해 더 생산적인 다른 분야에 물을 공급할 수 없었던 것이다.

일부 지역에서는 불균형이 더욱 심했다. 남부 캘리포니아 임피리얼 밸리 카운티의 400개 농장은 캘리포니아에 할당된 콜로라도 강물 440만 에이커푸트의 70퍼센트를 소비했는데, 1922년에 1에이커푸트당 15달러의 운송료를 부담한다는 계약이 체결된 이후 계속 같은 가격이 유지되었다. 반면 1700만 명에 달하는 남부 캘리포니아 해안 거주자들은 이보다 15~20배의 가격을 지불하고서도 훨씬 더 적은 양의 생활용수조차 풍족하게 사용하지 못했다. 더군다나 임피리얼에 풍부하게 공급된 물은 물 소모가 지나치게 많은 농업 관행을 조장했으며 심지어 사막에 물 소모가 심한 작물들을 재배하기도 했다.[8] 이 지역의 에이커당 물 소비량은 다른 캘리포니아 농장들보다 두 배나 많았다.

농장과 도시 사이 물 가격의 엄청난 격차 그리고 역사적으로 캘리포니아의 경직된 물 정책을 지배해 온 농장주들의 영향력을 상쇄하기 위해 도시와 산업계 그리고 환경운동가 사이에 정치적 동맹이 형성되었다. 이는 텍사스 석유 제국들 사이의 명문 투자자인 억만장자 배스 형제의 주의를 끌었다.[9] 1990년대 초 배스 형제는 자신들의 총 자산 70억 달러 가운데 8000만 달러를 투자하여 임피리얼 밸리의 농장 16제곱킬로미터와 그에 딸린 물 사용 권리를 함께 사들였다. 이것은 금세기 초 악명 높은 로스앤젤레스의 물 횡령 사건 당시의 윌리엄 멀홀랜드를 상기시키는 듯했다. 그가 오언 밸리의 땅을 구매한 실제 이유는 강에 대한 접근권을 얻기 위해서였다. 배스 형제는 자신들의 물 사용권을 빼앗길까 두려워하는 농부들에게 자신들은 단지 소를 기르고자 할 뿐 물에 투기할 생각은 전혀 없다고 공언했다.

그러나 곧 배스 형제는 임피리얼 밸리 주민들에게 주민들이 공동 소유하고 있는 310만 에이커푸트의 물 가운데 20만 에이커푸트의 물을 샌디에이고에 팔자고 제안했다. 에이커푸트당 233달러에 팔기만 해도(보조금으로 지급되는 유효비용보다 거의 스무 배나 비싼 가격이다.) 75년간 30억 달러 이상의 엄청난 누적 이익을 볼 것이라고 설득하였다. 더군다나 그 계획에 따르면 수익의 일부를 물 이용의 효율성 개선에 투자해서 적어도 샌디에이고에 파는 만큼의 물을 절약함으로써 사실상 귀중한 콜로라도 강물을 전혀 잃지 않는 거나 다름없었다. 농민들이 가져가는 이익이 터무니없이 컸지만 샌디에이고 시는 계약에 동의했다. 왜냐하면 이 계약으로 독자적인 수자원을 확보할 수 있었고, 로스앤젤레스가 장악하고 있는 막강한 남부 캘리포니아 수자원공사에 지불하는 것에 비하면 경비를 3분의 1이나 절약할 수 있기 때문이었다. 마침내 농촌에서 도시로 물을 돌릴 수 있었기 때문에, 연방정부와 주정부의 조정자들과 환경운동가들, 그리고 대부분의 비농업 관계자들은 계약을 환영했지만, 캘리포니아 수자원공사와 다른 이해당사자들 사이의 내부 다툼으로 인해 거래는 난관에 봉착했다.[10] 세기말이 다가오면서 물 판매 제안은 콜로라도 지역의 위기라는 더 큰 문제로 빨려 들어가 버렸다. 가뭄으로 인한 유량 감소, 빠르게 성장하는 애리조나와 네바다의 할당량 증가, 그리고 1922년 계약 당시 추산보다 강의 연간 평균 유량이 감소했다는 사실 등으로 인해 콜로라도 강물은 기존의 모든 요구를 충족하지 못했다. 미드 호의 유량은 깜짝 놀랄 만큼 낮은 수준으로 감소했다. 중요한 변화가 일어나지 않는다면 후버 댐을 비롯해서 콜로라도 강의 수자원 기반시설은 한 세기도 지탱하지 못할 것이다.

1999년 말, 연방 내무부 장관 브루스 배빗은 콜로라도 강 유역 다른 주들의 지지를 얻어 캘리포니아 주에 처음이자 마지막 최후통첩을 보냈다. 즉 수십 년 동안 강물을 과도하게 사용해 오던 것을 중단하고, (샌디에이고에 대한) 연간 80만 에이커푸트의 물 공급을 실행하고, 협정에서 정한 기준인 440만 에이커푸트로 만족하라는 것이다. 캘리포니아는 2002년 말까지 2016년으로 예정된 콜로라도 강 수자원 이용 정상화 계획을 세워야 했다. 조정관들은 또한 그 계획에 임피리얼 밸리의 물을 해안 도시들로 이전하고 기존의 물 생태계를 보호할 방도가 포함되어 있어야 한다고 주장했다. 내무부 장관은 만약 받아들일 만한 계획을 제시하지 못할 경우 즉각 여분의 물 공급을 차단하겠다고 경고했다.

임피리얼 밸리의 농부들은 협상 조건의 강제 수용 방식에 격렬히 저항했다. 그들은 협상 조건을 수용하면 선조들이 오래전에 불모지에 정착하는 조건으로 미국 납세자들에게서 받은 거의 공짜나 다름없는 관개용수에 대한 통제권을 상실하게 될 위험한 비탈길(겉으로는 번지르르해 보이는 길이지만)에 들어서리라고 예측했다. 그 예측은 틀리지 않았다. 특히 그들은 물의 일부를 솔턴 호(1905년 콜로라도 강이 범람하여 형성된 내륙 호수로 콜로라도 강 계곡의 132킬로미터 길이의 올 어메리칸 운하와 2700킬로미터 길이의 관개수로를 통해서만 물이 재충전되고 있었다.)의 생태 건강 보존을 위해 할당해야 한다는 요구에 분노했다.[11]

2002년 12월 31일까지 받아들일 만한 안이 제시되지 않은 채 최종시한이 지나갔을 때, 생각지도 못한 일이 벌어졌다. 2003년 새해 오전 8시 신임 내무부 장관 게일 노턴은 과거 민주당 행정부 시절 전임 장관의 맹세에 따라, 390킬로미터 길이의 수도관을 통해 콜로라도 강물을 남부 캘리포니아로 연결해 주는 8개의 펌프들 가운데 세 개의 스위치를 내렸다. 바로 그 순간부터 임피리얼 밸리는 해안 도시에 판매했어야 했던 만큼의 물을 아무 보상도 없이 빼앗겨 버렸다. 농부들은 그래도 굴복하지 않았다. 2003년 8월 내무부 산하 개간국은 농부들의 물 낭비가 극심해서 낭비되는 물의 양이 30퍼센트에 이른다고 슬쩍 암시하며, 임피리얼 밸리의 물 공급을 차단할 수 있다고 결론 내린 한 연구결과를 인용하면서 압박을 가했다. 연방정부가 "나쁜 경찰" 역할을 하는 한편 캘리포니아 주정부는 "좋은 경찰" 역할을 자처하며 전향적인 자세로 솔턴 호를 보호하기 위한 유량과 기반설비 비용 부담의 일부를 제공하겠다고 제안했다.

2003년 10월, 2개월도 못 버티고 임피리얼 밸리의 농부들이 투항했다.[12] 콜로라도 강의 물을 샌디에이고와 다른 도시에게 공급하겠다는 역사적 협약의 조인식이 후버 댐에서 열렸다. 도합 50만 에이커푸트, 즉 임피리얼 밸리 물의 6분의 1이 재배분될 것이다. 콜로라도 강 유량의 대략 2년 치에 해당하는 3000만 에이커푸트의 물이 향후 75년 이상 농업용수에서 도시용수로 전환된다.[13] 신서부가 계속 성장함에 따라 농업용수에 대한 추가 요구가 발생하리라는 사실은 누구도 의심하지 않았다.

납세자들의 보조금을 지원받아 얻은 용수의 일부를 팔아 수십억 달러의 이득을 얻었으면서도 일부 분개한 임피리얼 밸리 농부들은 속았다고 느꼈다. "그들은 에이커푸트당 250달러가 아니라 800달러를 지급해야 합니다. 역사상 최고의 물 도둑질이 당신의 발밑에서 일어나고 있습니다."라고 농부 마이크 모건 씨는 불평을 터뜨렸다.[14] 그러나 다른 사람들은 곧장 비탄을 멈추고 판매로 부족해진 물을 벌충하기 위해 기존에 사용하던 물의 생산성을 높이는 데 진력했다. 이를 위해 누수가 일어나는 관개수로망의 정비 혹은 작물과 토양 수분을 모니터하며 수분 공급 장치를 정확히 작동시키기 위한 최첨단 위성 센서 같은 신기술에 투자했다. 사실 임피리얼 밸리 물 협정의 가장 큰 피해자는 수십 년 동안 미국 쪽 관개수로에서 누수되어 만들어진 지하수를 끌어다 써 왔던 멕시코 농민들이었다. 그들은 캘리포니아의 보다 효율적인 관개망 때문에 갑자기 우물이 말라 가는 것을 발견했다. 늘 운이 좋았던 임피리얼 밸리는 곧 솔턴 호 남서쪽 귀퉁이 아래에서 또 다른 잠재적 노다지를 발견했다. 캘리포니아의 재생 전력 생산을 크게 증가시킬 수 있는 지열지대(geothermal field)를 발견한 것이다.[15]

임피리얼 밸리와의 역사적 협정은 콜로라도 강을 둘러싼 정치적 교착상태를 풀어 냄으로써 2007년 후반에 체결된 두 번째 결정적 협정을 향한 길을 열었다. 협정은 강의 유량이 하류 지역에서 750만 에이커푸트에 미치지 못했을 때 콜로라도 강 협정에 참여한 주들 사이에 부족한 수자원을 어떻게 배분할 것인가에 대한 비상 계획이었다. 콜로라도 강의 평균 유량이 장기적으로 줄어들어 연평균 1400만 에이커푸트에 불과하고 심각한 가뭄으로 미드 호의 수위가 반밖에 차지 않은 상황에서 그러한 응급 상황이 발생할 가능성은 충분했다. 더군다나 기후변화 모델은 향후 이 지역의 강우량이 20세기에 비해 20퍼센트 가량 줄어들 것으로 예측하고 있으며, 산지의 설원(雪原)이 매년 줄어들어 여름철 유량 부족을 가중하고 있어서 그러한 응급 상황이 예상보다 더 빨리 닥칠 것으로 보였다. 임박한 위기에 대한 인식을 공유하면서, 위기의 문턱을 넘기 전에 물의 생산성을 높이기 위한 비상한 노력을 기울이기 시작했다. 2007년에 체결된 비상사태 시 대비 협정은 시장 혁신과 생태계 관리를 위한 합의사항들을 담고 있는데, 이는 주 상호 간 물 교역을 촉진하고 물 사용자들이 자신들이 나중에 사용할 물을 미드 호나 대수층에 저장할 수 있도록 함으로써 물 소비를 감소하기 위한 목적이었다. 예를 들어 급성장하고 있는 사막 한복판의 도시 라스베이거스는 캘리포니아의 콜라라도 강물 할당량을 좀 더 많이 공급받는 조건으로 캘리포니아에 새로운 물 저장시설들과 해수담수화 시설을 설치해 주겠다고 제안했다.[16] 라스베이거스는 이미 물 보존 효율성이 가장 높은 도시들 가운데 하나였다.[17] 모든 하수는 처리되어 미드 호로 배출되는데 거기서 희석 작용을 통해 한번 더 정화된 다음 다시 도시 수돗물로 공급되었다. 계속되는 인구 증가에도 불구하고 2002년을 정점으로 물 사용량이 줄어들었다. 이는 여러 가지 물 보존 방법 덕분인데, 물 사용량이 적은 화장실과 가구 사용을 장려했고, 물을 많이 소모하는 잔디를 사막의 자생 식물들로 교체하도록 자금을 지원했으며, 또 소비자에게 더 많은 요금을 부과함으로써 물을 절약할 수 있었다. 로키 산맥 동부의 콜로라도 주 오로라 시는 라스베이거스보다 훨씬 더 정교한 재활용 체계를 구축했다. 오로라 시는 사질(砂質) 강둑을 통해 자연적으로 걸러진 후 강 근처의 우물들로 유입되는 물을 끌어다 쓰기 위해서 사우스 플랫 강 하류의 농업용 토지를 구입했다. 이 물은 54킬로미터 길이의 파이프라인을 통해 도시로 보내져서 정화되어 사용된 후 다시 처리 과정을 거쳐 강으로 방류되었고, 또다시 우물을 통해 수집되어 새롭게 순환되었다. 한번 순환에 45일에서 60일이 걸렸고 순환되는 물의 45퍼센트가 재활용되었다

계속되는 가뭄에 대처하기 위해 캘리포니아 주는 '물 은행' 제도를 도입했다. 이 제도는 북부 캘리포니아 농부들이 휴한지의 계절 물 사용권을 보다 효율적인 농업 기술을 사용하여 값비싼 작물들을 재배하는 농부들에게 판매할 수 있도록 하기 위해서 만들어졌다. 2009년 캘리포니아 주 정부는 비옥하지만 자연적으로 건조하고 심하게 물이 고갈된 센트럴 밸리에 공급되는 물에 대해서 에이커푸트당 500달러의 가격을 책정했다.[18] 2008년 가격

에 비해 거의 세 배나 비쌌지만 자유 시장에 의해 책정될 가격에 비한다면 훨씬 낮은 수준이었다. 캘리포니아 남부 해안 지역도 식수를 보충하기 위해 하수 재활용으로 방향을 돌렸다. 왜냐하면 이 지역에서 이용할 수 있는 수도관을 통해 공급되는 천연수가 고갈되어 버렸기 때문이다. 콜로라도 강은 최대한으로 이용되었다. 산지의 융설수와 저수 유량은 가뭄과 지구 온난화로 인해 계속 줄어들었다. 심지어 캘리포니아 북부로부터 수도관을 통해 원거리에서 공급되던 물조차 끊겼다. 법원 판결과 그에 대한 연방정부의 지지를 통해 고갈된 샌와킨 강과 새크라멘토 강 하구의 삼각주와 샌프란시스코 만의 생태계 건강 및 어류와 야생동물들을 위해 물을 우선적으로 사용해야 한다고 결정되었기 때문이다.[19] 인구 증가가 계속되리라는 전망 속에서, 로스앤젤레스와 샌디에이고는 마지막 수단으로 도시의 식수 확보를 위해 오랫동안 관개와 잔디밭에 사용되었던 하수를 대규모로 정화해서 재활용하는 방안에 관심을 돌렸다.

중상모략용 꼬리표 붙이기를 좋아하는 비판자들은 그러한 계획들을 '화장실 물의 수돗물화'라고 불렀지만 이는 잘못된 호칭이다. 하수는 집중 처리를 거쳐 자연 상태에서 끌어온 수돗물보다 더 깨끗한 수준으로 정화될 뿐만 아니라 수돗물로 곧바로 사용되는 것도 아니다. 대신 지하로 보내져 자연 대수층에서 더 정화된 다음 공공 상수도로 공급된다. 개념상 새로운 것은 거의 없다. 수십 년 동안 미국 전역의 도시들은 처리 과정을 거친 하수와 폐수를 콜로라도 강, 미시시피 강, 포토맥 강 등 지역의 강에 방류했다. 방류된 물은 거기에서 희석된 다음 강 하류의 도시들에 수돗물로 공급되었다. 런던은 19세기 중반의 대악취 사건에 대한 대응으로 동일한 원리를 도입하여 시의 위생 시스템을 구축했다. 남부 캘리포니아의 재활용 계획은 추가적인 자연 정화 과정을 위해 지표면을 흐르는 강이 아니라 서서히 흐르는 지하수를 이용했다는 점만 다를 뿐이다. 이 계획의 선구적 원형은 2008년 1월 캘리포니아의 오렌지 카운티에서 개장한 하루 2억 6000만 리터의 처리 능력을 지닌 재활용 시설이었다.[20] 튜브와 탱크가 복잡하게 엉켜 있는 시설은 흙갈색의 하수를 흡수해 미세 필터로 고체입자들을 제거한 다음, 남아 있는 더 작은 찌꺼기들은 고압의 역삼투압 방식으로 처리하고 최종적으로 과산화물과 자외선으로 정화한다. 최종 처리된 물은 정수된 물처럼 깨끗하지만 자연 여과 작용을 위해 지하 대수층으로 방류된 다음 공공 상수원으로 공급된다. 물 부족으로 압박을 받고 있는 남부 플로리다, 텍사스, 그리고 캘리포니아의 산호세 지역의 수도 관리자들은 미래의 물 수요를 충당하기 위해 유사한 계획을 준비하고 있었다. 아프리카의 건조한 나미비아의 수도 빈트후크만이 세계 주요 도시들 가운데 유일하게 하수처리장에서 대규모로 재활용된 물을 사실상 수돗물로 직접 공급한다. 그러나 재활용된 물의 원천이 불러일으키는 불쾌한 느낌만 제외하면, 갈수록 물 부족이 점차 심해지는 상황에서 기술적으로나 가격 효율적으로나 그러한 자급자족적 재활용 시설이 보편화되지 않을 이유는 없다.

물 부족 문제가 심해지면서 지금까지 대체로 미온적인 움직임만 보이던 남부 캘리포니아 지도자들은 최첨단 해수담수화 기술 개발에 더욱 박차를 가하도록 압박을 받았다. 캘리포니아의 담수화 비용은 1990년부터 2002년 사이에 세제곱미터당 1.6달러에서 63센트로 떨어졌는데, 이는 물 부족에 시달리고 있는 이스라엘, 키프로스 및 싱가포르가 사용하는 고효율의 대규모 역삼투압 방식의 담수화 시설들과 유사한 수준이다.[21] 2006년까지 해수담수화 공장들을 늘려서 캘리포니아의 담수화 처리 능력을 백 배 증대시키고 이것으로 주 전체 도시 생활용수의 7퍼센트까지 공급하자는 제안들이 많이 제기되었다.[22] 캘리포니아 최초의 대규모 담수화시설에 대한 중요한 시험으로 2009년 샌디에이고 부근에 2011년까지 하루 1억 9000만 리터(북부 샌디에이고 수요의 10퍼센트)의 물을 생산하는 역삼투압 방식의 대규모 공장을 짓기로 한 결정이 내려졌다. 전체 담수화 처리 능력은 여전히 약소했지만, 주의 규모가 워낙 크고 또 물 문제에 대해 유행을 선도하는 특별한 지위에 있기 때문에 캘리포니아의 이런 움직임은 큰 주목을 받고 있다. 캘리포니아는 오랫동안 기대해 왔던 해수담수화 설비 능력의 잠재적 도약(특히 재충전되지 않고 오염을 발생시키는 화석연료 에너지를 대체할 수 있는 태양력과 풍력 에너지 분야에서의 도약과 함께 이루어진다면)을 이끌 촉매제로 기대되고 있다.

반세기 전, 케네디 대통령은 해수담수화라는 인류의 오래된 꿈을 다음과 같이 표현했다. "만약 우리가 경쟁력 있게 싼 가격으로 소금물에서 담수를 얻을 수 있다면, 그것은 인류에 장기적인 이익이 될 것이며 그 어떤 과학적 성취도 압도할 것이다."[23] 인류가 처음 7대양에 들어선 이후 선원들은 해수의 담수화를 꿈꿔 왔다. 대항해 시대에 유럽의 원거리 항해 선원들은 응급 상황에 대비해 초보적인 담수화 설비 제작을 시도했다. 19세기 설탕 정제 산업에서 증류법이 발전하면서 조잡하지만 대규모 담수화설비 제작이 가능해졌다. 그러나 근대적인 담수화 공정은 세계 2차 대전 당시 남태평양의 황량한 섬들에서 전투를 치르는 미국 병사들에게 물을 공급하기 위해 미국 해군이 개발에 뛰어들면서 성과를 맺게 되었다. 1950년대까지 증기압 유도식 증발법에 기초한 열담수화 공정이 개발되었다. 생산비가 비쌌지만, 이 담수화 설비는 사우디아라비아를 비롯해 석유가 풍부하고 물이 부족한 중동의 해안 국가들에 상당한 규모로 설치되었다. 또한 1950년대에 미국 정부는 대학 연구소를 지원하여 더 나은 담수화 기술을 개발하게 했다. 케네디 대통령 임기 동안 역삼투압법이 개발되었고 1965년 반(半)염수를 걸러 내는 소규모 장치로 이용되었다. 1970년대 후반 훨씬 개량된 (역삼투압) 막이 개발되자 해수를 걸러 낼 수 있는 역삼투압 공장의 건설이 가능해졌다. 이 방식은 엄청난 양의 에너지를 소모했고 다른 방식으로 물을 얻는 것보다 훨씬 비쌌기 때문에, 1980년 이 담수화 설비를 도입한 최초의 대도시가 에너지

가격이 싸고 물이 귀한 사우디아라비아의 지다였던 것은 놀랄 일도 아니다.

에너지 회복 및 삼투막 기술이 1990년대부터 본격적으로 발전해서 2003년까지 담수화 비용이 3분의 1로 감소했다. 해수담수화는 바닷물을 얼마든지 얻을 수 있고 값비싼 원거리 펌프시설이 필요치 않은 해안 지역에서 사용하기 좋은 방법 가운데 하나로 자리 잡았다. 예를 들어 오스트레일리아의 퍼스는 시에서 사용하는 물의 거의 5분의 1을 해수담수화 설비로부터 얻고 있다. 이스라엘의 해수담수화 비율은 급격히 상승했으며 담수화로 인해 중동과 북아프리카 무슬림의 갈증이 일부나마 해결될 수 있다는 희망이 생겨났다. 담수화 기술의 핵심인 역삼투압법은 오렌지 카운티와 싱가포르의 선도적인 하수재활용처리 시설에도 응용되어 지역의 상수원을 재충전하는 데 도움을 주고 있다. 담수화 설비 부문이 활발히 성장하고 시장이 확대됨에 따라, 주요 기업들이 이윤 확보를 노리고 시장을 선점하기 위해 만반의 태세를 갖추기 시작했다. 2015년까지는 2005년까지 투자된 40억 달러의 세 배에서 일곱 배에 이르는 규모로 시장이 확대될 것으로 예측되고 있다.[24]

그러나 가장 낙관적인 예상치에 따르더라도 해수담수화가 세계의 물 부족 문제를 단기간에 해결해 주는 만병통치 기술이 될 수는 없다. 현재 설치된 담수화 설비의 생산량(전 세계 물 총사용량의 겨우 0.003퍼센트) 자체가 너무 작다. 가격이 하락한다 하더라도 걸러진 소금 폐기물을 어떻게 처리할지와 같은 해결되지 않은 환경상의 문제들이 남아 있다. 내륙 지역은 값비싼 펌프장과 긴 수도관을 건설해야 담수화된 물을 공급받을 수 있다. 아마도 담수화 방식이 물 부족 국가들을 도울 여러 가지 물 공급 기술 가운데 하나에 불과하리라는 것이 가장 가능성 있는 시나리오일 것이다.

뉴욕 시의 상수도 수질 향상 계획

강우량이 많은 온대성 기후인 미국 동부에 위치하며 물 저장과 장거리 수송 시스템 분야에서 미국 도시들의 유행을 선도해 온 뉴욕 시 또한 수자원 이용의 새로운 연성경로의 선두에 서 있다. 가장 주목받고 있는 실험들 가운데 하나는 식수의 위생을 개선하기 위해 하천 유역에 숲을 조성해 숲의 자연적인 정화 작용을 이용하는 것이다. 이렇게 하면 900만 지역 주민들을 위해 수십억 달러를 절약할 수 있다. 1842년 중력을 이용한 크로톤의 상수도 공급 시스템이 문을 연 이후, 뉴욕 시는 더 깨끗한 물을 확보하기 위해 점점 더 멀리 떨어진 곳으로 수로와 저수지를 확대해서 캐츠킬 산맥과 델라웨어 강의 상류 지류까지 거슬러 올라갔다. 1990년대까지 뉴욕 시의 상수도망은 3개의 별도 시스템으로 운영되고 있었는데, 뉴욕 외부의 18개 저수지와 3개의 호수에서 하루 45억 리터씩 1.25년 동안 공급할 수 있는 시설을 갖추고 있었다.[25] 그러나 저수지 주변의 전원과 숲이 근대적 개발과 농업 활동으로 오염되면서 수질이 저하되는 심각한 문제에 봉착했다. 시 저수지의 절반이 만성적으로 낙농 목초지와 100개 이상의 하수처리 시설에서 유출된 독성 인산염과 질소로 오염되어, 마치 중국의 타이후 호에서처럼 산소 농도가 떨어지고 정화 식물을 죽이는 더러운 조류가 번식했다.[26] 1980년대 후반 미국의 식수안전기준이 강화되자 뉴욕 시는 최후통첩에 직면했다. 최첨단 여과시설을 건설하든가(이 경우 에너지 소모가 심한 여과시설의 엄청난 작동 비용을 제하더라도 60억 달러에서 80억 달러라는 어마어마한 재정이 소요된다.), 아니면 도시 상수도의 수질을 보호할 수 있는 대안을 고안해야 했다.

뉴욕 시의 혁신적 대응은 수원지 상류에 있는 저수지 주변의 숲과 토양을 개선해 더 많은 물을 보존하고 자연적인 방법으로 오염물질을 더 많이 여과한다는 10억 달러 규모의 계획이었다. 뉴욕 시는 훨씬 더 비싸고 전통적이며 인위적인 정화 시설을 이용하는 대신 자연적인 수상 생태계를 살려서 이것으로 오염방지 기능을 강화하는 데에 시장 가치를 부여했던 것이다. 또한 뉴욕 시의 생태서비스 계획이 도시 및 주 관리들과 환경운동가들 그리고 농촌 공동체 대표자들 사이에 형성된 새롭고 정치적으로 통합적인 합의를 통해 만들어졌다는 사실은 주목할 만하다. 그들의 다년간의 협상 내용은 1997년 1월에 체결된 세 권 분량의 1500쪽짜리 합의문에 공식화되어 있다.[27]

이 계획의 핵심은 뉴욕 시가 도시 자체 면적의 거의 두 배에 달하는 수원지에 민감한 영향을 미치는 1400제곱킬로미터의 토지를 2억 6000만 달러에 자발적인 판매자들에게서 구입하여 저수지의 완충지대를 확보한다는 것이다.[28] 이 새로운 시 소유지의 일부는 오락용 낚시나 사냥, 보트타기 등을 위해 공공에 개방될 것이며, 건초재배, 벌목, 메이플 시럽 생산 같은 환경적으로 통제되는 제한적인 사적영리 활동에 임차될 것이다. 수백 개의 낙농장을 정화하고 현대화(우유 생산 과정에서 물 소비를 80퍼센트까지 감소시키는 것을 포함하여)하여, 콘크리트 도로가 밀고 들어와서 폐기물을 배출하고 분양지를 오염시키는 것을 막기 위해 3500만 달러까지 투자할 것이다. 뉴욕 시가 상수원 수계의 토지를 확보하기 위해 전제적인 방식으로 강제매각을 강요했다며 분개하는 지역 공동체들을 달래기 위해, 뉴욕 시는 잡다한 기반시설 정비와 환경친화적 경제 개발을 목적으로 추가로 7000만 달러를 더 집행하기로 했다.[29] 한 세기의 역사를 자랑하는 시 경찰국 내에 새롭게 환경계가 설치되었다. 이들은 화학 키트를 들고 다니면서 누수되는 정화 탱크나 거품을 품고 있는 독성 폐기물 방류 현장을 찾아다니는 식으로, 상수원 저수지를 보호하기 위해 농촌과 분양지를 순찰한다. 사실상 뉴욕 시는 시의 상수도 수계지가 제공한 생태계 서비스에 대한 시장가격을 책정한 것이다. 10년 후, 뉴욕 시는 생태적 지속가능성과 시장경제학을 결합하기 위해 한 단계 더 전진했다. 대규모 리조트 개발업자와 복잡한 토지 교환 협상을 통해 상수원 수계지 보호가 필요한 산사면 쪽 부동산을 공유림으로 확보하고 대신 환경적으로 민감성이 덜한 쪽 사면에 리조트 개발을 허용한 것이다. 여기에 개발업자에게서 물이 유출되기 쉬운 가파른 경사면에 건물을 짓지 않고 골프장에 화학 비료를 사용하지 않겠다는 약속을 얻어 냈다.

뉴욕 시의 수계지 보호 실험의 초기 결과는 긍정적이다. 2008년에 환경 감시 단체들은 뉴욕 시의 식수 수질에 좋은 등급을 부여했다. 이 해는 뉴욕 시가 미국 환경보호국으로부터 10년간 추가로 여과 공장을 조건부 면제받은 지 일 년이 지난 때였다. 경제적 측면에서 보면 뉴욕 시의 계획은 불필요한 건설을 막고, 휴양시설 확대로 수입이 늘었으며, 시 상수도 공급의 장기적 지속가능성을 증대해 70억 달러에 달하는 비용을 절감한 셈이다. 지속적 성공을 거둔 뉴욕 시의 사례는 다음 세대에게 도시 상수도 개발에 관한 가능성 있는 대안을 제시해 주었다. 실제로 미국의 다른 도시들이나 남아프리카공화국의 케이프타운, 스리랑카의 콜롬보, 에콰도르의 키토 등 해외의 일부 도시들도 뉴욕 시 형태의 생태계 서비스 가치평가를 받아들여 지역 문제를 해결하는 데 활용했다.

뉴욕 시와 남부 캘리포니아의 사례가 반향을 일으키자 플로리다의 주지사 찰리 크리스트는 2008년 빈사상태에 빠져 죽어가고 있던 플로리다 주의 유명한 습지 에버글레이즈의 부활을 새롭게 계획했다. 거의 십 년간 연방정부와 주정부의 계획은 물을 엄청나게 소모하고 인산염을 함유한 오염물질을 배출하면서도 가격 보조금을 지급받는 사탕수수 농장주들의 정치적 지배력에 옴짝달싹 못하고 있었다. 깨끗한 물을 공급받지 못해 에버글레이즈의 절반은 이미 말라 버렸다. 주지사 크리스트는 주정부 기금 13억 4000만 달러를 들여 거대 설탕정제기업인 미국설탕회사로부터 732제곱킬로미터의 땅을 사들였다. 이로써 다른 농장들과 토지 맞교환을 위한 토대를 마련하여[30] 오키초

비 호에서 에버글레이즈로 흘렀던 역사적으로 깨끗한 물의 흐름을 되살릴 수 있는 길을 열게 되었다.[31]

뉴욕 시는 북부의 수계를 개선해 저수지로 흘러들어 가는 물의 수질을 향상시켰을 뿐만 아니라, 1990년대 초에 시범적인 물 보존 계획에 착수했다. 이 계획은 시스템 전체의 물 수요를 삭감해 값비싼 정화 과정과 하수 처리에 공급되는 물의 절대량을 줄이는 것을 목표로 했다. 첫째, 상하수도 요금을 시장가격에 근접한 수준으로 대폭 인상해 낭비를 원천봉쇄했다. 대대적으로 홍보된 저소득 가정을 위한 2억 5000만 달러 규모의 화장실 변기 교체 비용 환급 프로그램을 전 도시 차원으로 확대해서, 한 번 물을 내릴 때마다 19~23리터의 물이 소비되는 변기를 겨우 6리터만 소비되는 것으로 교체했다. 화장실 변기는 단연 가정에서 물을 가장 많이 소비한다.(전체 소비의 3분의 1정도를 차지한다.) 1992년 정부는 물 절약형 변기를 점차 전국으로 확대해 보급하기로 했다. 뉴욕 시는 화장실 변기 교체, 수도 요금 인상, 그리고 통합 계량기 및 누수 탐지기 설치 등의 조치들을 통해 1997년까지 일인당 물 사용량을 1988년의 772리터에서 620리터로 급격히 낮추었다. 이렇게 20퍼센트 가량 절약한 물의 양은 하루 10억 리터에 해당한다. 그 결과 뉴욕 시의 관리들은 향후 반세기 동안 추가 물 공급이 필요치 않으며 하수 처리와 펌프장에 들어가는 막대한 양의 돈도 절약할 수 있게 되었다고 추산했다.[32] 미국 전역의 도시들이 뉴욕 시의 물 보존법을 모방함으로써 1980년대부터 미국의 물 생산성은 전례 없이 증가했다.

그러나 뉴욕 시는 또 다른 큰 문제에 직면했는데, 이는 정부의 대규모 지출에 의존하는 구태의연한 방식을 저비용 고생산성의 새로운 방안으로 대체하는 방식도 통하지 않는 문제였다. 시의 상하수도 기반시설의 핵심 부분이 노후하여 누수가 일어나며 곧 못 쓰게 될 가능성이 높다는 것이다. 북부 저수지의 물을 허드슨 강 지하를 가로질러 용커스 시 외곽의 최종 저수지로 보내는 지하 수도관에서 상당한 누수가 일어나고 있다. 1917년과 1936년에 완공된 두 개의 도시 상수도 공급망에서 일어나는 누수는 훨씬 더 위협적이다. 이 수로들은 용커스 저수지에 저장된 물을 시 전역에 공급하는데, 단 한번도 점검을 위해 가동이 중단된 적이 없다. 가동이 중단되면 뉴욕 시의 많은 사람들이 대피해야 하는 재난 같은 상황이 생길 수 있다는 우려 때문이었다. 원래의 두 수도관을 잠정폐쇄하고 수리하려면 먼저 현대적인 제3의 수도관을 건설해야 한다. 이를 위해 1970년부터 뉴욕의 터널 공사 인부들이 지하철보다 열다섯 배나 더 깊은 182미터 지하의 단단한 바닥을 부지런히 뚫고 있다. 60억 달러가 들어가는 제3터널 공사는 비록 눈에 보이지 않고 사실상 잘 알려져 있지도 않지만, 뉴욕 시 토목공사 역사상 가장 크고 가장 기념비적인 세기의 업적이라고 할 만하다. 이는 분명 브루클린 교와 파나마 운하의 지하 후계자라고 할 만한 것이다. 제3터널이 완공되어 가동에 들어갈 때까지 뉴욕 시는 계속해서 시간과 싸우고 또 잠재적 재난과 느린 경주를 하면서 살아가야 할 것이다.

한 사회에서 상수도망은 선도적인 분야일 뿐만 아니라 그 사회의 경제적, 문화적 역동성의 기본 요소이기도 하다. 일찍 산업화를 이룬 미국과 유럽의 많은 대도시들은 도시 내부의 본래 급수 체제를 현대화해야 한다는 엄청난 문제에 직면해 있다. 결정적인 수자원 혁신을 꿈꾸는 것도 중요하지만, 역사적으로 물을 이용해 왔던 기존의 네 가지 주된 방식, 즉 생활용수, 산업용수, 전력생산, 선박수송을 위해 훌륭한 기반시설을 유지하는 것 또한 중요하다. 이에 실패하면 사회의 효율성과 복원력이 눈에 보이지 않게 침식되고 충격에 더 쉽게 노출될 것이다. 2005년 여름 허리케인 카트리나가 강타하여 제방이 붕괴되고 홍수가 발생한 뉴올리언스가 그러한 예이다. 그러나 값비싼 비용이 들어가는 수리 작업은 기술적으로 복잡할 뿐만 아니라 정치적 보상도 미미하다는 커다란 난관에 직면해 있다. 그런 일들은 대개 강한 기압과 차단이 불가능한 많은 양의 물이 빠르게 흐르는 상태에서 까다로운 지하 건설 공사를 해야 하며, 미래의 혁신을 별로 염두에 두지 않고 고안된 이전의 시스템 속에서 작업해야 한다.

허드슨 강 환경 감시 단체이자 뉴욕 시 상수도 수계지 보호 프로그램의 주요 참여 단체이기도 한 리버키퍼(Riverkeeper)의 폭로 이후, 2000년 뉴욕 시 당국은 최초로 공개적으로 시에서 가장 큰 델라웨어 수도관의 한 지선이 십 년 동안 심각하게 누수되고 있었다는 사실을 인정했다. 1990년대 초 터널 누수가 처음 감지되었을 때 누수량은 하루 5600만~7500만 리터 정도였다. 2000년대 초 누수량은 하루 1억 3000만 리터까지 증가했다. 총누수량은 터널의 전체 공급량의 겨우 4퍼센트밖에 되지 않지만 사태가 악화되어 터널 전체가 붕괴되기 전에 수리해야만 했다. 1958년에 개조한 지프차를 이용해 물이 빠진 지름 4미터의 터널 속을 살펴본 것이 마지막 조사였다.[33] 터널에 균열이 가 있었음에도 불구하고 수압 변화로 인한 구조적 손상이 우려되어 더 이상 터널을 폐쇄할 수 없었다. 그래서 2003년 시 당국은 전례 없는 조치를 취했다. 우즈홀 해양연구소의 해양 전문가들이 특별히 고안한, 메기수염처럼 툭 튀어나온 티타늄 탐침을 부착한 어뢰 모양의 무인 원격조정 미니잠수정을 들여보내 어둡고 물이 가득 찬 72킬로미터 길이의 터널에서 16시간 동안 자료를 수집했다. 이 자료를 4년 동안 검토한 후, 시 당국은 2억 3900만 달러가 들어갈 복잡한 제1단계 수리작업을 결정했다. 2008년 겨울, 폐쇄되고 가압된 환경에서 거의 한 달 동안 주야로 작업하는 심해 수리 잠수부 팀이 터널의 물살 안에서 사전 조사와 측량을 수행하기 위해 213미터 지하로 들어갔다.[34]

그러나 20년 째 계속되고 있는 누수 수도관을 수리하려는 뉴욕 시의 노력도 난이도와 긴박함 면에서 제3터널 공사에는 견줄 수 없다. 제3터널 공사의 기원은 1954년 뉴욕의 엔지니어들이 오랫동안 미루어 온 터널 점검을 준비하기 위해 시 수직갱도를 따라 수백 미터를 내려가 제1터널 통제소까지 내려갔을 때로 거슬러 올라간다. 그들은 물의 흐름을 차단한 다음 균열된 부분을 찾아내 터널 내부에서 용접하여 수리를 마무리하고자 했다. 그들이 터널 안쪽에서 문을 닫아 지름 1.8미터 공간을 막고 있던 수직갱도 바닥의 오래된 회전 손잡이 위에 있는 긴 청동봉을 잡아당기기 시작하자, 봉은 강력한 압력으로 흔들리기 시작했다. 그들은 부서지기 쉬운 손잡이가 망가질까 봐(더 심한 경우 안쪽 문이 폐쇄된 채로 닫혀서 로어 맨해튼, 다운타운 브루클린, 일부 브롱크스로 통하는 모든 물을 차단해 버릴 수도 있는 상황이었다.) 더 이상 작업을 하지 못한 채 지상으로 돌아왔다. 그날 이후 뉴욕 시민들은 다만 무지의 축복 속에서 살아왔다. 어느 누구도 그들의 가정과 병원, 소화전 및 9600킬로미터 길이의 하수 파이프에 물을 공급하는 심하게 누수 되고 노후한 상수도 터널을 수리할 수 없으며, 심지어 구조적 결함이 누적되어 결정적 문턱을 넘어서 터널의 파열과 붕괴라는 갑작스러운 대재난을 초래할 수도 있다는 사실을 알지 못했다. 어떤 사람들은 물이 외부로부터 가하는 압력 때문에 터널의 상태가 온전하게 유지될 수 있다고 믿었다. "보세요, 만약 이 터널들 가운데 하나만 붕괴되더라도 도시 전체가 완전히 폐쇄될 겁니다."라고 베테랑 터널 노동자 제임스 라이언은 말한다. "일부 지역에는 물이 전혀 공급되지 않을 거예요. (……) 9.11 사태는 아무것도 아닐 겁니다."[35]

    시 관료들이 공들여 만든 복구 계획을 착수할 수 있게 될 때까지 16년이나 걸렸다. 제3터널은 많은 지선으로 연결되어 시 전체를 포괄하며 최첨단 중앙 통제 설비를 갖추게 될 것이다. 제3터널이 일단 가동되면 물의 흐름을 쉽게 차단할 수 있고 그러면 시 곳곳에서 복구작업을 할 수 있다. 이 계획의 문제는 시간과 막대한 비용(1970년대 뉴욕 시의 재정 위기로 초기 공사가 지연되기도 했다.), 그리고 뉴욕 최고 마천루의 높이만큼 깊은 곳의 터널 기반암에서 이루어지는 고되고 위험스러운 폭파와 굴착 작업이다. 작업은 샌드호그

(sandhog)라고 알려진, 전문적이고 나이가 지긋하며 서로 친밀한 도시 광부 공동체가 수행하고 있다. 지하철부터 다목적 수갱에 이르기까지 사실상 뉴욕의 모든 유명한 터널은 샌드호그의 손을 거쳤다. 1870년대 이들은 고압의 케이슨(caisson, 潛函) 안에서 부르클린 교 기둥을 세우기 위한 굴착 작업을 했는데, 당시 작업자들 가운데 가슴 통증, 코피 등 잠수병 증상을 보인 최초의 인부들이 생겨났다. 많은 인부들이 사망했다. 제3터널 굴착 작업에서만 24명이 사망했다. 이런 위험부담 때문에 이들은 높은 임금을 받는다. 샌드호그 직업은 대를 이어 물려받는 경향이 있으며, 많은 샌드호그 인부들은 아일랜드나 서부 인디언의 후손들이다.

    제3터널의 굴착 작업은 더더욱 어려웠다. 왜냐하면 샌드호그들은 그들이 작업을 끝내기 전에 제1, 2터널이 붕괴한다면 대참사가 일어나리라는 사실을 알고 있기 때문이다. 파내고 폭파하고 끝없이 쏟아지는 돌무더기들을 치워야 하는 이 작업은 보통 하루에 8~12미터 이상 진행할 수 없다. 그들이 이용하는 굴착 방식은 고대 로마의 수로 건설자들과 중국의 터널 기술자 리빙이 민장 강 유역에서 사용한 불과 물을 이용한 암석분쇄 기술의 현대판이었다. 마이클 블룸버그가 새 시장으로 취임하여 시 전체의 상수도 시설 개선을 최우선 순위에 두고 제3터널 공사 완공에 추가로 40억 달러를 투자하면서 작업이 가속화되었다. 일명 두더지라고 불리는 길이 21미터에 무게가 각각 158킬로그램짜리 강철 회전 날 27개를 장착한 혁신적인 천공기(boring machine)가 도입되면서 굴착 속도는 두 배나 빨라졌다. 2006년 8월 블룸버그 시장은 안전모를 쓰고 터널로 내려가서 두더지 조종석에 앉아 제3터널의 4구간 중 가장 까다로운 두 번째 구간의 작업을 마무리하는 시굴을 했다.[36] 그러나 작업이 끝난 것은 아니었다. 터널을 콘크리트로 단장하고 각종 기기들을 설치한 다음 살균작업까지 끝내고 물을 수송할 준비를 끝내려면 최소 6년은 더 기다려야 한다. 그때가 되면 전자 시스템으로 조종하는 새로운 통제소를 갖춘 상수도 시스템의 최첨단 시대가 열릴 것이다. 통제소 안에는 뉴욕 시 기술자들이 일본에 머물면서 2년간 불철주야로 노력하여 특별히 제작한 스테인리스스틸 재질의 34개의 정밀 통제 밸브가 35톤 무게의 거대한 실린더 17개 안에 장착되어 있다. 통제소 자체도 브롱크스의 반코트랜드 공원 아래 25층 깊이 지하에 있는데, 3층 높이에 축구장 2개 길이의 규모이며 천장은 돔 형식으로 만들어졌다. 작은 경비탑과 숲이 우거진 산허리 쪽으로 난 작은 출입문을 제외하면 지상 위의 어떤 구조물도 그것이 뉴욕 시에서 가장 중요한 기반시설들 가운데 하나로 통하는 입구임을 짐작할 수 없다.[37]

산업화된 민주주의 국가들 내의 많은 지방들이 규모는 더 작을지라도 뉴욕 시와 비슷한 종류의 기반시설 문제에 직면해 있다. 미국 내 급수 시스템의 핵심 시설인 112만 킬로미터에 달하는 노후한 상하수도관과 정수장 및 기타 시설들을 개선하는 데 향후 20년간 2750억 달러에서 1조 달러의 비용이 들어갈 것으로 추산된다.[38] 전 세계적인 수자원 기반시설 수요는 이보다 훨씬 규모가 크다.[39] 전 세계 주요 도시들의 설비는 대개 누수가 심각한 상태이다. 아마도 전 세계 도시에 공급되는 식수의 절반 가까이가 가정에 공급되기 전에 소실될 것이다.

기존 수자원 이용의 효율성을 증가시키는 데 실패한 지역들은 물 파동에 더욱 취약하고, 경제 성장은 더 느리며, 이웃 국가들과 물을 둘러싼 정치적 분쟁에 말려들기 쉽다. 예를 들어 빠르게 성장하고 있는 애틀랜타 시의 급수 시스템 개선을 위한 투자에 인색했던 조지아 주는 2007년 장기간의 가뭄으로 시의 물 저장량이 겨우 넉달분을 남기고 바닥나는 위기에 처했다. 주지사가 당장 할 수 있는 일은 긴급조치를 선포하고 하류의 앨라배마 및 플로리다와 함께 사용하고 있는 애펄래치콜라 채터후치 플린트 수계로부터 더 많은 양의 물을 확보하려 노력한 것이 전부였다. 그런데 앨라배마와 플로리다 주의 입장에서는 이 수계의 유량을 충분히 확보해야 수력발전소와 공장을 가동하고 조개잡이를 위한 걸프 해안 생태계를 유지할 수 있다. 추후 조지아 주의 추산에 따르면, 물의 효율성을 높이기 위해 간단한 조치만 취했어도 물 수요를 30퍼센트 감소시켜 물 부족 사태를 완화할 수 있었다.

지역의 물 수요가 끊임없이 증가하고 따뜻해진 기온 때문에 빙하의 양이 줄어들면서 미국 북부도 상당한 피해를 입었다. 오대호의 평균 수위가 낮아진 것이다. 수위가 2.5센티미터 낮아질 때마다 호수의 63척의 수송선들은 매년 수송되는 화물의 무게를 8000톤씩 줄여야 좌초사고를 방지할 수 있다. 값싼 수송비와 풍부한 산업용수라는 이점 때문에 호수 주변에 자리 잡았던 미국의 노후한 철강 및 중공업 제조업체들이 이미 겪고 있는 국제 경쟁력상의 부담이 이 때문에 더욱 가중되었다. 세계 각지의 정박항들을 누비는 70층짜리 마천루 높이의 초대형 해상화물 컨테이너를 탑재한 신세대 선박들을 수용하기 위한 변화를 따라가지 못하는 항구들 또한 국제적인 화물 운송업에서 경쟁력을 상실할 우려가 있다. 20세기 후반에 오랫동안 미국 남서부 해안의 현대적인 항구들에 사업을 잠식당해 왔던 뉴욕 시는 대대적인 항구 개선작업을 통해, 새로이 부활한 아시아와의 무역을 담당하는 항구로서 역사적 위용을 어느 정도 회복했다. 오대호 주변의 주들은 항상 오대호의 물을 미국 내의 건조한 지역들에 공급하려는 계획들을 경계해 왔는데, 2008년 미국 의회는 오대호의 물을 엄격하게 보호하기 위한 조치들과 호수 물의 유역 외 송출을 금지하는 내용을 포함한 새로운 법안을 통과시켰다.

오대호 물 보존 조치는 수십 년 전부터 오대호의 물을 이용하려고 계획하고 있던 텍사스 주에는 실망스러운 소식이었다. 텍사스 주를 일으켜 세운 것은 석유였지만, 주의 미래(경제적 번영과 텍사스가 미국 정치에서 차지하는 큰 영향력)는 물을 합리적으로 사용하여 대도시들과 산업시설들을 지탱할 수 있느냐에 달려 있다. 물 공급의 효율성을 제고할 수 있는 포괄적인 계획이 부재한 텍사스 주는 물을 확보하고 투기하는 행태를 반복해 왔던 남부 캘리포니아의 역사를 가속적으로 되풀이함으로써 목숨을 부지하려는 것 같다. 석유 거물 T. 분 피컨스와 퀘스트 커뮤니케이션스의 공동 창립자 필립 앤슈츠 같은 억만장자 물 투기꾼들은 수년간 토지 구매를 통한 무제한적인 물 이용권을 획득하기 위해 텍사스 주법을 이용해 왔으며, 오갈랄라 대수층의 재생불가능한 물을 수십억 달러가 들어가는 수백 킬로미터 길이의 파이프라인으로 댈러스, 샌안토니오, 엘패소 같은 물 부족 도시들에 공급하겠다는 자신들의 야심찬 계획을 성사시키기 위해 정부 관리들에게 로비를 벌여 왔다.[40] 에이커푸트당 1000달러 선이면 그들의 잠재적 이익은 어마어마하며, 오갈랄라 대수층의 화석수가 고갈될 때까지는 당분간 텍사스의 행운이 지속될 수 있을 것이다. 그러나 일부 예외는 있을지라도 산업민주주의 국가들은 전 세계가 직면하고 있는 수도 기반시설 건설 문제에서 유리한 위치에 있다. 벌써 상당한 자본을 동원해 신속한 문제해결을 위한 경쟁에 참여할 준비를 마친 크고 작은 기업들이 점점 더 심각해지는 물 부족 사태를 이용해 이윤을 추구하려 하는 생생하고 익숙한 역사가 그것을 말해 준다.

산업용수와 농업용수의 생산성 향상

도시들이 여전히 기존의 물을 효율적으로 사용하는 방법을 배우는 중이라면, 산업 부문은 전례 없는 물 생산성의 증가에 단일 분야로는 가장 크게 기여해 왔다. 산업 분야를 막론하고 물은 생산의 주요 투입물이다. 5개의 거대 식품 및 음료 회사들(네슬레, 다농, 유니레버, 앤호이저부시 그리고 코카콜라)만 해도 전 세계 모든 사람들이 사용하는 생활용수만큼의 물을 사용한다.[41]

서구 기업들의 뛰어난 물 생산성은 국제 경제에서 가난한 나라들의 낮은 임금과 느슨한 환경 기준에 기초한 경쟁력을 상쇄하고도 남는 경쟁상의 이점 가운데 하나다. 미국 기업들은 물을 하나의 경제 상품으로 취급하기 시작했다. 분명 물은 확보하는 데 시장 비용이 들고, 또 1970년대에 제정된 연방환경규제법안에 맞게 배출 전 정화를 하는 데 비용이 들어가는 하나의 상품이다. 운영규칙이 투명하고 예측 가능한 기업들은 기업 특유의 방식으로 자신들이 보유하고 있는 물로 좀 더 많은 것을 하고, 산업 과정을 혁신하여 전체 물 소비량을 줄일 수 있는 방법을 모색한다. 그 결과 물 보존 분야에 아직 개발되지 않은 엄청난 생산 잠재력이 존재한다는 놀랄 만한 결론이 나왔다.

어떤 분야도 화력발전소보다 많은 양의 물을 사용하지 않는다. 미국 전체 물 공급량의 5분의 2를 차지하는 엄청난 양의 물이 강을 비롯한 여러 수원(水源)에서 냉각수로 공급된다. 물론 공급된 물이 몇 분 후에 다시 배출되기 때문에 전체 순소모량은 많지 않다. 배출되는 물이 순도와 온도 면에서 모두 공급될 때와 동일해야 한다고 규정한 연방 규제 때문에, 발전소는 재활용 비중을 늘리고 일회냉각 시스템을 효율적인 냉각 기술로 전환했다. 2000년까지 화력발전량의 60퍼센트가 현대적인 시스템을 사용하는 발전소에서 생산되었다. 전력 1킬로와트시 생산에 들어가는 물의 양은 1950년의 238리터에서 79리터로 감소했다.[42]

제조업자들도 마찬가지로 수질오염규제에 효과적으로 대응했다. 화학 및 제약 회사들, 1차금속 및 석유 가공업, 자동차 제조업, 펄프 및 제지업, 방직공장, 식품 가공업, 통조림 제조업, 양조업 및 기타 물 사용량이 많은 제조업 분야는 재활용 비중을 늘리고 절수 공정을 도입했다. 1985년부터 2000년까지 단 15년 동안 미국의 산업 부문에 공급된 물의 총량은 4분의 1이나 감소했다. 2차 세계 대전 이전 미국의 철강 공장들이 강철 1톤을 생산하는 데 60~100톤의 물을 사용했다면, 21세기 초의 현대적 철강 공장들은 겨우 6톤의 물만 사용한다.[43] 마찬가지로 물 집약적인 반도체 실리콘 웨이퍼 제조업은

1997년에서 2003년 사이에 극도로 순도가 높은 물 소모량을 4분의 3이나 줄였고 배출수의 상당 부분을 관개용으로 재활용했다. 1995년부터 10년간 다우케미컬은 생산되는 제품의 톤당 물 사용량을 3분의 1이상 감소시켰다. 유럽의 네슬레의 경우, 1997년부터 2006년 사이 식품 생산량은 거의 두 배로 늘었으면서도 물 소비량은 29퍼센트 감소했다. 생수 회사 페리에비텔이 수계지 부근의 경작지 재조림에 투자하고, 미네랄 워터의 수질을 보존하기 위해 농민들이 좀 더 현대적인 방식으로 농사를 짓도록 지원한 것을 보면 뉴욕 시의 역사적인 생태계 서비스 계획이 떠오른다.

오랜 세월 동안 물은 기업 예산에서 주요 품목으로 인정받지 못했고 최고 결정권자에게서 피상적인 관심 이상을 받지 못했다. 물 부족의 시대에 점점 더 많은 기업들은 의식적으로 물을 석유와 같은 전략적 생산 요소로 취급하고 있다. 물 역시 명확한 회계보고와 미래의 전략 목표를 필요로 하는 핵심 사안이 되고 있다.[44] 가장 미래지향적이고 국제적인 사고방식을 지니고 있는 기업들은 전 세계에 걸쳐 있는 자신들의 원료 공급자들이 직면한 수자원 위기를 분석하여 취약한 부분을 선별해 그들이 환경적으로 지속가능한 실천과 보존 방식을 받아들일 수 있도록 도왔다. 예를 들어 유니레버 사의 기술적, 경제적 지원으로 브라질의 토마토 재배 농민들은 미세관개법을 받아들여 물 소모량을 30퍼센트 줄이고, 살충제와 살균제에 오염된 유거수의 양을 감소시켰다.[45] 양조회사 앤호이저부시는 미국 북서부 태평양 지역의 가뭄으로 큰 타격을 입었을 때, 물 공급망의 중요성을 극명히 깨달았다. 작물 경작에 필요한 물 부족은 맥주 양조의 핵심 요소인 보리 가격을 상승시켰으며, 다른 한편 댐의 유량 감소로 수력발전 비용이 오르자 알루미늄 맥주 캔의 제조비용도 높아졌다.[46] 환경운동가들 또한 이런 노력에 동참했다. 예를 들어, 국제자연보호협회는 물을 효율적으로 이용하는 기업들에게 모범기업 증명서를 수여하는 계획을 개발 중이다.

산업용수의 생산성 향상은 경쟁력 강화에 직접적으로 기여할 뿐 아니라, 절약한 물을 다른 생산적인 용도로 돌리는 데 들어가는 비용도 낮춤으로써 경제적 이익을 창출한다. 그러나 잠재적 이익의 규모 면에서는 효율성이 가장 낮고 가장 많은 보조금을 지급받으며 오염이 가장 심한 부문인 농업 부문에서 물 생산성 도약이 일어났을 때 얻을 수 있는 혜택에 비한다면 아무것도 아니다. 농업이 단연 가장 많은 몫(종종 4분의 3 이상)의 물을 사용하기 때문이다. 비효율적인 침수 방식 때문에 관개용수의 절반이 작물의 뿌리에 닿지도 못하고 유실돼 버린다. 관개용수 사용량을 4분의 1만 줄여도 산업과 발전, 도시용수 및 지하수와 습지 재충전 등 다른 모든 생산적 활동에 이용할 수 있는 물의 양을 두 배로 늘릴 수 있다.[47] 사실 농업 생산성을 높이는 것으로 입증된 기술은 이미 존재한다. 물방울 적하(滴下) 식 혹은 소형 스프링클러를 이용한 미세관개법과 물을 더 고르게 공급하기 위한 경작지의 레이저 수준측정 등의 방식이 성공적으로 광범위하게 도입된 이스라엘, 인도, 요르단, 스페인, 미국 등지에서는 물 소비를 30~70퍼센트 가량 줄이면서도 생산량을 20~90퍼센트 높였다.[48] 장기적으로 점점 더 심화되고 있는 세계적인 식량 부족 문제를 해결하기 위해서는 이러한 방법들이 필수적이다. 문제는 결국 정치다. 어떻게 하면 이런 방식들을 신속하게 수용하도록 할 것이며 또 공평한 경쟁의 장을 만들어 가장 효율적인 농부들이 그에 상응하는 시장의 이윤을 거둘 수 있게 할 것인가?

물 부족을 겪고 있는 캘리포니아가 주도하는 미국의 관개농업은 서서히 침수관개에서 스프링클러 등을 이용한 미세관개농업으로 투자의 중심을 옮겨 왔다. 그러나 대부분의 농업 부문은 여전히 가격 보조금 지급, 관세 및 배출오염 정화 의무 면제 등을 통해 시장가격의 완전한 규율을 벗어나는 식으로 정치적으로 굳건하게 보호받기 때문에 더 빠른 발전을 이루기 위한 충분한 동기를 결여하고 있다. 그 결과는 미국이 수자원의 효율적 배분을 통한 전반적인 경제 성장과 경쟁력 강화의 기회를 놓치는 것 이상이다. 부정적인 측면의 경제적, 환경적 비용과 형평성 비용 또한 점점 증가한다. 미국 관개농업인들은 재충전되는 속도보다 빠르게 지하 대수층의 물을 끌어다 쓰는 방식에 더 크게 의존할 수밖에 없다. 2000년 기준으로 미국 전체 관개용수의 5분의 2 이상이 지하수로서, 반세기 전에 비해 거의 두 배로 증가한 것이다.

중요한 수상 생태계가 관개농업과 강우농업에서 사용되는 인공 비료와 살충제에 오염된 유거수로 인해 피해를 입고 있다. 유거수의 오염원을 정확히 어느 하나로 꼭 집어 말하기가 힘들기 때문에, 미국의 농업이 야기하는 오염은 아직도 적절히 규제되지 않고 있다.[49] 오염물질들은 천천히 흐르는 지하수와 습지, 그리고 강으로 스며들어 식수와 가까운 곳은 물론이고 멀리 떨어진 지역의 연안 어업도 오염시키고 있다. 비료에 오염된 유거수는 미시시피 강으로 흘러들어 강의 질소 함유 영양물질의 농도를 크게 높였다. 이로 인해 물고기가 살지 않는 생물학적으로 죽은 영역이 계속 팽창하여 거의 매사추세츠 주 면적만큼 확대되었으며, 이윽고 멕시코 만에까지 이르기 시작했다.[50] 이와 유사한 죽음의 지대가 1960년대 이후 전 세계적으로 두 배로 확대되어서 대양 어업의 심상찮은 쇠퇴의 주원인이 되고 있다. 이는 관리되지 않는 '공유지 비극'의 전형적 사례로서, 환경 문제를 일으킨 자가 그 비용에 대한 모든 책임을 지지 않아도 되기 때문에 문제를 개선하려는 어떠한 동기도 부여받지 않는 것이다. 이것은 또한 물 부족 시대에 물을 가진 쪽과 가지지 못한 쪽 사이에 점점 더 커지고 있는 숨겨진 불평등이 낳은 비극이기도 하다.

그러나 농업용수 생산성 향상의 가장 흥미로운 사례는 미국에서 멀리 떨어져 있고 규모도 더 작은 이스라엘과 오스트레일리아 같은 물이 부족한 산업 민주주의 국가들이다. 이런 곳에서는 다시 한번 필요가 혁신의 어머니로 작동하고 있다. 오스트레일리아는 산업화된 국가들 가운데 가장 가혹한 수리 환경을 지니고 있다.[51] 이 대륙 국가는 극도로 건조하고, 강우 패턴은 변덕스러우며, 양분이 매우 부족한 노년기 토양을 지니고 있는 데다가, 방대한 내륙을 가로지르는 장거리 내부 수로망을 갖추고 있지도 않다. 그 결과 영토는 미국에서 면적이 작은 순서대로 주 48개를 합한 것과 같은 엄청난 크기지만 인구는 고작 2000만 명에 불과한 데다가 그들 중 대다수는 남동부 머리달링 강 유역에 집중해 있다.[52] 이 강의 유역은 관개용수의 85퍼센트와 식량의 5분의 2를 생산한다.

오스트레일리아는 미국 서부와 유사한 경제 모델에 따라 발전했다. 즉 강에 댐을 건설하고 관개에 보조금을 지급하며 농부들은 물을 흥청망청 써댄다. 1990년대 초 하천 생태계가 입은 피해는 무시하고 넘기기에 너무 커졌다. 머리달링 강의 연평균 유량의 4분의 3 이상이 인간 활동으로 소비되었다. 과도하게 이용된 다른 강들과 마찬가지로 강어귀가 토사로 막히고 있었으며, 강 하류의 염분 농도가 너무 진해져서 애들레이드 시에 공급되는 물을 오염시키고 있다. 또 비료를 함유한 유거수가 활기 없는 달링 강을 따라 1005킬로미터 길이의 구간에 치명적인 조류를 번식시키고 있다.

머리달링 강 생태계 위기에 대한 정부의 대응은 시장의 가격 결정 및 교환 기능과 환경적 지속가능성을 강조함으로써 정부의 수자원 정책을 급속히 재구조화하는 것이었다. 정부는 새로운 관리 원칙에 따라 관개 보조금 지급을 중단하고 농민들에게 댐과 운하의 유지 보수 비용을 부담시켰으며, 무엇보다도 생태계를 건강하게 유지하기 위해 강에 남아 있어야 하는 최소 유량을 과학적으로 산정하여 그 기준치를 마련했다. 자율적인 물 교역을 촉진하기 위해 물에 대한 권리는 사적 소유권과 명확히 구분했다.[53] 이를 위해 새로운 유역 위원회가 결성되어 관리를 맡았다.

10년이 조금 더 지나자 농민들 사이, 농민과 도시 사이, 그리고 주의 경계를 넘어서 물 교역이 이루어졌다. 컴퓨터를 이용한 두 가지 물 교환 방법이 이용되었다. 농부들은 심지어 휴대전화를 통한 교환에 익숙해지기도 했다. 온실가스 배출권에 대한 미국식 총량거래제(cap and trade, 산업별, 기업별로 일일이 탄소 배출량을 정해 주고, 초과 및 부족분을 경매 방식으로 거래하는 시스템 ― 옮긴이) 방식과 유사한 계획을 실시함으로써, 토양과 강 유역을 염분화시키는 농민들은 삼림 소유자들에게서 '증발권'을 구매할 수 있다.[54] 왜냐하면 나무는 뿌리로 수분을 흡수하여 염분을 제거하기 때문이다.

오스트레일리아의 수자원 개혁은, 그 기획자들이 바라던 것처럼, 관개용수를 염도가 높은 토양에서 비옥한 지역으로, 가치가 낮은 작물에서 높은 작물로, 그리고 일반적으로 생산성이 낮은 방식에서 높은 방식으로 이전시키기 위한 것이었다. 토양 염분화는 급격히 낮아졌고 강의 어족 자원은 부활하고 있다. 전반적인 물 생산성은 급격히 치솟았다. 오스트레일리아의 개혁은 적기에 실행되었다. 2000년대 초, 오스트레일리아는 금세기 최악의 가뭄을 겪었다. 주들과 이해관계 집단들 사이의 파멸적인 정치 경쟁이 부활하여 불시에 민주주의를 분열시킬 수도 있는 상황이 발생했다. 건조한 미개지의 양 목장은 정부가 구입하여 양들이 소비하는 물을 보존해 강의 유역을 재충전하는 데 이용했다. 물은 훨씬 더 빠듯하게 배분되었으며, 정부는 습지를 재충전하고 생태계 건강에 필수적인 다른 요소들을 보호하기 위한 충분한 물을 확보하는 데 최고가격을 지불하기 시작했다. 현재 기후변화로 인해 오스트레일리아의 물을 둘러싼 정치적 투쟁이 만연하고 있다. 과학자들은 향후 10년간 머리 강의 유량이 5~15퍼센트가량 감소할 것으로 예측하고 있다.[55]

미국인들이 자신들의 과거 변경 정착민 시절에 향수를 느끼듯, 오스트레일리아 인들도 자신들의 개인주의적인 가족 농장과 목양(이것이 이 나라 전체 농업용수의 절반을 소모한다.)을 비롯한 목축이 쇠퇴할 것이라는 전망을 향수 어리고 불편한 심정으로, 그리고 이따금 절망적인 감정을 가지고 대한다. 그러나 물이 부족한 현실은 현대 사회가 어떻게 소중한 자원을 가장 생산적으로 배분할 것인가를 놓고 어렵고도 새로운 선택을 해야만 한다는 것을 의미한다. 냉혹한 진실은 오스트레일리아 농지의 1퍼센트 미만에서 전체 농업 이윤의 80퍼센트가 생산된다는 점이다.[56] 나머지 압도적인 대다수의 농지는 자원을 고갈시키는 농업 보조금으로나 명맥을 유지할 수 있는 불모의 땅이다. 사실상 그런 한계지들은 사회적, 정치적 이유로만 보존할 가치가 있는 문화적 잔재이다. 이 땅들은 21세기 국제 경쟁에서 오스트레일리아의 경쟁력을 대가로 치르며 보존된 것이다.

물을 둘러싼 신빈곤 정치와 녹색혁명

미국과 다른 주요 산업 민주주의 국가들은 물 문제가 지닌 시대적인 중요성, 또 물 부족과 생태계 고갈 사태가 초래한 세계질서의 변화에서 자신들이 누리는 전략적 이점을 아직 완전히 깨닫지 못했다. 물 생산성 증대를 강조하는 연성 대응이 기반을 확장해 오긴 했지만 단속적으로 진행되어 왔을 뿐이다. 이 맹아적 발전을 더욱 진척시켜서 자동으로 작동하는 '보이지 않는 녹색 손'의 메커니즘으로 구현함으로써 물의 촉매적 잠재성을 완전히 이용하고, 그 결과 이 시대를 주도할 돌파구를 확보할 가능성이 있는데도 그런 계획을 실천할 일관된 국가 정책은 존재하지 않는다.

타성과 오랫동안 뿌리내려 온 제도적 힘은 역사의 어느 시점에서건 혁신적 변화를 가로막는 엄청난 방해물이다. 오늘날에도 마찬가지다. 강력한 수자원 관리 관료들은 빈곤한 상상력으로 전 시대에 만들어진 접근법에 집착한다. 예를 들어 미육군공병단은 아직도 콜로라도 강과 미시시피 강이라는 두 개의 거대한 강 유역을 연결하려는 계획에 몰두하고 있다. 농업 보조금과 보호 관세는 정치적 전망에 깊이 뿌리내리고 있어서 의회는 어떻게 하면 그것들을 옥수수 에탄올 같은 바이오연료 분야로까지 확대할 수 있을지에만 집중한다. 그렇게 하면 물이 식량생산에 투입되지 못하고 온실가스 배출을 늘려 지구 온난화를 가중하는데도 말이다. 35년간의 '맑은물법'이 수질을 개선하고 기업들의 극적인 물 생산성 향상에 성공적으로 기여했음에도, 부시 행정부의 환경보호국은 환경 규제를 교란하고 특수 이익집단들을 위한 문을 다시 열어 놓았다.[57] 이들은 2006년 대법원이 계절적 혹은 원격지 습지와 하천을 1972년에 제정된 '맑은물법'의 보호 영역에서 제외한다는 분할 판결을 내린 후, 로비를 통해 불법 산업 폐기물 방류에 대한 400건의 고발을 취하시켰다. 마찬가지로 대부분의 환경 단체들은 계속해서 정부 주도의 단순 하향식 금지라는 규제적 시각으로 사태를 바라보고 있으며, 시장 지향적인 연성 경로식 혁신에 대해서는 극도의 의구심을 품고 있다. 물이 풍족한 서양은 시장 민주주의의 틀 안에서 창조적 파괴라는 새로운 역동적 순환을 추동해 낼 수 있을 것인가? 이를 위해 자신들의 지배적 지위를 온전히 발휘하여 물 생산성의 도약을 성취해낼 수 있을 것인가? 아니면 정치적으로 깊이 뿌리박혀 있고 시대적으로 뒤떨어져 있는 관습들의 이면에 잠재해 있는 문제들을 심각하게 고려하지 않은 채, 물 생산성 향상의 기류를 단지 방만한 물 소비를 줄이는 한낱 소박한 방법으로만 이용할 것인가? 여기에 대해서는 아직 판결이 나지 않았다.

물의 역사에서 중대한 혁신은 지나고 나서야 비로소 분명해진다. 즉 그러한 혁신들이 사회의 각 층에 전파되어 기술적, 조직적, 그리고 정신적 연쇄 반응의 촉매가 되고 난 다음에 말이다. 때때로 이러한 반응들은 새로운 형태로 결합하여 사회와 문명의 궤도 및 운명을 변경시킬 정도의 전환기적 변화를 촉진한다. 예를 들어 제임스 와트의 증기기관이 당시 막 생겨나기 시작한 공장제도, 운하의 대유행, 석탄 채굴 및 철 주물 산업의 붐, 영국 식민제국의 확장, 그리고 국내 신규 자본의 축적 및 기업가 정신에 친화적인 정치

경제적 분위기 등과 결합하여 산업혁명을 일으킨 방식은 당대의 예상을 뛰어넘는 것이었다. 그러나 이따금 물 생산성의 엄청난 도약으로 인한 영향이 확대되는 경로들 중 적어도 일부분은 예측해 볼 수 있다.

현재의 지평에서 볼 수 있는 경로 가운데 하나는 물이 전 지구적 차원의 다른 세 가지 문제들, 즉 식량 부족, 에너지 부족, 그리고 기후변화와 상호작용하는 방식이다. 이러한 상호작용은 우리 문명의 가장 중요한 문제, 즉 어떻게 지구 전체의 환경을 지속적으로 관리할 것인가 하는 문제의 결과에 근본적으로 영향을 미칠 가능성이 높다. 항상 그런 식으로 인식되는 것은 아니지만, 이 네 가지 문제들은 매우 긴밀하게 상호 연결되어 있어서 어느 것 하나에 근본적인 변화가 생기면 곧 다른 문제들의 근본적인 조건과 전망까지도 달라진다.[58] 예를 들어 관개농업은 작물 재배에 필요한 물에만 의존하는 것이 아니라, 지하대수층에서 물을 끌어 올려서 산지 지형을 넘어 먼 거리까지 운반하고 스프링클러를 돌리며, 마지막으로 물을 식물의 뿌리까지 운반해 주는 여타 장비들을 가동시키기 위한 막대한 양의 에너지가 필요하다. 대규모 관개농업에 필수적으로 쓰이는 인공비료를 생산하는 데에도 많은 에너지가 필요하며, 경작지에서 배출되는 인공비료가 함유된 유거수는 수질과 생태계에 커다란 영향을 미친다. 한편 경작지를 만들기 위해 목초지나 열대우림, 습지 등을 개간하는 것은 적어도 두 가지 점(초목을 태우고 땅을 갈아엎는 과정에서 직접적으로 발생하는 온실가스가 대기 중에 배출되고 배출된 탄소를 흡수해주는 천연 흡수물이 줄어들기 때문에)에서 지구 온난화를 악화한다. 물을 연료를 만드는 데 써야 할지 아니면 식량을 재배하는 데 써야 할지와 같은 제로섬 수수께끼는 옥수수 에탄올 같은 바이오 에너지 생산을 둘러싼 결정에 내재해 있다. 당면한 식량 기근 문제를 완화하는 데 대양 간 무역을 통해 이동하는 가상수 즉, 곡물의 비중은 점점 증가하는 추세이다. 그런데 대양 간 무역을 담당하는 초대형 컨테이너 선단을 가동하는 데에도 값비싼 화석연료가 소모된다. 식량생산 활동의 끝자락을 차지하는 식량 가공과 저장 공정 또한 물과 에너지를 극도로 많이 소모한다.

물레방아 시대 이후 물과 에너지는 전력 생산 과정에서 결합되어 왔다. 오늘날 이것들은 수력발전과 화석연료를 이용한 화력발전소의 냉각 과정에서 대규모로 융합된다. 실제로 발전소를 추가로 건설할 때 냉각수로 쓸 충분한 양의 강물을 확보할 수 있느냐가 주된 제약 요소로 작용한다. 도시에 공급할 물을 여과하고 처리하여 퍼 올리는 데에도 막대한 양의 에너지가 필요하다. 물과 에너지의 연계 규모를 평가할 수 있는 지표를 들어보자면, 캘리포니아 전력의 거의 20퍼센트가 물 기반시설에서 사용된다.[59]

에너지 위기는 종종 물 위기로 발전했고 그 역도 마찬가지였다. 2003년 8월 미국 북동부에서 대규모 정전 사태가 발생했을 때, 클리블랜드 시장 제인 캠벨은 곧 자신이 (정전으로 인한) 어둠보다 훨씬 더 심각한 위기에 직면해 있다는 것을 깨달았다.[60] 당황한 백악관 측에서는 그녀에게 정전의 원인이 국제 테러리즘이 아니라 지역 전력배분시설의 고장 때문이라는 내용의 성명을 발표하여 여론을 안정시키기를 바랐지만, 진짜 문제는 전기로 작동하는 네 개의 상수도 펌프장의 가동이 중단되어 시의 식수가 하수로 오염될 위기에 처해 있다는 것이었다. 공중 보건 상의 대참사를 막기 위해 그녀는 두 번째 긴급조치를 단행하여 시민들에게 반드시 물을 끓여 먹도록 경고했고, 이는 전력이 복구되고 나서도 이틀간 지속되었다. 위기 전달의 인과관계는 또한 반대 방향으로도 자주 발생한다. 가령 가뭄으로 인해 전력 생산이 부족해지면 식수 공급, 관개, 산업 가동 및 선박 운행이 감소한다. 2003년 이탈리아에 극심한 가뭄이 발생했을 때, 포 강의 수위가 평소보다 7미터나 떨어지면서 냉각수 부족으로 발전소의 가동이 중단되었고 가정과 공장에 전기 공급이 끊어졌다.[61] 마찬가지로 2007년 미국 남서부의 가뭄으로 테네시 강의 수위가 사상 최저치를 기록했을 때, 수력발전 생산량은 절반으로 감소했고 선박 운행도 줄어들었다.

높은 에너지 비용 때문에 물 부족을 완화하기 위한 많은 방법들을 실행에 옮기기가 어렵다. 해수담수화 비용의 3분의 1에서 2분의 1은 에너지, 즉 화석연료 비용이다. 실제로 담수화 공법의 대규모 도약 여부는 재생가능한 에너지원의 획기적인 가격 하락에 달려 있는 것 같다. 마찬가지로 지하 깊숙한 곳의 대수층에서 끌어 올릴 수 있는 물의 양이나 중국의 남북대수로 계획처럼 유역 간 운하를 통해 원거리로 운송할 수 있는 물의 양은 대개 펌프를 돌리는 데 들어가는 에너지 비용에 의해 결정된다.

물론 화석연료에서 발생하는 에너지는 정점으로 치닫고 있는 지구 온난화 위기를 악화한다. 18세기 후반, 제임스 와트가 증기기관을 발명했을 때 대기 중 이상화탄소 농도는 백만분의 280에 불과했다.[62] 2세기 동안 산업화가 진행된 이후 이산화탄소 농도는 3분의 1가량 증가하여 백만분의 380을 넘어섰다. 이는 지난 42만 년간 최고치이며, 과학자들이 남극과 그린란드의 빙하가 붕괴될 수 있는 수치로 예상하고 있는 400~500에 빠르게 접근하고 있다. 사실 온난화로 인한 기후변화의 주된 피드백루프 또한 물과 관련되어 있다. 즉 예측 과학자들이 '강수의 극단화 현상(extreme precipitation events)'이라 부르는 것이 증가한다. 가뭄은 더 길어지고 그로 인해 물의 증발량 또한 많아질 것이며, 우기에는 집중호우와 산사태가 더욱 빈발할 것이다. 온도가 일정 수준 이상을 넘어야 생성되는 허리케인 같은 폭풍은 더욱 강력해질 것이고, 극지방의 빙하가 녹아내려 해수면이 상승할 것이다. 무엇보다도 광범위하게 느껴질 현상으로는 계절적 강우 패턴의 교란을 꼽을 수 있다. 지구 온난화 때문에 눈 대신 비로 내리는 봄철 강수의 양이 더욱 많아져서 홍수와 산사태 발생 빈도가 늘어나고, 적절한 때에 건조한 경작지를 적셔 주었던 여름철 산지 융설수의 양은 줄어든다. 세계 각지의 댐과 물 저장 기반시설들은 전통적인 강수 패턴에 맞추어 고안되었기 때문에, 기후변화로 인해 그러한 기반시설들의 규모는 점점 더 현실과 동떨어진다. 가령 댐 저수지는 더 이상 봄철 강수로 인한 유거수를 전부 가둬 둘 수 없으며, 반면에 융설수의 감소로 여름철 관개수와 수력발전량은 줄어든다. 물 부족 상태가 본격적인 물 기근으로 갑작스럽게 발전할 가능성 때문에 식량 및 에너지 생산은 어려움을 겪을 것이다. 이제 기후변화에 적응하기 위한 물 기반시설의 대규모 재건축이 어렴풋이 윤곽을 드러내고 있다.

그 길을 선도하는 나라는 역사적으로 쟁쟁한 수리공학 국가들 가운데 하나인 네덜란드이다.[63] 이 나라 민주 정치의 물리적 기반은 홍수의 위험에 노출되어 있는 광대한 저지대의 간척지 관리에서 비롯되었다. 1916년 대홍수 이후, 네덜란드는 20세기 전반기의 가장 위대한 공학적 업적 가운데 하나를 완성했다. 거대한 제방을 쌓아 자위더르 해와 북해가 만나는 입구를 막아 로스앤젤레스 크기의 인공담수호를 만들었는데, 이것이 바로 에이설 호 혹은 에이(Ij)라고 알려진 암스테르담 부근의 새로운 물 공급원이다. 최근에 네덜란드 수리공학자들은 겨울철의 물 펌프와 나무심기(각각의 나무뿌리 하나가 하루 302리터의 물을 흡수할 수 있다.)라는 자연현상을 복잡하게 조합하여 간척지의 배수를 유지했다. 그러나 기후변화가 시작되면서 강우량이 증가하고 해수면이 상승하자, 네덜란드는 지속적으로 수상 생태계를 관리하려는 노력에서 새로운 흐름이 될 수 있는 사업을 선도적으로 개척하기 시작했다. 정부가 간척지를 사들여 침수지로 이용한다는 것인데, 그렇게 해서 도시와 귀중한 사회 기반시설들을 잠식해 들어가고 있는 물을 다른 곳으로 돌릴 수 있다.

그러나 물로 인한 극단적 파괴를 완화해 줄 근대적 기반시설도 없을뿐더러, 물이 부족하고 몬순의 영향을 받으며 생계유지에 급급한 나라들에서는 기후변화로 인한 충격이 훨씬 더 치명적일 가능성이 높다. 전통적인 방식대로 손으로 만든 진흙 댐이 집중 호우에 떠내려가지 않고 살아남더라도, 뒤

이은 더 길어진 건기 동안 충분한 유량을 확보하지 못해 작물은 말라 버리고 가축은 죽어 나갈 것이다. 이렇게 불확실하고 빈곤한 조건에서 하루하루를 살아가는 수억 명의 사람들에게 기후변화의 결과는 종종 기근과 질병 그리고 죽음이다. 상황은 더욱 심해질 것이다. 기후 모델의 예측에 따르면, 지구 온난화의 가장 가혹한 결과는 전 세계에 균등하게 나타나는 것이 아니라 물이 가장 부족한 지역들에서 발생할 가능성이 높다. 대부분 물이 풍족한 국가들이 분포해 있는 온대지역은 기후변화로 인한 초기 영향은 크지 않을 것으로 예상된다. 그러나 일부 기후 모델의 예측대로 극지의 빙하가 급속도로 녹아내려 해수면이 4~10미터 정도 상승한다면, 해안지대가 침수되고 급기야는 북대서양의 염도와 수온이 변화해 대양 간 컨베이어 벨트(즉 해류)가 멈출 것이다. 이는 곧 예외적으로 길었던 1만 2000년간의 안정적이고 따뜻한 간빙기 동안 짧게 번영을 누렸던 인간 문명의 종말을 가져올 빙하기의 시작을 의미한다.

긍정적으로 사태를 바라보면, 똑같은 관계가 역으로 작동한다. 물 부족 문제를 완화해 줄 중요한 혁신이 일어난다면 그로 인한 혜택은 곧 역으로 확대되어 식량, 에너지 및 기후변화의 문제들을 해결하는 데 도움을 줄 것이다. 물을 덜 필요로 하는 유전자 조작 작물이나 미세관개법과 원격감지 시스템 등에서 기술적 도약이 일어난다면, 머지않아 90억 명에 이르게 될 인류를 먹여 살리고, 현재 관개용수를 위해 지하수를 과도하게 끌어다 쓰는 데 에너지원으로 이용되고 있는 화석연료를 절약할 수 있을 것이다. 해수담수화 기술의 발전도 해안지역의 작물 재배나 도시생활용수 공급에 기여할 수 있다. 혁신 가능성이 높은 또 다른 기술로는 (댐에 설치되지 않고) 독자적으로 가동되는 소규모 수력발전 터빈이 있다. 이 기술을 이용해 세계 곳곳에 있는 물살이 센 지류와 하천에서 재생가능한 전기를 생산할 수 있을 것이다. 즉 지역에 값싼 전력을 공급함으로써 생태적으로 해로운 댐을 제거할 수 있고, 지역 공동체가 부를 생산하는 수단의 자립도를 높이고 또 그로 인해 사회 안에서 민주적 목소리의 위상도 높일 수 있는 깨끗한 대안을 제공해 준다. 물에서 수소를 얻고 부산물로 수증기를 발생시키는 연료 전지도 다소 과대 선전된 면이 있지만 깨끗하고 재생가능한 에너지를 공급할 수 있고, 그로 인해 식량과 물, 생태계 건강 문제 해결을 위해 자원을 절약할 수 있다. 그러나 적어도 특별한 신기술(하이테크)만큼이나 중요한 것은 점진적이고 꾸준히 구기술(로테크)을 개선함으로써 이미 이용하고 있는 물을 더 생산적으로 사용하는 것이다. 즉 기존의 상수도 시설을 능률적으로 개량하고, 소규모의 분산된 강수 저장 시설을 늘리며, 자연의 자체 정화 능력과 생태계의 재생 주기를 현명하게 사용해야 한다.

대규모 댐이나 녹색혁명 같은 지난 세기의 기술적 만병통치약이 존재하지 않는 상황에서, 세계적 물 위기에 가장 성공적으로 대응하는 방법은 다양한 기술과 규모, 조직 방식들을 관찰하고 시행착오를 통해 실험한 결과 단속적으로 등장할 가능성이 높다. 그리하여 각 지역과 국가는 각자의 특수한 조건에 맞게 재단된 해결책을 찾고자 할 것이다. 분명한 추세가 확립되기까지 불확실성, 다양성 그리고 유동성이 상황을 좌우할 것이다. 역사적으로 서구 민주주의 국가들의 시장경제는 바로 이러한 종류의 환경에서 혁신을 일으키고 성장을 창출하는 데 탁월했다. 반면에 중앙집중식으로 관리되는 경제와 권위주의적 국가는 기술 발전의 추세가 분명하고 그 기술을 어떻게 효과적으로 적용하느냐가 주된 문제인 경우에 최고의 능력을 발휘했다. 따라서 서구의 모델은 물 부족이라는 새로운 문제에 가장 효율적인 대응 방안을 찾는 전 지구적 경쟁에서 풍부한 수자원뿐 아니라 타고난 조직적 이점이라는 우위도 누린다.

역사적으로 서구에서 수자원 이용 부문에 커다란 진보가 일어난 것은 결정적인 순간에 등장한 특출한 리더십 때문이기도 했다. 20세기가 시작되는 전환기에 시어도어 루스벨트 대통령은 새로운 연방 기구를 창설하여 관개농업을 장려하고 파나마 운하를 건설함으로써 미개발된 미국 극서부의 잠재력을 끌어낼 수 있다는 몽상에 가까운 신념을 품고 있었다. 마찬가지로 대공황기에 프랭클린 루스벨트 대통령은 정부가 전국 각지에 후버 댐과 같은 초대형 다목적 댐을 건립하여 신속하게 혜택을 늘릴 수 있다고 믿었으며, 드 위트 클린턴 뉴욕 시장은 이리 호 운하 건설에 뉴욕 시의 재정을 지원하여 애팔래치아 산맥을 넘어 미시시피 계곡에 이르는 교통로를 개설한다는 '건국의 아버지들'의 꿈을 실현했다. 이 지도자들은 각각의 경우마다 목표가 분명한 일관된 환경과 믿을 만한 규칙들을 만들어 냄으로써, 목표를 이루는 데 반드시 필요한 개인과 사기업들의 신뢰를 구축했다. 오늘날 우리에게 가장 부족한 것이 바로 그러한 자극과 비전을 제시해 주는 리더십과 원칙에 대한 신뢰할 만한 약속이다. 오늘날 그러한 과감하고 사회 혁신적인 계획들을 무력화하는 사회적, 경제적 문제들을 극복하는 것은, 비록 의식도 있고 또 가능한 수단이 없지 않다 하더라도 결코 쉽지 않다. 그렇게 되기 전까지는 지속가능한 환경을 가능케 하는 시장의 힘(물의 공급, 수송, 정화 및 생태계 보존의 모든 비용을 반영하는 자율적인 시장가격 지표를 통해 물 생산성, 배분, 생태계 건강성을 향상시키는 보이지 않는 녹색 손의 메커니즘)의 구조적 혁신 가능성은 완전히 구현되지 못할 것이다. 깨기 힘든 기득권, 불완전한 구조, 여기에 더해서 시장의 사적 주체들이 온전히 참여하기에는 너무 불확실한 게임의 규칙이 방해 요소로 작용하기 때문이다.

점점 심각해지고 있는 전 지구적 물 부족 문제에 대한 해결책이 곧 제시되지 않는다면, 물이 풍족한 국가들은 20세기 후반에 석유파동을 겪을 때 그랬던 것처럼 외국에서 빈발하는 물 파동으로 충격을 받아 흔들릴 수 있다. 중동처럼 물이 극도로 부족하고 인구가 과밀한 지역에서는 외교적 고립과 물을 둘러싼 폭력, 심지어 물로 인한 전쟁이 발발할 가능성도 있다. 세계 식량 가격의 급등, 기근, 그리고 중국이나 인도 같은 급성장하는 아시아의 거인들이 소비하고 배출하는 자원과 쓰레기로 인한 환경적 부작용 등은 수입 상품에 의존하는 빈국들의 불안을 가중시킨다. 곡물 가격이 급등했던 2008년 봄, 세계은행 총재 로버트 졸릭은 새로운 녹색혁명이 일어나지 않는다면 약 33개국이 사회적 불안에 직면할 것이라고 경고했다.

통합된 세계경제의 원활한 작동과 석유, 식량 등 핵심 품목의 무역은 어떤 국가(혹은 국가들)가 나서서 핵심 요충지인 십여 군데의 해협과 운하를 해군력으로 통제하여 초대형 컨테이너 선박이 방해받지 않고 자유롭게 운항할 수 있도록 할 수 있느냐에 달려 있다. 그런 곳들이 막히면 숨통을 죄는 급소가 될 수 있다.[64] 좁고 해적이 횡행하는 말라카 해협 같은 곳에서 테러리스트들이나 해적들이 석유운반선을 침몰시키는 것, 페르시아 만 입구에 있는 호르무즈 해협을 통해 이동하는 석유의 흐름을 중단시키는 전쟁, 혹은 홍해 남부의 바브엘만데브 해협의 봉쇄 등이 특히 지정학 전문가들의 관심 대상이다.

외교 정책 또한 물 문제에 따른 동맹 관계의 영향을 받아 재편성될 가능성이 높은데, 이는 지난 세기 석유의 경우와 유사하다. 사우디아라비아가 우호적인 이웃 국가들에서 경작지를 임대하는 것, 마다가스카르의 잠재적 농경지를 확보하려 했으나 결국에는 실패하고 만 한국의 시도, 그리고 자원이 풍부한 아프리카 국가들에 노동력과 댐, 다리 및 기타 물 기반시설들을 공급하는 중국의 사례는 가상수를 비롯한 각종 자원의 안보 및 외교적 단위가 새롭게 형성되고 있음을 알리는 징조이다. 이러한 움직임은 더 넓은 세계 질서 안에서 긴밀한 결속력을 보여 주고 있으며, 현재 서구가 제공하는 방위우산의 허를 찌른다. 실제로 물에 기초한 동맹은 탈냉전 질서의 새로운 국제 패러다임 가운데 하나로 부상할 수 있다. 이제 전통을 벗어난 새로운 외교 정책적 사고가 필요하다. 예를 들어 다른 지역의 수자원 강국과 전략적 동맹을 맺으면 세계 여러 지역에서 영향력을 증대할 수 있는 많은 수단을 확보할 수 있다. 터키는 중동의 수자원 강국이라는 지위를 이용하여 시리아와 이스라엘의 평화회담 중재자, 그리고 가상적이지만 물에 관한 결정권자로서 영향력을 발휘하고 있다. 물이 점점 더 부족해지면서 극단적이고 양극화된 정치적 상황이 발생하면, 실현 가능성은 극히 드물지만 심지어 다음과 같은 사고 실험도 생각해 볼 수 있다. 만일 중동의 석유 수출국들이 극단적인 태도를 취하여 석유를 통해 과도한 이익을 취하려고 한다면, 나일 강 상류의 에티오피아와 티그리스 유프라테스 강 상류의 터키, 그리고 요르단 강의 이스라엘이 외교적 대응 조치로 국제적인 식량(가상수) 수출국 카르텔과 결탁하여 수자원 동맹을 형성한다는 것이다. 중앙아시아에서도 유사한 가정을 해 볼 수 있다. 현재 국가 기능이 제대로 작동하고 있지 못하지만 타지키스탄은 이 지역 수자원의 40퍼센트 이상을 통제할 수 있는 잠재력을 지니고 있다. 타지키스탄은 대규모 댐을 건설하여 이웃 아프가니스탄과 파키스탄이 필사적으로 추구하는 수력발전을 공급할 수 있다. 미래 지향적인 서구의 외교 정책수립가들이라면 또한 티베트에 대한 중국의 막대한 영향력 때문에 중국이 거대 강들의 산상 수원지를 통제함으로써 동남아시아의 경제적, 정치적 운명을 좌지우지할 것이라는 점 또한 파악해야 한다.

전 세계 인구의 5분의 1 정도로 추산되는 최악의 물 빈곤 국가들, 즉 마시고, 요리하고 씻는 데 필요한 기본적인 수요조차 충족받지 못하는 지역들, 초보적인 공중 화장실을 포함한 적절한 위생 조건을 갖추지 못한 전 세계 인구의 5분의 2가 거주하는 지역들, 그리고 10년에 한 번 정도로 반복되는 홍수, 산사태, 가뭄 등에 의해 삶이 황폐해지는 20억 인구가 사는 곳에서도 외교 문제들이 끝없이 생겨난다.[65] 이들은 대부분 아프리카와 아시아의 실패한 국가들이나 혹은 개발도상국가들의 가난한 농촌 지역에 거주하는 사람들이다. 이들에게는 수리 자원을 이용해서 사회적 생산성을 향상시키는 것은 바라기 어렵고, 다만 수자원 관리가 전혀 안 되고 오래전에 설치한 조잡한 급수시설마저 붕괴되어 일어나는 재앙을 막아서 우선 생존을 유지해야 한다는 정도로 문제를 고려해야 한다. 세계 인구가 증가하면 절망적인 물 빈민들의 절대수도 증가할 것이며, 이것이 부국들에 미치는 국제적 여파 또한 증가할 것이다. 인도에서 아프리카까지 수십만 명의 '기후 이주자'들이 벌써 물 파동과 물 부족, 그리고 기반시설의 붕괴로 연도에 늘어서 있다. 국경이나 지역 경계선에서 이들에게 생존이 달려 있는 심각한 물 부족 문제를 스스로 해결해 달라고 정중하게 요구해 봐야 아무런 소용이 없다.

희망적인 측면에서 보면, 서양이 기존 수자원의 생산성을 극적으로 증가시키고, 수상 생태계의 지속가능성을 개선하며, 또 국제 식량 공급을 강화하는 수출 가능한 기술에서 도약을 이룬다면, 물 부족 문제에 직면한 국가들과 공동체들을 돕는 강력한 지렛대로 작용할 것이다. 그러한 기술적 도약은 서구에 도움이 되는 광범위한 외교적 선의를 낳고, 토착 민주주의의 발전도 도울 수 있을 것이다. 그러한 발전은 20세기에 일어났던 정부 관료 주도의 대규모 계획보다는 창의적이고 유연한 임기응변의 해결책을 필요로 할 것이다. 여기에는 식민지 이전 시기부터 실행되어 온 전통적인 소규모 물 관리 방법들의 부활도 포함된다. 예를 들어 영국의 식민주의가 침투하지 못한 인도와 중앙아시아의 농촌 지역들에는 그러한 전통적인 방식들과 지역 중심 메커니즘이 부분적으로 보존되어 있다. 인도에서는 마을에서 만들고 관리하는 물탱크들이 국가의 대규모 물 부족분을 지역적 차원에서 일부나마 충당하는 유익한 구실을 한다. 아프가니스탄과 이란 동부의 농촌에서는 매년 지역의 과수 경작자들과 농민들 가운데서 미라브(mirab)라고 하는 존경받는 물 관리자들을 선출한다. 이들은 하나의 수원을 공유하는데, 물을 공급할 시기와 양을 정하고, 수원지 상류의 농민들이 자신들에게 주어진 몫 이상의 물을 차지하여 하류의 사용자들이 사용하지 못하는 일이 없도록 분쟁을 조절하는 역할을 한다. 미라브 시스템은 놀랍게도 발렌시아의 공개 물 법정과 같이 민주적으로 작동하는 지역 제도들, 혹은 네덜란드 민주주의 창시자들에게 하나의 원형이 되었던 네덜란드 물 의회를 연상시킨다. 실패했거나 혹은 한번도 제대로 성립된 적이 없는 국가를 재건하기 위한 기본원칙들 가운데 하나를 만드는 데에 오랫동안 뿌리내려 온 지역의 물 관련 제도들과 관행들의 토대를 이용하는 것도 상상해 볼 수 있을 것이다.

세계 최빈국들의 물 부족 위기가 국제적인 의제가 되었고 1970년대 이후 수많은 고위급 회담에서 진지한 주제로 채택되었으며, 2002년 요하네스버그에서 열린 2차 지구정상회담의 세계 지도자들이 승인한 유엔밀레니엄 발전목표도 2015년까지 깨끗한 물을 얻지 못하고 기본적인 위생시설을 갖추지 못한 사람들의 비중을 절반으로 줄인다는 구체적인 목표치를 포함하고 있음에도, 물을 사용할 권리를 누리지 못하는 지역들은 계속 증가하고 있다.[66] 멀리 떨어져 있고 분산된 정치 세력들 사이에 작동하는 무자비한 무관심이라는 익숙한 동력학이 항시 작용하고 있다. 더군다나 깨끗한 물과 위생을 위한 다각적 캠페인이 원래 의도와는 달리 똑같이 물이 절실하게 필요한 식량생산 기반에 대한 투자를 줄이는 결과를 초래하기도 한다. 전 세계 모든 지도자들의 진지한 관심을 집중시킬 절박한 위기가 발생하지 않으면, 부유한 국가들의 충분한 재정 지원은 물론 물 부족으로 고통받는 국가 지도자들의 정치적 의지 또한 충분하지 않을 것이다. 국제 질서는 변화하는데 국제적인 의제를 선정할 수 있는 강력한 세력이 존재하지 않는 상황에서, 행동을 이끌어 내는 방식은 허약한 다자간 기구들과 다양한 비정부기구들이 주도하는 무정형의 국제적 과정밖에 없다. 이들이 지난 수년간 몰두해 온 논쟁과 연구들의 일부만이라도 구체적인 행동으로 옮겨졌더라면 물 부족 위기는 벌써 해결되고도 남았을 것이다.

그동안 몇 가지 유망한 원칙들이 선언되었다. 이른바 '3E' 사이의 균형을 유지하는 것도 그중 하나다. 구체적으로는 환경적으로(Environmentally) 지속가능한 물의 이용, 공평한(Equitable) 방식으로 기본 물 수요에 대한 전 세계 빈민들의 접근권을 보장하고 공동체가 지역의 수자원 빈민들을 위한 혜택 마련에 동참하기, 경제 상품으로서 물의 가치를 인정함으로써 기존 수자원을 효율적(Efficient)으로 이용하기 등이다. 그러나 이러저러한 원칙들을 어떻게 실제로 실현할지에 대해서는 어떠한 고무적인 합의에도 이르지 못했다. 그 결과 제트기를 타고 다니면서 물 문제 관련 회의에 참석하러 다니는 소수의 사람들은 끝없는 잡담 집단이나 마찬가지다. 이들은 포괄적으로 선의를 선언하지만 정작 그것을 달성하기 위한 구체적 경로에 관해서는 의견을 수렴하지 못한다. 제3회 세계물포럼(World Water Forum, 이 포럼은 3년마다 열린다.)이 2003년 교토에서 연인원 2만 4000명이 참석한 가운데 개최되었을 때에도 바로 이러한 모습을 볼 수 있었다. 참석자들은 전 IMF 총재 미셸 캉드쉬가 주도한 선명한 입장의 위원회 보고서를 둘러싸고 격렬한 논쟁을 벌였다. 이 보고서는 밀레니엄발전목표를 달성하기 위한 구체적인 재정 수단을 제안했다. 물 기반시설을 위해 세계적으로 연간 1800억 달러라는 엄청난 자본이 투자되어야 하지만 선진국 정부들은 단지 미온적인 태도만 보인다는 점을 지적하면서, 캉드쉬 보고서는 민간 부문의 참여를 강력하게 제안했다.[67] 한편 이 보고서는 댐과 같은 대규모 중앙집중식 수리시설을 민간 자본 투자의 잠재적 목표로 언급해서 논쟁에 불을 붙였다. 왜냐하면 댐이야말로 환경운동가들이 세계댐위원회에서 맞서 싸워 온 저주의 대상이었기 때문이다. 캉드쉬 보고서가 발표된 회견장에서 항의 시위가 벌어졌다. 물의 사유화에 반대하는 분노한 활동가들, 비정부단체 대표자들, 그리고 노조 조합원들이 현장을 행진하며 "이윤이 아닌 인민을 위한 물"이라는 기치가 담긴 현수막을 펼쳐 들었다.

현재의 움직임과 추세대로라면, "생명에게 물을"이라는 기치로 유엔이 선언한 국제행동연간(2005~2015)은 밀레니엄 목표치를 달성하지 못하고 종료될 가능성이 크다. 뿐만 아니라 물이 풍족한 국가들과 부족한 국가들 사이의 균형은 계속해서 물 부족이 심화되는 방향으로 기울고 있다. 물이 부족한 국가들은 기근으로 기울기 시작했고, 이미 기근을 겪고 있는 나라들은 더 큰 규모의 인적 참사와 정치적 봉기에 직면했다. 물 생태계는 과도하게 착취되어 차츰 고갈되고 있고 사회를 지탱할 능력 또한 점점 더 약해지고 있다. 물을 충분히 가진 쪽과 그렇지 못한 쪽 사이의 격차가 점점 더 벌어지고 그것이 불만과 불평등, 그리고 분쟁의 원천이 되었다. 이에 따라 인류에게 가장 필수불가결한 자원에 대한 신빈곤의 정치가 점점 더 21세기 역사와 환경의 운명을 결정하는 핵심 요소로 부상하고 있다.

결론 — 우리는 결국 물이다

지난 역사를 돌이켜 보면, 수자원 이용에 나타난 기술 혁신과 세계사의 여러 전환점들 사이에 긴밀한 관계가 있음을 알 수 있다. 대략 5000~5500년 전에 수천 년간의 실험과 발전 끝에 중동의 비옥한 초승달 지대와 인더스 강 유역 그리고 황허 강의 부드러운 황토 지대에서 범람하는 강을 이용한 대규모 관개농업이 발전하여 인류 문명의 출발을 위한 기술적, 사회 조직적 토대를 마련했다. 동시에 인간은 갈대와 나무로 만들고 나중에 조종 방향타를 부착한 범선으로 강과 해안가를 따라 대형 화물을 운반하기 시작했다. 항해술이 발달하자 국제적인 해상 교역이 가능해졌고, 이로 인해 농경 조건이 상대적으로 열악한 지중해 지역에 문명이 발전했다. 빗물과 경작 가능한 땅만 이용하여 문명이 느리게 발전해 가다가, 4000년 전 역축을 이용해 훨씬 더 넓은 땅에 더 집약적인 농경을 가능케 한 쟁기농업이 전파되면서 발전 속도는 본격적으로 빨라졌다.

대략 3000년 전, 빨갛게 달구어진 철을 물에 냉각하는 공법을 완성하여 강철 무기와 연장을 제조할 수 있게 되면서 카나트와 수로의 건설이 가능해졌다. 이를 통해 모든 문명권에서 자리 잡기 시작한 대도시들의 성장을 지속할 만큼 충분한 양의 물이 공급되었다. 내륙을 향한 문명은 자연 하천들을 연결한 수송 운하가 개발되면서 더욱 팽창했다. 이러한 운하는 2500년 전 중국에서 처음 개발되어 17세기 프랑스의 남프랑스 운하에서 19세기 미국의 이리 운하까지 수 세기 동안 세계 각지에 많은 영향을 끼치며 건설되었다. 약 500년 전에는 유럽 인들이 대양 항해술을 발견함으로써 전 지구적인 거리의 장벽이 무너졌다. 19세기 중반 이후, 대양 간 항해는 대규모 해양 운하가 건설되고 더욱 빠른 새 증기선 및 식민지 시대의 세계질서를 만들어 낸 포함이 등장하면서 몇 배나 빨라졌다.

약 2000년 전에 초보적 형태의 물레방아가 발명되어 흐르는 물의 힘으로 제분기를 돌려 빵을 만드는 데 쓰이기 시작했다. 천 년 후 더 복잡한 기어 장치들을 갖춘 물레방아가 산업에 폭넓게 활용되었으며, 마침내 250년 전에는 공장 가동에 이용되었다. 수력의 장벽은 18세기 말 증기엔진(지난 세기 최대의 발명으로 산업혁명기의 결정적인 혁신들의 촉매제 역할을 했다.)을 이용해 마침내 극복할 수 있었으며, 19세기 말의 수력발전과 20세기의 물을 보조 수단으로 사용하는 발전(發電)이 발명되면서 다시 추월되었다. 위생혁명은 인간의 건강과 인구증가 그리고 깨끗한 식수 확보에 변화를 가져와 대규모 근대 산업 도시의 형성을 뒷받침했다. 고대에 최초의 대규모 댐이 건설된 지 5000년이 지난 이후, 역사상 최초의 거대한 다목적 댐이 건설되어 지구의 큰 강들을 이용하여 전기를 생산하고 관개용수를 공급하며, 대규모로 홍수를 통제하기 시작했다. 댐은 단번에 풍경을 바꾸어 놓았으며 전 세계적인 녹색혁명이 일어나는 데 결정적인 역할을 하여 폭발적인 인구증가에 기여했다. 근대적인 산업 기술들을 활용해 인간은 석유를 뽑아내듯이 지하 깊은 곳에서 물을 끌어

낼 수 있었으며, 수로를 통해 물을 전례 없이 멀리까지 운반할 수 있었다. 20세기가 끝나 갈 무렵, 대양을 운행하는 복합 초대형 컨테이너 선단은 인터넷에서 거의 실시간으로 정보를 얻어 외국의 공장에서 주문받은 상품들을 싣고 빠른 속도로 지구를 가로질러 지역 시장에 공급함으로써 새롭게 통합된 국제경제에서 중추적 운송수단의 역할을 수행하고 있다.

매번 주요한 기술적 도약이 일어날 때마다 문명은 물이라는 핵심적인 장애물을 오히려 엄청난 경제적 힘과 정치적 통제의 원천으로 전환해 발전을 거듭해 왔다. 그때마다 변함없이 문명이 접근 가능한 수자원을 생산적으로 이용했으며 공급량의 절대치도 더욱 증대했다. 사회는 물의 '촉매' 능력을 가장 잘 이용할 수 있는 새로운 형태로 진화하고 대신 낙오된 부문들을 쇠퇴의 구덩이로 밀어 넣으면서 시대의 세계질서는 거듭 바뀌었다. 오늘날 인간은 새로운 시대의 문턱에 도달했다. 인간의 기술 수준은 문자 그대로 지구적 규모로 자연 자원을 변화시킬 수 있는 단계까지 이르렀다. 한편 인구 팽창으로 인한 급격한 수요 증가와 새롭게 번영을 누리기 시작한 사람들의 소비 수준 향상으로 인류는 가능한 최대의 물을 끌어다 써야 하는 처지에 내몰렸다. 그 첫 번째 결과 놀랍게도 지구의 생명을 유지해 주는 많은 수상 생태계들이 점증하는 전 지구적 물 수요에 보조를 맞추지 못하고 고갈되어 버리고 있다.

현재까지 이루어진 모든 수자원 이용 기술의 도약은 네 가지 전통 범주에 속한다. 가내 이용, 경제 활동, 전력 생산 그리고 수송 및 전략적 이익이다. 21세기가 시작될 무렵, 인류 문명은 이 시대의 새로운 물 문제를 특징짓는 불가피한 다섯 번째 범주에 직면해 있다. 그것은 지속가능한 환경을 유지하면서도 충분한 담수를 공급해 주고, 과밀한 인구를 지탱하며 메말라 가는 지구의 물 부족 문제를 완화해 줄 새로운 통치 조직과 기술적 응용을 어떻게 혁신적으로 고안해 낼 것인가와 관련이 있다. 자연에서 더 많은 재생가능한 용수를 뽑아내게 해 줄 전지전능한 기술은 존재하지 않으며, 가까운 시일 내에 그렇게 될 것 같지도 않다. 몇몇 사회에서는 시간을 벌기 위해 지하수를 끌어다 쓰기도 하고, 이 강에서 저 강으로 용수를 운반해 가며 강 전체의 물이 다 떨어질 때까지 버틸지도 모른다. 수억 명의 사람들에게는 이미 심판의 날이 다가왔다. 이 행성에서 함께 살아가는 모든 사람들에게 인류 문명의 운명은 이 문제에 어떻게 대응하느냐에 달려 있다. 중대한 도약을 통해 재생가능한 용수의 생산적 이용을 극대화하고 기술 전환을 선도한 사회는 역사적으로 부를 늘리고 국제적 힘을 키우곤 했다.

위기 완화를 위한 가장 확실하고 환경적으로 지속가능한 대규모 물의 원천은 현재 공급되고 있는 용수를 좀 더 효율적으로 사용하는 것이다. 그것은 겉으로 보이는 것보다 훨씬 어렵다. 시작 단계부터 정치적으로나 경제적으로 물을 관리하는 방식이 조직적으로 변해야 한다. 거의 모든 사회에서 광범위한 비효율과 낭비 그리고 정치적 편애가 수 세기 동안 물의 이용을 통제해 온 정부의 지휘 체계 안에 자리 잡고 있다. 개혁은 두 가지 주된 접근 방식 가운데 하나를 통해서 이루어질 수 있다. 하나는 뿌리박힌 기존 체제를 뽑아내고 그것을 대체할 주요 기술과 방식을 현명하게 선택할 수 있는 통찰력 있고 능률적인 하향식 정치 지도력을 통한 개혁이다. 다른 하나는 비효율을 없애고 기존의 수자원을 생산성이 낮은 쪽에서 높은 쪽으로 재배치하기 위해 적절히 규제를 받는 준거 틀 안에서 시장의 검증된 재조직화의 힘을 이용하는 것이다.

물론 일부 국가에서는 비상한 리더십이 등장하여 필수적인 내부 개혁을 수행할 가능성도 있다. 그러나 역사적으로 판단해 보건대, 그러한 예외적인 리더십이 여러 대륙에서 동시에 등장하기를 기대하는 것은 공상에 가깝다. 정치적으로 중립적인 시장이 제시하는 이윤 동기에 따라 움직이는 개별 주체들을 신뢰하는 것이 더 실용적이면서도 실현 가능성이 크다. 시장은 가격

기제를 통해 물의 가치를 정하는데, 이때 가격 기제는 외적 환경 규제 기준을 통한 생태계 유지에 필요한 모든 비용뿐만 아니라 모든 사람이 적정한 가격으로 기본적인 생활에 필요한 최소한의 물을 공급받아야 한다는 사회적 공정성 또한 반영한다. 시장 체제가 역사적으로 부의 불평등한 분배를 불러왔다고 염려하는 이들은 다음과 같은 사실 또한 인식할 필요가 있다. 이윤을 추구하는 자유 경쟁 시장은 역사적으로 불공정한 기득권에 맞선 가장 전복적이고 비차별적인 적이었으며 동시에 엄청난 부를 창출하기도 했다. 이러한 사실은 시장 분배를 어떻게 더욱 공정하게 할 것인가를 논하기 전에 반드시 짚고 넘어갈 필요가 있다.

두 번째 장애물은 다음과 같다. 시장에 의존한 것이든 정부 주도에 의한 것이든, 효율적인 조직 혁신을 위해서는 그 전제조건으로 적절한 수자원 기반시설, 즉 기본적인 상수도 공급망, 수해 대비 보호시설, 하수처리 시설 그리고 물 사용량 측정 시스템 등을 갖추어야 한다는 것이다. 세계 많은 지역에서 이런 전제조건이 놀라울 정도로 결여되어 있다. 예를 들어 기반시설이 부족해 일인당 하루 최저 물 사용량인 50리터의 물을 모든 사람들에게 공급한다는 가장 기초적이고 보편적인 목표마저 달성하지 못하는 통탄할 상황이 발생한다. 이는 물 절약형 양변기를 8번 사용한 양에 해당하는 지극히 하찮은 양이어서 심지어 가장 물 부족이 심한 사회에서도 충분히 공급할 수 있는 정도다. 합법적인 정부라면 당연히 그렇게 하려고 할 것이다. 더군다나 많은 비정부단체들과 공식적인 국제기구들도 각 국가들이 그 정도 목표는 물론 기본적인 물 수요 또한 충족할 수 있도록 돕고 있다. 저명한 물 전문가들은 이 적은 양의 물이 물에 대한 보편적 인권으로 인정받을 수 있도록 노력하고 있다. 그러나 인류의 5분의 2는 그러한 최소한의 혜택마저 누리지 못하는데, 단 하나의 간단하고 결정적인 이유, 즉 효율적인 제도로 관리되는 기존의 수자원 기반시설이 부족하기 때문이다.

마지막으로 물 부족이라는 지구적 위기를 해결할 단 하나의 만능해결책은 없다는 점을 언급하겠다. 정치적, 경제적, 사회적 조건들이 각각 고유하듯, 각 사회는 고유한 수리적 현실과 문제에 직면해 있다. 어떤 사회는 계절성 몬순에 대비해야 하고 다른 사회는 연중 계속되는 강우에 대처해야 하지만, 또 다른 사회는 대처해야 할 문제가 거의 없기도 하다. 아프리카의 어떤 곳은 지역 전체가 수력발전 개발이나 관개용수 저장 능력을 거의 이용하지 않은 반면, 미국과 유럽에서는 추가로 대규모 댐을 건설해 봐야 환경적으로 역효과만 낳고 경제적 이익도 오히려 감소할 것이다. 많은 개발도상국들이 그러하듯 역사적으로 대규모 급수시설을 갖추지 못했던 가난한 지역에서 새로운 물 프로젝트에 투자하는 일은 최대의 주요 과제이지만, 주요 산업민주주의 국가들에서는 그러한 과제가 거의 존재하지 않는다. 어떤 나라에서는 전통적인 소규모 로테크 방식들을 부활 혹은 확장하는 일이 가장 시급한 반면 다른 나라에서는 근대적인 물 기술을 가능한 한 빠르게 대규모로 적용하는 것이 급선무다. 우리에게 필요한 것은 보편성 혹은 원칙의 편향 같은 것이 아니라 실용주의이다. 솔직히 물이 풍족한 국가들의 활동가들이나 관료들이 자신들은 대규모 댐을 건설하여 엄청난 물질적 혜택(종종 추악한 사회적, 경제적, 그리고 환경적 부작용을 동반하면서)을 입었으면서도 국제적인 영향력을 이용하여 물 부족 국가들이 시도하는 그와 비슷한 종류의 모든 개발에 반대하는 것은 위선적일 뿐만 아니라 도덕적으로도 잘못되었다. 요컨대 세계의 물 부족 위기는 다차원적 위기다. 그것은 각각 특수한 층위와 상황들을 겨냥한 무수히 많은 대응들과 다른 지역에서 행한 일들을 수용하기 위한 많은 시행착오들, 기반시설에 대한 막대한 규모의 자본투자, 실용적인 정보를 동원한 부단하고 고된 작업, 그리고 몇 가지 유연한 지도 원리 등을 필요로 한다. 어떠한 선행 모델이나 제도적 틀도 존재하지 않는다. 모든 것은 일을 해 나가면서 풀어야 한다.

모든 사회는 그 시대의 중요한 물 문제를 각 사회만의 특수한 형태로 직면한다. 각 사회가 그 사회만의 물 문제에 어떻게 대처하는지 그리고 어떤 사회가 가장 역동적인 도약을 이루어 내는지가 물이 극도로 중요해진 세기에 부분적으로 승자와 패자를 결정하는 요인이 될 것이다. 물이 풍족한 사회가 주어진 기회를 잘 포착하여 초기의 유리함을 새롭고 역동적인 방식으로 잘 활용할 수 있을지, 아니면 상대적 안락함에 안주하고 말지, 그러는 동안 다른 물 부족 국가들이 생존을 위한 혁신에 매진하여 그동안 알려지지 않았던 물의 새로운 가능성을 발견하는 선구적 도약을 이루고 결국 물이 부족하다는 단점을 오히려 부의 팽창과 세계적 리더십 쟁취를 위한 원동력으로 전환하게 될지, 이에 대해 역사는 분명한 답을 제시해 주지 못한다. 혁신적 도약을 통한 응전을 가장 능숙하게 수행할 수 있는 체제는 어떤 체제일까? 서양의 자유민주주의, 중국의 권위주의적이고 국가 주도적인 시장체제, 고대의 수리적 전제사회, 혹은 20세기의 나치독일이나 소련처럼 새로이 부활한 전체주의적 통제 경제체제, 아니면 완전히 새로운 모델에 기초하여 생겨난 체제, 이중 어느 것이 그와 같은 우위를 차지하느냐가 경쟁하는 정치경제 체제들 사이의 끊임없는 변천의 역사에서 향후 지배적인 통치 모델 유형에 영향을 끼칠 것이다.

역사적으로 물은 문명을 통합하기도 하고 분할하기도 했으며 문명 사이의 장벽이자 전달자이기도 했지만, 무엇보다도 늘 문명을 변화시키는 역할을 했다. 물은 역사적으로 가장 중요한 자연 자원이자 인간 사회의 거의 모든 분야에 필수적인 자원, 그리고 하나같이 제1세계의 물질적 수준을 지향하는 90억 인류가 직면한 식량, 에너지, 기후변화 및 기타 문제들을 상호 연관시키는 자원이다. 그와 동시에 물은 지구 전체의 환경을 어떻게 지속가능한 방식으로 관리할 것인가 하는, 인류 문명이 처한 생존 문제의 초기 대리 검사 성격을 띠기도 한다. 지리학자 제레드 다이아몬드는 다음과 같은 비관적 결론을 내린 바 있다. 즉 수십 억 인구가 모두 소비와 쓰레기 배출 면에서 산업화된 국가 수준으로 사다리를 타고 올라가려는 열망을 지니고 있지만, 현재의 추세대로라면 물을 비롯한 지구 전체의 환경 자원이 그런 열망을 충족시킬 만큼 충분치 않다는 것이다.[1] 앞선 시대와 마찬가지로 인구와 이용 가능한 환경 자원 사이에 다시 광범위한 불균형이 생겨났다. 기근, 대량학살, 전쟁, 질병, 대량이주, 생태적 재난 및 그 밖에 헤아릴 수 없는 많은 고난들은 균형을 다시 확립하기 위한 역사의 무자비한 메커니즘으로 작용할 것이다. 결국엔 모든 나라들이 다른 지역에서 발생한 물 위기가 수없이 환류하는 과정에 완전히 빠져들지는 않더라도 어느 정도 타격을 입을 것이다. 얼마나 많은 소요와 고통을 겪을지는 대개 인류가 공유하는 지구의 총체적 물 위기를 얼마나 잘 관리하느냐에 달려 있다. 시야를 좀 더 미래로 확장해 보면, 인간에 생명을 가져다주었고 인류 문명의 운명을 만들어 낸 예외적으로 독특한 물질인 물은 언젠가 인류가 지구를 벗어나 태양계의 다른 천체를 식민화할 때에도 반드시 풀어야 하는 선결조건이기도 하다.

고귀한 인간의 삶을 떠받치는 물

물의 역사적 역할을 다루는 연구라면 반드시 다루어야 할 물의 특징이 한 가지 더 있다. 물과 인간의 삶 사이에는 뗄 수 없이 긴밀한 관계가 형성되어 있다는 점이다. 단순히 '인간의 삶'이라고 할 것이 아니라 '고귀한 인간의 삶'이라고 해야 할 것이다. 2004년 여름 케냐를 방문했을 때, 나는 기본적인 필요를 충족시키기에도 부족한 그곳의 물 상황이 얼마나 비인간적이고 경제적으로 피폐한 상태인지 보고는 당혹감을 감추지 못했다. 그곳의 상황은 인류 대다수가 여전히 낡아 빠진, 심지어 고대에 쓰인 수리 기술을 이용해 자연으로부터 극히 미약한 물질적 잉여를 뽑아내기 위해 노력하고 있다는, 정신이 아찔할 정도로 불평등한 현실을 단적으로 보여 주었다. 케냐 남동부 아프리카 대지구대 가장자리에 위치한 반건조 농촌 지역 출루힐에는 한때 활기찬 문화생활을 누렸던 공동체가 존재했지만, 지금은 물이 부족하다는 단 한 가지 이유로 문자 그대로 극빈 상태에 빠져 있다.

소수의 남녀가 곡괭이, 삽, 사이잘삼 자루 같은 것을 들고 몇 주 동안이나 땅을 파고 흙을 퍼 나르는 등, 허리가 휘어질 정도의 중노동을 하는 것을 보고 공동의 인류애가 존재한다고 믿었던 나는 큰 충격을 받았다. 왜냐하면 그들이 그토록 중노동을 하는 이유가 고작 자신들이 19년 전에 만든 진흙 댐(정확히 고대에 지어진 것과 동일한 방식으로 만들어진)을 보수하여 몬순기간에 내리는 빗물을 받아 건기 동안 소들을 먹여 살리기 위해서였기 때문이다. 그들도 알고 나도 알지만 그들이 한 철을 전부 들여 행하는 노동은 불도저 한 대로 하루 만에 끝낼 수 있는 정도이며, 며칠을 더 들여 시멘트 작업을 한다면 그들이 몇 년 동안 할 일을 해낼 수도 있다. 인근 마차코스힐에서는 전통적인 계단식 경작으로 물 관리와 농작물 생산의 효율성을 향상시켰다. 그곳의 케냐 농민들은 하루에 몇 시간씩 디딤판으로 된 물 펌프(수 세기 전 중국의 도작 농민들이 사용했던 대나무 관을 이용한 방식과 매우 흡사하며, 오늘날의 서양인들은 체육관에 있는 스테어마스터라는 운동기구를 같은 방식으로 작동시킨다.)를 밟아 플라스틱 관을 통해 흙탕물 웅덩이의 물을 산허리에 있는 양철통으로 퍼 올리고 그 물을 이용해 작물을 경작한다.

놀랍게도 많은 여성과 아이들이 하루에 두세 시간 이상 먼지가 날리는 길을 걸어서 우물이나 다른 수원지에서 깨끗한 물을 길어 크고 노란 플라스틱 '제리' 통에 담아 머리에 이거나 막대기 끝에 걸어 어깨에 들쳐 메거나 혹은 자전거나 당나귀를 이용해서 실어 나르는 광경을 어디서나 흔히 볼 수 있다. 4인 가족이라면 매일 90킬로그램 정도의 물을 길어와야 마시고 요리하

26 인류의 5분의 1은 아직도 기초적인 가내 수요에도 못 미치는 물을 공급받고 있으며, 5분의 2는 적정한 수준의 위생을 해결하지 못하고 있다. 그로 인해 수백만의 어린이들(위)과 여성들이 교육과 생산적인 일을 포기하고 대신 매일 수 킬로미터를 걸어서 그날그날의 생존에 필요한 물을 길어야 한다. 청나일 강의 수원인 타나 호(아래) 부근의 에티오피아 고산지대와 같이 수자원 기반시설이 부족한 가난한 지역에 사는 수십 억 명의 사람들은 홍수, 산사태, 가뭄같이 물로 인한 파괴적인 자연 재난을 겪고 있다.

27 케냐의 이 두 농민들에게 수자원 개발 사업은 너무 늦게 이루어졌다. 2004년에서야 3킬로미터 길이의 파이프 관을 통해 마침내 깨끗한 물을 끌어올 수 있었다.

28 물 사용량이 급속히 증가하는 세계 인구보다 두 배나 빨리 늘어나 지구적 차원에서 새로이 치명적인 물 기근 시대가 도래했다. 세계의 사회와 정치는 물이 풍족한 국가들과 물이 부족한 국가들로 나뉜다. 이와 더불어 역사적으로 다섯 번째의 중요한 물 사용처가 등장하고 있다. 그것은 곧 지구의 생태계를 보존하는 것이다.

고 씻는 것 같은 최소한으로 필요한 물을 확보할 수 있다. 그 정도의 양을 확보하기 위해서 어머니와 아이들이 매일 두 번씩 물을 실어 나르는 모습을 드물지 않게 볼 수 있다. 생계를 위해 물을 길어다 날라야 하니 아이들은 학교에 갈 시간을 빼앗기고 부모들은 물질적 궁핍에서 벗어나기 위해 노력하겠다는 진취적인 의지를 상실한다. 물을 나르는 일이 전통적으로 여성의 일이라는 사실은 그러한 비극에 성별 불평등이라는 치욕을 더한다. 미국의 소규모 인도주의 단체 독지가들이 3킬로미터 길이의 배수관 연결공사에 자금을 지원했을 때 그들은 진심으로 기뻐했다. 우물의 펌프를 연결해 마을에 있는 플라스틱 물 저장고에 바로 물이 공급되었기 때문이다.

    나는 한 사려 깊은 젊은이를 만났을 때 느낀 무기력한 불의의 감정을 결코 잊을 수 없다. 그 젊은이는 미국, 유럽, 아시아의 산업화된 나라의 또래 젊은이들과 동등한 기회를 누릴 자격이 충분할 만큼 진취적이고 패기가 넘쳤다. 그는 매일 밤 전기도 들어오지 않는 집에서 나이로비 대학에 특별 장학생 자격으로 입학한다는 쉽지 않은 기회를 잡기 위해 고등학교 검정시험 준비에 매진하고 있었다. 그의 집안은 너무 가난해서 수백 달러에 이르는 정식 고등학교 등록금을 감당할 수 없었다. 만약 우리가 자금을 지원한 배수관 공사가 몇 년만 더 빨리 이루어졌더라면, 그래서 마시고 씻는 일뿐 아니라 소규모 관개농업 같은 경제적으로 생산적인 용도로도 이용되었더라면, 이 젊은이는 아마도 내 딸들이 당연하다고 생각하는 그리고 그 자신도 충분히 그러한 자격을 갖춘 전문적인 배움의 기회를 누릴 수 있었을 것이다. 그의 조국도 나라의 발전을 위해 분투할 소중한 인적자본을 얻을 수 있었을 것이다. 고등학교 교사인 내 아내가 2008년 여름에 여행한 에티오피아의 사정도 비슷했지만, 빈곤 문제는 훨씬 더 심각했다. 아내가 청나일 강 상류의 수원지인 아름답고 외딴 고원 지대에 도착하여 그곳 농부들이 황소가 끄는 나무 쟁기로 별 볼일 없는 생계를 꾸려 가는 모습을 보았을 때, 그녀는 마치 중세로 시간을 거슬러 올라간 느낌을 받았다고 했다.

전쟁이 끝난 지 얼마 안 된 1950년대까지만 하더라도 프랑스 브르타뉴에 사셨던 나의 장모님은 냇가에서 빨래를 하고 빗물을 받은 양동이를 위층으로 가지고 올라가서 아이들을 씻기고 가족의 음식을 장만하셨다고 한다. 물의 역사가 모든 지역에서 일종의 중층적 역사를 이루고 있음을 잘 보여 주는 사례이다. 고대, 중세, 근대의 방식들은 항상 공존한다. 그러나 결정적으로 그것은 불평등의 중층적 역사이다. 물이 풍족하고 안락한 생활을 누리는 쪽에는 엄청난, 그리고 쉽게 간과되는 이점을 가져다주지만, 물이 부족한 편에는 영양실조, 질병, 매일매일 물을 긷느라 교육받을 시간을 희생해야 하는 불리한 생활 조건이라는 불이익이 따라붙는다. 물의 필요성이 어떠한 인간적 원리, 사회적 결속, 그리고 이데올로기보다 우선한다. 문자 그대로 필수불가결하다. 세계 곳곳에서 발생하는 기근, 대량학살, 질병, 그리고 국가 붕괴 등의 근본 원인이 극단적인 물 부족이라는 점을 살펴보면서, 만약 물질적 조건과 관련된 의미 있는 인간의 권리가 있다면 무엇보다도 최소량의 깨끗한 물에 대한 권리에서 출발해야 한다는 믿음을 갖게 되었다.

결국 세계 공동체의 각 구성원이 전 지구적 물 위기에 대응하여 궁극적으로 어떻게 행동하느냐는 단지 경제적, 정치적 역사의 문제만이 아니라, 우리 자신의 인간성, 그리고 인류 문명의 궁극적 운명에 대한 판단의 문제이기도 하다. 어느 과학자가 간결하게 말했듯이 "결국, 우리는 물이다."

주(註)

저자 이름 뒤의 숫자는 해당 문헌의 쪽수를 가리킨다.
더 자세한 서지 사항은 뒤의 참고문헌을 참조할 것.

서론 — 우리 운명을 결정짓는 물

1 폴 케네디가 McNeill, *Something New Under the Sun*에 쓴 서문, xvi.

1부 문명 탄생의 필수 자원

1   역사를 결정짓는 핵심 자원

1 물은 특유의 열 수용능력 덕분에 넓은 범위의 온도와 압력 아래에서도 액체 상태를 유지할 수 있다. 지난 40억 년 동안 태양이 33퍼센트 더 뜨거워졌음에도 불구하고 지구가 온건한 기

후를 유지할 수 있었던 데에는 이 같은 물의 열 수용능력이 핵심적인 역할을 했다.
2 오늘날 과학자들은 42억 년 전의 지구가 지옥 같은 불덩어리가 아니라 지질학적으로 상당히 안정된 상태였다고 믿는다. 42억 년 전의 지구에는 육지와 바다가 있었고, 당시의 태양이 현재보다 30퍼센트 적은 양의 열을 냈기 때문에 지구의 표면은 얼음으로 덮여 있었다.
3 따뜻하고 습한 날씨와 춥고 건조한 날씨가 번갈아 가며 나타났는데, 온난다습한 날씨는 수세기에 걸친 짧은 기간 동안, 그리고 한랭건조한 날씨는 긴 기간 동안 지속되었다. 어떤 경우에는 날씨가 한 해 동안 양극단을 오가며 불안정하게 요동치기도 했다. 지난 70만 년 동안 이 같은 짧은 주기는 길고 가혹한 빙하기와 온난다습한 짧은 간빙기를 오가는 극적인 변동의 지배를 받았다.
4 Alley, 3, 14. 오늘날처럼 안정적으로 따뜻한 기후는 지난 11만 년에 대한 빙하 코어(ice core, 빙하에 구멍을 뚫어 추출한 얼음 조각 — 옮긴이) 데이터 중에서 가장 긴 것이다. 앨리는 "인간이 농업과 산업을 발달시킨 지난 수천 년 동안 이 같은 기후변동이 없었다."고 지적했다.
5 지구상에서 열을 보존하는 '온실가스' 중에 가장 풍부한 것이 바로 수증기이다.
6 수온의 차이는 대항해 시대에 선원들이 증오했던 위도 30도 부근의 아열대 무풍대와, 유럽의 탐험가들에게 해양 고속도로가 되었던 대서양의 무역풍을 포함하는 해양풍의 체계가 돌아가는 데에 중요한 역할을 한다.
7 예를 들어 지구 온난화로 인해 북극의 빙하가 녹아서 찬 담수가 북대서양에 과도하게 들어올 경우, 이는 조류의 순환을 중단시켜 새로운 빙하기를 촉발할 수 있다. 과거 이런 중단은 매우 급격히, 짧게는 50년 만에도 시작된 것으로 보인다. 한번 중단된 조류의 순환을 다시 시작하도록 만들기는 힘들다.
8 수자원에 관한 자료는 일차적으로 Shiklomanov and Rodda, 13, 그리고 Gleick, *World's Water, 2000~2001*, 19~37에서 가져왔다. 지구에는 13억 8600만 세제곱미터의 물이 있고, 그중 96.5퍼센트는 바다에 있다. 전체의 2.5 퍼센트, 즉 3500만 세제곱미터만이 담수이다.
9 Shiklomanov and Rodda, 8, 9.
10 수증기는 식물의 증산작용에 의해서도 증가한다. 강수 중 대부분은 중간에 증발하기 때문에 땅에 도달하지 않는다. 바다 전체만큼의 물이 이 사이클을 통과하려면 약 3100년이 걸린다.
11 강수의 15퍼센트는 아마존의 열대우림(여기에는 전 세계 인구의 0.5퍼센트가 살고 있다)에 떨어진다. 물이 부족한 아시아 지역에서는 강수량의 80퍼센트가 5월에서 10월까지의 몬순 시기에 내리는데, 몬순 시기에 물을 통제하기란 매우 어렵다.
12 Durant and Durant, 14.

2 관개농업과 문명의 탄생

1 Toynbee, *Study of History*, 제5장, "Challenge and Response," 60~79.
2 인간은 일상적 활동을 하면서 하루에 대략 0.3리터의 물을 숨과 함께 내뱉고, 0.5리터의 물을 땀으로 배출하며, 나머지는 용변으로 배설한다.
3 Swanson, 9. 탈수증상이 나타나면 피가 진해지고 순환의 효율성이 떨어지기 때문에 심장은 더 빠르고 강하게 운동할 수밖에 없다.
4 Campbell, *Hero's Journey*, 10.
5 Ball, 3,4, 117~120. 물, 흙, 불, 공기가 그리스 철학자들이 생각한 자연의 4대 기본 요소이다. 중국의 철학자들은 기원전 350년경부터 물(水), 흙(土), 불(火), 나무(木), 금속(金)이 5대 원소라고 생각했다. 메소포타미아의 우주론에서는 물, 흙, 태양, 하늘, 폭풍을 5대 원소라고 불렀다.
6 Alley, 3, 4, 14; Kenneth Chang, "Scientists Link Diamonds to Quick Cooling Eons Ago," *New York Times*, January 2, 2009. 천 년 이상 지속된 이 사건은 (툰드라 기후를 좋아하는 식물의 이름을 따서) 드리아스 사건이라고 부른다. 북아메리카에서 거대한 얼음층 또는 얼음호수가 무너져 세인트로렌스 강에 찬 담수가 유입되었고 이로 인해 대양의 조류순환 속도가 저하되어 빙하기의 후퇴를 일시적으로 역전시켰다는 것이 일반적인 추측이다. 많은 양의 찬 물이 유입된 원인이 무엇인가에 대해서는 많은 논란이 있으며, 그중에는 유성과 충돌했다는 가설도 있다. 이 사건은 19세기 말에 끝난 유럽의 소빙하기와는 비교할 수 없을 정도로 극단적이었으며 삶의 방식을 크게 바꾸어 놓았다.
7 Braudel, *Memory and the Mediterranean*, 40~45. 소금 산지 및 무역로의 통제는 근대 이전까지 부와 권력의 원천이었다. 소금은 수 세기 동안 매우 귀중히 여겨져서 화폐로 이용되거나 금과 교환되기도 했다. 예리코의 기원은 기원전 9500년경으로 거슬러 올라간다. 다른 중요한 도시로는 자그로스 산맥의 깊은 와디(우기 이외에는 물이 없는 강) — 티그리스 강으로 흘러 들어간다 — 변에 세워진 자르모와 흑요석(obsidian)을 거의 독점적으로 거래했던 아나톨리아의 차탈휘위크가 있다.
8 일부 고(古)기후학자들은 서아시아에서 관개농업의 출현한 것은 기원전 6400년에서 6200년 사이에 날씨가 춥고 가뭄이 지속되어 토지가 건조해졌기 때문이라고 생각한다. 그로 인해 레반트와 북부 메소포타미아에서 언덕 위의 농경 정착지들을 버리게 되었던 것이다.
9 McNeill, *World History*, 46.
10 1) 기원전 1700~1400년경, 청동기의 전차 모는 전사들, 2) 기원전 1400~1200년경의 철기

침략자들, 3) 기원전 200년경의 흉노와 4세기에 동부 스텝에서 온 유연(柔然) 연합, 4) 700년대부터 콘스탄티노플이 함락된 1453년까지의 투르크-몽골.
11 Ponting, 37.

3 세계 4대 문명과 초기 제국들

1 Wittfogel, 15.
2 Braudel, *Structures of Everyday Life*, 161. 옥수수는 1) 빠르게 자라고, 2) 다 익기도 전에 먹을 수 있고, 3) 50일의 노동만을 요할 정도로 키우는 데에 큰 노력이 들지 않는다는 세 가지 특징을 가진 기적의 식물이었다. 감자는 고지대에서 잘 자란다.
3 가장 초기의 거대한 댐으로는 후버 댐과 그랜드쿨리 댐이 있는데 이들은 뉴딜 시기에 미국에서 건설되었다. 러시아와 유럽에서는 대개 2차 세계 대전 이후의 재건 시기에 거대한 댐들을 지었다. 공산주의 중국은 새로 독립한 개발도상국들과 함께 새로운 체제의 토대로서 댐을 건설하였다.
4 어떤 자료를 인용하느냐에 따라 세 왕국의 연대를 다르게 추정할 수 있다. 여기서 인용한 자료에서는 티니스 왕조 시기를 고왕국에 합쳤다. Grimal, 389~395를 따른다.
5 Collins, 13~14. 나일 강 수위계의 수치에 대한 기록 중 가장 이른 것은 멤피스에서 기원전 2480년부터 시작되었다. 나일 강 수위계 자체는 사라졌지만 그 수치에 대한 자료들은 팔레르모 석이라고 알려진 돌기둥의 파편에 남아 있다.
6 일 년에 회복가능한 수자원에 근거하여. Shiklomanov and Rodda, 365.
7 고대 이집트 인들은 범람하여 침니로 뒤덮인 평야를 '검은 땅' 혹은 '큼트(kmt)'라고 불렀으며, 나일 계곡의 이집트 자체 또한 '검은 땅'이라고 불렀다. 범람의 영향에서 벗어나있는 메마른 토양은 '붉은 땅'이라고 불렀다.
8 Grimal, 37~38; Shaw, 61.
9 Smith, *History of Dams*, 1~4. 이 댐은 완공된 지 얼마 지나지 않아 홍수로 인해 못 쓰게 되었다고 알려져 있다.
10 의무에 얽매인 이집트 농민의 비참한 일상생활은 프레스코와 얕은 부조(浮彫)에 묘사되어 있다. 들판에서 농사일을 하고, 저장고로 곡물을 나르고, 낚시망을 잡아당기고, 배에서 짐을 옮기고, 맥주를 만드는 작업은 모두 무장 감독관의 감시하에서 이루어졌다.
11 현존하는 가장 오래된 물시계 또한 신왕국 시대에 만들어진 것이다.

12 Braudel, *Memory and the Mediterranean*, 59~60. 재목으로 쓸 수 있는 나무가 없기 때문에 이집트와 메소포타미아는 레반트의 숲에서 나오는 중요한 목재를 확보하기 위해서 무역을 하거나 전쟁을 벌이곤 했다. 이집트에서 유일하게 단단한 목재는 무화과나무와 아카시아나무였다.
13 네코의 운하 이전에 이미 운하를 건설하려는 시도가 있었을지도 모르며, 네코의 운하는 과거의 궤도를 따른 것일지도 모른다. 그러나 그 흔적들은 사막 모래의 누적으로 인해 이젠 밝혀질 수 없을 것이다.
14 Herodotus, *Histories*, 193.
15 Lewis, *Muslim Discovery of Europe*, 34, 38.
16 McNeill, *Rise of the West*, 32; 나일 강과 달리 유프라테스 강과 티그리스 강에서는 상류로 거슬러 올라가려면 연수 육로(두 수로를 잇는 육로)를 운반하고 힘겹게 노를 저어야 했다.
17 Van De Mieroop, 13.
18 Mumford, 71.
19 고고학자들은 이 지역에서 대규모 홍수가 자주 발생했다는 증거를 발굴했다. 『성경』의 대홍수 이야기는 기원전 3100년에 수메르 도시 중 하나인 슈루파크를 덮친 홍수에서 영감을 받았을지도 모른다.
20 Campbell-Green.
21 Leonard Woolley, *Ur of the Chaldees* (1929), Ponting, 69~70에서 재인용.
22 Pearce, 186에서 재인용.
23 Ponting, 71. McNeill, *Rise of the West*, 48도 참조.
24 Van De Mieroop, 48~49. 다음도 참조할 것. Gleick, *World's Water, 1998~1999*, 125; Reade, 40~41; Pearce, 186.
25 Van De Mieroop, 64.
26 Kolbert, 95, 97. 첫 연구는 예일대의 하비 웨이스(Harvey Weiss)가 했다. 그는 오늘날의 시리아에서 슈바트엔릴의 발굴을 이끌기도 했다.
27 Harris, 123.
28 Hammurabi, 53조
29 정제된 강철과 더 예리한 날은 뒤이은 시기에 인도와 중국에서 생산되었다. 수 세기 동안 서구의 대장장이들은, 페르시아에서 'watered steel'이라고 알려졌으며 유럽에서는 '다마스커스' 또는 '다마스크' 철이라고 알려진 것을 만들고자 했으나 실패했다. 이것은 19세기 초에 수력이 도입되고 근대적 야금술이 탄생하고 나서야 성공했다.
30 George Gordon, Lord Byron, *The Life and Work of Lord Byron*, "The Destruction of Sennacherib" (1815), http://englishhistory.net/byron/poems/destruction.html.

31 Smith, *History of Dams*, 9~12; Smith, *Man and Water*, 76~78. 이 수로는 제르완(Jerwan) 수로 다리라는 이름으로 알려져 있다.
32 Smith, *Man and Water*, 70~71.
33 같은 책, 79.
34 Johnson, 56, 72~73; Smith, *Man and Water*, 77.
35 Herodotus, *Histories*, 113~118. 헤로도토스는 그 이전의 지배자가 반듯하게 흐르는 유프라테스 강을 굽이쳐 흐르도록 바꾼 것에 대해서도 이야기했다. 이는 바빌론을 통과할 때 유속이 느려지도록 하기 위함이었으며 동시에 적의 배가 직선으로 접근하지 못하도록 하기 위함이었다.
36 Herodotus, 앞의 책, 117. 이 강은 코아스페스(Choaspes) 강이었다.
37 McNeill, *A World History*, 34.
38 Keay, 12~14.
39 말라 버린 강 중 몇몇은 『리그 베다』에 언급되어 있다. 그중에는 하라파가 자리잡았던 인더스 강과 라비 강의 동부 지류도 포함되어 있다.
40 인더스 인들이 인도 남부와 스리랑카로 이주했을 가능성도 있다. 인더스의 문자는 원(原) 드라비다 어로서의 특징들을 가지고 있는데, 드라비다 어는 인도 남부와 스리랑카 지역에서 사용되는 언어 중 하나이다. 스리랑카의 황금기인 기원전 3세기 전까지 이 지역에 물을 댄 독창적이고 거대한 저수지와 운하망은 인더스의 사라진 후손들이 가지고 있었을 지식을 암시한다.
41 Pacey, 59.
42 Diamond, *Collapse*, 157~176. 810년, 860년, 910년의 지역적 붕괴는 주기 안에서 가뭄이 절정에 이른 시기와 일치한다. 마야의 고전 문명은 습윤한 시기에 시작되었으며 그 앞에는 기원후 125년부터 시작되어 125년 동안 지속된 가뭄이 있었다. 그 가뭄으로 인해 마야의 고전기 이전 문명이 소멸했다. Harris, 87~92와 Pacey, 58~61도 참조할 것.
43 1970년대까지도 몬순이 시작되는 케랄라의 남부에 구름이 출몰하면 뉴델리의 국무총리실로 문순의 시작을 알리는 긴급 전갈이 가곤 했다. 만약 몬순의 강수량이 충분하지 못하면 경제성장률이 0퍼센트가 될 수도 있었다. 인도의 경제가 많이 발전한 21세기에도 강수량의 부족은 경제성장률을 4퍼센트까지 감소시킬 수 있다.
44 Keay, 83.
45 Smith, *History of Dams*, 15; Gunter, 2~19, 104~113. 사바 인들은 관개의 개척자로 널리 알려져 있다. 다나 와디 변의 마리브에 세워진 댐은 기원전 750년에 550미터 넓이의 흙벽에서 여러 차례 확장되었다. 이 댐은 와디의 주기적인 범람을 제지하여 16제곱킬로미터의 토지에 집중적으로 물을 댔다.

4 그리스 로마 문명의 성장과 지중해

1 Braudel, *Memory and the Mediterranean*, 60. 구리 제련은 기원전 5000년에서 4000년 사이에 시작되었지만 주석을 첨가함으로써 더 강한 금속인 청동이 된다는 사실을 발견하기까지 더 많은 시간이 걸렸다.
2 그리스 신화에 의하면 크노소스의 미노스 궁전 지하에 미노타우로스라는 괴물이 미로 안에 살고 있었다. 그 괴물은 미노스의 부인과 포세이돈이 보낸 황소 사이에서 태어났으며 희생물로 바쳐진 처녀들을 잡아먹었고 결국 그리스 영웅 테세우스에게 살해당했다.
3 Cary and Warmington, 37.
4 Jones, *History of Western Philosophy*, 32~34.
5 Casson, 85.
6 크세르크세스를 유인하기 위해서, 그리고 망설이는 그리스 동맹군의 마음을 마지막까지 다잡기 위해서 테미스토클레스는 역사상 가장 유명한 거짓말을 만들어 냈다. 배신자가 된 척하며 그는 크세르크세스의 사령부로 전령을 보내 그리스 군이 전면전을 피해 흩어지려고 하고 있다는 소식을 전했다. 크세르크세스는 미끼를 물었고 정찰대에게 밤새 노를 저어 그리스 군의 탈출을 막으라고 명령했다.
7 Herodotus, *Persian Wars*, 642~643.
8 아테네를 둘러싼 바다와 험한 지형은 육군에 대한 천연 방어막이었다. 페니키아와 밀레투스는 이 같은 특징적인 이점을 가지고 있지 않았다.
9 아테네의 법과 법관은 민회의 다수결에 의해 결정되었으며 대개의 경우 민회는 자문위원회와 의견을 같이했다. 국가의 부가 갤리선의 노를 젓는 인력에 의지하게 됨에 따라 머지않아 가난한 사람들에게까지 투표권이 확대되었다. 심지어 테미스토클레스 같은 해군 지휘자들도 대중투표로 선출되었다.
10 Cary and Worthington, 179~180; Foreman, 188~189.
11 Daniel, J. Wakin, "Successor to Ancient Alexandria Library Dedicated," *New York Times*, October 17, 2002. 정부 관료들은 알렉산드리아 항에 정박한 배에 올라가서 눈에 띄는 문서란 문서는 모조리 거두어들였다. 이 문서들이 필사된 후에야 주인들은 원본을 되돌려 받을 수 있었다. 복사본은 도서관에 보관되었다.
12 바빌론에서 마케도니아로 향하고 있는 알렉산드로스의 사체를 중간에 가로챈 것은 프톨레마이오스 1세였다. 그는 알렉산드로스의 신뢰받는 장군이자 어린 시절의 친구였는데, 그는 자신이 세운 이집트 왕조의 정당성을 강화하기 위해 알렉산드로스의 사체를 이용하고자 했

다. 그가 세운 왕조는 로마가 이집트를 자신의 제국으로 편입시키기 전까지 이집트를 통치했다. 알렉산드로스의 요지는 3세기의 폭동들로 인해 사라졌다.
13 로마의 확장은 군사적 승리, 정치적 동맹, 흡수된 이탈리아 부족에 대한 시민권 부여 등을 통해서 느리게 진행되었다. 군대에 복무했던 서민들이 정부에 대해 행사하는 정치적 발언권은 점진적으로 커졌다.
14 Casson, 145.
15 Mahan, 15.
16 짧고 일방적이었던 3차 포에니 전쟁은 로마의 하찮은 트집 때문에 일어났으며 기원전 146년에 끝났다. 카르타고는 완전히 파괴되었다.
17 마케도니아처럼 굳건한 적을 상대하기 위해 무력이 필요할 경우에 로마는 첫 번째 수단으로 육군을 보냈으며, 군사적 긴급 상황하에서 절대적으로 필요할 때는 해군력을 직접 행사했다.
18 Casson, 180.
19 Norwich, *Middle Sea*, 34.
20 내전 동안에 약 1000여 척의 배가 파괴되었고 수만 명의 로마 수병이 사망했다.
21 Reinhold, 29~34, 161. 아그리파는 해전을 지원하기 위해서 로마에서 처음으로 해군을 위한 항구를 건설하기도 했다.
22 Casson, 206~207.
23 Braudel, *Structures of Everyday Life*, 355.
24 Williams, 55~56.
25 Bernstein, *Power of Gold*, 14. 수압기술은 언덕의 나무를 없애 땅을 헐벗게 만들고, 표토를 침식시켜 농장을 파괴하고, 하천과 항구에 침적토가 쌓이게 하는 등 환경에 끔찍한 영향을 미쳐서 마침내 캘리포니아에서는 1884년에 이를 불법화하기에 이르렀다.
26 Braudel, *Memory and the Mediterranean*, 30; "Secrets of Lost Empires: Roman Bath." 일반적인 석회암을 높은 온도로 장시간 가열하면 파생물로서 굉장히 가벼운 생석회가 나온다. 뜨거운 생석회에 물을 더하면 지글거리면서 증기를 내뿜고 부풀다가 결국에는 새로운 물질로 변화한다. 이것은 "수화 석회(hydrated lime)"로 매우 고운 가루이다. 석회가루에 물을 더 부으면 강한 접착력을 가진 퍼티가 탄생하며 로마 인들은 여기에 모래, 돌, 타일 조각들을 섞어 사용했다. 훗날 가능한 경우에는 화산재를 사용하기도 했는데 이것이 굳으면 놀라울 정도의 방수 효과가 있었다.
27 Evans, *Water Distribution in Ancient Rome*, 65~74.
28 Aicher, 2~3.
29 Evans, 140~141.

30 McNeill, *Something New Under the Sun*, 282.
31 Peter Aicher, "Secrets of Lost Empires: Roman Bath"에서 재인용.
32 로마 교외의 언덕에는 샘과 깊은 화산호수가 있었다. 인근 계곡의 구멍이 많은 석회석 기반암을 거쳐 대수층에 스며든 물은 자연 필터링 시스템을 거친 것이었다. 로마 인들은 수질이 좋은 물은 음용수로 쓰고 맛이 떨어지거나 염분이 들어 있는 물은 관개, 도로 청소, 혹은 극장에서의 해전 장면에 사용했다.
33 Frontinus, 128.
34 Evans, 137~138; Reinhold, 47~51; Shipley, 20~25.
35 Mumford, 225, 226; "Secrets of Lost Empires: Roman Bath."
36 Smith, *Man and Water*, 84; Evans, 6.
37 클라우디우스는 아쿠아 클라우디아(Aqua Claudia)와 아니오 노부스(Anio Novus)를 52년에 추가했다. 트라야누스가 지은 아쿠아 트라야나(Aqua Traiana)는 테베레 강 너머의 지구에 물을 공급하는 첫 수로였다.
38 아쿠아 알렉산드리아나(Aqua Alexandriana)는 네로의 목욕탕을 대체하는 알렉산데르 세베루스의 목욕탕을 위해 지은 것이었다.
39 Casson, 213.
40 McNeill, *A World History*, 195~197. 훈 족은 달아나면서 372년에 오스트로고트 족을 남부 러시아에서 몰아냈고 오스트로고트보다 더 약한 이웃 서고트 족을 로마 변경 안쪽으로 몰아넣었다.
41 Procopius of Caesarea, 5, 191~193.
42 Hibbert, 74.
43 Karmon, 1~13.
44 1453년에 니콜라스 5세(바티칸 도서관의 창립자이자 수로 작업에 레온 바티스타 알베르티를 고용한 사람)는 훗날 18세기에 트레비 분수가 될 분수를 만들었다. 그레고리 13세는 비아 콘도티(Via Condotti) 및 여러 분수에 이름을 부여하게 될 도관을 설치했다. 본명이 펠리체 페레티(Felice Peretti)였던 식스투스 5세는 16세기 말에 아쿠아 알렉산드리아나를 재건하고 아쿠아 펠리체(Aqua Felice)라고 새로이 이름 붙였다. 그 밖에 그는 수많은 지하 파이프, 27개의 분수, 테베레 강의 몇몇 다리들을 건설했다. 바오로 10세는 1605년에 교황이 되었는데, 기념비적 분수의 일부는 베르니니가 디자인했다.

5 대운하와 황허 문명의 개화

1 Needham, vol. 4, pt. 3, 212.
2 Fairbank and Goldman, 5.
3 Shiklomanov and Rodda, 365.
4 Fernández-Armesto, 217에서 인용.
5 노자는 "물은 가장 낮은 곳까지 겸허히 흐른다. 물은 그 무엇보다도 약하다. 그러나 단단하고 강한 것을 정복하는 데에 물을 능가할 수 있는 것은 없다."고 말했다. "Sacred Space: Rivers of Insight," *Times of India*, http://timesofindia.indiatimes.com/articleshow/msid3423508,prtpage-1.cms에서 인용.
6 이 국수의 발견으로 인해 마르코 폴로가 국수를 13세기 말에 중국으로 전해 주었다는 수 세기 동안의 '상식'은 그릇된 것으로 드러났다.
7 Kurlansky, 23~25; China Heritage Project, "Taming the Floodwaters: The High Heritage Price of Massive Hydraulic Projects," *China Heritage Newsletter* 1 (March 2005), China Heritage Project, Australian National University, http://www.chinaheritagequarterly.org/features.php?searchterm=001_water.inc&issue=001.
8 Needham, 288.
9 같은 책, 296.
10 Kurlansky, 26~28.
11 Temple, 56~57.
12 Elvin, 29.
13 Fairbank and Goldman, 59.
14 Temple, 42~43.
15 이 기계는 왕복운동을 했다. 같은 책, 55~56.
16 Gies and Gies, 88~89.
17 크랭크축 이외에는 증기기관의 모든 것을 갖추고 있었던 이 기계는 물레방아로부터 힘을 받는 크랭크에 연결된 피스톤이 왕복운동을 하며 작동했다. Temple, 64.
18 Fairbank and Goldman, 32.
19 Edwards, 20.
20 페르시아, 인도, 일본은 각각 독자적으로 비단 산업을 시작했다. 어떤 설명에 의하면 알렉산드로스 대왕이 인도에서 돌아올 때 누에고치를 가지고 왔지만 누에를 기르는 기술은 로마

시대에는 이미 사라졌다고 한다.

21 McNeill, *Global Condition*, 92, 96~99.
22 *Record of the Three Kingdoms*, Elvin, 37에서 재인용.
23 한나라의 주된 침입자는 흉노였으나 350년경에는 강력한 몽골 연합(중국인들은 이를 유연(柔然)이라고 불렀다.)이 새로이 나타났다. 이 연합군의 서진(西進)이 훈 족의 이동을 야기했고 훈 족은 오스트로고트 족을 남부 러시아에서 372년에 몰아냈으며, 오스트로고트 족의 이웃이었던 서고트 족은 로마 변경지대 안쪽으로 몰려 들어왔다. 유연 연합군은 중국-터키 연합군에 의해 552년에 격파되었다. 터키는 스텝지역에서 강력한 제국을 형성하고 있는 중이었다.
24 Needham, 307~310; Elvin, 54~55.
25 Elvin, 138.
26 Temple, 196~197.
27 Elvin, 136. 2000척의 배는 각각 5만 킬로그램을 실을 수 있었다.
28 Polo, 209.
29 Braudel, *Structures of Everyday Life*, 146~155.
30 McNeill, *Rise of the West*, 527; Pacey, 5; Elvin, 121.
31 Fairbank and Goldman, 89.
32 Pacey, 7.
33 이와 유사하게 나무를 석탄으로 대체한 것이 바로 영국의 에이브러햄 다비가 개발한 코크스 제철법이다. 이는 영국 산업혁명에서 매우 중요한 사건이었으나 1709년에야 일어났다.
34 Fairbank and Goldman, 89.
35 Elvin, 194~195; Pacey, 24~28, 103.
36 Boorstin, 60~61, 76. 황궁에서 가장 지위가 높은 여자들은 보름달이 떴을 때 '천자'와 잠자리를 같이했다. 그때가 여자의 음기가 가장 강하여 황제의 양기와 균형을 이룰 수 있고 나아가 수태될 아이가 좋은 자질을 타고날 수 있다고 생각했기 때문이다. 이를 위한 '하늘의 시계'를 발명한 것은 정부 관료인 소송(蘇頌)이었는데 이 시계 덕분에 공식 달력의 부정확했던 부분들도 수정되었다. 36개의 물양동이가 달린 노리아에서 동력을 받는 이 기계는 하루에 정확히 100번 돌았다. 소송이 발명한 톱니바퀴의 탈진기는 물이 액체로서 가지는 특질을 활용한 것이었다.
37 McNeill, *Pursuit of Power*, 42.
38 Elvin, 93~94.
39 McNeill, *Rise of the West*, 526; Fairbank and Goldman, 137~139; Boorstin, 192.
40 McNeill, *Pursuit of Power*, 44.

41 Elvin, 104.
42 같은 책, 220.
43 명의 관료 중 일부는 국내 운하망에만 전적으로 의존하는 것을 염려스럽게 생각했다. 대운하 정상의 통로 부분을 인간의 숨통에 비유하여 이야기하며 단 하루라도 막힐 경우 죽음에 이를 수 있으니 해상 운송망을 보존하자고 주장했다. 그 결과 황허가 범람했던 1571년과 1572년을 제외하고 대운하의 통로는 명 왕조 말기까지 열려 있었다. 같은 책, 105.
44 같은 책, 203.
45 중국의 국가주도적 경제가 가진 노동집약적 성향은 중국의 거대한 제철산업에서 잘 드러난다. 이 분야에서 수력의 우월성이 증명되었지만 여전히 풀무질에는 주로 인간의 노동력이 사용되었다.
46 영국령 인도에서 수출하는 아편의 양은 1750년에 400상자였고 1821년에는 5000상자, 1839년에는 4만 상자였다. McAleavy, 44.
47 영국이 중상주의에서 '자유무역'으로 정책이 바뀐 시기는 공장과 산업이 세계적 수준으로 성장하여 경쟁 상대가 없을 정도의 이점을 누리게 된 때와 일치한다. 숭고한 경제 원칙을 채택할 때 자신의 경제적 이득이라는 배경이 작용하는 경우는 세계 역사에서 이것이 처음도 아니고 마지막도 아닐 것이다.
48 McAleavy, 59.

6 물에 취약한 문명, 이슬람

1 이슬람 전통에서 방문자는 항상 물을 제공받았다. 일상적인 기도에서 물은 정화를 위해 매우 중요한 요소였다. 천국은 시원한 샘이 있는 그늘진 정원으로 묘사되었다. 그리고 하지(haji)라고 불리는 이슬람의 의례적인 메카 순례에는 아브라함에게 쫓겨난 하갈과 이스마엘이 물을 찾아 헤맨 것을 기리기 위해서 두 언덕 사이를 일곱 차례 뛰어서 왕복하는 것이 포함되어 있었다.
2 하심 씨족을 가리킨다. 오늘날 요르단 왕족이 이 부족의 후손이다.
3 Hourani, 18.
4 Collins, 20~21.
5 기독교 세계도 종교적으로, 정치적으로 분열되어 있었다. 비잔티움은 서고트와 경쟁 관계였는데, 서고트는 589년에 니케아 공의회의 '성자(Filioque)' 해석을 받아들였다. 콘스탄티노플

은 니케아 공의회의 강령을 단호하게 거부했고 이는 11세기에 기독교 세계가 동서로 갈라서는 요인이 되었다. (원래 그리스 정교회의 그리스 어 니케아 신경에서는 "성령은 성부에서 발출하시며"라고 되어 있었는데, 9세기에 가톨릭의 라틴어 번역에서는 "성령은 성부와 성자에서 발출하시며"라고 고쳐졌다. 이 문제 때문에 기독교권은 둘로 갈라졌다 ─ 옮긴이)

6 Braudel, *History of Civilizations*, 73.
7 Hourani, 100.
8 Braudel, *Structures of Everyday Life*, 507.
9 Braudel, *History of Civilizations*, 62.
10 Fernández-Armesto, 67.
11 사하라의 낙타는 쌍봉낙타보다 짐을 반밖에 나르지 못했다. 쌍봉낙타는 추운 사막에서 주로 살았고 사하라의 낙타에 비해서 덩치가 더 컸다. 낙타는 북아메리카에서 유래했으며 남아메리카의 라마 및 알파카와 친척 관계이다. 낙타는 기원전 2000년경에 중동 지역에서 식용으로 길들여졌으며 기원전 1000년경부터 흔히 운송에 이용되었다.
12 Fernández-Armesto, 384, 389. 인도양이 가장 일찍 장거리 무역로로 발전할 수 있었던 것은 항해 조건이 확실하고 귀향길이 상대적으로 안전하다는 점 때문이었다.
13 Hourani, 44.
14 White, *Medieval Technology and Social Change*, 96. 시리아에서 피난 온 기술자 칼리니코스(Kallinikos)가 673년 직전에 그리스의 불을 발명한 것으로 보인다.(콘스탄티노플과 서구의 입장에서는 참으로 다행스러운 일이 아닐 수 없다.) 이 무기는 이슬람을 축출하는 데에 지대한 공헌을 했고, 또 그 결과 연소성 무기의 개발에 불을 댕겼으며 훗날 화약과 대포의 초기 형태의 발명을 촉진시켰다.
15 4세기의 발렌스와 6세기의 유스티니안은 수도 및 수조를 건설한 사람들이다.
16 Norwich, *Short History of Byzantium*, 110.
17 Davis, *100 Decisive Battles*, 102.
18 콘스탄티노플에서 718년에 이슬람의 공격을 막아 낸 것이 야기한 가장 직접적인 결과는 아이러니하게도 기독교 세계 내부의 불화였다. 승리 직후에 레오 3세는 (이슬람교와 유대교처럼) 종교적 성상(icon)의 사용을 금지하기로 했다. 비록 콘스탄티노플이 한 세기 후에 우상숭배 금지를 부정했지만 동서 기독교 세계 간의 경쟁은 수 세기 동안 지속되었다.
19 Pacey, 10; Smith, *Man and Water*, 16, 18.
20 Ibn Battutah, 15. 비교해 보자면 파리가 가장 번성했던 18세기에 2만여 명이 센 강에서 물을 퍼 날랐다.
21 Gies and Gies, 42.

22 Pacey, 41; 공립 도서관도 문을 열었다. 코르도바의 알하캄 칼리프는 10세기 후반에 40만 권의 필사본을 가지고 있었다고 알려져 있다. 이에 비해 14세기 중반에 프랑스 왕 샤를 5세는 900권을 가지고 있었다. Braudel, *History of Civilizations*, 72.
23 Smith, *History of Dams*, 81; Pacey, 20; McNeill, *Rise of the West*, 497.
24 Smith, *Man and Water*, 18; Temple, 181.
25 Collins, 21; Smith, *Man and Water*, 16.
26 선출된 판사들은 매주 열리는 물 법정에서 원탁에 앉아 물의 관리와 사용을 둘러싼 농부들의 갈등에 대해 공개적으로 토론하고 중재했다. 판결은 상식에 기초했으며 아무런 기록도 남아 있지 않다.
27 Pacey, 44.
28 Lewis, *Muslim Discovery of Europe*, 32.
29 Howarth, 18~21.
30 예를 들면 아프리카는 바퀴와 쟁기의 발전에 대해 뒤늦게 알게 되었다. 게다가 아프리카는 유라시아 대륙의 남쪽에 위치했다는 점에서도 불리했을 수 있다. 생물종은 같은 위도 상에서 더 잘 적응한다는 사실은 유럽이 가진 여러 상대적 이점 중 하나였을 것이다.

2부 물과 유럽의 번영

7 물레방아, 쟁기, 화물선의 등장

1 White, *Medieval Technology*, 43. 쟁기는 세 부분으로 구성되어 있다. 날 부분(coulter)은 막대에 연결되어 땅 속으로 파고들었다. 날 부분에 알맞은 각도로 연결된 부분이 보습(plowshare)인데, 이 부분이 풀 아래를 수평으로 파고들었다. 흙밀이판(moldboard)은 뒤집힌 흙덩어리를 옆으로 밀어냈다. 10세기 경에 마구(馬具)가 서유럽에 도입되자 쟁기를 끄는 데에 말이 압도적으로 많이 이용되기 시작했다.
2 Gimpel, 29~30, 205~206. 3000년 동안 페르나우 빙하의 성장 및 쇠퇴가 보여 주는 것은 첫 1000년 동안은 추운 시기였고 뒤이어 로마 시대 말에 따뜻한 시기가 도래했다는 것이다. 따뜻한 시기는 750년에서 1215년까지 지속되었다가 1350년까지 잠깐 추워졌는데 이것이 흑사병을 야기하는 조건을 가져왔을 수도 있다. 1550년에서 1850년까지 유럽의 소빙하기 이후

에는 100년 이상 따뜻한 시기가 이어졌다.
3   같은 책, 44.
4   코그선은 타일로 지붕을 일 때처럼 판자를 겹쳐서 만들었다. 원래 코그선은 해안에 쉽게 정박하기 위해서 바닥이 평평했는데 크기가 커지면서 통제하기 어려워지고 새로운 항구에 정박하기 부적절해졌다.
5   Braudel, *Structures of Everyday Life*, 51.
6   Gies and Gies, 221. 둑(weir)은 수로의 일부를 막는 작은 장애물을 가리키는데, 수차를 돌리기 위해 물살을 유지하거나 항해를 위해 충분한 수심을 유지하는 등 다양한 용도로 사용되었다.
7   Lopez, 86~87.
8   흥미롭게도 수도승과 다리의 관계는 동양에서도 발견된다. 히말라야에서는 공중다리(suspension bridge)를 만들고 유지하는 것이 불교 승려들의 의무였다.
9   물레방아가 얼마나 많은 에너지를 내는지에 대한 평가는 바퀴의 크기, 건설 재료, 물이 바퀴에 떨어지는 타이밍과 각도 등 다양한 요소에 따라 결과가 달라진다. Gies and Gies, 34~36, 115; Braudel, *Structures of Everyday Life*, 371; Smith, *Man and Water*, 143, 145; Williams, 54~55.
10 Smith, *Man and Water*, 147; Gies and Gies, 258, 265. 다빈치는 수력이 영속적인 움직임을 제공하리라는 동시대인들의 잘못된 믿음을 거부했다. 그는 수력이 물의 낙하에서 바퀴의 마찰저항과 바퀴로부터 힘을 공급받는 기계의 마찰저항을 뺀 것이라는 기본적인 물리학을 이해하고 있었다. 그는 또한 물이 바퀴의 날개에 부딪히는 각도가 효율성을 결정짓는다는 점도 이해했다. 다빈치는 상사식 물레방아가 가장 효율적이라는 이론을 수학적으로 증명하지는 못했다. 18세기 중반에야 근대 엔지니어링의 아버지인 존 스미턴이 실험을 통해 이를 증명해 냈다. 레오나르도 다빈치의 그림은 회전축이 수면과 같은 물레방아가 초창기에 어떤 모습이었는지 보여 주는데, 여기서 물레방아의 날개는 10시 각도와 2시 각도로 맞춰져 있다.
11 White, *Medieval Technology*, 84, 85. 11세기에 조수 간만의 차로 움직이는 물레방아가 아드리아 해의 베네치아 근처와 영국의 도버 해협 입구에 있었다.
12 필립 아우구스투스가 보베 근처의 구르네를 상대할 때의 이야기이며, 이를 기록한 사람은 브렌턴의 윌리엄이다. Smith, *History of Dams*, 144.
13 Braudel, *Structures of Everyday Life*, 358.
14 Mumford, 258~259; Gies and Gies, 114~116; Gimpel, 66~68.
15 Gies and Gies, 178~179; Lopez, 133~135; White, *Medieval Technology*, 44. 유럽에서 수력을 사용하는 축융 작업장을 언급한 초기 사례로는 983년의 토스카나, 1108년의 밀라노,

1010년의 독일, 1040년에서 1050년 사이의 그르노블, 그리고 1080년의 루앙이 있다.
16 Lopez, 145; Gimpel, 66~68.
17 Pacey, 44; White, *Medieval Technology*, 82.
18 Harris, 167, 169.
19 Lopez, 139~141; Norwich, *History of Venice*, 202; Casson, 65; Cary and Warmington, 45~47, 60.
20 비교하자면 1293년경에 제노바의 해상무역 규모는 프랑스 왕국의 전체 수입의 세 배 정도였다. Lopez, 94.
21 Norwich, *History of Venice*, 204.
22 McNeill, *Rise of the West*, 514, 515.
23 Joinville and Villehardouin, *Chronicles of the Crusades*에서 빌라르두앵; Norwich, *History of Venice*, 122~143.
24 Norwich, *History of Venice*, 141.
25 McNeill, *Pursuit of Power*, 70.
26 같은 곳.

8 지리상의 발견과 대항해 시대

1 Smith, *Wealth of Nations*, 281.
2 Boorstin, 167~168. 1445년 이후로 매년 25척의 범선이 노예, 금, 상아를 위해 서아프리카로 항해했다.
3 Casson, 118, 120~123; Cary and Warmington, 62, 128, 131, 229~230.
4 Fernández-Armesto, 406. 대서양 바람 체계에는 예외가 많았다. 예를 들면 기니 만 안쪽에서는 바람이 대륙의 튀어나온 부분을 향해 똑바로 불어서 해안 항해를 예측불가능하게 만들었다. 이 사실은 왜 이 지역의 서아프리카 문명들이 항해에 나서기에 불리했는지를 설명해 준다. 북쪽의 바이킹들은 아이슬란드, 그린란드, 북아메리카 등을 탐험할 때 스칸디나비아에서 서쪽으로 흐르는 시계 방향의 조류 체계를 이용할 수 있었다.
5 구세계 내부의 소통으로 인해 유럽 인들은 여러 질병에 노출되어 있어서 이런 질병의 접촉 경험이 전무한 아메리카 원주민들과 경쟁할 때 면역성이라는 측면에서 월등한 이점을 가지고 있었다.

6 Timothy Green, *The World of Gold: The Inside Story of Who Mines, Who Markets, Who Buys Gold*(London: Rosendale Press, 1993), 11. Bernstein, 121에서 재인용.

7 Pacey, 70.

8 새로운 경계선으로 인해 포르투갈은 브라질을 차지하게 되었다. 1500년에 카브랄은 2차 인도양 탐험에 나서면서 해풍을 받기 위해 남쪽을 향해 호를 그리며 항해를 하다가 브라질을 발견했다.

9 McNeill, *Rise of the West*, 570.

10 Lewis, *Muslim Discovery of Europe*, 33에서 인용.

11 Clough, 188.

12 McNeill, *Pursuit of Power*, 100.

13 Braudel, *Structures of Everyday Life*, 388~389.

14 Kennedy, *Rise and Fall of the Great Powers*, 26.

15 Boorstin, 178.

16 Lewis, *What Went Wrong?*, 13.

17 Cameron, 121.

18 Braudel, *Structures of Everyday Life*, 227. 초콜릿과 커피는 처음에 유럽에 소개될 당시에 약으로 간주되었는데 이는 둘 다 뜨겁게 제공되었기 때문일 가능성이 높다. 중국에서는 거리에서 끓인 물을 쉽게 살 수 있었다.

19 Boorstin, 265에서 인용.

20 스패니시 메인은 콜롬비아의 카르타헤나, 파나마의 놈프레 데 디오스, 온두라스의 트루히요, 멕시코의 베라크루스 등의 네 항구로 둘러싸인 구역을 말한다.

21 Trevelyan, 238.

22 같은 책, 233.

23 Bernstein, *Power of Gold*, 138.

24 Howarth, 24~33; Davis, *100 Decisive Battles*, 199~204.

25 Braudel, *Afterthoughts*, 84~86, 98. 브로델은 1500년까지 수 세기 동안 유럽 경제의 무게중심이 이탈리아에 있었다고 보았다. 이후에 유럽 경제의 무게중심은 안트베르펜으로 이동했으며 1550년에서 1600년에는 제노바(북쪽의 전쟁 때문이었다.), 1590~1610년부터 18세기 말까지 암스테르담에 있었다가 런던으로 이동했다. 1914년에 세계경제의 중심은 대서양을 건너 뉴욕으로 이동했다.

26 Bernstein, *Power of Gold*, 138.

27 Smith, *Man and Water*, 28~33; Kolbert, 123~127.

28 Cameron, 121~122.
29 스페인이 1580년에 포르투갈을 통치하고 있었다.
30 Braudel, *History of Civilizations*, 263~264.
31 프랑스 함대의 선원들은 물과 음식이 부족하고 비위생적인 환경 때문에 질병에 걸려 약해져 있었다. 그래서 프랑스 함대는 자신의 우월성을 내보이고 압력을 가하는 데에 충분히 재빠르지 못했다.
32 Lambert, 104.
33 Davis, 100 *Dicisive Battles*, 241; Lambert, 122; Keay, 381~393.
34 Kennedy, *Rise and Fall of the Great Powers*, 124.
35 Davis, *100 Decisive Battles*, 275.
36 Howarth, 75.

9 증기력, 산업혁명, 팍스 브리타니카

1 조지 3세는 그의 할아버지가 왕국의 화장실에서 갑자기 혈관 파열로 사망하자 왕좌에 올랐다.
2 Ponting, 99~101. 템스 강은 1564년에서 1814년 사이에 20번 넘게 얼어붙었다. 프랑스의 론 강은 1590년에서 1603년 사이에 3번이나 얼어붙었다. 심지어 스페인 세비야 지방의 과달키비르 강도 1602~1603년의 겨울에 얼어붙었다. 반대로 사소한 기온 변화가 얼마나 큰 영향을 미칠 수 있는지 잘 보여 주는 사례가 있다. 1200년경까지 지속된 따뜻한 시기에는 영국 북부의 세번 강, 남부 스코틀랜드의 고지대, 그린란드의 남부 해안에서까지 포도를 경작할 수 있었다.
3 거의 순수한 형태의 탄소인 코크스는 나무를 목탄으로 바꾸는 것과 유사한 과정을 통해 만들어졌다. 석탄을 밀폐된 용기 안에서 가열하면 불순물은 연소되고 코크스만 남게 되었다.
4 Pacey, 114.
5 Trevelyan, 430.
6 Bernstein, *Wedding of the Waters*, 40~45.
7 같은 책, 38~40. 남프랑스 운하를 움직이는 사람은 루이 14세의 자수성가한 징세원 피에르 폴 드 리케 드 봉르포였다. 그는 재무장관 콜베르와 가까운 사이였으며 자신의 전 재산을 운하 건설에 쏟아부었다.

8 Cameron, 174.
9 명예혁명(1688~1689)은 사적 자본의 축적과 투자에 호의적인 정치적, 경제적 분위기를 만드는 데에 핵심적인 역할을 했다. 이 같은 분위기는 산업혁명의 기업가 정신과 혁신 정신을 자극하는 데에도 중요했다.
10 Bronowski and Mazlish, 314; Cameron, 177~178; White, *Medieval Technology*, 89~93.
11 Pacey, 113.
12 Lira.
13 1와트는 1/746마력이다. 와트는 마력이라는 말을 만들어 낼 때 말 한 마리가 일정한 시간에 나를 수 있는 석탄의 양을 생각했다. 그는 말 한 마리가 1분 동안 1만 5000킬로그램의 석탄을 30센티미터 들어 올릴 수 있다고 계산했다.
14 Matthew Boulton. H. R. Fox Bourne이 쓴 *English Merchants*(London: R. Bentley, 1866)에서 언급되어 있고 Heilbroner, *Making of Economic Society*, 119에서 재인용했다.
15 Matthew Boulton, "Document 14, 21 June 1781: Matthew Boulton to James Watt," in Tann, 54~55.
16 Pacey, 103, 107. 원래 실크스타킹 공장은 1702년에 문을 열었지만 실패했다. 뒤이은 공장주들은 이탈리아 실크스타킹 공장의 디자인을 복제하면서 성공을 거두었다.
17 아크라이트의 수력방적기를 제임스 하그리브스의 비(非)수력 방적기와 결합한 것이 바로 뮬방적기이다.(1764) 크럼프턴은 자신의 발명으로 전혀 돈을 벌지 못했기 때문에 모든 공장에서 뮬 방적기가 사용되었음에도 불구하고 평생 가난했다.
18 Cameron, 181.
19 McNeill, *World History*, 368.
20 Heilbroner, *Making of Economic Society*, 81.
21 Simmons, 201.
22 Tann, 6~7. 영국 정부는 영국 산업의 우위를 지키기 위해서 와트의 기관 중 큰 규모의 것은 해외 판매를 금지했다.
23 같은 책, 6~7.
24 3층 높이의 분수는 말리(Marly) 기계로 알려져 있다. Smith, *Man and Water*, 100~106. Braudel, *Structures of Everyday Life*, 227~231도 볼 것.
25 Braudel, *Structures of Everyday Life*, 230.
26 Heilbroner, *Making of Economic Society*, 81.
27 Ponting, 276.
28 McNeill, *Something New Under the Sun*, 6~7.

29 같은 책, 120~121.
30 McNeill, *Rise of the West*, 766~767.
31 Gordon, 212.
32 Cameron, 208.
33 브로델은 증기와 철의 시대에 서구 헤게모니를 주장하는 패턴에 대해 다음과 같이 썼다. "시장과 식민지는 한 발짝 차이이다. 착취당하는 쪽은 속이거나 저항하고 자신보다 못한 편을 정복하기만 하면 되었다. (……) 서로 다른 문명이 부딪힐 때 그 결과는 극적이다." Braudel, *Structures of Everyday Life*, 102.
34 Williams, 136.
35 McNeill, *Pursuit of Power*, 284.
36 Gordon, 212~213.
37 Cameron, 224.
38 Karsh and Karsh, 43.
39 같은 책, 27~29.
40 같은 책, 42~44.
41 McCullough, 49.
42 Ferguson, 231.
43 Collins, 57~59.
44 Barnes, 출처 분명.
45 나세르는 1964년에 다음과 같이 말했다. "고대에 우리는 죽은 자를 위해 피라미드를 지었다. 이제 우리는 살아 있는 자를 위해 피라미드를 짓는다." Gamal Abdel Nasser, speech, May 14, 1964. Waterbury, 98에서 인용.
46 Fineman, 46~47, 48.
47 "An Affair to Remember," *Economist*, July 29, 2006, 23; Fineman, 40. 덜레스는 운하 국유화 소식에 그리 큰 충격을 받지는 않았을 것이다. 프랑스 대사가 이미 그런 가능성에 대해 암시해 주었기 때문이다.
48 Anthony Eden. Fineman, 62에서 인용.
49 운하 교통량의 70퍼센트가량이 영국 배였으며, 프랑스는 나세르가 지원하는 알제리 반란군을 진압하려고 전쟁을 벌이고 있는 중이었다.
50 Dwight D. Eisenhower. Urquhart, 33에서 인용. 미국의 배신감은 부분적으로는 의사소통의 부족 때문이었다. 미국인들은 수에즈 사태에서 그 어떤 군사작전도 지지하지 않겠다는 생각을 명백히 드러내지 않았으며, 연합군은 미국의 성향을 알고 있었기 때문에 작전을 시작하기

전에 허락을 받으려고 하지 않았다. 게다가 연합군은 작전 개시 후에 미국이 자신들을 지원해 주리라고 잘못 생각하기까지 했다.

51 첫 수력발전소는 1882년에 위스콘신 주 애플턴의 폭스 강가에 세워졌다.

52 McNeill, *Something New Under the Sun*, 175.

3부 물과 현대 산업 사회의 형성

10 위생혁명과 콜레라 극복

1 Pacey, 187.
2 *Times*(London), June, 18, 1858. Halliday, ix에서 인용.
3 Peter H. Gleick, Elizabeth L. Chalecki, and Arlene K. Wong, "Measuring Water Well-Being: Water Indicators and Indices" in Gleick, *World's Water*, 2002~2003, 101.
4 Braudel, *Structures of Everyday Life*, 230.
5 한 유명한 찬정은 1841년에 물 부족을 겪고 있던 파리의 고통을 크게 경감해 주었다. 이 우물은 8년간의 끈질긴 보링 작업(구멍 뚫는 작업) 끝에 550미터 지하에서 발견된 수맥이 분출한 것이었다. 놀랍게도 이 우물은 지상 30미터까지 물을 뿜어서 곧 높은 탑으로 둘러싸였다. Smith, *Man and Water*, 108.
6 Braudel, *Structures of Everyday Life*, 241~242, 248.
7 같은 책, 228. 유럽의 다른 도시에서 쉽게 발견할 수 있는 물지게꾼들에 상응하는 것이 바로 베네치아의 물 나르는 뱃사람들이었다. 이들은 길드를 조직하기도 했다.
8 같은 책, 229.
9 Mumford, 463.
10 Smith, *Man and Water*, 111.
11 13세기에, 특히 1237년에 한 부자가 자신의 소유지에 있는 샘 중에서 템스 강의 지류인 티번 강에서 기원하는 샘을 사용해도 좋다는 권리를 시에 부여한 이후에 물 공급이 눈에 띄게 늘어났다.
12 첼시 수도 회사는 계약을 지키기 위해서 하트퍼드셔에서 중부 런던의 북부 이즐링턴까지 58 킬로미터의 인공강을 통과하는 수관을 이용했다. 대악취의 시대에 이 강은 런던에 가장 많은

양의 물을 대고 있었다. Halliday, 21.
13 John Wright, "The Dolphin or Grand Junction Nuisance," March 15, 1827에 출판. Smith, *Man and Water*, 112~113에서 인용.
14 Pepys, "Entry: Saturday 20 October 1660."
15 Halliday, 41.
16 같은 책, 42.
17 McNeill, *Plagues and Peoples*, 240.
18 Biddle, 41.
19 McNeill, *Plagues and Peoples*, 232~233.
20 Karlen, 133~139.
21 제방을 쌓느라 강폭이 좁아진 부분에서 유속이 빨라지자, 중간의 하수구에서 빠져나온 쓰레기를 쓸어내려 줌으로써 유익한 효과를 냈다.
22 우유의 저온살균과 파상풍, 디프테리아, 결핵 균에 대한 백신 개발 같은 세균학적 성공은 수많은 바이러스에 대한 의학의 정복을 가능케 했다.
23 McNeill, *Something New Under the Sun*, 199~200. 1920년에서 1990년 사이에 미국에서 백인 남성의 기대수명은 56세에서 75세로 늘어났다. 위생 관념이 처음으로 생긴 시기에는 영아 사망률이 매우 높아서 기대수명이 30~40세에 불과했었다. 전 지구적으로 보았을 때 평균 수명은 1900년의 36세에서 1995년의 65세로 크게 늘어났다.
24 Cameron, 328; Economist staff, *Pocket World in Figures, 2009 Edition*, 83. 일본은 선진국 중에서 가장 괄목할 만한 성과를 거두었는데, 영아 사망률이 서른 배 이상 감소하여 세계에서 가장 낮아졌다.
25 "My Sewer Runneth Over," *Economist*, March 22, 2007.
26 Smith, *Man and Water*, 127. 나무로 지어진 많은 미국 도시에서 화재 진압 문제는 공공 상하수도 체제를 정비하는 데에 중요한 동기가 되었다. 뉴욕 시는 콜레라에 대한 공포 때문에 1866년에 영국의 예를 따라서 건강위원회(Board of Health)를 구성했다.
27 McNeill, *Something New Under the Sun*, 196.
28 Halliday, 107. 침전물의 잔여 액체에는 산소를 공급하여 마이크로 박테리아의 활동을 촉진시켜서 불순물을 더 제거한다.
29 Ponting, 356.

11 미국의 이리 운하가 가져온 호황

1   Morison, 243~244.
2   두 진영은 올버니에서 집결하기로 되어 있었다. 양측 모두 다리가 없는 허드슨 강에서 전략적으로 중요한 지점이 바로 올버니의 남쪽에 위치한 웨스트포인트임에 동의했다. 이 지점까지는 강이 충분히 넓어서 배가 들어올 수 있지만 그 너머로는 노로 움직이는 예인선의 도움 없이는 항행할 수 없었기 때문이다. 웨스트포인트를 방어하기 위해서 식민지군은 보루를 원 모양으로 둘렀다.
3   Wood, 3.
4   Trevelyan, 389~390.
5   Barry, 21.
6   같은 책, 38~39.
7   Clarke and King, 70.
8   중요한 순간에 미국은 프랑스-미국 동맹의 정신을 위반하여 프랑스를 화나게 했다. 미국은 프랑스나 스페인이 애팔래치아 산맥의 서쪽 땅에 대한 권리를 영국에게 인정하는 대신에 지브롤터를 차지하려고 할까 봐 별도로 영국과 협상했던 것이다.
9   독립전쟁에서 졌음에도 불구하고 영국은 1812년까지도 미시시피 강과 영국령 캐나다를 차지할 수 있으리라는 희망을 버리지 않았다. 영국의 전략은 애팔래치아 산맥 서쪽에 아메리카 원주민 부족들로 완충 지역을 만들어 미국을 에워싸서 동부 지역 안에 가두려는 것이었다.
10 스페인이 걱정할 만한 상황이었다. 알렉산더 해밀턴은 스페인령인 루이지애나와 플로리다를 무력으로 점령하고자 직접 군대를 통솔할 수 있도록 로비를 하고 있었다.
11 Thomas Jefferson to Robert Livingston, April 18, 1802. Tindall, 338에서 인용.
12 Talleyrand. Morison, 366에서 인용.
13 Bernstein, *Wedding of the Waters*, 70~71; Achenbach, 19~20.
14 Heilbroner and Singer, 43; Pacey, 114.
15 Heilbroner and Singer, 63~64.
16 미국의 일부 주에서는 제재의 대상이 되는 기술을 빼내 오는 사람에게 상금을 주기도 했다.
17 Groner, 60.
18 1801년에 자신의 개발이 얼마나 효율적인지 보여 주기 위해서 휘트니는 대통령 존 애덤스와 부통령 토머스 제퍼슨 앞에서 10개의 머스킷 총을 분해해서 쌓아 놓고 다시 조립해 보였다.
19 Morison, 483. 비슷하게 유명한 모직 생산 도시도 같은 강가에 위치한 로런스에서 천천히 생

겼났다.
20 Smith, *Man and Water*, 179. 1844년에 로웰의 애플턴 사를 위해 터빈을 만든 것은 바로 유리아 보이든이었다. 1820년대에 터빈 디자인에서 선구적인 돌파구를 만든 것은 프랑스 엔지니어인 장빅토르 퐁슬레와 베누아 푸르네롱이었다.
21 같은 책, 179~180, 185.
22 인류가 전기를 알게 된 것은 기원전 6세기까지 거슬러 올라간다. 그리스 철학의 아버지인 밀레투스의 탈레스는 호박(琥珀)을 가벼운 물체와 마찰시켜서 정전기 효과를 관찰했다.
23 Smith, *Man and Water*, 185, 187.
24 Heilbroner and Singer, 262.
25 Williams, 100; Groner, 87.
26 Groner, 88; Heilbroner and Singer, 97.
27 Robert Fulton, "Mr. Fulton's Communication." 풀턴은 훨씬 이전에 조지 워싱턴 대통령에게 보내는 편지에서 비슷한 견해를 표출한 적이 있다. 워싱턴은 당시에 풀턴의 「운하 항해의 개선을 위한 보고서*Treatise on the Improvement of Canal Navigation*」(1796)를 한 부 건네받은 참이었다. 육지나 강에 대한 투자보다 운하에 대한 투자가 더 이득임을 주장하고 필라델피아와 이리 호 간의 운하를 위한 사업을 제안하면서 풀턴은 이 같은 운하가 "내륙지방을 관통하여 전체를 사회적 왕래의 끈으로 결속할 것"이라고 썼다.
28 Thomas Jefferson, "Claims of Joshua Forman." in Hosack, *Memoir of De Witt Clinton*, Appendix Note U에서 인용. 수년 후에 드 위트 클린턴이 편지에서 이 발언을 상기시켰고 제퍼슨은 1822년 말에 이 편지에 대한 답장을 보냈다. 그 편지에서 제퍼슨은 그 기획이 "일반적인 개선 과정을 100년이나 앞질렀다."면서, 이같이 거대한 기획을 실행할 수 있도록 하는 국가의 놀라운 자질에 대해 감개무량하게 말했다.
29 이 시멘트는 시터냉고(Chittenango) 시멘트라고 불렸으며 시러큐스 인근에서 찾을 수 있었다.
30 Bernstein, *Wedding of the Waters*, 235.
31 같은 책, 280~284. 록포트 시는 운하에서 남는 물을 이용하여 전기를 생산했다. 일반적인 수문은 254센티미터였다.
32 같은 책, 319. 물의 결합 의식은 베네치아에서 사람들이 바다와의 결혼을 상징하기 위해 운하에 반지를 던지던 것을 연상시킨다.
33 Heilbroner and Singer, 94.
34 Morison, 478.
35 Cameron, 230.
36 Bernstein, *Wedding of the Waters*, 347.

37 Koeppel, 287. 그 밖에 사용된 주요 자료는 Galusha and Grann이다.
38 Koeppel, 280~283.
39 "Croton Water: October 12, 1842," in Hone, 130~131.
40 Galusha, 35. 1842년에서 1850년 사이에 일인당 물 소비량은 4500만 리터에서 1억 5000만 리터로 증가했다.
41 같은 시기에 로스앤젤레스도 수도 시설을 건설하고 있었는데(1913년 완공), 400킬로미터 떨어진 오언스 강에서 물에 대한 권리를 무자비한 방식으로 획득한 결과였다.
42 Galusha, 113; Grann, 93.
43 Oliver Wendell Holmes, Supreme Court of the United States, No. 16, *State of New Jersey v. State of New York and City of New York*, May 4, 1931. Galusha, 113에서 인용.
44 Galusha, 265. 50퍼센트의 물은 델라웨어 수도에서, 50퍼센트는 캐츠킬 수도에서, 그리고 10퍼센트는 19세기에 지어진 크로턴 수도에서 제공된다. 중앙의 수로터널 외에도 이 체제는 소비자에게 물을 전달하는 1만 킬로미터의 간선을 포함하고 있다.
45 시카고의 상하수 시설은 20세기 초의 기술적 경이 중 하나이며 엔지니어링의 역사에서 혁신적이고 문화적으로 두드러지는 예이다. 뉴욕과 달리 시카고는 코앞에 있는 미시간 호에서 물을 끌어다 썼다. 19세기에 이 호수는 하수구와 다름없는 시카고 강의 종착지였다. 1867년에 시카고 강이 호수로 들어오는 곳에서 3킬로미터 떨어진 곳에 식수용 터널을 만들 때까지 전염병이 도시를 끊임없이 덮쳤다. 그러나 이 조치는 인구 증가를 감당하지 못했다. 1885년에 큰 태풍이 닥쳐서 엄청난 물이 시카고 강의 오물을 쓸어 담아 미시간 호로 흘러들어 갔고, 전염병이 재발했다. 시 당국은 시카고 강의 흐름을 거꾸로 뒤집는, 혁신적이고 야심 찬 엔지니어링 프로젝트를 기획했다. 1900년경이 되면 45킬로미터 길이의 시카고 운하가 완공되어 강의 흐름을 남쪽으로 바꾸고 미시간 호가 아닌 미시시피 강으로 흘러들어 가게 만들었다. 이 공사는 파나마 운하 건설 이전까지 가장 거대한 토목공사였지만 모두의 환영을 받은 것은 아니었다. 미주리 주는 세인트루이스 인근에서 미시시피 강의 오염이 너무 심하다고 불평하면서 소송을 걸었던 것이다. 시카고 강의 공사에서 사용되었던 기술들은 파나마 운하를 건설할 때 적용되었다.
46 Bernstein, *The Power of Gold*, 223~225.
47 Morison, 569.
48 Smith, *Man and Water*, 182. Bernstein, *The Power of Gold*, 14.
49 Worster, 65.
50 Morison, 583.
51 McCullough, 36.

52 Morison, 580~581.

12 파나마 운하가 연 새로운 시대

1 Love, 1: 22~24.
2 Morison, 350~351.
3 Morison, 363~364.
4 1814년 4월, 나폴레옹의 몰락으로 영국은 미국 공격에 집중할 수 있게 되었다. 나이아가라, 섐플레인 호, 뉴올리언스를 차례로 공격하면서 동시에 체서피크 만을 급습하여 어지럽히는 것이 영국의 계획이었다. 체서피크 만 공격으로 인해 백악관이 불타고 볼티모어가 폭격당했으며, 스콧 키는 이 공격에서 영감을 받아 미국 국가("The Star-Spangled Banner")를 만들었다. 그러나 다른 공격들의 효과는 한정적이었다. 페리 대령은 이리 호에서 영국군을 이겼고, 나이아가라 폭포에서도 미국 해군이 승리를 거두었으며, 맥도너 대령은 섐플레인 호에서 극적인 대승을 거두었다. 그로 인해 허드슨 강을 점령하여 미국을 갈라놓으려는 영국의 계획은 수포로 돌아갔다(영국은 독립전쟁 때에도 이 같은 계획을 세웠지만 실패했다.). 해군의 도움을 받아 뉴올리언스를 방어한 앤드루 잭슨은 이 전투를 계기로 유명해졌다.
5 1830년대에 미국의 군함은 세계일주 탐험에 나서기도 했다.
6 Heilbroner and Singer, 180~181. 저자들은 1870년에서 1900년 사이에 미국의 수출이 세 배 증가했으며 공산품이 차지하는 비중은 15퍼센트에서 32퍼센트로 증가했다는 사실에 주목했다. Kennedy, *Rise and Fall*, 245. 케네디는 1860년부터 1914년 사이에 미국의 수입은 다섯 배 증가하는 데에 그친 반면 수출은 일곱 배 증가했다고 썼다.
7 Mahan, 35.
8 같은 책, 33.
9 같은 책, 26.
10 McCullough, 252.
11 Theodore Roosevelt. Morison, 823에서 인용.
12 Love, 1: 388~389; Morison, 800~801.
13 Kennedy, *Rise and Fall*, 247. 절대달러(absolute dollar)로 따졌을 때 1890년에서 1914년 사이에 해군의 지출은 2200만 달러에서 1억 3900만 달러로 거의 일곱 배가 증가했다.
14 이리 운하 건설을 지휘한 드 위트 클린턴은 나카라과를 추천했고, 영국의 유명한 엔지니어

토머스 텔퍼드(스코틀랜드의 칼레도니아 운하를 건설한 사람이다.)는 남부 파나마의 다리엔의 물길을 연구했다.

15 드 레셉스는 멋지게 시작했다. 프랑스의 금융기관과 국제적인 금융기관이 회사의 공모를 피하자 드 레셉스는 1~5주 정도를 구입한 8만여 명의 소투자자로부터 자금을 모음으로써 프랑스 자본주의의 새로운 장을 개척했다.

16 McCullough, 235.

17 드 레셉스는 5년 형을 선고받았지만 노환으로 징역을 피할 수 있었다. 그의 아들인 샤를은 일상적인 작업을 관리했는데, 그 역시 감옥살이를 했다.

18 McCullough, 264~265.

19 같은 책, 326~327.

20 비밀리에 진행된 파나마 로비의 영향력은 매킨리로 하여금 제2의 운하 위원회를 구성하도록 할 정도로 강력했지만 첫 운하 위원회가 내린 결정(나카라과가 운하 건설에 더 적합하다고 판단했다.)을 번복하도록 하기에는 충분하지 않았다.

21 McCullough, 323~324.

22 같은 책, 338, 340, 382; Morison, 824~825.

23 Morison, 825; McCullough, 364~367.

24 Morison, 826.

25 Roosevelt, *Autobiography*, 512.

26 Roosevelt, "Charter Day Address," *Theodore Roosevelt Cyclopedia*, 407.

27 Roosevelt, *Nation*, November 23, 1905에서 인용. McCullough, 408에서 재인용. Morison, 826도 참조.

28 Panama Canal Authority-Canal History, "Panama Canal History-workforce," www.pancanal.com/eng/history/index.html.

29 Cornelia Dean, "To Save Its Canal, Panama Fights for Its Forests," *New York Times*, May 24, 2005.

30 McCullough, 611~612. 1955년에 1만 4555척의 배가 수에즈 운하를 지나갔다. Morison, 1093.

31 이 혁명은 세계의 항구를 변모시켰다. 짐을 선착장에서 하역하는 것이 아니라 컨테이너를 직접 기차나 트럭에 실어서 최종 목적지로 보내게 되었던 것이다.

32 McCullough, 613~614.

33 Love, 1: xiii.

34 1917년 3월에 미국 상인 세 사람이 익사한 것과, 중간에 가로챈 치머만의 전보가 미국의 안

전을 위협할 독일-멕시코의 동맹을 암시한 것이 근인(近因)이었다.
35 Howarth, 152~163. 진주만 공습에서 미국의 항공모함은 파괴되지 않았다. 미국 정보부에서 라디오를 통해 미드웨이에서 물을 증류하는 플랜트가 고장났다는 허위 정보를 내보냈다. 그 후에 미국 정보부에서 일본 측 무선 전신원들이 암호로 미드웨이에 물이 떨어졌다는 소식을 중계하는 것을 잡아냈다. 그렇게 해서 미국군은 미드웨이 산호섬을 공격하려는 일본의 의도를 미리 알아챌 수 있었다.
36 Kennedy, "Eagle Has Landed," I, III; Kennedy, "Has the U.S. Lost Its Way?" 미국이 군사 분야에 쓰는 돈이 군사력의 측면에서 미국의 뒤를 잇는 9개의 선도 국가들이 군사 분야에 쓰는 돈을 합한 정도라는 추측도 있다.

13 다목적 댐의 기술적 원형, 후버 댐

1 Smith, *Virgin Land*, 174, 184.
2 Reisner, *Cadillac Desert*, 107.
3 Turner, 258. 터너는 다음과 같이 말했다. "대평원과 건조한 사막을 어떻게 돌아갈 것이냐, 혹은 어떻게 건너갈 것이냐는 더 이상 유효한 질문이 아니다. 중요한 질문은 인간을 거부하는 땅을 어떻게 정복할 것이냐이다. (……) 이것은 어떻게 귀중한 물을 이곳으로 끌어오느냐의 문제이다." 같은 책, 294.
4 Worster, 77.
5 Reisner, *Cadillac Desert*, 107~108.
6 Worster, 132~139; Smith, *Virgin Land*, 196~198; Reisner, *Cadillac Desert*, 45~50. 물에 대한 권리를 조심스럽게 관리함으로써 홈스테드법이 규정한 농장 크기의 반 정도밖에 안 되는 80에이커 정도의 작은 농장도 생존가능할 것이라고 파월은 주장했다. (홈스테드법은 5년간 정주한 서부의 입주자에게 공유지를 160에이커씩 불하할 것을 제정한 1862년의 연방 입법이다 — 옮긴이)
7 T. Roosevelt, "State of the Union Message, December 3, 1901," http://www.theodore-roosevelt.com/sotu1.html.
8 같은 곳.
9 Reisner, *Cadillac Desert*, 116.
10 농업의 불경기를 야기한 원인 중 하나는 유럽이 세계대전의 피해로부터 회복하면서 수입을 줄인 점이다. 그리고 다른 하나의 원인은 농업의 기계화로 생산성이 높아지고 일용품의 가격

이 떨어진 점이다. 그 결과 1929년 미국에서 700만 명의 농부 중 40퍼센트가 자영농이 아니라 소작농이었다.
11 개간청은 사라지는 대신, 1923년의 숙청으로 새로운 지도자들이 임명되었으며 이름도 개간국으로 변경되었다.
12 수비아코에 세워진 로마의 댐은 40미터에 달했으며 1500년 동안 범람하지 않았다. 13~14세기의 페르시아에서 몽골 인들은 58미터의 쿠리트(Kurit) 댐을 세웠는데 500년 동안 전 세계에서 가장 높은 댐이었다. Smith, *History of Dams*, 32, 235, 236; Billington et al., 50.
13 후버 댐은 콘크리트로 만들어졌으며 아치형 중력 댐(arched-gravity dam)이다. U.S. Department of the Interior, Bureau of Reclamation, Lower Colorado Region, 30~36.
14 Billington et al., 90~91. 이 같은 다목적식 접근은 특히 운항을 주 임무로 하는 육군 공병단 내에서 논란을 야기했다.
15 1930년대에 서부에서 전력을 생산하는 사기업은 350만 마력의 전기를 생산했다. 1920년에 정부는 5만 마력의 전기를 생산했다. 그러므로 후버댐이 초창기에 생산한 170만 마력의 전기는 서부에서 전기를 둘러싼 정치경제적 지도를 크게 변화시켰다.
16 에이커푸트는 1에이커 면적의 땅을 1피트 깊이로 채울 수 있는 물의 양을 말하며, 325,851갤런, 혹은 1,233.5세제곱미터이다.
17 Billington et al., 136. 콜로라도 강의 유속은 초당 2500세제곱피트에서 30만 세제곱피트까지 걸쳐 있었다.
18 McNeil, *Something New Under the Sun*, 178.
19 Michael Cohen, "Managing across Boundaries: The Case of the Colorado River Delta," in Gleick, *The World's Water, 2002-2003*, 134.
20 Reisner, *Cadillac Desert*, 122~123.
21 1905년에서 1907년까지 이르는 기간은 콜로라도 분지의 역사에서 가장 비가 많이 내린 시기였다. 그 전까지는 저수지의 역할을 했던 솔턴 호수(Salton Sea)는 그 후 자연 증발로 인해 점점 크기가 줄어들면서 짜졌다.
22 Billington et al., 160~161.
23 Reisner, *Cadillac Desert*, 53, 60, 73.
24 중요한 순간에 루스벨트는 로스앤젤레스를 지지했고 삼림청으로 하여금 오언스 밸리 유역이 국립공원이 될 거라는 선언으로 개간국의 주장을 묵살했다.
25 Reisner, *Cadillac Desert*, 68~69.
26 같은 책, 75~76. 멀홀랜드가 산페르난도를 경유하여 물을 끌어오려고 한 주된 이유는 사용되지 않은 분량을 저장할 수 있기 때문이었다. 그런 방식으로 로스앤젤레스에 할당된 오

언스 강물을 전부 사용해야만 "쓰거나 내놓거나"로 알려진 전유권에 관한 물법(water law of appropriation rights)하에서 로스앤젤레스가 자기 몫을 주장할 수 있었다. 오언스 강물의 이용 덕분에 산페르난도 밸리는 곧 로스앤젤레스로 편입되었다. 이에 가담한 사람들로는《로스앤젤레스 타임스》의 해리슨 그레이 오티스와 해리 챈들러, 철도사업가 에드워드 해리먼과 헨리 헌팅턴, 은행가 조지프 아토리와 L. C. 브랜드가 있다.

27 Billington et al., 161.
28 Reisner, *Cadillac Desert*, 92~95.
29 대표적인 반대자로는《로스앤젤레스 타임스》의 발행인 해리 챈들러가 있다. 그는 로스앤젤레스의 장기적인 발전보다는 가까운 시일 내에 멕시코에 가지고 있는 넓은 토지의 가격이 오르는 것이 더 중요하다고 생각했다. 오언스 밸리 문제로 인해서 세금 부과권을 가진 행정 구역들이 생겨났는데, 그 세금은 경사진 수로에 물을 펌프질할 때 필요한 수력 전기를 사는 데에 사용될 자금을 조성하기 위한 것이었다.
30 상류 지역의 주들(콜로라도, 와이오밍, 유타, 뉴멕시코)은 콜로라도 강물의 90퍼센트를 공급했다.
31 Billington et al., 158~159; U.S. Department of the Interior, Bureau of Reclamation, Lower Colorado Region, 10; Reisner, *Cadillac Desert*, 262~263.
32 Reisner, *Cadillac Desert*, 128~129; U.S. Department of Interior, Bureau of Reclamation, Lower Colorado Region, 15~23.
33 Billington et al., 174~175. 건강 문제를 근거로 지하에서 내연기관을 사용하지 못하게 하는 네바다 주의 법을 피하기 위해서 개간국은 공사 현장을 연방의 땅이라고 선언하기도 했다.
34 Franklin D. Roosevelt. Billington et al., 179에서 인용.
35 Reisner, "Age of Dams and Its Legacy."
36 Reisner, *Cadillac Desert*, 155.
37 Billington et al., 206.
38 Reisner, *Cadillac Desert*, 156~157.
39 같은 책, 165.
40 Worster, 271.
41 Billington et al., 191.
42 Worster, 271. 총 건설비용의 90퍼센트는 전기 판매로 메울 수 있었다.
43 Reisner, *Cadillac Desert*, 162, 164. 전쟁의 중반쯤에는 미국에서 생산되는 알루미늄의 50퍼센트가 태평양 연안의 북서부에서 생산되었다. 미국은 전쟁을 치르는 4년 동안 6만 대의 전투기를 생산해 냈다.
44 같은 책, 151, 335.

45 Reisner, *Cadillac Desert*, 336~337. 보조금을 받은 대농장주 중에는 디조르지오 사, 남태평양 철도, 스탠더드 오일도 있었다.
46 Reisner, "Age of Dams and Its Legacy."
47 Morison, 960~964. 테네시 강은 1050킬로미터이며, 노스캐롤라이나 및 버지니아의 애팔래치아 산맥에서 발원하여 서쪽으로 흐르다가 켄터키 주 퍼듀카 근처에서 오하이오 강으로 들어간다.
48 Specter, 68; Reisner, *Cadillac Desert*, 167.
49 Morison, 963. 1킬로와트시당 비용은 2.4센트에서 1센트로 떨어졌다.
50 Specter, 68.
51 Peet, 9; Sandra Postel, "Hydro Dynamics," 62.
52 Worster, 277.
53 같은 책, 276~277.
54 같은 책, 312. 1900년에서 1975년 사이에 하루 물 소비량은 1500억 리터에서 1만 4800억 리터로 증가했다. 미국 통계조사 수치에 의하면 같은 시기에 인구는 7600만 명에서 2억 1200만 명으로 증가했다.
55 McNeill, *Something New Under the Sun*, 154; McGuire, "Water-Level Changes in the High Plains Aquifer, 1980~1999"; Pearce, 59.
56 Reisner, *Cadillac Desert*, 438.
57 같은 책, 452; Evans, *American Century*, 232~233.
58 Evans, *American Century*, 232. 1935년에 40여 번, 1936년에는 68번, 1937년에는 72번, 1938년에는 61번의 모래폭풍이 있었다.
59 같은 책, 234.
60 Reisner, *Cadillac Desert*, 436.
61 Glenno, *Water Follies*, 26. 이 새로운 기술은 1분에 4500리터의 물을 끌어올릴 수 있었다.
62 McNeill, *Something New Under the Sun*, 154; McGuire, "Water-Level Changes in the High Plains Aquifer, 1980~1999."
63 Reisner, *Cadillac Desert*, 437, 448~449.
64 McNeill, *Something New Under the Sun*, 154.
65 같은 책. 관개사업은 1970년대 중반에 텍사스 북부에서 정점에 달했으며 1983년부터는 하이플레인즈 전역에 걸쳐 축소되기 시작했다. 센트럴 밸리의 과도한 펌핑에 관해서는 Felicity Barringer, "As Aquifers Fall, Calls to Regulate the Use of Groundwater Rise," *New York Times*, May 14, 2009 참조.

66 Robert Glennon, "Bottling a Birthright," in McDonald and Jehl, 17. 이 30년 동안 하루에 사용하는 지하수의 양은 300억 리터에서 700억 리터로 증가했다. 이는 일인당 246리터에 해당한다.

67 마지막으로 지어진 댐은 1960년대 중반에 완공된 수력발전용 글랜 캐니언 댐이다.

68 Cohen, 134.

69 Reisner, *Cadillac Desert*, 260~261.

70 Worster, 321~322.

71 Gertner.

72 Bureau of Reclamation, "Central Valley Project-General Overview," www.usbr.gov/dataweb/html/cvp.html.

73 예를 들면 1000에이커푸트의 물을 목장에서 사용하면 일자리가 여덟 개밖에 안 생기지만, 같은 양의 물을 반도체와 같은 하이테크 응용상품을 생산하는 데에 사용하면 일자리가 1만 6000개가 생긴다. 라스베이거스와 리노에서는 네바다 주의 물 중 10퍼센트를 사용하지만 주 경제의 95퍼센트를 차지하는 반면에 변두리의 알팔파 농장들은 네바다 주의 물 중 90퍼센트를 사용하지만 물 보조금 없이는 생존할 수 없을 것이다.

74 Clarke and King, 44. 흔히 그렇듯이 미국 내부의 변화는 국제기구의 여론을 결정지었다. 2000년에 유엔의 댐을 위한 세계위원회는 대규모 댐 건설 계획의 부정적 효과가 긍정적 효과보다 많다면서 수자원 수요를 충족시킬 수 있는 다른 방식을 찾아보라고 권고하는 보고서를 제출했다.

75 McNeill, *Something New Under the Sun*, 29.

76 Ponting, 366.

77 핵폐기물은 미국의 컬럼비아 강과 시베리아 서부의 오비 강 상류 유역을 오염시켰다. 오비 강 상류 지역은 세계에서 가장 방사능에 심하게 오염된 지역이다. 1967년에 소련이 핵폐기물을 내다 버리곤 했던 카라차이 호가 가뭄으로 말랐는데, 히로시마에 떨어진 폭탄보다 방사성 물질이 3000배 많이 포함된 먼지가 바람에 흩날렸고 중앙아시아 인구 50만 명이 이에 노출되었다. 이 호수 지역은 20년이 지난 후에도 방사능 오염이 심해서 여기에 한 시간을 머문 사람은 방사능에 의한 죽음을 무릅써야만 했다.

78 Carson, 39, 41.

79 같은 책, 39.

80 같은 책, 8.

81 Specter, 69. 이와 비슷한 사태가 갠지스 강과 러시아의 볼가 강에서도 있었다. 이런 사실은 환경 문제가 전 세계적인 현상임을 증명한다.

82 지구 정상회의는 1992년에 리우데자네이루에서, 2002년에 요하네스버그에서 열렸다. 기후 변화에 관한 정부 간 위원회는 매 5, 6년마다 보고서를 출간한다(1990, 1995, 2001, 2007). 새천년생태계평가서(Millennium Ecosystem Assessment)는 코피 아난이 시작했으며 2005년에 출간되었다.
83 Herbert Hoover. Glennon, *Water Follies*, 13에서 인용; Joseph Stalin. Peet, 11에서 인용.
84 Jawaharlal Nehru. Specter, 68에서 인용.
85 McNeill. *Something New Under the Sun*, 163.
86 같은 책, 179, 278. 그동안에 물 사용량은 다섯 배 증가했다. Jim Yardley, "Under China's Booming North, the Future Is Drying Up," *New York Times*, September 28, 2007.
87 Peet, 9.
88 같은 책, 9~10.
89 Millennium Ecosystem Assessment, 26.
90 같은 책, 5. 1960년에서 2000년 사이에 세계인구는 30억에서 60억으로 두 배 증가했고 경제생산은 여섯 배 증가했다.
91 Hans Schreier, "Mountain Wise and Water Smart," in McDonald and Jehl, 90.
92 McNeill, *Something New Under the Sun*, 220.
93 1920년대에 일본에서 일본 종과 미국 종을 교배하여 반소형(semi-dwarf) 종류인 노린(Norin) 10을 개발했다. 1950년대에 멕시코에서 식물 교배의 개척자 노먼 볼로그가 노린 10을 다른 종과 교배시켜 더욱 발전시켰다. 그는 1970년에 노벨상을 받았다.
94 McNeill, *Something New Under the Sun*, 222.
95 Millennium Ecosystem Assessment, 32.
96 아프리카에서도 그렇다고 말할 수는 없다. 녹색혁명은 아프리카를 피해 갔으며, 아프리카는 아직도 수력발전의 잠재성이 큰 대륙이다.
97 Gleick, "Making Every Drop Count," 42.
98 Simmons, 258.
99 Postel, "Growing More Food with Less Water," 46~47.

4부 결핍의 시대

14 물을 가진 자와 갖지 못한 자

1 Millennium Ecosystem Assessment, 106.
2 U.N. Millennium Project Task Force on Water and Sanitation, 4.
3 Millennium Ecosystem Assessment, 13; U.N. Millennium Project Task Force on Water and Sanitation, 17.
4 Peter H. Gleick, "Environment and Security: Water Conflict Chronology," in Gleick, *World's Water*, 2006~2007, 207~212. 예멘, 요르단, 나미비아, 시칠리아, 알제리 등지에서는 물을 배급한다. 미국과 다른 법치국가에서는 물을 둘러싼 격렬한 소송이 끊임없이 발생하고 있다. 1999년부터 2005년까지의 연대기를 살펴보면 물을 둘러싼 폭력적인 충돌과 저항이 점점 더 보편화되고 있음을 잘 알 수 있다. 중국의 허베이 성과 허난 성에서 농부들은 제한적인 수자원을 둘러싼 전투에서 서로에게 박격포탄과 폭탄을 쏘아 댔다. 일 년 후에 황허 강 유역의 산둥 성에서는 소규모 폭동이 일어나서 여러 명이 죽었다. 농부들이 불법적으로 물을 끌어다 쓰는 것을 정부가 도시의 물 공급을 확보하기 위해서 규제했기 때문이었다. 볼리비아에서 세 번째로 큰 도시인 코차밤바에서는 물공급 체제의 민영화에 반대하는 시위가 일어나 3만 명의 시위대가 며칠 동안 경찰과 대치했고 그 와중에 한 명이 사망했다. 민영화로 인해 물 가격이 임금의 4분의 1 선까지 상승했던 것이다. 파키스탄의 카라치에서는 가뭄이 이어지자 "물을 달라."고 외치는 시위대가 폭탄을 던지면서 봉기했다. 인도에서는 각지에서 여러 차례 비슷한 사태가 일어났고 그 과정에서 사람이 죽기도 했다. 대표적인 예는 구자라트에서 물수송 트럭이 정기적으로 물을 충분히 공급하지 못했기 때문에 일어난 봉기이다. 케냐 북서부에서는 부족 간 폭력 사태가 일어나 스무 명 이상이 목숨을 잃었다. 키쿠유 족 출신의 정치가가 자신의 농장에 물을 대기 위해 강물을 끌어다 썼다고 마사이 족 목동들이 고발했기 때문이다. 소말리아의 '우물 전쟁'은 250명의 목숨을 앗아갔는데, 중앙정부가 제 기능을 잃은 상황과 3년간의 가뭄이 겹친 결과였다. 다르푸르에서는 인종청소를 위한 제노사이드를 벌이면서 우물을 의도적으로 파괴하고 오염시켰다.
5 Ismail Serageldin, "Of Water and Wars"에서 인용.
6 Millennium Ecosystem Assessment, 6.
7 Sterling, 30.

8 Millennium Ecosystem Assessment, 6, 106~107. 관개농업을 위해 끌어다 쓰는 물의 15~35퍼센트는 고갈되고 있는 수자원에서 나오고 있다.
9 Pearce, 3~4.
10 Sterling, 31.
11 Postel, *Last Oasis*, XVI.
12 J. A. 앨런은 런던의 킹스 칼리지 교수이자 런던대학교 동양·아프리카학 교수이다. 그는 1990년대 초에 가상수 개념을 정립한 공로를 인정받아서 2008년에 스톡홀름 물의 상을 받았다.
13 증발산은 식물과 인간 등의 유기체에서 나온 수증기가 증발하는 과정이다.
14 McNeill, *Something New Under the Sun*, 119; Postel, *Last Oasis*, 28; Pearce, 28.
15 유거수(runoff, 땅 위를 흐르는 빗물)의 15퍼센트는 아마존 강 유역에 집중되어 있는데 세계 인구의 0.4퍼센트만이 이 지역에서 살고 있다.
16 Clarke, *Water: The International Crisis*, 10.
17 Grey and Sadoff, 545.
18 Millennium Ecosystem Assessment, 13.
19 미국의 경우, 과거에 정부가 독점했던 전기와 통신은 민영화되었지만 오늘날까지 유일하게 정부가 독점하고 있는 것이 바로 물이다.
20 이 용어는 공동 소유인 자원을 개인들이 자신의 이득을 위해 마구 사용함으로써 보다 큰 공공선을 해치는 현상을 가리킨다. 이 개념은 오래전부터 사용되었지만 1968년에 《사이언스》에 실린 하딘(Garrett Hardin)의 논문에서 새로운 용어로 탄생했다.
21 McNeill, *Something New Under the Sun*, 163~164.
22 Pearce, 85. 차드 호는 중세 이래 자연적인 효과로 인해 크기가 계속 변했다. 1962년에 호수의 크기가 가장 컸는데, 당시에 차드 호 유역의 면적은 서유럽의 면적와 비교할 만했다. 1960년대부터 2000년까지 호수는 2분의 1에서 3분의 1 정도의 크기로 줄어들었다. 인간이 관개를 위해 물의 흐름을 바꾼 것이 그 현상의 원인인 것으로 짐작된다. 여러 댐 중에서도 나이지리아와 카메룬의 댐이 대표적인 대규모 관개 댐이었다.
23 Postel, *Last Oasis*, 166~167.
24 Sterling, 32; Gleick, "Making Every Drop Count," 43.
25 Smith, *Wealth of Nations*, 174.
26 Benjamin Frankling, *Poor Richard's Almanac, 1733*. "Water Fact Sheet Looks at Threats, Trends, Solutions," Pacific Institute, www.pacinst.org/reports/water_fact_sfeet에서 인용.
27 Lavelle and Kurlantzick.
28 Peter H. Gleick and Jason Morrison, "Water Risks That Face Business and Indstry," in

Gleick, *World's Water, 2006-2007*, 158~165. 상하수도 시설은 세 회사(Veolia Environnement, Suez S.A., RWE Thames Water)가 지배하고 있다. GE는 1년당 1400억 달러 규모의 폐수 서비스 분야에서 32억 달러를 벌어들였다. 물 사업의 세분화로 인해 산업 규모를 종합적으로 측정하기 힘들어졌다. 물을 많이 필요로 하는 사업(반도체, 제약, 펄프 및 종이, 식품, 석유화학 등)에 정수된 물을 공급하는 사업분야는 850억 달러 규모이다. 그 밖에 식수의 정화, 제염, 분배 등을 위한 기반 시설도 주요 분야이다.

29 깊은 층에 묻혀 있는 물의 대부분은 근대의 드릴 기술로도 접근 불가능했다.

30 Postel, *Last Oasis*, 28~29. 일인당 하루에 1000세제곱미터(2740리터) 이하의 물을 소비할 수 있는 경우를 물 부족, 일인당 하루에 1000~2000세제곱미터의 물을 소비할 수 있는 경우를 물 스트레스, 2000세제곱미터의 물을 소비할 수 있는 경우를 물 충분으로 정의한다. Clarke, *Water*, 12에는 유거수의 20퍼센트 이상을 소비하는 것을 물 부족의 징후라고 말하고 있다. 그에 따르면 유거수의 10~20퍼센트를 소비하는 것은 심각한 물 문제의 징후, 5퍼센트 이하의 소비는 물 충분의 징후이다.

31 Diamond, *Collapse*, 495. 다이아몬드는 가장 큰 영향은 제3세계에 사는 80퍼센트로부터 온다고 주장하는데, 그 안에는 현재의 미미한 소비량을 서구 산업 사회의 소비량으로 증가시키고 있는 중국과 인도 인구가 포함되어 있다.

15 물 기근에 허덕이는 중동

1 Allan, 6.
2 Millennium Ecosystem Assessment, 33.
3 Allan, 8.
4 테헤란의 식수는 오늘날에도 여전히 대부분 카나트를 통해 공급된다.
5 Andrew Martin, "Mideast Facing Difficult Choice, Crops or Water," *New York Times*, July 21, 2008.
6 Economist staff, *Pocket World in Figures, 2009*, 16.
7 이집트 인구의 96퍼센트가 "나일 강 유역의 좁은 띠" 안에 모여 살고 있는데, 그 지역의 면적은 이집트 국토의 4퍼센트에 불과하다. Elhance, 6.
8 Boutros Boutros-Ghali. "Water Scarcity, Quality in Africa Aggravated by Augmented Population Growth," *International Environmental Reporter*, October 1989에 인용. Postel, *Last*

Oasis, 73에서 재인용.

9 Anwar el-Sadat. Collins, 213에서 인용.
10 Smith, *Man and Water*, 205; Collins, 140.
11 Collins, 225~226.
12 Anwar el-Sadat. Gleick, *World's Water, 2006-2007*, 202에서 인용. 그 후에도 이집트의 고위 공무원들은 이 같은 발언을 반복적으로 했다. 예를 들면 당시에 이집트 외무장관이었고 나중에 유엔 사무총장이 된 부트로스갈리는 1988년에 "미래에 이 지역에서 전쟁은 정치 문제가 아니라 나일 강의 물에 관한 문제 때문에 발생할 것."이라고 말했다.
13 Boutros-Ghali, 322.
14 Collins, 214~215. 마리암은 1974년에 셀라시에 황제(타나 호에 댐을 건설하기를 오랫동안 꿈꿨던 사람이다.)를 몰아내고 정권을 잡았다. 1978년 즈음이 되면 그는 에티오피아의 수자원을 이용하여 국가 발전을 이루려고 압박하기 시작했다. 게다가 마리암은 아프리카 북동부 해안에 대한 이집트 및 이슬람의 야심이라는 오래 묵은 에티오피아의 공포심을 자극하여 사다트와의 관계를 더욱 악화시켰다. 이집트가 소말리아에 무기를 대주고 에리트레아의 분리주의 반란군을 지원한다고 비난했던 것이다.
15 Collins, 171.
16 처음에 나세르는 수단의 누비아 지역이 이집트의 영토라고 협박함으로써 수단의 지도자들을 복종시키려고 했지만 실패했다.
17 Erlich, 6.
18 Collins, 170. 미국은 나일 강 유역의 나라들이 협력할 경우에 나일 강 수자원 개발을 지지하겠다고 조건을 내걸었다.
19 Grey and Sadoff, 545~571. 세계은행의 물 전문가인 그레이와 사도프는 물 부족으로 치명적인 피해를 입기 쉬운 국가들은 대개 세계에서 가장 가난한 나라들이며 산업화된 나라들이 경제적으로 도약하던 단계에서 겪었던 것보다 더 어려운 수리 환경에 직면해 있다고 지적했다.
20 이집트가 1981년에 세운 물 종합계획은 상류의 새 프로젝트들을 통해 나일 강의 수량이 25퍼센트 증가할 것이라고 기대했지만, 이 지역의 정치적 불안정이나 프로젝트의 환경 파괴적인 영향에 대해서는 눈감아 버렸다.
21 북부가 주도하는 이슬람 정권은 수단 서부의 다르푸르 인종 학살을 지지했으며, 마찬가지 수사를 동원하여 비이슬람이자 흑인인 원주민들에게 물을 공급하는 것을 비난했다.
22 Alan Cowell, "Cairo Journal: Now, a Little Steam. Later, Maybe a Water War," *New York Times*, February 7, 1990.
23 Darwish; Ward, 197.

24 Allan, 67~68, 152~153.
25 Meles Zenawi, Mike Thomson, "Nile Restrictions Anger Ethiopia," *BBC News*, February 3, 2005, http://news.bbc.co.uk/2/hi/africa/4232107.stm에서 인용. 이집트의 지도자들은 다른 나라의 관개사업을 위한 국제적 자금 조달을 방해하지 않았다고 끝까지 주장했다. 게다가 그들은 강수량이 줄고 인구가 증가하여 어쩔 수 없이 거대한 사막 개발 사업을 위해 물을 더 많이 끌어다 쓸 수밖에 없었다고 말했다. 2005년에 이집트 수자원·관개부의 고위 자문관인 쿼시(Dia El Quosy)는 "식량 생산뿐 아니라 고용 창출도 문제이다. 우리 노동력의 40퍼센트가 농부인데 이들에게 일거리를 주지 않으면 당장 도시로 몰려들 것이기 때문이다. 카이로는 이미 초만원 상태라는 걸 여러분도 잘 알고 있을 것"이라고 BBC에 말했다. 만약 에티오피아나 수단 남부의 독립 지역이 나일 강의 유량을 제한한다면 무력으로 대응할 것인가라는 질문에 대해 부트로스갈리는 "나는 그 어떤 나라도 감히 나일 강의 물에 손을 댈 것이라고 생각하지 않는다. (······) 이집트의 국가 안보는 물에, 특히 나일의 물에 달려 있다."고 대답했다. "Talking Point."
26 "Of Water and Wars"; Elhance, 60. 1990년대 말에 펌프를 사용해 물을 이동시키는 데에 대한 에너지 보조금은 추가적으로 40억~60억 달러 정도 소요되었다.
27 Collins, 218.
28 Brown, "Grain Harvest Growth Slowing."
29 McNeill, *Something New Under the Sun*, 170~171.
30 Lester Brown, "The Effect of Emerging Water Shortages on the World's Food," in McDonald and Jehl, 85; McNeill, *Something New Under the Sun*, 170~171.
31 Economist staff, *Pocket World in Figures, 2009*, 16, 17.
32 Elhance, 58.
33 "Not by Bread Alone," *Economist*, April 12, 2008, 55.
34 Sadoff and Grey, "Beyond the River." 사도프와 그레이는 이 같은 협력에서 네 가지 이득을 얻을 수 있다고 말한다. 1 강 유역을 지탱하는 생태계를 더 잘 관리하게 되고, 2 강으로부터 더욱 많은 것을 얻을 수 있으며, 3 경쟁과 갈등에서 발생하는 비용을 감소시키고, 4 협력을 통해 우호적인 관계가 형성될 때 국가 간 교역의 증가 등과 같은 부가적 이득이 생긴다.
35 나일 강 개발 계획 참여자와의 인터뷰.
36 Sher, 36; Allan, 74~77. 32억 세제곱미터(260만 에이커푸트)에는 이스라엘, 팔레스타인, 요르단이 사용한 양이 포함되어 있지만 이 지역의 변두리에 위치한 시리아가 사용한 양은 포함되어 있지 않다.
37 Allan, 76.

38 같은 책, 78; Postel, "Sharing the River out of Eden," 61.

39 Elhance, 113. 존스턴의 계획은 '중력의 작용으로 관개가 가능한 지역과의 접근성(proximity to irrigable land fed by natural gravity)'에 따라 지표수를 할당한다는 원칙을 바탕으로 했다. 이에 따르면 물에 대한 영토 권리보다는 유용성을 더 중시했다. 비록 이 계획은 무산되었지만 이 원칙에 의한 할당 비례는 향후 반세기 동안 물에 관한 협상에서 기준선으로 역할했다.

40 Postel, "Sharing the River out of Eden," 62. 요르단을 둘러싼 충돌에 관해서는 Darwish 참조.

41 Sharon, 167.

42 Goldschmidt, 326. 이후 수에즈 운하는 8년 동안 폐쇄되었고 양편이 서로 총을 겨누는 최전선이 되었다. 1973년의 욤킵푸르 전쟁은 시리아가 골란 고원을 기습 공격하고 동시에 이집트가 운하 너머로 육해군 공격을 감행하면서 시작되었다. 이집트는 일시적으로 시나이 반도의 대부분을 되찾았다. 그러나 9일 후에 샤론 장군이 소규모 탱크 부대를 지휘하여 이집트 군의 등 뒤로 돌아가 원정 부대를 본국과 고립시키자 예전처럼 수에즈 운하가 다시 국경선이 되었다.

43 Allan, 82. 요르단 강 상류의 세 지류(바니아스, 하스바니, 단 강)는 모두 골란 고원의 경사면 지하 대수층에서 기원한다. 이스라엘 물 사용량의 5분의 1은 재활용하는 물이며, 담수화 플랜트도 전체 사용량의 3분의 1을 공급할 수 있다. 이스라엘은 재빨리 골란 고원에서 흘러나오는 물을 끌어들여 갈릴리 해로 흐르도록 했다.

44 Pearce, 160~161. 팔레스타인 서안의 관개 농장지의 쇠퇴에 대해서는 Darwish를 보라.

45 Postel, "Sharing the River out of Eden," 63. 가자 지구의 물은 세계보건기구가 규정하는 식수의 최저 기준에도 미치지 못한다. 국제사회는 이 문제를 줄이기 위해(이스라엘의 승낙을 받고) 가자 지구에 최신 설비의 하수처리 플랜트를 지었다.

46 Aaron T. Wolf, "'Water Wars' and Other Tales of Hydromythology," in McDonald and Jehl, 116~117.

47 Postel, Last Oasis, xxiv, xxv. 2000년에 이스라엘은 존스턴이 제안하고 아랍인들이 거부한 원안에서 제시한 것보다도 50~75퍼센트 이상 물을 더 끌어다 쓰고 있었다.

48 Elhance, 107, 113. 요르단은 야르무크-요르단의 물에 크게 의존하고 있었다. 사우디아라비아와 국경을 맞대고 있는 남동부의 재충전되지 않는 콰디시(Qa Disi) 대수층이 요르단의 다른 유일한 수자원이었기 때문이다. 콰디시 대수층은 사우디아라비아에 매년 2억 50만 세제곱미터라는 놀라운 양의 물을 제공하면서 급격히 고갈되어 가고 있다.

49 당시 이스라엘의 물 보유량이 역사적으로 가장 적었기 때문에 긴장은 더욱 고조되었다.

50 "Israel Hardens Stance on Water," BBC News, September 17, 2002, http://www.bbc.co.uk/2/

hi/middle_east/22265139.stm; Luft; Stefan Deconinck, "Jordan River Basin: The Wazzani-Incident in the Summer of 2002 — a Phony War?" Waternet (July 2006), http://www.waternet.be/jordan_river/wazzani.htm.
51 터키 수상 에르도간(Recep Tayyip Erdogan)은 이스라엘의 신뢰를 받고 있었고 시리아의 지도자들과 좋은 관계를 유지하고 있었다. 양측은 터키 수상을 통해서 골란 물 조약의 주요 이슈들을 실질적으로 다 해결했으며 공식적인 차원에서 협상을 진행할 준비가 되었던 것으로 알려져 있다. 그러나 부시 정권이 반복적으로 그 기회를 방해했다. 시리아가 이란, 헤즈볼라, 하마스 등과의 관계망에서 빠져 올 때 미국의 지지를 받을 수 있으리라는 희망을 가지고 있었지만 미국이 이를 인정해 주지 않았던 것이다. 2008년 말에 하마스가 이스라엘에 대한 미사일 공격을 재개하고 이스라엘도 가자를 공격하자, 다시 불화가 재개되었고 결국 이전의 협상은 전부 무효가 되었다.
52 Allan, 96~97; Elhance, 96.
53 "Don't Make the Desert Bloom," *Economist*, June 7, 2008, 60. 2008년에 농부들이 실제로 지불한 물 가격은 눈에 보이지 않는 보조금 덕분에 여전히 시장가격의 50퍼센트밖에 되지 않았다. 그러나 이 사건은 나아갈 방향을 보여 준다는 점에서 큰 의미가 있다.
54 Postel, "Sharing the River out of Eden," 64.
55 같은 책, 43, 64.
56 Pearce, 254; Economist staff, "Tapping the Oceans," *Economist Technology Quarterly*, June 7, 2008, 27. 에너지 재포획(recapture) 부분과 막(membrane) 기술 부분이 특히 발전한 분야이다.
57 1970년대부터 이스라엘은 지중해나 홍해로부터 사해로 파이프를 사용해 물을 끌어오는 계획을 검토했는데, 이는 고도차를 이용해 담수화에 필요한 어마어마한 양의 전기를 생산하려는 목적이었다.
58 아시켈론의 물 가격은 1세제곱미터당 55센트였는데, 갈릴리의 물은 30센트였다.
59 "Don't Make the Desert Bloom," 60; Postel, "Sharing the River out of Eden," 64.
60 터키를 나토에 가입시킨 것은 터키가 지중해와 흑해의 왕래를 통제할 수 있는 해협을 전략적으로 지배하고 있기 때문이었다. 냉전기에 이 해협을 통제하는 것은 지중해와 중동에 대한 러시아 해군의 접근을 저지하고, 지중해와 중동에 대한 러시아의 영향력을 감소시키며, 북부 베트남 등의 동맹국에 대한 보급선을 연장시키고, 전체적으로 소련에 부담을 가해서 소련의 붕괴를 촉진했다. 이 해협은 오늘날에도 주요 운송 노선(예를 들면 중앙아시아에서 새로 발견된 유전에서 나오는 석유를 서유럽으로 나르는 노선 등)을 막을 수 있는 전략적 중요 지점이다.
61 Sher, 36.
62 1970년대 초부터 2002년까지 터키는 약 700여 개의 댐을 건설했고 500여 개를 더 지

을 계획을 가지고 있었다. Douglas Jehl, "In Race to Tap the Euphrates, the Upper Hand Is Upstream," *New York Times*, August 25, 2002.

63 Elhance, 148~149.
64 "One-third of Paradise," *Economist*, February 26, 2005, 78.
65 Turgut Ozal. Ward, 192에서 인용.
66 같은 곳.
67 Jehl, "In Race to Tap the Euphrates, the Upper Hand Is Upstream." 유프라테스 강의 수량은 약 350억 세제곱미터이다.
68 Elhance, 150~151; Sher, 35~37. 첫 번째 수도관은 거의 사용되지 않는 세이한(Seyhan) 강과 제이한(Ceyhan) 강에서 물을 끌어오는데, 일 년에 12억 8000만 세제곱미터의 물을 운반할 것으로 예상되었다. 두 번째 수도관은 티그리스 강으로부터 물을 끌어오고, 일 년에 9억 세제곱미터의 물을 운반할 것으로 예상되었다.
69 Elhance, 144.
70 Allan, 73.
71 Gleick, *World's Water*, 2006~2007, 204.
72 Elhance, 142~143. 시리아는 1974년 봄 이라크가 시리아의 대(對)이스라엘 정책을 비난했을 때, 그리고 1975년 이라크가 이란과의 협정에 서명했을 때 유량을 축소했다. 사우디아라비아와 소련은 시리아가 타바카 댐의 물을 추가로 방류하도록 설득함으로써 1975년의 위기를 외교적으로 해소했다. 역설적으로 이 지역에서 가장 위험한 것은 바로 이라크에 있는 모술 댐의 붕괴 가능성이다. 1984년에 티그리스 강에 건설된 이 댐은 너무 허술하게 지어져서 2007년 미군 엔지니어 군단(U.S. Army Corps of Engineers)은 점령군에게 이 댐이 당장 무너질지도 모른다고 경고했다. 그런 사태가 발생할 경우 모술과 바그다드 사이에 있는 수십만 명의 사람이 사망하고 피해를 입을 것이며, 이 지역에 안정적이고 다원주의적인 국가를 세우려는 미국의 노력은 좌절될 것이다. Patrick Cockburn, "Iraqi Dam Burst Would Drown 500,000," *Independent*, October 31, 2007, www.independent.co.uk/news/world/Middle-east/Iraq's-dam-burst-would-drown-500,000-398364.html.
73 Alwash, 56~58; "One-third of Paradise," 77~78; Edward Wong, "Marshes a Vengeful Hussein Drained Stir Again," *New York Times*, February 21, 2004; Marc Santora, "Marsh Arabs Cling to Memories of a Culture Nearly Crushed by Hussein," *New York Times*, April 28, 2003. 40퍼센트 이상의 지역에서 소금과 독성 물질을 씻어 내는 데에는 이라크가 가진 물보다 더 많은 양의 물이 필요했다.
74 Süleyman Demirel. "The Euphrates Fracas: Damascus Woos (and) Warns Ankara," *Mideast*

Mirror, July 30, 1992에 인용. Elhance, 144에서 재인용.
75 Whitaker.
76 Recep Tayyip Erdogen. Sally Buzbee, "Drought Threatens Iraq's Crops and Water Supply," Associated Press Wire on Yahoo! News, July 10, 2008, AP20080710에서 인용.
77 Daniel Williams, "Kurds Seize Iraq Land Past Borders in Blow to U.S. Pullout Plan," March 5, 2009, Bloomberg, http://www.bloomberg.com/apps/news?pid=20601087&sid=aeLL5Yyjul18&refer=home.
78 Postel, "Sharing the River out of Eden," 64.
79 Elhance, 122에서 인용.
80 Craig A. Smith, "Saudis Worry as They Waste Their Scarce Water," *New York Times*, January 26, 2003. Allan, 85.
81 Pearce, 61.
82 Brown, "Aquifer Depletion."
83 Smith, "Saudis Worry as They Waste Their Scarce Water." Pearce, 61 참조.
84 Patrick E. Tyler, "Libya's Vast Pipe Dream Taps into Desert's Ice Age Water," *New York Times*, March 2, 2004.
85 예멘은 종교적 지하드주의자와 정치적 봉기가 난무하는 등 실패한 국가가 될 위험에 처해 있다. 불충분한 수자원을 둘러싼 무정부주의적 사회 갈등으로 인해 수십 명이 죽기도 했다. 예멘의 생명줄인 우물에 물을 공급하는 지하수는 교외에서는 일 년에 1.8미터씩, 주요 도시에서는 일 년에 4.6미터씩 가라앉고 있다. 예멘의 수도인 사나의 물이 2010년경에 고갈될 것이라고 세계은행은 예측하고 있으며, 이에 대한 대책은 전혀 떠오르지 않고 있다. 게다가 예멘의 인구는 현재 2200만 명인데 한 세대 동안 두 배로 증가할 것으로 보인다. 그러므로 이 나라는 지역적, 국제적 불안을 야기할 가능성을 다분히 가지고 있다.
86 Tyler, "Libya's Vast Pipe Dream Taps into Desert's Ice Age Water"; McNeill, *Something New Under the Sun*, 155. Pearce, 45~48도 참조. 사우디아라비아와 예멘처럼 리비아에도 강수량이 부족하고 강이나 호수가 없으며, 따라서 앞의 두 나라처럼 리비아도 재생가능한 공급량보다 일곱 배 많은 양의 지하수를 사용하고 있다.
87 세계에서 가장 큰 대수층은 사하라 사막의 누비아 사암지대 대수층(리비아, 이집트, 차드, 수단 아래에 500억 에이커푸트), 남미의 과라니(Guarani) 대수층(브라질, 아르헨티나, 파라과이, 우루과이 아래에 400억 에이커푸트), 미국의 오갈랄라 대수층, 그리고 중국 북부 평원이다.
88 McNeill, *Something New Under the Sun*, 155.
89 Tyler, "Libya's Vast Pipe Dream Taps into Desert's Ice Age Water."

90 Pearce, 45~48.

16 인도와 중국의 물 압박

1 인도, 파키스탄, 중국은 세계 지하수 사용량의 45퍼센트를 사용한다. 바로 뒤이어 지하수를 많이 사용하는 나라는 미국이지만, 미국에서는 농업이 지하수에 크게 의존하지 않는다.
2 Somini Sengupta, "In Teeming India, Water Crisis Means Dry Pipes and Foul Sludge," *New York Times*, September 29, 2006에서 인용.
3 Wen Jiabao, "Drying Up," *Economist*, May 19, 2005, 46에서 인용.
4 Das, 4.
5 McNeill, *Something New Under the Sun*, 161~162; Postel, *Last Oasis*, 55~56; Specter, 68.
6 Pearce, 134~135; Katherine Kao Cushing, "The World Commission on Dams Report: What Next?" in Gleick, *World's Water, 2002-2003*, 152.
7 Manmohan Singh, Somini Sengupta, "In Fertile India, Growth Outstrips Agriculture," *New York Times*, June 22, 2008에서 인용. 인도 밀 농부들의 물 사용에 관해서는 *Economist*, "Awash in Waste," April 11, 2009 참조.
8 세계은행.
9 Marcus Moench, "Groundwater: The Challenge of Monitoring and Management," in Gleick, *World's Water, 2004-2005*, 88; Pearce, 36~37.
10 이와 달리 파키스탄은 전체 물 사용량의 일부를 지하수에 의존하고 있다.
11 Brown, "The Effect of Emerging Water Shortages on the World's Food," in McDonald and Jehl, 82.
12 Peter H. Gleick and Jason Morrison, "Water Risks That Face Business and Industry," in Gleick, *World's Water, 2006-2007*, 146; Saritha Rai, "Protests in India Deplore Soda Makers' Water Use," *New York Times*, May 21, 2003.
13 Sengupta, "In Teeming India, Water Crisis Means Dry Pipes and Foul Sludge." 뉴델리에는 9000킬로미터의 파이프가 있는데, 이 파이프를 흐르는 물의 20~40퍼센트가 누수로 상실된다.
14 Peet, 8; Specter, 63.
15 Gleick and Morrison, 148.

16 Meena Palaniappan, Emily Lee, and Andrea Samulon, "Environmental Justice and Water," in Gleick, *World's Water, 2006-2007*, 128.
17 Somini Sengupta, "Decades Later, Toxic Sludge Torments Bhopal," *New York Times*, September 29, 2006.
18 Emily Wax, "A Sacred River Endangered by Global Warming," *Washington Post*, June 17, 2007; "Melting Asia," *Economist*, June 7, 2008, 29. 유사하게 카슈미르 계곡의 유일한 수원인 콜라호이(Kolahoi) 빙하는 1985년 이래 20년 동안 800미터 이상 줄었다. "How Green Was My Valley?" *Economist*, October 23, 2008. 한편 긍정적인 사태도 있는데, 예를 들면 2009년 초 인도는 국내 정치의 정체 상태를 벗어나서 갠지스 강 문제에 대해 네팔과 협조하기로 했다. 네팔은 갠지스 강 상류의 산지에 위치했으며 갠지스 강물의 반 이상이 네팔에서 발원한다. 강 하류의 인구와 비교했을 때 상류의 인구는 20분의 1이다.
19 세계은행이 후원한 아부다비에서의 대화를 위해 경쟁 관계인 나라들이 2006년에서 2008년까지 세 차례 모였다.
20 *Economist*, "Melting Asia," 29.
21 McNeill, *Something New Under the Sun*, 159.
22 Erik Eckholm, "A River Diverted, The Sea Rushes In," *New York Times*, April 22, 2003.
23 세계은행.
24 Moench, 88. 오늘날 지하수 사용은 파키스탄 농업의 대부분인 관개농업에서 필수불가결한 부분이다. 인구 비례로 따졌을 때 중동을 제외하고는 파키스탄만큼 재생불가능한 지하수를 많이 사용하는 나라는 없다.
25 Eckholm, "River Diverted, the Sea Rushes in"; Erik Eckholm, "A Province is Dying of Thirst, and Cries Robbery," *New York Times*, March 17, 2003.
26 Michael Wines, "For a Sickening Encounter, Just Turn On the Tap," *New York Times*, October 31, 2002.
27 파키스탄의 북서부 산악지역은 파슈툰(Pashtun) 족이 지배하는 반(半)자치 지역이다. 이 지역은 아프가니스탄의 탈리반이나 오사마 빈 라덴의 알카에다와 같은 이슬람 근본주의자들을 맞아들였다. 이들은 파키스탄으로 숨어들어 인도와 세계를 향해 위험한 반격을 가할 가능성을 보였다. Carlotta Gall and Eric Schmidt, "U.S. Questions Pakistan's Will to Stop Taliban," *New York Times*, April 24, 2009.
28 Postel, *Last Oasis*, 85; Elhance, 167, 174~175.
29 John Pomfret, "A Long Wait at the Gate to Greatness," *Washington Post*, July 27, 2008.
30 Brown, "Aquifer Depletion." 기근과 관련된 수치는 Mirsky, 39 참조.

31 "Sin Aqua Non," *Economist*, April 11, 2009.
32 Ma, *China's Water Crisis*, ix, 39. 대규모 수리 사업은 공산주의 정권과 민족주의 정권의 공통 점이었다. 1934년에 민족주의 정권은 양쯔 강과 황허 강 사이의 대운하를 거의 제거하고 다시 지었으며 중간 규모의 증기선을 위한 수문을 설치했다. 1958년에서 1964년 사이에 마오 정권은 훨씬 더 큰 사업을 벌였다.
33 Jim Yardley, "Under China's Booming North, the Future Is Dryng Up," *New York Times*, September 28, 2007.
34 "China's Growing Pains," *Economist*, August 21, 2004, 11. Jim Yardley, "At China's Dams, Problems Rise with Water," *New York Times*, November 9, 2007 참조. 1978년 이후 사반세기 동안 일인당 생활수준은 일곱 배 증가했다. 4억 명이 빈곤에서 벗어났고 대규모 중산층이 생겨났다. 2300만 명이 댐 건설 때문에 이주했다는 말은 중국 총리 원자바오가 2007년에 인민 의회에 제출한 노동보고서에서 나왔다. 4000만에서 6000만 명이 이주했다는 비판적 견해에 대해서는 Palaniappan, Lee, and Samulon, 134에서 언급되었다.
35 Ma, 8~11, 39.
36 Gifford, 105에서 인용.
37 Ma, 10.
38 같은 책, 11, 12.
39 Pearce, 108, 112.
40 Yardley, "Under China's Booming North, the Future Is Drying Up."
41 Marq De Villiers, "Three Rivers," in McDonald and Jehl, 47.
42 Ma, 136.
43 Yardley, "Under China's Booming North, the Future Is Drying Up."; Ma, viii. 북부 평원에는 원래 600억 세제곱미터의 재생불가능한 지하수가 있었다. 중국 전역이 점점 더 지하수에 의존하고 있으며, 지하수는 중국의 전체 물 공급량의 5분의 1을 차지하고 있다.
44 Pearce, 109.
45 Diamond, *Collapse*, 362, 365. 침식 작용은 토지를 불모로 만들고 관개수로와 항해 가능한 운하를 막았으며 대규모 홍수의 위험을 증가시켰다. 중국 영토의 5분의 1이 침식 작용에 시달렸다.
46 De Villiers, 49; Ma, 31.
47 Diamond, *Collapse*, 368, 369. 1950년까지의 2000년 동안 평균적으로 31년마다 대규모 황진이 발생했다. 1950년에서 1990년 사이에는 2년에 한 번, 1990년부터는 거의 매년 황진이 일어나고 있다. 1993년 5월의 황진은 100여 명의 사망자를 낳았다. 녹색 장벽을 위해 60억 달

러의 예산이 책정되어 있다.
48 Jim Yardley, "China's Path to Modernity, Mirrored in a Troubled River," *New York Times*, November 19, 2006.
49 Ma, 19. 1980년대 중후반에 황허의 수원이 말라 버려서 수량이 감소했고, 하류 지역 또한 마찬가지였다.
50 Mao Zedong(1956). Ma, 57에서 인용.
51 중국은 수력 발전 잠재 능력의 4분의 1밖에 사용하지 못하고 있다.
52 왕샤오펑(汪嘯風), 우한(武漢)에서 열린 9월 25일의 포럼에서의 연설, Lin Yang, "China's Three Gorges Dam under Fire," *Time*, October 12, 2007, http://www.time.com/time/world/article/0,8599,1671000,00.html에서 인용. Yardley, "At China's Dams, Problems Rise with Water"; Jame Macartney, "Three Gorges Dam Is a Disaster in the Making, China Admits," *Times* (London), September 27, 2007, http://www.timesonline.co.uk/tol/news/world/article2537279.ece.
53 Howard W. French, "Dam Project to Displace Millions More in China," *New York Times*, October 2, 2007.
54 Sharon LaFraniere, "Scientists Point to Possible Link between Dam and China Quake," *New York Times*, February 6, 2009.
55 Joseph Kahn, "In China, a Lake's Champion Imperils Himself," *New York Times*, October 14, 2007.
56 Keith Bradsher, "China Offers Plan to Clean Up Its Polluted Lakes," *New York Times*, January 23, 2008.
57 중국 수자원부의 2005년 보고서의 자료, Gleick and Morrison, 147에서 인용.
58 Diamond, *Collapse*, 364.
59 "Drying Up," *Economist*, May 19, 2005. 중국의 북서부에서는 물 부족으로 인해 공장들이 영구적으로 문을 닫기도 했다.
60 Yardley, "Under China's Booming North, the Future Is Drying Up."
61 De Villiers, 48.
62 "Don't Drink the Water and Don't Breathe Air," *Economist*, January 24, 2008. 2006년에 중국에서는 환경 오염과 관련된 소요 사태가 6만 건이나 일어났다.
63 Joseph Kahn and Jim Yardley, "As China Roars, Pollution Reaches Deadly Extremes," *New York Times*, August 26, 2007.
64 Yardley, "Under China's Booming North, the Future Is Drying Up."

65 Diamond, *Collapse*, 362.
66 Jim Yardley, "Seeking a Public Voice on China's 'Angry River,'" *New York Times*, December 26, 2005; Seth Mydans, "Where a Lake Is Life Itself, Dam Is a Dire Word," *New York Times*, April 28, 2003; Ma, x. 이 계획에 의하면 지금까지 댐이 없었던 노(怒) 강(미얀마에서는 살윈 강이라고 부른다.)에 13개의 댐을 짓게 되는데, 그중 하나는 싼샤 댐보다 더 크며 수력전기 생산량이 세계 최대 규모에 이를 것이다. 메콩 강과 그 지류의 댐들은 주기적으로 크기가 변동하는 톤레사프 호수(캄보디아의 생계에 필수적인 역할을 한다.)의 흐름을 위협할 것이며, 베트남에 도달하는 유량과 수질에도 큰 영향을 미칠 것이다.
67 중국과 함께 이 협약에 반대한 터키와 부룬디는 모두 강 상류를 차지하고 있다. 다른 나라들도 덩달아 지지를 포기했고 이 협약은 결국 비준되지 않았다. 그러나 이 협약은 물에 관한 국제적 이슈에서 관습적으로 적용되는 원칙 중 하나로 자리 잡았다. 협약의 두 주요 원칙은 30년 동안 진화를 거듭한 결과인데, 강에 접한 모든 국가들이 그 자원을 동등하게 사용할 수 있으며 다른 나라에 심각한 해를 끼치는 행위를 금지한다는 것을 골자로 하고 있다. 강에 접해 있는 다른 나라가 미래에 수자원을 이용할 수 있는 가능성을 차단하는 행위를 금지하는 원칙도 있지만 이는 앞의 두 원칙보다 덜 확립되었다. 이 원칙은 개발국의 수자원 남용으로부터 후발 후진국을 보호하기 위한 것이지만 그다지 실효성은 없었다.
68 Mao Zedong. Ma, 143에서 인용.
69 Erik Eckholm, "Chinese Will Move Waters to Quench Thirst of Cities," *New York Times*, August 27, 2002; Ma, 136~137, 143~144; Kathy Chen, "China Approves Large Project to Divert Water to Dry North," *Wall Street Journal*, November 26, 2002.
70 Pearce, 219~221.
71 David Lague, "On an Ancient Canal, Grunge Gives Way to Grandeur," *New York Times*, July 24, 2007; Eckholm, "Chinese Will Move Waters to Quench Thirst of Cities," 2007년에는 어느 정도 진전이 보였다. 오수 구덩이가 약간 깨끗해졌고, 작은 어류가 돌아왔으며, 도시 환경도 눈에 띄게 회복되었던 것이다. 그러나 많은 전문가들은 생태적으로 건강한 상태로 회복될 수 있을지 의심의 눈길을 보내고 있다.
72 Eckholm, "Chinese Will Move Waters to Quench Thirst of Cities"; Ma, 144.
73 *Economist*, "Ravenous Dragon," 18.

17 부족을 기회로, 새로운 물 정책

1 *Economist,* "Sin Aqua Non," April 11, 2009.
2 Millennium Ecosystem Assessment, 107.
3 U.S. Geological Survey, "Estimated Use of Water in the United States in 2000."
4 Gary H. Wolff and Peter H. Gleick, "The Soft Path for Water," in Gleick, *World's Water, 2002-2003,* 19. 모든 수치는 1996년 달러이다.
5 Specter, 70. 일본에서 100만 달러당 물 사용량은 1965년의 5000만 리터에서 1989년의 1300만 리터로 감소했다.
6 온건한 노선(soft path) 개념은 원래 1970년대 중반의 석유파동 때 로키마운틴 재단의 에이모리 로빈스(Amory Lovins)가 제안한 것이다. 그는 효율성을 높여서 에너지 수요를 낮추고 나아가 성장과 에너지 소비 절대량 간의 오랜 연관성을 깨뜨려야 한다고 주장했다. 비슷한 논리를 토대로 하는 물에 대한 온건한 노선은 퍼시픽 재단의 피터 글리크(Peter Gleick)가 만들었다.
7 Gleick, "Making Every Drop Count," 45.
8 Peter H. Gleick. Timothy Egan, "Near Vast Bodies of Water, the Land Still Thirsts," *New York Times,* August 12, 2001에서 인용; "Pipe Dreams," *Economist,* January 9, 2003; Douglas Jehl, "Thirsty Cities of Southern California Covet the Full Glass Held by Farmers," *New York Times,* September 24, 2002.
9 Charles McCoy and G. Pascal Zachary, "A Bass Play in Water May Presage Big Shift in Its Distribution," *Wall Street Journal,* July 11, 1997; "Flowing Gold," *Economist,* October 10, 1998; Brian Alexander, "Between Two West Coast Cities, a Duel to the Last Drop," *New York Times,* December 8, 1998.
10 남부 캘리포니아의 메트로폴리탄 수자원국과의 갈등이 그 첫 전투였다. 남부 캘리포니아의 메트로폴리탄 수자원국은 샌디에이고의 물 공급을 거의 전적으로 통제하고 있었으며, 큰 고객을 빼앗기지 않으려고 했다.
11 Kelly, 출처 불명.
12 Dean E. Murphy, "In a First, U.S. Officials Put Limits on California's Thirst," *New York Times,* January 5, 2003. 로스앤젤레스도 물을 잃었다. 캘리포니아는 꼭 필요한 부족분을 채우기 위해 대수층의 지하수를 더 많이 끌어다 쓸 수밖에 없게 되었다.
13 San Diego County Water Authority, Water Management, "Quantification Settlement Agreement," www.sdcwa.org/manage/mwd-QSA.phtml#overview. Imperial Irrigation

District, "News Archive 2003," November 10, 2003, http://www.iid.com/sub.php?build=view&idr=1264&page2=1&pid=761.
14 Mike Morgan. Kelly에서 인용.
15 "Something Smells a Bit Fishy," *Economist*, April 10, 2008. 지열지대를 이용하려는 사람들을 향한 경고 중에는 현존하는 솔턴 호 생태보존 계획을 바꿔야만 지열지대를 이용할 수 있다는 것도 있었다.
16 Gertner.
17 다른 한편으로 라스베이거스는 전통적인 경성(硬性) 기간 시설을 추구하고 있기도 하다. 예를 들면 네바다에서 산 지하수를 운반하기 위해 수십억 달러를 들여 장거리 파이프라인을 부설한다거나, 미드 호에서 물을 빨아들이는 밸브를 더 깊은 곳에 새로 건설하기도 한다.
18 "Dust to Dust," *Economist*, March 7, 2009, 39.
19 오랫동안 관개용 물 수요가 우선권을 가지고 있었지만 1992년의 센트럴 밸리 프로젝트 개선을 위한 연방법에 따라서 이제는 야생동물과 생태계 또한 물에 대해 동등한 우선권을 부여받았다. 그로 인해 1990년대에 농부들의 물 비용 부담액이 열 배 증가했다.
20 Randal C. Archibold, "From Sewage, Added Water for Drinking," *New York Times*, November 27, 2007.
21 Peter H. Gleick, Heather Cooley, and Gary H. Wolff, "With a Grain of Salt: An Update on Seawater Desalinization," in Gleick, *World's Water, 2006-2007*, 68. 중부 플로리다, 캘리포니아, 텍사스가 미국의 담수화 실험을 주도하고 있다. 중부 플로리다는 지하수를 과도하게 사용하여 물 부족 상태에 이르렀고, 간만의 차가 있는 큰 강의 어귀가 많아서 식수로 가공하기 쉬운 낮은 염도의 물이 풍부했다.
22 같은 책, 65. 이 수치는 2000년의 사용량에 근거를 두고 있다. 샌디에이고의 담수화 플랜트에 관해서는 Felicity Barringer, "In California, Desalinization of Seawater as a Test Case," *New York Times*, May 15, 2009를 참조하라.
23 John F. Kennedy. Economist staff, *Economist Technology Quarterly*, 24에서 인용.
24 Peter H. Gleick and Jason Morrison, "Water Risks That Face Business and Industry," in Gleick, *World's Water, 2006-2007*, 161.
25 Galusha, 265.
26 Andrew C. Revkin, "A Billion-Dollar Plan to Clean the City's Water at Its Source," *New York Times*, August 31, 1997.
27 Galusha, 258~259.
28 Winnie Hu, "To Protect Water Supply, City Acts as a Land Baron," *New York Times*, August

9, 2004; U.S. Environmental Protection Agency, Region 2, "Watershed Protection Programs," U.S. Environmental Protection Agency, http://www.epa.gov/region02/water/nycshed/protprs. htm. 처리 시설을 개선하기 위해 2억 달러가 배정되었다.
29 하수 플랜트에서 저수지로 흘러드는 물을 정화하는 시설을 개선하기 위해서 2억 달러를 더 승인했다.
30 "A Watershed Agreement," editorial, *New York Times*, September 10, 2007
31 Damien Cave, "Everglades Deal Shrinks to Sale of Land, Not Assets," *New York Times*, November 12, 2008.
32 Galusha, 229.
33 Andrew C. Revkin, "What's That Swimming in the Water Supply? Robot Sub Inspects 45 Miles of a Leaky New York Aqueduct," *New York Times*, June 7, 2003.
34 New York City Department of Environmental Protection, "Preparation Underway to Fix Leak in Delaware Aqueduct," press release, August 4, 2008. 이와 같은 심해 잠수 작업이 뉴욕의 첫 수리 시도는 아니었다. 2000년 12월에 한 주 동안의 작업에서 잠수부 팀이 수도관에 들어가 시속 130킬로미터로 물을 뿜어내고 있는 동전 크기의 구멍을 막으려고 했다. 허드슨 강 아래의 터널에 누수가 발생하는 것은 엔지니어들의 악몽인데, 그럴 경우 접근하여 수리해야 하는 잠수부들에게는 매우 위험한 일이다.
35 James Ryan. Grann, 91, 96, 102에서 인용.
36 Sewell Chan, "Tunnelers Hit Something Big: A Milestone," *New York Times*, August 10, 2006. 이 두더지는 영국과 프랑스 간의 터널을 파는 데에 사용되기도 했다.
37 Grann, 97.
38 Lavelle and Kurlantzick, 24.
39 Pearce, 304.
40 피킨스의 경우 팬핸들에서 댈러스까지 400킬로미터의 파이프를 세계에서 가장 큰 풍력발전소에서 생산된 전력과 연계하여 건설한다는 허무맹랑한 계획을 제안했다.
41 J. P. 모건은 그 양이 일 년에 5조 750억 리터라고 계산했다. "Running Dry," *Economist*, August 23, 2008, 53에서 인용.
42 U. S. Geological Survey, "Estimated Use of Water in the United States in 2000."
43 Gleick, "Making Every Drop Count," 44.
44 다음은 기업의 물 사용량과 미래의 목표를 발표하는 회사들이다. 하이테크/전자 분야에서는 인텔, IBM, 소니가 있고 제약/생명공학 분야에서는 애봇(Abbott), 자동차 업계에서는 폭스바겐, 도요타, GM, 의학 분야에서는 킴벌리-클라크, 식음료 분야에서는 유니레버, 네슬레, 코

카콜라 등이 있다. Gleick and Morrison, 154~155.
45 같은 책, 149.
46 공급망에 관여하는 회사로는 앤호이저부시, 코카콜라, 맥도널드, 유니레버, 네슬레, 갭, 존슨&존슨, 셰브론 등이 있다. 코카콜라는 물로 인한 정치적 리스크가 얼마나 큰지를 미리 맛본 적이 있다. 인도에서 희소 자원인 지하수를 남용한다고 고소당했던 것이다. 비록 나중에 법정에서 무죄 선고를 받기는 했지만 부정적으로 언론에 노출된 탓에 브랜드 가치 하락의 위협을 받았고 그 지역 판매에도 피해를 입었다. 2010년에 코카콜라는 폐수를 생태적으로 처리한다는 점을 홍보하기 위해서 정화된 폐수에 물고기를 담은 어항을 공장에 설치했다.
47 Wolff and Gleick, "Soft Path for Water," 19. 이 수치는 그 지역 농업수의 80퍼센트에 기반을 둔 것이다.
48 미국지질연구(U. S. Geological Survey)에 따르면 스프링클러 및 미세관개법을 적용한 관개 농지는 1985년에 40퍼센트였으며 2000년에는 52퍼센트였다. McGuire, "Water-Level Changes in the High Plains Aquifer, Predevelopment to 2002, 1980 to 2002, and 2001 to 2002."
49 유럽에서는 농업에 대한 환경 규제가 더 강력하다.
50 Bina Venkataraman, "Rapid Growth Found in Oxygen-Starved Ocean 'Dead Zones,'" *New York Times*, August 15, 2008.
51 Diamond, *Collapse*, 379~380, 384, 387, 409.
52 "The Big Dry," *Economist*, April 28, 2007, 81.
53 Peet, 13~14.
54 "Are You Being Served?" 소비량 증가와 계절적 접근성에 따라 가격이 조정되었고, 조만간 폐수 처리 비용 또한 가격 결정에 포함될 것이다.
55 "Big Dry," 84.
56 Diamond, *Collapse*, 413.
57 "Clearer Rules, Cleaner Waters," editorial, *New York Times*, August 18, 2008.
58 Elizabeth Rosenthal, "Biofuels Deemed a Greenhouse Threat," *New York Times*, February 8, 2008.
59 Wilshire, Nielson, and Hazlett, 252. 이 자료는 캘리포니아 에너지 위원회의 2005년 보고서에서 나온 것이다. Meena Palaniappan, Emily Lee, and Andrea Samulon, "Environmental Justice and Water," in Gleick, *World's Water: 2006-2007*, 151도 참조.
60 Jane Campbell, 2008년 3월 17일 저자와의 인터뷰에서.
61 "Emergency Threat in Dry Italy," *BBC News*, July 14, 2003, news.bbc.co.uk/go/pr/fr/-/2/hi/Europe/3065977.stm; "The Parched Country," *Economist*, October 26, 2007.

62 Kolbert, 201~203. 2007년에 유엔의 기후변화 당사국 위원단(Intergovernmental Panel on Climate Change)은 지구 온난화는 인재(人災)라고 거의 확실하게 단언했다. Andrew Revkin, "On Climate Issue, Industry Ignored Its Scientists," *New York Times*, April 24, 2009.

63 Smith, *Man and Water*, 28~33; Kolbert, 123~127.

64 소말리아 해적의 선박 납치를 방지하기 위해서만도 2008년에 (인도, 이탈리아, 러시아, 사우디아라비아, 말레이시아, 터키, 영국, 프랑스, 미국을 포함하여) 십수 개 국가가 해군을 파견했지만 가시적인 성과는 거두지 못하고 있다.

65 United Nations Millennium Project Task Force on Water and Sanitation, 13, 17.

66 유엔은 1981년부터 1990년까지를 국제 식수 공급 및 위생의 10년(International Drinking Water Supply and Sanitation Decade)으로 선포하고 1990년까지 전 인류에게 깨끗하고 안전한 물을 공급하겠다는 야심 찬 목표를 세운 바 있다. 하향조정된 목표는 국제 '생명을 위한 물' 행동의 10년(2005~2015)이라는 새로운 프로젝트의 목표와 일치한다.

67 Nicholas L. Cain, "3rd World Water Forum in Kyoto Disappointment and Possibility," in Gleick, *World's Water*: 2004~2005, 189~196.

결론 — 우리는 결국 물이다

1 Diamond, *Collapse*, 487~494, 495. 서구인이 제3세계 사람보다 평균적으로 서른두 배 이상의 자원을 소비하는 상황에서, 전 세계 인구가 모두 서구인과 같이 환경에 영향을 많이 미치는 방식의 삶을 산다면 현재의 자원 소비량보다 열두 배의 자원이 필요할 것이라고 다이아몬드는 추측했다. 그리고 오늘날의 기술력으로 볼 때 그런 양의 자원은 생태적으로 지속불가능한 점이다. 21세기의 문명이 큰 문제 없이 지속되기 위해서는 12가지 문제(삼림 남벌, 어업의 붕괴, 생태계 다양성 감소, 토양 침식, 에너지 고갈, 담수 고갈, 광합성 용량, 독성 물질 오염, 외계종의 침입, 기후변화, 인구 증가, 소비와 쓰레기 배출의 파괴력)를 해결해야 한다고 다이아몬드는 말했는데, 물은 이 문제들 거의 전부에 큰 영향을 미친다.

참고문헌

여기 소개된 주요 참고문헌은 이 책에 담긴 두 가지 상이한 과제를 반영한다. 첫째, 이전의 여러 책들에서 역사상 물의 역할 자체를 주요 주제로 다룬 적은 거의 없지만, 그래도 많은 역사가들과 다양한 분야의 학자들이 주요 저작에서 물이 미치는 강력한 영향력을 통찰력 있게 다루었다. 따라서 이 참고문헌의 일부는 그런 아이디어들을 응집력 있는 틀과 서사로 엮으려는 나의 노력의 산물이다. 둘째, 오늘날 세계가 물 위기를 겪으면서 해당 주제들에 대해 광범위하고도 탄탄한 내용의 문헌들이 폭발적으로 출판되었는데, 너무나 방대해서 포괄적인 목록을 만들기 어려울 정도다. 유감스럽게도 나는 모든 뉴스 매체와 정기간행물에 나온 기사들을 이 참고문헌에서 뺄 수밖에 없었다. 단지 직접 인용한 사실들의 근거가 되는 것들만 주석에 실었다. 시사문제들에 대해서는 《뉴욕 타임스》, 《이코노미스트》, 《워싱턴 포스트》, BBC, 《파이낸셜 타임스》, 《월스트리트 저널》 그 외 여러 잡지들에서 많은 사실들을 인용했다. 또한 개요집에 포함된 정기간행물 혹은 연구서 논문들의 서지사항도 대개 생략했지만, 이 역시 그중 일부는 주석에 언급했다. 또한 인터넷에서 얻을 수 있는 광범위한 콘텐츠들(공식적, 학술적, 시사적 혹은 절충적인 여러 정보들) 역시 풍부한 내용을 제공해 주었지만, 참고문헌이나 각주에서 생략한 것들이 많다.

Achenbach, Joel. "America's River." *Washington Post Magazine*, May 5, 2002.

Aicher, Peter J. *Guide to the Aqueducts of Ancient Rome*. Wauconda, Ill.: Bolchazy-Carducci, 1995.

Allan, J. A. *The Middle East Water Question: Hydropolitics and the Global Economy*. London: I. B. Tauris, 2002.

Alley, Richard B. *The Two-Mile Time Machine: Ice Cores, Abrupt Climate Change, and Our Future*. Princeton, N.J.: Princeton University Press, 2000.

Alwash, Azzam. "Water at War." *Natural History,* November 2007.

Amery, Hussein A., and Aaron T. Wolf. *Water in the Middle East: A Geography of Peace*. Austin: University of Texas Press, 2000.

Appiah, Kwame Anthony. "How Muslims Made Europe." *New York Review of Books* 55, no. 17 (November 6, 2008).

Ball, Philip. *Life's Matrix*. New York: Farrar, Straus & Giroux, 1999.

Barlow, Maude, and Tony Clarke. *Blue Gold: The Fight to Stop the Corporate Theft of the World's Water*. New York: New Press, 2002.

Barnes, Julian. "The Odd Couple." *New York Review of Books* 54, no. 5 (March 29, 2007).

Barry, John M. *Rising Tide: The Great Mississippi Flood of 1927 and How It Changed America*. New York: Touchstone, 1998.

Beasley, W. G. *The Modern History of Japan*. 7th ed. New York: Praeger, 1970.

Belt, Don, ed. "The World of Islam." *National Geographic*. Supplement, 2001.

Bernstein, Peter L. *The Power of Gold: The History of an Obsession*. New York: John Wiley, 2000.

―――. *Wedding of the Waters: The Erie Canal and the Making of a Great Nation*. New York: W. W. Norton, 2005.

Biddle, Wayne. *A Field Guide to Germs*. New York: Henry Holt, 1995.

Billington, David P., Donald C. Jackson, and Martin V. Melosi. *The History of Large Federal*

Dams: Planning, Design, and Construction in the Era of Big Dams. Denver: U.S. Department of the Interior, Bureau of Reclamation, 2005.

Billington, Ray Allen. *American Frontier Heritage.* Reprint, New York: Holt, Rinehart and Winston, 1968.

Bleier, Ronald "Will Nile Water Go to Israel?: North Sinai Pipelines and the Politics of Scarcity" *Middle East Policy,* 5, no. 3 (September 1997), 113–124; http://desip.igc.org/willnile1.html.

Boorstin, Daniel J. *The Discoverers: A History of Man's Search to Know His World and Himself.* New York: Random House, 1985.

Boutros-Ghali, Boutros. *Egypt's Road to Jerusalem.* New York: Random House, 1997.

Braudel, Fernand. *Afterthoughts on Material Civilization and Capitalism.* 3rd ed. Translated by Patricia Ranum. Baltimore: Johns Hopkins University Press, 1985.

———. *A History of Civilizations.* Translated by Richard Mayne. New York: Penguin, 1995.

———. *Memory and the Mediterranean.* Translated by Sian Reynolds. New York: Alfred A. Knopf, 2001.

———. *The Perspective of the World.* Vol. 3 of *Civilization and Capitalism, 15th–18th Century.* Translated by Sian Reynolds. New York: Harper & Row, 1984.

———. *The Structures of Everyday Life.* Vol. 1 of *Civilization and Capitalism, 15th–18th Century.* Translated by Sian Reynolds. New York: Harper & Row, 1981.

———. *The Wheels of Commerce.* Vol. 2 of *Civilization and Capitalism, 15th–18th Century.* Translated by Sian Reynolds. New York: Harper & Row, 1982.

Brewer, John. "The Return of the Imperial Hero." *New York Review of Books* 52, no. 17 (November 3, 2005).

Brindley, James. *Power through the Ages.* London: Blackie, 2002.

Bronowski, Jacob. *The Ascent of Man.* Boston: Little, Brown, 1973.

Bronowski, Jacob, and Bruce Mazlish. *The Western Intellectual Tradition: From Leonardo to Hegel.* New York: Harper & Row, 1975.

Brown, Lester. "Aquifer Depletion." *Encyclopedia of Earth.* http://www.eoearth.org/article/Aquifer_depletion (revised February 12, 2007).

———. "Grain Harvest Growth Slowing." Earth Policy Institute. 2002. http://www.earth-policy.org/Indicators/indicator6.htm.

———. "Water Scarcity Spreading." Earth Policy Institute. 2002. http://www.earthpolicy.org/Indicator7_print.htm.

Butzer, K. W. *Early Hydraulic Civilization in Egypt.* Chicago: University of Chicago Press, 1976.

Byatt, Andrew, Alastair Fothergill, and Martha Homes. *The Blue Planet: Seas of Life.* Foreword by Sir David Attenborough. London: BBC Worldwide Limited, 2001.

Cameron, Rondo. *A Concise Economic History of the World: From Paleolithic Times to the Present.* 2nd ed. New York: Oxford University Press, 1993.

Campbell, Joseph. *The Hero's Journey.* 3rd ed. Novato, CA: New World Library, 2003.

Campbell-Green, Tim. "Outline the Nature of Irrigation and Water Management in Southern Mesopotamia in the 3rd Millennium." *Bulletin of Sumerian Agriculture* 5 (1990). Irrigation and Cultivation, pt. 2, Cambridge. www.art.man.ac.uk/ARTHIST/EStates/Campbell.htm.

Cantor, Norman F. *Antiquity: From the Birth of Sumerian Civilization to the Fall of the Roman Empire.* New York: HarperCollins, 2003.

———. *The Civilization of the Middle Ages.* Rev. ed. New York, HarperCollins, 1994.

Carson, Rachel. *Silent Spring.* New York: Houghton Mifflin, 2002.

Cary, M., and E. H. Warmington. *The Ancient Explorers.* Baltimore: Penguin, 1963.

Casson, Lionel. *The Ancient Mariners: Seafarers and Sea Fighters of the Mediterranean in Ancient Times.* 2nd ed. Princeton, N.J.: Princeton University Press, 1991.

Chamberlain, John. *The Enterprising Americans: A Business History of the United States.* Rev. ed. New York: Harper & Row, 1974.

Churchill, Winston S. *A History of the English-Speaking Peoples: The Age of Revolution.* New York: Dodd, Mead, 1957.

Clarke, Robin. *Water: The International Crisis.* Cambridge, Mass.: MIT Press, 1993.

Clarke, Robin, and Jannet King. *The Water Atlas: A Unique Analysis of the World's Most Critical Resource.* New York: New Press, 2004.

Clough, Shepard B. *The Rise and Fall of Civilization: An Inquiry into the Relationship between Economic Development and Civilization.* 2nd ed. New York: Columbia University Press, 1957.

Cockburn, Andrew. "Lines in the Sand: Deadly Time in the West Bank and Gaza." *National Geographic* 202, no. 2 (October 2002).

Collins, Robert O. *The Nile.* New Haven, Conn.: Yale University Press, 2002.

Curtis, John. *Ancient Persia.* 2nd ed. London: British Museum Press, 2000.

Das, Gurcharan. "The India Model." *Foreign Affairs* 85 (July–August 2006).

Darwish, Adel. "Water Wars." http://www.mideastnews.com/WaterWars.htm. June 1994.

Davidson, Basil. *The Lost Cities of Africa*. Rev. ed. Boston: Little, Brown, 1970.

Davies, Norman. *Europe: A History*. New York: HarperPerennial, 1998.

Davis, David Brion. "He Changed the New World." *New York Review of Books* 44, no. 9 (May 31, 2007).

Davis, Paul K. *100 Decisive Battles from Ancient Times to the Present: The World's Major Battles and How They Shaped History*. New York: Oxford University Press, 2001.

De Villiers, Marq. *Water: The Fate of Our Most Precious Resource*. New York: Houghton Mifflin, 2001.

Diamond, Jared. *Collapse: How Societies Choose to Fail or Succeed*. New York: Penguin, 2005.

———. *Guns, Germs, and Steel: The Fates of Human Societies*. New York: W. W. Norton, 1999.

Durant, Will, and Ariel Durant. *The Lessons of History*. New York: Simon & Schuster, 1968.

Economist staff. "An Affair to Remember." Special Report: The Suez Crisis, *Economist,* July 29, 2006.

———. "A Ravenous Dragon." Special report on China's quest for resources, *Economist,* March 5, 2007.

———. "The Story of Wheat." Ears of Plenty: A Special Report, *Economist,* December 24, 2005.

———. "Tapping the oceans." *Economist Technology Quarterly,* June 7, 2008.

———. *The Economist Pocket World in Figures 2009*. London: Profile Books, 2008.

Edwards, Mike. "Han." *National Geographic* 205, no. 2 (February 2004), 2–29.

Elhance, Arun P. *Hydropolitics in the Third World: Conflict and Cooperation in International River Basins*. Washington, D.C.: United States Institute of Peace Press, 1999.

Elvin, Mark. *The Pattern of the Chinese Past*. Stanford, Calif.: Stanford University Press, 1973.

Erlich, Haggai. *The Cross and the River*. Boulder, Colo.: L. Rienner, 2002.

Evans, Harold. *The American Century*. London: Jonathan Cape/Pimlico, 1998.

Evans, Harry B. *Water Distribution in Ancient Rome: "The Evidence of Frontinus."* Ann Arbor: University of Michigan Press, 1997.

Fairbank, John King, and Merle Goldman. *China: A New History*. 9th ed. Cambridge, Mass.: Belknap Press of Harvard University Press, 2001.

Ferguson, Niall. *Empire: How Britain Made the Modern World*. London: Penguin, 2003.

Fernandez-Armesto, Felipe. *Civilizations: Culture, Ambition, and the Transformation of Nature*. New York: Touchstone, 2002.

Fineman, Herman. *Dulles over Suez.* Chicago: Quadrangle, 1964.

Foreman, Laura. *Alexander the Conqueror: The Epic Story of the Warrior King.* Foreword by Professor Eugene N. Borza. Cambridge, Mass.: Da Capo, 2004.

Freely, John. *Istanbul: The Imperial City.* London: Penguin, 1998.

Frontinus, Julius. *De Acqaeductu Urbis Romae* (On the Water-Management of the City of Rome). Translated by R. H. Rodgers. 2003. University of Vermont. http://www.uvm.edu/~rrodgers/Frontinus.html.

———. *De Acqaeductu Urbis Romae.* Edited, introduction, and commentary by R. H. Rodgers. Edited, introduction, and commentary by R. H. Rodgers. Cambridge, U.K.: Cambridge University Press, 2004.

Fulton, Robert. "Letter from Robert Fulton to President George Washington," London, February 5, 1797. In "History of the Erie Canal," Department of History, University of Rochester. http://www.history.rochester.edu/canal/fulton/feb1797.htm.

———. "Mr. Fulton's Communication." Submitted to Albert Gallatin, Esq., Secretary of the Treasury, Washington, D.C., December 8, 1807. Included in Report of the Secretary of the Treasury, on the Subject of Public Roads and Canals (1808): 100–116. Contributed by Howard B. Winkler. In *Towpath Topics* (Middlesex Canal Association) (September 1994; March 2000). http://www.middlesexcanal.org/towpath/fulton.htm.

Galusha, Diane. *Liquid Assets: A History of New York City's Water System.* Fleischmanns, N.Y.: Purple Mountain Press, 2002.

Ganguly, Sumit. "Will Kashmir Stop India's Rise?" *Foreign Affairs* 85 (July–August 2006).

Gertner, Joe. "The Future Is Drying Up." *New York Times Magazine,* October 21, 2007.

Gibbon, Edward. *The Decline and Fall of the Roman Empire.* Abridgement by D. M. Low. New York: Harcourt, Brace, 1960.

Gies, Frances, and Joseph Gies. *Cathedral, Forge, and Waterwheel: Technology and Invention in the Middle Ages.* New York: HarperCollins Publishers, 1995.

Gifford, Rob. "Yellow River Blues." *Asia Literary Review* 8 (2008): 91–105.

Gimpel, Jean. *The Medieval Machine.* New York, London: Penguin Group, 1976.

Gleick, Peter H. "Making Every Drop Count." *Scientific American,* February 2001.

———. *The World's Water, 1998–1999: The Biennial Report on Freshwater Resources.* Washington, D.C.: Island Press, 1998.

———. *The World's Water, 2000–2001: The Biennial Report on Freshwater Resources.*

Washington, D.C.: Island Press, 2000.

Gleick, Peter H., with William C. G. Burns, Elizabeth L. Chalecki, Michael Cohen, Katherine Kao Cushing, Amar S. Mann, Rachel Reyes, Gary H. Wolff, and Arlene K. Wong. *The World's Water, 2002–2003: The Biennial Report on Freshwater Resources*. Washington, D.C.: Island Press, 2002.

Gleick, Peter H., with Nicholas L. Cain, Dana Haasz, Christine Henges-Jeck, Catherine Hunt, Michael Kiparsky, Marcus Moench, Meena Palaniappan, Veena Srinivasan, and Gary H. Wolff. *The World's Water, 2004–2005: The Biennial Report on Freshwater Resources*. Washington, D.C.: Island Press, 2004.

Gleick, Peter H., with Heather Cooley, David Katz, Emily Lee, Jason Morrison, Meena Palaniappan, Andrea Samulon, and Gary H. Wolff. *The World's Water, 2006–2007: The Biennial Report on Freshwater Resources*. Washington, D.C.: Island Press, 2006.

Glennon, Robert. *Water Follies: Groundwater Pumping and the Fate of America's Fresh Waters*. Washington, D.C.: Island Press, 2002.

Goldschmidt, Arthur, Jr. *A Concise History of the Middle East*. 7th ed. Boulder, Colo.: Westview, 2002.

Gordon, John Steele. *A Thread across the Ocean: The Heroic Story of the Transatlantic Cable*. New York: HarperCollins, Perennial, 2003.

Gore, Rick. "Who Were the Phoenicians? Men of the Sea: A Lost History." *National Geographic* 206, no. 4 (October 2004).

Grann, David. "City of Water." *New Yorker*, September 1, 2003.

Grey, David, and Claudia W. Sadoff. "Sink or Swim? Water Security for Growth and Development." *Water Policy* 9 (2007): 545–571.

Grimal, Nicolas. *A History of Ancient Egypt*. Translated by Ian Shaw. Reprint, Oxford, U.K.: Blackwell, 1992.

Groner, Alex. *The American Heritage History of American Business and Industry*. New York: American Heritage Publishing, 1972.

Guardian (UK) staff. "The World's Water." Special section, *Guardian* (UK), August 23, 2003.

Gunter, Ann C., ed. *Caravan Kingdoms: Yemen and the Ancient Incense Trade*. Washington, D.C.: Freer Gallery of Art and Arthur M. Sackler Gallery, Smithsonian Institution, 2005.

Halliday, Stephen. *The Great Stink of London: Sir Joseph Bazalgette and the Cleansing of the Victorian Capital*. Foreword by Adam Hart-Davis. 1999. Phoenix Mill, U.K.: Sutton

Publishing, 2000.

Hammurabi. *The Code of Hammurabi.* Translated by L. W. King (1910). Edited by Richard Hooker (June 6, 1999). In "World Civilizations," Washington State University. http://www.wsu.edu/~dee/MESO/CODE.HTM.

Hansen, Jim. "The Threat to the Planet." *New York Review of Books* 53, no. 12 (July 13, 2006).

Harris, Marvin. *Cannibals and Kings: The Origins of Cultures.* New York: Random House, 1977.

Heilbroner, Robert L. *The Making of Economic Society.* Englewood Cliffs, N.J.: Prentice-Hall, 1980.

———. *The Nature and Logic of Capitalism.* New York: W. W. Norton, 1985.

———. *Visions of the Future: The Distant Past, Yesterday, Today, and Tomorrow.* New York: New York Public Library; Oxford University Press, 1995.

———. *The Worldly Philosophers: The Lives, Times, and Ideas of the Great Economic Thinkers.* 7th ed. New York: Simon & Schuster, 1999.

Heilbroner, Robert L., and Aaron Singer. *The Economic Transformation of America: 1600 to the Present.* 2nd ed. New York: Harcourt Brace Jovanovich, 1984.

Herodotus. *The Histories.* Translated by Aubrey de Selincourt. 1954. Revised translation by John Marincola. Reprint, New York: Penguin, 1972.

———. *The Persian Wars.* Translated by George Rawlinson. Introduction by Francis R. B. Godolphin. New York: Modern Library, 1942.

Hibbert, Christopher. *Rome: The Biography of a City.* London: Penguin, 1985.

Hobsbawm, Eric. *The Age of Extremes: A History of the World, 1914–1991.* New York: Vintage, 1996.

Hollister, C. Warren. *Roots of the Western Tradition: A Short History of the Ancient World.* New York: John Wiley & Sons, 1966.

Hone, Philip, *The Diary of Philip Hone, 1828–1851.* Pt. 2. Edited by Bayard Tuckerman. New York: Dodd, Mead, 1910. Internet Archive. http://www.archive.org/stream/diaryofphiliphon00hone.

Hooke, S. H. *Middle Eastern Mythology: From the Assyrians to the Hebrews.* Reprint, Middlesex, U.K.: Penguin, 1985.

Hosack, David, ed. *Memoir of DeWitt Clinton.* Commissioned by New York Literary and Philosophical Society, 1829. Transcribed from original text and html prepared by Bill Carr, updated 7/5/99. In "History of the Erie Canal," Department of History, University of

Rochester. http://www.history.rochester.edu/canal/bib/hosack/Contents.html."Claims of Joshua Forman." http://www.history.rochester.edu/canal/bib/hosack/APP0U.html. "Views of General Washington Relative to the Inland Navigation of the United States" http://www.history.rochester.edu/canal/bib/hosack/APP0P.html.

Hourani, Albert. *A History of the Arab Peoples*. New York: Warner, 1992.

Howarth, David. *Famous Sea Battles*. Boston: Little, Brown, 1981.

Hvistendahl, Mara. "China's Three Gorges Dam: An Environmental Catastrophe?" *Scientific American,* March 25, 2008.

Ibn Battutah. *The Travels of Ibn Battutah*. Edited by Tim Mackitosh-Smith. London: Picador Pan Macmillan, 2002.

Jacobs, Els M. *In Pursuit of Pepper and Tea: The Story of the Dutch East India Company*. 3rd ed. Amsterdam: Netherlands Maritime Museum, 1991.

Johnson, Paul. *A History of the Jews*. New York: Harper & Row, 1987.

Joinville[, Jean of], and [Geoffrey of] Villehardouin. *Chronicles of the Crusades*. Translated with an introduction by M. R. B. Shaw. Baltimore: Penguin, 1963.

Jones, W. T. *A History of Western Philosophy*. New York: Harcourt, Brace & World, 1952.

Jun, Ma. *China's Water Crisis*. Translated by Nancy Yang Liu and Lawrence R. Sullivan. Norwalk, Conn.: EastBridge, 2004.

Karlen, Arno. *Man and Microbes: Disease and Plagues in History and Modern Times*. New York: Touchstone, 1996.

Karmon, David. "Restoring the Ancient Water Supply System in Renaissance Rome: The Popes, the Civic Administration, and the Acqua Vergine." *Waters of Rome* 3 (August 2005). http://www.iath.virginia.edu/waters/Journal3KarmonNew.pdf.

Karsh, Efraim, and Inari Karsh. *Empires of the Sand: The Struggle for Mastery in the Middle East, 1789–1923*. Cambridge, Mass.: Harvard University Press, 2001.

Keay, John. *India: A History*. New York: Grove Press, 2000.

Kelly, Bill "Greed Runs through It." *L.A. Weekly,* March 16, 2006. http://www.laweekly.com/2006-03-16/news/greed-runs-through-it/1.

Kennedy, Paul. "The Eagle Has Landed." *Financial Times,* FT Weekend, February 2–3, 2002.

———. "Has the U.S. Lost Its Way?" *Guardian* (UK)/*Observer,* March 3, 2002. http://guardian.co.uk/world/2002/mar/03/usa.georgebush/print.

———. The Rise and Fall of the Great Powers. New York: Random House, 1989.

Koeppel, Gerard T. *Water for Gotham: A History.* 3rd ed. Princeton, N.J.: Princeton University Press, 2001.

Kolbert, Elizabeth. *Field Notes from a Catastrophe: Man, Nature, and Climate Change.* New York: Bloomsbury, 2006.

Kurlansky, Mark. *Salt: A World History.* New York: Walker, 2002.

Lambert, Andrew. *War at Sea in the Age of Sail, 1650–1850.* London: Cassell, 2000.

Lavelle, Marianne, and Joshua Kurlantzick. "The Coming Water Crisis." *U.S. News & World Report,* August 12, 2002.

Levy, Matthys, and Richard Panchyk. *Engineering the City: How Infrastructure Works.* Chicago: Chicago Review Press, 2000.

Lewis, Bernard. *The Muslim Discovery of Europe.* New York: W. W. Norton, 2001.

———. *What Went Wrong?* Oxford, U.K.: Oxford University Press, 2002.

Lira, Carl T., *Biography of James Watt: A Summary.* 2001. College of Engineering, Michigan State University. http://www.egr.msu.edu/~lira/supp/steam/wattbio.html.

Lopez, Robert S. *The Commercial Revolution of the Middle Ages, 950–1350.* New York: Cambridge University Press, 1976.

Love, Robert W., Jr. *History of the U.S. Navy.* Vol 1, *1775–1941.* Vol. 2, *1945–1991.* Harrisburg, Pa.: Stackpole, 1992.

Luft, Gal. "The Wazzani Water Dispute." *Peacewatch* (Washington Institute for Near East Policy) 397 (September 20, 2002).

Mahan, A. T. *The Influence of Sea Power upon History, 1660–1783.* 5th ed. Mineola, New York: Dover, 1987.

Markham, Adam. *A Brief History of Pollution.* New York: St. Martin's, 1994.

Matthews, John P. C. "John Foster Dulles and the Suez Crisis of 1956: A fifty year perspective." September 14, 2006. American Diplomacy, University of North Carolina. http://www.unc.edu/depts/diplomat/item/2006/0709/matt/matthews_suez.html.

McAleavy, Henry. *The Modern History of China.* 4th ed. New York: Praeger, 1969.

McCullough, David. *The Path between the Seas: The Creation of the Panama Canal, 1870–1914.* New York: Simon & Schuster, 1977.

McDonald, Bernadette, and Douglas Jehl, eds. *Whose Water Is It? The Unquenchable Thirst of a Water-Hungry World.* Washington, D.C.: National Geographic Society, 2004.

McGuire, V. L. "Water-Level Changes in the High Plains Aquifer, Predevelopment to 2002,

1980 to 2002, and 2001 to 2002." U.S. Geological Survey. http://pubs.usgs.gov/fs/2004/3026/pdf/fs04-3026.pdf.

———. "Water-Level Changes in the High Plains Aquifer, 1980-1999," U.S. Geological Survey, http//pubs.usg.sgove/fs/2001-029-01.

McKenzie, A. E. E. *The Major Achievements of Science: The Development of Science from Ancient Times to the Present*. New York: Touchstone, 1973.

McKibben, Bill. *The End of Nature*. New York: Random House, 2006.

———. "Our Thirsty Future." *New York Review of Books* 50, no.14 (September 25, 2003).

McNeill, J. R. *Something New under the Sun: An Environmental History of the Twentieth-Century World*. New York: W. W. Norton, 2001.

McNeill, J. R., and William H. McNeill. *The Human Web: A Bird's-Eye View of World History*. New York: W. W. Norton, 2003.

McNeill, William H. *The Global Condition: Conquerors, Catastrophes, and Community*. Princeton, N.J.: Princeton University Press, 1992.

———. *Plagues and Peoples*. New York: Anchor Books, 1989.

———. *The Pursuit of Power: Technology, Armed Force, and Society since A.D. 1000*. Chicago: University of Chicago Press, 1982.

———. *The Rise of the West: A History of Human Community*. Chicago: University of Chicago Press, 1963.

———. *A World History*. 4th ed. New York: Oxford University Press, 1999.

Millennium Ecosystem Assessment. *Ecosystems and Human Well-being: Synthesis*. Washington, D.C.: Island Press, 2005.

Mirsky, Jonathan. "The China We Don't Know." *New York Review of Books* 56, no. 3 (February 26, 2009).

Mitchell, John G. "Down the Drain? The Incredible Shrinking Great Lakes." *National Geographic* 202, no. 3 (September 2002).

Mohan, C. Raja. "India and the Balance of Power." *Foreign Affairs* 85 (July-August 2006): 17-32.

Montaigne, Fen. "Water Pressure: Challenges for Humanity." *National Geographic* 202, no. 3 (September 2002).

Moorehead, Alan. *The White Nile*. Rev. ed. Middlesex, U.K.: Penguin, 1973.

Morison, Samuel Eliot. *The Oxford History of the American People*. New York: Oxford University

Press, 1965.

Mumford, Lewis. *The City in History: Its Origins, Its Transformations, and Its Prospects*. New York: Harcourt, Brace & World, 1961.

Natural History staff. "Water, the Wellspring of Life." Special issue, *Natural History* November 2007.

Needham, Joseph. *Science and Civilisation in China*. Vol. 4, *Physics and Physical Technologies*, pt. 3, *Civil Engineering and Nautics*. In collaboration with Wang Ling and Lu Gwei-Djen. Cambridge, U.K.: Cambridge University Press, 1971.

New York Times staff. "Managing Planet Earth." Special issue, "Science Times," *New York Times,* August 20, 2002.

Norwich, John Julius. *A History of Venice*. New York: Vintage, 1989.

———. *The Middle Sea: A History of the Mediterranean*. New York: Doubleday, 2006.

———. *A Short History of Byzantium*. New York: Random House, Vintage, 1999.

"Of Water and Wars: Interview with Dr. Ismail Serageldin." *Frontline* (India) 16, no. 9 (April 24–May 7, 1999), http://www.hindu.com/fline/fl1609/16090890.htm.

Outwater, Alice. *Water: A Natural History*. New York: Basic Books, 1996.

Pacey, Arnold. *Technology in World Civilization*. Cambridge, Mass.: MIT Press, 1991.

Pearce, Fred. *When the Rivers Run Dry: Water—the Defining Crisis of the Twenty-first Century*. Boston: Beacon Press, 2006.

Peet, John. "Priceless: A Survey of Water." *Economist,* July 19, 2003.

Pepys, Samuel. *Diary of Samuel Pepys.* http://www.pepysdiary.com/archive/. Original Source from Project Gutenberg: http://www.gutenberg.org/etext/4125.

Perlin, John. *A Forest Journey: The Role of Wood in the Development of Civilization*. New York: W. W. Norton, 1989.

Pielou, E. C. *Fresh Water*. Chicago: University of Chicago Press, 1998.

Polo, Marco. *The Travels of Marco Polo*. Translated by Ronald Latham. Middlesex, U.K.: Penguin, 1958.

Ponting, Clive. *A Green History of the World: The Environment and the Collapse of Great Civilizations*. New York: Penguin, 1993.

Postel, Sandra. "Growing More Food with Less Water." *Scientific American,* February 2001.

———. "Hydro Dynamics." *Natural History,* May 2003.

———. *Last Oasis: Facing Water Scarcity*. New York: W. W. Norton, 1997.

———. "Sharing the River Out of Eden." *Natural History,* November 2007.

Postel, Sandra, and Aaron Wolf. "Dehydrating Conflict." *Foreign Policy* (September–October 2001): 60–67.

Postel, Sandra, and Brian Richter. *Rivers for Life: Managing Water for People and Nature.* Washington, D.C.: Island Press, 2003.

Potts, Timothy. "Buried between the Rivers." *New York Review* 5, no.14 (September 25, 2003).

Procopius of Caesarea. *The Gothic War.* Bks. 5 and 6, *History of the Wars.* Translated by H. B. Dewey. London: William Heineman, 1919. Project Gutenberg, 2007. http://www.gutenberg.org/files/20298/20298-h/20298-h.htm.

Reade, Julian. *Mesopotamia.* 2nd ed. London: British Museum Press, 2000.

Reinhold, Meyer. *Marcus Agrippa.* Geneva, N.Y.: W.F. Humphrey Press, 1933.

Reisner, Marc. *Cadillac Desert: The American West and Its Disappearing Water.* Rev. ed. New York: Penguin, 1993.

———. "The Age of Dams and Its Legacy." *EARTHmatters* (Earth Institute at Columbia University) (Winter 1999–2000). Columbia Earthscape. http://www.earthscape.org/p2/em/em_win00/win18.html.

Roberts, J. M. *The Penguin History of Europe.* London: Penguin, 1997.

———. *The Penguin History of the World.* 3rd ed. London: Penguin, 1995.

Roesdahl, Else. *The Vikings.* 2nd ed. Translated by Susan M. Margeson and Kirsten Williams. London: Penguin, 1998.

Roosevelt, Theodore. *An Autobiography.* New York: Charles Scribner's Sons, 1913.

———. "Charter Day Address, Berkeley Cal., March 23, 1911." *University of California Chronicle,* April 1911, 139. Cited in "Panama Canal—Roosevelt and." In *Theodore Roosevelt Cyclopedia,* edited by Albert Bushnell Hart and Herbert Ronald Ferleger. Rev. 2nd ed. Theodore Roosevelt Association. http://www.theodoreroosevelt.org/TR%20Web%20Book/Index.html.

———. "State of the Union Message," December 3, 1901." Theodore Roosevelt: Speeches, Quotes, Addresses, and Messages. http://www.theodore-roosevelt.com/sotu1.html. American Presidency Project, Department of Political Science, University of California, Santa Barbara. http://www.polsci.ucsb.edu/projects/presproject/idgrant/site/state.html.

Rothfeder, Jeffrey. *Every Drop for Sale.* New York: Penguin Putnam, 2001.

Sadoff, Claudia W., and David Grey. "Beyond the River: The Benefits of Cooperation on

International Rivers." *Water Policy* 4 (2002): 389–403.

———. "Cooperation on International Rivers: A Continuum for Securing and Sharing Benefits." *Water International* 30, no. 4 (December 2005): 420–427.

"Secrets of Lost Empires: Roman Bath." *Nova* , PBS, February 22, 1990. Transcript. PBS. http://www.pbs.org/wgbh/nova/transcripts/27rbroman.html.

Service, Alastair. *Lost Worlds*. New York: Arco, 1981.

Sharon, Ariel with David Chanoff. *Warrior: The Autobiography of Ariel Sharon*. With David Chanoff. New York: Simon & Schuster, 2001.

Shaw, Ian, ed. *The Oxford History of Ancient Egypt*. Oxford, U.K.: Oxford University Press, 2003.

Sher, Hanan. "Source of Peace." *Jerusalem Report,* March 13, 2000.

Shiklomanov, I. A., and John C. Rodda, eds. *World Water Resources at the Beginning of the Twenty-first Century*. Cambridge, U.K.: Cambridge University Press, 2004.

Shinn, David. "Preventing a Water War in the Nile Basin." *Diplomatic Courier*. http://www.diplomaticcourier.org.

Shipley, Frederick W. "Agrippa's Building Activities in Rome." *Washington University Studies—New Series* (St. Louis)4 (1933): 20–25.

Shlaim, Avi. *War and Peace in the Middle East: A Concise History*. Rev. ed. New York: Penguin, 1995.

Simmons, I. G. *Changing the Face of the Earth: Culture, Environment, History*. Oxford, U.K.: Basil Blackwell, 1989.

Simon, Paul, Dr. *Tapped Out: The Coming World Crisis in Water and What We Can Do About It*. New York: Welcome Rain, 2001.

Smith, Adam. *The Wealth of Nations*. 1776. In *The Essential Adam Smith,* edited by Robert L. Heilbroner. New York: W. W. Norton, 1986.

Smith, Henry Nash. *Virgin Land: The American West as Symbol and Myth*. Rev. ed. New York: Vintage, 1970.

Smith, Norman. *A History of Dams*. Secaucus, N.J.: Citadel Press, 1972.

———. *Man and Water*. Great Britain: Charles Scribner's Sons, 1975.

Specter, Michael. "The Last Drop." *New Yorker,* October 23, 2006.

Staccioli, Romolo A. *Acquedotti, Fontane e Terme di Roma Antica: I Grandi Monumenti che Celebrarono il 'Trionfo dell'Acqua' nella Citta Piu Potente dell'Antichita*. Rome: Newton & Compton Editori, 2002.

Sterling, Eleanor. "Blue Planet Blues." Special issue: Water: The Wellspring of Life. *Natural History,* November 2007.

Suetonius. *The Lives of the Twelve Caesars.* Edited by Joseph Gavose. New York: Modern Library, 1931.

Swanson, Peter. *Water: The Drop of Life.* Foreword by Mikhail Gorbachev. Minnetonka, Minn.: NorthWord Press, 2001.

"Talking Point: Ask Boutros Boutros Ghali." Transcript. *BBC News,* June 10, 2003. http://news.bbc.co.uk/2/hi/talking_point/2951028.stm.

Tann, Jennifer, Dr. ed. *The Selected Papers of Boulton and Watt.* Vol 1, *The Engine Partnership, 1775–1825.* Cambridge, Mass.: MIT Press, 1981.

Temple, Robert. *The Genius of China: 3,000 Years of Science, Discovery and Invention.* Introduction by Joseph Needham. New York: Touchstone, 1989.

Thomas, Hugh. *A History of the World.* New York: Harper & Row, 1979.

Tindall, George Brown. *America: A Narrative History.* Vol. 1. 3rd ed. With David E. Shi. New York: W. W. Norton, 1984.

Toynbee, Arnold J. *A Study of History: Abridgement of Volumes I-VI.* Abridgement by D. C. Somervell. London: Oxford University Press, 1974.

———. *Civilization on Trial and The World and the West.* New York: World Publishing, 1958, 1971.

Trevelyan, George Macaulay. *A Shortened History of England.* New York: Longmans, Green, 1942.

Turner, Frederick Jackson. *The Frontier in American History.* New York: Harry Holt, 1921.

United Nations Millennium Project Task Force on Water and Sanitation. *Health, Dignity, and Development: What Will It Take?* Final report, abr. ed. Coordinated by Roberto Lenton and Wright Albert. New York: United Nations Millennium Project, 2005. http://unmillenniumproject.org/documents/what–will–it–take.pdf.

Urquhart, Brian. "Disaster: From Suez to Iraq." *New York Review of Books* 54, no. 5 (March 29, 2007).

U.S. Army Corps of Engineers. *The History of the U.S. Army Corps of Engineers.* Alexandria, Va.: U.S. Army Corps of Engineers, 1998. http://140.194.76.129/publications/eng-pamphlets/ep870–1–45/entire.pdf.

U.S. Department of Energy. "World Transit Chokepoints." Report, April 2004. Energy Information Administration. www.eia.doe.gov/emeu/cabs/choke.html.

U.S. Department of the Interior, Bureau of Reclamation, Lower Colorado Region. "Hoover Dam." *Reclamation: Managing Water in the West* (January 2006).

U.S. Geological Survey. "Estimated Use of Water in the United States in 2000: Trends in Water Use, 1950–2000." U.S. Geological Survey. http://pubs.usgs.gov/circ/2004/circ1268/htdocs/text-trends.html.

———. "Water Resources of the United States." U.S. Geological Survey. http://water.usgs.gov/.

Usher, Abbott Payson. *A History of Mechanical Inventions*. Boston: Beacon Press, 1959.

Van De Mieroop, Marc. *A History of the Ancient Near East, Ca. 3000–323 BC*. 2nd ed. Malden, Mass.: Blackwell, 2007.

Ward, Diane Raines. *Water Wars: Drought, Flood, Folly, and the Politics of Thirst*. New York: Riverhead, 2003.

Waterbury, John. *Hydropolitics of the Nile Valley*. Syracuse, N.Y.: Syracuse University Press, 1979.

Waterbury, John, and Dale Whittington. "Playing Chicken on the Nile? The Implications of Microdam Development in the Ethiopian Highlands and Egypt's New Valley Project." *Transformations of Middle Eastern Natural Environments: Legacies and Lessons,* Yale School of Forestry and Environmental Studies Bulletin Series, no. 103 (1998): 150–167. http://environment.research.yale.edu/documents/downloads/0–9/103waterbury.pdf.

Webb, Walter Prescott. *The Great Plains*. Lincoln: University of Nebraska Press, 1981.

Weightman, Gavin. *The Frozen-Water Trade*. New York: Hyperion, 2003.

Weiss, Harvey, and Raymond S. Bradley. "What Drives Societal Collapse?" *Science* 291 (January 26, 2001).

Wells, H. G. *The Outline of History*. Revised by Raymond Postgate and G. P. Wells. Garden City, N.Y.: Doubleday, 1971.

Whitaker, Brian. "One River's Journey through Troubled Times." *Guardian* (U.K.), August 23, 2003.

White, Lynn, Jr. *Medieval Technology and Social Change*. London: Oxford University Press, 1964.

White, Richard. *The Organic Machine: The Remaking of the Columbia River*. New York: Hill & Wang, 1996.

Williams, Trevor I. *A History of Invention: From Stone Axes to Silicon Chips*. Rev. ed. London: Little, Brown, 1999.

Wilson, Edward O. *The Future of Life*. New York: Alfred A. Knopf, 2002.

Wittfogel, Karl A. *Oriental Despotism: A Comparative Study of Total Power*. New York: Vintage, 1981.

Wolf, Aaron T. "Conflict and Cooperation along International Waterways." *Water Policy* 1, no. 2 (1998): 251–265.

Wood, Gordon S. "The Making of a Disaster." *New York Review of Books* 52, no. 7 (April 28, 2005).

World Bank. "Better Management of Indus Basin Waters." January 2006. http://siteresources.worldbank.org/INTPAKISTAN/Data%20and%20Reference/20805819/Brief-Indus-Basin-Water.pdf.

Worster, Donald. *Rivers of Empire: Water, Aridity, and the Growth of the American West*. New York: Oxford University Press, 1992.

Wright, Rupert. *Take Me to the Source: In Search of Water*. London: Harvill Secker, 2008.

Yergin, Daniel. "Ensuring Energy Security." *Foreign Affairs* 85 (March–April 2006): 69–82.

———. *The Prize: The Epic Quest for Oil, Money, and Power*. New York: Simon & Schuster, 1992.

옮긴이의 말

이 책은 스티븐 솔로몬(Steven Solomon)의 *Water: The Epic Struggle for Wealth, Power, and Civilization*(HarperCollins, 2010)을 번역한 것이다.

저자 스티븐 솔로몬은 《뉴욕 타임스》, 《비즈니스 위크》, 《이코노미스트》, 《포브스》, 《에스콰이어》 같은 여러 신문, 잡지에 기고하는 저명한 저널리스트인 동시에 경제 분야의 역량 있는 저술가이다. 이 책은 현대 사회가 직면한 핵심 문제를 예리하게 포착하는 그의 저널리스트적인 감각과 광범위하고도 심층적인 연구조사 능력이 어우러진 수작이다.

저자는 고대부터 현대에 이르기까지 인류 문명의 발전 궤적을 물의 관점에서 재해석한다. 이집트, 메소포타미아, 아시리아 같은 고대 문명의 발흥과 몰락, 찬란한 도시 문명을 발전시킨 로마제국의 수도(水道) 시스템, 남부의 곡창지대와 북부의 정치 중심지를 연결함으로써 제국체제의 운영을 가능케 한 중국의 대운하, 근대 유럽이 패권을 차지하는 데 결정적으로 공헌한 대양

항해와 증기기관의 개발 등이 소상히 소개된다. 더 나아가 깨끗한 물 확보에 성공한 19세기 영국 도시의 공공위생 혁명이 유례없는 인구 증가를 뒷받침한 과정이라든지 20세기에 미국이 후버 댐과 파나마 운하 건설을 계기로 초강대국으로 성장한 사실 등도 매우 흥미롭게 분석하고 있다. 이처럼 역사 발전의 중요한 국면마다 물의 확보와 이용이 매우 중요한 문제였으며, 각각의 시대는 그 당시에 직면한 물 문제를 어떻게 해결하느냐에 따라 독특한 형태가 갖추어졌다는 이 책의 내용은 우리가 미처 생각하지 못했던 매우 신선한 시각을 보여 준다. 이 책의 제목이 말해 주듯 물은 부와 권력, 더 나아가서 문명의 존립 기반이며, 인류 역사는 물에 접근하기 위한 투쟁의 역사였다.

우리가 살아가는 이 시대만큼 그러한 주장이 적실하게 적용되는 때도 없을 것이다. 지구 전체가 물 부족 위기에 직면한 오늘날 수자원 확보 문제는 각국마다 초미의 관심사가 되었다. 현재 우리는 아프리카 물 부족 국가의 어린이들이 먼 거리를 걸어 물을 길어 오는 고역을 치르고, 오염된 물로 인해 온갖 병에 시달리는 현실을 목도하고 있다. 저자는 지난 20세기가 석유의 시대였다면 21세기는 물의 시대가 될 것이라고 단언한다. 과거에는 석유 자원이 치열한 국제 경쟁의 대상이었지만, 이제 물을 놓고 그보다 더욱 치열한 경쟁이 벌어지리라는 예측이 제기된다. 지구상에 존재하는 담수는 생각보다 많지 않으며 그나마 매우 불균등하게 분포되어 있다. 그 때문에 늘 광범위한 지역의 주민들이 물 부족 문제를 겪어 왔으나, 이제는 전 지구적으로 이 문제가 확대되고 있다. 무엇보다 세계 인구가 놀라운 속도로 팽창 중이고, 산업화가 가속화되어 수자원 수요가 급격하게 증가하는 형편이다. 현재의 관행과 기술로는 물 공급이 수요를 감당하지 못하리라는 것은 자명하다. 더구나 단순히 물이 부족하다는 데 그치지 않고 가용 수자원이 아예 고갈되고 오염된다는 점에서 문제가 아주 심각하다. 인구 과밀 지역에서 강, 호수, 지하수를 과도하게 개발하는 과정에서 그나마 보유하고 있던 수자원들이 조만간 말라 버릴 위험이 크다. 그렇게 되면 가까운 장래에 물을 소유한 계급과 물을 소유하지 못한 계급 간에 폭발적인 갈등이 벌어질 공산이 크다. 더 나아가 그 문제가 국제문제로 비화될 수도 있다. 강력한 패권국가가 강의 상류 지역을 지배하고 자국에 유리하도록 수자원을 통제할 경우 하류 유역에 위치한 많은 국가의 농업과 산업이 피폐해질 위험이 현실화되고 있다. 이처럼 물이 가장 중요한 이슈 중 하나로 떠오르고 있는 이때, 물 문제를 역사적인 시각에서 근본적으로 살펴보는 이 책이 우리에게 많은 생각거리를 던져 주리라고 기대한다.

우리는 지난 시대의 경험에서 많은 것들을 배운다. 역사학은 현재에 제기되는 다양한 문제들을 염두에 두고 과거를 되돌아본다. 역사학이 시대 상황에 따라 새롭게 연구되고 새롭게 서술되는 것은 그 때문이다. 지난날 역사학에서 거의 다루지 않던 생태환경이나 자원 분야 연구가 최근 각광받는 까닭도 그런 맥락에서 이해할 수 있다. 새로운 문제들이 새로운 역사학을 요구하는 것이다. 이 책이 그런 좋은 사례라 할 것이다. 더구나 새로운 분야를 다루면서도 정치와 군사, 경제와 문화 등 전통적인 영역들을 놓치지 않고 긴밀히 연관 지어 살펴본 점은 이 책이 지닌 장점이다. 추측컨대 정치사나 경제사, 문화사 등 기존 역사 영역의 연구자들도 이 책에서 새로운 해석의 실마리를 찾을 수 있을 것이다.

번역은 늘 힘든 작업이지만 이 책의 번역은 유독 힘든 일이었다. 워낙 책이 방대한 데다가 역자들에게 익숙치 않은 정보들이 많이 나오기 때문이다. 게다가 원문이 상당히 난삽해 이를 우리말로 옮기는 일은 머리를 쥐어짜는 고역이었다. 그런 과정에서 텍스트를 깊이 읽게 되니 역자들로서는 좋은 공부를 한 것이 틀림없다. 다만 애쓴 만큼 결과가 좋게 나와야 할 텐데 과연 그러한지 걱정이 앞선다. 이 책이 나오기까지 서울대학교 서양사학과 대학원생들이 초벌 번역 일을 도와주어 손을 많이 덜었고, 민음사 편집부도 노고를 아끼지 않았다. 그럼에도 혹시 이 번역서에 오류가 있다면 전적으로 번역자들의 책임이며, 그런 실수는 기회가 닿는 대로 수정하고자 한다. 독자들의 질정을 바란다. 아무쪼록 이 책이 우리 시대의 중차대한 문제를 깊이 숙고하고 그에 대한 새로운 시각을 얻는 데 도움이 되기를 바란다.

2013년 4월

주경철, 안민석

찾아보기

ㄱ

가나 171
가상수 470, 504, 510, 520, 540, 594, 601~602
가자 지구 507, 509, 511
갈리아 84, 103
갈릴리 해 504, 506, 508, 511
감비아 강 192, 231, 365
개간국 414~415, 421, 434, 443, 493, 568
갠지스 강 74, 76~77, 323, 342~343, 365, 457, 529, 533~535
갤리선 91, 93, 101, 106, 149, 190~191, 223, 230, 240
갤리언선 235, 246
고메스, 페르나우(Gomes, Fernao) 233
고트 족 119~121, 123
골드러시 110, 376~377, 382, 410
골든 하인드 호 247~248
공공 목욕탕 112, 115~116, 180, 317
광저우 113, 134, 150, 157, 242
교황 123, 199, 221, 236, 244, 248
구리 49, 59, 65, 84, 130, 173, 328, 356, 447
구자라트 468, 531
그라나다 180, 234
그랜드캐니언 412, 417~418, 423, 445
그랜드쿨리 댐 427, 429~430
그리스의 불 173, 175~176
글로벌 경제 80, 226, 264, 290
기니 만 230, 237, 242
기혼 샘 68~69

ㄴ

나르완 운하 179, 183
나세르 호 490~491, 497
나세르, 가말 압델(Nasser, Gamal Abdel) 300
나이아가라 폭포 305, 356~357, 361, 364, 447
나일 강 37, 39~42, 44~49, 52~55, 61, 93, 95, 107, 109, 118~119, 125~126, 134, 160, 164~165, 180, 183~184, 198, 216, 229~230, 258~259, 290, 293~294, 296~300, 342~343, 346, 365, 381, 415, 454, 457, 484, 486~488, 490~494, 496~504, 515, 522, 535, 544, 548, 602
나폴레옹 93, 95, 122, 256~259, 262~263, 283, 293~294, 336, 346~348, 352, 360
나폴레옹 전쟁 256, 259, 262, 352
나폴리 100, 108, 120
남북전쟁 355, 382, 412, 420
남아메리카 232, 235, 247, 320, 377, 386, 454, 472
남프랑스 운하 268~269, 362, 608
내연기관 307, 333, 357
냉각수 28, 358, 467, 541, 586, 595
네덜란드 80, 205, 224, 245~246, 250~254, 259, 263, 269, 291, 368, 597, 604
네루, 자와할랄(Nehru, Jawaharlal) 453
네바다 420, 567
네부카드네자르 2세(Nebuchadrezzar II) 69, 95, 97
네브래스카 333, 406~407
네코 2세(Neko II) 52
넬슨, 허레이쇼(Nelson, Horatio) 257, 283

노르망디 200, 254, 403
노르웨이 357, 451
노리아 48, 70~71, 146, 148, 179, 208
녹색혁명 9, 334, 455~456, 470, 523, 526, 528, 531, 538, 592, 599, 601, 608
농업혁명 8, 199, 202
누비아 41, 46~47, 52, 490, 521~522
뉴델리 532~533, 626, 633
뉴딜 정책 427~428
뉴암스테르담 253
뉴올리언스 29, 255, 333, 343~348, 360~361, 382, 579
뉴욕 93, 125, 253, 283, 300, 324, 333, 337~340, 359~366, 368~373, 377, 387, 394, 400, 404, 447, 477~478, 575~584, 587, 600
뉴잉글랜드 277, 337~338, 350, 353, 354
뉴커먼, 토머스(Newcomen, Thomas) 7, 272
뉴펀들랜드 225, 233
니네베 66~67, 96, 111
니제르 강 171, 192

ㄷ

다가마, 바스쿠(Da Gama, Vasco) 153, 188~189, 225, 232~233, 237
다르다넬스 해협 174~175
다르푸르 468, 654, 657
다리우스 1세(Darius I) 53
다마스쿠스 165, 178, 213, 506, 515
다비, 에이브러햄(Darby, Abraham) 266, 631
다우선 153, 166, 170, 237, 241
다이아몬드, 제레드(Diamond, Jared) 613
단돌로, 엔리코(Dandolo, Enrico) 176, 221~222
대공황 9, 415, 426~428, 432, 479, 600
대운하 9, 124~126, 128, 135, 141~145, 147, 150~151, 154~155, 157~158, 160, 169, 198, 205~206, 215, 269, 366, 367, 464, 540, 551, 556~557
대평원 22, 289, 332~334, 546
대포 157, 189~191, 197, 214, 240~241, 246, 249~250, 262, 266, 272, 275, 281, 283, 337~338, 382
덜레스, 존 포스터(Dulles, John Foster) 300
덩샤오핑 548
델라웨어 강 288, 336~337, 359, 372, 417, 575
뎅기열 314, 467
도나우 강 42, 107, 119, 172, 190, 198~199, 288, 365
도버 해협 21, 246, 249
독일 112, 199, 204, 228, 263, 292~293, 300, 326, 338, 382~383, 386, 392, 403, 430
동아프리카 23, 171, 228~229, 242, 298, 487, 498
드레이크, 프랜시스(Drake, Francis) 247, 258
DDT 327, 448~449
디아스, 바르톨로메우(Diaz, Bartholomew) 234, 237
디즈레일리, 벤저민(Disraeli, Benjamin) 296, 313

ㄹ

라벤나 120~121, 220
라스베이거스 407, 416, 426, 444, 570
라인 강 107, 119, 142, 172, 198~199, 204~205, 218, 288, 365
러시아 24, 182, 262, 267, 292, 471~472, 488
런던 93, 113, 206, 253, 266, 271~272, 274, 276, 279~280, 286, 294, 311~313, 318~322, 324~329, 338, 371, 571
레무스 62, 99
레셉스, 페르디낭 드(Lesseps, Ferdinand de) 294~296, 299~300, 302, 304, 388~390, 393, 397
레판토 해전 190~191
로물루스 62, 99
로스앤젤레스 413, 416, 420~422, 566, 571, 597
로웰, 프랜시스 캐벗(Lowell, Francis Cabot) 353
로키 산맥 342, 348, 407, 417, 570
루스벨트, 시어도어(Roosevelt, Theodore) 384, 405, 413, 416, 428, 453, 479, 600
루스벨트, 프랭클린 D.(Roosevelt, Franklin D.) 427, 429

찾아보기 _____ 695

루이 14세 253~254, 268, 280
루이지애나 345~346, 348, 360, 363, 395
르네상스 47, 97, 123, 141, 147, 181, 228, 246, 248
리비아 52, 70, 482, 521~522, 555
리빙(李氷) 128, 133~134, 550, 582
리빙스턴, 로버트(Rivingston, Robert) 347~348, 360
리스본 227, 233~234, 237, 242, 248, 252

ㅁ

마다가스카르 188, 230, 237, 601
마야 문명 76, 409
마오쩌둥 158, 453~454, 541, 543, 547~548, 555
마젤란, 페르디난트 226, 235, 243~244, 247
만리장성 38, 107, 131, 138, 143, 154, 198, 541, 546, 548
말라리아 72, 100, 114, 122, 146, 220, 314, 327, 389, 399~400, 433, 467, 527
말라카 해협 108, 153, 252~253, 601
말레이시아 242, 252
매킨리, 윌리엄(McKinley, William) 385
맥닐, 윌리엄 H.(McNeill, William H.) 56
맨체스터 267~268, 270~271, 276, 278, 313, 353
머리달링 강 529, 590
머핸, 앨프리드 세이어(Mahan, Alfred Thayer) 103, 383~385, 386
멀홀랜드, 윌리엄(Mulholland, William) 421~422, 566
멈퍼드, 루이스(Mumford, Lewis) 59, 116, 317
메네스 44, 58, 62
메디나 163, 165, 513
메리맥 강 354, 356
메메트 2세(Mehmet II) 190
메소포타미아 문명 37, 46, 54~56, 60, 72, 75, 512, 514, 516
메카 153, 162~164, 241, 324, 494, 513
메콩 강 534, 554
멕시코 만 22, 343~346, 366, 589
멤피스 44~45
명반 181, 218~219, 223~224

모기 72, 122, 146, 314, 327, 347, 389, 399
모로코 67, 82, 169, 218~219, 230, 380
모호크 강 283, 361
몬순 472, 529, 597, 612, 615
몽골 35, 120, 124, 140, 148~151, 154, 178, 182, 189~190
무바라크, 호스니(Mubarak, Hosni) 495, 501
무역풍 225, 232, 237
무적함대 93, 153, 191, 246~250, 252, 263, 290~291
물시계 98, 147, 148, 181
미 해군 381~383, 385~386, 402~403, 430
미드 호 416, 426~427, 443~444, 567, 569, 570
미서 전쟁 386
미시시피 강 42, 255, 288, 329, 332~333, 341~345, 347~348, 360~361, 365~366, 369, 381, 382, 406, 412, 418, 429, 440, 571, 589, 592
미주리 강 342~343, 348, 427, 433
민장 강 133~134, 582
밀라노 206, 269, 306
밀레투스 88~89, 104, 108

ㅂ

바그다드 56, 62, 64, 149, 168, 171, 178~183, 213
바브엘만데브 해협 166, 601
바빌론 56, 64, 69~70, 95, 97
바스라 180, 515
바이칼 호 23, 447
바이킹 35, 199
방아두레박 47~48, 179
방적기 148, 213, 276~277, 351
백나일 41~42, 297, 298~299, 484, 487, 496
버고인, 존(Burgoyne, John) 338
버마 290, 336
버밍엄 275~276, 283, 313, 353
범아랍주의 300, 304, 488
베네치아 53, 80, 93, 98, 122~123, 140, 145, 149, 171, 176~177, 188~189, 191, 206~207, 209, 216~218, 220~223, 228, 240, 242~243,

251~252, 316
베르데 곶 231
베이징 113, 143, 147, 149, 151, 153~155, 158, 540, 544~547, 555~556
벨리사리우스 120~122
벵골 77, 157, 256, 324, 456
보너빌 댐 427, 430
보스턴 157, 337, 350, 353~354, 368
보스포루스 해협 88, 95, 112, 119, 172, 174, 177
보일, 로버트(Boyle, Robert) 272
복식수문 143~144, 269
볼가 강 149, 453
볼더 댐 → 후버 댐
볼턴, 매슈(Boulton, Matthew) 275
부룬디 41, 498, 515
부트로스갈리, 부트로스(Boutros-Ghali, Boutros) 486, 492, 495~496
북아메리카 22~23, 225, 233, 253, 329, 447, 472
북아프리카 101, 103, 107~108, 112, 159, 166, 179, 380, 407, 472, 482~483, 503, 574
북해 87, 107~108, 198, 204, 217~218, 224, 247, 249, 251, 259, 271, 597
뷔노 바리야, 필립(Buneau-Varilla, Philippe) 393
브라질 24, 232, 237, 454, 472, 587
브로델, 페르낭(Braudel, Fernand) 168
브루게 205, 217, 224
브리지워터 공작 267~268, 270~271
브리지워터 운하 267, 270, 362
브린들리, 제임스(Brindley, James) 270
블랙스톤 강 351
비단길 78, 138~140, 147, 159
비르고 수로 115~116, 121, 123
비블로스 49, 87
비옥한 초승달 지대 456, 482, 607
비잔티움제국 53, 120, 122, 138, 141, 164~167, 172~173, 175~176, 181, 183~184, 190, 199, 219, 221~222, 316
빙하 21~23, 30, 124, 266, 306, 420, 428, 436, 534~535, 556, 558~559, 584, 596, 598

ㅅ

사다트, 앤워드 알(Sadat, Anward el) 486, 491~495
사우디아라비아 502, 513, 518~520, 573~574, 601
4차 십자군 전쟁 176
사하라 사막 25, 169~171, 173, 230, 475, 480, 494, 497, 521~522
사해 31, 504
산업혁명 7~8, 36, 98, 137, 156, 210, 213, 215, 263~265, 267, 271, 273, 276, 281, 285, 306, 314, 351, 355, 357, 366, 368, 446, 553, 594, 608
살라미스 해전 92~93
상하이 143, 157, 550, 551
새러토가 341, 336, 339
새크라멘토 강 407, 410, 427, 431~432, 571
샌디에이고 416, 566~568, 571~572
샌와킨 강 407, 410, 431~432, 571
샌프란시스코 248, 376~377, 571
샤론, 아리엘(Sharon, Ariel) 302
샘플레인 호 381, 646
서드 늪지 230, 298
석유 10~11, 24, 54, 292, 305, 307, 333, 357, 368, 438~439, 463, 468, 474, 477, 481, 483, 515~521, 524, 559, 562, 566, 573, 584~585, 587, 600~602, 608
석탄 7~8, 147, 266~268, 270~275, 278~279, 283, 286, 304~307, 362, 367, 436, 448, 541, 549, 554, 593
세계은행 301, 468, 497, 525~527, 534, 537, 552, 553, 601
세네갈 강 192, 230~231
센 강 206, 210, 279~280, 288, 317, 365
센나케리브 왕 66
센트럴 밸리 407, 410~431, 432, 438, 440, 570
소금 31, 60, 100, 115, 134, 136~137, 144, 162, 169, 183, 220~221, 224, 243, 316, 363, 442, 475, 573, 574
소련 54, 300~304, 330, 403, 447~448, 451, 453, 475, 488, 493, 557, 613
수단 42, 46, 297~299, 484, 487, 490~491,

493~494, 496, 498, 500, 502~503, 522
수력터빈 9, 281, 283, 305, 307, 333, 356~357, 491
수렵채집인 30, 35
수마트라 108, 242, 252~253
수메르 문명 58, 74, 515
수에즈 운하 52~53, 189, 242, 257, 269, 288~290, 293~295, 298~302, 304, 313, 379, 384, 386, 388, 389~390, 402, 486, 492, 505
수차 28, 70, 141, 181, 376, 416, 468
스노, 존(Snow, John) 323~324
스미스, 애덤(Smith, Adam) 226, 271, 273, 476, 479
스코틀랜드 7, 249, 273, 275, 317, 329, 359
스파르타 86, 90, 94
스페인 93, 103, 105, 110, 112, 141, 153, 159, 166, 168, 170, 176, 179, 181, 184~185, 191, 213, 218, 227~228, 232, 234~236, 243~253, 259, 268, 293, 345~347, 349, 385~386, 388, 588
슬레이터, 새뮤얼(Slater, Samuel) 351
습지 220, 344, 399~440, 445, 455, 469, 475, 487, 496, 503, 515, 545~546, 550, 563, 577~589, 591, 593~594
시나이 반도 81, 303~304
시리아 54, 65, 96, 105, 108, 139, 164, 171~172, 218, 243, 454, 482, 503, 505~506, 508~509, 512~516, 602
시아파 166, 178~179, 184, 509, 515~516
시에라네바다 420, 431, 433
시에라리온 230, 232
시칠리아 82, 88, 94, 101~103, 106, 120, 166, 200
시카고 329, 333, 366, 369, 409, 437
신성로마제국 122, 173, 199, 388
실론 153, 242, 252
싱, 만모한(Singh, Manmohan) 527
싱가포르 572, 574
쓰촨 133~134, 151, 550

ㅇ

아그리파, 마르쿠스(Agrippa, Marcus) 106, 114

아덴 만 98
아드리아 해 105, 122, 149, 220
아라비아 반도 35, 78, 108, 159, 164, 171, 482, 495, 520
아라비아 해 72, 171, 238, 241, 535~536
아랄 해 474~475, 557
아르키메데스 48, 98, 102
아마존 강 42, 342~343, 365, 471
아바스 왕조 178~179, 182~183
아부다비 520~521, 534
아브라함 58, 162, 163
아비시니아 고원 41, 171, 229
아스완 댐 54, 298, 301, 416, 454, 484, 486~488, 490~493, 496~497, 499~500~502, 513, 529, 548
아시리아 56, 66~69, 88, 96, 111, 269
아우구스투스 106~107, 109, 114~116, 218
아이젠하워, 드와이트(Eisenhower, Dwight) 302
아카드 56, 62~63
아칸소 강 343, 348
아쿠아 아피아 111
아크라이트, 리처드(Arkwright, Richard) 276, 351
아타튀르크 댐 454, 513~514
아테네 71, 89~95, 100, 113, 221, 251
아편전쟁 156~158, 290, 382
아프가니스탄 602~603
아프리카의 뿔 49, 78, 108, 229, 495, 498
악티움 해전 106, 114, 190
안데스 산맥 38, 235
안토니우스, 마르쿠스(Antonius, Marcus) 106, 114
안트베르펜 205, 224, 245
알렉산드로스 대왕 48, 53, 71, 77, 95, 229
알렉산드리아 53, 97~99, 108~109, 170~171, 177, 188~189, 221, 242, 258, 272, 294, 297, 495
알루미늄 357, 430, 434, 587
암스테르담 93, 205, 245, 251~253, 597
애덤스, 존(Adams, John) 345, 644
애리조나 75, 409, 417, 444, 567
앨러게니 산맥 353, 359
양쯔 강 9, 42, 125~126, 128, 131, 133~134,

141~142, 144~145, 148, 150, 157~158, 342, 454, 534, 547~551, 554~558
에게 해 81, 84~86, 88~91, 218
에버글레이즈 440, 577~578
에번스, 올리버(Evans, Oliver) 281, 353
에티오피아 41~42, 163, 166, 171, 184, 229, 296, 484, 486~487, 491~498, 500, 502~503, 520, 602, 619
엔리케 → 엔히크
엔히크 227, 228~229, 231~234
엘리자베스 여왕 245~248, 250, 265, 321
엘베 강 182, 218, 326
역삼투압 572~574
열대우림 466, 594
염분화 60~61, 71, 75, 183, 409, 490, 499, 515, 526, 536, 552, 591
영거 운하 134, 268
예루살렘 68~69, 105, 111, 164, 200, 491, 505
예리코 31, 623
예멘 78, 162, 521
오갈랄라 대수층 435, 439, 518, 585
오대호 23, 288, 361, 366~367, 380~381, 447, 584
오스만 튀르크 190, 238, 241, 243, 257, 316
오스트레일리아 288~289, 529, 562, 574, 589~592
오언스 강 420~422
오하이오 강 255, 341, 343~344, 349, 360, 366, 382
옥수수 20, 38, 146, 235, 365, 410, 438, 455~456, 545
옥수수 에탄올 500, 593~594
옥수스 강 96, 138, 159, 166
와트, 제임스(Watt, James) 7, 98, 271, 273, 318, 593, 596
요르단 강 31, 160, 164, 503~509, 511, 517, 522, 602
요크 강 340~341
요크타운 256, 336, 340
우루크 56, 58
우르 56, 58, 60, 63~64
우마이야 왕조 166, 178
우물 258, 312, 316~318, 323, 369~370, 431, 438, 477, 483, 507, 518, 529, 530~531, 533, 545, 569~570, 615, 619
워싱턴, 조지(Washington, George) 256, 337, 340, 342, 349, 359, 361, 434
위생혁명 311, 316, 327~328, 330, 371, 608
윌슨, 우드로(Wilson, Woodrow) 401, 403
윌킨슨, 존(Wilkinson, John) 273, 275, 278
유대교 29, 163, 493
유목민 35, 131, 142, 148~150, 162, 183, 546
유엔 304, 451, 468, 486, 492, 505, 509, 514~515, 555, 605
유프라테스 강 32, 47, 52, 55~56, 60, 62, 64, 69~71, 75, 160, 165, 178, 183, 454, 457, 512~516, 602
유향 49, 78, 162, 495
이든, 앤서니(Eden, Anthony) 302
이라크 54, 454, 482, 512~517
이란 56, 67, 69~70, 138, 171, 179, 512, 603
이리 운하 271, 324, 332, 359, 361~370, 404, 608
이리 호 9, 357, 361, 365, 381, 447, 600
이스라엘 164, 301~304, 482, 486, 491~493, 496, 503~513, 516~517, 572, 574, 588~589, 602
이스탄불 88, 113, 288
이슬람 문명 9, 67, 95, 98, 140, 147, 159~160, 162, 168~170, 176, 178~179, 182, 185, 189, 197, 213, 215, 218, 482~483
이오니아 86, 88~90, 112
이집트 문명 37, 40~42, 44, 46~47, 72, 118, 297, 300, 487~488
2차 세계 대전 78, 93, 158, 263, 291~292, 403, 428, 430, 434, 446, 487, 586
2차 포에니 전쟁 102~103, 118
이탈리아 84, 86, 98, 100~105, 109, 118, 120, 122~123, 177, 199, 206, 207, 210, 212~213, 217, 219~220, 223~224, 233, 276, 305~306, 316, 595
인더스 강 8, 22, 37, 42, 70~72, 74, 76~78, 95~96, 159, 216, 290, 342, 365, 454, 457, 472, 523, 534~537, 607
인더스 문명 37, 59, 72, 74~75, 535

인도네시아 78, 170, 242, 252, 475
인도양 9, 29, 35, 59, 78, 81, 98, 108, 139~140, 147, 153~154, 160, 166, 170~171, 177~178, 185, 188~189, 226, 229, 232~234, 237, 240~243, 252, 293, 298, 302, 505
일리노이 강 329, 343, 366
일본 150, 158, 291, 316, 382, 403, 430, 447, 454, 528, 546, 562, 583
1차 세계 대전 263, 291~292, 383, 386, 401, 403, 431, 437
1차 십자군 전쟁 177
1차 포에니 전쟁 93, 101~102, 106
임피리얼 밸리 431, 565~569

ㅈ

자바 섬 253, 456
자카리아, 베네데토(Zaccaria, Benedetto) 218
잠수함 291, 359, 403
장티푸스 314, 327, 329
쟁기 34, 42, 49, 76, 197, 199~200, 202~203, 215, 363, 412, 418, 437, 607, 619
전염병 11, 119, 184, 323~325, 327, 370, 389, 399~400, 488, 507
정화 149, 153~155, 238
제노바 80, 149, 177, 206, 217~220, 222~223, 228, 230
제분소 110, 121, 270, 350, 353
제퍼슨, 토머스(Jefferson, Thomas) 342, 347
조지 3세(George III) 264, 339, 341
조지아 365, 583~584
주 왕조 130
주석 59, 65, 84, 103, 130, 217, 272, 274, 279
주철 8, 136~137, 147, 265~266, 279, 281, 283, 318
중앙아메리카 38, 235, 384, 388, 413
중앙아시아 22, 35, 67, 81, 96, 120, 138~139, 141, 149, 171, 180, 455, 474, 557, 602, 604
증기기관 7~8, 28, 36, 98, 137, 156, 198, 271~281, 283, 286, 288, 290, 294, 304~305, 307, 318~319, 333, 353, 356, 359~360, 367, 593, 596
증기선 78, 156~157, 288~289, 323~333, 355, 358~361, 366~367, 377, 608
지구온난화 22, 30, 534
지브롤터 해협 81, 87, 103, 105, 166, 177, 217,~219, 222~223, 229, 256, 380
지진 75, 85, 130, 393, 401, 549, 550, 557
직물업 148, 213, 276, 277, 353
진제국 131, 134~135, 141
진주만 403, 430

ㅊ

차그레스 강 389, 397, 399~400
차드 호 475
찰스턴 340, 350, 368
참파 벼 146, 456
채드윅, 에드윈(Chadwick, Edwin) 322
청나일 41, 229, 484, 492~493, 495~496, 502, 619
체서피크 만 336, 340, 366
치수 128~129, 131, 431, 433
7년전쟁 255~256, 340, 345
칭기즈 칸 140, 148~149, 182, 546

ㅋ

카나트 67~68, 179, 483, 608
카다피, 무아마르 알(Qaddafi, Muammar el) 521
카르타고 87~88, 93, 100~103, 218, 230
카리브 해 200, 232, 245, 259, 262, 339~340, 346, 347, 350, 380, 384, 386, 393, 396
카슈미르 535, 537
카슨, 레이첼(Carson, Rachel) 448, 451
카이로 44~45, 54, 168, 179, 180, 184, 296, 324, 486, 496
카이사르, 율리우스(Caesar, Julius) 77, 104, 107, 427
카이펑 147~148, 544
캅카스 산맥 65, 166
캉드쉬, 미셸(Camdessus, Michel) 605
캐러벨 226~227, 234, 240

캔자스 333, 406~407, 420, 437, 439, 477, 545
캘리컷 153, 189, 238, 241
캘리포니아 110, 124, 373, 376~377, 382, 407, 410, 417~423, 427, 430~433, 438, 440, 442, 445, 478, 497, 565~573, 577, 584~585, 588, 595
캘커타 256, 323
캠벨, 조지프(Campbell, Joseph) 29
컬럼비아 강 42, 365, 407, 418, 427~431, 445
케냐 153, 237, 297, 468, 614~615
코그선 204, 222~223
코르도바 168, 179~181
콘스탄티노플 88, 112, 119~120, 138, 141, 171~178, 181, 185, 190, 220~222, 238, 294, 316
콘스탄티누스 대제(Constantine I, Emperor) 112
콘월 84, 217, 272
콘월리스, 찰스(Cornwallis, Charles) 340
콜럼버스, 크리스토퍼(Columbus, Christopher) 154, 225, ~227, 233~237
콜로라도 강 126, 334, 357, 407, 409, 412, 415~420, 422~423, 426~428, 436~439, 441~444, 457, 490, 519, 529, 544, 555, 564~569, 571, 592
콜롬비아 377, 389, 393~396
콩고 강 42, 299, 343, 471
쿠라이시 족 162~165
쿠르드 족 512, 514~516
쿠빌라이 149~150
쿠웨이트 513~514
크래퍼, 토머스(Crapper, Thomas) 321
크럼프턴, 새뮤얼(Crompton, Samuel) 277
크레타 49, 82, 84~85, 93
크림 반도 88, 94, 218
크세르크세스 70, 90~92, 230
클러먼트 호 288
클레오파트라 106, 115
클리블랜드 366, 449, 595
클린턴, 드 위트(Clinton, De Witt) 362, 365, 600
키프로스 49, 82, 84, 190, 572

ㅌ

타이후 호 551, 575
타지키스탄 455, 602
탈라스 강 전투 166, 180
태평양 22, 93, 154, 235, 244, 247~248, 293, 332, 342, 348, 377, 379~383, 386, 388, 397, 403~404, 428, 430, 546, 587
터너, 프레더릭 잭슨(Turner, Frederick Jackson) 408, 414
터키 54, 56, 67, 166, 173, 184, 190~191, 454, 456, 509, 512~517, 602
테네시 강 343, 417, 433~434, 595
테러리즘 484, 521~522, 595
테베레 강 99~101, 108, 112, 118, 121~123, 174
텍사스 348, 382, 406, 436~440, 566, 572, 584~585
템스 강 206, 247, 266, 271, 280, 291, 311~313, 318~320, 322~323, 325, 328~330, 365
트라팔가르 전투 93
티그리스 강 55~56, 60, 62, 66, 70~71, 96, 178~180, 183, 512, 516

ㅍ

파나마 운하 9, 293, 327, 329, 333, 377, 379, 383, 386, 389~390, 393, 395~396, 401~404, 433, 579, 600
파라오 40~41, 44~46, 52, 85~86, 165, 189, 229, 231, 242, 294, 300, 484, 495
파리 113, 206, 210, 279~280, 288, 313, 317, 324, 347, 360, 388, 395
파리평화조약 345, 349
파쇼다 사건 298
파월, 존 웨슬리(Powell, John Wesley) 412, 423, 441
파키스탄 71, 78, 454, 468, 475, 520, 523, 535~537, 561, 602
팍스 브리타니카 264, 290~291, 293
팔레스타인 47, 52, 68, 164, 482, 492, 503~509, 511, 513, 517

패러데이, 마이클(Faraday, Michael) 312, 356
펀자브 72, 96, 297, 456, 526, 530, 535~537
페니키아 86~88, 90, 96, 101, 218, 229, 231, 263
페르시아 만 32, 56, 58~59, 96, 107, 153, 242, 512~513, 520, 601
페리, 매슈(Perry, Matthew) 291, 382
펠로폰네소스 전쟁 94
포 강 100, 220, 595
포르투갈 53, 154, 177, 188~189, 226~228, 231~234, 236~238, 240~244, 252~253
폴로, 마르코(Polo, Marco) 140, 145, 149, 180, 218
푼트 49, 495
풀턴, 로버트(Fulton, Robert) 288, 359, 361
프랑크 족 119, 188, 199
프랜시스 터빈 357~358
프랜시스, 제임스 B.(Francis, James B.) 356
프랭클린, 벤저민(Franklin, Benjamin) 339, 342, 345, 477
프론티누스, 율리우스(Frontinus, Julius) 114
플로리다 125, 345~348, 440, 572, 577, 583
피라미드 38, 49, 300, 453, 500
피사 149, 219, 222
피츠버그 333, 360, 365~366, 448
피치, 존(Fitch, John) 288, 359
필라델피아 280~281, 337~338, 353, 359, 365, 368

ㅎ

하라파 72, 74
한국 456, 546, 601
한노 230
한니발 103
한제국 36, 135~142
함무라비 56, 64~65, 69
핫셉수트 여왕(Hatshepsut) 49
항저우 143, 147~148
해링턴, 존(Harington, John) 321
해밀턴, 알렉산더(Hamilton, Alexander) 341, 350
해적 104~105, 108, 119, 143, 151, 155, 171, 244~245, 248, 601

향신료 제도 78, 170, 189, 233, 242, 251~253
허드슨 강 253, 288, 336~338, 359, 362, 364~365, 372, 377, 417, 578, 580
헝가리 149, 190, 303, 324
헤라클레스의 기둥 81, 217
헤로도토스 39, 52, 70~71, 92, 229, 231
헬레스폰투스 해협 86, 90, 94~95
호메로스 86
혼 곶 377, 386
홍수 24, 29, 32, 40, 42, 45~46, 48, 59, 63, 69, 75, 100, 126, 128~131, 133, 135, 138, 140, 150, 158, 205~206, 209, 245, 251, 344~345, 358, 407, 414, 416~419, 423, 427, 433, 466, 471, 484, 487~488, 490~491, 503, 529~530, 538, 541, 543, 547, 549~551, 579, 596~597, 602, 608
홍해 35, 49, 52~53, 59, 78, 81, 87, 98, 108, 153, 171, 180, 229, 241~242, 257, 293~294, 302, 495, 505, 520~521, 601
화력발전소 541, 562, 586, 595
화물선 34, 84, 87, 94, 108~109, 144, 155, 197, 219, 365, 556
화약 35, 147, 214, 240, 256, 363
황열병 314, 327, 329, 347, 370, 389, 399~400
황허 강 9, 25, 37, 71, 124~126, 128~131, 133~135, 138, 140~142, 146~147, 150, 158, 216, 342, 457, 534, 541, 543~547, 555~556, 607
황허 문명 25, 37, 124~125, 128, 131, 136, 454, 541, 543, 548
후버 댐 9, 305, 334, 358, 400, 406, 415~418, 422~423, 427~432, 434, 441, 444, 453, 454, 567~568, 600
후버, 허버트(Hoover, Herbert) 423, 453
흑사병 208, 224
흑해 81, 88, 94~95, 107~108, 119, 171~172, 174~176, 198, 218, 222, 403, 512
히말라야 74, 126, 138, 534~535, 558
힌두교 29, 59, 535, 537
힌두쿠시 산맥 74, 96, 166

물의 세계사
부와 권력을 향한 인류 문명의 투쟁

1판 1쇄 펴냄 2013년 4월 22일
1판 7쇄 펴냄 2021년 4월 2일

지은이 스티븐 솔로몬
옮긴이 주경철, 안민석
발행인 박근섭, 박상준
펴낸곳 (주)민음사

출판등록 1966. 5. 19. (제 16-490호)
주소 서울특별시 강남구 도산대로1길 62(신사동) 강남출판문화센터 5층 (우편번호 06027)
대표전화 02-515-2000 | 팩시밀리 02-515-2007
홈페이지 www.minumsa.com

한국어 판 ⓒ (주)민음사, 2013. Printed in Seoul, Korea

ISBN 978-89-374-8673-9 03900

* 잘못 만들어진 책은 구입처에서 교환해 드립니다.